U0031742

VALUE(S)

價值的選擇

**以人性面對全球危機，
G7央行總裁寫給21世紀公民的價值行動準則**

MARK
CARNEY

馬克・卡尼〔著〕　　陳儀〔譯〕

致　莎夏、亞梅莉亞、泰絲與克萊兒

CONTENTS

讓市場回歸真正人性

自利的極致

　　車子寂靜地駛穿倫敦金融城（the City），抵達聖米迦勒（St Michael）的洛斯伯利街（Lothbury）時稍候了片刻，待保全人員打開那雄偉的鋼門後，便直接駛入金銀院。我跨步下車，穿越偌大金庫旁的警報門，接著爬上花崗岩階梯。在進入內殿之際，我順手搓了搓黃銅門雕飾獅像的鼻子。向幾位穿著粉紅色夾克的管理員道聲早安後，我沿著眾多前輩的畫像，步入英格蘭銀行總裁辦公室。

　　眼前這一切的一切，總令人不由得想起英格蘭銀行的悠久歷史以及它亙久不變的使命。英格蘭銀行入口大廳的樣貌，正好和大英帝國首都的風格相互呼應。走廊兩側的馬賽克鑲嵌著羅馬硬幣以及商業之神墨丘利（Mercury）的圖像。鍍金的樓梯井和門前，則有代表傳統的寶藏守護者獅子駐守著。

　　幾個世紀以來，英格蘭銀行總裁的辦公室幾乎可謂一成不變。總裁辦公桌從十八世紀由約翰‧索恩爵士（Sir John Soane，注：英國建築師，

英格蘭銀行是他的經典作品）製作完成後，便一直沿用至今。辦公室裡的一面牆幾乎被一幅巨大的卡萊納托（Canaletto，注：義大利畫家）畫作完全占據，畫中描繪的是十七世紀末的泰晤士河風光。辦公室的落地玻璃門可通往一座寧靜的庭院，院中還保留了十七世紀聖克里斯多福李史塔克（St Christopher-le-Stocks）教堂的墓園。

在這裡，貨幣與價值的象徵處處可見：窗外的桑樹暗示著世界上最早出現的紙製通貨是以桑樹皮製成；墨丘利以他帶著翅膀的頭，俯瞰著莊嚴的董事會議室；而獅頭鷹則像守護神話裡位於地心的黃金堆一般，堅定地守護著這間會議室的出入口。

英格蘭銀行的中心位置確實藏著可觀的黃金。我腳下那九座以三呎厚鋼門與外界隔絕的地窖裡，收藏著總市場價值超過一千八百億美元的五千五百噸黃金。那些黃金約占人類誕生以來的黃金總開採量的五％。

這裡的一切看起來就是那麼的堅固、安全且永恆。

然而，這一切只是虛有其表。大英帝國已成為過去，而如今的大英國協也正遭受威脅。永恆只是暫時的，價值不過是一種幻覺。

目前的英格蘭銀行——一棟為了矗立千年而設計的建築巨作——只剩下外牆、議事廳和辦公桌屬於索恩爵士最初打造的英格蘭銀行。而總裁辦公室牆上的卡萊納托作品如今也只被當做一件「學院派」作品，而非「大師級」巨作。

代表著過往輝煌時代遺跡的黃金，空洞地躺在我們的地窖裡。從前，黃金被用來擔保貨幣的價值，但後來，黃金與貨幣價值之間的連結關係變成一個十字架（注：引用自一八九六年美國總統候選人威廉‧詹寧斯‧布萊恩的著名演說，見第三章註腳一），在帶來繁榮後，最終導致經濟陷入衰退。金融市場並不是因為黃金看起來光鮮亮麗而重視黃金，而是因

為它看似安全。所以，黃金價格總是在金融困境或地緣政治衝突憂慮升高之際飆漲。在那種動盪時期，世人對機構的信任會被他們對原物料商品的信心取代。

金價的波動無時無刻提醒我們，英格蘭銀行的永久性取決於黃金的價值，而那個價值取決於價值觀。

十二多年來，我有幸擔任七大工業國（G7）的中央銀行總裁（先是加拿大中央銀行總裁，後來是英國中央銀行總裁），這是一份特殊的榮耀，也是一項艱鉅的挑戰。在這段時間，我目睹了黃金王國的興起與衰敗。我領導全球各地展開一連串旨在修復當年引爆金融危機的諸多潛在問題的改革，設法導正存在於金融資本主義核心的惡質文化，並開始著手應對第四次工業革命[1]的根本挑戰，以及氣候變遷所引發的生存風險。這段時間，我深深感受到大眾對權貴分子、全球化與技術的信任已然崩潰，而我也漸漸相信這些挑戰其實是由一場共同價值觀危機所引發的。因此，此時此刻，我們有必要採取激烈的變革，才能建構一個能為全民謀福利的經濟體系。

每當我好不容易得以從看似已成為日常的危機管理事務中抽身，更深層的相同問題便反覆不斷浮上我的腦海。什麼是價值？價值的基礎是怎麼建立的？是哪些價值觀在支撐著價值？評估價值的行為是否可能會影響我們的價值觀，並對我們的選擇造成制約？市場上的評價如何影響人類社會的價值觀？人類狹隘的眼界與淺短的眼光，是否意味我們低估了某些對全體人類福祉攸關重大的事務？

以上就是本書努力試圖探討的疑問。本書將檢視我們的社會將如何走到王爾德（Wilde）的警句所描繪的那個地步──熟知一切事物的價格，但對其價值一無所知。我們對市場的信念愈來愈堅定，甚至將市場視為不

可侵犯的真理，最後更從一個市場經濟體系轉變為一個市場社會。本書將探討要如何扭轉這個局面。

多年前的某個夏天，一群政策制定者、商界人士、學術界人士、勞工領袖與慈善工作者，為了討論市場體系的未來而齊聚梵蒂岡；從很多方面來說，本書是對當時他們提出的疑問之一的遲來回應。當時教宗方濟各（Pope Francis）意外現身，和我們共進午餐，他還分享了一則寓言。他表示：

我們以葡萄酒佐餐，而葡萄酒代表很多事物。它帶著芳香、色澤及豐富的風味，和盤中的餐點相得益彰。葡萄酒也含有能活躍心靈的酒精。總之，葡萄酒豐富了人類的所有感官。

而在這場盛宴結束時，我們將飲用格拉巴酒（grappa，注：又稱渣釀白蘭地，一種以葡萄果渣為原料的蒸餾酒）。格拉巴酒則是單一的事物：酒精。格拉巴酒是蒸餾酒。

他接著說：

人性是多元的——熱情、好奇、理性、利他、有創造力、自私。
但市場則是單一的事物：自利。市場體現了人性自利的極致。

接著，他賦予我們一個挑戰：

你們的任務是將格拉巴酒變回葡萄酒，將市場再度變得真正有人性。
這不是神學。這是現實。這是真理。

本書利用我在民間部門與公共政策方面的經驗，檢視價值與價值觀之間的關係、這兩者如何互相影響、以及它們在互相影響的同時，又如何決

定我們的生計、身分認同與可能性。另外，本書也將檢視一旦我們認清這些動態，又要如何將格拉巴酒變回葡萄酒。

本書結構

本書分成三部。第一部檢視各種不同的價值概念以及那些概念在政治哲學領域的根源，另外，我也討論了價值在較近代與較狹義的經濟理論及金融實務等方面的根源。我使用了從藝術到環境等一系列的評價悖論（valuation paradoxes），闡述市場評價與社會價值觀之間的潛在脫節。

價值觀與價值彼此相關，卻又明顯不同。以最概要的角度來說，價值觀代表行為原則或標準；價值觀是我們對人生重要事務的評斷。價值觀的例子包括誠信、公平、慈悲、卓越、永續性、熱情與理性。價值則是對「某項事物值得多少關注」的看法，也就是某項事物的重要性、財富價值（worth）及實用性（usefulness）。價值與價值觀都是一種評斷，而這就是問題所在。

愈來愈多的事物、行為或人的價值，被視為等同他（它）們的貨幣價值──即由市場決定的貨幣價值。如今，不是只有實體的物品適用買賣邏輯──買賣邏輯已漸漸成了支配生活所有面向的標準，從醫療的分配，乃至教育、公共安全以及環保等面向。

當我們決定特定物品與勞務可以買賣，就等於決定那些物品與勞務可被視同商品（commodities）來處理──也就是把它當做獲利和使用的工具。另外，我們也假設（至少也是含蓄地假設），社會的價值觀在這個過程中將維持不變。不過，誠如第一部所說明的，當一切都變得相對，就沒有什麼事是永遠不變的。

為了闡明價值與價值觀的關係，我們在第三章與第四章解釋了人類如何以貨幣來衡量價值，並說明讓貨幣有價值的事物是什麼。歷史上曾以黃金來作為貨幣的正式擔保，但如今則是由諸如中央銀行等機構來為貨幣提供非正式擔保，這兩種方式呈現鮮明的對比。從現代的作法便明顯可見，那類法定貨幣（fiat money，以下簡稱法幣）的價值奠基於信任、誠實與透明等根本價值觀。

第五章是展望未來，我們將在這一章探討和貨幣的未來有關的幾個關鍵疑問，包括加密通貨（cryptocurrencies）是否可作為民眾不再信任中央主管機關問題的解方，並討論社群媒體（以及監視國家〔surveillance state〕，注：指大規模監視公民與訪客的國家）的信任分數（trust score）如何可能將社會資本（social capital，注：指社會上人與人之間的互信、互相理解與共同價值等讓人可以共同生活的社會網路與道德標準）「貨幣化」（monetise）。

第六章會說明我們最深沉的挑戰其實是我們自己造成的，那些挑戰的禍根是我們變得只重視狹隘的市場基本教義主義（market fundamentalism）價值觀。此外，這一章也解釋了這個發展如何導致資本主義變得愈來愈排他，並促使民粹主義興起。第六章尤其主張，一如所有意識型態都容易走向極端，當世人如同宗教信仰般對市場的力量堅信不移，資本主義就會失去它的節制意識。金融危機爆發前那幾十年間，經濟概念便漸漸開始受那樣的激進主義支配，到最後，那種激進主義也成了一種社會行為模式。

總而言之，我們已從一個市場經濟體系（market economy）轉變為一個市場社會（market society），而這個轉變正一步步破壞我們的基本社會契約——即結果相對平等、機會相對平等與世代公平等的社會契約。

第二部將探討二十一世紀最轟動的三場危機：信用危機、COVID-19

危機與氣候危機。

這一部內容會先檢視上述每一場危機的根本導因，再描述當局對那些危機所採取的政策回應。本書主張，綜合分析這些事件後便會發現，其實這些事件都受一個共同的價值觀危機所驅動，基於這個理由，我們的回應或許可以開始重塑價值觀與價值之間的關係，並作為第三部將說明的個人、企業、投資者與國家之因應策略的基礎。

誠如第七章的說明，市場基本教義主義是引發全球信用危機的最直接因素，而市場基本教義主義的外顯表現形式包括「輕度監理」、「認定沒有人有能力辨識泡沫」，以及「對新世代懷抱錯誤的信心」等等。在這當中，主管機關與市場參與者被三個金融謊言所迷惑，誤信「這次不一樣」、「市場永遠是正確的」，以及「市場是有道德的」。

一直以來，我們非但沒有增強社會資本，反而一天天消耗社會資本。銀行業者被視為大到不能倒，因此得以享受「正面我贏、反面你輸」的泡沫營運環境。股票市場公然偏袒因有能力使用技術而強大的機構，視散戶投資人如無物。由於鮮少市場參與者認為自己必須為這個體系負責，於是不良行為變得無人控管、快速蔓延，最終成為常態。

在那樣的環境下，手段和目的很容易被混為一談。價值變得抽象且相對，群眾的盲目拉動力量壓垮了個人的誠信氣節。這導致風險與報酬的分配變得不公不義，進而使得不平等惡化，最終侵蝕維繫著整個金融業的社會結構。

第八章是回顧我領導二十大工業國（G20）打造更安全、更單純且更公平的金融體系的經驗。那一章的內容主張，為了藉由金融改革來重建社會資本，各國必須調和自由市場資本主義（犧牲整個體系來強化個人的卓越地位）和社會資本（要求個人必須懷抱對整個體系的責任感）之間的緊

張關係。換言之，在重自我意識的同時，也必須懷抱團結一致的意識。

　　第九章說明引發我們一生前所未見的衛生經濟雙重嚴重危機，也就是COVID-19疫情的起因與動態。由於全球互相連結的程度已非常深，所以這一場全球性傳染病的傳播速度與惡性影響都令人極度驚慌；不僅如此，這場傳染病的嚴重性更因我們在各種大量警訊浮現後，未能及早做好適當整備而加劇。長久以來，我們低估了韌性（resilience）的重要性，因此這一次我們也被迫付出最沉重的代價。這場大流行傳染病所帶來的經濟衝擊已導致經濟陷入深度衰退，就業機會大量減少，更可能導致未來幾年的不平等鴻溝進一步擴大。

　　儘管發生這些悲劇，但一如第十章概要說明的，這場危機說不定有助於扭轉價值和價值觀之間的因果性。往昔，每當各地社會陷入絕境，就會以衛生為第一要務，接著才開始處理經濟上的後果。在那樣絕望的時刻，我們向來會發揮羅爾斯主義者（Rawlsians，注：指美國道德與政治哲學家約翰·羅爾斯〔John Rawls〕的追隨者）與公有制社會主義者（communitarians）的精神，不再堅持功利主義者（utilitarians）或自由主義者（libertarians）的思想。隨著經濟活力（economic dynamism，注：指經濟變化的速度與方向）與效率等價值觀和團結一致、公平、負責和同情等價值觀結合在一起，成本效益分析（沉迷於統計生命價值〔Value of Statistical Lives〕的計算）已被仁慈地推翻。

　　重建更美好未來的關鍵將是：我們必須根據因這些價值觀而產生的目標來回應這場危機，而不是根據「淨利益屬誰」的經濟判斷來做回應。這絕對是可達成的，根據我們對諸如此類劃時代事件的有限歷史經驗，未來社會上的期待將不會只聚焦在經濟成長率，我們的社會也將重視經濟成長的方向與品質。我們可以合理預期，在這場衛生危機過後，大眾將更積極

要求當局改善社會援助與醫療的品質及涵蓋程度、要求更留意極端風險（tail risks）的管理，並要求更重視科學專家的建議。

我們應對氣候危機的方式將是對這些新價值觀的試煉。畢竟氣候變遷議題（1）牽涉到整個世界，沒有人能置身事外；（2）科學界預測這個議題將是未來最核心的風險；以及（3）唯有我們事先採取行動並團結一致，這個問題才有可能解決。

氣候變遷是人類對代間公平（intergenerational equity）的終極背叛。當前世代沒有矯正氣候變遷問題的直接誘因，但這個問題卻會對未來的世世代代帶來無可抹滅的成本。誠如第十一章的解釋，這是一場「迫在眉睫的悲劇」，氣候變遷所造成的災難性衝擊遲早到來，而它帶來的破壞將超出多數企業、投資者、政治人物與中央銀行官員的傳統觀點。換言之，等到氣候變遷的有形影響成為關鍵多數決策制定者刻不容緩的議題時，一切就為時已晚，屆時再也沒有人能阻止氣候變遷所帶來的災難性影響。

一如金融危機，這場迫在眉睫的悲劇代表一場評價與價值觀危機。且讓我們比較一下亞馬遜公司（Amazon）和亞馬遜雨林（Amazon region）的評價。亞馬遜公司股權的評價高達一兆五千億美元，這個評價顯示，市場判斷該公司將維持非常長遠的高獲利能力。對照之下，唯有雨林被砍伐殆盡，且有人在原雨林所在位置新開闢的土地上放牧牛群或種植大豆後，亞馬遜雨林才開始有市場價值可言。摧毀雨林對氣候與生物多樣性所造成的代價，並不會出現在任何帳冊上。

第十一章強調了氣候政策、新技術與愈來愈高的實體風險（physical risks）等方面的變化，將導致幾乎每一項金融資產面臨重新評價的命運。跟隨「轉型至淨零碳排放經濟體系」的路線來調整商業模型的企業，勢必能獲得非常可觀的報酬；未能根據這個趨勢通權達變進行調整的企業則將

不復存在。為了解決氣候危機，我們必須展開全方位的創新，所以，我們在第十二章的氣候變遷專章中，將詳細說明如何調整金融體系的組織，好讓市場成為氣候危機解決方案的一環。只要做到全方位的氣候揭露政策、澈底改革銀行業氣候風險管理作業，以及永續性投資的主流化等，就能確保每一個財務決策都將氣候變遷納入考量。

這種全新的永續金融作業可以和民間的創新與積極的政府行動等通力合作，共同實現淨零碳排放。這個目標極其重要，是一項巨大工程，且機會之窗稍縱即逝，更重要的是，相關的風險可能攸關人類的存亡。問題是，一直以來，我們的經濟體系看待價值的概念卻對這個目標的實現構成阻礙。

氣候與 COVID-19 危機雙雙證明，一個能根據共同目標來打造共識、並放手讓市場活力決定如何實現那些共同目標的社會（而不是捨「社會價值觀」而追逐市場價值〔代表當前的金融價值〕最大化的社會）是多麼彌足珍貴。

本書的第三部根據各方對這三場危機的回應，勾勒出幾個共同主題，並歸納出可供各方領導者、企業、投資者與國家參考的行動計劃。我們在第三部的結論提出一個以平台為基礎（platform-based）的新方法，在以規則為基礎（rules-based）的國際秩序崩壞後，我們認為應以這個以平台為基礎的方法來管理全球的共同事務。

要重新打造一份普惠的（inclusive）社會契約，我們必須承認價值觀與信念在經濟生活中的重要性。長期以來，亞當‧斯密（Adam Smith，一七五九年）乃至弗里德里希‧海耶克（Friedrich Hayek，一九六〇年）等經濟與政治哲學家不斷強調，信念是固有社會資本的一環，它為自由市場提供了社會框架。這三場危機的經驗顯示，一個成功的經濟體端賴以下共

同價值觀與信念來支持：

- **活力**：協助創造解決方案與傳遞人類創造力的活力；
- **韌性**：在保護社會上最容易受創的族群的同時，讓經濟體較容易從衝擊中復原的韌性；
- **永續性**：懷抱長期觀點並將各個世代的誘因協調到一致的永續性；
- **公平性**：尤其是為了維護市場的正當性所需的公平性；
- **責任**：使個人勇於對自己的行為當責；
- **團結一致**：公民體認到對彼此的責任，並懷抱共同的社區與社會意識；以及
- **謙卑**：謙卑承認人類知識、領悟力與力量的極限，才能扮演好以改善共同利益為目標的保管人（custodians）。

這些信念與價值觀並非永遠不變，而是需要培養的。一如所有革命都會吞噬自己的孩子，不受抑制的市場基本教義主義最終也會吞噬維護資本主義的長期活力所需的社會資本。市場本身永遠不可能有足夠的誘因累積社會資本，唯有個人、企業、投資者與國家都懷抱某種宗旨意識與共同的價值觀，社會資本才有可能累積。價值觀就像肌肉，會隨著運動而日益增長。因此，本書接著將闡述如何認可並強化這些能帶來共同利益的根本社會基礎，因為這是刻不容緩的議題。

第十三章和領導能力有關，這一章的內容檢視領導者必須具備哪些特質並採取哪些行動，才能催化變革、幫助同事實現個人潛力，並鼓勵組織完成使命。為使外界對領導者的倡議產生信心與信任感，他們必須投入、解釋並真情流露。領導者必須持續爭取他們的正當性，而為了讓所屬組織

得以發揮最大的影響力，領導者必須忠於組織的宗旨——即以客戶、同事與社區目標為基礎的宗旨。傑出的領導能力不僅要有效率，也必須符合倫理道德，換言之，領導能力的實踐必須能同時建立價值並培養美德。

第十四章的焦點在於討論力行宗旨的企業如何創造價值。這一章將分別從企業與社會的視角，檢視宗旨與長期價值創造（value creation）——活力——之間絕對會趨於一致的證據。接著，這一章還會說明，力行宗旨的大型企業可利用哪些不同的策略，為所有利害關係人（stakeholders）創造利益。真正的企業宗旨會敦促企業積極且密切與各個不同利害關係人互動，利害關係人包括員工（企業藉由作為負責且能迅速對員工產生共鳴的雇主，積極且密切與員工互動）、供應商與顧客（企業透過誠實、公平與長久的供應鏈關係，積極且密切與供應商及顧客互動），以及社區（做一個全力貢獻社會的優質企業公民）。宗旨能使地方、全國與超國家（supranational）層次銘記團結一致的重要性，並承認跨世代永續性的至高必要性。力行宗旨的企業能促使更廣泛的利害關係人為了一個共同宗旨而團結在一起，所以那類企業的影響力、活力與獲利能力有可能更強大。

接著，第十五章將概述投資者如何在強化這些倡議的同時，又能透過這些倡議獲得回報。要重新平衡價值與價值觀，關鍵要素之一將是發展一些全方位且透明的方法來衡量企業在利害關係人的價值創造方面的成果，並將這些方法制度化。我們將在這一章說明如何衡量永續價值與財務價值才是最好的，並解釋這兩種來源的價值之間的動態關係，同時，我們也說明投資者可利用什麼策略來追求這兩者的最大化。

永續性投資（Sustainable investing）正逐漸發展為一種促使市場價值觀逐漸與社會價值觀趨於一致的必要工具。永續性投資改善了衡量社會重視事物的方法，從工作場所多元性到永續發展目標（Sustainable Development

Goals，簡稱 SGD）皆然。這種投資方法被用來提高股東價值，經由多重管道協助企業吸引並留住最優秀的員工、提升企業的韌性、改善效率、盡量與利害關係人站在同一陣線，以及維護社會許可（social licence）等來高股東價值。一旦我們能以有利可圖的商業模型來處理社會的需要（例如氣候變遷），我們目前面臨的許多最根深柢固的問題，就能找到更多且更能自我維繫的可能解答。

我們將本書討論的很多政策困境彙整至第十六章，目的是為了發展一個有助於各國為全民創造價值的框架。這個框架的基礎由以下幾項要素組成：由健全機構打造而成的傳統基礎、實體資本投資，以及人力資本投資。由於人工智慧與生物工程等各種新技術所帶來變化可謂無遠弗屆，所以，這個框架必須高度著重強制性的勞動力訓練、通用技能培養，所有利害關係人之間的權利平衡、促進企業社會（enterprise society）的誘因，以及中小企業自由貿易等。

國家策略必須能促進現有市場的運作效率，同時也要建構新市場。不過，光靠市場並無法解決我們最棘手的問題，我們需要利用政治流程來界定我們的長期與短期目標，確立我們的價值觀。接下來，再安排市場以使命導向型資本主義的形式，協助找出解決方案，並推動那些解決方案。然而，誠如我們將討論的，由於我們的某些問題正是社會市場化（marketisation）所造成的，所以，市場不可能是所有問題的解方。

國家扮演著必要的經濟角色，但國家絕不僅是眾多市集組合而成的實體，也不是貿易協商者。政府體現了諸如機會平等、自由、公平、團結一致與永續性等集體理想。我們必須針對國家的目標來建立共識，例如以公平正義的方式轉型至淨零碳排放經濟體、打擊 COVID-19，或通用技能的訓練等，讓所有人都能嚐到第四次工業革命的甜美果實。另外，我們也必

須努力設法以有利於公共利益的方式來實現那些目標，才能讓全民受益。

更深厚的民族價值觀意識有可能促成更聚焦、更有建設性的國際參與。只要使用以價值觀為本的方法，就有可能建構更普惠、更有韌性且更永續的全球化。雖然我們不可能為了解決眼前的挑戰而達成將全球各地規定全部綁在一起的共識，但多邊主義（multilateralism）還是可能具有解決問題的強大力量。這一章說明要如何從先前國際社會回應金融危機的方式記取教訓，打造一種能因應當前眾多問題的複雜性並符合民眾要求（民眾要求主權與具體的結果）的合作性國際主義（cooperative internationalism）。

重新引導市場價值

我們不能將創造了大量解決方案的市場體系視為理所當然，這是貫穿本書的綜合主題之一。市場是進步的必要元素，也是找出眼前最緊迫問題的解決方案的必要元素之一，但市場並非與世隔絕，它會受社會影響，也會影響社會。市場是社會構思（social construct），它們的效能一部分取決於政府的規定，一部分則取決於社會的價值觀，我們若未能適當看管市場，它們終將腐蝕那些價值觀。為了使市場維持順暢運作，我們必須集中心力重建社會資本。為了重建社會資本，個人和他們所屬的公司行號必須找回他們的團結意識與對這個體系的責任感。更廣泛來說，只要重新以社會價值觀來作為評估價值的基礎，我們就能打造出實現繁榮的平台。

我在民間與公共部門累積的經驗和方濟各教宗的寓言不謀而合。目前社會上的價值觀確實愈來愈取決於市場上的價值。王爾德的警句正在我們的眼前真實上演──我們的生活方式已對人類社會、後代子孫以及我們的地球造成無法估量的代價。

本書將論證，一旦我們體認到這些動態的存在，就有可能重新將格拉巴酒變回葡萄酒，並重新引導市場的價值，讓它再次為人類的價值觀效勞。

PART-1

市場社會的興起

第一章
何謂價值 I：客觀價值論

　　且讓我們看看下列這些價值悖論。從柏拉圖（Plato）到亞當・斯密等偉大人物都曾思考過，為何水（生存不可或缺的必需品）幾乎免費，而鑽石（除了美感以外幾乎沒有效用）卻那麼昂貴。

　　在 COVID-19 危機期間，世界各地的醫療體系勞工辛勞提供公共服務、無私奉獻與大無畏的英雄氣概等非凡價值觀獲得了舉世稱頌。眾人的喝采令那些勞工士氣大振，但在此同時，鮮少人記得經濟學家曾冷漠地主張這些勞工的工資（他們的微薄工資通常導致他們不得不花漫長的通勤時間去搭乘高風險的公共運輸工具）反映了他們對社會的邊際貢獻（marginal contribution）。取而代之，世人的確一度承認某些價值觀無法被訂價。然而，過不了多久，有心人士為了制定封城的退場策略，陸續提出一些針對「人命的價值」和「封城的經濟成本」進行比較的評價分析。[1]

　　為什麼亞馬遜公司被金融市場評為世界最有價值的企業之一，但亞馬遜雨林那一片巨大地理區的價值，卻沒有出現在任何帳本上（除非它的森林被砍伐殆盡並轉變為農田）？有誰算得出在第六次生物大滅絕（Sixth Mass Extinction）中永遠消失的物種究竟有多少價值？

為了探討價值是否必須先被訂價後才能被評估，且讓我們先討論價值的概念。

價值的概念最初源自哲學，但較近代且較狹隘的價值概念則是源自經濟與財務理論。

價值與價值觀彼此相關，但又截然不同。最廣義來說，價值觀代表行為原則或標準。價值觀是判斷「生活中什麼事物重要」的標準，價值觀決定在生活中採取什麼行為最好，或哪些生活方式最好（這個領域的研究稱為規範倫理學〔normative ethics〕）。價值觀的例子包括誠信、公平、責任、永續性、尊嚴、理性與熱情。

價值則是對「某項事物值得多少關注」的看法，亦即那項事物的重要性、財富價值或實用性。Value 的動詞則是「認為某人或某物很重要或有益；對某物表達推崇的意見」或「估計某物的貨幣財富價值」。[2] 價值並不必然是固定不變的，而是隨著具體的時間或局面有所變化。以莎士比亞筆下的理查三世（Richard III）為例，他在戰役中絕望地大聲呼喊：「馬，給我一匹馬，我願用我的王國換一匹馬！」另一個例子就是民眾在這場大流行傳染病期間賦予基本日常必需品以及醫療業勞工的評價。

這些例子凸顯出一個事實：一般人往往[3]會以相對的方式來描述一項商品或勞務的經濟價值，也就是為了換取另一項條件或商品，願意放棄「多少」值得擁有的條件或商品。以貨幣用語來表達，這就稱為「交易價值」（exchange value）。在經濟學領域，交易價值、使用價值（use value）和內含價值（intrinsic value）三者之間的區別經常引發激烈的辯論。愈來

愈多人認為某項事物的貨幣估計值等於它的財富價值，並進而認為那一項財富價值等同於社會價值觀。大致上來說，目前鮮少人質疑經濟學學說當中的價值主觀（即價格）理論（儘管這個理論曾引發很多爭論），因此，這個理論已被商學院視為一個天經地義的道理，社會上對更深層社會價值觀的看法，也經常取決於這個理論。

世人便宜行事將價格和價值畫上等號的現象造成了許多後果，而為了說明這些後果，且讓我們簡單回顧一下經濟思想中的價值理論發展史。

價值簡史

經濟學領域最根本的疑問之一，就是：一項商品或勞務的價值是由什麼因素決定的？在上個世紀即將結束之際，「以這個領域的語言來說，『經濟理論』就代表價值理論。」[4]

儘管如此，經濟價值理論究竟在探究什麼？畢竟價值也具備某種文學、藝術、教育與宗教屬性。價值的經濟理論主要在試圖解釋為什麼商品與勞務的價格會被設訂在當前的水準，並嘗試解釋如何計算出商品與勞務的**正確**價格——如果一般認為那個正確數值存在的話。然而，誠如我們將討論的，和價值有關的經濟思想早已從這個狹隘的領域向外大幅延伸，這個專業將經濟思想侷限在經濟價值的紀律也遠遠不像過去那麼嚴謹。

歷史上，有關經濟價值的思想多半聚焦在價值創造（value creation）的流程，而各個時代的不同價值理念都源於當時的社會經濟與技術條件。許多價值理論家費盡心思思考分配的結果，並將生產性和非生產性活動加以區分，目的是希望增加「國家的財富」。就這些方面而言，歷史上應對經濟價值的方法，體現了和「生活中什麼事物重要」有關的價值觀。

應對價值的各種不同方法通常也會區分價值創造和價值提取（value extraction）——即尋租（rent seeking）——之間的差異。價值創造是結合不同型態的資源（人力、實體與無形資產）來創造新商品與勞務的結果。價值提取則可視為「移動現有資源與產出，並透過因此而衍生的貿易，獲取不成比例的利益」的產物。[5]「租」則是這類活動的報酬，說好聽一點，「租」被視為不勞而獲的收入，但用最差的解讀來說，「租」被視為一種竊盜。

生產性與非生產性活動之間的差異、價值創造與價值提取之間的差異，以及正當報酬和「租」之間的差異都非常重要，因為這些差異可能左右公共政策，並進而影響成長與福祉。

幾個世紀以來，探討經濟價值之決定因素的思想學派主要有兩個：客觀理論與主觀理論。

價值的客觀理論主張價值取決於商品及勞務的生產。客觀方法堅決主張，雖然某一項產品的價格是供給和需求的結果，它的根本價值卻源自該項產品的製造方式，以及那項生產活動對工資、利潤與「租」造成什麼影響。以價值的客觀理論來說，價值與生產活動的本質息息相關，包括所需生產時間、受雇勞動力的品質、新技術以及工作方式的影響。這個理論的支持者包括亞里斯多德（Aristotle）到亞當·斯密，乃至卡爾·馬克思（Karl Marx）等。

反之，價值的主觀理論則較著重於商品的交易價值（exchange value，商品與勞務在市場上的價格）透露出其根本價值的程度。主觀理論所認定的價值是旁觀者眼中的價值，主要取決於偏好，但也受稀少性（scarcity）影響，但程度較低。這個方法和十九世紀的新古典學派（neo-classical）經濟學家最明顯相關，例如威廉·杰文斯（William Jevons）與亞弗瑞德·

馬歇爾（Alfred Marshall），且這個方法也在我們這個時代占有支配地位。這個理論的風行產生了許多不同的影響，特別是它暗指沒有被訂價的事物既不重要也沒有價值，好像所有事物的價值都能以價格來呈現似的。

早期的價值客觀理論

希臘哲學家——其中最顯赫的是亞里斯多德（西元前三八四年至西元前三二二年）——主張，價值的來源取決於需要，若沒有需要，就不可能發生商品與勞務的交易。亞里斯多德是史上第一位區分物品的雙重用途的人（認定「價值」有別於「價格」的十九世紀古典學派人士熱情接納了這個概念）：[6]

我們所擁有的一切事物都有兩種用途：這兩種用途都屬於這項事物本身，但方式有所不同，其中之一是該事物的正常用途，另一個是非正常或次要的用途。舉個例子，鞋子既可用來穿，也可用來交易，這兩者都是鞋子的用途。[7]

亞里斯多德是在思考他最關心的「公平正義」時，附帶闡述了他對價值的考量。價值是以效用（以使用價值而言）的形式呈現，且以勞動力來衡量。亞里斯多德的「公平價格」（just price）是等值勞動力的交換，不過，這個價格會把勞動力的品質差異列入考慮。[8] 他並沒有試圖解釋商業如何運作，因此也不打算解釋價格在「價值的實證理論」（positive theory of value）中該如何決定。

到了中世紀，「教律派」（canonist，即哲學家神學研究者）和他們的亞里斯多德學派先祖一樣，將經濟學視為倫理與道德哲學中不可或缺的一

環。因此，他們應對經濟的方法和他們的社會哲學系統密不可分，而社會哲學系統隸屬於教會法理，其終極目標是要實現上帝的恩典。

就這個脈絡而言，教律派對價值的思考以兩個方面為主。首先是規範法（normative approach），也就是價值應該是多少，而非透過交易而在市場上揭露的實際數字。第二個方面是要解決「設定符合教會正義的價格」的實務面問題，換言之，如何在上帝面前證明世俗的商業是合理的。

教律派提倡「公平價格」的概念，不過，他們並未精確定義這個概念的解釋，於是，教會的裁定成了當然的解釋。這個裁定和亞里斯多德的見解一致：勞動力成本很重要。亞伯圖斯・馬格努斯（Albertus Magnus，西元一二○○年至一二八○年）提議，應該交易「包含相同數量的勞動力與費用」的商品。聖湯瑪斯・阿奎那（St Thomas Aquinas，一二二五年至一二七四年）則在他的《神學大全》（*Summa Theologica*）中區分了商品的「公平價格」與「不公平價格」，這個「不公平價值」導因於貪婪或其他道德淪喪的行為。

當時的人認定，世界上最敗德的行為幾乎莫過於高利貸。在但丁（Dante）的《地獄篇》（*Inferno*）中，放高利貸的人被送到第七層地獄，因為他們不是經由生產性來源（大自然或藝術）賺錢，而是以利率的形式，經由投機性的收費行為賺錢。在新古典主義問世之前，多數價值理論都將「尋租性金融之惡」這個主題列為重要的探討內容之一。

阿奎那倒是認可從「公平價格」演變出來的其他價格，不過，他認為那種價格只能作為對商人勞動力的付款，且僅限於讓商人足以過上他們習慣的生活水準的程度，不過，這個讓步在實務上已可能讓社會願意包容相當不同的價格與利潤。

在阿奎那之後的一個世紀，聖安東尼奧（St Antonino，一三八九年至

一四五九年）根據負效用（disutility）的概念來證明價格是有道理的：

舉個例子，當某個人需要某項事物，而那項事物的主人將因失去它而感到非常不方便。在這些情境下，後者可能不管這項事物本身的價值高低而要求較高的價格，他並不是根據這項事物本身的價值來開價，而是根據它對他本人而言的價值來開價，也就是說，他的開價不是著眼於事物本身，而是著眼於他將因失去這項事物而產生的不方便。[9]

聖安東尼奧還以類似的邏輯來為利息辯護，他指出，涉及的金錢理應可作為資本，而資本理應可賺取利潤；因此，以收取利息的方式來彌補利潤的折損是公平的。不過，他自始至終都主張，利潤並不是目的，只是實現所有活動的終極精神目標的手段。

總之，當我們在分析教律派的價值定律（或就此而言的希臘哲學家價值理論）時，必須體認到他們的價值理論與經濟學，其實都只是某個更廣大的世界觀（大到包含天堂）裡的固有組成環節之一。[10]

就我們的目的而言，只要認定教律派將具超脫塵世意義的福祉看得比世俗財富更重要即可，換句話說，教律派認為道德目的比利潤重要，並堅持經濟任務的履行必須符合教會管理人（stewardship）原則。[11] 就最後這個著眼點而言，他們為企業宗旨與利害關係人資本主義（stakeholder capitalism）等現代概念奠定了部分基礎（儘管沒有活力充沛的金融圈或世俗的營利責任意識）。

隨著宗教改革以及宗教教義和經濟活動之間漸行漸遠，教律派對經濟行為的影響力逐漸式微。而他們的後人——依序是重商主義者（mercantilists）與重農主義者（physiocrats）——的價值系統，雙雙偏重現實世界的政治經濟體系，較不重視崇高的價值與福祉理念。

十五與十六世紀問世的新技術與新組織形式促使商業社會漸漸興起。隨著新航海工具的推出，海上貿易也開始增長；農業漸漸失去它的封建特色；而經濟體系則是朝著同業工會（guild）與大型貿易公司（例如東印度公司〔East India Company〕）所控制的大型組織化市場前進，而這些受壟斷勢力把持的同業工會與大型貿易公司則受到官方的保護。

為響應上述發展，全新的經濟原則重商主義應運而生。說穿了，重商主義就是「淨出口最大化是實現國家繁榮的最佳途徑」的觀點，也主張國家財富要以黃金來衡量，而黃金是這些貿易順差的副產品。

重商主義的重要性主要在於它以民族競爭政府來取代教律派的道德秩序。一如第三章將討論的，君主的正當性原是來自君權神授說，但到了此時，君主的正當性改變了——此時他們的正當性來自他們作為霍布森式（Hobbesian）保護者的身分——最初是保護人民不受那個時代的天災所害，後來漸漸變成為人民保障新貿易路線與商業機會。他們以民族政治的角度重新定義何謂共同利益，而這促使世人開始尋找能釐清促進國家財富的最佳途徑的價值理論。然而，儘管目標如此崇高，重商主義者的文獻主要還是以促進特定個人與大型企業族群的財富為目的，換言之，他們打著追求恢弘國家宗旨的旗幟，骨子裡卻只想著追求個人利益。

世人對尋租行為的態度在重商主義者時代發生了一些變化。在歐洲人征服所謂的「新世界」並掠奪當地黃金白銀的時代，只有開發與保護貿易路線以及累積貴金屬等活動才被認定是有價值的活動。誠如東印度公司的董事之一湯瑪斯・蒙恩（Thomas Mun）所宣示：「每年對陌生人銷售的產品價值高於我們向他們消費的產品價值」才能增加國家財富。[12] 從此，物品的送往迎來被視為價值創造，而非價值提取。

世人對價值的感受也因此改變。佛羅倫斯商人兼歷史學家貝爾納多・

達凡查蒂（Bernardo Davanzati，一五二九年至一六〇六年）在他的《貨幣論》（*Lecture on Money*）中建構了一個以效用（utility）為基礎的價值理論，這個理論聚焦在驅使世人對商品產生需求的要素，這是「重商」的自然結果，因為商人控制了貿易，而非生產流程。[13] 達凡查蒂也區分了「交易價值」與「使用價值」的差異，並在這個過程中發現「價值悖論」。[14] 他主張黃金沒有使用價值，卻具備非常大的交易價值，因為黃金可用來換取其他商品。

大約同一時期，解剖學家、醫師兼議會成員的威廉・佩堤爵士（Sir William Petty，一六二三年至一六八七年，曾在克倫威爾〔Oliver Cromwell〕統治下的共和國政府擔任愛爾蘭的租稅管理人）也發展出一個價值方法。由於佩堤是一名醫師，且高度受那個時代的科學進展影響，所以他不斷搜尋現實世界的自然與內在法則，包括「自然價值」（natural value）。根據佩堤的說法，「自然價值」受土地與勞動力等生產要素決定，而任何商品的市場價格（「實際價格」）將沿著其自然價值（「自然價格」）起伏。佩堤將他的價值理論簡化為以勞動力為基礎的價值理論，並以勞動力的角度來求解土地的「面」值。[15] 而那個勞動力價值進而取決於某種形式的維生工資（subsistence wage，注：為維持基本生活開銷所需的最低收入，往往高於最低工資），這項工資是由「世界各國最容易獲得的食物」所組成的衡量單位。[16] 就這個著眼點而言，佩堤預告了亞當・斯密、大衛・李嘉圖（David Ricardo）與馬克思等人的價值勞動力理論的到來。

不過，在佩堤忙著鑽研價值理論之際，他還有更重要的事要傷神；他是史上第一個著手計算（而不是推敲產出如何發生）國家總產出（也就是財富）的人，而他最互久的貢獻也是來自這些統計突破。[17] 為了衡量國家

的總產量，他試著判斷哪些活動是生產性活動，哪些不是。在他眼中，唯一值得計算的支出是投入諸如食物、住宅與衣物等必需品以及能促進商人貿易的支出，這個觀點和重商主義者的思想不謀而合。他認為知識性行業（包括法律、神職與金融）都只是促進因素。

佩堤明確鑑定經濟體系的生產性領域後，接著含蓄地定義什麼事物是有價值的。此外，佩堤經由國民帳戶的計算作業打造出一個框架（後來成為國民生產毛額〔GDP〕的基礎），直到今日，各國政府（與社會）依舊默認那個框架是衡量國家財富的標準，並利用它作為經濟政策的指南。[18]

重商主義並沒有太多明顯可視為價值理論的內容可言。[19] 它認為勞動力是價值的來源，只不過，以勞動力作為價值之衡量標準一事，並未在這個領域中取得共識。貨幣被視為一種儲值工具，但不盡然是諸如杰文斯與馬歇爾等新古典學派人士在十九世紀末所主張的那種外顯效用（revealed utility）的衡量標準，且不像目前那麼被普遍接受（請見下一章）。重商主義者號稱重商主義是分析一個國家如何致富的理論，但實務上，它只不過是為當今我們所謂的裙帶資本主義（crony capitalism）辯護的藉口之一。

十八與十九世紀時，和價值的來源相關的更深層探究聚焦在生產的關鍵要素：首先，重農主義者認定價值的來源是土地（在以農業為主的社會，這是可以理解的想法），接著，隨著各個經濟體漸漸工業化，諸如亞當・斯密與李嘉圖等古典學派人士則是聚焦在勞動力作為價值的來源的分析。

重農主義者是一群法國的啟蒙哲學家，他們開創一個以科學來分析經濟的方法，並發展出史上第一個正式的土地價值理論。這個派別的名稱源自希臘語的「天生的政府」，暗指一種「自然秩序」，那個用語既適合自然的社會契約概念，也適合支配經濟流程的不變定律概念。重農主義者基

於支配經濟流程的不變定律而對政府的干預戒慎恐懼——這個立場和該陣營的重量級人士法蘭索瓦‧魁奈（François Quesnay，一六九四年至一七七四年）開創的「自由放任，任由他去、這個世界本就自行其是」說法相當一致——但對重商主義時代生活在專制君主統治下的民眾來說，這是一個相當激進的立場。

重商主義者聚焦在正向的貿易收支以及黃金的累積，反之，重農主義者則認定國家的財富完全源自農業，所以，他們認為製造品的生產活動等於是在消耗農業的結餘（surplus）。「租」是對生產農產品的土地地主的一種回報，但這些地主本身並不事耕種。重農主義者最革命性的貢獻源自他們以教學式方法（methodological approaches）來應對經濟體系與價值創造。就這些方面而言，重農主義者被某些人視為史上第一批經濟學家；當然，他們也是第一批將經濟體視為一個系統的人。

十八世紀中葉，法國國王路易十五（Louis XV）國王的醫師兼顧問魁奈建構了史上第一個系統性的價值理論，這個理論也將各種經濟活動分類為生產性活動與非生產性活動（佩堤在他的國家帳中對各項活動所做的分類，並沒有連結到任何基本理論）。魁奈在一七五八年出版的開創性著作《經濟表》（*Tableau Économique*）的某一個頁面，利用新陳代謝來比喻價值是如何被創造出來的，又如何在經濟體系流通，其中，幫浦為這個系統導入新價值，管路則從這個系統移除價值。魁奈的模型闡述了整個經濟體系如何可能奠基於一小群成員所創造的價值，再逐漸成長茁壯。

漸漸的，「價值」主題在重農主義思想中變得日益重要，但實務上，政治力的作用還是影響到重農主義者對生產性工業活動與非生產性工業活動的分類方式。[20] 魁奈確認了農民是一小群價值創造者，並特別強調農民承受的巨大壓力。不事耕作的地主與放蕩的貴族對農業課徵非常重的稅

賦，不僅如此，長年投入征戰的中央政府也對農業課極重的稅。另外，為偏袒外交導向的製造部門而壓抑農產品價格的重商主義型政策（因為出口導向製造部門能取得黃金，因此被視為能增加國家財富的部門）也加重了農業的負擔。

魁奈的《經濟表》支持農民、反重商主義，這份著作主張所有價值皆源自土地。[21] 他的分類推翻了將交易與交易利得（也就是黃金）視為價值創造關鍵的重商主義方法。自此，價值變得和生產密不可分，但僅限於農業生產。[22] 根據魁奈的表格，只要生產大於消費，因而產生的結餘就可進行再投資，經濟也因此得以成長。反之，如果非生產性部門的價值提取超過農業部門的價值創造，經濟就會衰退。後來，古典學派人士接收了這個「結餘與再投資能促進經濟成長」的概念。

魁奈對經濟體系的敘述非常完整，但他對生產性活動組成要素的看法卻極度狹隘。跟他同時代的安內‧羅貝爾‧雅克‧杜爾哥（A. R. J. Turgot）同樣認為所有財富皆來自土地，但他認為將耕種者所生產的材料加以精製的工匠也一樣有幫助。杜爾哥亦認定地主是純粹收租的「用完即丟型階級」，不過，他承認這群用完即丟的階級成員還是可以藉由提供服務，為社會的整體需要貢獻心力，例如司法的管理，或是在戰爭時提供支援。

重農主義者的方法和同時代的愛爾蘭裔經濟學家理查‧坎蒂隆（Richard Cantillon，一六八〇年至一七三四年）的土地價值理論相輔相成。坎蒂隆曾是法國非常成功的投機客，但他的成功為時短暫；後來，他發表了早期的傑出經濟理論著作之一《商業性質概論》（*Essaisur la Nature du Commerce en Général*）。這本書是少數涵蓋客觀與主觀價值學派見解的文本之一。在客觀理論部分，坎蒂隆一開始以諸如佩堤那種勞動力與土地價值理論為起步，但接下來，他假設規模報酬不變，並設定一名勞工的價

值等於他消耗的土地產物之價值的兩倍，同時也將勞工的技能與地位差異列入考慮，從而將內含價值的決定因素簡化為只有土地一個項目。他也發現，當市場價格偏離他所推演出來的內含「土地」價值，資源會如何被配置到各個不同的市場。至於主觀理論部分，坎蒂隆開創了經濟體系的二階段一般均衡模型，另外，他也精心說明供給與需求機制將決定短期市場價格（但非長期自然價格），這個見解讓他成為十九世紀邊際學派革命（marginalist revolution）的老祖宗。

重農主義者對價值與價值創造相關理解的主要貢獻是：他們強調經濟是一個體系、探討不同所得的來源，以及明確討論了所得的分配。雖然今日來看，魁奈的《經濟表》看來實在相當晦澀難解，但那份文本說明，經濟體系是一個需要加以分析、了解且培育的複雜有機結構，和人體非常類似。經濟體系不可能只迎合商人階級或專制君主的意願。法國大革命時期的重要人物之一米拉波伯爵（Comte de Mirabeau）將魁奈的《經濟表》視為世界上最偉大的三項發展之一，他認為只有印刷術與貨幣的發展能與之相提並論。[23]

然而，他的評斷並沒有通過時間的考驗，或許是因為當時各個經濟體正快速工業化，生產流程也劇烈改變，導致重農主義斷定「土地是所有價值的來源」的主張很快就遭到質疑。就在魁奈過世一年後，理查·阿克萊特（Richard Arkwright）提出了機械編織的總專利申請，而伯爾頓（Boulton）和瓦特（Watt）也各自成立了製造蒸汽引擎的公司。總之，當時英國的工業革命開始向前推進，如火如荼。

古典學派

到了十八世紀末，工業革命對經濟、社會與政治造成的影響，促使卓越的思想家接連提出許多新經濟價值理論。這些人後來就成為一般人所熟知的古典學派（classicist），[24] 這個學派的三大巨頭是亞當・斯密、李嘉圖與卡爾・馬克思，他們的影響力至今猶存。

古典學派人士聚焦在政治經濟體，他們的經濟學研究屬於社會研究中不可或缺的一環。他們的方法以市場的發展為核心，並依據當時的巨大社會與技術變遷脈絡，誠實探討經濟成長與價值的分配。那是一個史無前例的成長、都會化、工業化與全球化時期，而他們就在那樣的環境中進行研究。當今很多人認為，經濟學是一種可自外於瞬息萬變動態的中性技術學科，倘若當時的古典學派人士到現在還活著，想必會覺得現代人的上述觀點極度古怪。[25]

雖然各個古典學派經濟學家的觀點在很多方面有所不同，卻都認同三個基本概念：

首先，商品與勞務的價值取決於產出那些商品與勞務的「投入」（input）的價值，其中，主要的投入是勞動力。

其次，經濟體系基本上是不斷改變的，而勞工、地主和工業家之間的關係，會隨著新的生產技術與方法的轉變而改變。這個流程能促進價值創造，並改變價值的分配。

第三，價值分配與價值創造的核心是交易的流程。舉個例子，李嘉圖聚焦在海外貿易的商品交易利得，馬克思則注重勞動的交易價值以及所得的分配。

對照之下，亞當・斯密著重整個經濟與社會範疇裡的各式各樣交易。

在亞當‧斯密眼中，人類生活的一切都牽涉到交易，因此，我們很難將他的市場與價值創造理論從更廣泛的社會脈絡中抽離，就像我們無法將教律派的價值觀點從他們的社會哲學與教會法理體系中分離出來一樣。

一七二三年，亞當‧斯密出生於蘇格蘭法夫郡（Fife）的柯卡迪鎮（Kirkcaldy）。亞當的父親在他出世前兩個月就已過世，他在世時曾擔任資深律師、軍法官與地方海關主計員。亞當的母親瑪格麗特‧道格拉斯（Margaret Douglas）是史特拉森德里（Strathendry，也位於法夫）的地主羅伯‧道格拉斯（Robert Douglas）之女。亞當‧斯密和母親的關係非常親近，而她非常鼓勵他追求學術成就。亞當‧斯密最初在當地接受教育，十四歲時，他負笈格拉斯哥大學（University of Glasgow）學習社會哲學，後來又到牛津大學的貝利奧爾學院（Balliol College）求學。誠如他的傳記作者諾曼（Jesse Norman）所言，亞當‧斯密在牛津大學求學的日子並不好過，因為他的學院「是詹姆斯二世黨（Jacobite）、托利黨人（Tory，注：保守黨前身）、愛搞派系、貴不堪言且歧視蘇格蘭佬；而亞當‧斯密本人的一切則和牛津的一切恰恰相反，他是長老會（Presbyterian）、輝格黨人（Whiggish，注：主張維新）、合群、而且還是個窮到不行蘇格蘭佬。」[26]

亞當‧斯密畢業後便回到格拉斯哥大學講學，期間他發表了一系列成功的公共演說，並取得格拉斯哥大學道德哲學教授的頭銜，從此和大衛‧休謨（David Hume）展開了長達一生的共同研究，並和他培養了深厚的友誼。稍後幾年，亞當‧斯密接受了一份讓他得以遊歷全歐洲的家教職務（擔任蘇格蘭最有錢的地主巴克魯公爵〔Duke of Buccleuch〕之子的家教），並在歐洲結識了許多當代知識分子領袖，包括魁奈；後來，他回到不列顛群島，又認識了班傑明‧富蘭克林（Benjamin Franklin）。

亞當‧斯密一生發表過兩份大師級巨著，包括一七五九年的《道德情

操論》（*The Theory of Moral Sentiments*）與一七七六年的《國富論》（*An Inquiry into the Wealth of Nations*）。後者堪稱史上最多人購買、最常被引用，但很可能也是最少人真正讀過的經濟學書籍。要了解亞當‧斯密的完整思想，必須同時參酌他在《國富論》與《道德情操論》當中闡述的概念。

亞當‧斯密是非常多人公認的經濟學之父，他迄今不朽的影響力證明了他個人學問的力量和廣博精深。舉個例子，我在英格蘭銀行任職期間，我們經常利用他的真知灼見來解決各式各樣的問題，包括貨幣在加密資產時代的未來，乃至二〇〇八年金融危機後如何重建金融市場的社會基礎（這些都是本書稍後的主題）等等。在這個過程中，帶給我們巨大啟發的是作為政治學、道德、倫理與法學賢哲的亞當‧斯密，而不是作為傳奇的市場基本教義主義者的亞當‧斯密，也不是左、右派通吃的政治牆頭草亞當‧斯密。事實上，亞當‧斯密的著作警告，將貨幣和資本畫上等號，以及斷絕經濟資本與社會資本之間的關係都是錯誤的──如果只選擇性閱讀《國富論》的少數篇幅（儘管那些是公認精彩的內容），就可能犯下那些失誤。這種將亞當‧斯密描寫為「自由放任之父」並導致他顯得可笑的行為，嚴重貶損了這位最深思熟慮且最寬容的入世哲學家；畢竟「看不見的手」（invisible hand）一詞只在那本書出現過一次，也只在亞當‧斯密的作品集中出現過三次。[27]

亞當‧斯密為了解釋為何蘇格蘭能在他的一生當中那麼不可思議地轉型成為歐洲啟蒙運動的中心，他聚焦在商業社會演進所衍生的文化、經濟與社會影響──此時的民眾脫離了人與人之間彼此依賴的模式，整個世界轉變為一個商業互動的世界，每個人都成了以交易為生的商人。[28]

亞當‧斯密還進行了一個更深層次的計劃。他為了思考一個可作為其

他所有領域的人類知識之基礎的人類科學，而著手研究人類生活的所有主要環節，例如哲學、宗教、政治經濟法律體系、藝術、科學與語言等。由於亞當‧斯密採用科學的方法來進行這些研究，所以他的結論以觀測與經驗為基礎，而不是武斷的紙上談兵。

貫穿亞當‧斯密所有著作的核心概念是：連續不斷的交易是人類所有互動的一部分。他所謂的交易不只是市場上的商品與勞務交易，還包括語言意義的交流，以及道德與社會規範形成過程中的彼此關懷與尊重。人類是群居動物，他們經由自己的行動以及在所有人類存在的領域中彼此互動的過程來養成自我。

亞當‧斯密撰寫《道德情操論》的目的，是為了解釋人類的道德判斷能力源自何處，因為人類出生時並不具備道德情操。他相信人類是藉由「愛人與被愛」（即受人推崇或廣受好評）的慾望來形成我們的規範（價值觀），那是社會心理學的問題。亞當‧斯密提出一個「同情」（mutual sympathy）理論，他主張，當你仔細注意其他人並觀察他們所做的判斷後，就能理解其他人如何看待你的行為（也因此變得更加了解自己）。我們經由理解（或想像）他人的判斷而得到的回饋，將促使我們產生一種實現「互相同情的情操」的動機，這股動機將促使一般人養成行為習性，接著再發展出構成個人善惡觀念的行為原則。

所以，道德情操並非與生俱來。借用理查‧道金斯（Richard Dawkins）的現代術語，道德情操其實是我們學習、仿效並對外傳遞的社會迷因（meme）。一如遺傳性模仿（genetic memes），道德情操可能會在行為串連的過程中與臨界點發生突變。

正是在這個脈絡下，亞當‧斯密成了史上第一位將市場視為經濟學核心的人，此舉徹底改變了政治經濟學的定位。具體來說，《國富論》奠基

在作為商業社會之中心的市場交易之上。他最著名的一段言論，說明了這隻「看不見的手」的作用：

我們的盤中飧並非來自屠夫或釀酒工人的慈善心，而是來自他們汲汲於自身利益的私心。我們是因他們的自愛之心才得以飽足，而不是因為他們的博愛，所以永遠別跟他們談論我們自身的需要，而是要跟他們談論他們的利益。[29]

但我們還是必須從更廣泛的社會脈絡來審視亞當·斯密的市場理念。他強調市場可能是因為私人的目的而存在，但市場終究是持續演進的社會秩序的一環，所以勢必具備某種公共價值。亞當·斯密理應沒有看出市場會發展出現代經濟學與政策制定所特有的那種無實體數學結構。反之，在他眼中，市場是活生生深植於那個時代的文化、實踐、傳統與信任當中的機構。這就是他的第一本著作《道德情操論》的過人思想。[30]

亞當·斯密也認為市場絕對不是一個龐大的統一機構，市場也絕對不慈善，而雖然不同的市場之間有一些共同的特色，卻和所有人類一樣，各有不同。亞當·斯密接受過實務市場的良好訓練（他參與過玉米市場和票據交易市場等實際運作）所以，他謹慎區分了土地、勞動力、金融資產和商業產品等市場的運作有何差異。

亞當·斯密也解說了「當市場出差錯時會發生什麼事」的疑問。他深知壟斷事業可能帶來什麼禍害，而且，他認為自由市場是一種零「租」的市場，並在他的書中猛烈抨擊重商主義者，也就是我們目前所謂的裙帶資本主義者。亞當·斯密和魁奈一樣，主張重商主義者政策對競爭與貿易造成限制、侵蝕工業的根基，而工業是經濟體系價值創造的真正源頭。

亞當·斯密的這份分析大大提升了世人對價值的理解，所以堪稱貢獻

良多。

首先，他以論述證明，當一個市場以社會信任為其堅實基礎，那樣的市場便能成為繁榮的引擎。他對大頭針工廠勞動力分工的那一番著名論述，說明了他個人的一項突破性的領悟：競爭與工作組織變革的結合將促進生產力、成長與「普遍的富足」。[31]

第二，雖然亞當・斯密採納和重農主義者相同的系統性方法來研究經濟成長，他卻進一步將經濟體系生產領域的概念從農業延伸到工業。在農業與工業兩種系統，成長都源自於被再投資到生產活動（以亞當・斯密的例子而言，指的是製造活動）的結餘，而非被再投資到非生產性的奢侈品消費或尋租行為的結餘。

第三，亞當・斯密對政府被商業把持的危險戒慎恐懼。他不斷警告，商業利益具備共謀的本質，包括設定「可對買方造成剝削」的高價。他提醒世人，一個被商業主導的政治體系將允許產業界策劃不利於消費者的陰謀，其中，產業會以計謀影響政治與立法，從而達到目的。[32] 基於這個觀點，他提倡以自由貿易來破解重商主義者的勢力，並提高製造商在競爭市場上的占有率。

雖然亞當・斯密對市場與工業組織的領悟是他個人的原創思想，但他在發展正式的價值理論方面，表現卻較為失色。他相信商業社會裡的工業勞工（而非魁奈的農業社會裡的農民）是一個生產性經濟體系的核心。製造業勞工（而非土地）才是價值的主要來源，而總價值創造規模和工人投入生產活動的時間成正比：

因此，任何一項商品的價值對於擁有這項商品並打算以這項商品交易其他商品（而不打算親自使用或消耗這項商品）的人來說，等於這個人為

了獲得購買或自由使用這項商品的能力而投入的勞動力數量。因此，勞動力才是衡量所有商品的交易價值的真正標準。[33]

　　亞當・斯密承認，因勞動力的品質參差不齊，所以不能單純以投入生產某項物品的工作時數來衡量勞工投入的努力。另外，他也特別強調一項商品的「真實」價值（取決於勞動力）和那一項商品的貨幣價格（他所謂的「名目」價格）可能有哪些方面的差異：「因此，勞動力本身的價值永遠也不會改變，無論在任何時間、任何地點，勞動力是估計與比較所有商品價值之終極且真實的標準。勞動力是那些商品的真實價格；貨幣則是那些商品的名目價格。」[34]

　　亞當・斯密主張，在一個以物易物的經濟體系裡，以生產各種商品所需直接投入的勞動力的某個比率來交易那些商品會簡單很多，例如他舉的一個著名例子：「舉例來說，如果一個獵人國度宰殺一隻海獺所花費的勞動力，通常是宰殺一頭鹿所需勞動力的兩倍，那麼，一隻海獺自然應該能交易兩頭鹿，或相當於兩頭鹿的價值。」[35]

　　然而，在一個幾乎所有交易都利用貨幣來執行的世界裡，一項商品的價格只是那項商品的終極真實價值（取決於勞動力）的一個「估計值」。亞當・斯密並沒有解析造成市場價格與勞動力價值之間出現落差的因素，不過，後來李嘉圖和馬克思以亞當・斯密對勞動價值理論的思考為基礎，提出了進一步的想法。

　　雖然亞當・斯密強調，效率市場功能的正常運作有賴信任、公平與誠信等情操來維繫，但他並沒有體察到一個矛盾現象：評價（valuing）的行為有可能改變這些情操。誠如我們將在稍後幾個章節討論的，這可能會啟動一連串暗中破壞市場正常運作且改變社會價值觀的動態流程。

李嘉圖堪稱他那個時代最偉大的經濟學家，一七七二年，他出生於目前倫敦利物浦街車站附近，家中有十五名順利長大成人的孩子，其中六名是男丁，而他在男丁中排行第三。李嘉圖的父親是來自葡萄牙的賽法迪猶太人（Sephardic Jew，注：西班牙系猶太人），在荷蘭工作一段時間後，便定居英格蘭。李嘉圖跟隨父親的腳步進入倫敦金融城，並透過政府債券等投機操作賺了一大筆財富（大約相當於目前的一億英鎊）。後來，他在賭對了滑鐵盧戰役的結果（據說他是根據錯誤的資訊贏得那次賭注）並贏得巨額獎金後隨即退休，在他的葛路斯特夏爾（Gloucestershire）莊園裡度過極端富裕的餘生，而且，他也在那裡繼續他的政治經濟學研究──李嘉圖最初是在那個世紀之交閱讀《國富論》後，才開始對這個領域產生興趣的。

李嘉圖的政治經濟學著作不像亞當·斯密的著作那麼氣勢恢弘（因為他並沒有涉獵所有人類科學領域的遠大志向），不過，他的概念一樣影響深遠。李嘉圖將亞當·斯密著作裡的重要元素發揚光大，並至少對經濟學思想帶來兩項卓越的貢獻。首先，他透過比較優勢理論（theory of comparative advantage）提出了一個極具說服力且原創的自由貿易論點，這項理論後來成為經濟自由主義（economic liberalism）的主要信條。第二，他將勞動價值理論正式化，後來成為馬克思主義的基石。[36]

一八一五年，《穀物法》（*Corn Laws*）的擬議在英格蘭引發了極大的爭議，這項法律的設計旨在監理穀物的進口與出口，並希望在這個過程中保護國內地主的經濟利益。小麥進口被課徵關稅的可能性，以及因此而可能上漲的國內穀物價格，促使李嘉圖提出《論低穀物價格對原料利潤之影響》（*Essay on the Influence of a Low Price of Corn on the Profits of Stock*，一八一五年）一書。他在書裡主張，提高穀物進口關稅將使地主的「租」提

高、使製造商的利潤減少，且導致經濟成長趨緩。

李嘉圖的反對意見局部源自他對重商主義的整體反感，這一點他和亞當・斯密的立場相同。亞當・斯密認定貿易是一種雙向交流，並相信進口反而能幫助各國增加出口且促進經濟成長。亞當・斯密在《國富論》中主張，消費者應該購買來自最便宜供應端的產品。所有保護措施只會造成壟斷，而壟斷是「優質管理的最大敵人之一。」

李嘉圖進一步將亞當・斯密的概念發揚光大。首先，他闡明後人所謂的「邊際報酬遞減定律」（law of diminishing marginal returns），是經濟學最重要的定律之一。這個定律主張，隨著愈來愈多資源在生產過程中和某項固定的資源結合在一起（例如在一片固定大小的土地上使用更多的勞動力與機械），新增產出量將會遞減。對外國進品設限將導致更多邊際土地投入生產、使穀物價格上漲、使地主的「租」增加，降低製造商的利潤，並因此導致製造商投資新產能的能力降低。誠如我們將在下一章討論的，需求端的類似情況稱為邊際效用（marginal utility）遞減，這個定律主張，當一個人消費某項商品的數量增加——例如大晴天消費冰淇淋——每多吃一勺冰淇淋所獲得的歡愉感將遞減。

李嘉圖反穀物法（具體反對）與重商主義（概括反對）的主要論點，是以他對後人所謂比較優勢（最初被稱為「比較成本」）定律的表述為基礎。他說明，即使一個國家生產所有事物的能力皆比另一個國家卓越，這兩國之間的相對生產效率差異還是可能使它們得以透過貿易來受益；只要每一國專門生產它的（國內）比較成本較低的商品，雙方就能透過貿易獲得利益。與其在本國境內與本國勞動力交易，不如以較有利的條件和貿易夥伴國家交易。正如卓越的美國經濟學家保羅・薩繆森（Paul Samuelson，一九一五年至二〇〇九年）曾嘲諷的：「比較優勢是經濟學領

域中少數的真理之一，但它並不是那麼顯而易見。」本書的附錄詳述了這個不顯而易見的真理。

李嘉圖最著名的著作《政治經濟與稅收原理》（*Principles of Political Economy and Taxation*，一八一七年）就是以他的勞動價值理論開場：

> 一項商品的價值——或者說它能交易的任何另一項商品的數量——取決於投入那項商品之生產活動的相對勞動力數量（而勞動力是生產的必要元素），而非取決於為了取得那些勞動力而支付的薪酬高或低。[37]

在他眼中，一項商品或勞務的價格和它的潛在價值是兩回事。一如亞里斯多德和亞當·斯密，他主張兩種商品之間的相對價值取決於製造這兩項商品所需投入的相對勞動力數量。

在這個純勞動價值理論的框架下，如果生產一瓶葡萄酒所需耗費之勞動力，是生產一條麵包所需勞動力的兩倍，那麼，葡萄酒的價值理應是麵包的兩倍。在短期內，實際的價格會隨著工資與利潤而出現波動，但長期而言，實際價格應該會回歸到由生產那些商品所需投入的勞動力數量所決定的自然價值。李嘉圖將土地的報酬（「租」）與資本的報酬（利潤）納入，藉此將這個理論概化，接著便專心研究各生產要素的報酬分配如何變化。

他以「時間」作為衡量勞動力數量的標準之一，同時對照工資和生產力，藉此將勞動力的不同技能納入考量，另外，他也假設資本對價值的影響力被抵銷，因為資本只是被儲存在勞動力裡。他還加入一項地租理論，主張「租」是由商品價格決定（而非決定商品價格的要素），並提出理由說明為何利潤會對價值產生不同的影響（例如不同產業的資本密集度）。[38]

李嘉圖在《政治經濟與稅收原理》中闡述決定「社會的三個階級」

（地主、勞工與資本所有權人）生產的所有事物的分配定律。他認為，最終控制一國成長率與財富的議題是工資的分配。

他認定，勞工的報酬將趨近於以食物價格為主軸的維生工資，而食物價格又進而會反映投入生產的邊際土地的影響（這成了後來所謂的工資鐵律〔iron law of wages〕）。當工資與必需品的成本同步上漲下跌，利潤將出現反向的變化。李嘉圖也判定，「租」將隨著人口成長而增加，因為報酬遞減會導致耕種與養殖較多食物的成本上升。誠如他在《論利潤》（*Essay on Profits*）中所評論的：「利潤取決於高或低工資，而工資取決於必需品的價格，必需品的價格則主要取決於食物價格。」

李嘉圖的成長及累積理論就是源自這個見解。隨著利潤增長，資本家會展開投資並增產，創造更多就業機會，並使工資提高。而這個發展將促進人口的成長，結果，隨著更多土地被用於生產，工資將被壓回維生工資的水準，進而使利潤（與「租」）提高，如此周而復始，不斷循環。隨著經濟成長，將會有愈來愈多民眾能賺到維生工資。

然而，由於他認為食物價格是控制工資的終極因素，所以，農業的生產力愈高，食物的價格就會愈低，工資因此也會愈低，相對的，製造活動的利潤也會愈高。這些利潤可進一步再投資，並促成製造活動（生產性消費，productive consumption）的進一步成長。相對的，如果農業的生產力較低，就不會有結餘可再投資，因此也不會有成長。「租」會消耗結餘，所以會拖累經濟成長。

李嘉圖的方法有兩大缺陷。首先，他的分析傾向著重貨幣與財政要素，低估了生產組織的重要性以及經濟機構的中心性（centrality）地位。[39] 最奇怪的是，儘管李嘉圖審慎讀過亞當·斯密的著作，他卻未曾提及分工是經濟組織的基本制度。

第二，李嘉圖勞動價值理論的推導有一個根本的缺陷：如何解釋各種不同生產要素的報酬的時間範圍差異。為解決勞動力作為價值的單一決定因素的問題，他需要確立資本和勞動力之間的關係（一如他根據食物價格與維生工資來確立土地與勞動力之間的關係）。他的解決方案是將資本視為累積勞動力（因為他觀察到，要製造一部機器得投入非常多人類工時）。不過，當他領悟到藉由工作取得報酬（即每日、每週或每月的工資）的時間範圍，遠比利用實體資本取得報酬的時間範圍短（藉由有形資本取得報酬的時間範圍通常要很多年），這個方法就失靈了。[40]

後來，馬克思接手這件艱鉅的任務，他聚焦在勞動能力（labour power）、工資協商的動態，以及他所謂「資本主義的天生不穩定」。

馬克思是一名德國哲學家、政治經濟學家與革命家。一八一八年出生在特里爾（Trier）的他，在波昂（Bonn）、柏林與耶拿（Jena）等地的大學學習法律與哲學。大學時期，成為青年黑格爾派（Young Hegelians）的一員後，他的立場從此變得激進。黑格爾的形而上學（metaphysics）對馬克思影響深遠，他熱情採納了黑格爾的「辯證法」（dialectic approach），即批判各種概念與那些概念之間的關係、包容性與遺漏，並經由這個過程來揭示各種另類的真理。基於那種寫作風格、馬克思龐大的著作產出，以及他對各項文本的頻繁修訂等因素的綜合影響，外界對他的著作產生了極度廣泛的解讀。此外，一如亞當・斯密，馬克思對相關議題的解讀也經常被很多評論家引用，以證明他們原本的立場是正確的。

馬克思（以及他太太與孩子）因其政治色彩而流亡倫敦長達幾十年，不過，身在倫敦的他還是繼續和恩格斯（Friedrich Engels）合作，共同發展他的思想；他們常常在大英博物館的閱覽室做研究。他最著名的著作是《共產黨宣言》（*The Communist Manifesto*）和三卷《資本論》（*Das*

Kapita），不過，他還有無數針砭時事的小冊子與研究，不僅如此，他還留下了大量筆記給後來的學者與追隨者鑽研。他過世後，只有十二個人參加他的葬禮，但如今，每年有成千上萬人到訪他位於海加特（Highgate）的墓園。馬克思的政治與哲學思想對後來的知識、經濟與政治史產生了巨大的影響，如今，他的名號依舊被用來作為某一個社會理論學派的形容詞和名詞。從價值的角度來說，馬克思有幾點貢獻。

首先，一如亞當・斯密、教律派與亞里斯多德，馬克思也是從社會與政治的脈絡來探討價值，所以，我們很難單單關注他研究價值的方法，漠視他更廣泛的理論框架。他關心社會歷史的進展，因此，大致上來說，他瞧不起缺乏足夠史觀的古典學派。他強調，經濟流程絕非與社會隔絕，而是會隨著時間、地點與過往等條件而改變。

資產階級社會（bourgeois society）的分類讓人得以洞察所有既存之社會關係的結構與生產關係（relations of production，注：指個人藉以從事生產活動的社會關係），以及這些社會關係的崩壞如何被用來打造有產階級社會，因此，有產階級社會的崩壞有可能是打造全新科學政治經濟體系的要素。[41]

馬克思甚至比亞當・斯密更毫不隱諱地堅持，生產活動是一種必須仰賴現行社會組織形式與生產技術才得以進行的社會活動。他強調，生產性活動的本質以及價值的分配會隨著時間而改變。

第二，馬克思斷定，儘管經濟結構不斷改變，有一件事卻永遠不變：每一項商品與勞務的價值，是由投入其生產活動的勞動力所決定的。為了推演這個結論，他延續最早可回溯到亞里斯多德的客觀理論傳統，假定所有商品都有兩種價值，也就是使用價值與交易價值。接著，馬克思又為價

值（或財產價值）增加一個定義：價值取決於生產那項價值所需投入的「社會必要勞動力」數量，而社會必要勞動力的定義，是指使用最先進技術的平均勞動力技能與勞動力密集程度。剩餘價值（Surplus value）是指一項產品出售時的（交易）價值和生產這項產品時投入的所有要素（也就是勞動力以及已內含在機械裡的勞動力）的交易價值之間的差額。

所以，馬克思和亞當・斯密與李嘉圖一樣，他們都認為勞動力是使用價值（即內含價值）的唯一源頭。不過，和他們兩人不同的是，馬克思找到了評估價值的恆定標準，利用這個標準，就能判斷所有其他產品的價值。這個曾經讓李嘉圖非常糾結的問題（勞動力與資本報酬的時間範圍不同的問題）的解決方案，是馬克思經濟與政治動態理論的支柱。[42]

馬克思主張他的「勞動定律」（law of labour）（目前被稱為馬克思的勞動價值理論）能解釋所有商品的價值，包括勞工賣給資本家的商品「勞動能力」（labour power），也就是勞工的工作量能。馬克思認為，花費在生產的勞動力與「勞動能力」有別，這個區隔非常重要。就最低程度來說，勞工必須工作足夠長的時間，才能重新產生他們的勞動能力：收到一筆相當於維生工資的金額。不過，他們的勞動能力可以讓他們工作更久，而如果勞工工作更久，就會創造剩餘價值。資本主義的過人之處，就在於它讓勞工工作更久，並使資本家得以將因此產生的絕大多數剩餘價值據為己有，卻只付給勞工足以購買諸如食物與住宅等商品來恢復工作所需體力的工資。

馬克思斷定，階級鬥爭能決定這項剩餘價值將由誰獲得。換言之，勞工與雇用勞工的資本家之間的相對勢力，決定了勞工的工資以及各種形式的資本的報酬。如果工資上漲到高於恢復勞動能力所需的維生工資，資本家將會用更多機械來取代勞工。另外，資本家也能藉由馬克思所謂的「勞

動後備軍」（reserve army of labour）來維護勞動能力的紀律。

那麼，馬克思的代表作主題「資本」呢？馬克思認為，資本有幾個不同的類型，每一種都會得到勞動力所創造的部分剩餘價值（更詳細的關係請見附錄）。假定資本家掌握充分的勢力（馬克思認為，有非常多證據顯示資本家掌握了充分的勢力），這些動態就能解釋經濟如何向前推進。資本家占用了能創造利潤的多數（甚至全部）勞動力剩餘——即資本家以固定的資本獲得的超額報酬。接著，資本家會將淨收入（扣除因孳息性資本與商業資本而衍生的支出後）再投資到新機械與擴大產量的用途。在馬克思眼中，生產性活動並無部門之分。不管是勞務還是製造活動，都可以是生產性的，只要這些部門的勞動力能創造可被再投資到資本家生產活動的剩餘，它們就是生產性的。

馬克思預知了資本主義總是不斷變動、且處於根本不穩定狀態（與先前的封建主義與重商主義系統不同）的幾個理由。個中的主要矛盾之一是，利潤的再投資將提高機械化程度，而這將取代勞動力，並降低唯一的利潤來源，也就是勞動能力。潛在的回應方式是試圖藉由提高勞動後備軍或以其他方式降低勞動力的議價能力，從而壓低勞動能力的交易價值，而這可能會加劇階級鬥爭。

馬克思也發現，經濟體系日益普及的商業化與金融化，最終可能一步步損害生產的增長。他認為，商業與投機性的金融公司行號不會對資本家的生產活動產生加值效果。隨著這類企業獲得的剩餘價值占比愈來愈高，經濟體系可用於再投資的利潤遂日益減少。

馬克思對價值理論的最後一項貢獻是，資本的社會特性會助長不穩定。資本讓資本家有了控制勞工的力量，因為勞工一旦脫離生產工具，便無法實現他們的勞動能力。而因為生產工具不屬於勞工，且他們創造的剩

餘價值也遭到剝奪，所以勞工遂漸漸疏離（alienated，注：又稱異化，大意是指勞動的本質與目的被剝奪，導致勞工對勞動產生疏離感）他們的工作。不論在馬克思、亞里斯多德還是阿奎那眼中，交易價值——更正確來說，應該是「公正」的交易價值——不僅帶有經濟上的寓意，也隱含著道德上的寓意。

亞當‧斯密、李嘉圖與馬克思都重新將工業納入生產前緣（production frontier）內，並聚焦在工業革命的新生產流程對勞動力報酬與資本報酬的影響。他們都認為，價值源自生產成本，尤其是勞動力成本，所以，後續的任何活動（如金融）本身並沒有創造價值。

雖然馬克思使用了古典學派的價值概念，但他也應用了自身浩瀚的哲學與社會學知識，在《資本論》一書歸納出與古典學派概念截然不同的結論。這本書需要得到更多正統價值理論家的回應，而他們也迅速表態。

誠如我們將在後續幾個章節討論的，那些回應啟動了一個從根本改變了價值觀點的流程，包括產出商品或活動的內含價值，乃至消費那些產品或活動的旁觀者眼中的外在價值。漸漸地，我們將商品、活動與勞動力的市場價格和它們的財富價值畫上等號，並認為那些財富價值等同於社會價值觀。如今，第四次工業革命與 COVID-19 危機正共同導致人類社會發生巨大的結構性轉變，然而，若我們無法認清這些價值觀念上的誤謬，可能會對解決那些巨大結構性變遷的成果造成深遠的影響。

第二章
何謂價值 II：主觀價值論

如果情人眼裡出西施，那麼價值是誰說了算？

幾年前，一位神祕買家在一場公開拍賣會上，以四億五千萬美元購買了一幅達文西（Leonardo da Vinci）後來被發現的基督畫像——《救世主》（*Salvator Mundi*），他的買價創下了拍賣新記錄。你如何評估一幅遭到嚴重破壞、且整幅作品多半靠修復而來的十五世紀油畫的價值？為什麼一幅勸誡「貧窮的人有福了」的「救世主」肖像（目前是世界首富之一的私人收藏）對整個世界的價值，竟隨著它的稀少價值（scarcity value）被最大化而被掩蓋？

大約就在這場拍賣會之際，藝術家達米恩‧赫斯特（Damien Hirst）為了印製屬於他自己的貨幣來拜訪我。他想要以兩千幅幾乎一模一樣的波點畫（paintings of dots）印製他的貨幣，鈔票大小則是八乘十二英吋（而他想在那些鈔票的背面印上不同歌曲的名稱，以作區分）。他打算出售那些畫作／鈔票，並成立一個專門交易這些畫作的市場。到時候，藝術將存在於交易的過程——那些貨幣將真的具備交易價值！赫斯特的嗅覺確實非常靈敏，他察覺到某個重大的趨勢。就商業操作來說，他絕對堪稱這個時

代最成功的藝術家之一，他的藝術具現代價值，也擁有貨幣的價值。事實上，評價行為本身就帶有藝術（以及商業）價值。

至於「只為藝術而藝術」的下場又是如何？COVID-19 危機促使成就非凡的泰德現代藝術館（Tate Modern）館長法蘭希絲·莫利斯（Frances Morris）有感而發地警告，轟動又賣座的展覽活動固然能讓該博物館得以蓬勃發展，卻可能衍生以下危險：「排擠掉其他同樣重要且寶貴的事物的展覽——例如我們的學習與社會團隊的作品，或是泰德現代藝術館以信託形式，代國家持有的傑出英國與國際藝術收藏品。這些有形與無形資產無法以數字或現金報酬的形式來衡量。」[1]

莫利斯請求，我們應該「賦予我們真正珍視的事物一些特權」，那些事物包括：環境永續性、本地社區、教育與參與。如果她的願景真的實現，將能重新平衡這座超級明星級的博物館（十九世紀工業家亨利·泰德〔Henry Tate〕的遺產之一）的價值觀。在泰德先生的那個時代，有一群經濟學家發起了新古典學派革命，[2] 這個經濟學派對價值與價值觀的影響，正是導致當前的泰德現代藝術館為了將藝術「作為一個社會空間而非市集」[3] 而陷入苦戰的原因之一。

當時，新古典學派人士發起一場顛覆價值理論的革命，這場革命絲毫不亞於科學領域的哥白尼革命（Copernican revolution，注：指地球中心論被扭轉為太陽中心論）。哥白尼將天文學的軸心由地球轉移至太陽，而新古典學派人士則將價值理論的軸心，從客觀的生產要素轉移到消費者對商品的主觀感知價值。

誠如我們已討論的，根據價值的客觀理論，「投入」（如勞動力）的價值決定了產出的價值。然而，新古典學派人士則認為這個因果關係是顛倒的。民眾珍視能滿足特定需求的最終商品，而正因為那些最終商品被視

為有價值，用來製造那些商品的投入才有價值。根據這個邏輯，**賦予**商品價值的不是勞動力，勞動力之所以被視為有價值，是因為勞動力協助創造出來的最終產品是有價值的。以最簡單的型態來說，他們主張價值是從消費流向生產，而非從生產流向消費。換言之，「投入」的價值**源自我們賦予**產出的價值。

新古典學派人士是透過「一項產品對消費者的不同效用（即實用性，usefulness）」來解釋那一項產品的價值。這些經濟學家傾向於根據傑瑞米・邊沁（Jeremy Bentham）的功利主義（utilitarianism）來向世人說明效用的概念，而不是根據約翰・史都華・彌爾（John Stuart Mill）的福利主義（welfarism），我們將在稍後章節了解個中的區別。

杰文斯的「價值完全取決於效用」[4]陳述，體現了新古典主義的中心思想。就這部分而言，他的見解以一個長久的傳統為基礎。和這個主題有關的早期思想家（如亞里斯多德與湯瑪斯・阿奎那）都承認需求——乃至效用——在價值設定方面的重要性，不過，他們從未將這個概念列為他們的分析的中心，因為他們更關注道德考量以及「公正價格」的標準決定方式。因此，他們對需求與商品之效用等的評述，相當雜亂地分散在他們的著作當中，只足夠讓人隱約聯想到杰文斯的獨到見解。

在阿奎那之後的幾個世紀，達凡查蒂在他的「硬幣論」（Discourse on Coins）中，將價值與效用連繫在一起。達凡查蒂主張，不管生產一項商品的過程會產生什麼成本，一旦這項商品抵達市場，它的價值就完全取決於買方期望透過它獲得的效用。商人訂價的依據很簡單：他們在謹慎了解顧客的慾望後，知道顧客願意以什麼價格購買那一項商品，並據此設定價格。

相同的，英國思想家尼可拉斯・巴爾伯恩（Nicholas Barbon，一六四

〇年至一六九八年）早已預見到主觀效用理論的興起，他暗示，商品的市場價格代表商品的自然價值：「所有貨品的價值都源自於它們的用途；誠如英國諺語所言，沒有用途的事物沒有價值，也就是廢物。」[5]

不久後，義大利教士兼外交官費迪南多・加里亞尼（Ferdinando Galiani，一七二八至一七八七年）引用達凡查蒂等人的見解，發展出一個價值與稀少性的效用理論；這是一個洞察力十足的理論，最終為他贏得了「邊際革命之祖」的名號。在凡爾賽宮擔任朝臣的期間，他成了重農主義者的災難，因為他認為重農主義者的想法不切實際而且相當危險。

另一位重農主義時代的當代人物蘇格蘭人約翰・羅（John Law，一六七一年至一七二九年）則將供給與需求結合在一起，使價值理論獲得一項重要的進展。約翰・羅在他的《地皮論》（*Essay on a Land Bank*）一書中，敘述了著名的水／鑽石價值悖論。他的見解之所以獨特，在於他將效用與稀少性結合在一起。他強調，價值取決於供給與需求的共同影響，雖然從後人的觀點而言，這個見解可說是再明白不過了，但很遺憾，這個見解卻和他前輩的看法大異其趣。這份二元論分析被壓抑了近兩百年，直到新古典學派崛起，才終於得到平反的機會；就價值理論的發展而言，這當然是件令人遺憾的事。

英國哲學家暨政治經濟學家彌爾（一八〇六年至一八七三年）放棄了對古典學派（李嘉圖學派對絕對價值）的追尋，因為他相信「一項商品帶進任何一個市場的價值，無非就是能在那個市場上催生出正好足以輕易消化現有供給的需求的那個價值」。[6] 彌爾也體察到不同時期的需求對供給的影響，並提出「供給和需求傾向於達到某個均衡」的概念。就這些著眼點而言，他的研究預告了新古典學派的即將崛起。然而，新古典學派篤信以效用（而非福利）為基礎的價值函數（value function）一事，理應讓彌

爾感到如坐針氈。

讓－巴蒂斯特・賽伊（Jean-Baptiste Say，一七六七年至一八三二年）否定勞動價值理論，並企圖直接證明效用已反映在價格之中。他在一八〇三年發表的《政治經濟論》（*Treatise on Political Economy*）中表明，效用是滿足需求的能力，所以，價值的源頭是效用。他又進一步說明價格是衡量價值的標準，而價值則是衡量效用的標準，因此，價格可衡量效用，因為價格的源頭就是效用。不過，這種說法實在稱不上論證，而像是套套邏輯（tautology），但無論如何，這一番論述還是讓以效用為基礎的價值概念保有它的一席之地。

後來，在新古典學派經濟學家導入另一個革命性概念──邊際主義（marginalism）──來解釋經濟決策的制定後，主觀價值理論終於有了決定性的突破。一八七〇年代期間，英格蘭的杰文斯（一八三五年至一八八二年）、瑞士的里昂・瓦爾拉斯（Leon Walras，一八三四年至一九一〇年）以及奧地利的卡爾・孟格爾（Carl Menger，一八四〇年至一九二一年）都經由不同的方式，主張價值取決「於邊際」，換言之，價值不是取決於一項商品的總供給，而是取決於民眾在特定時間與地點考慮購買或出售那項商品的特定單位數。

舉個例子，一名消費者為了穿某雙鞋去工作，願意以一百美元買那雙鞋，但事實上那雙鞋的零售價格只要六十美元。此外，這個消費者還願意為了週末的穿著需要而購買額外的同一雙鞋，但這時他只願意出八十美元購買第二雙鞋，因為整體而言，第二雙同款鞋給予這個消費者的額外利益較少，畢竟他已經有一雙了。這名消費者共從這兩次購買行為獲得一百八十美元的總效用，但實際上，他只付出一百二十美元。這兩個金額之間的差異──六十美元──被視為「消費者剩餘」（consumer surplus）。

如果這名消費者願意購買第三雙同款鞋（以備不時之需，萬一第一雙鞋破損時可替換），但這時他感覺這雙鞋只值六十美元，於是，他的採購行為的總價值將上升到兩百四十美元，而實際付出的價格則增加到一百八十美元。然而，消費者剩餘還是不變，維持為六十美元，因為他買第三雙鞋的價格正好等於他對這雙鞋的評價。

在第一雙鞋之後購買的每一雙鞋的價值，就是它的「邊際價值」，這項價值和購買時的平均總價值不同，因為消費者對每一雙鞋的評價不同。主觀論認為，效用取決於消費者在特定時間與地點的偏好。而邊際效用遞減的意思是，額外的效用會隨著新增的消費或持有量而減少。誠如孟格爾以文字所做的評述：

這麼說來，價值並不是天生就內含在商品當中的某種事物，也不是商品的屬性之一，更不是獨立存在的事物。價值只是節約的人對可支配的商品對於維持生活與維護福祉的重要性的一種判斷。因此，人類並非沒有意識到價值的存在。[7]

所以，新古典學派人士主張，價值是主觀（因為價值是人類的「判斷」與「意識」的函數之一）且邊際的（因為價值取決於「（我們）可支配的商品」，而非商品的總存量）。

且讓我們看看邊際主義與主觀主義的結合，如何解析水／鑽石悖論。誠如約翰・羅在近兩個世紀前的評述，造成水與鑽石之間的價值差異的原因之一是相對稀少性，若將相對稀少性與遞減的商品邊際效用結合在一起，意味一旦那些商品被持有或被消耗得愈多，它們的價值就會降低。但這和偏好密不可分，而偏好取決於個人、時間與情境。例如在沙漠，水的價值異常高，但鑽石卻幾乎一文不值。

「根據邊際思考」已成了主要的經濟思考方式。當我們面臨抉擇，我們內心考慮的並不是相關商品或勞務的總利益或成本，而是這一單位商品或勞務在這個特定脈絡下的利益和成本。舉例來說，當我們在決定是否要買一雙鞋時，考慮的並不是擁有任何一雙鞋對我們的總利益；取而代之，我們會考慮為衣帽間添購那雙特定的鞋的利益為何。所以，重要的是邊際效用，而非總效用。我在唸研究所時，大學酒吧以「在邊際上優於西門酒吧（當地的酒館）」的標語自我宣傳。那樣的保證對經濟學家很有說服力，所以每晚都有很多經濟學家聚集在那裡，但奇怪的是，那樣宣傳卻無法吸引社會學家或政治科學家。誠如我們將討論的，那種部落增強（tribal reinforcement）式的宣傳導致經濟學家產生了一些盲點，例如他們在思考現實世界的議題時，過於廣泛應用理性實體（rational agents）的邊際效用最大化傾向。

杰文斯的《政治經濟論》（*Theory of Political Economy*）與孟格爾的《經濟學原理》（*Principles of Economics*）都在一八七一年發展出邊際分析的新工具，作為理解價值的手段。不過，他們兩人都犯了相同的錯誤——他們都試圖尋找效用與價值之間的單純單向因果關係。瓦爾拉斯與馬歇爾（Alfred Marshall，一八四二年至一九二四年）則認為生產成本（供給）與效用（需求）互相依存，且相互決定彼此的價值。

瓦爾拉斯是獨自發現邊際效用概念的，但和杰文斯與孟格爾不同的是，他看到的是一個錯綜複雜且互相關連的經濟體系。瓦爾拉斯在他的《純經濟學的要素》（*Elements of Pure Economics*）一書，打造他的一般均衡（general equilibrium）理論模型，並以這個模型來解讀需求與供給面動力對整體經濟體系的影響。這個聯立方程式數學模型歸納出一個結論：「在一般均衡狀態下，所有事物皆取決於其他所有事物。」

在此同時，馬歇爾則為了以供需的同時交互作用來解釋價值，將古典學派分析的精髓與邊際主義者的新工具結合在一起。他提出許多真知灼見，其中之一是：技術普及與競爭會導致市場動態隨著時間而發生變化。

馬歇爾將他的分析切割成四個時段。首先是在市場的時段，這個時段非常短暫，因此供給是固定的，此時商品的價值完全取決於需求。第二，在短期內，企業雖能調整他們的生產運作時間，卻無法改變廠房的規模，因此，此時價值是由供給與需求共同決定。第三，中期內，廠房的規模是可調整的，在那個情況下，供給對價值的影響取決於特定商品所屬產業擴大生產規模的成本是恆定、增加，還是減少。最後，長期而言，由於技術與人口都會改變，所以價值主要取決於供給面的條件。

馬歇爾認為，將時間與各項經濟變數之間的交互依存關係乃至技術變遷等列入考慮，可解決和以下問題有關的所有爭議：價值究竟是取決於生產成本抑或效用？他提到：「價值是受效用控制？還是受生產成本控制？這場辯論是合理的，就像爭辯用剪刀剪紙時，真正剪斷紙的是上刀片還是下刀片。」[9]

在新古典學派崛起後的那個世紀，主觀價值理論成為主流。亞當・斯密的「看不見的手」──即我們的需要是經由市場上的交易而滿足──被概化且正式化為福利經濟學（welfare economics）的第一基本定理（First Fundamental Theorem）。這個定理用數學證明，競爭市場可能促成最佳均衡結果，在那些均衡結果之下，所有人都好到不能再好（也就是所謂的「柏雷多最適狀態」〔Pareto optimality〕）。此時所有邊際利益與成本都相等。但有時候，世人會忘記這個結果只有在完美的世界才會成立，也就是說，它只有在完全競爭（沒有獨占，也沒有寡占）、完全市場、沒有交易成本、完全資訊且偏好「非充分滿足」（non-satiated）等嚴格條件下才會

成立。

主觀價值理論（主張價格等於價值）與對「看不見的手」（在完美的條件下且受看不見的社會資本支持的情況下，市場會產生最佳結果）的粗淺理解結合在一起，促成了「全體市場結果都等於價值創造，且國家財富與福利也會隨之成長」的觀點。

在進一步討論這個共識的某些潛在影響以前，我們應該先稍微更深入省思效用（效用就是經濟體系聲稱要最大化的事物）的意義。

主觀或邊際價值理論將全部的所得都描繪為生產性工作的報酬，且主張這項報酬等於它的價格，而價格又等於價值。換言之，一項商品或勞務的報酬等於它對購買人提供的效用。在競爭市場的嚴格條件下，經濟體系裡的所有這些效用最大化交易的總和，能實現「最多民眾的最大幸福。」

這就是邊沁、彌爾與亨利・希德威克（Henry Sidgwick）在十九世紀率先展開的功利主義研究項目的經濟表現形式。功利主義主張，最合乎倫理道德的選擇將為最多民眾創造最大幸福。「效用」比「實用性」（這是我們到目前為止使用的概念）廣義得多，不過，相較於福利或福祉，這個概念顯然狹隘得多。邊沁對效用的定義如下：

> 任何物件的那個內在屬性，傾向於對利害關係人產生利益、好處、歡愉、用處或幸福（以目前的論述來說，這些都代表同一件事）或（也是同一件事）防止利害關係人發生災禍、痛苦或不幸。[10]

其中，幸福的概念需要加以定義。民眾關心的絕對不只是「幸福」，還包括人生意義、尊嚴與宗旨意識。純享樂主義（hedonic）衡量福祉的標準只聚焦在歡愉與痛苦，這樣的定義不夠充分。民眾在追求歡愉的同時，也會追求人生意義。某些事物主要具備的是使用價值（像是工具、金錢）；

但其他事物（如友誼、知識）則因其本身而受到重視。彌爾是這麼說的：

> 他看的也不僅是人類本性的道德面，以這個用語的嚴格定義來說——即追求完美的慾望，或是受良心認可或責備的感覺。他只模糊體察到，他為了理想而追求其他任何理想目標，這純屬人性。包括追求榮譽感和個人尊嚴感——非因他人意見或甚至為了挑釁他人意見而產生的個人得志或墮落感受；對美的喜愛，藝術家的熱情、對所有事物的秩序、調和與一致性的喜愛、以及對目標的執著；對權力的熱愛——不是熱愛凌駕於其他人類之上的有限權力，而是對抽象權力的熱愛，讓我們的意志變得有影響力的權力；對行動的熱愛，採取行動與活動的渴望，對人類生活的影響幾乎不亞於其對立面的原則，對安逸的愛……人類作為最複雜的存在，在（邊沁）眼中卻是非常單純的存在。[11]

根據世界上最老練的監理者與學者之一凱斯‧桑思汀（Cass Sunstein）的經驗，成本效益分析在實際面的實踐，是為了落實彌爾的福利主義理念，而非邊沁的效用。桑思汀是率先協助開發現代成本效益分析的人之一，並在歐巴馬掌管白宮時期，負責監督（他當時擔任資訊暨監理事務局局長〔Head of the Office of Information and Regulatory Affairs〕）這項分析的使用狀況。根據法律規定，美國的監理法規必須經過嚴格的評鑑，以釐清這些監理法規是否真能改善民眾的生活，而這件工作並不僅是要釐清總「幸福」的增加是否超過總「不幸」增加那麼簡單。根據他的經驗，成本效益分析的應用範圍遠比邊沁的效用廣泛得多：

> 它不僅僅著眼於歡愉與痛苦，儘管這兩者很重要。成本效益分析包含所有和民眾福利有關的一切事物，包括生理與心理健康、免於痛苦的自

由、對人生意義的意識、文化、潔淨的空氣與水、動物福利、安全食物、原始區域，以及公共建築的取用等質化多元福祉。[12]

　　評估公共政策的最大挑戰之一，在於如何比較這些通常沒有訂價的概念，這個挑戰向來被稱為「知識問題」。政策制定者已經開發了各式各樣的工具來解決這個議題，包括隨機對照試驗（randomized control trials）、回溯性分析（retrospective analysis），以及「測量與反應」（measure and react）策略。為了完整評估福利政策的效益，上述所有策略都希望指派一個貨幣價值給「無法用金錢買到的東西」。他們努力想要說明知識問題是可以克服的，但這也凸顯出一個事實：民眾懷抱的許多價值觀在市場上並沒有被評價。換言之，市場價值的總和並不等於總福利。

　　就「沒有市場價格的價值」來說，相關的例子之一是生命。COVID-19的經驗，凸顯出以絕對標準以及根據品質調整標準來評估生命價值等作法的問題。在制定艱難的衛生決策時（例如病患的優先搶救順序的相關決策，或是量能超載的醫療院所如何配置稀少的治療量能的決策），都可能發生這樣的情況。在制定和安全對策有關的監理決策以及和平衡衛生與經濟考量有關的決策（例如何時與如何結束封城，以及是否要再次強制封城）時，也可能發生相同的狀況。[13] 我們將在第十章探討這些議題，不過，這些議題的普遍存在，說明了一個社會了解其價值觀的重要性。

　　且讓我們回顧一下先前說明的內容：價值的經濟理論從客觀理論（即價值和生產要素以及實際上的生產方式有關）漸漸轉為主觀理論（即價值是旁觀人眼中的價值，且取決於偏好）。如今，一般普遍假設根本、內含（即基本）價值皆已完全反映在價格上。市場決定了價值，而供給與需求

曲線的交叉點會告訴我們市場決定的價值是多少。將財富價值與社會價值觀畫上等號的情況愈來愈普遍。

但這個現象背離了真理。自古至今，價值理論向來根源於當下的社會經濟環境與政治經濟體系，並根據當下的社會價值觀進行調整。也因如此，最原始的經濟學家們才會區分生產性與非生產性活動，也就是價值創造活動與「抽租」型活動。但現代人多半已揚棄了非生產性活動與抽租等概念。現代人將市場上的所有報酬描述為價值創造活動的應得合理報酬；每一項有價格的事物都可能被（錯誤）描述為對促進國家財富（與福利）有功的事物。

如今，鮮少人討論價值的概念——想想在一個世紀以前，價值理論還曾被視為經濟理論的同義詞。經濟學家瑪里亞娜・馬祖卡托（Mariana Mazzucato）在她的《萬物的價值》（The Value of Everything，注：時報出版）一書中，以強而有力的論述強調，我們需要就「價值展開一場辯論比賽」。[14] 她尤其強調聚焦在價值創造流程、檢視價值創造成果的分配，以及考量各項價值創造活動對福利的貢獻等的重要性。

馬祖卡托生動地針對「操演性」（performativity，即我們的談論事情的方式會影響到我們的行為。）的危害提出警告，並主張「經濟體系是價值創造的源頭」是現代才有的荒誕說法。正因如此，製藥公司才會採行「價值基準訂價法」（value-based pricing），金融投機行為則從一種實際上「半寄生」（semi-parasitic）的活動，轉變為一般人所以為的價值創造行為。[15] 主流公司治理（corporate governance）作業將股東描繪為最大的風險承受者，並因此積極提倡維護股東價值，同時淡化勞工所承擔的職涯風險，且淡化公共與社會基礎建設的利益。在馬祖卡托眼中，在這個價值概念「模糊到令人不可置信」的世界裡，任何人都可自詡為「價值創造者」。

在主觀價值方法占有主導地位、且大眾普遍忽視這個方法的極限與影響力的情況下，許多不同的後果就此衍生。這些後果可分為四大類：市場失靈、人類缺陷、國家福利以及市場情緒理論（theory of market sentiments）。

市場失靈。所有經濟理論都以許多假設為基礎，而且，許多經濟理論的結論都只有在非常特定的環境下才會成立，但約翰·梅納德·凱因斯（John Maynard Keynes）所謂「當權的瘋子」通常不了解這個道理。主觀價值理論也一樣。誠如我們已討論的，主觀價值理論骨子裡假設我們活在一個完全競爭、商品財貨與完全市場的理想化世界，且假設這個世界的消費者個個都是理性的主體。

但市場上的現實可能意味這些假設在很多狀況下根本不成立，而這可能會造成私人價值與社會價值之間的齟齬。例如：

- 當寡占或獨占勢力存在，均衡狀態下的邊際效益會超過邊際成本。換言之，當企業掌握市場勢力，價格就會過高，生產量則會過低。通常那一股市場勢力的存在，是規定、監理法規或市場結構（例如社群媒體的網路外部性〔externalities〕）使然。這讓我們想起亞當·斯密對商業把持政府一事的警告，以及他認為零「租」市場才是自由市場的觀點。

- 當有外部性存在時，產生（或接受）成本（或效益）的人是第三方，而第三方並無力控制那些情況。由於這些外部性並未反映在市場價格上，導致人類基於社會最佳宗旨而達到過多或過少產量的均衡狀態。某些負面的外部性是引發氣候危機的重要導因。雖然外部性可用來解釋財產權在追求社會最佳結果方面

的極限，但民間行為者未能考量到自身行為對他人造成的傷害，大致上也屬於價值觀的問題。

● 或是當不完全市場（incomplete markets）存在時，勢必會有多重的均衡，其中很多均衡和福利最大化是抵觸的。財務領域通常假設市場是完全的，例如為了對沖風險而假設市場是完全的。不過，一旦壓力罩頂，完全市場不存在的事實就會變得一覽無遺，並可能引發廣泛的損害。誠如我們將在第七章討論的，這可能導致市場價值劇烈波動，並對完全和金融業務無關的民眾造成有害的經濟結果。

誠如後續章節將解釋的，那種未見容於理論假設的現實世界議題，向來是引發不同領域危機的核心導因，從金融到氣候領域皆然。

主觀價值理論也抽離了讓「市場公平且效率」的更深層條件。誠如亞當・斯密所強調的，市場是存在於人類日常生活中的機構，它們是文化、各項實務與傳統的固有環節，而誠如我們將討論的，信任、誠信與公平等價值觀，是使效率市場得以正常運作的關鍵。這些都不該是假設而來的條件，我們也不該將之視為理所當然。畢竟亞當・斯密強調，社會上的實務、習俗和價值觀是經由相互同情的過程來確立與強化的。若希望經濟資本成長，就必須培育社會資本。

人類缺陷。儘管主觀價值模型裡的消費者總是理性且具前瞻性的，但行為科學（behavioural science）已用實例證明了我們在制定決策時常顯露的很多缺陷，包括承諾偏差（commitment biases）、可得性偏差（availability biases），以及雙曲折現（hyperbolic discounting）傾向等。以白話來說，這些缺陷是指：即使有新的資訊顯示我們過去的決策是錯誤的，

我們還是傾向支持那些過往的決策；另外，我們傾向認為容易想到的例子比實際上更常見；以及我們沒耐性到荒謬的地步。

根據這個脈絡，請務必記得：主觀價值只專屬於特定的時間與情境。炎夏午後的冰淇淋比嚴冬清晨的冰淇淋更有價值。水是沙漠裡的必需品，而在大流行傳染病肆虐期間，醫療業員工、通風設備與檢驗量能也是必須的。如果我們的折現率很高（也就是說我們對重視當下的程度遠甚於對未來的重視），那麼，我們就較不可能在今天進行可降低明日風險的必要投資。在不確定性環伺下尤其如此，因為在那樣的時刻，我們無法精準預見那些風險的時機與規模。

價值與民眾顯露之價值觀受這些人性現實影響的例子簡直是不勝枚舉。我們沒有為了大流行傳染病相關整備（preparedness）進行適足的投資，也沒有為我們的醫療體系或養護機構量能進行足夠投資。如果民眾真的消息靈通、理性且高瞻遠矚，上述種種投資不足的現象，會讓某些經濟學家誤以為當病毒來襲時，人命的價值遠低於社會所顯露出來的偏好——實際上，我們的社會並沒有在疫情來襲之際選擇「隨它去吧」，而是寧可為了挽救寶貴的性命（以遠高於成本效益模型中普遍假設的評價來挽救性命）而支持封城政策，並願意忍受經濟匱乏。舉另一個例子來說明：儘管過去八個世紀以來的金融危機史歷歷在目，銀行業者還是沒有在全球金融危機爆發前，事先建立可充分因應困境的緩衝機制。另外，當今的社會在解決氣候變遷方面的投資不足，即使現在採取行動的成本絕對遠低於未來才採取行動。

這些迫在眉睫的悲劇清楚顯示，價值與價值觀之間的鴻溝有可能變得多麼巨大。這些鴻溝導因於人性的現實，所以，光是解決市場的缺點並無法澈底拉近這些鴻溝。因此，本書的下一部內容將開始概述某些以價值觀

為本，且較可為的更廣泛方法。

國家福利。不同的價值理論都和那些理論形成之際的社會、技術及政治動態密不可分。亞里斯多德的經濟學是他的倫理與道德哲學中不可或缺的一環，也和他念茲在茲的「公平正義」息息相關。教律派的經濟方法則是他們社會哲學與神學的一環。而在一個空前高成長、都會化、工業化與全球化的大環境下，古典學派則聚焦在政治經濟體。歷史上各種旨在確認價值的方法，多多少少都承認生產要素的報酬取決於生產與貿易不斷改變的本質，特別是人類社會的所得與財富分配。

這些理論的基本動機之一，都是要促進國家的財富與福利。這些旨在確認價值的方法協助界定了社會所公認的生產性活動是哪些，並因此影響到公共政策，且確定了民間的優先考量。重商主義者支持商業，重農主義者歌頌農業，而古典學派則為工業發聲。幾個世紀以來，一般公認的生產性活動的範疇已顯著擴大，目前已包括非常多活動，例如原本被視為尋租型活動的金融業。如今隨著第四次工業革命如火如荼展開，值此時刻，哪些活動屬於生產性，哪些屬於非生產性，哪些屬於價值創造，哪些又屬於尋租活動，自然會再次成為焦點議題。

主觀價值方法的優點之一是它是中性的（neutral）。任何被訂價的事物都可藉由一個共同且廣泛可用的標準來加以比較，也就是市場價格。不過，從福利的視角而言，這個方法卻造成幾個問題。

首先，由於基本上所有被訂價的事物都被計入 GDP [16]（這個縮寫被廣泛用來作為衡量國家繁榮度的標準），所以，將驅動未來繁榮的因子的相對價值可能有被隱蔽的風險。客觀型價值理論在判斷哪些事物屬於生產性事物時，是非常謹慎的。事實上，目前獲得評價的所有事物（也就是目前有市場價格的事物）對未來的價值創造並不等同有生產性或同等重要。此

外，被視為生產性或非生產性的事物本身會變得自我實現（self-fulfilling），因為被納入 GDP 本身，就代表著具生產能力的標記。舉個例子，經濟學家黛安・柯爾（Diane Coyle）提到，金融業被視為經濟體系關鍵重要部門的觀點，是隨著某項統計研究法將金融業指定為國民生產的一環後才漸漸形成。[17]

第二，儘管經濟基礎建設與經濟資本通常是有訂價的，社會基礎建設和社會資本卻通常沒有訂價。這可能導致對福祉攸關重大的事物投資不足。根據標準的 GDP 計算方式，政府對附加價值的貢獻僅限於公共部門的薪資。（未訂價）產出的測量應該較能如實反映生活水準與經濟績效。[18]在這場大流行傳染病危機爆發期間，最能體現績效的因素是什麼？是醫療業員工的薪資，還是他們拯救性命的英勇壯舉？

第三，對「福祉的科學」（Science of Wellbeing）所做的廣泛研究發現，許多決定人類幸福感的要素並沒有訂價可言（我雖交替使用「福祉」和「幸福」兩個詞語，但我是指同一件事）。這些決定幸福感的要素包括心理與生理健康、人際關係、社區與廣大社會氛圍等。這個現實意味著即使市場完全競爭且屬於完全市場、資訊平等共享，沒有交易成本，且民眾全然理性，他們個別的效用最大化交易的總和，也不會使福利最大化。

第四，一如歷代價值理論家的所關注的重點，福利的分配非常重要，而且這些利益可能不見得能以貨幣數字（及其代用品）來呈現。當福利能為弱勢族群提供非常大的利益，而且只會對其他人造成微小的成本時，政策可能傾向於提高福利，不理會那些新增福利代表多少市場價值。[19]成本與效益的配置（或「發生率」〔incidence〕）攸關重大，且即使「以貨幣而言，輸家的損失大於贏家獲得的利益，我們也不能排除**就福利而言**，輸家的損失少於贏家獲得之利益的可能性。」換言之，額外一千英鎊對臉書

（Facebook）創辦人馬克‧祖克伯（Mark Zuckerberg）的意義，可能不像五百英鎊對依賴救濟金維生的人那麼意義深遠。在某種程度上，這個現象可用貨幣的邊際效用遞減來解釋。有非常廣泛的證據顯示，就福利的角度來說，對超過特定門檻的人來說，小額的額外貨幣利益或損失相對較無關緊要，但對最貧窮的人來說，即使是小額的額外利益或損失也一樣攸關重大。[20]

市場情緒理論。且讓我們再次回顧亞當‧斯密的《道德情操論》所傳達的主要訊息：民眾希望被當成好人或希望被善待的願望，會漸漸塑造出人類社會的規範（與價值觀）——這是社會心理學的要素之一。那麼，如果被衡量的事物會影響到價值與價值觀知覺，該怎麼辦？主觀主義（Subjectivism）不分生產性與非生產性活動的差異，也不分價值創造與尋租行為的差異。如果整個社會只重視價值提取的活動，我們的情操也會據此進行調整。

那是否甚至可能暗示任何沒有被訂價的東西都沒有價值？在評估任何一項新政策的成本與效益時，都必須試著解決這個議題，但要民眾進行那麼複雜的評估是否合理？或者，市場價值有沒有可能隨著時間的推移與觀測，漸漸變成衡量天地萬物的標準？

另一個相關的問題是，如果不在市場上的事物就沒有被評價，會不會鼓勵一般人將更多商品與活動導入市場，而那又會不會影響到一般人對那些商品與活動的價值的看法？尤其是當它們和更廣義的價值觀（從畏懼到人性尊嚴）有關時？

後續章節將會探討，當我們改變評估價值的方式、擴大並延伸價格系統，並將整個系統預設為市場經濟體，會不會也導致我們的價值觀改變？或者以價值理論的語言來說，在主觀主義取得支配力量的情況下，內在價

值是否會遭到腐蝕？個中的矛盾在於，效率市場需要諸如信任、公平與誠信等情緒才能正常運作。不管主觀價值理論的較廣義優點是什麼，若允許它掌握支配力量，有可能會將道德情操轉化為市場情緒，並埋下導致主觀價值崩壞的種子。

為了探討這些議題，且讓我們轉向我們這個時代衡量價值的標準：貨幣。

第三章

貨幣、黃金與法定同意的時代

　　目前，英格蘭銀行的金庫裡收存了五千五百噸的黃金，也就是超過一億九千萬盎司的黃金。認真想想，這有點像是白忙一場。這些黃金的原礦從南非德蘭士瓦（Transvaal）或加拿大北極圈的地底深處挖出，接著，經過提煉與鑑定，再飄洋過海運送到英國。但當黃金被送進英格蘭銀行的洛斯伯利門後，便再次被深埋到地底。

　　有一次，雕塑家安東尼・哥爾莫利爵士（Sir Antony Gormley）在反思黃金的命運時突發奇想，他打算用雕塑來真實呈現那個旅途。他用金庫裡的黃金打造一座雕塑作品，讓黃金與監守員雙雙回歸他（它）們的根源：一座孤獨的泥塑人像，矗立在一片可供人行走的黃金地毯上，他的身軀一路沉積到土裡——也就是他們和黃金的根源。我提醒他，基於保全規定，外人不可能見到這座雕塑。但當他了解價值的真正本質後，鬆了一口氣。價值來自於創造的過程，它來自創造的行動，而非視覺所見。

　　英格蘭銀行金庫裡的黃金擁有大約一千八百億美元的市場「價值」，只不過，其中一部分市場價格源自於一個觀點：因為這些黃金是由各國中央銀行持有，所以永遠也不會被拋售——只可能賣給其他中央銀行。黃金

只是過往時代的遺跡之一，它曾被做為貨幣的後盾，更早之前，黃金本身也曾是貨幣。

如今，英格蘭銀行的黃金儲存量依舊名列世界第二（英格蘭銀行在千禧年過後賣掉了絕大多數的黃金準備，所以金庫裡的多數黃金是英格蘭銀行代其他國家的中央銀行持有）。倫敦迄今依舊是民間黃金市場的中心。在英鎊作為國際貨幣體系中樞的那個年代，英格蘭銀行堅守以黃金兌換英鎊（英國的通貨）的承諾，正因如此，英國和黃金之間才會有那麼多「名列前茅」的關係。

目前英國本身的黃金準備相當於流通鈔券與硬幣的一七％，且低於總貨幣供給的一％。儘管黃金曾被比喻成被強行戴到勞動者頭上的荊棘冠冕（因為黃金釘住政策〔gold peg〕的緣故，經常導致業者為了恢復競爭力而強迫降低勞動者工資），但如今的黃金已成了沒有芒刺的古代紀念品。[1]

我們可以從黃金成為貨幣並進而失去其尊榮地位的故事，大略了解到貨幣如何被用來衡量價值，並約略揣摩到價值和價值觀之間的關係。而這也令人產生一個疑問：如果黃金不再是貨幣的擔保品，那麼，又是什麼力量在支持貨幣？

貨幣的作用力

貨幣被用來衡量價值。貨幣是價格的記帳單位（因此是均衡中的主觀價值），而不是衡量效用（像是經濟學入門書籍中的那類虛構工具）的某些直接標準。貨幣讓人得以比較不同的商品，或是比較相同商品在不同時間與環境下的差異。

如果沒有貨幣，亞當·斯密所謂「看不見的手」的去中心化

（decentralised）交易所就無法運作。貨幣開啟了許多可能性，像是大頭針工廠勞動力分工以及「分工所促成的工作量大增」等等。[2] 唯有貨幣能解決為我們生產晚餐的屠夫、釀酒人以及麵包師傅之間的慾望巧合（coincidence of wants）。[3] 貨幣的替代方案「以物易物」既沒有效率，甚至在實務上完全行不通，因為我們不可能在每個時間點的每一筆交易，都正好擁有另一方想要的適當比例的事物。

不過，若貨幣被用來衡量價值，又是什麼價值觀賦予貨幣價值？答案來自貨幣的作用。貨幣的定義源自它的用途。亞當‧斯密在《國富論》中，根據貨幣在以下方面的用途來定義貨幣：

- 將購買力從今日轉移到未來某個時間點的價值儲藏工具（儲值工具）；
- 用來支付商品與勞務費用的交易媒介；以及
- 用來衡量特定商品、勞務、儲蓄或貸款的價值的記帳單位。

貨幣的上述功能是按照階級來運作的。很多被民眾視為儲值工具的資產（例如住宅），並沒有被用來作為交易媒介。相較之下，唯有至少兩個人同時準備將某一項資產視為（至少暫時視為）儲值工具，它才有可能作為交易媒介。而若要民眾將某一項資產視為記帳單位，它就必須可長期作為各色人等之間各種買賣交易的交易媒介。[4]

這個階級點出一個事實：貨幣是一種社會公約。我們之所以認同一枚由金屬、聚合物或編碼製成的硬幣具有價值，是因為我們預期其他人也會毫不猶豫且毫無疑問地認同它具有價值。貨幣就像適用於每一個人的借據：「我們都欠你」。[5]

在檢視貨幣的歷史以前，先說明一下貨幣的歷史到目前為止發展出的

結果——現代貨幣的三種形式——會比較有幫助。

　　第一種是各國中央銀行發行的銀行鈔票，例如印有亞當‧斯密肖像的二十英鎊鈔票。在英國，中央銀行鈔票僅占貨幣存量的區區三％，且僅占消費者總交易量的大約四分之一。[6] 我出生時（不可諱言，那是很多年以前的事），英國多數勞工是每週領取現金工資，而且有四分之三的民眾沒有開立銀行帳戶。如今，現金用於交易的占比已隨著電子商務與支付技術的演進而穩定降低。在這場大流行傳染病爆發期間，由於民眾擔心通貨可能成為傳播這項疾病的「共享平台」，現金的地位更是加速沒落。

　　接下來是商業銀行存放在中央銀行的準備金，以這種形式存在的貨幣就是電子化中央銀行貨幣，包括互相結算交易用的準備金。這意味為了確保付款的確定性，經濟體系內部的每一筆交易，實際上都是與中央銀行結算，經由這樣的方式，一旦完成的付款就不能取消，民眾也因此得以放心從事交易。

　　最後且最重要的是商業銀行為了向貸款人放款而創造的電子存款，這種貨幣占這個體系所有貨幣的整整八〇％。[7] 這個現象是「部分準備金銀行業務」（fractional reserve banking）的產物，部分準備金作業由十七世紀幾個歐洲富裕家庭如梅迪奇家族（Medici）等率先開創，後來，這個做法便隨著與諸如瑞典里科斯銀行（Riksbank，後來成為世界上第一家中央銀行）等準公家機構的運作同步發展。截至目前為止，部分準備金銀行業務仍是現代金融業務的核心。

　　根據部分準備金銀行業務，銀行業者收受存款後，只會保留它們的部分資產（以黃金、現金或流動證券等形式持有），剩餘的資產全數用來作為放款與投資的財源。金融體系的效率因此改善，因為營運良好的銀行對企業與家庭授信的規模，有可能達到它的損失吸收資本（loss-absorbing

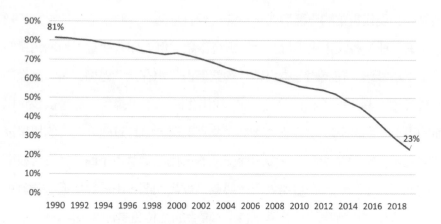

圖 3.1　英國現金付款金額約當總付款的比重，一九九〇年至二〇一九年

capital）的好幾倍。然而，一旦某一家銀行的償債能力令人產生疑慮，存款人就會急著領回他們的存款，而他們的資金提領量有可能遠遠超過銀行可輕鬆應付的程度，尤其因為放款不可能立即回收（因為放款不是**流動的**〔*liquid*〕）。幾個世紀以來，銀行業務的這項弱點反覆在世人面前具體上演，最終也促成了旨在監督民間貨幣的公共機構（例如銀行監督局）的成立，以及公共安全網（例如存款保險制度與主要扮演「最後放款人」的中央銀行）的設置。

貨幣的終極擔保人：公共機構與價值觀

　　幾個世紀以來，各國中央銀行漸漸演進並發展出這個最後放款人的關鍵作用力，其目的是使尚有償債能力的銀行業者免於陷入流動性危機，為它們提供最終擔保（backstop）。換言之，當存款人或銀行的其他債權人開始對銀行的償債能力產生憂慮，掌握優越的即時資訊與無限量本國通貨

資源的中央銀行能適時介入，幫助銀行快速度過暫時的流動性緊縮。不過要獲得中央銀行的最後擔保，關鍵在於銀行本身必須確實「營運良好」；不過，要釐清一家銀行是否確實「營運良好」，向來是金融領域最困難的判斷之一。

現代金融體系的多數流通貨幣是由民間金融部門所創造的。不過，實際上的狀況和標準教科書上所描述的大不相同，而這些差異對維護貨幣的價值非常重要。教科書經常說，貨幣是新存款所創造的。在教科書的世界裡，家庭的「儲蓄」決策能創造可供銀行承作放款的新貨幣。不過，這些存款終究必須從某處來，不可能憑空出現；而當一個家庭選擇到銀行存款，它就得少買一些企業所生產的商品與勞務（當家庭向企業採購商品與勞務，企業就會接著把收到的貨款存到它們的銀行，所以，如果家庭為了儲蓄而減少採購，企業可存到銀行的貨款也會減少，故這個過程並不會有淨貨幣創造發生）。[8]

實際上，銀行主要是靠承作貸款來創造貨幣。當銀行判斷貸款人的信用合格（也就是說，貸款人未來可能會償還貸款），就會在貸款人的存款帳戶裡貸記（credit）一筆相當於其貸款金額的數字，如此一來，就會有一筆新貨幣開始在外流通。銀行在制定那個放款決策時，必須憑藉某種程度的信任──即拉丁語 *crēdere*，英文的 credit 就是源自這個字。除了信任，銀行對貸款人資訊的實質審查（due diligence）以及對風險的審慎評估等，也是制定放款決策時的重要依據。套句米克哈爾‧戈巴契夫（Mikhail Gorbachev）的話：「要信任，但也要求證。」[9]

但銀行不可能無限量創造貨幣，因為銀行受到競爭的約束、受到審慎監理法規的限制（也就是說，銀行受中央銀行監督），並受限於家庭與企業的決策──這些決策有可能使貨幣存量降低（例如當家庭與企業償還現

有債務，就會使貨幣存量降低）。所以，貨幣政策可說是貨幣創造的終極緊箍咒，因為貨幣政策能藉由調整利率，直接影響貨幣與其他金融資產的價格，從而影響到經濟體系對民間部門創造之貨幣的需求。[10]

這種貨幣創造型式——就是銀行職員時代所謂的自來水筆貨幣（fountainpen money）——以及當今的數位貨幣，都和數千年來表彰貨幣的那種實體代幣大異其趣。實體代幣有很多不同的形式，包括遠古時代的子安貝（cowry）貝殼，乃至第二次世界大戰期間的香菸，另外，在現代的肯亞，行動電話通話時間也被當成一種實體代幣。

我在加拿大中央銀行任職時，它的入口門廳奇特地兼作一個巨大的熱帶玻璃植栽容器（這可是世上第三冷的首都渥太華），中央擺放了一個四噸重的石灰石甜甜圈，是世界上最大的代幣雷石（Rai stone），堪稱一隻現金巨獸，也是密克羅尼西亞亞波島（Yap）經銷商分類帳的前身。[11] 雷石的所有權透過口述歷史記錄，是早期的共識機制之一。

較常見且較容易攜帶的代幣當然是銀行鈔票。歷史上最早期的銀行鈔票是中國在七世紀時發行的銀票，以桑樹皮製作而成。歐洲的民間銀行鈔票最早是在文藝復興時期開始流通，並在十八與十九世紀間變得愈來愈普及。如今，銀行鈔票幾乎全都由各國中央銀行發行。自一六四九年成立以來，英格蘭銀行的核心功能之一就是發行鈔票。最初，英格蘭銀行經由發行手寫銀行鈔票（可兌換為黃金）來履行它「促進民眾利益」的使命；當時它發行這些鈔票的目的是為了幫威廉三世（William III）的對法戰爭提供財源。

無論是過去還是現在，多數形式貨幣的名目價值都遠高於其內在價值（只要花幾便士〔pence〕的成本，就能製作一張面額二十英鎊的聚合物製銀行鈔票）。而這兩者之間的價值落差，意味貨幣有著漫長但可悲的貶值

（debasement，注：這一章內容所稱的 debasement 主要係指硬幣成色的降低）歷史。事實向來證明，由於「不勞而獲的貨幣」來得太過容易，所以世人總是忍受不了誘惑，最終大量製造那種貨幣。縱觀歷史，常有政府背叛本國國民信任的情事發生。舉例來說，在奧古斯都（Augustus）和馬可・奧理略（Marcus Aurelius）主政期間，羅馬硬幣的銀含量減少了二五％。[12] 另外，在十四世紀的佛羅倫斯、十五世紀的卡斯提亞（Castile）與勃艮地（Burgundy）也都曾發生硬幣成色降低的問題。到了一五四〇年代，亨利八世（Henry VIII）發行了總面額達四百四十萬英鎊的硬幣，但那個面額比鑄造那批硬幣所用金屬的價值高出了一倍。法國人也在大約相同時期依樣畫葫蘆，發行了不少銀幣。十七世紀時，在歐洲流通的硬幣共有數百種，且分別由不同金屬成分打造而成，這種「百家爭鳴」的現象導致商務成本增加，但也使各國政府較沒有機會透過降低硬幣成色造成的意外通貨膨脹來增加收入。

民間貨幣的記錄也一向是五十步笑百步，甚至更糟。長久以來，各種不同的民間貨幣——如十八與十九世紀眾多歐洲銀行業者與美國銀行業者發行的鈔券——最終都不可避免流於供給過剩，終究搞砸。那些銀行業者最初藉由抵押資產與建立「約束性」的發行規定，堅定承諾將維護自家鈔券的價值，但到最後，每一個發行者都還是不敵增長利潤的誘惑，一步步放寬那些束縛，以長久以來好不容易累積的信用換取一時的利潤。然而，隨著大眾漸漸不再信任那些銀行業者，民間通貨的價值也日益縮水，一如海明威（Hemingway）對破產的描述：「先漸進，後突然。」[13]

儘管幾個世紀以來，貨幣不斷歷經這種承諾、信任與幻滅的週期，貨幣價值的基礎還是逐漸成熟並趨於茁壯。這個有時令人感到痛苦的進展包含很多元素，像是無擔保民間貨幣實驗、以黃金擔保的貨幣的純度等等。

經過反覆試誤，世人終於發展出成功的法幣模型——法幣的最終擔保者、獨立超然的主管機關（即中央銀行），這個主管機關能在有限度的裁量權下運作（下一章將更詳細檢視這個模型）。而這些公共與民間機構維護貨幣價值的效能，則進而取決於那些機構的根本價值觀。在進一步（第五章）討論貨幣的未來以前，這是一個值得學習的教誨。

要探討什麼樣的價值觀才足以支持健全的貨幣，阿姆斯特丹銀行（Bank of Amsterdam）的歷史是很好的起步。阿姆斯特丹銀行最初為了解答「賦予貨幣價值的事物是什麼？」的疑問，想找出創新的解決方案，但後來它一樣禁不起誘惑，大量創造不受監督的民間貨幣。這家銀行在三十年戰爭（Thirty Years War，一六一八至一六四八年，神聖羅馬帝國幾個小日耳曼邦和鄰近區域幾個強權之間的戰爭）後迅速崛起，並獲得顯赫的地位。這場戰爭引發了有史以來最嚴重的經濟危機之一，不僅造成猖獗的超級通貨膨脹，也導致貿易與經濟活動崩潰。這場經濟危機就是後來所謂的劣幣危機（*Kipper-und Wipperzeit*，即「裁剪時代」），在裁剪硬幣（將硬幣周邊的金屬刨下來）與挑揀良幣與劣幣等歪風盛行之後爆發。[14]

阿姆斯特丹銀行提供了一種可有效控制降低貨幣成色的歪風的服務，而在這個過程中，它也協助促進了現代貨幣的產生。具體的做法是，該銀行接受民眾存硬幣，並根據那些硬幣的金屬含量價值，以公平且標準化的費率，將之貸記為帳面餘額（但扣除小額的手續費），接著，它再發行可供民眾當成某種通貨（也就是所謂的「銀行貨幣」〔bank money〕）使用的存款票據。實質上來說，阿姆斯特丹銀行等於開創了被現代人視為理所當然的支票和直接借記（direct debits）系統。[15] 從此以後，民眾可放心利用銀行貨幣進行貿易活動，完全無須擔心偷竊、損失或損壞的問題，因為這些票據就記錄在阿姆斯特丹銀行的帳冊科目上。而由於存款帳戶受黃金與

白銀擔保，所以外界對那些票據的信心也得以維持。

　　這個做法維持了超過一個半世紀。[16] 阿姆斯特丹銀行的卓越信譽，甚至允許它偶爾得以偏離它的特許權，經由透支的方式，為市場參與者提供流動性（liquidity）援助；這項做法亦再次預告了未來中央銀行作為最後放款人（lender of last resort）的角色。然而，到了一七七〇年代，阿姆斯特丹銀行開始偏離正軌，它對最大的顧客荷蘭東印度公司承作愈來愈多的放款。到了一七九〇年，一般大眾陸續得知阿姆斯特丹銀行信用度日益沉淪的事實，因此漸漸不信任這種以帳戶記載為基礎的貨幣；最後，緩慢流失的信任終於在一夕之間瓦解，並引發一場嚴重的擠兌，導致阿姆斯特丹銀行走上倒閉一途。阿姆斯特丹銀行倒閉的原因在於它偏離了它的核心使命，開始冒險經營部分準備銀行業務，但在經營這種業務的同時，卻未同步進行適當的監督，也未履行透明揭露的責任。等到民眾察覺到那些事態，當然會對該銀行的治理品質、資產負債表品質以及「銀行貨幣」的健全性產生懷疑。就貨幣的問題來說，真的是一丁點兒懷疑都不容發生。

　　阿姆斯特丹銀行的歷史以實例闡述了隱藏在貨幣背後的某些重要價值觀，包括：對宗旨的堅持、優質的治理、透明度，以及當責（accountability）。不論是公家單位還是民間單位發行的貨幣都屬於公共財（public good）。無論是創造、管理還是儲存貨幣的人，或是促進並記錄貨幣交易的人，全都承擔著一個特殊的責任：維護外界對這個系統的信任，因為只要有人對這個系統的某個環節失去信心，就會全盤毀壞外界對這整個系統的信任。

　　美國的自由銀行時代（Free Banking Era，一八三七年至一八六三年）開始有大量民間銀行發行通貨，但這些銀行並不受聯邦主管機關監督。[17]這是一個「野貓銀行業務」（wildcat banking）橫行的時期，當時民間銀行

的信譽參差不齊，而它們發行的銀行鈔券則在不同地點以不同的價格流通，導致買賣業務變得非常錯綜複雜。由於幾乎沒有監督機制可言，所以銀行業者最終勢必會縮減用來擔保自家鈔券的黃金與白銀數量，而這個行為當然會使它們發行的鈔券貶值。在當時，銀行恐慌事件可謂家常便飯，週期性爆發的通貨緊縮（deflations）更是摧毀了民眾的生計並擾亂經濟活動。最後，到了一九一三年，美國終於成立了聯邦準備系統（Federal Reserve System）來監督這個系統，並制定了一貫的審慎經營規定。

而在英國，鈔券發行銀行倒閉的消息也時有所聞，這個壓力導致英格蘭銀行不得不出面扮演（非正式的）最後放款人。且讓我們看看奧斯汀（Austen）兄妹鮮明對比的命運，他們其中一人代表健全的貨幣，另一人則參與了貨幣成色降低的勾當。遠近馳名的作家珍‧奧斯汀（Jane Austen）讓目前的十英鎊鈔票顯得優美雅致，而她的肖像被印在十英鎊鈔票上一事可謂名符其實，因為當年她的《傲慢與偏見》（*Pride and Prejudice*）一書售價正好就是十英鎊，相當於當今的一千英鎊。然而，這並不是「奧斯汀」的名號首度出現在銀行鈔票上。珍的哥哥亨利（Henry Austen）是一名白手起家的銀行家，他分別在漢普夏（Hampshire）與倫敦經營銀行業務。當時許多銀行的規模雖然非常小且本土化，卻都能發行自家的銀行鈔票。大英博物館目前還保存一張亨利‧奧斯汀在位於阿爾頓（Alton）的銀行所發行的十英鎊鈔票，鈔票上還條列了該銀行幾位合夥人的名字：奧斯汀、葛雷（Gray）與文森（Vincent）。

遺憾的是，儘管珍‧奧斯汀在她的一份早期著作中寫道：「一旦一個男人的名號登上一家銀行，他的錢財就會滾滾而來」，但事實證明，她哥哥亨利並沒有那麼幸運。這家位於阿爾頓的銀行確實一度獲利豐厚，但後來該銀行開始從事不明智的放款活動，最終作繭自縛，走上倒閉一途。不

久後，亨利位於倫敦的銀行也跟著倒閉，而他本人則在一八一六年破產。這兩家銀行的存款人──包括珍‧奧斯汀本人──全都血本無歸。

　　儘管這個令人遺憾的故事聽起來耳熟能詳（這個個案和英國十八、十九世紀間眾多鈔票發行銀行倒閉的事件非常類似），但令人稍感慰藉的是，英格蘭銀行目前的工作之一就是保護貨幣的價值，包括印有珍‧奧斯汀肖像的那一張鈔票。維護外界對通貨的信心是中央銀行的根本責任。延伸來說，中央銀行必須維護通貨的價值、防止偽造，同時確保鈔票上選印的是受人敬重且具正當性的人物。我們將在下一章探討諸如英格蘭銀行這樣的中央銀行如何完成這些任務，並說明它們必須做些什麼事來維護這些作用力。

　　由於民間銀行業者根據「它們的好名聲」發行鈔券的經驗可謂慘不忍睹，所以多數觀察家都認同，「自由放任」並非打造健全貨幣的良好基礎。自古以來，維護大眾對貨幣的信心並防止貨幣貶值（成色降低）的方法有兩個：（1）以某項原物料商品來做貨幣的擔保，主要是黃金（偶爾用土地或石油）；以及（2）由獨立超然的中央銀行所領導的機構來作為擔保貨幣的後盾。我們將在下一章詳細檢視第二個方法，在那之前，我們將探討，就支持貨幣背後的價值觀來說，黃金究竟帶給我們什麼教誨。

支持貨幣的後盾：金本位

　　金本位的起源可謂年代久遠。幾千年來，貴金屬向來被當成通貨使用。西方世界最早的硬幣是在當今土耳其伊茲密爾（ zmir）附近的阿提蜜絲神殿（Temple of Artemis）中發現的，時代可追溯到西元前六〇〇年。到了羅馬時代，開始有黃金、白銀和青銅硬幣的生產，那些硬幣一面印著

當代帝王的肖像，另一面則印著羅穆盧斯與瑞摩斯（Romulus and Remus，注：羅馬神話的戰神之子，是一對雙胞胎，羅馬神話中羅馬市的奠基者）的肖像。[18] 這些硬幣是人類歷史上根深柢固的一環，正因如此，它們的名稱仍沿用至今：英鎊與便士就是源自羅馬的磅（libra）與第納爾斯（denarius，注：一種小銀幣，二百四十枚第納爾斯等於一磅，而到近代，兩百四十枚舊便士等於一英鎊。）。

金幣作為流通貨幣（通常會與銀幣並行）的體系，就是所謂的金幣本位（gold specie standard）。銀幣通常較為普遍，因為以黃金鑄造而成的硬幣太輕，較不適合作為方便日常交易的有價硬幣；金幣往往被用來結算大額的買賣交易，諸如佛羅倫斯的佛羅林金幣（florin）與威尼斯的達卡金幣（ducat）。

紙幣的發明使得硬幣最終遭到銀行鈔券排擠，並形成了金條本位體系（gold bullion standard，注：金本位的一種，在這個制度下，通常禁止黃金的鑄幣與流通，但允許在國際交易中運送黃金，且為了支撐貨幣而維持金條儲備），在那個體系下，主管機關同意以固定的價格，在流通通貨持有人提出要求時，將那些通貨兌換為黃金。重要的是，銀行鈔券可以全額受黃金擔保，也可以局部受黃金擔保。

這種金屬擔保型的貨幣體系因過度依賴貴金屬不可預測的供給量而飽受折磨。白銀的短缺有助於解釋為何羅馬的幣制會比羅馬帝國更長壽，直到九世紀初的查里曼大帝（Charlemagne）時代，各類物價還是以第納爾斯報價。不過，西班牙征服「新世界」後，相反的問題發生了。西班牙人在新世界大肆掠奪黃金與白銀，運入歐洲，為十六世紀的歐洲各地帶來巨額的貨幣刺激，最後導致一五四〇年代至一六四〇年代的物價共飆漲七倍之譜，就是所謂的「物價革命」（price revolution）。[19] 經過那次慘痛的教

訓，西班牙人領悟到，取得貨幣並不會讓人變得更富裕；貴金屬的價值並非絕對。如果它的供給量增加，它的購買力就會降低。

西班牙那一波貨幣擴張行為的溢出效應也抵達英國，使得英國的物價水準上漲率達到當時空前未有的水準。不過，即使貨幣激增的狀況在十七世紀中葉逐漸減緩，英國的金融問題還是沒有改善。在那個重商主義的時代，由於英國的金融體系還相對原始，使得荷蘭人得以在全球貿易上搶得機先。國內通貨短缺、政府財源長期不足以及商人擔心黃金被沒收（這與前述理由有一點相關）等問題，加重了英國因喪失海外貿易機會而遭受的衝擊。直到一六八八年至一六八九年的光榮革命（Glorious Revolution）後，情況才轉變——有些學者主張，光榮革命不僅是因宗教仇恨而起，也導因於財務上的嫉妒。[20]

十七世紀即將結束之際，英國國內的一系列發展對貨幣與貨幣體系的演進造成了深刻的影響，進而留下了幾個和維護貨幣價值有關的教誨。

第一個教誨是英格蘭銀行在一六九四年的創立。這家新銀行掌握發行銀行鈔券的權利，也扮演著為政府融資的角色。另外，英格蘭銀行採用合股公司（joint-stock company）的形式，讓它的效能得以進一步提高，而它聚焦在核心金融任務的立場，也使它免於犯下曾導致法國皇家銀行（French Banque Royale）倒閉（一七二〇年）與引發英國南海泡沫（South Sea Bubble）等之類的失誤。漸漸的，隨著金融體系變得愈來愈成熟，英格蘭銀行的角色也日益吃重。

第二個教誨是，一七七一年，艾薩克・牛頓爵士（Sir Isaac Newton）在擔任皇家鑄幣局局長期間犯下了一次罕見的計算錯誤，這個計算錯誤造成銀幣停止流通，也是促使英國改採金本位的因素之一。在原本的雙本位（bimetallism）體系下，金幣與銀幣同步流通，而這兩種貨幣的相對價

值，取決於主管機關為它們設定的兌換比率。這意味每當其中任何一種金屬發現大量礦藏，這項兌換比率就必須調整，否則民眾就會有誘因將價值高估的硬幣換成價值低估的硬幣。

牛頓的失誤是將白銀的黃金兌換比率訂得太低，導致所有的銀幣不再流通，並將這個即將成為世界首要貿易強權的國家及它的金融強權推向純金幣本位的道路。不過，這個事實上存在的純金本位體制，卻過了一個世紀才被英國正規化，成為整個帝國內廣獲採納的體制，後來也被歐洲大陸接受。其他國家（尤其是美國）則繼續採用雙本位，直到十九世紀下半葉才正式改採黃金兌換本位。

第三，到了十九世紀的英國，民眾對「銀行鈔券的擔保」問題展開了激烈的辯論，最終促成了更嚴苛的金條本位。一七九七年，法國人入侵英國的憂慮導致許多民間銀行倒閉，連英格蘭銀行都一度陷入危險處境。由於當時英格蘭銀行的準備金以危急的速度迅速枯竭，首相小威廉・皮特（William Pitt the Younger）遂在一七九七年二月二十五日以一份樞密令暫停了銀行鈔券兌換黃金的作業。這個行動促使一名下議院議員將英格蘭銀行形容為「不幸交到壞朋友的金融城老婦人」。直到今天，英格蘭銀行還常被稱為針線街老婦人（Old Lady of Threadneedle Street）。

在整個拿破崙戰爭期間，各方人馬對恢復鈔券兌換黃金的利弊得失爭辯不休。以李嘉圖與亨利・帕奈爾爵士（Sir Henry Parnell）為首的金條主義團體主張，若銀行依法可不接受鈔券兌換黃金，它們就會發行過多鈔券，引發通貨膨脹，最終導致貨幣貶值（成色降低）。這些論點預先點出了貨幣經濟學派的很多觀點。

反對方則訴諸與約翰・羅、亞當・斯密與詹姆斯・史都華（James Stuart）等人有關的「實質票據學說」（Real Bills Doctrine）。他們主張，只

要作為銀行鈔券之擔保品的資產有信用，那些鈔券自然就值得信賴。在當時，擔保用的資產多半是黃金與匯票（bills of exchange，企業貿易用途）。由於匯票的需求是由商業公司行號的活動所決定，所以這一派人士爭辯，鈔券的發行將不可能流於不節制，就算會暫時發生不節制的現象，也會很快就消除；反之，如果貨幣的供給受限於可用黃金，事實可能會證明商業活動難以蓬勃發展。

金條主義者最終勝出。鈔券兌換黃金的作業在一八二一年恢復，鈔券相對黃金完全平價（full parity）發行也在一八四四年成為法律，而這些成規就這麼大致維持到第一次世界大戰。[21] 在國際貿易與資本流動蓬勃發展的那個時期，英國實施的嚴苛化金本位體制，對國際貨幣體系造成了顯著影響。值得一提的是，從一八九〇年代中期到第一次世界大戰那段期間，英格蘭銀行的鈔券發行量成長率竟比它的黃金準備成長率還低。幸好當時可收受存款的新（合股）銀行持續擴張，才讓民間金融得以持續成長，並為商業活動的發展帶來支持。[22]

十九世紀期間，隨著英格蘭銀行發揮了相當於中央銀行的許多核心作用力，它的地位與重要性遂與日俱增。與它競爭的民間銀行的鈔券發行量限制遭到逐步緊縮，到了一八四四年，英格蘭銀行更是取得了英格蘭與威爾斯的一項壟斷權。[23] 在此同時，隨著民間銀行體系變得愈來愈成熟，英格蘭銀行遂晉為最後放款人，在市場承受壓力之際，介入為保有償債能力的民間銀行提供融資。誠如我們將討論的，這些新增的審慎責任導致英格蘭銀行不得不面對許多利害衝突的情境，例如當國際收支的壓力導致利率必須提高，但國內銀行問題又使利率必須降低時。若無法在外部與內部平衡之間做出適當的選擇，將對金本位造成致命的傷害，而就實現貨幣穩定與金融穩定的角度來說，這個問題迄今依舊是最大的挑戰之一。

國際金本位：未取得法定同意的承諾

最後的主要發展是國際黃金兌換本位的採納。到了十九世紀的最後二十五年間，混合型通貨體系——部分採金本位，部分採白銀本位——的壓力變得愈來愈緊繃。一八七〇年至一八七一年的普法戰爭是個臨界點，當時法國、俄羅斯、義大利與奧匈帝國都暫停鈔券兌換黃金的作業。隨著戰爭結束，以及英國成為貨幣穩定之島及世界上最主要的金融與商業強權，多數國家遂群起效尤，採納英國人的金本位。[24]

國際貨幣事務的路徑依賴（path dependence，注：指一旦選擇，就會在慣性牽引下強化這個選擇，就像走上一條不歸路）程度非常高，一個國家偏好的國際貨幣約定，高度取決於其他國家採納的約定，尤其是首要強權國家的約定；因此，「英國人在十八世紀『偶然』採納金本位一事，可能是促使全世界在一個半世紀內幾乎全數採納相同本位的根本因素」。[25] 各國朝黃金兌換本位偏移後，開啟了數十年的貨幣穩定，直到這個系統的缺陷在第一次世界大戰後變得一覽無遺，情況才終於有所改變。就這點而言，下一個世紀的貨幣本位可能會透過美國與中國當前對於「貨幣的未來」的種種討論來確立。

早在一個世紀多前，休謨就曾率先描述過金本位的運作方式，只是當時金本位還未受普世採納。每當有商品出口，出口商就會收到以黃金支付的貨款，接著，那些黃金會被送到鑄造廠製成硬幣。另一方面，每當進口商購買商品，就會以出口黃金的方式付款。對一個有貿易逆差的國家來說，黃金是淨流出，這會啟動一個連續的自我修正式國內物價下跌機制，因為國內剩較少黃金在追逐著相同數量的商品。而外國的物價則會上漲，因為有較多黃金在追逐著相同數量的商品。以貿易逆差國來說，由於進口

品變得較昂貴，民眾會減少對進口商品的消費，並增加對國內產品的消費，因為此時國內的產品會變得較為便宜。在這個情況下，貿易逆差將會縮小，並漸漸恢復平衡。

在一個銀行業務繁榮發展與大規模資本流動的世代，當然還有額外的複雜性存在。最初的資本流動是以通貨形式而非黃金形式流動：出口商將收到的通貨提交給中央銀行，換取黃金。由於貿易逆差國的貨幣供給會萎縮（因為流出多於流入），故利率將會上升，國內物價與工資因此降低，最終將使競爭力漸漸恢復。中央銀行可藉由提前調整利率、影響可取得的國內信用，並在不發生黃金流動的情況下重建國際收支等，提早應對這些壓力。

當時，黃金兌換本位大致上運作良好，畢竟黃金兌換本位的主角是世界上幾個主要國家的中央銀行：英格蘭銀行、法蘭西銀行、德意志帝國銀行（German Reichsbank），這些中央銀行都擁有非常高的信諾與信譽。金融市場有能力預測這些中央銀行的反應，並據此採取行動，而且當時大致上並沒有發生什麼投機性的攻擊情事。[26] 總之，信任是不可或缺的。

但這種信任並非來自這個體系的設計（兌黃金採固定匯率）。誠如貨幣歷史所示，世界上沒有任何神奇的法則能保證貨幣保有它的價值。世人隨時都有誘因「暫時」放寬貨幣相關的規定、約束與紀律。如果缺乏強烈的社會共識，一旦這些壓力排山倒海而來，屆時任誰都難以抵擋。只要金本位誕生時的社會、政治與經濟條件維持不變，世人就會保有對金本位的信任。不過，一旦那些條件改變，主管機關履行其承諾的能力將會衰減，這個系統也將走上崩潰一途，無可避免。

很多因素使這個體系在施行初期得以維持效能，其中特別重要的三個因素如下：

首先，英國的全球金融與商業霸權地位創造了巨大且自我強化的綜效。當時的英國是資本財（即機械）的主要出口國，另外，它也為那時的新興經濟體（從阿根廷一路向上到加拿大等國家）供應它們進口那些資本財所需的多數金融資本，而且，英國還採購了那些經濟體生產的許多商品。本質上來說，英國經濟與金融體系的根本目的就是要將黃金回收並循環再利用到全球經濟體系的生產性投資活動。

第二，由於當時的銀行體系相對不發達，各國中央銀行最初並不太需要面對外部穩定與內部穩定等不同要求之間的衝突。

第三，政治活躍分子之間的強烈共識，為這個體系形成了穩固的支撐力量。各國政府將穩定與維持可兌換性視為優先要務的立場，就是金本位的基石。起初，所有人都堅信，作為這個體系的中流砥柱的國家會「不計代價」維持這個體系的穩定（聽起來是否很耳熟？）。由於投票權受限且勞動組織脆弱（令人想起階級鬥爭），因這些旨在捍衛通貨的措施而遭受最多苦難的勞工，幾乎沒有能力影響那些政策。[27] 於是，各國中央銀行得以暢通無阻地提高利率，鼓勵黃金流入，並設法壓低物價與工資，因為工資的降低最終將使國家恢復競爭力與外部平衡。工資與物價相對彈性是有利的，代表國內支出的降低（這是必要的）主要可透過國內物價與成本的降低來實現，不一定要透過失業人口增加來解決。[28]

後來，由於上述所有因素都發生變化，導致這個體系承受愈來愈重的壓力。到了十九世紀末，全球經濟勢力變得較為分散，金本位也變得愈來愈難以管理。隨著國際貿易與金融整合度穩定上升，英國經濟體系的重要性相對降低。在此同時，這個體系的固有缺陷（太依賴黃金的新供給）再次形成一種通貨緊縮偏差，對國內工資、物價與國際金本位所有成員國的銀行業構成壓力。

當黃金供給的成長率低於經濟成長率，物價水準就必須降低，才能恢復購買力的均衡。一八七〇年代，隨著許多國家接連快速採納金本位，這樣的狀況便明顯可見。由於較少貨幣追逐較多商品，整個體系的通貨緊縮壓力變得非常大，其中，在一八七三年至那個世紀末之間，英國的物價共下跌了三分之一以上。[29] 物價與工資大幅下跌的環境將導致債務的實質負擔加重，也讓銀行變得更加難以維持償債能力。

雖然一八九〇年代在南非、澳洲與阿拉斯加發現的大量黃金礦藏暫時紓解了這一股通貨緊縮的壓力，但當那些新礦藏所帶來的影響開始淡化，物價下跌的壓力便隨即恢復。為了對抗這股跌價壓力，這個體系變得愈來愈依賴（無擔保）外匯準備。這導致黃金釘住制度的可信度降低，也使得極具殺傷力的銀行與國際收支危機爆發的可能性上升。

隨著金融體系變得愈來愈複雜，這個體系的自我均衡本質與變得愈來愈不那麼顯而易見。此時，各國中央銀行也察覺到它們作為最後放款人的責任以及維持黃金可兌換性（convertibility，注：接受以通貨兌換黃金）的承諾之間彼此抵觸。隨著十九世紀持續向前推進，部分準備金銀行業務的重要性與日俱增（舉個例子，活期存款增加五倍，相較之下，黃金準備只增加三·五倍）。[30] 這意味外部平衡的要求（也就是可轉換性）和內部平衡的要求（即國內金融體系與經濟體系）之間，經常陷入緊張狀態。銀行擠兌意味著資金的提領、對黃金的需求，以及英格蘭銀行供應緊急流動性的壓力。然而，供應流動性——以可能較低的利率提供較多資金——卻和金本位的遊戲規則直接抵觸。此外，如果金融市場感受到中央銀行維護外部平衡的決心開始動搖，就會隨即發生逃離這項通貨的自我應驗式擠兌行為。

在那樣一個環境下，國際合作更顯得重要。[31] 誠如凱因斯所言，英格蘭銀行是「國際管弦樂團的指揮」。不同國家的中央銀行依循它的指示，

協調一致地根據國際信用情勢進行調整，以協助管理不節制的黃金流動。但隨著需要國際合作的事件不斷增加，且那些事件的嚴重性日益惡化（尤其是金融不穩定所導致的事件），觀眾漸漸開始察覺到這個樂團裡有人出錯。一八九〇年的霸菱危機（Barings crisis，阿根廷政府債務違約所引發）逼得英格蘭銀行——這個體系的中樞——向法國與俄羅斯中央銀行借貸黃金。而一九〇〇年代初期，美國爆發的一連串金融危機，也需要動用類似的貸款。到最後，整個體系漸漸得仰賴合作才得以倖存，而不是靠休謨所謂的自動調整機制。

隨著選舉權擴大適用、勞工開始組成工會，代表勞動階級的政黨開始獲得民望，政治端的壓力也漸漸浮現。民眾愈來愈無法忍受當局的態度，畢竟他們一心一意聚焦在可兌換性，完全不顧「維持可兌換性」對國內經濟的影響（尤其是工資與就業）。這傷害了這個體系的可信度，並凸顯出金本位不過就是「一個社會建構的制度，這個制度的存廢完全取決於它所處的運作環境。」[32] 事實上，原始的金本位早在紙製銀行鈔票與部分準備金銀行業務發展出來之前就被各國採納了。這個制度存在的預設政治環境是「政府受到充分庇護，無須在政治壓力的左右下改變政策目的，例如國內活動、工資或金融穩定等。」總而言之，金本位是在「政府能將通貨與匯率穩定列為首要目標」的氛圍下打造的。

被價值觀擊垮的金本位

金本位最終還是失敗了，因為它的價值觀和社會的價值觀不一致。金本位主張國際團結重於國內團結。它著重外部穩定的立場，和國內金融審慎的訴求相互矛盾。此外，在勞工獲得更大的影響力後，為維護金本位而

必須進行的調整開始遭遇政治上的阻力，而且更曠日費時，導致雇用端承受愈來愈重的負擔。總而言之，這個體系變得愈來愈無以為繼。

這個系統隨著第一次世界大戰的爆發而瓦解。戰爭結束後，隨著各國之間的敵意消散，國際間又立即努力設法恢復這個體系，不過，這一次各國都遭遇到嚴厲的挑戰，因為早在戰爭情勢惡化之前，許多變化已經發生。舉例來說，英國失去了工業及商業霸權地位，它很多外國資產也在各國針鋒相對的那段期間被拋售。在戰爭爆發前夕，美國的經濟規模已經達到英國經濟的兩倍以上，而且，英國的經濟規模也已低於德國和俄羅斯。[33] 到了兩次世界大戰之間的那幾年，美國商業與金融週期的規模與時機差異已嚴重阻礙金本位的正常運作。美國並不盡然願意與其他國家同進退，不過，它倒也還沒做好接任管弦樂團指揮的準備。

在兩次世界大戰之間的時期，金融部門變得愈來愈錯綜複雜，各國中央銀行也不得不承擔起更多最後放款人的責任。行業工會主義的盛行意味工資的反應不再像從前那麼快速（注：無法說降就降）。政治上的選舉權大幅延伸亦改變了國內與國際優先考量之間的平衡。於是，黃金釘住政策的無敵神祕感從此粉碎。

當時的銀行家與經濟學家無法像當今的我們一樣清楚體察到這個道理。事實上，當倫敦市長官邸商界人士及銀行家晚餐會（Mansion House Merchants and Bankers Dinner）在一九二〇年恢復舉辦時，英格蘭銀行總裁蒙塔古・諾曼（Montagu Norman）就在他的演說中強調，倫敦金融城必須團結一致才能回歸正常。他所謂的「團結一致」其實指的是團結一致支持英格蘭銀行提議的「政策」。他相信，「這項政策是最終能將倫敦金融城與英國再次推上戰前那個霸權地位的唯一可行政策。」

由於諾曼信心滿滿，所以他只在演說中粗略提到這項「政策」的目的

是「試著恢復金本位」，而且，他完全沒有解釋除了恢復常態，這項政策還能實現什麼目的。事後回顧，光是靠那樣一場白領階級晚餐會、那樣一席簡略演說（對倫敦金融城的達官顯貴發表的演說），就想要達成回歸「金箍咒」的政治共識，實在是異想天開，手法相當拙劣。不過，考量到那是一個「從不詳細說明、從不解釋的時代」，諾曼會有那樣的行徑倒也是見怪不怪。

這個意圖回歸過往體制的自滿政策，最終導致英國陷入通貨緊縮與深度經濟衰退的窘境。舊政策並不適合戰後的新常態，所以，飽受災難性經濟衰退之苦的英國，在短短幾年後就放棄了這個體制，而英鎊也在那一場衰退之後喪失了全球準備通貨的地位。事後證明，英國堅守過去十拿九穩的作法，反而種下了禍根。到英國在一九三一年九月突然放棄黃金釘住政策之際，失業率已增加一倍，達到一五％，而打從一九二六年重新採納「這項政策」後，整體經濟體系完全沒有成長。

在我上任英格蘭銀行總裁那一天，發生了一件事，讓我想起英國對黃金的執念，曾讓它陷入多麼大的危機。我當然知道那位中央銀行總裁前輩的曲折歷史，所以，我決定將總裁外賓接待室的十三幅諾曼畫像移走一幅。短短幾個小時後，財政大臣喬治・奧斯本（George Osborne）打電話給我。我心想：「嘖……」「看來英格蘭銀行是個會走漏消息的機構。」

奧斯本想跟我借諾曼的那一幅畫像。我故作天真，答道：「當然好啊，但理由是什麼呢？」

他回答：「要掛在唐寧街十一號的餐廳，因為諾曼就是在那裡說服溫斯頓・邱吉爾（Winston Churchill，他在一九二〇年代擔任財政大臣）以戰前的平價回歸金本位的。」奧斯本說，這幅畫像將能提醒他「永遠不要聽從英格蘭銀行總裁的建議。」

我依約準時把那幅畫像送過去，還另外送了奧斯本一幅凱因斯的畫像，因為凱因斯在一九二〇年那場辯論中站在諾曼的反方。傳說凱因斯在當局做出決定的那個晚上突然身體不適，所以未能幫他的論點（或英國經濟體系）伸張正義。事實證明，在這場黃金辯論賽中選邊站的撙節王子（Prince of Austerity）——奧斯本骨子裡是個凱因斯學派。

隱藏在貨幣背後的價值觀

金本位的經驗留給我們的第一個教誨可謂人盡皆知：對即將被採納且打算永續使用的任何形式的貨幣來說，信任是必要的。有時候，在特定的情境下，一個簡單的規定就能營造出那種信任，例如作為金本位核心的嚴格可兌換性規定。這項規定創造了一種自我平衡的機制，在這當中，黃金的流動會導致利率、物價和工資發生變化，最後重新確立一個均衡狀態。

不過，若沒有政治後盾，可信度與信任不可能維繫。而要獲得政治後盾，就必須取得大眾的理解，大眾的理解則要經由主其事者的透明與當責來建立，而且需要得到以團結一致為基礎的法定同意，包括「公平分攤調整所造成的負擔」的法定同意。

隨著維護金本位所需進行的調整變得愈來愈大，上述貨幣基礎也開始動搖。不僅如此，當時整個世界變得多極化（multipolar），國際間的團結相對變得比國內團結更加重要。國內金融體系變得愈來愈錯綜複雜，而內部與外部平衡之間的衝突也愈來愈常發生。這可能導致「金融審慎」和「可兌換金條的承諾」之間產生抵觸。到最後，隨著勞工能力提升，工資與物價的下跌彈性也降低。這導致為因應任何衝擊而耗費的調整期拉長，並令人不得不質疑這個體系的永續性。

這種發展導致金本位無法繼續在政治經濟體系中立足。金本位的歷史告訴我們，支撐貨幣價值的價值觀遠遠不僅止於「信任」，還包括透明、當責、團結一致與韌性。若希望藉由貨幣體系來支持活力經濟體系，就必須重視以上所有價值觀。

　　不經一事、不長一智。目前多數國家都已選定中央化且有健全機構為後盾的公共法幣體系，因為唯有這樣的體系才能提供受民眾高度信賴且便於使用的貨幣。不過，誠如我們將在下一章討論的，事實將證明，如果那些作為貨幣之基礎的機構──中央銀行──也未能秉持正確的價值觀，它們將會變得和金本位一樣脆弱。

第四章
從《大憲章》到現代貨幣

　　貨幣的歷史顯示，健全的貨幣是一種行之有年的社會公約，而它之所以能成為行之有年的社會公約，是因為它受到「行為合乎社會價值觀的公共機構」擔保。

　　現代的貨幣受到一系列機構擔保，其中多數機構隸屬中央銀行，它的價值取決於信心。貨幣的價值不僅需要仰賴大眾在某個時點的信念支持，更重要的是，它必須無時無刻都能得到大眾的法定同意。大眾的法定同意不僅決定了中央銀行會採取什麼作為來維護貨幣的價值，也決定了中央銀行將以什麼方式來採取那些行動、如何勇於就它的行動當責，以及當它出任何差錯時該如何承擔責任。正因如此，金本位的效能最終取決於它被接受的時間。就貨幣而言，大眾的法定同意與信任是需要培養且維護的。

　　事實證明，上個世紀發展出來的嚴格銀行業務監理與監督，以及中央銀行對金融與貨幣體系的監督等典範，是避免發生與民間和公共貨幣大幅增生有關的不穩定與高經濟成本的最有效方法。這個典範經由我們這個時代的第三波全球化浪潮，協助引領全球生活水準大幅度提升；不過，目前它也正因經濟危機與技術變遷的綜合影響，遭受著嚴厲的考驗。

要了解這個強大機構框架的先例，將時間倒轉回早在黃金兌換本位發展出來以前、且英格蘭銀行尚未成立的時期或許會有幫助。幾年前，英國記錄了一個真正具歷史意義事件的週年紀念。我為了參加一系列為紀念一張古老羊皮紙上的塗鴉而舉辦的慶典，一路風塵僕僕，從索里茲伯里（Salisbury）趕到林肯（Lincoln），再到大英圖書館的地窖，以及高等法院那雄偉的辦公室。參與這一連串的紀念慶典後，我見識到一個社會如何強化並實踐它的價值觀，並因此更加了解支撐著貨幣價值的憲法原則。

那是一個通貨膨脹飆升的時代，公共金融領域爆發了一場危機，促使公共部門緊急提供紓困。歐洲方面則是爆發了內戰。不過，別誤會，這可不是八年前的場景，而是八百年前，是《大憲章》（Magna Carta）起草時的經濟背景。

在很多人眼中，《大憲章》是一份極度深奧（幾乎像神話）的重要文件。它被視為英國憲法約定的基石，也被許多其他國家當成憲法的藍本，包括美國。一般認為，《大憲章》最值得稱道的是它確立了議會民主政治的基礎、打造了一個可推行法律規定的框架，保護個人自由、捍衛無罪者的權利，並對政府的作用力設限等等。

毫無疑問，《大憲章》（更正確來說，《大憲章》的理念）是幾個世紀以來影響英國與其他許多地方政治發展的核心作用力之一，更是眾多尋求擺脫高壓統治的民眾所揮舞的旗幟。不過，很多現代學者主張《大憲章》的重要性被誇大了。在那些人眼中，《大憲章》不過只是那個時代（包括當時普遍可見的艱困經濟環境）的典型政治性文件罷了。一如眾多歷史爭論常見的，這個問題的答案介於兩者之間。

《大憲章》的不朽遺產在於：它限縮不受約束之權力的立場，依然可見於當今的政治與經濟治理體系。另外，這些憲法及典範觀點，仍舊對現

代中央銀行業務的進行與貨幣價值的維護攸關重大。具體來說，通貨膨脹的風險是促成《大憲章》的關鍵經濟催化因素之一，而它的核心憲法遺產——也就是授權（delegated authority，具備明確的公共當責界線）的重要性——更是英格蘭銀行機構安排的核心考量。目前其他司法管轄區也廣泛採納這個方法。[1]

根據《大憲章》的精神，中央銀行——例如英格蘭銀行——被賦予實現貨幣與金融穩定的重責大任，而它們在追求這個目標的過程中，不但得在受約束的裁量權（constrained discretion）架構下運作，同時中央銀行必須就它們的績效對民眾負責。

《大憲章》的經濟與政治背景

機能失調的「英格蘭」君主家族內部幾乎永無寧日的衝突，以及英、法之間為了爭奪諾曼第和亨利二世（Henry II）歐陸帝國疆域內其他領地的控制權而起的戰鬥等，是促成《大憲章》的政治背景。[2]

西元一二〇〇年代的英格蘭絕對稱不上一個大一統的國家。當時，多數事務由地方的男爵管理，國王只有在爭端爆發時，才會出面充當仲裁者的角色。地方（男爵）和中央（君主）主管機關之間的關係一點也稱不上恭敬有禮，而且，這兩方之間比起現在的中央與地方獨立平等得多（且各自坐擁軍備）。事實上，英格蘭金雀花王朝（Plantagenet）早期的幾位國王，多半居住在位於諾曼第或安茹（Anjou）的家，他們放手讓英格蘭的男爵掌握相當大程度的自治權。直到法國人在一二〇四年從約翰國王（King John）手中奪走諾曼第後，國王才真正全面定居英格蘭，但從那時開始，他們便無時不刻地盯著男爵的動靜，這讓男爵們猶如芒刺在背；他

們當然不喜歡國王這麼近距離監視他們的活動，也擔心國王會就近染指他們的白銀庫存。

導致男爵和約翰國王之間關係決裂的原因之一是公共財政的無以為繼；當時，約翰國王為了幫鋪張浪費的皇室買單、支付內戰以及與法國人和十字軍之間的戰爭等開銷，蠻橫地強徵一項令人難以忍受的沉重稅賦。皇室控制的皇家司法系統被當成勒索現金，而非確保「公平正義」的工具，這對男爵的生活造成深刻的干擾。

在那之前，國王的財政早已因很多因素而變得無以為繼。首先且最顯而易見的是，國王為了保護諾曼第莊園而不得不長年支付巨額的軍事保護開銷，造成了現代總體經濟學家所謂的巨大結構性赤字。如果約翰國王在被逐出歐陸之際直接放棄諾曼第，這項財政負擔理應自動消失。不過，他並未這麼做。他愚蠢地展開一系列重新征服諾曼第的行動，但最終都徒勞無功，直到《大憲章》訂定前夕，他才終於死了這條心。[3]

第二個因素是，君主國的財政早在一一九三年就遭受嚴重的打擊，因為當時皇室必須為一件超級巨大的公共部門紓困案提供資金：理查一世（Richard I，注：人稱獅心王理查，約翰國王前一任英格蘭國王，是約翰的兄長）從聖地耶路撒冷返回途中在奧地利被捕，神聖羅馬帝國要求英國支付相當於六萬六千英鎊的白銀贖金。由於理查一世「大到不能坐牢」，英國只好乖乖支付這筆錢（相當於二至三年的皇家總收入），將他保釋出來。相較之下，二〇〇七年至二〇一〇年間，英國政府對英國銀行業者提供的現金支援，最高也僅相當於英國政府年收入的四分之一。

這件事本身就已經夠糟糕了，更糟的是，該事件是在徵收「薩拉丁什一」（Saladin Tithe）暴利稅後短短五年發生的（全部稅收的金額正好和贖金相近），暴利稅的開徵是為了籌措從薩拉丁·埃宥比（Salahuddin

Ayubi）手中奪取耶路撒冷（他在一一八七年占領耶路撒冷）所需的戰爭開銷。那筆稅捐大約占全體男爵的收入與動產總額的十分之一。

第三個因素是，十三世紀初加速上升的通貨膨脹壓力，導致皇室更難籌措到額外的現金來支應公共財政。[4]問題的癥結在於君主有相當大比重的經常性收入是來自「農租」，所謂農租是使用國王土地從事農耕而必須支付的固定租金。這些農租依照慣例以名目標準設定，所以金額是固定不變的，問題在於，國王的支出並不固定，換言之，國王並沒有對沖他的財務風險。

若要對沖這項風險，較好的方法是將租地者趕出農地，改採不出租的直轄管理形式。[5]男爵們本來就是利用這個方式管理他們自己持有的土地。放棄收取固定名目租金，並將土地轉為不出租的直轄控制方式後，土地的實際產出就全數歸莊園的地主所有，那些產出可用來食用、用現貨價格交易或出售，以換取白銀。這個發展造成的結果，就是愈富有的男爵有愈多土地可剝削，並愈可能藉此獲得更大的潛在利潤。

這製造了一批大富豪型權貴分子，並得以掙脫眾多中階仕紳階級和高壓統治的國王（即公共部門）之間的夾縫。在這當中，直轄管理對國王而言是不可行的選項，原因可能是那個選項會破壞國王和國王政治安定所端賴的行政司法長（sheriff）與其他皇室官員等管理階級之間的關係。

由於當時濫用威權的情況隨處可見，你或許會很納悶，不過就是定期「重新協商」租金罷了，真的有那麼困難嗎？部分原因在於，就習俗來說，那麼做不符合禮節；部分原因則和英格蘭每一郡的行政司法官有關。[6]

不過，先不管皇室內訌、戰爭，還是革命的氛圍，中央銀行官員真正念茲在茲的其實是通貨膨脹，而那是有充分理由的，因為更進一步檢視後便可發現，通貨膨脹很可能是促成《大憲章》的重要催化因素之一。

歷史學家估計，當地物價在西元一二〇〇年代初期大幅飆漲。農產品（包括小麥與牛隻）的價格在那個時期上漲了大約一倍。[7] 有證據顯示，亞麻布、蠟、鉛，甚至小馬——堪稱中世紀的豐田普瑞斯（Toyota Prius）——的價格也都快速上漲。

工資也同步上漲——如果沒有中世紀實質工資阻力的影響，實際的工資漲幅會更大。在約翰國王時代，國王武士領取的薪資幾乎達到他父親亨利二世在位時的三倍，[8] 步兵的日薪則增加了一倍。另外，有少數證據顯示，在皇室莊園工作的技術性勞工工資，大約也增加了相同的幅度。[9] 由薪資支出每年成長接近二〇％，便可見當時的工資確實是一路狂飆。[10]

歷史學家對這一波通貨膨脹的根本導因爭辯不休，其中最具說服力的論述是，當時的通貨膨脹屬於一種貨幣通貨膨脹，只不過那和真正的貨幣通貨膨脹有一些小小的差異。十三世紀的貨幣供給量化資訊品質非常差，這倒是不意外，因為那些數據是根據考古學家發現的現金貯量推算而來。[11] 保羅・拉丁莫（Paul Latimer）曾提到：「在十二世紀中葉至十三世紀中葉，英格蘭境內的銀幣數量巨幅增加。」[12] 其中一個可能性是歐洲的白銀供給（尤其是東德的哈茨〔Harz〕銀礦開鑿後）普遍增加，流入英格蘭的白銀特別多的另一個可能性是民間貿易順差大增，而貿易順差大增可能特別是因為英格蘭和法蘭德斯（Flanders）之間的羊毛貿易相當成功所致。幾十年來的白銀流入可能足夠抵銷「公共部門赤字」（因保護諾曼第而產生的費用導致白銀流出，加上皇室不定期造訪聖地的旅遊支出），還綽綽有餘。所以，當時英格蘭的國際收支可能維持了相當多年的順差，而因此增加的白銀貨幣供給也未被沖銷（unsterilised）。

就算是對十三世紀的英國人來說，全球貨幣的情勢一樣非常重要。如果當時約翰國王呼喊：「中央銀行，給我一間中央銀行，我願用我的王國

換一家中央銀行！」英國的憲法歷史會不會有所不同？他的確很需要一家中央銀行，因為其他因素強化了貨幣方面的發展，包括常見的因素：金融創新。具體而言，普通法系（common law，注：即英美法系）的發展使土地成了愈來愈流通的資產，土地也首度能被用來作為一種儲值財富的工具。[13]

由於多了一種可以替代銀幣（銀幣容易突然被國王強取豪奪）的財富儲值工具，中世紀的金融加速器（financial accelerator，大約是在班·柏南奇〔Ben Bernanke〕發明這個名稱之前的七百五十年）就此啟動。[14]這個發展促使白銀貨幣餘額的需求降低，進而理應使得貨幣流通速度上升，而在其他條件不變的情況下，貨幣流通速度的上升將促使物價通貨膨脹上升，直到買賣交易對白銀的需求上升到足以等於它的供給時為止。就最低程度而言，另類財富儲值工具的存在，提供了一個讓貨幣流通速度**可以**快速成長的環境，如果它被推往那個方向的話。

白銀需求降低可能的推力之一，是一二○四年將會重新鑄幣的預期心理。[15]重新鑄幣對國王有利，因為將舊硬幣熔化、重新鑄造新幣必須支付手續費，而國王能從中受惠；但對持有現金的人則很不利，不僅因為他們得支付手續費，也因為他們不能以舊硬幣的面額換回同等面額的新硬幣，只能換回相當於舊硬幣的實際金屬價值的新硬幣，而舊硬幣經常因遭裁剪而有成色不足的問題（削邊貨幣是中世紀常見的一種手法，有些做法甚至惡質到駭人聽聞）。於是，這衍生了一種避免在景氣急轉直下時持有舊硬幣的強烈誘因。[16]

總之，由於通貨膨脹加速上升，加上君主野心勃勃，卻沒有能力善加利用和男爵之間的關係（最終甚至決裂），英格蘭就此陷入了財政困境。

《大憲章》的憲法意義

在那樣的背景之下，《大憲章》是繼一項和平條約（那個條約一簽署便立即失效）之後的絕望（甚至可能是不真誠的）嘗試。由教會居中牽線，並由約翰國王在一二一五年六月頒布的《大憲章》，旨在尋求安撫憤恨不平的男爵。然而，約翰未必贊成他那一方的協商條件，畢竟《大憲章》意味他的威權可能受到箝制。事實上，在《大憲章》於一二一五年八月底取得各方共識後的那幾個月，約翰就跑去說服教宗依諾增爵三世（Innocent III）公開宣告《大憲章》無效，他的理由是，《大憲章》是他在被迫的狀態下頒布的。[17] 所以，一二一五年的《大憲章》從未正式頒布實施，英格蘭也陷入第一次男爵戰爭（First Barons' War）。

當時，諸如此類的憲章並不罕見。事實上，英格蘭的國王常為了討好貴族（王國的穩定端賴這些貴族的維護）而企圖詆毀眾多前任國王的聲望，並為了展現他們遠比前任國王更有美德、更熱愛和平的姿態，而頒發「加冕憲章」。另外，國王放棄憲章上的承諾也早已成了司空見慣之舉，而這樣的背信行為導致前述狀況反覆發生，周而復始。[18]

《大憲章》的創新在於它比之前頒發的憲章（1）更長且更詳細，以及（2）它不是在約翰加冕時發行，而是在一股巨大政治反對勢力的逼迫下頒布的，當時約翰已上任十六年，所以，《大憲章》的頒布明顯為時過晚，難以達到目的。[19]

這引領我們進入第二個觀測結果。儘管約翰國王既專橫又惹人厭，但我們不能把貴族的不滿（那些不滿最終促成了《大憲章》）全都怪到他頭上，因為他之前的幾任國王一樣也背棄了他們的承諾、未能善加管理王國，並危害王國的財政。所以約翰的行政與治軍無能，說穿了只是壓垮駱

駝的最後一根稻草罷了。

如果《大憲章》是那個時代背景下的一個產物，如今它怎會變得如此受推崇？要是我們加快速度搞懂這個傳奇故事，就能看出它對當今的經濟治理有什麼重要性嗎？

修正主義者（revisionist）將《大憲章》解讀為直到十七世紀才深深烙印在英語系社會民眾腦海裡的一份對自然權力（natural rights）與自由的恆久有效聲明。這主要得歸功於愛德華・科克（Edward Coke）的著作。科克不僅是具有極大影響力的法理學家，他也寫過很多通俗英文法律教科書，他的觀點就是經由那些教科書外銷到世界各地。他找到適合他那個年代的古老詞彙，訴諸《大憲章》的精神來對抗斯圖亞特王朝（Stuart）的詹姆士一世（James I）和他兒子查理一世（Charles I）的專制主義傾向（他們本身在歐陸君權神授的思想啟發下，產生專制統治的傾向），並就此讓塵封長達四百年、且早已被遺忘的《大憲章》獲得新生。科克主張，《大憲章》的淵源可追溯到一部遠古的憲法，那部憲法不僅令人想起諾曼征服前（pre-Norman）的懺悔者愛德華國王（King Edward the Confessor），更令人想到亞瑟王（King Arthur）本人（有點牽強）；他表示，此時此刻，這一部古代憲法正因斯圖亞特家族的殘暴行為，連同英國人的誠信生活方式一同陷入危難。

儘管科克與其他人費盡心力，查理一世還是拒絕了所有意圖限制國王威權的人，終究引爆了英格蘭的內戰，最後，這位國王在一六四九年遭到斬首。在此同時，科克更是勇往直前，啟動回歸《大憲章》的種種行動。

詹姆士和查理在國內雖然非常專制，卻忙著授與皇室特許狀給美國殖民者，承諾讓那些殖民者享受和英國人一樣的自由權。科克本人就曾在一六〇六年參與起草維吉尼亞公司（Virginia Company）的第一份章程，另

外，接下來六十年間，麻薩諸塞州、馬里蘭州、康乃狄克州、羅得島與卡羅來納州的章程也陸續被授與類似的英國自由權。

有些人主張，不管《大憲章》的條文在當時看來有多麼落伍，但引用《大憲章》的作法被用來作為激勵新世界開拓者的方法之一。直至今日，美國還有二十五個州的法令全書摘錄了《大憲章》的內容；另外還有十七州的法令全書納入完整的《大憲章》。天知道那十七個州打算如何強制拆除從泰晤士河、梅德韋河乃至整個英國……沿海地區除外的……魚堰（第三十三條）。當然，不可否認，美國的治外法權（extraterritoriality）有時真可謂無邊無際。

就這樣，科克傳奇般地復興了《大憲章》，並將它轉化為美國革命的背景之一，也因如此，他的影響力在美國憲法起草的過程中更是顯而易見。

《大憲章》的通則與具體訓諭

我們已討論過當時的經濟動力及政治發展如何成為導致約翰國王與男爵之間愈來愈敵對的關鍵要素之一，而那最終促成了《大憲章》的草擬乃至第一次男爵戰爭。在那樣的背景下，難怪《大憲章》乍看之下對富人的狹隘利益大致上非常友善。《大憲章》主要有三個基本主題：租稅、為了提高收入而濫用「司法體系」，以及男爵商業利益的保障。

目前看來，那些具體的條款看起來完全沒有意義可言，因此，不意外，一二二五年重新頒布（因此一開始就成為正式法律）的《大憲章》中獲得保留的幾乎所有條款，後來已多半被廢除。事實上，在原始的六十六項條款中，只剩四條保留至今。這些條款的特質明顯與其他條款不同，它

們屬於較概括性、通用且永恆有效的條款，包括：

- 第一條：教會自由。
- 第十三條：保障倫敦金融城的「古老自由權」。
- 第三十九條：禁止非法監禁。堪稱最著名的條款。「任何自由人除經其相同地位者或依本國法律的合法審判，不得加以拘捕或監禁，不得剝奪其權利或財產，或褫奪其法律保護或將之放逐，或以任何方式剝奪其立足點，我們也不能訴諸武力或假他人之手對其提起訴訟。」
- 第四十條：不出賣司法。

除此之外，一二一五年《大憲章》第十二條——未經王國全體法定同意，不得課徵任何「兵役免除稅」或「貢金」——的精神（事後再發行版本中被剔除），明顯和後來的「無代表不繳稅」相互呼應：建立一個委員會（成為後來的議會的雛形），以同意國王可能要求的任何新租稅。

不管當時訂定那些較通用條款的目的為何，目前還保留在法令全書上的那些通用條款，至今依舊能引起共鳴。那些條款包含確保公平正義的法律規定和正當程序的手段等概念。因此，一般人很容易將這些條款視為《大憲章》的不朽遺產，同時認定，將這些明顯重要的根本原則和有關魚堰、造橋義務以及偷竊木材與建城堡等老舊過時又無意義的規定並列在一起，有失那些不朽條款的尊嚴。

但這樣的想法是錯誤的。這些柴米油鹽醬醋茶型條款的明確性，使這項協定的通用原則增色不少。正因為那些條款鉅細靡遺，且精準針對當時的憂慮而訂，所以，那些條款是真正試圖限制國王威權界線的條款，而不是一些語意含糊的陳腔濫調。[20] 我們稍後將會討論，現代治理貨幣的「憲

法」也是如此。

《大憲章》絕對不是史上第一次意圖將公平正義與優質治理的理念壓縮在一起的法令全書，當然也不會是最後一次。事實上，《大憲章》是非常失敗的嘗試，畢竟它只關切社會上極少數區隔的利益。不過，由於約翰國王的後嗣走投無路，加上其他次要考量，因此不得不在一二一五年之後，一次又一次（分別在一二一六年、一二一七年、一二二五年、一二三四年、一二五三年、一二六五年、一二九七年與一三〇〇年等，這些還只是較著名的再頒發版本）重新頒布《大憲章》，如今《大憲章》已成了規範威權的代表性原則，它要求威權的行使必須取得受威權統治的臣民許可，而且就算取得他們的許可，後續這些許可也能輕易撤銷。

就貨幣領域來說，各地社會用了幾個世紀的時間來決定貨幣相關的權力與許可。最初，金本位取得了社會的法定同意，但後來社會拒絕被一個武斷的固定釘住兌換率管轄，金本位的基礎因此遭到破壞。在後續的幾十年間，各國努力尋覓能確保貨幣保有其價值的新政治秩序。後來它們終於發現，最成功的方法——受約束的裁量權——其實是採納《大憲章》的價值觀。

邁向以憲法秩序為本的現代貨幣

在最理想化的狀況下，《大憲章》明訂，權力來自人民，而且它約束政府的威權。政府可進而將權力下放給各個地區和獨立超然的實體，不過，各地區與獨立超然實體的權力還是必須受到控制。幾個世紀以來，憲法理論家不斷努力解決授權的問題，如今隨著行政國的職權幾乎無限上綱，這個議題的緊迫性已然達到一個新高點。

為了在民主體制之下維持正常運作，獨立超然實體的威權必須受到約束，只允許它們從事為完成特定目標所需從事的作業，而且，各個獨立超然的實體必須就它們的績效對民眾當責。[21]英格蘭銀行的章程花了三個世紀才完全體現這些原則，而那漫長的延宕，是導致英國在歷史上頻頻面臨與貨幣價值維護的相關挑戰的原因之一。

這種未能對症下藥的現象，意味長久以來，世人對「英格蘭銀行是為了什麼而存在？」的簡單問題，並沒有一致的答案。英格蘭銀行在一六九四年創立時的章程上解釋，它的原始宗旨是要「促進公共福祉與為人民謀福利」。三百多年前，記錄這個事件的日記作者（diarist）約翰·伊弗林（John Evelyn），用以下簡潔有力的文字概述了那個宗旨在當時的實務意義：「一家……為了繼續戰爭而籌資……而根據議會法案（Act of Parliament）設立的……公共銀行。」那場戰爭是對法國的戰爭，英格蘭銀行因協助募集戰爭所需的資金，而得到收益和經營銀行業務的特許權：不久後，它成為唯一獲准成立為合股企業的銀行，並實質壟斷了倫敦地區的鈔券發行業務。

到了十九世紀上半葉，英格蘭銀行已經成了金融基礎建設的中樞。它的鈔票被認可為銀行業者之間的結算工具，所以，實質上來說，此時的英格蘭銀行已成了其他銀行業者的銀行。各商業銀行業者以持有英格蘭銀行鈔券來取代持有黃金，因為它們相信，信譽卓著的英格蘭銀行最終將會接受它們以那些鈔券來兌換黃金。[22]

儘管英格蘭銀行的創設目的是要貫徹公眾服務，但直到十九世紀中葉，它仍飽受批判；理由是在金融壓力高張的時期，它每每以自家的利益為考量，為了保護它的黃金準備而罔顧公眾利益，甚至不惜傷害它的顧客。不過，隨著英格蘭銀行逐步承擔起最後放款人的責任（見第三章），

外界對它的批判才漸漸平息，因為英格蘭銀行採納了評論家暨經濟學家華特·白芝浩（Walter Bagehot）的原則——即在危機時刻，英格蘭銀行應該在取得優質擔保品的情況下，以懲罰性高利率提供無限量的放款。[23]

十九世紀末，英格蘭銀行已背負了非常廣泛的政策領域的非正式責任。它也繼續擔任政府的財政代理人，並透過金本位的操作來維護貨幣穩定。另外，它還透過實質最後放款人的角色來促進金融穩定，且更廣泛來說，透過該行總裁對其他金融機構明智而審慎的非公開提示，成為管理與解決金融危機的機構。[24]

英格蘭銀行到一九四六年才真正成為公有機構。誠如前總裁艾迪·喬治（Eddie George）所言，在之後的半個世紀，「本行根據法規營運，而法規卻明顯不打算定義我們的目標或職能」，反而「外界假設」那些目標或職能「是從（本行）悠久的歷史中延續而來」。[25] 就那方面而言，英格蘭銀行的「章程」和英國的憲法非常類似，是由豐富的法律、原則與慣例歷史所構成。

雖然接下來幾十年間，英格蘭銀行的責任有所變化，但大致上那些責任都還是屬於非正式責任，直到一九九七年，情況才終於改變。這段期間，歷經了一九五〇年代至一九六〇年代的官方引導通貨貶值，以及一九七〇年代至一九八〇年代激烈起伏的高通貨膨脹，貨幣的價值劇烈降低。當時發生了一系列的銀行危機，房市也出現多次榮景與衰退週期。英鎊遭受一連串外匯危機打擊，官方分別在一九四九年、一九六七年與一九七一年引導通貨貶值，其中，一九七一年那一次是在布列敦森林體系（Bretton Woods system，注：指一九四四年至一九七三年間，世界上大部分的國家加入以美元作為國際貨幣中心的貨幣制度）瓦解前發生的。每次外匯危機之後，都會爆發週期性的國際收支危機，其中，一九七六年、一九八

五年及一九九二年「黑色星期三」被逐出歐盟匯率機制（Exchange Rate Mechanism）之後的壓力尤其劇烈。打從英格蘭銀行國有化，一直到它獲得獨立超然的貨幣政策地位的那半個世紀裡，累計通貨膨脹高達二二〇〇％。

簡而言之，貨幣的價值一路淪喪。

雖然這段期間政府對貨幣政策負有正式責任，所有主管機關的可信度（包括英格蘭銀行）卻都因起伏不定的高通貨膨脹期而受創。這個經驗證明，現代貨幣愈來愈複雜且牽連愈來愈廣，所以需要一個全方位、透明且當責的方法來維護貨幣的價值。

現代貨幣並不受黃金、土地或其他「實體」資產擔保。現代貨幣完全取決於信心，包括對以下事項的信心：

- 民眾相信他們使用的銀行鈔券是真鈔而非假鈔；
- 貨幣能保值，所以，它的價值不會因高通膨而被侵蝕；
- 債務的負擔不會大幅飆升，因為物價與工資會在通貨緊縮時期降低。
- 存在銀行的貨幣與繳納給保險公司的貨幣是安全的，所以，就算經濟陷入蕭條、爆發金融危機或大流行傳染病，那些貨幣也不會消失。

民眾希望對貨幣有信心，唯有如此，他們才有時間煩惱更重要的事，例如為了買新房子而儲蓄、為子女籌措教育費，或確保個人的退休生活等等。

但要維護對貨幣的信心，不僅需要健全的機構，還得爭取到廣泛的大眾認同。那一股信心有可能會因為任何突如其來或令人失望的發展而有所

動搖，像是發生銀行倒閉案件、激烈起伏的高通貨膨脹、假鈔、公共主管機關（包括中央銀行）的作業失靈等。另外，神祕與不坦率的態度也會傷害信心。

現代貨幣受中央銀行的行動所擔保，而不是受存放在中央銀行的黃金所擔保。要維護外界對公共貨幣的信心，最禁得起考驗、最受信任且最健全的方法，就是要有一家獨立超然的中央銀行。意思就是中央銀行為了確保廣泛的大眾支持與正當性，必須要有法律的保障與明確的目標，外加民主當責的文化。雖然中央銀行並不見得能全然抗拒從事欺詐行為的誘惑，但事實證明，中央銀行是以健全通貨來捍衛社會的經濟與政治利益的最有效工具。

作為中央銀行總裁，我早就領悟到，中央銀行或許有效率，但絕不討喜。從我擔任加拿大中央銀行總裁的第一個春天開始，我就注意到，每四十五分鐘就會有一輛遊覽車駛過我的窗外。車上的導遊總是會說：「那是加拿大中央銀行——它坐擁世界上第二多的黃金準備。」每次聽到導遊的這番介紹，我都會想：「並沒有喔，我們早在一九九〇年代就把黃金賣掉了。」多次聽到這類的介紹後，我心想，我最好把事情交代清楚，以免哪天愈來愈多加拿大人站出來質疑為何那些黃金會在我的任期內全部「消失」。於是，我請一位同事打電話給那一家遊覽公司，讓他們知道我們的貨幣並不是受黃金擔保，而是受「加拿大中央銀行獨立超然執行貨幣政策以實現穩定且可預測的低通貨膨脹的行為」所支持。從那一天起，我再也沒有聽到遊覽車駛過我窗外的聲音。再怎麼深思熟慮的技術官僚決策，都不會擁有黃金那樣的魅惑力，即使那類決策比黃金更彌足珍貴。

中央銀行有兩個廣泛的目標，這兩個目標對貨幣的價值都非常重要：貨幣穩定與金融穩定。

貨幣穩定意指確保貨幣價值的可靠性。而要確保貨幣價值的可靠性，就必須創造能讓民眾放心使用的最優質銀行鈔券。也因如此，我們的聚合物製銀行鈔票包含了各種複雜的防偽保護機制，包括全像圖像（holographic images）到紫外線特徵等。不僅如此，要確保貨幣價值的可靠性，還必須維持穩定可預測的低通貨膨脹率。目前這個物價穩定目標被定義為二％通貨膨脹目標。

金融穩定則指確保一個無論時機好壞都能為本國家庭與企業提供支持的金融體系。那需要金融體系——負責創造我們實際上使用的貨幣——保有足夠的韌性，能在經濟衝擊發生時，繼續放款給家庭和企業。一旦如此，總體經濟的衰退程度就不會因無以為繼的債務負擔而進一步惡化。

那需要做到：

- 確保銀行與房屋抵押貸款互助協會的安全性與健全性，因為這些機構持有民眾的貨幣；
- 維護整體金融體系的韌性；
- 確保所有機構的倒閉都能獲得有序處理，不會更廣泛影響到整個體系；
- 為銀行及其他金融機構提供各式各樣的流動性，以促進金融體系在衝擊時刻的繼續正常運作能力；以及
- 經營付款體系的中樞——即時總額清算系統（RTGS）。這個系統以最高標準的效率與韌性，每天處理價值超過六千億英鎊的銀行間收付款；[26] 各式各樣小至應用程式，大至購屋的採購行為，最終都透過英格蘭銀行每日加以結算。

為了闡述為何貨幣與金融穩定的目標有時可能難以實現，請回想一下

當年金本位失靈的狀況：當時，為維護黃金的可兌換性而必須實施的外部平衡重建措施，因政治面的約束力而無法有效施展。英國處理通貨膨脹的經驗就是個血淋淋的例子，這個例子讓我們見到，當短期政治考量槓上貨幣主管機關的必要艱難決定時，會發生多麼令人遺憾的狀況。

一九七〇年代與一九八〇年代時，英國的物價非常不穩定。由於布列敦森林體系在一九七一年崩潰，英國的貨幣政策頓失平日所依賴的支柱。於是，英國展開了一系列蹩腳的實驗，為所得、貨幣總量和匯率設定目標。那類失敗的實驗造成非常大的代價——物價在一九九二年前那二十五年間飆漲了七五〇％，比更早之前兩百五十年的總漲幅更大。[27] 這扭曲了價格訊號（price signals，注：指生產者和消費者透過價格得知供給量或需求量增加或減少的訊號）、抑制了投資活動、危害了經濟的生產力潛力，並對社會上最不富裕的民眾造成了傷害。失業率高漲（平均略低於八％）且劇烈起伏（標準差為二‧八％）。

雖然穩定低通貨膨脹的價值普遍受認同，但事實證明，這是相當大的挑戰，也是不容易實現的目標。即使當時的經濟局勢並不像一二一五年《大憲章》頒布時那麼緊張，卻也嚴重到最終引發貨幣憲法（monetary constitution）的變革；事後證明，那一次變革在貨幣領域的持久性，可能和《大憲章》在政治領域的持久性不相上下。

穩定通貨膨脹的目標難以實現的原因是，影響通貨膨脹最有力的工具——貨幣政策——也會影響產出與就業，至少短期內會影響。這誘使主管機關（受政府影響）承諾在未來維持低通貨膨脹，事後卻又為了提振經濟活動食言而肥，將利率壓低。選舉週期使得這種傾向變得更嚴重。漸漸地，公司行號與家庭開始對這些誘因產生預期心理，甚至本著「反正中央銀行會降低利率」的心理而從事一些不審慎的行為。

解決這個時機矛盾問題的方式，是先讓社會選擇它偏好的通貨膨脹率，接著再將後續的操作責任授權給貨幣主管機關，由它採取必要的貨幣行動來實現社會所選定的那個通貨膨脹目標。主管機關遭受束縛後，通貨膨脹與失業方面的結果便雙雙有可能改善。

在採行貨幣政策時撤除政治考量，使「低通貨膨脹」得以成為一個可信的承諾。不過，貨幣主管機關需要建立健全的當責機制與透明度，才能保有獨立的正當性，並維護大眾對它的法定同意。一九九〇年代，以紐西蘭和加拿大為首的許多國家，紛紛藉由能體現這些方法的獨立中央銀行，採納通貨膨脹目標制框架。

英格蘭銀行的新英國框架

一九九八年頒布的英格蘭銀行法案是最全方位採納這些真知灼見的法案。[28] 這項法案明定英格蘭銀行的責任，並賦予該銀行操作貨幣政策的獨立性。這項法案將權力授予一個獨立超然的全新實體——貨幣政策委員會（Monetary Policy Committee，簡稱 MPC）——以確保英格蘭銀行將在受「約束」的裁量權之下進行操作，而非「不受限制」。[29] 這項法案賦予 MPC 一個明確的職權範圍：實現中期通貨膨脹目標，並委託它制定可實現這個目標的決策。[30] 就這樣，MPC 必須就實現政府設定之貨幣政策目標[31]的貨幣政策工具的操作成果向議會負責。

《大憲章》的精神自此終於融入貨幣政策。

英格蘭銀行的操作獨立性，是在謹慎受限制的範圍內，經由議會取得民眾權力的例子之一。獨立性進而要求當責，唯有當責，英格蘭銀行才能取得履行其使命的必要正當性。英格蘭銀行藉由發表它的分析、到議會做

證，以及發表演說等，解釋它如何行使自身權力來實現它的明確政策職權範圍。在受約束的裁量權之下，英格蘭銀行接受這個職權範圍內的命令，並就其績效對議會與民眾負責。

英格蘭銀行的獨立性帶來了非常大的利益。在取得獨立超然地位後的那二十年間，通貨膨脹平均不到二％，與那之前的二十年相比（六％以上）明顯降低，換言之，通貨膨脹的起伏程度降至原來的五分之一。關鍵在於，獨立超然的地位使英格蘭銀行得以在一個世紀以來最大的金融危機來襲之際，採取大無畏且有效的貨幣政策。另外，獨立超然地位也讓英格蘭銀行得以善加處理英國脫歐前後各式各樣的潛在發展。

過去幾十年的經驗帶給我們幾個重要的教誨。

首先，那個經驗凸顯出通貨膨脹目標設定的彈性非常重要。通貨膨脹目標框架本身的重大改良之一，是明確確認（從二〇一三年的職權範圍開始）MPC 依規定必須在維持通貨膨脹目標之餘，避免產出發生不符期待的波動性。換言之，MPC 可以在面臨異常的巨大衝擊時，將通貨膨脹目標制的所有彈性運用到極致，促使通貨膨脹恢復到目標水準；相關的做法是盡可能為就業市場與經濟體系提供最多的支持，或在必要時促進金融穩定。舉個例子，即使貨幣政策無法防止實質所得成長隨著英國與歐盟之間改採新貿易約定而轉弱，卻還是能影響這個變局對所得造成的衝擊要怎麼分配到就業流失與價格上漲等兩個層面。

第二個教誨則較為基本。一九九七年的變化反映了一個信念：物價穩定是中央銀行對總體經濟穩定（延伸來說是更廣大的公眾福祉）的最大貢獻。這意味著中央銀行焦點的縮小，以及舊中央銀行業務模型的瓦解。

儘管這個時期發生了很多具有永恆價值的巨大創新，中央銀行角色的化約主義者觀點（獲得全世界採用）卻隱藏著致命的缺陷。聚焦在物價穩

定的做法看似健康，卻產生了令中央銀行分心的危險效果。雖然通貨膨脹獲得控制，金融端的弱點卻在二○○○年代變得愈來愈嚴重且勢不可擋，最後更隨著全球金融危機的狂流而潰堤。

全球金融危機有如一記強而有力的警鐘，提醒我們重視金融穩定的必要性。當時先進經濟體處於所謂的大穩定（Great Moderation）時代：經濟成長長時間未曾中斷，通貨膨脹穩定且可預測。這場危機凸顯各國中央銀行雖在那段期間戰勝了通貨膨脹，卻失去了平靜。

相關的代價非常大。二○○八年，民眾對民間金融業的信心澈底淪喪，若非公共部門藉由紓困提供了總額十五兆美元的支援、政府為銀行負債提供擔保，以及中央銀行的特殊流動性計劃等，根本不可能挽回信心。以英國來說，工資實質成長率經歷了自馬克思在十九世紀中葉撰寫《共產黨宣言》以來最弱的十年。總之，外界對整個金融體系的信心變得蕩然無存。

儘管這場危機令人震驚，卻非獨一無二。在長達八百年的經濟歷史裡，金融危機幾乎每十年就會發生一次，而那些危機都是在維持貨幣價值的過程中所衍生的系統性問題所致。

金融政策決定也受制於和貨幣政策相同的時機不一致性問題。金融業的遊說團體非常強勢，追求經濟成長的誘惑也非常大。鬆散的監理規定可能為近期的經濟活動提供強勁的提振力量，而政府受選舉周期驅動的傾向以及金融週期的自滿曲線（complacency curve）更強化了這個誘惑力。但長期而言，那種放縱行為將帶來金融與總體經濟動盪、較低的經濟成長與較高的失業率等代價。

反之，為避免未來危機發生而制定的嚴格決策，卻無法帶來立竿見影的回報。宏觀審慎型干預（macroprudential intervention）的代價可能馬上

就會浮現，但那些干預的利益往往要等到久遠的未來以後才會實現，遑論這些利益（緩和經濟衰退程度與規避危機）並不是那麼直觀。我們必須先推估那種宏觀審慎政策能防止什麼不良結果，但要說服別人相信虛擬條件（counterfactuals），實在不是一件容易的事，畢竟「情況理應會更糟糕」聽起來並不像「從來都沒那麼好過」那麼吸引人。

這些複雜性與不確定性導致中央銀行難以落實真正適當的審慎政策，也就更難以實施那些政策為由進行溝通。長期下來（尤其是在時機良好的階段），這些挑戰有可能養成一種怠惰無為的偏差。隨著上一場危機的記憶逐漸消退，自滿心態將再次產生，要求放寬政策的壓力也會重新浮現。所以就算成功實現了金融穩定，中央銀行的貢獻也鮮少有人聞問。

金融危機帶我們的教誨之一，就是會破壞信任的因素不只一個：當貨幣的未來價值的確定性消失，信任就會遭到破壞，另外，當外界對銀行業者的信心崩盤，甚至不再相信金融體系本身時，信任也會消失。換言之，貨幣穩定與金融穩定是維護公眾對貨幣的信心之兩大必要元素。

由於中央銀行是通貨的獨家發行者，它們的首要責任之一就是保障外界對貨幣的信任與信心。而這個責任自然賦予中央銀行控制貨幣數量與利率的權力，也就是貨幣政策。不過，這也代表中央銀行必須扛起另一項金融穩定政策的重責大任：在金融壓力時期扮演民間金融機構的最後放款人。

目前一般人已體察到中央銀行的核心責任之一，是要從源頭開始防範弱點的惡化。表示中央銀行必須確保銀行與保險業者的資本適足，並讓它們擁有彈性的資金及流動性，從而維護這些機構的安全與健全。也意味著中央銀行必須藉由管理金融週期與處理金融機構及市場的結構性風險等，來確保整體金融體系的穩定性與韌性。

正因如此，二〇〇八年金融危機過後，許多國家賦予中央銀行更多和處理金融體系風險有關的責任。舉個例子，當時英格蘭銀行進行了澈底的改革與調整，在三個獨立委員會的指導下，將貨幣穩定與金融穩定的職責重新結合在一起：這三個委員會分別是 MPC、金融政策委員會（Financial Policy Committee，簡稱 FPC，負責設定宏觀審慎政策），以及審慎監理委員會（Prudential Regulation Committee，簡稱 PRC，負責維護金融穩定與維護銀行和保險業者的安全性與健全性）。[32] 議會賦予英格蘭銀行明確的職權範圍來履行那些責任，且讓它擁有運作獨立性——可自主使用它的權力來實現那些目標，並就它的責任對議會與民眾負責。

當責、透明度與正當性

無論是理論還是實務界，大家都贊同透過授權，將制定支持貨幣價值的必要艱難決策交付給獨立超然的中央銀行來制定。不過，一如《大憲章》所明示，各國的中央銀行永遠都不能忘記它們的權力源自何處，也不能忘記它們必須對誰負責。中央銀行的職權受限於實現貨幣與金融穩定所需的權力，而且必須就它們的績效對民眾當責。為了支持貨幣的價值，中央銀行需要懷抱韌性與信任等價值觀，而為了維護貨幣的價值，它們必須秉持當責、透明與正當性等價值觀。

若缺乏大眾的恆久支持，獨立超然的中央銀行之效能一樣無法通過時間的考驗，一如金本位在失去大眾信心之後迅速垮台。我開始擔任英格蘭銀行總裁後漸漸發現，大眾的支持有賴培養。我上任第一天就察覺到，外界對英格蘭銀行鈔券上選印的人物肖像缺乏多元性一事微詞愈來愈多。選擇以邱吉爾的肖像取代五英鎊鈔票上的伊莉莎白・弗萊（Elizabeth Fry，

注：獄政改革人士，推動法規改善囚犯〔特別是女性囚犯〕的待遇，人稱「監獄天使」）後，英格蘭銀行的四款鈔券上就只剩男性人物肖像（女王陛下除外，她讓每一張鈔券的另一面增色許多）。

作家暨行動主義者卡洛琳・克里亞多・培瑞茲（Caroline Criado Perez）主導了一場大眾運動，正確點出這樣的安排無法代表英國社會，他們遞出一份請願書，訴求以一位女性人物來取代十英鎊鈔票上的查爾斯・達爾文（Charles Darwin）肖像。對此，我召集了英格蘭銀行的專家團隊，討論我自己認為相對直接了當的一個決策。會中有人得意地告訴我，在法律上，英格蘭銀行的現行作法不可能會被認定有差別待遇之嫌，因為鈔券上印的人物都已離開人世，「沒有人能差別對待死者」。姑且不論以這種方式解讀《歐洲人權法案》（European Human Rights Act）的法律意義有多麼不允當，很多同事和我都認為，提出這個論點的那位同事實在沒搞清楚狀況。當一項貨幣無法反映它所服務的社會的多元性，這項貨幣只會造成分化的效果，無法促成團結。於是，眾人很快便決定將英國文壇最偉大的作家之一——珍・奧斯汀——的肖像印在十英鎊鈔票上。

我們也進一步廢除了由英格蘭銀行總裁負責挑選鈔票人物肖像的舊成規，改以一個公開的提名流程來選擇鈔票人物肖像，過程中輔以專家小組的建議。不僅如此，我們還提出一套供專家小組參考的指導原則，這套原則強調，民眾每天攜帶的銀行鈔券應該要能發揮一項重要功能：頌揚英國各個廣泛領域的偉大歷史人物及他們的貢獻，而且必須能彰顯那些代表人物的完整多元性。我們體察到，光靠英格蘭銀行致力於此目標還不夠，我們需要民眾對我們追求多元性的承諾有信心。後來，我們陸續收到近二十五萬份科學家與數學家的提名，經過幾年的流程，我們最終選擇將艾倫・圖靈（Alan Turing）的肖像印在五十英鎊鈔票上。

圖靈的成就不計其數。二次世界大戰期間，他在布萊切利莊園（Bletchley Park）完成的密碼破解貢獻簡直可說是「無可取代」，甚至可以說他的貢獻讓那場衝突縮短了很多年，挽救了無數的性命。[33] 他當時創下的密碼破解進展——包括共同發明了解譯密碼和應用統計技術來加快解碼速率的炸彈電腦（Bombe computer）——是破解到當時為止仍堅不可摧的德國恩尼格瑪密碼（Enigma code）的關鍵。圖靈開創了電腦科學的基礎，[34] 因此，他也在戰後早期電子計算機的發展方面發揮了關鍵的作用力，[35] 除此之外，他還創立了生物學的型態演發場（field of morphogenesis，研究植物和微生物如何發展它們的外形）。高瞻遠矚且擁有高度創新能力的他體察到：「相較於未來將發生的事態，這只是一個預告，相對於未來的樣貌，這只是一道影子。」[36]

奧斯汀與圖靈都是最優秀的英國人。即使奧斯汀已過世超過兩百年，她的文學作品迄今依舊膾炙人口。而當前的電腦科學、人工智慧甚至未來的貨幣形式等進展，則都以圖靈的成就為基礎。奧斯汀與圖靈也代表著許許多多成就非凡、但生前未獲得肯定就撒手人寰的英國人。奧斯汀以匿名出版她的作品，因為當時女性作家並不受重視，而且，那些作品直到她過世幾十年後才得到讚譽。另外，一九五二年，圖靈因與一名男性的私人關係而被判惡劣猥褻罪，最後因接受化學閹割才得以逃過牢獄之災。他的職涯因那次定罪而終止，不久後死於氰中毒。

貨幣的基礎

將諸如奧斯汀與圖靈等人物的肖像印在銀行鈔票上，是矯正過往錯誤並給予當事人應得賞識的正義之舉。不過，我們的考量不僅止於此。貨幣

的價值與英格蘭銀行的正當性雙雙來自民眾的信任，以及民眾對這個體系的公平性及誠信度的信心。綜觀歷史，大部分的英國人口長期遭受極度不公平的待遇，包括遭到英格蘭銀行等機構的不公平對待。如今，英格蘭銀行必須努力爭取並維護英國民眾的信任；致力於多元性與普惠性，是為貨幣的價值建立正確價值觀後盾的必要作為。

英格蘭銀行的貨幣與金融政策效能取決於優質的治理、透明的政策執行，以及對國會與大眾的明確當責。一九三〇年，麥克米倫委員會（Macmillan Committee）咄咄逼人要求前總裁諾曼就英格蘭銀行的行動提出解釋，他回答：「理由？主席先生，我沒有任何理由，我只靠直覺。」但打從他說出那一席話後，大眾的期望就已劇烈改變。

我參與過五十幾場議會聽證會，而我從來不敢這樣回答議員的質詢。非正式責任、點頭、眨眼、密而不宣與直覺的時代早已遠去。如今的英格蘭銀行比過去的任何時刻更須做到公開與當責，不僅是因為外界對各個機構與那些機構聘請的「專家」愈來愈不信任，也因為漸開的民智使我們的政策變得更有效率。

自從英格蘭銀行被授予操作上的獨立性後，它的對外溝通已顯著改善。透明度穩定提高，相關的倡議包括**事前**（*ex ante*）就各項根本預測發表詳細的假設，乃至**事後**（*ex post*）評估那些預測的精準度，以及同步發表貨幣政策摘要、會議紀錄與通貨膨脹報告等等。另外，我們也導入多層次溝通，用更簡單、更可理解的語言和圖形，盡可能讓最多民眾了解我們的作為。

為了改善當責與維護大眾的法定同意，英格蘭銀行深入擴大服務的觸角。現在，在每一項政策決定發布當天，英格蘭銀行都會公布和那些政策攸關的所有資訊，並揭露每一項預測背後的關鍵判斷，同時在發生差異時

加以說明。英格蘭銀行每年還會與數千家企業開會，並和到訪市政廳與參加公共論壇的數萬名民眾見面，透過社群媒體見面的民眾數更是高達數十萬人。

在我擔任英格蘭銀行總裁期間，這些事務既是這個職務最具挑戰性、但也最令人樂在其中的環節。這個職務的挑戰性在於，和大眾見面時，我必須放棄專業術語、統計數據與編碼引證等的庇護，因為民眾問的都是一些最基本的疑問，例如「什麼是貨幣？」、或「我什麼時候會加薪？」等等。

我在深思是否要加入英格蘭銀行時，讓我特別遲疑的因素之一，就是英國大眾是否會接受一個外國人來擔任如此重要的角色？當時有人再三向我保證：「放心，一旦你到伯明罕以北的地方，英格蘭銀行總裁對當地人而言和外星人根本沒兩樣，沒有人知道這兩者有什麼差別。」這樣的說法讓我覺得非常奇怪，不過，如今我非常樂見英格蘭銀行已擴大且深化了它的地區性拜訪計劃。我後來發現，那些拜訪行程是我覺得最賓至如歸的時刻。

顯然，我們能做的不僅是和本地企業會面。所以，我們大幅延伸這些拜訪行程，加入和第三產業族群的會議，期許能藉此更了解疲弱的經濟復甦對民眾的影響，並聽聽他們的憂慮。我們安排了市政廳會議和市民專案會議，直接聽取一般民眾的意見，因為儘管他們距離貨幣與金融穩定及受約束的裁量權（constrained discretion）等概念極度遙遠，卻深受這些概念的應用所影響。另外，我們訪問了各式各樣的學校，而一個和經濟決策有關的教學模組（teaching module）的成立，讓我們得到不少助力，目前英格蘭與威爾斯已有五分之一的公立學校採納了這個模組。

學校訪問行程尤其讓我震驚。很多學校位於非常貧困的地區，有一半

的孩童是在學校吃免費餐點，其中許多孩子的家庭已連續三代沒有人工作過。較年幼的孩童總是瞪大著眼睛，一派樂觀，而青少年則有點過度好奇，想打探我賺多少錢（我的回答是「比不上足球球員」）、我開哪一款車（我開福特 Galaxy，令他們有點失望），以及為何我們不乾脆使用比特幣（我的答覆是「因為它無法運作」，請見下一章）。

我投入這些訪問行程的主要目的是解釋英格蘭銀行的工作：維護民眾對貨幣的信心、讓這些學生略窺金融圈的一二，並讓他們知道，如果他們願意努力追求自己的興趣，未來也很可能獲得屬於他們的成就。我舉我個人的例子向他們說明：我小時候也跟他們一樣上公立學校，而且我的住處距離我祖國的商業、媒體與政府中心非常遙遠。我研究經濟學是因為我想更加了解這個世界的運作方式，而且我曾在半公家與半民間部門的單位工作，目的是為了改善那個領域的運作。擔任英格蘭銀行總裁一事，從來都不在我的計劃之內（如果我大張旗鼓高調表達這樣的意願，我可能永遠也無法坐上這個位子）。我來到這裡純粹是一個歷史的偶然，但那個偶然是因為我從事了我所熱愛的工作才發生的。如果像我這樣一個來自加拿大北部偏遠地區的鄉下人都能當上英格蘭銀行總裁，他們沒有理由做不到。

後來我有點納悶，究竟那些孩子聽進了多少我傳達給他們的訊息？他們顯然都認同我是個鄉巴佬，但其他訊息呢？有一次，我到東北部的一所中學進行一場訪問，過了幾天，我收到一封學生母親的來信，她在信中提到，她兒子和我對談後，對他未來的學習與計劃產生了新的熱情。她在信末以大寫字母潦草地寫道：「這類訪問改變了人的一生。」

從那句話便可一窺是什麼因素賦予貨幣價值——答案是：韌性、團結、透明、當責與信任。

第五章
貨幣的未來

能在那樣的黎明時分活著，簡直是天賜之福；

若還年輕，更如置身天堂！

——威廉‧沃茲沃斯（William Wordsworth），

〈法國大革命剛展開時，狂熱者眼中的這場革命〉

　　對金融技術創新的倡議者來說，席捲金融技術圈的創新熱潮帶給世人的希望不亞於一場革命。Fintech（金融科技）預告了縮小銀行業務範圍與投資組合優化（portfolio optimisation）的黎明即將到來。它將改變貨幣的本質[1]、動搖中央銀行業務的基礎，並對所有使用金融服務的人帶來不亞於民主革命的大變革。

　　全新的通用技術正在改造從零售、媒體乃至教育等大量多元的產業，所以，對上述說法嗤之以鼻的人將是愚不可及的。在位者鮮少能預見變革的規模或速度，更遑論做好應對措施。就革命的本質而言，唯有等到事後回顧，才會發覺革命已成為約定成俗之見。

　　且讓我們看看先前的一個新黎明。二十世紀初，凱因斯就曾對技術與金融的結合所帶來的眾多可能性大表讚嘆，他表示：

倫敦居民可以一邊在床上啜飲著他的早茶，一邊用電話訂購全球各地形形色色的產品……他可同時用相同的方法，將他的財富投入地球上任何一個角落的天然資源與新企業冒險投資……他也可以憑著異想天開的念頭或資訊的推薦，決定將他的財富安全託付給任何一片大陸上的任何一個重要都會區的誠懇市民。[2]

那樣的全球投資組合管理業務，是靠著此前幾十年的技術發展才得以實現，相關的技術發展包括一八六〇年代的「無線電傳真機」（pantelegraph，能傳輸簽名字樣供銀行存款驗證）到埋在大西洋海底的電纜（一分鐘可傳輸八個字）等。那樣的遠距貿易確認方法與低等待時間，讓當時的「快閃小子」（flash boys）得以崛起。

這些創新造就了金融全球化，而金融全球化的根基，則是更古早之前的一個更單純、但影響深遠的革命性發展：會計總帳（ledger）。畢竟若沒有紀錄交易、比較餘額與評估債務的能力，就沒有金融可言。若沒有這項最基本的金融技術，作為四海通用的商務工具的貨幣與信用就不可能存在；這項金融技術可抵銷借項（debit）與貸項（credit）、讓債務得以像通貨般流通、讓記憶被貨幣取代，更使貿易得以用幾何級數的速度飛快擴張。

從凱因斯的「賴床全球化」之後，我們又創造了多少進展？

只要用「平板電腦」取代「電話」，再用「豆漿拿鐵咖啡」取代「茶」，你就能從二十世紀初快轉到二十一世紀初。在這個新世紀，機會不再是男性專屬，也不是都市居民的專利。第二波全球化巨浪正席捲而來；第四次工業革命才剛要展開。在日新月異的技術變遷、重新排序的全球經濟勢力，以及愈來愈緊張的氣候變遷壓力等因素驅動下，一個全新的

經濟體正在崛起。

這一場 COVID-19 危機導致這個顛覆力量加劇。供應鏈變得愈來愈本土化且有韌性。數位整合趨勢持續加速。企業與國家策略因此而進行的「大重啟」，提供了應對氣候變遷與促進轉型至淨零經濟體的全新機會。

金融繼續民主化與改造的程度，取決於表面上晦澀難解、但基本上極度重要的致能技術（enabling technologies）。行動電話的興起、網際網路的無遠弗屆、高速運算的可取得性、密碼學的進展以及機器學習的創新等很有可能結合在一起，像驅動經濟體系其他領域那樣，促進更快速的金融變革。

貨幣恆久持續演進

若認為當前這種獨立超然的中央銀行模型將是貨幣史的結局，難免流於傲慢。

過去幾個世紀發生了一連串的貨幣創新。其中多數創新最終都屈服於貨幣成色降低的古老誘惑，吞下失敗的苦果，但也有少數創新有效改善了貨幣的本質。由於當前有非常多貨幣與支付系統的相關創新不斷推出，因此，這兩種結果當然還是可能會再次發生。成功的訣竅將是判斷在追求價值的過程中，要支持哪些創新、壓制那些創新。

綜觀歷史，最大有可為的貨幣創新都源自民間部門，因為民間部門必須設法應對商務快速變遷的本質。最早為人所知的銀行鈔票是在七世紀的中國發展出來的，大約唐宋時期，由於從事大型商業交易的商人和大盤商不想攜帶大量沉重的銅幣，銀票遂應運而生。十三世紀，馬可波羅（Marco Polo）將這個概念導入歐洲後，鈔券變得愈來愈普遍，但在十七與

十八世紀，保持鈔券價值的相關問題仍然層出不窮。

到了文藝復興時期，為了支持愈來愈熱絡的跨國貿易活動，銀行業務也隨之有所調整。十四與十五世紀位於佛羅倫斯的義大利銀行業王朝——例如呼風喚雨的梅迪奇家族——是早期的外匯交易商，許多經由歐洲貿易路線流通、但品質良莠不齊的通貨，就是透過這些業者進行兌換的。梅迪奇家族一開始只是在卡瓦爾康蒂宮（Cavalcanti Palace）外經營簡陋的貨幣兌換亭，後來他們漸漸發展為梵蒂岡的銀行家。這個家族的真正成就在於他們開創了以匯票（bills of exchange）來作為管理中世紀日益興盛的貿易的方法之一。這些被視同付款承諾的匯票在商人之間流轉，可用來作為直接付款的工具，也可以賣給銀行換取現金。

十七世紀之後，為了提供擴展貿易與工業所需之資本，部分準備銀行業務遂應運而生。這項業務的資訊收集、信用判斷與貸款監控等核心技能擴大了亞當‧斯密所謂「看不見的手」的應用，但也付出了金融穩定可能被犧牲的代價，因為那類業務的風險較高。而為了維護貨幣的價值，各國中央銀行不得不擴大參與監督民間銀行業者，並在**極端狀態下**挺身而出，扮演那些銀行的最後放款人。

如今，民間貨幣是在非銀行部門創造的（尤其是退休基金、保險公司和各式各樣的資產管理人），而且這個部門能幫助個人管理風險與增長儲蓄。然而，誠如我們將在第七章談的，當今非銀行金融部門的處境，和十九世紀的部分準備銀行業務部門非常相似。健全的作業當中參雜著一些不良行為，有韌性的機構和脆弱的機構環環相扣，在那樣的情況下，非銀行部門本身也可能成為會危及價值的風險來源之一。

貨幣與支付方面的金融技術革命也屬於這個變革傳統的一環。它受到幾個因素驅動：

首先，貨幣正為了回應諸如密碼學與人工智慧的進展，以及社群媒體的強大網路效應等根本變革性的技術創新而改變。畢竟如果「點讚數」能成為這個世代的社會通貨，它有沒有可能成為下一個世代的經濟通貨？

更根本來說，貨幣創新是對更廣泛的經濟與社會重組（眾多強大網路上的一系列分散式的點對點連結）的回應。[3] 現代民眾即時且公開直接建立彼此之間連結的情形愈來愈普遍，而這澈底翻轉了他們的消費、工作與溝通方式。然而，金融體系卻依舊採用一系列樞紐（hub）和輪幅（spoke）式的安排，例如銀行和收付、清算與結算系統。即使當前這一代的類貨幣替代品——例如加密通貨和穩定幣（stablecoin）等——還稱不上解答，但這些替代品正對現有的收付系統發出戰帖，現有的收付系統必須為了迎合充分可靠、即時與分散式交易等需求而進一步演化。公共部門的主管機關則需要打造適合的環境來支持那樣的民間活力發展。

這個新經濟體正對金融圈提出全新的要求。消費者與企業愈來愈期望能即時結算交易，櫃臺結帳模式即將成為一種歷史異常現象，而跨境收付將變得和在同一條街上的收付沒有兩樣。智能合約（smart contract）可帶來更大的效率與韌性，只要重新安排貨幣與收付方式，就能善加利用那些效率與韌性謀取利益。這個系統可根據個人的偏好與社會規範進行調整，例如提高金融交易相關的隱私權，或者經由匯集個人數據來實現更大的機會等等。

儘管以上所述似乎天花亂墜，到目前為止，西方國家的日常支付創新確實已昭然易見，不容輕忽。多數的變革以支付發起（payment initiation，即用於進行採購的方法）為中心，目前支付發起已轉為零接觸的信用卡、智慧型手機行動錢包，以及銀行應用程式。基本上，上述幾種方式的根本付款基礎建設是相同的——交易在信用卡或銀行業務「軌道」（rail）上進

行，且牽涉到數位貨幣。

數位貨幣是由民間銀行製造的（誠如第四章說明的）。就民眾的看法而言（多數人天生不會多想），由於銀行業者受中央銀行監理，民眾基於這個事實，便認定他們存在民間銀行的存款（只要不超過特定上限）都會受國家保障，並因此安心把錢存在銀行裡（目前英國的上限是八萬五千英鎊，加拿大是十萬加幣）。

這個系統非常方便，但成本相對較高，相當於交易價值的〇‧五%至二%。此外，這個系統的速度也可能很慢，支付的款項大約要花三天才能到達商人手中。跨境支付的成本甚至可能達到前述水準的十倍以上，這使得競爭遭到壓抑，消費者的選擇因此受限。

不過，較革命性的創新已明顯展開。中國支付領域巨擘螞蟻金服（Ant Financial）擁有十億名顧客，是美國最大銀行的五倍之多。加計微信支付（WeChat Pay，騰訊公司〔Tencent〕的關係企業），兩者處理的行動支付幾乎占全球總行動支付的九〇%。印度的支付平台 Paytm 也擁有遠超過三億名客戶，其中多數是小型企業。下一階段的課題將是這些民間支付系統和公共帳本（public ledgers）與最終擔保（backstops）的整合。

此外，成長最快速的中小企業放款機構是線上市集和數位支付提供者，例如 Stripe 與 Shopify，這兩家公司能透過存取優質顧客數據來改善信用評分與放款決策的速度。

民間貨幣創新的基礎

在這個密集創新的時代，貨幣的公共保管人必須既有建設性又保持警惕。所謂的「有建設性」，指的是提供一個供民間創新的平台。中央銀行

應該一視同仁，對新提供者與舊提供者抱持同樣開放的態度。這意味著要讓所有提供者都可以平等取用中央銀行的關鍵工具，如即時批發型支付系統（wholesale payments systems）、存款與存取短期流動性的能力等等。[4] 不過，一視同仁也代表相同的活動必須適用相同的監理規定，不管服務的提供者主要是銀行、非銀行金融服務公司還是科技公司。那樣的一致性就是保持警惕的一環，唯有如此，新貨幣才能像舊貨幣一樣安全、可靠且受信任。

中央銀行也必須意識到，另類的民間類貨幣工具的可能興起，或許意味著一系列危機的發生已使大眾的信心已開始轉變。俗話說得好：「信任有賴多年建立，破壞卻在彈指之間，修復更需永遠」。[5] 金融危機傷害了大眾對民間金融機構的信任，並使世人對公共監督的效能產生質疑。另外，為了回應 COVID-19 危機而巨幅擴張的公共債務，以及各國中央銀行的巨額購買（注：大量購入公債等債券）行為──和平時期首見──也可能創造使大眾對貨幣的信心動搖的條件。

事實上，本書將主張，重新平衡價值觀的作為將產生的重要貢獻之一，就是維護公共貨幣的價值。這並不代表阻礙創新的潮流，而是以一種強化貨幣背後核心價值觀的方式來支持貨幣。貨幣的未來必須受到信任、有韌性、公平、普惠、透明、當責且有活力。基本上，公共部門對民間創新的回應，必須能確保新系統能為大眾效勞，也就是新的貨幣與支付系統必須符合許多要求。

新型態的貨幣與支付方式必須有韌性且值得信任，也就是說，必須擁有不亞於現有系統的韌性，但又要能為顧客提供更好的服務。當經濟衝擊來襲，新貨幣必須能夠保值（貨幣穩定），所有接觸到這些貨幣的機構也必須保持可靠的狀態（金融穩定）。貨幣還必須具操作上的韌性，在不尋

常事件發生時保持健全，且永遠不會發生技術性中斷運作的傾向。

新型態的貨幣與支付系統還必須能保護隱私權以及維護客戶的數據主權，以達到當責與透明的要求。現金是匿名的，而且民眾總會期待自己的民間銀行業務細節能永遠保有隱私，當然，隱私權的保護不能無線上綱到超出防止洗錢、為違法活動或恐怖主義提供資金等法律限制範圍。電子形式的新貨幣將必須界定「匿名」和「顧客批准的私人資訊存取」之間的界線，才能提供更好的服務。

在民主國家，貨幣體系的核心根本不太可能以電子民間貨幣形式為基礎，因為那種貨幣的創造者可能控制著大量的通貨（如比特幣），並因此順理成章掌控存取顧客數據或支付系統（例如某些穩定幣）的特權，此外，那種貨幣的後盾（像是阿姆斯特丹銀行那種鈔券發行銀行）也較傾向發生民間貨幣常見的貨幣成色降低問題。

誠如我們在前一章所討論的，要維護大眾對維持貨幣與金融穩定的必要政策的支持（以及最終的法定同意），透明度與當責是絕對不可或缺的。這兩者既不能利用演算法運作，也不是民間部門的最終責任。

新的貨幣與支付系統也必須藉由提高金融普惠與促進團結來改善公平性。新型態的貨幣與支付形式必須開放讓所有人取用，藉此履行它們讓金融服務得以民主化的潛力。那意味劇烈降低支付、銀行業務與跨國交易的成本，包括匯款成本。那也意味促進顧客服務的競爭。新型態貨幣的所有網路外部性都應該能為大眾帶來利益。

促進團結意指永遠不走貨幣形式方面的回頭路，例如恢復金本位——在金本位的架構下，調整的負擔多數落在一個特定階級的肩上，也就是勞工階級。相對地，促進團結意味充分有效利用新技術打造一個更具彈性的經濟體系，這個經濟體系將能進行更規律、更平滑的調整，而不是在累積

巨大失衡與弱點後就突然瓦解。

它必須能提供新服務與供應廉價、有效率且安全的支付系統，以達到支持經濟活力的目的。新服務可能包括匯集數據（讓小型企業能更有效率地取用那些數據來增長其資本、與智能合約融合）以改善金融乃至商業貿易的效率，以及讓跨國商務變得和國內活動沒有兩樣等等。新支付系統也必須可擴展；畢竟貨幣是一種社會公約，一個網路。愈多人使用，它就愈有用。最就低程度而言，能在大規模與小規模使用時維持一樣高效率的貨幣，才是有效的貨幣形式。就目前而言，這是多數加密通貨（傳統貨幣的替代品）的顯著缺陷之一。

建立在公共基礎之上的新系統

持平來說，各國中央銀行將無法想像目前這股金融創新潮將會開啟什麼樣的可能性。但與其絞盡腦汁不得其解，各國央行應該打造一個盡可能公平的民間創新競技場，同時設法確保新系統能尊重貨幣的基礎核心價值觀：受信任、有韌性、公平、普惠。透明、當責與有活力。

這意味著兩件事。首先，這個新系統必須繼續以公共貨幣為核心，即使它和民間貨幣之間的關聯性本質上可能會有劇烈的改變。英國銀行鈔票「支付持票人」的承諾附帶著政府的無條件擔保，但目前所有零售端的電子支付形式都不具備這樣的條件。[6] 當前民間數位貨幣系統的最終擔保，就是用戶隨時能將手中持有的數位貨幣轉為現金。這些新貨幣型態應該要能實現類似現金的確定性，藉此模仿現金進行實體交易方面的用途。這代表著完成付款後便不可撤銷的支付最終性（finality of payments）。如果某人在酒吧拿出一張十英鎊鈔票買一巡酒，他們的債務便馬上結清，酒館老

闖則取得可立即用來進行另一筆交易（只要是他們認為適合的交易都行）的現金。中央銀行的工作之一就是要確保付款的最終性，讓企業與顧客都能信心滿滿地進行交易。

其次，為了讓新系統得以維持健全貨幣的價值觀，中央銀行將必須繼續提供一系列的公共最後擔保，以維護大眾對貨幣的信任。具體來說，那意味以（數位）現金或記帳單位的形式來保障標的貨幣；確保支付的最終性；證明流動性是維持這個系統正常運作的必要元素，並在壓力時期擴大提供流動性支援；以及監督整體支付系統，因為它的強度將取決於它最弱的環節。

評估三個通貨選項

每個人都能創造貨幣，問題在於要怎麼讓人接受它。

——海曼・明斯基（Hyman Minsky）[7]

且讓我們探討一下，若以上述的核心功能與根本價值觀衡量，加密通貨、穩定幣與中央銀行數位通貨這三項主要創新孰優孰劣。

誠如我們將談到的，目前所有覬覦貨幣皇冠的電子「濫竽」，在多數條件上都有不足，不過，那些數位貨幣所啟動的革命，遲早會推翻舊體制。這個顛覆的局面可能會被大眾欣然接受，因為只要我們繼續著重支撐健全貨幣的價值觀，貨幣的未來一定能有助於實現一個更有活力且更普惠的經濟體。

首先，且讓我們討論一些定義。貨幣有兩種類型：記帳用的貨幣以及代用的貨幣。代用貨幣包括我們最熟知的例子，包括亞波島石幣，乃至銀

行鈔券等等。代用貨幣的內在價值基本上等於零，但它靠著社會公約的力量而獲得廣泛認同。而要獲得恆久的廣泛認同，代用貨幣需要具備適當的機構擔保（institutional backing）。

記帳用貨幣則是在存款銀行（如阿姆斯特丹銀行等）於十七世紀的歐洲開始普及後，才開始大受歡迎。這種貨幣利用中介機構來完成交易（通常是銀行），在這當中，付款人的帳戶被「借記」貨幣，受款人的帳戶則被「貸記」貨幣。這些記錄可發生在同一家銀行，也可發生在不同銀行，最終的結算則在中央銀行進行。記帳用貨幣是目前民眾持有的最主要貨幣（超過九五％）。

這些銀行餘額是數位通貨，因為這些貨幣只是你我的往來銀行所維護的帳本裡的電子分錄，不過，基本上來說，這個記帳用貨幣的架構和十七世紀就存在的記帳用貨幣架構並無不同，只不過和當時比起來，目前的支付速度與方便性已大幅改善。[8] 非銀行支付服務提供者（如 Apple Pay、Venmo 或 Stripe）的創新式付款應用程式上的記帳用貨幣形式也是一樣的架構。

目前的數位貨幣系統是一個雙層級的系統。以較低層級的數位貨幣來說，銀行業者藉由承作新放款來創造民間貨幣，這和前幾章討論的部分準備銀行業務是一樣的道理。新貸款由那些銀行的資本支持，並以存款的資金來支應。[9] 銀行之間的交易則是以較高層級的貨幣來結算，這些貨幣以中央銀行準備金的形式存在，也就是民間銀行存放在中央銀行的記帳用貨幣。

這個系統有幾個優點。它能確保支付的最終性。它讓中央銀行的核心活動得以進行，例如在壓力時期向金融體系提供流動性，扮演最終付款人的角色，並透過量化寬鬆來從事資產收購等。

這個系統當中的要素可為了協助實現金融技術革命的承諾而進行調整。舉個例子，中央銀行準備金是電子公共貨幣，但目前廣大的大眾無法取得這些貨幣。關於貨幣的未來，選項之一是讓大眾能在各式各樣的中央銀行數位通貨架構下，取得那些貨幣。另一個選項則是允許民間通貨成為交易媒介。

舊貨幣體制面臨的第一個無可辯駁的挑戰者是加密通貨（cryptocurrencies）。加密通貨是代用貨幣型數位資產，而不是流通貨幣，因為那些加密通貨能否履行貨幣功能，迄今仍是個未知數。這些數位資產以分散到大量電腦的網路為基礎，而這個結構讓那些資產得以存在於政府與中央主管機關的監督範圍之外。「加密通貨」這個字是從用於確保網路安全的「加密技術」（encryption techniques）一詞衍生而來。誠如前一章所論，這些技術起源於艾倫・圖靈的某些研究，而圖靈的「臉孔」將被印在英格蘭銀行的下一張五十英鎊實體鈔票上。

在全球金融危機最嚴重之際，技術的發展以及外界對某些銀行體系的信心崩潰引燃了加密通貨革命。加密通貨的倡議者主張，諸如比特幣等去中心化加密通貨比中心化的法幣更值得信任，因為：

- 它的供給量是固定的，因此不會因古老的貨幣貶值（成色降低）誘惑而受傷。
- 它的使用不會受到高風險的民間銀行影響；以及
- 持有這項貨幣的人可保持匿名，因此得以規避貪得無厭的租稅主管機關或法律強制執行等等。

也有些人主張，加密通貨可能比中心化的法幣更有效率，因為加密通貨的分散式帳本技術基礎能略過諸如中央銀行與金融機構等中介機構，允

許付款人直接將款項支付給受款人。（原書注：以法幣來說，多數法幣的記錄由銀行業者持有，銀行並受託確保那些記錄的有效性；而以數位通貨來說，包含了所有使用者的所有交易的帳本皆可公開取用。數位通貨依靠網路與規則，可靠地更新這份帳本，而不是信任並委託中心機構——例如銀行業者〔延伸來說，包括諸如英格蘭銀行等負責監督銀行業者的中央級主管機關〕——來處理這些記錄。）

本著這種反烏托邦（dystopian）式的恐懼以及自由論樂觀主義的精神，伴隨著史上第一個（甚至可稱為創世紀）比特幣區塊而來的訊息是：「《泰晤士報》二〇〇九年一月三日，財政大臣即將為銀行業者提供第二次紓困。」

加密通貨與貨幣的作用力

要判斷加密通貨能履行貨幣的多少作用力，就得觀察整個加密通貨生態系的功能運作狀況，這個生態系不僅包含加密通貨本身，還延伸到可買賣加密通貨的交易所、創造新貨幣的「挖礦者」，交易的驗證和帳本的更新，以及提供保管服務的電子錢包提供者。

關於這個問題，厚道一點的答案是：加密通貨充其量只能為某些人、在某個受限的範圍內充當貨幣，且即使如此，加密通貨至多也只能和用戶的傳統通貨並行。[10]

就儲值的角度來說，事實證明，加密通貨的短期波動性過大，那樣的波動性可能在短短幾個月內造成五〇％的利益或損失。過去五年，比特幣的每日波動標準差是英鎊的十倍。而且，比特幣還算是比較穩定的加密通貨之一。

這種極端波動性局部反映出一個事實：加密通貨既無內在價值，也沒有外部擔保。眾多加密通貨的價值取決於民眾對它們的未來供需的信念——即那些貨幣最終是否會成功成為貨幣，或是作為規避其他型態貨幣貶值風險的工具。

之所以該對加密通貨作為貨幣的長期價值抱持懷疑態度的最根本理由在於，沒有人知道那些加密通貨是否有朝一日能成為有效的交易媒介。所以，目前那些加密通貨不可能成為記帳單位。總之，接受加密通貨的零售商少之又少。加密通貨相關的買賣交易非常緩慢，且高度碳密集（carbon intensive，注：指會產生高碳排放，因挖礦的耗電量巨大）。最終來說，加密通貨的可擴展性將可能取決於電子錢包內的買賣交易淨額，而我們稍後將說明，這個框架其實比較適合中央銀行數位通貨。

和歷史上其他所有成功貨幣的不同之處在於，加密型資產並不是任何一個人或機構的負債，也不受任何主管機關擔保。比特幣是由某種演算法擔保。很多加密型的資產受公司治理議題所苦，例如其所有權的集中導致它們容易有被操縱的傾向。即使很多加密通貨是基於反現有機構基礎建設而創立的，但加密通貨卻還是依附在那個為整體金融體系效勞的機構基礎建設之上，所以也依賴那個基礎建設所提供的信任。這反映出加密通貨本身難以在面臨網路攻擊、顧客資金損失、資金移轉限制以及市場誠信不足等問題時，自主建立外界對它們的信任度。

最後，加密通貨被用來作為貨幣時，引發了很多和消費者與投資者保護、市場誠信、洗錢、資助恐怖主義、逃稅與規避資本管制及國際制裁等相關議題。就算加密通貨被用於交易而非投機用途，很多加密通貨似乎只對活躍於黑市或非法經濟體的人較有吸引力。這導致加密通貨的信任不足問題變得更加嚴重，也就是說，一旦加密通貨被納入監理網——一如各種

形式的貨幣最終都會被納入監理網——它們作為貨幣的吸引力終將降低。

　　加密通貨不是適合未來的貨幣。但這並不表示我們應該揚棄加密通貨。某些加密通貨因供給量固定（所以能抗拒貨幣貶值的誘惑）以及和其他資產之間的低相關性而受到重視。這就是某些人對比特幣的看法。如果有足夠數量的民眾主觀認定比特幣是一種能對抗通貨膨脹、不確定性或衝擊的避險天堂，整個世界對比特幣作為資產的需求就不會消失，但那是一種將它視為資產的需求，而不是將它視為貨幣的需求。比特幣的高波動性以及它和傳統資產（如股票與債券等）之間的低相關性，讓它成為類似黃金的避險工具。然而，就算這種型態的數位黃金背後有形成任何社會公約，這項公約也將容易受機制轉換（regime switch）至不同避險天堂的風險影響（機制轉換可能受公司治理挑戰、新監理規定或數位貨幣的其他未來創新等許多因素誘發）。時間會證明這種對比特幣的主觀價值的一致觀點是否站得住腳。

　　無論如何，較近期而言，加密通貨背後的核心技術已對貨幣的未來產生某種影響力。事實上，加密型資產在三個方面協助指出了未來貨幣的方向：

- 藉由暗示貨幣與支付將得為了迎合社會上不斷改變的偏好而有所調整，尤其是去中心化點對點互動的需要。
- 經由加密通貨的根本技術所提供的可能性，改造付款效率、可靠性與彈性；以及
- 藉由加密通貨提出的「中央銀行是否應該提供可讓全民使用的中央銀行電子貨幣」疑問。

穩定幣

　　加密通貨所發起的革命已催生了民間的穩定幣，雖然穩定幣的最初設計隱藏了某些嚴重缺陷，卻仍可能顯著促進貨幣的未來。

　　不同於那些除了演算法以外，沒有其他任何後盾的加密貨幣，穩定幣是釘住另一項標的資產（underlying asset，例如黃金或石油）或一項法幣（如美元或歐元）的加密通貨（因此也受那一項資產擔保）。穩定幣結合了加密通貨的幾項技術要素，包括加密通貨的代用貨幣形式，以及使用分散式帳本技術來進行交易驗證等，穩定幣也因標的資產的可信度而獲得強化。最高調的穩定幣實例之一是 Libra（注：臉書計劃發布的穩定幣），但我們最好將它視為一個支付系統，而非貨幣，因為那些穩定幣的貨幣性（moneyness）源自標的主權通貨。

　　即使穩定幣不是貨幣，卻還是可能改變貨幣的本質。穩定幣透過與某一項標的資產的連結來穩定「硬幣」的價格，所以穩定幣遠比加密通貨更有能力作為支付工具與儲值工具。因此，穩定幣確實有助於打造更快速、更便宜且更普惠的全球支付系統。穩定幣可和電子錢包與智能合約結合在一起，讓即時分配式低成本點對點交易得以成為現實。另外，穩定幣在以銀行業務或信用卡為基礎的體系之外，開創了一個另類支付系統的可能性，同時也大幅降低了跨國支付的成本。

　　穩定幣可能帶來非常巨大的新福利。雖然近幾年間，目前的支付系統已顯著改善，卻還是有兩大缺點：世界上有非常比例的人口無法普遍使用金融服務，跨國零售型支付也缺乏效率。目前全球有十七億名成年人無法存取支票存款帳戶（transaction account），但這這十七億人中，有十一億人有行動電話。[11]由於支票存款帳戶是使用諸如信用、儲蓄與保險等額外

金融服務的出入口，所以要是有那麼多人無法存取那類帳戶，便會阻礙金融普惠的目標。[12] 目前諸如肯亞的 M-Pesa 等行動錢包與行動貨幣，已證明金融普惠有可能出現不尋常的階躍性變化。

穩定幣骨子裡其實就是一種支付系統，不過，這種基於交易目的而創造的類貨幣工具一旦問世，便可能鼓勵民眾持有這種類工具，作為傳統金融體系之外的儲值工具，例如電子錢包。在那個情況下，主管機關應該應用「同風險／同監理」原則（same risk/same regulation）來監理穩定幣，以確保穩定幣能在價值穩定性、法律債權的健全度、可以標的法幣全額贖回（依照面值）的能力，以及支付生態系統的韌性等方面，達到和商業銀行貨幣一樣的標準。

此外，如果諸如 Libra（後來重新定名為 Diem，和世界最具支配力量的社群媒體平台臉書〔擁有超過二十五億名用戶〕連結）那樣的穩定幣成為主流，經濟體系的多數貨幣最後可能會流向正式銀行體系以外。這將會從根本改變實體經濟體系的信用供給以及貨幣與金融穩定的動態。

穩定幣的最大問題之一在於這些貨幣的擔保的本質。以受某項通貨（例如美元或英鎊）擔保的穩定幣來說，為達到法幣的標準，這項擔保必須永遠絕對、不可撤銷且零風險。而如果它們不和發行標的法幣的中央銀行合作，實在很難想像那些條件要如何實現。

誠如國際清算銀行總裁奧古斯汀・卡斯頓（Agustín Carstens）所強調，民間穩定幣必須記取與阿姆斯特丹銀行倒閉一案有關的公司治理教誨。[13] 除非有健全的治理、完全透明，加上公共監督者時時保持警惕，否則民間貨幣的「約束規則」就會隨著時間趨於鬆散，幾乎不可避免。阿姆斯特丹銀行原本是以黃金一對一擔保它的「銀行貨幣」，但後來漸漸墮落到承作祕密貸款。我們能用什麼手段阻止以法幣作擔保的穩定幣漸漸開始

承擔利率、信用、交易對手等風險，或甚至通貨風險？這些方面的規定必須具有絕對的清晰度與法律確定性。此外，穩定幣將得解決一些重大的議題，包括一旦進入壓力期，誰將出面提供流動性、數據隱私的適當保護，以及解決洗錢、資助恐怖主義以及其他形式違法金融活動等潛在問題。

中央銀行數位通貨

最終來說，很可能只有能對公眾當責的機構可以實現一個長期維持一致性運作的穩定幣在公司治理、流動性與運作等方面的要求。關於這一點，中央銀行的可信度令人信服。最可能的未來貨幣發展形式是中央銀行穩定幣，也就是中央銀行數位通貨（Central Bank Digital Currency），簡稱CBDC。

CBDC是一種電子形式的中央銀行貨幣，大眾可用它來進行數位支付。目前當我們用簽帳卡或行動電話進行支付，實際上還是使用最初由銀行業者創造的民間貨幣來付款。目前我們存取中央銀行最終零風險資產的管道只有一個：就是使用實體現金。但實體現金的使用狀況正快速減少，而這製造了新的機會與風險。以當前的狀況來說，將數位支付的便利性與中央銀行貨幣的終極安全性結合在一起是可能的。

如果設計得當，CBDC能發揮民間加密通貨與穩定幣所要追求的所有功能，同時能解決最根本的法律與治理議題，因為這些議題遲早會侵蝕民間加密通貨與穩定幣等替代貨幣的基礎。CBDC可能開啟全天候的無休式支付、不同匿名程度、點對點轉帳，或針對某項通貨支付利息的範圍等全新可能性。

CBDC的最佳結構很可能是一個雙層系統，其中，消費者透過某個中

介機構（可以是一家銀行，也可以是一個電子錢包，像是 Apple Pay 或是臉書的數位錢包 Calibra）擁有對 CBDC 的間接債權。這將能改善效率，因為絕大多數的支付活動可能在某個電子錢包之內或各電子錢包之間交錯完成。如果那些持有間接 CBDC 的「狹義銀行／電子錢包」也受到中央銀行監督，這種雙層系統應該也能改善韌性。此外，這個系統應該也能創造有助於民間創新的機會，例如整合到智能合約，以及將數據匯集在一起，以改善對消費者的數位服務（當然，這取決於消費者的偏好）等等。

重要考量點之一是大眾能否直接取用 CBDC，畢竟 CBDC 將是終極零風險資產，也就是貨真價實的數位約當現金。目前民眾能將他們的商業銀行存款轉換為現金（當然，部分準備銀行業務意味並非所有人都能在同一時間將他們的全數存款轉換為現金）。然而，在一個全然數位化的世界裡，如果民眾也擁有相同的權利，這個權利還是可能造成緊急的銀行擠兌事件，一切端視這個系統如何設計。如果顧客可像單層帳戶式系統那樣直接存取中央銀行的帳戶，或是可無縫存取代幣式零售端的 CBDC，雙層的結構便能消除 CBDC 遭擠兌的金融穩定風險。

不過，如果民眾無法轉換他們持有的 CBDC，政府是否會為民眾提供適足的金融保障？允許民眾存取特定數量 CBDC 的混合式架構或許是個折衷辦法——或許類似當前的銀行存款保險門檻。

其他設計相關的議題還包括 CBDC 是否應該支付利息。如果支付，將明顯強化民眾以數位現金型貨幣持有其資金的吸引力，但這會導致銀行體系變得更加脆弱。反之，這個做法將使中央銀行得以收取負利率，目前因現金的收益率為零（事實上，若將儲存成本列入考慮，應該是些微的負數），導致中央銀行收取負利率的能力受限。

誰應該負責強制執行「認識你的客戶」（Know Your Customer）以及反

洗錢監理規定？在什麼條件下可存取顧客數據？若取得顧客的法定同意，存取顧客數據是否有利於提供更切合顧客需要的服務？或者它是否會被用來平衡「保護隱私權」和「當局使用 CBDC 中的資訊來打擊恐怖主義和經濟犯罪的程度」等作為的工具？

主要的疑慮之一在於，如果設計不當，CBDC 有可能導致中央銀行對民間部門收受存款與分配信用等方面的業務造成排擠。當然，若能限制大眾對 CBDC 的直接存取規模，就能避免前述狀況發生。如果不加以限制，一般用途的 CBDC 可能會導致那一家中央銀行的資產負債表過度擴張，這在平日就足以產生弱化商業銀行金融中介功能的後果，而到壓力時期，這甚至可能引發動盪的資金外逃（逃到優質貨幣）風險。[14]

有關貨幣未來的革命已經展開。這場革命的起源受到幾個基本因素驅動：使新支付形式成為可能的新技術，以及一個創造大量變革需求的新經濟體系。公共主管機關必須引導這股能量和創新，讓新貨幣為民眾提供更良善的服務，而這些主管機關也必須遵循自古以來支撐著健全貨幣的不朽價值觀。

成為信用的社交互動

幾年前，英格蘭銀行曾舉辦過一場競賽，比賽期間，學童必須回答貨幣對他們的意義。孩子們的回答可說是無奇不有，不過，有一名學生提交的報告特別吸引我的注意。那是從肯特郡（Ken）達爾文中學（Charles Darwin secondary school）寄來的一段影片——可真巧，因為幾年前，達爾文的肖像還被印在面額十英鎊的鈔票上。不過，提交那份報告的年輕女孩子預期到的演進，和達爾文所說的那種演進不同——她提出了貨幣物競天

擇的觀點。影片的畫面是一幅生動逼真的大自然景象，裡頭有一隻松鼠正在節約地使用資源。接著，畫面上貼出報告參與者的自拍像，這天經地義。整個「卡司」的每一位成員都累積了一些追隨粉絲，這讓影片拍攝者的臉上露出微笑，並促使她去購物。這個未來世界的商店只接受追隨者，而街上的窮人則是忙著乞求別人追隨他們。

最初我心裡想：「當然啦，誰不記得高中生活……對一個十幾歲的青少年來說，同儕的認同是最珍貴的。人氣第一。」不過，更深入省思後，我領悟到那些追隨者和亞當・斯密所定義的人類互動與交流過程非常類似，他認為人類的道德情操正是透過那個過程發展而來。根據亞當・斯密的「相互同情」（mutual sympathy）理論，觀察其他人並看到其他人做出的判斷等舉動，能使一般人得以理解別人如何看待他們的行為（並因此更了解他們自己）。我們在感知（或想像）他人的判斷時所獲得的回饋，能創造一種實現「情感上相互同情」的誘因，那會引導一般人發展出行為習性，乃至行為原則，這些都會一步步構成他們的良知。

在亞當・斯密的時代，社會道德觀仰賴「點讚數」來確立。而如今，「點讚數」可被貨幣化。Spotify 播放清單的熱門曲目編輯者會獲得優渥的回報。廣受喜愛的 Instagram 網紅與 YouTuber，則能將他們久經考驗的人氣轉化為利潤豐厚的廣告收入，在熱門商品、新風格與人氣迷因等方面創造屬於他們自身的擁擠交易（crowded trades，注：指投資者一面倒看好或看壞，並朝同一個方向交易，導致相關交易變得擁擠）。換句話說，道德情操等於市場情緒。社群媒體公司利用點讚數與流量來鎖定廣告發送對象與改善服務。而每當我們被點讚，便能提高確認度。

此外，以數據來衡量的社會互動也被用來形塑怎樣的行為才算符合道德（或至少怎樣的行為才符合規範）。中國正率先嘗試透過社會信用體系

（Social Credit System）來追蹤社會行為，目的是為了創造一套全國聲譽系統。這項倡議建立了可追蹤與評估個人、企業與政府可信任度（trustworthiness）的統一數據記錄。相關的記錄有幾種不同形式，有些以數字來評估聲譽，有些則是單純的白名單與黑名單。社會信用分數已被用來限制航空與鐵道運輸的搭乘，或是反過來用於縮短醫院與政府機關的等待時間。

社會信用體系的支持者主張，這套體系有助於改善社會行為，並強化「可信任度」，包括及時支付租稅與帳單，且能更廣泛促進道德價值觀。批評者則主張，該系統違反個人及組織的法律權利與隱私權利，傷害個人尊嚴，甚至可能會被用來監視民眾。

於是，貨幣兜了一大圈又回到了原點。一旦以信任為基礎，信任就會成為貨幣。

歷代的貨幣經驗顯示，無論貨幣的形式為何，若一項貨幣想獲得恆久的地位，信任不能單單只以規則或傳統為基礎，無論那個規則或傳統有多麼歷久彌新。

從早期的硬幣削邊到阿姆斯特丹銀行，乃至比特幣，時間與事實反覆證明，從事欺詐行為與降低貨幣成色的誘惑實在大到令人難以抵擋。從梅迪奇的銀行王朝，到大穩定時期的貨幣成就，歷史反覆證明，成功必會招來自滿，而自滿則會引發危機。一旦這個體系遭遇衝擊，就得制定一些在短期痛苦與長期利益之間取捨的棘手決策。這些決策雖棘手，但為了追求貨幣與金融穩定，從而實現健全的貨幣，作為整個體系軸心的公共機構最

終還是必須做出這些重大的決定。也就是說，某些民間創新最終還是會被導入公共領域，並通權達變，為服務更廣大群眾而進行調整。[15]

從《大憲章》到金本位，我們領悟到，如果公共機構沒有穩當的基礎，且未能保有大眾的法定同意，主管機關做出棘手重大決策的能力將缺乏必要的可信度。

貨幣要健全，就必須獲得信任。貨幣必須能保值，且必須是金融體系的一部分，能在遭遇衝擊時展現韌性並藉此維護信心。而要實現韌性，就需要適當的機構擔保、擁有明確法定授權的機構、實現那些要項的正確工具，以及對政治與大眾當責的文化。負責支持貨幣之價值的關鍵機構（尤其是中央銀行）必須培養並維護大眾的法定同意。誠如英國政治哲學家霍布斯（Thomas Hobbes）所主張：民眾願意出讓一部分人身自由給政府，以換取政府對他們的保護。但若政府未能提供保護，就會失去統治的權利。就 COVID-19 的案例來說，那個交換條件非常明確。由於民眾非常恐懼，所以當時他們願意聽任霍布斯所謂的「利維坦」巨獸（Leviathan，注：霍布斯將國家比為利維坦）指揮，放棄諸如離開家門的自由等最基本的權利。

貨幣也是一樣的道理。只要主管機關能實現貨幣及金融穩定，民眾當然願意授權由獨立超然的中央銀行制定維護貨幣價值所需的必要棘手決策。當然，中央銀行的行動必須透明且公平，而且必須為它們的行動負責。

如果能時時刻刻將這些價值觀擺在第一位，貨幣的未來將大有可為。那樣的貨幣將能支持更大程度的經濟普惠，並使經濟體系產生新的活力。為了試圖滿足經濟體系瞬息萬變的需要，也為了善加利用新技術獲取利益，未來隨時都會有新金融形式被開發出來。其中許多創新將是舊酒新

瓶，但也將出現少數真正的新極品。主管機關必須知道如何掌握當中的差異，並得調整作為貨幣擔保的機構，好讓經濟體系受惠於各種活力，同時使貨幣繼續受到信任、維持可靠且具韌性。事實上，由於貨幣的價值攸關重大，所以，貨幣的所有核心功能運作絕對不可能長期脫離某種形式的公共監督。

如果貨幣有韌性、負責、透明、有活力且受到信任，它就會受重視；一旦貨幣受到重視，就可用於評價目的。下一章我們將談談確定貨幣價格影響民眾價值觀的範圍與條件。

第六章
現在，我們對價值一無所知

每一個北美孩童到了某個年紀，都會讀到美國作家歐·亨利（O. Henry）作品中一篇令人感傷的故事。那是一則描寫一對新婚夫婦共度聖誕夜的故事。戴拉·楊（Della Young）幾乎身無分文，但她又非常渴望送丈夫吉姆（Jim）一個禮物，於是，戴拉將她一頭秀麗的長髮賣掉，並用賣頭髮的收入，為丈夫向來最鍾愛的懷錶買了一條白金掛鍊。直到那天晚上，他們在透著風的小公寓裡共進晚餐時，她才發現，吉姆剛把他的懷錶賣掉了，並為她買了一組髮梳。雖然他們最後雙雙得到一份彼此都無法使用的禮物，但這對楊姓夫妻卻領悟到彼此願為了向對方表達愛意而做出多大的犧牲，也體察到他們之間的愛是多麼無價。

我第一次聽到這個故事時，它達到了預期中的效果。我暫時把我妄想多時的曲棍球棒拋在腦後，一心只想著我媽媽需要一雙新拖鞋。我們因給予而獲得滿足。當然，我那時只有八歲，還不懂得聖誕節真正的經濟意義。

很多經濟學家認為「送禮」這件事充斥著效率不彰的問題，其中，戴拉·楊夫妻的「協調失敗」（coordination failure）只是眾多極端的例子之

一。舉個例子，喬‧華德佛格（Joel Waldfogel）透過他的「聖誕節的無謂損失」（deadweight loss of Christmas）分析，計算了導因於「不完美」的實物贈禮（而非有效的現金餽贈）的粗估效用折損。[1]他將民眾重禮物而輕給錢的習慣，歸因於「給付現金的恥辱」。[2]根據他的論述，如果戴拉‧楊夫妻能克服這個恥辱，他們理應能有效地彼此交換二十美元的鈔票，這麼一來，他們就能各自去購買他們真正想要的東西。[3]

　　但無論是華德佛格、聲譽卓著的經濟期刊《美國經濟評論》（*American Economic Review*）還是普林斯頓大學出版公司（Princeton Press）等為他編輯文章的編輯並沒有考慮到，貨幣型餽贈令人產生的「恥辱」可能是「諸如周到與體貼等值得推崇與鼓勵的社會規範」所造成的影響。[4]或許他們從頭到尾都沒有讀完歐‧亨利的故事——他在書末寫道：「但我還有最後幾句話要對當今的智者說：在所有送禮的人當中，這兩人是最明智的。而在所有送禮與收禮的人當中，像他們這樣的人也是最明智的。他們無論走到哪裡都是最明智的，他們是賢者（magi）。」[5]

　　這種將賢者與商人平行對比（juxtaposition）的手法，體現了自古以來多數與價值有關的故事的氛圍。在經濟學領域，主觀價值與邊際主義的結合，將價值知覺從對商品或勞務的內在特質的感受，轉變為對它的交易價值與它在市場上的價格的感受。在這個過程中，所得分配的重要性以及生產性及非生產性活動的差異被刻意淡化，企業宗旨與國家理想的價值也隨之遭到貶抑。

　　如今，這個應對價值的經濟方法已非常普及，市場價值被用來代表內在價值。而如果一項商品或活動不在市場上，就不會被評價。隨著商業深入擴展到個人與公民領域，我們正一步步逼近商品化（commodification）的極致：一切事物的價格即將成為一切事物的價值。

這樣的發展將對社會的價值觀、社會創造價值的能力,以及(更精確來說)改善公民福祉的能力產生什麼影響?

能促進普惠型成長的社會契約

以市場為基礎的經濟體通常依賴一種基本的社會契約來維繫,這項契約由結果相對平等、機會普遍平等以及代間公平等要素組成。不同的社會對這些要素的重視程度各有差異,不過,澈底忽略這三項要素的社會並不多。社會基於至少三個理由而渴望實現分配正義、社會公平與代間公平的三合一目標。

第一個理由是,有愈來愈多證據顯示,相對平等對經濟成長有利。較平等的社會較有韌性,這樣的社會比較可能為多數人投資,而非只為少數人投資,而且,這種社會擁有健全的政治機構與一貫的政策。[6]一個為所有公民提供機會的社會,比偏袒權貴(不管權貴的定義為何)的社會更可能繁榮發展,這個道理應該很少人會不認同。

有愈來愈多鐵證指出,公平正義與經濟結果之間存在那樣的共生關係。舉個例子,經濟合作暨發展組織(OECD)的一份綜合研究(採用了從一九七〇年至二〇一〇年、涵蓋三十一個 OECD 國家的數據,這些數據每五年衡量一次)發現,不平等會對經濟成長產生統計上非常顯著的負影響。[7]其中,它特別估計,若美國與英國等許多國家的所得落差沒有擴大,這些國家在一九九〇年至二〇一〇年的累積成長率,理應比那段時間的實際成長率高五分之一。對照之下,那些數據顯示,在那段期間,西班牙、法國與愛爾蘭不平等情勢的改善,是這三個國家的人均 GDP 成長的因素之一。另一方面,較平等的情勢也是使西班牙、法國與愛爾蘭在危機

前的人均 GDP 得以成長的因素之一。

　　國際貨幣基金的研究人員也發現了相似的結果，他們發現，既存的不平等率對經濟成長有害，即使是控制再分配也一樣。[8] 淨不平等水準與隨後期間的人均所得成長率之間，呈現強烈負相關的關係。此外，不平等和經濟成長的持續時間也呈現統計上非常顯著的負相關。[9] 不平等指標吉尼指數（Gini）每增加一點，經濟在隔年終止持續成長時間的風險就會上升六個百分點。[10] 儘管某些研究已經發現經濟成長和不平等之間存在短期的正相關關係，[11] 但有更廣泛的研究指出，不平等和較遲緩成長且較不持久的經濟成長有關，特別是長期而言。[12] 這個道理適用於長期的成長[13]、各國所得水準，以及經濟成長的持續時間。少數與這些研究成果分歧的例外狀況傾向於呈現模稜兩可的短期相關性。[14]

　　較嚴重的不平等導致經濟成長遲緩的途徑，並不僅限於它會導致總體需求變得較弱且激烈起伏，延伸來說，較不平等的機會更會嚴重拖累整體經濟成長。有明顯的證據顯示，「較嚴重的不平等可能會自我強化，並限縮經濟成長」的直覺是正確的，因為當一個人較貧窮，他一定會減少對自身技能的投資，而在愈不平等的社會，公共部門對能使多數人受益的教育與基礎建設等投資也愈少。[15] 此外，不平等對經濟成長的上述負面影響會自我強化。所得不平等對向來以「機會較不平等」（以代間流動〔intergenerational mobility〕衡量）著稱的經濟體成長會造成更大的拖累效果。[16]

　　第二個理由是，研究顯示，不平等是相對幸福感的重要決定因素之一，而社區意識（sense of community）是福祉的關鍵決定要素之一。[17] 各國的長時間深入分析已發現，決定民眾的表現是否蒸蒸日上、是否享受生活以及是否感覺充實等最重要的貢獻因子如下：

- 民眾的心理與生理健康；

- 人際關係的品質；

- 社區意識；

- 他們的工作；

- 他們的所得；以及

- 整體社會氛圍（包括自由度、政府的品質與和平等）[18]

　　所得與幸福感之間的關係非常複雜。雖然所得的重要性比不上社區與身心健康，但絕對所得與相對所得還是很重要。更重要的是，就算所得達到特定門檻以上（以美國來說，大約為七萬五千美元），更多錢不見得會讓人更快樂，[19] 不過，對最窮困的人而言，只要多一點點錢，就能對個人的幸福感與社會的整體福利造成顯著的差異。

　　隨著市場擴展到更多人類互動領域，人類的幸福感無疑並未隨之提升，且經濟成長與幸福感之間也不存在確定的關係。[20] 儘管造成這些結果的理由可能各有不同，但最可能的解釋之一是：人生的競爭領域持續擴大。英國經濟學家理查・萊亞德（Richard Layard）對孩童測驗與教育和醫療專業人員排名的盛行感到惋惜。這些方法使成功變得個人化，並助長了個人主義，換言之，世人並不認為改善他人的幸福感與福利代表成功。證據顯示，競爭會滋生壓力與不滿，甚至連「贏家」也無法擺脫壓力與不滿的影響。

　　想實現三合一目標的第三個理由是，記得嗎？經濟學是更廣泛的倫理與道德體系的一環，普惠經濟主義的三合一目標希望實現一種根本的正義感。[21] 美國哲學家羅爾斯曾進行一項思考實驗，他詢問接受實驗的民眾，如果是在「無知之幕」（veil of ignorance）之後進行選擇（即民眾不知道自

已所處的地位），他們會建構什麼型態的社會。經由這個實驗，他確認了一項可在世界上很多宗教的要旨中發現的金科玉律：推己及人。

誠如我們將在第九章與第十章討論的，在應對 COVID-19 的威脅時，各地社會確實都謹慎考慮要如何對待最脆弱的同胞。從衛生的視角來看，一旦情勢危急，我們都會成為羅爾斯學派，換言之，我們雖然還是秉持著經濟活力與效率的價值觀，但同時也會重視團結一致、公平、責任與同情心等價值觀。

從更概括的經濟視角來看，哪個站在無知之幕背後的人——他們不知道自己未來的才能與環境如何——不會想讓最貧困的人擁有最多的機會和最大的福利呢？

經濟契約

社會契約是由結果相對平等、機會絕對平等，以及代間公平組成，它尋求社會福祉的最大化。社會契約既具道德特性，也具經濟特性。在很多情況下，這兩者能同心協力；例如，促進就業的政策能既能使所得提高，也使工作尊嚴獲得提升。不過，這兩者偶爾也會出現彼此衝突的緊張狀態，尤其是當經濟政策不承認那些特性時。

雖然經濟學已成為價值的仲裁者，很多經濟學家卻試圖將經濟學描繪為價值觀中立的學科。引用暢銷書《蘋果橘子經濟學》（Freakonomics，注：大塊文化出版）的說法：「道德觀代表我們心目中理想世界的運作方式，而經濟學代表這個世界實際的運作方式」，所以，經濟學「和道德觀根本是兩條平行線」。[22] 事情真的有那麼簡單嗎？現代經濟分析所提的政策處方真的絲毫沒有道德哲學基礎可言嗎？另外，經濟關係（尤其是侵犯

新活動領域的經濟關係）真的不會以「我們可能不喜歡」或未曾預測到的方式，影響到「世界的實際的運作方式」嗎？

誠如英國經濟學家唐尼・阿特金森（Tony Atkinson）的觀察，根據從亞里斯多德一直到亞當・斯密的傳統，「經濟學是一門道德科學」，且經濟學刊物「充斥著與福利有關的陳述」。[23] 一旦在處理經濟問題時考慮倫理道德因素，通常就會採納功利主義者的方法來應對社會正義（即使相關人士往往不會承認）。誠如第二章所述，這個功利主義方法是簡化版的邊沁主義（即在一個未加權的基礎上累加個人的效用），還是彌爾的福利主義方法（更近似總幸福感最大化的宗教和長期傳統），非常重要。

桑思汀在他的《成本效益革命》（*The Cost-Benefit Revolution*）一書中，引用彌爾的一段話來作為開場白，這段話以既能令人想到《聖經》（注：〈馬太福音〉七章十二節與〈路加福音〉六章三十一節中，耶穌說：「你們願意人怎樣待你們，你們也要怎樣待人。」），又能迅速想起羅爾斯的話語道出了重點：

> 我必須重申，根據功利主義的標準，所謂正當行為是能帶來幸福感的行為，而攻擊功利主義的人鮮少會公正地承認，那個幸福感並不是指那個實體本身的幸福感，而是所有相關人等的幸福感。功利主義要求這個實體像個無私且仁慈的旁觀者一樣，嚴謹無私地應對他個人與其他人之間的幸福感。我們在拿撒勒人耶穌的金科玉律中找到了功利倫理的完整精神。你們願意人怎樣待你們，你們也要怎樣待人，以及要愛鄰如己，構成了盡善盡美的功利主義道德學。[24]

桑思汀特別強調廣義福利的重要性：「民眾關心其他事物，包括生活的意義（即宗旨）。美好的生活不僅僅是『幸福』的生活。」[25] 他利用一

系列現實世界的例子，闡述一味聚焦貨幣效益最大化（從而將貨幣和價值畫上等號）的那種功利主義經濟應用（這是一種「頭腦簡單」的應用方式，但很常見）可能因以下因素，而和淨福利利益的訴求互相矛盾，例如：

- 利得和損失的分配（或發生率）（記得嗎？所得對幸福的貢獻並非線性），或

- 和生命尊嚴、避免心理痛苦，以及更高便利性的享樂效益（hedonic benefits）等有關的未訂價效益與成本。[26]

應對福利的新方法尋求擴大社會契約的範圍，期許能藉此扭轉「追求幸福感」被視同「追求繁榮」的趨勢。萊亞德懇求發動一場以全新的幸福感意識型態為指導原則的長期革命。他認為，社會的目標應該是要「竭盡所能創造最大幸福感——尤其苦難最小化。」這需要非常高程度的利他主義，以及一種鼓勵與促進這個基本人類特性的文化。

這一章的疑問和上述訴求有關，但更直言不諱：市場的擴張是否正在改變作為市場之根基的社會契約？重個人而輕社會的態度（即我們的自私特性凌駕在利他特性之上）是否已危及市場決定價值的效率，最終更危及社會價值觀？簡而言之，當我們漸漸從市場經濟體邁向市場社會，是否也一步步消磨了創造經濟資本與人類資本所不可或缺的社會資本？

這個發展對市場的正常運作所造成的風險，絕對不容低估。我們不能將市場體系視為理所當然（雖然它產生了豐富且大量的解決方案）。近幾十年，市場的廣泛獲得採納，已使數十億民眾脫離貧窮，並幫助延長了平均壽命。另外，市場正在驅動從基因組學（genomics）到人工智慧等可能徹底改善人類工作、聯繫與生活方式等的突破性技術。

市場的巨大影響力取決於一系列與英國經濟學家約翰‧凱（John Kay）所謂「資本主義的有紀律多元性」相同的特質。第一項特質是耳熟能詳的「看不見的手」，其中，作為訊號的「價格」被視為比中央式計劃更優秀的資源分配指南。接著，它延伸到另外兩個關鍵但較鮮為人知的特質。首先，市場是**發現的動力**（forces of discovery），它們經由混沌的實驗過程發現新的可能性，而透過那種混沌的實驗過程，市場也漸漸獲得適應變化的能力。市場能促進一種試誤流程，在這當中，成功的風險性投資蓬勃發展，不成功的則被終止。第二，市場會散播政治與經濟勢力，使創業能量得以聚焦在財富的創造，而非占用他人的財富。

市場是進步的必要元素，不過，市場並非絲毫不受其他因素影響。市場是一種社會構思（social construct），所以，市場的效能部分取決於政府的規定，部分取決於社會的價值觀。它需要適當的機構、需要一個支持它的文化，也需要維護社會對它的許可。如果不善加管理市場，或是放任政治領域被市場俘虜，市場終將腐蝕維護它的效能所需的那些價值觀。

誠如我們將在第十六章討論的，永續的經濟進步有賴一系列普惠型的經濟機構來實現，這些機構必須允許並能鼓勵廣大民眾參與最能有效發揮他們個人才華與技能的經濟活動。而要實現普惠，經濟機構必須納入私人財產保障、公平的法律系統與公共服務，以便提供一個讓民眾得以公平競爭的交易與簽約場所。教育必須講求品質，並對所有人開放，民眾必須能夠選擇自己的職業生涯，也必須能自由開創新事業。即使只是粗淺涉獵經濟歷史的人也能體會，這些保障繁榮的機構必須同步投資社會資本與經濟資本。

社會資本指的是社會上的連結、共同價值觀與信念，在鼓勵個人為自己與家人負責之餘，還能彼此信任，努力合作及互相扶持。社會資本是機

構的產物，也是文化的產物。它包括諾貝爾獎得主道格拉斯·諾斯（Douglass North）所謂的「體現於信念系統中的誘因」。[27] 但市場日益增長的霸權，很可能經由人性自利的極致（教宗方濟各的用語）而開始擠壓並腐蝕較廣泛的價值觀。

相關的例子不計其數。誠如我們在前幾章討論的，貨幣的價值並非取決於一個簡單的規則，甚至不是取決於一套錯綜複雜的法律框架。最終來說，貨幣的價值奠基在社會的信念與法定同意之上，而那些信念與法定同意必須先取得而後細心培養。下一章我們將會談到，當個人與他們所屬的企業對客戶乃至更廣大的金融體系沒有責任感，遲早會有災難發生。而對主要經濟體來說，開放且競爭的政治流程，是補強普惠型經濟機構的必要元素。獨攬一切勢必帶來失敗。

政府與市場之間的平衡

長久以來，市場與政府之間的平衡已有所轉移，近幾十年，市場的地位、重要性與影響力皆顯著上升。雖然美國政治經濟學者法蘭西斯·福山（Francis Fukuyama）的說法經常被蓄意曲解、訕笑，但事實證明，他在一九八九年柏林圍牆倒塌後所做的大膽預測——「世界已走到歷史的終結點」（End of History）——至少有一半是正確的。福山的那個論點並不是預測諸如戰爭或金融危機等歷史事件將從此終結，而是提醒我們歷史必然性（historical inevitability）的過程，將在資本主義與自由民主結合的體制下登峰造極，而不是在馬克思預測的共產主義烏托邦中達到顛峰，因為前者是組織社會的最佳方式。

誠如經濟學家布蘭科·米蘭諾維奇（Branko Milanovi）斷言，幾乎每

一個根據資本家條件（依照馬克思與馬克思・韋伯〔Max Weber〕過度簡約的定義）組織的經濟體系，都具有生產方式私有、勞動力受雇，以及生產協同去中心化等特色。[28] 傳統的資本主義有三個不同的階級：地主（完全不事生產的純食利階級）、資本家（擁有生產機械但不事生產）以及勞工（從事生產但沒有土地也沒有機械），但我們的世界早已超越傳統資本主義的範疇，目前它明確根據資本家的路線組織而成，可分為兩大陣營：政治威權型資本主義，以及開明菁英管理型資本主義。

政治或威權型資本主義的最重要例子就是中國與俄羅斯，不過，亞洲、歐洲與非洲的某些國度也可見到這種資本主義的影子。中國八〇％的工業生產來自民間部門，且絕大多數物價已自由化，所以，它顯然是個資本主義掛帥的市場體系。然而，它並沒有西方國家所熟知的普惠型經濟與政治機構，也沒有採用開明菁英管理秩序

政治型資本主義體系有三個主要特質：（1）高效率的技術官僚，以及論功（過）行賞（罰）的文官體系；（2）法律規定的應用缺乏一致性；以及（3）國家（中央政府）掌握終極自治權。這種體系的正當性取決於它實現持續成長的能力，而要實現持續的成長，就得某種程度上在「法治與監理一致性」與「恣意尋租」或「名目張膽貪汙」之間維持一個困難的平衡。

世界上有很多經濟體渴求開明或菁英管理形式的資本主義。這種資本主義任人唯賢，既不會限制民眾賺錢，也不會限制民眾爭取社會上的地位。此外，由於這些經濟體尋求以普及的教育甚至課徵遺產稅等方式，來修正最初的稟賦（endowments）差異，所以這種形式的資本主義是開明的。

重要的是，市場不僅是組織經濟體系結構的框架，更漸漸成為組織更廣泛的人際關係的框架。在西方國家，市場的觸角早已深入公民與家庭生

活當中，以致於「整個社會正漸漸成為工廠」。[29] 同時，社會對肆無忌憚的資本主義的約束力量（像是宗教和心照不宣的社會契約）已一步步趨於鬆散。

當前的種種是過去發生的所有事物的沉積。當前的社會資本深受宗教信仰的傳統影響，從亞當・斯密到韋伯乃至海耶克等思想家皆如是；馬克思主張，過往的生產方式扭曲了十九世紀勞動階級與資產階級之間的關係；另外，我們也將在第十六章詳細討論，當今政府與市場的相對地位是四場政府革命的產物，那四場革命都是由新概念、新技術與新威脅所引發而生的。[30]

首先，霍布斯是鼓勵競爭性民族國家的發展助力之一。霍布斯在十七世紀撰寫他的巨作《利維坦》時，人類的生活和他著名的文字所描寫的如出一轍：「孤立、貧窮、卑劣、粗暴且怠慢」，[31] 中間還穿插著戰爭、革命與疾病。霍布斯補充，結果「打從出生，恐懼就如影隨形，就像我的攣生兄弟。」[32] 能夠紓解這些恐懼的政府應該得到民眾的支持──遠比透過「君權神授」取得正當性的政府更應該獲得民眾支持。封建時代的男爵受制於君主強加的命令，而歐洲為爭奪統治權而發生的鬥爭改善了他們的效能。在追求重商主義榮耀的過程中，他們利用船堅砲利的新技術來擴展影響力，在遙遠的國度建構殖民帝國並啟動商業社會。

第二場革命是開明政府的興起，這一場革命是在亞當・斯密與彌爾的啟發下發生，他們兩人主張，腐敗的君主特權應該讓位給開明的效率。自此之後，政府規模縮小且變得更有效率，更重要的是，政府改由一群專業的公務員階級組成。十九世紀的格萊斯頓時期（注：指威廉・格萊斯頓〔William Glastone〕擔任英國首相的時期）是一個小政府（政府的 GDP 占比不超過二〇％）時期，當時的貿易與資本自由流動，國內監理有限，

勞動市場機構也還相當淳樸。在那個時期，文化機構相當強大，也是新教徒工作與社會倫理當道的時期。

第三個發展是政府保護教條的擴展，促使福利國誕生。發展的口號仍是安全保障，不過，這一次是保障民眾免於疾病、不幸和不平等，最終啟動了歐洲社會民主體制的發展，並造就了一九六〇年代美國總統林登·詹森（Lyndon Johnson）的「偉大社會」（Great Society）計劃。在新技術（例如大量生產與電氣化）以及與社會正義有關的新概念鼓勵下，福利國的規模變得愈來愈龐大。

諸如約翰·米克斯威特（John Micklethwait）與亞德里安·伍爾得里奇（Adrian Wooldridge）等人主張，柴契爾夫人（Thatcher）與雷根總統（Reagan）對福利國發起的挑戰，只能說是一場「半調子革命」，因為在這場革命的過程中，利維坦只是「暫停消化，而不是展開節食」，如今它更成了一個「乖戾且失寵的妥協方案，為它買單的人嫌它得到太多，但使用它的服務的人則認為它給得太少。」[33] 他們相信，西方國家的左派與右派人士都已迷失方向，前者較忠於福利國的機構（如教師工會）、但較不效忠那些機構的目標（教育品質）；另一方面，被利益團體把持的右派人士則以小政府的論述，以大量浪費公帑的計劃來圖利他們自己偏袒的產業。

那些關於如何提升政府效能與效率的分析蘊藏著非常多真知灼見，我們將在第十六章詳細檢視。然而，過度執著於西方政府的規模問題，可能會忽略它在導向上的變化。政府的機構與文化已變得愈來愈親市場（promarket），尤其是在價值的決定方面，這對競爭力與福利的影響都非常深遠。

柴契爾－雷根革命從根本轉移了市場和政府之間的分界線。事實上，這個方向上的轉變已延誤了太久，因為政府早就一步步入侵市場機制——

包括控制利率與匯率、廣泛採用所得政策（incomes policies，有時甚至延伸到工資與物價管制）、政府廣泛介入商業企業所有權，以及約束經濟體系大量環節的法規、監理規定與文官體系繁文縟節等持續顯著增加。

柴契爾－雷根的改革扭轉了這些趨勢，並釋放一股新活力。行政管制獲得解除，匯率開始自由浮動，金融產業自由化，政府的大量環節被民營化。租稅（尤其是投資相關的稅賦）獲得減免。壓抑工作意願與創業精神甚至使人墮落的誘因就此被消除。經過最初的調整期後，生產力成長明顯提升，總所得也增加了，不過，不平等情勢卻迅速惡化，價值觀也改變了。

這些措施的經濟成就對政治與社會的影響，因共產主義在一九八〇年代末期的垮台而被強化。到柴契爾與雷根的政治對手（布萊爾〔Blair〕與柯林頓〔Clinton〕）掌權時，他們一樣採納親市場概念，將之用來作為應對一系列經濟與社會議題的主要方法。隨著時間不斷流轉，這些概念就這樣漸漸成了約定成俗的觀點。

我剛從民間部門轉任加拿大中央銀行的新任副總裁時，曾和知書達禮且經驗豐富的義大利政策制定者托馬索・帕多阿－施科帕（Tommaso Padoa-Schioppa，那時他是歐洲中央銀行執委會的一員）見過面，當時我便領悟到這一點。後來他升任義大利財政部長與國際貨幣基金內掌握重要權利的國際貨幣與金融委員會（International Monetary and Financial Committee，簡稱 IMFC）的主席，直到他二〇一〇年離世時為止，他都還擔任這些職務。他是我認識的人當中最明智的人之一。

我在二〇〇三年秋天於杜拜舉辦的國際貨幣基金／世界銀行年會上第一次遇見他，當時我們都去參加 G7 的副首長早餐會。G7 自詡為全球經濟的非正式指導委員會，它的傳統承繼自一九八〇年代的羅浮宮與廣場匯率協議的創制者。不過，在杜拜會議中心這間狹小又不通風的會議室裡，

我們討論的內容和在那類豪華會議室中敲定、接著在金融市場上施行的公約相去甚遠。當會議的討論轉向匯率時，托馬索開始滔滔不絕談論美元失衡的問題，此時，一位同儕突然插話：「對什麼失衡？美元可是在全世界最深的市場上定價。」

托馬索聞言倒抽了一口氣，感嘆著市場效率的流行觀點竟然根深柢固到這般地步。效率市場信條主張，如果市場夠深且具高流動性，它應該永遠會朝均衡移動，或者用另一個說法來形容，這個信條主張「市場永遠正確」。根據這個信條，政策制定者對市場沒有什麼好說的，只有聆聽市場的聲音與向市場學習的分兒。如果市場劇烈波動並脫離某個看似適當的範圍，政策制定者必須謙卑地承認，他們一定是忽略了某些導致市場「以它的無垠智慧」做出那種行為的因素。不過，誠如托馬索的評論：「在我們承認某個實體擁有無垠智慧的那一刻，我們就已跨進信仰的領域。」

信仰能引導人生方向，卻會使政策盲目。這一場交流發生在公共政策制定者的思維已澈底被存在於學術界、政治領導者演說與社會生活型態（在社會生活當中，「企業資方」和民間金融業被抬舉為「宇宙主宰」）當中的親市場激進主義牽著鼻子走的時刻。這種認知俘虜造成「政策制定者取消自主判斷，並認定只有市場無所不知。」[34] 在那一場 G7 早餐會之後很多年，世人對市場的那種信任依舊支配了一切，而這種義無反顧堅定信任市場的信仰，導致各地的政策制定者在應對市場失靈的問題時，唯一的解決方案就是加開更多市場，或是進一步減少監理。隨著泡沫從房市擴散到衍生性金融商品，證券化與綜合風險（synthetic risk）分攤也奇蹟似地獲得各方的頌揚。我們將在下一章探討後續那場危機所造成的巨大代價。

托馬索過世前不久，危機依舊持續肆虐，那時，他曾針對政府與市場之間的角力可能帶來的巨大挑戰與利害關係提出警告：

人類花了好幾個世紀來界定並確立政府和教會之間的憲法關係。這個流程極度漫長，因為政治與宗教之間的關係既密切又疏離，且這兩者雙雙渴望爭取人類百分之百的臣服。政治與宗教必須分離，因為它們各自和人類經驗澈底不同的方面有關——權力與信仰——一旦政治與宗教互相汙染，便會雙雙步向墮落的深淵。

政治活動與經濟活動也是既密切又疏離。兩者一旦同流合汙，一樣會雙雙遭到腐蝕，但它們又需要彼此相關。權力與財富是兩個根本不同的範疇，但又各自可能決定另一方的命運。眼前這場危機強而有力地提醒我們，市場與政府之間的關係大致上仍不穩定，這場危機也是可能破壞經濟繁榮與民主自由的事件。[35]

從他提出這項警告以來，這幾年市場的範疇已變本加厲進一步延伸，上述相互依賴的關係也變得更不均衡、更凶險。

各種資產與活動的商品化（資產與活動被拿出來標售）穩定成長，包括我們的閒暇時間。[36] 在目前這個零工經濟體系（gig economy）之下，諸如烹飪、撰寫論文、園藝和育兒等多元的活動，都可雇用他人來進行。這是商品化歷史進展的最近一個階段：最初是農業將剩餘的產量商業化，接著是製造業、工業，乃至目前的服務業，這鼓勵許多民眾彈性地去從事很多項工作。保羅・梅森（Paul Mason）在他的《後資本主義》（*Postcapitalism*）一書預測，根據邏輯推演，這個趨勢的極端將是整個社會變成工廠。

邁可・桑德爾（Michael Sandel）也抱持類似的觀點，他認為市場價值觀與市場式的推理正日益入侵原本受非市場規範支配的生活領域，像是：生育、育兒、衛生與教育、運動與休閒、刑事審判、環境保護、兵役、政

治運動、公共空間與公民生活等等。

雖然在很多狀況下，這種更大程度商品化的發展確實會讓我們的生活變得更美好，卻也經常會沖淡人與人之間的關係，並使社會與公民價值觀緩慢崩壞。人際與公民關係的變化，正一天天消耗社會資本並改變社會契約。問題只在於，我們最終是否會達到米蘭諾維奇所預測的那個事件終點：「財富烏托邦，以及個人關係反烏托邦。」[37]

社會契約正在瓦解

愈來愈多人意識到這個基本的社會契約正在瓦解。有相當多事實與數字可證明，這並非杞人憂天。在各個社會上（幾乎無一例外），各世代之內與代間的所得不平等狀況已明顯惡化。

技術與全球化等重大驅動因子正促使市場分配的不平等惡化。所有經濟體都能感受到技術對不平等的影響，但全球化的影響主要是先進國家才能體會。[38] 此外，全球化世界的回報使超級巨星的酬勞大幅增加，儘管只有少數人願意承認那和好運有關。米蘭諾維奇主張，這些動力因現代資本主義的結構而被強化——在這個結構之下，有錢人既能得到勞動所得，也能獲得資本所得，不僅如此，他們的資本報酬率較高、較有機會進入頂尖的學校（社會流動），且有能力影響政治階級。[39]

這是一個人不怕出名、豬不怕肥的時代。誠如麥可・路易斯（Michael Lewis）對普林斯頓大學畢業生發表的演說：「成功總是被合理化。世人不喜歡將成功解釋為幸運，尤其是那些成功人士。不過，如果不是因為幸運，你們怎會活在世界史上最富裕的社會？又怎會活在一個沒有人真的期望你為任何事物犧牲個人利益的時代？」[40]

另外還有一些令人不安的證據顯示機會平等已死，這甚至可能將導致文化與經濟分歧被強化。舉個例子，美國的社會流動已降低，這削弱美國社會的中心支柱——公平意識。麥爾斯‧柯爾拉克（Miles Corak）發現，兒子成年後之所得相對父母所得的彈性（也就是代間彈性）已從一九五〇年的〇‧三，上升到二〇〇〇年的〇‧五五。柯爾拉克也說明，在較不平等的國家，代間所得彈性往往較高，亞倫‧克魯茲（Alan Kruger）將這個現象稱為「蓋茲比曲線」（Gatsby Curve）。[41]

在其他各個先進國家，代間公平一樣相當緊張。事實將證明，若不及時改革前幾個世代一手打造且即時享受到的社會福利系統，未來的世代遲早將不再有能力負擔這個系統。第十一章我們會談到，氣候危機已無情加劇。第九章也說明，由於 COVID-19 危機導致年輕一代的教育中斷，並吞噬他們的就業機會，年輕人的前景已變得比疫情前更加黯淡。

一步步破壞市場的功能

要維護普惠的社會契約，必須先承認價值觀與信念在經濟生活中的重要性。歷代經濟與政治哲學家從亞當‧斯密（一七五九年）乃至海耶克（一九六〇年）早就體察到，信念是傳承而來的社會資本的一部分，而社會資本是自由市場賴以維繫的社會框架。誠如前幾章所述，即使是貨幣——用來衡量價值的代幣——都必須有韌性、透明、當責、團結與信任等價值觀的支撐才得以維繫。

那麼，什麼價值觀與信念才能提供普惠資本主義所需的基礎？

● 顯然，要在全球經濟體系取得過人的成績，**活力**是必要的。

- 為了將各個世代的誘因協調到一致，需要抱持長期觀點——即**永續性**。

- 為了維繫市場的正當性，市場不僅要有效率，也得**公平**。世界上沒有任何地方比金融市場更迫切需要公平；另外，金融領域必須取得外界的**信任**。

- 個人必須願意對自己的行動**負責**與並勇於**當責**。

- 要做到重視他人，參與的公民必須承認他們對彼此的義務。總之，公民之間必須懷抱一種**團結一致**的感受。

這些信念與價值觀不盡然一成不變，而且必須加以培養。根本的重點在於，一如所有革命都會吞噬它們的孩子，不受控制的市場基本教義主義也同樣會毀滅維持資本主義本身的長期活力所需的社會資本。所有意識型態最終都傾向於走向極端；當相信市場力量的信念轉進信仰的領域，資本主義就會失去節制意識。在這場危機爆發前幾十年，經濟思想就開始受那樣的激進主義支配，最終，那種激進主義更成了一種社會行為型態。

在金融體系裡，市場基本教義主義——以輕度監理、相信泡沫不可能事先察覺，以及市場永遠正確等形式來表現——是造成金融危機以及社會資本糜爛（和金融危機息息相關）的直接因素。[42] 我們將在下一章更完整探討這些問題。

這場危機所暴露的種種亂象，已使外界愈來愈不信任金融體系：

- 大型銀行被視為「大到不能倒」，故得以享有一種「正面我贏、反面你輸」的特權泡沫經營環境。

- 為了個人利益而對市場基準指數（market benchmarks）上下其手的狀況時有所見；以及

- 股票市場展現出一種邪惡的公平意識，公然偏袒因掌握技術而強大的人，不重視散戶投資者。

諸如此類的作法導致內部人與外部人的報酬落差擴大，分配正義因而遭到質疑。更根本來說，外界因這些弊端而對市場機制產生的猜疑不僅導致幸福感降低，還損傷了社會資本。更廣泛來說，誠如約翰·凱所強調的，如果太不重視市場多元性，政策就有可能變得利商（pro-business）而非利市場，而這又進而可能破壞市場經濟體系的社會及政治正當性。

事實上，有非常明顯的證據顯示，民眾對市場經濟體系的信任已遭受侵蝕，同時民眾也不再那麼信任負責統轄市場經濟體系的專家，這造成的後果是，外界對市場經濟體系與主其事者的支持明顯降低（請見第十三章）。我們將在第三部探討領導者、企業和政府要如何在一個結合民主化資訊與社群媒體演算法（這些演算法會強化現有的偏好）的環境中，贏回那一股信任。

商品化腐蝕價值觀

市場機制的普及一旦到達極端，有可能改變社會的價值觀，原因如下：

首先，純商業社會以財富來決定社會階級，這產生了一種示範效應──這樣的社會自然會促使民眾聚焦在取得財富的事務，而這種整個社會全面追求財富的狀況，就是韋伯所定義的「資本主義的關鍵社會學決定因子」。[43] 繁榮至上！建立在貨幣之上的地位階層！[44] 亞當·斯密擔心那種專心致志追求財富的狀況可能會助長不道德行為。就這一點而言，他極

度不認同十七世紀社會理論家伯納德‧曼德維爾（Bernard Mandeville）為蜜蜂的寓言所設定的結局：私下從事不道德勾當的蜜蜂造就了蜂巢的繁榮，而繁榮進而讓那些私下的不道德勾當變成公開的美德。當今的經濟學家以蜜蜂作為皇家經濟協會（Royal Economic Society）的象徵，從而選擇和蜜蜂站在同一陣線的現象，清楚說明了當今的財富掛帥與價值觀崩壞。

當手段（也就是貨幣）成了目的，社會勢必會受到損害。馬克思認為貪婪是社會發展的階段之一。換言之，他認為貪婪既非原本就存在，也非自然現象。貨幣是一種觸媒，它賦予貪婪一種抽象的歡樂主義（hedonism），因為汲汲營營於累積貨幣的行為能「讓人擁有所有可能歡愉」。[45] 貪婪本身也被生活的商品化強化，因為我們可用貨幣買到的東西愈來愈多。米蘭諾維奇評論，當貨幣成了判斷成就的唯一標準，社會就等於是向所有人傳達「有錢很光榮」的訊息，以及「大致上來說，用什麼手段來實現榮耀都無關緊要——只要為非作歹時不要被逮到就好」的訊息。[46] 第二，隨著傳統的行為約束力量減弱，市場基本教義主義的氣焰有進一步高漲的風險。數千年來，宗教向來能在保護促進商業社會繁榮所需的創業精神之餘，內化（internalising）特定可接受的行為形式。新教主義（Protestantism）戒絕炫耀，限制了菁英階級的消費和炫富行為，[47] 並進而鼓勵世人對社會資本與經濟資本進行必要的再投資，因為利潤要用在上帝與社區，或依照上帝的旨意來實現更多利潤。在此引用韋伯的說法：「不可避免的實務結果顯而易見：透過禁慾主義的儲蓄衝動來累積資本。這種約束民眾花費財富的強迫力量，自然而然促使資本流向生產性投資，進而增長更多財富。」[48] 羅爾斯所謂「心照不宣的社會契約（它在日常行為中重申了社會的主要信念）」亦補強了這股節制動力。[49]

如今，這些限制性的約束力量皆已不復存在。由宗教信仰在西方社會

的一步步沒落便可見一斑。從商業視角來看，情況已惡化到坎特伯雷大主教（Archbishop of Canterbury）、教宗與拉比強納森·薩克斯（Rabbi Jonathan Sacks）不得不努力尋求加強商業生活對道德倫理的重視。[50] 誠如拉比薩克斯所言：

> 如今的重大疑問是：我們如何再次學習做個有道德的人？市場是為了服務我們而打造的；而非人類為了服務市場而存在。經濟學需要倫理學。光靠市場動力，市場不可能倖存。市場必須尊重受我們的決策影響的民眾才得以維繫。若失去對民眾的尊重，我們失去的將不僅是金錢和工作，還會失去某些更重要的事物：自由、信任與禮法，這些事物只有價值，沒有價格。[51]

但在一個超級資本主義的全球化世界裡，這個心照不宣的社會契約也已趨於鬆散，因為個人已脫離他們原本的社會環境。「我們的行為不再受身邊的人監督。民眾的居住與工作地點不再相同。」[52] 那些「無國度公民」（citizens of nowhere）並未將他們的政治組織提升到整體人類層次，而是脫離那個層次，分解為個體，也就是他們自己。不過，COVID-19 所造成的地點限制，說不定會在原本我行我素的人之間重建某種社群意識。

在缺乏這些傳統內部約束的情況下，就會更加依賴以法律與監理規定的形式存在的外部約束。根據米蘭諾維奇的嚴厲評估，「道德被摧毀殆盡，且被澈底外化（externalized）。我們將自身的道德外包給整個社會。」[53] 於是乎，民眾遊走在法律與監理規定邊緣，並對這個體系上下其手。儘管有點勉為其難，但運動場上的作弊行為實際上是受到讚賞的，例如提耶里·亨利（Thierry Henry）公然用他的手，在世界盃附加賽賽場上為法國贏得一個罰球點，而他的行徑堪稱那一項運動傳統之一——此前幾

十年，迪亞哥・馬拉度納（Diego Maradona）就曾利用他的「上帝之手」贏得一場世界盃的關鍵賽事。另外，科技公司時時謹記「不應納的稅款就不要付」真言，發明各式各樣虛假的公司來規避它們在特定國家（它們最活躍且賺最多利潤的國家）的財政責任。

由於不法行為被定了價，不道德的行為遂隨著財務和解案件四處散播。罰金已被視為手續費。

第三，市場的普及可能造成更不平等的交易，這種交易的賣方往往被強制出售。這傷害了人性尊嚴。交易不平等問題的嚴重性理應顯而易見，例如當某人因極度貧窮而不得不賣腎時，就是一個攸關重大的問題。

第四，商品化——將某一項物品用來銷售——可能會腐蝕被定價的那項活動的價值。當我們從市場經濟體邁向市場社會，價值和價值觀都在改變。漸漸地，某項事物、某個行動或某個人的價值會被視同他（它）們的貨幣價值，也就是受市場決定的貨幣價值。買進與賣出的邏輯不再只適用於物質商品，而是漸漸左右生活中的一切，包括醫療的分配乃至教育、公共安全與環境保護等。如桑德爾主張：「當我們決定特定物品可以被買與賣，就等於決定（至少心照不宣地決定）將那一項物品視為商品是適當的——也就是說，將它視為獲利與使用工具是適當的。」[54] 而且我們會假設（至少心照不宣地假設），在那個過程中，社會的價值觀將不會改變。

多數物品不會因為它們存在於市場上就改變，[55] 不過，誠如我們將見到的，當每一種人類活動都被貼上標價，特定道德與文明商品勢必會遭到腐蝕。我們應該為了獲得更多效率而進行多大程度的互利交易？這是一個道德上的疑問。性應該被拿出來標售嗎？是否應該設置一個交易生育權的市場？為什麼不舉辦一場兵役退出權的拍賣會？大學應不應該基於為某些崇高目標籌募資金的目的而出售入學資格？

標準經濟學的推理是，市場交易的普及能提高經濟效率，但不會產生道德成本。這個標準立場是由一九七二年的諾貝爾獎得主肯尼斯・亞洛（Kenneth Arrow）最先提出。簡單來說，這項經濟論述主張，將一項物品商品化並不會改變它的特性，而且，道德行為是一種需要節約（economised）的商品。這兩項主張都不具說服力，而且，由於他們並未更嚴肅看待這些觀點所造成的後果，所以這堪稱對經濟學專業的一種控訴。

當市場的觸角擴大到傳統上受非市場規範支配的生活領域，「市場絕不會汙染它們碰觸的商品或活動」這個見解就會變得愈來愈不可信。且讓我們看看三個和孩童有關的例子：

第一個例子是一個著名的以色列日照中心案例，這家日照中心決定對太晚接孩子回家的父母罰款，因為父母一旦遲到，就會導致日照中心員工不得不延遲下班，相當不便。[56] 沒想到這個辦法實施後，遲接孩子的案例卻大幅增加，因為罰金被視為一種手續費，使得父母不再因為害老師等待而擔心社交汙名的問題。父母寧可負擔這項成本，進而以最有效率的方式來安排**他們的**時間。

第二個例子（桑德爾曾引用）是為了驅使孩子讀書而屈服於付錢給他們的誘惑。這個做法不僅為「閱讀」活動標上了一個相對於繼續玩手機的價格，也暗示閱讀是一件需要獲得補償才能做的苦差事，而不是一件值得享受且本質上有益的事。當一切變得相對，就沒有什麼事是永遠不可改變的了。

第三個例子是付錢給孩子要他們去進行慈善募款。經濟學家尤瑞・葛尼奇（Uri Gneezy）和艾爾多・魯斯提齊尼（Aldo Rustichini）為了判斷財務誘因對學生動機的影響，以他們在日照中心的觀察為基礎，進行了一項實驗。[57] 他們將高中生分成三組。第一組在為他們所支持的慈善公益活動

到鄰里募款之前，先被安排去聽一場和那項活動有關的勵志演說。第二組和第三組也被安排聽這場演說，不過實驗者同時給予他們誘因（由第三方支付這些誘因，所以不會對淨收入造成任何影響），分別讓他們抽取募款金額一％與一〇％的獎金。不意外，得到較高獎酬的小組較有動機，也募到比獲得較低回報的伙伴更多的捐款。不過，最終募到最多款項的卻是單純基於慈善動機與公民美德而募款的那個小組。貨幣已排擠了公民規範。

這幾個例子顯示，在為一項物品定價之前，應該先考量這麼做是否會改變它的意義。經濟學往往會迴避這個疑問，部分原因在於經濟學號稱自己是一個價值中立科目。但這個立場站不住腳。

有非常多證據顯示，當市場延伸到人際關係與公民實務（從育兒到教學）領域，這些進入市場領域的「商品」特性就有可能改變，受那些「商品」支配的社會實務也可能會改變。這就是所謂的商業化效應，已有愈來愈多的社會心理學研究針對內在動機（例如道德信念或對手邊工作的興趣）和外部動機（例如貨幣或獎勵）之間的差異提出可能的解釋。誠如桑德爾的結論，當民眾埋首於一項他們認為本質上值得從事的活動時，付錢給他們做這件事，可能反而會減弱他們做這件事的動機，因為錢會貶低或排擠掉他們發自內心對這件事的興趣或承諾。[58] 社會生活有很多層面一旦導入貨幣誘因，不僅不會加分，反而會扣分。

最著名的例子之一是理查‧帝特穆斯（Richard Titmuss）明文記載在他對美國與英國捐血系統所做的比較研究 ——《餽贈關係》（*The Gift Relationship*）—— 中的例子。帝特穆斯以實例說明，從經濟與實務角度來說，英國的自願捐血系統比美國的系統優越（美國的系統付費給捐血行為）。他補充了一個道德倫理論述，他說，將血液轉化為一種商品，不僅削弱了利他主義的精神，也消磨了民眾為支持社區其他人而捐血的責任

感。[59] 桑德爾也提供許多其他例子，包括付款導致民眾對解決瑞士核廢料的公民責任感降低，以及美國為確保國會可「自由傳喚」民眾而付費給民眾，導致民主流程退化等。

這些教誨也延伸適用於商業的本質與市場的效能。舉個例子，我們在下一章將討論，當銀行家和金融商品的最終使用者之間的關係缺乏情感基礎，他們唯一的回報就剩下錢財。不過，當他們一味追求財務報酬，就會漠視自身職業的非金錢價值，例如因幫助客戶或同儕獲得成就而得到的滿足感。這種人類境況（human condition）的化約論者（reductionist）觀點，無法作為支持長期繁榮所不可或缺的道德金融機構的良好基礎。全球金融危機既是一場資本危機，也是一場文化危機。我們將在第十三章與第十四章為各地領導者與企業提出一些行動計劃，這些計劃所要傳達的核心事實是：藉由日常生活來實踐價值觀將能強化個人身分認同、企業宗旨與社會責任。

這凸顯出很多主流經濟學家的第二個道德誤謬：儘管有非常多證據顯示，熱心公益的精神會隨著熱心公益的實踐而上升，但那些經濟學家卻將公民與社會美德當作稀少的商品。桑德爾在評論亞洛有關美德必須定額配給的說法時指出：「用這種方式來思考慷慨的美德實在是很奇怪，甚至很牽強。這種思考方式漠視一個可能性：我們愛人與行善的能力不會隨著使用而耗盡，而是會隨著實踐而擴大……社會團結與公民美德也類似。」[60]

公民美德與熱心公益的精神會像肌肉一樣，隨著停止使用而萎縮，並隨著定期的運動而增長。根據亞里斯多德在《尼各馬科倫理學》（*Nicomachean Ethics*）中的說法，美德能隨著我們的實踐而成長茁壯。「我們因從事正義之舉而變得正義凜然，因從事溫和的行為而變得溫暖有節制，因做勇敢的事而變得大無畏。」[61] 讓－雅克・盧梭（Jean-Jacques

Rousseau）也抱持相同的觀點，桑德爾據此做出的結論是：「國家向公民提出愈多請求，公民就會對國家做出愈大的奉獻……公民美德是用來累積的，不是用來消耗的。」[62]

從公民對 COVID-19 的回應，便可以感覺到這些評論似曾相識。沒有一個自發成立的志工團體因製造或捐贈臨時代用的個人防護裝配與防護口罩而得到付費。幾天之內，各地就號召到超過一百萬名志工起身幫助國民醫療服務體系從業人員。沒有任何一個公民是為了領取政府的款項才挺身而出，幫助年老的鄰居或社區裡無家可歸的人。

反之，市場的普及侵蝕了社區的根基，而社區是決定幸福感最重要的因素之一。當我們將公民美德外包給收費的第三方服務提供者，就限縮了社會的範疇，並鼓勵民眾退出社會。

價值（價值觀）的沉淪

經濟史學家約翰・費格・弗斯特（John Fagg Foster）檢視了價值理論的歷史後，做出一個結論：「一言以蔽之，經濟價值就是技術效率的程度。」[63] 一如許多經濟學家，他將價值從它的社會與政治脈絡中的所有關係剝離。不過，雖然這樣的化約主義或許立論充分，但經濟學絕非與這個世界隔絕。

在藉由擴展市場的範疇來追求效率的過程中，經濟學已做出了道德選擇。但那是盲目的選擇，因為它假設價值觀純粹只是主觀的偏好，無法進行公開理性的辯論，此外，它也假設為一項活動或物品定價的行為，並不會改變該活動或物品的潛在本質。就算經濟學承認公民或社會美德，往往也是假設價格誘因補充或強化了已經鼓勵民眾從事那個行為的內在價值

觀。經濟學並沒有預料到內在與貨幣誘因充其量只是替代品，所以在某些情境下，將社會空間商品化（也就是位價值觀定價）可能會損害那些價值觀。

當市場開始侵蝕非市場規範時，我們就必須評估為了那些新增效率而付出以下兩種成本是否值得：特定局面下的成本，以及維護市場正常運作與社會福祉所需的較廣義必要社會資本。誠如阿特金森強調，效率只有在能讓社會變得更富足時才是重要的。[64] 當經濟學家單純以效率為由而提倡某些政策時，他們等於是在做道德評估。不過，要判斷一個政策倡議是否適合社會，我們需要的往往不僅是經濟學家所偏好的功利主義式簡單加法——也就是把在市場上定價的成本與效益簡單加總在一起。要判斷一個政策倡議，至少需要桑思汀所提倡的那種高度複雜的評鑑作業，換言之，那得將各式各樣非定價屬性的估計值列入考慮，例如心理健康、人類尊嚴與人類施為（agency，注：是指人類進行選擇和以選擇來影響市價的能力）。

這個議題經由影響價值觀本身而延伸，變得更加深奧。利他主義、慷慨、團結與公民精神並不像供給固定且會隨著使用而漸漸耗盡的商品。反之，只要多加練習，那些價值觀會變得更為牢固。若不選擇這個管道，而是選擇縮小社會空間，並將市場的觸角擴展到家庭生活的中心，市場終將一步步破壞社區的基礎，使家庭分裂，並將生活的更多層面轉化為計分競賽，終而影響到心理健康。

誠如我們將在後續幾章說明的，從道德情操漸漸趨向市場情緒的最後一道腐蝕作用是：主觀價值的普及會使我們在做決定時將價值觀膚淺化（flatten）。主觀法的優點之一在於，它是中立的；多數事物可經由一個共同廣泛可取得的標準（即市場價格）來比較。而它的缺點在於，它會啟動

一個導致福利被單純解讀為所有價格總和的流程。

這個價值觀膚淺化的過程將所有價格不分階級加在一起，也不考慮價格的分配。我們將談到，這會促使我們不斷在各種利弊得失之間進行取捨，例如要今日的成長還是要明日的危機、要衛生還是要經濟，以及要地球還是要利潤等等。

這些動態已造成了我們將在第二部討論的一系列價值危機。金融、衛生、氣候與身分認同等危機，不僅僅是市場評估價值的能力缺陷所造成的，也是市場侵略並改變了我們的價值觀所致。

根據我個人的經驗，這個世界一直以來所經歷的種種巨變，證明我們迫切需要以較廣泛的社會目標重新平衡資本主義的根本動力，這幾乎可說是攸關存亡的大事。這不是一個抽象的議題，更不是天真的渴望。我們將在第二部提出一些倡議，期許能強化維持公平與效率市場所需的核心價值觀，並鞏固更廣義的社會資本，助我們能真正在生活中實踐我們的價值觀。

PART-2

價值（觀）危機

第七章

全球金融危機：風雨飄搖的世界

二〇〇七年八月的狀況平淡無奇得令人難以想起它有多麼不同。美國身為首大工業國（G1）的角色促進了新的世界（經濟）秩序，實現了欣欣向榮的繁景，看起來完全不費功夫。以自由市場、自由貿易與開放資本市場為中心的《華盛頓共識》（*Washington Consensus*）取得了至高無上的支配地位。當時，許多國家都處於二戰以來最長的經濟擴張期。以英國來說，產出成長軌跡已連續十四年未曾中斷（連續五十六季）。通貨膨脹處於靜止狀態，各國中央銀行因實現了「大穩定」而沾沾自喜。國與國之間的疆界被抹除，以中國為首的新興經濟體逐漸融入世界貿易體系，還有許多國家爭先恐後想要加入歐盟。

而在金融部門，銀行從業人員得意洋洋，自詡為宇宙的主宰。他們認為風險已透過次貸證券化（subprime securitisation）奇蹟而平均地分散到全球各地。此外，當局以輕度監理來「保護」對這一切不疑有他但有點眼紅的公民。

然而，即使一切看起來如此祥和，最有見地的人還是察覺到這場巨變的最初震動。北韓啟動了第一次核子試驗，蘇格蘭民族黨（SNP）贏得了

它第一場蘇格蘭選舉。此外，還有一個國際科學家小組暗示，全球暖化可能是人為的。而在我所屬的世界裡，幾檔沒沒無聞的歐洲合成信貸基金突然停止運作。加拿大的資產擔保商業本票（Asset-backed Commercial Paper）市場開始動搖；就這樣，大蕭條以來最嚴重的一場金融危機揭開了它的序幕——儘管當下鮮少人體察到這個事實。

時任歐洲中央銀行總裁讓－克勞德・特里謝（Jean-Claude Trichet）很喜歡說一個故事，和他的歐洲中央銀行同事有關。故事裡的那位中央銀行官員不巧挑中這個時刻，到蘇格蘭度過計劃已久的健行假期。由於那位中央銀行官員的黑莓機正好沒電，他又急著想知道最新的消息，於是，他走進當地的一家商店，問櫃臺後的女士：「你們有賣《金融時報》嗎？」

她回答：「有的，先生，您想要昨天還是今天的？」

「呃……女士，我當然比較想要今天的……」

「那就請您明天再來吧……」

那名同事沒等到隔天，便當機立斷，直接飛回法蘭克福，加入歐洲中央銀行的積極行動，為他們的貨幣市場注入數百億歐元（就當時而言，那次行動的規模可謂史無前例），因為他意識到，如果等到隔天，一切應該都已化為烏有。

八月的渥太華赤日炎炎，黏膩的濕氣瀰漫，彷彿暫時成了另一個喬治亞州；那個週末，正當我坐在後院，愜意地看著孩子們玩鬧之際，我的電話響了。雖然如今這樣的場景似乎已成了家常便飯，但在多數國家都處於中場休息狀態的那個長週末，那通電話確實來得有點古怪，畢竟那時的加拿大也和全球各地一樣，享受著同一波榮景——在那之前的十年間，加拿大的經濟平均每年成長三・八％，失業率也只有五・二％；何況那正好是特別讓人覺得輕鬆愜意的夏季。當時我不以為意，接起電話，不過，一

聽到來電者是多倫多卑街（Bay Street，注：加拿大的金融中心）的資深銀行家傑米・基爾南（Jamie Kiernan），我馬上就意識到情況有點不妙，他絕對不是打電話來跟我寒暄的。

接下來的兩年，這樣的場景成了一種模式，我習慣在接起電話後，聽到電話另一頭傳來的明顯恐懼。傑米告訴我，加拿大資產擔保商業本票市場幾乎快要凍結了，下星期二可能無法重新開市。市場上發生了大規模的融資追繳（margin calls），有必要啟動流動性支援額度。如果沒有啟動這項額度，整個市場將會崩潰，而且，這場大屠殺將迅速蔓延到倫敦與紐約。加拿大政府必須**採取某種作為**。

我被澆了這一大盆冷水後，頓時意識到我的夏天即將結束，即使當時的我對他描述的狀況有點一頭霧水（跟目前正在閱讀這本書的你們一樣）。倒不是因為我聽不懂他描述的狀況，畢竟當時的我在加拿大財政部工作，且在那之前，我曾在華爾街與倫敦金融城任職一段不算短的時間。我的職涯正是從商業本票（Commercial Paper）市場展開的，這個市場向來就像一灘令人昏昏欲睡的死水，非常適合新進員工在此學習信用風險與市場流動性的規則，因為任誰都不太可能在這個市場造成顯著的損害。商業本票通常不以戲劇化的表現聞名，而如果連這麼沉悶的產品都能成為市場恐慌的話題主角，並足以打斷一個美好的週末，想必還有更不得了的事情在等著我。

商業本票是一種短期債務，通常在三至六個月內到期，是最優質的企業向法人機構投資者發行的短期債務。傳統上，商業本票市場會引導銀行業者、保險公司與其他投資者的多餘資金滿足企業的短期商業資金需求，它在企業融資領域扮演著重要且直接的角色。資產擔保商業本票是這個市場裡頭較為複雜的環節，不過，這項產品還是相對單純易懂……至少在我

最後一次檢核時，它還相當單純易懂。

我的經驗告訴我，透過商業本票相關工作致富的人少之又少。不過如果他們有作足功課，透過商業本票獲得的利益倒是夠讓他們晚上睡得安穩，也能讓他們平靜地度完一整個長週末。所以當傑米告訴我，這個市場發生融資追繳、破產，還有即將在倫敦引發的恐慌等等，我實在是聽得一頭霧水，完全理不出頭緒。傑米並不清楚所有細節，他只是聽說了一些狀況，而且他本身並沒有參與那些交易。但我知道，他不是會平白浪費我時間的那種人，所以，我一和他道別，便馬上開始瘋狂打電話，希望能收集到更多資訊。

現在，為了讓你搞清楚整件事的來龍去脈，且讓我們先談談一些背景資訊。加拿大商業本票市場很小。傑米跟我討論的那個市場，大約只有三百億美元的規模，它和五千億美元規模的政府債券市場以及一兆五千億美元的股票市場比起來，根本就是小毛頭一個。另外，加拿大商業本票市場和倫敦與紐約之間也沒有清晰的連結。為什麼不能等到星期二復工後再處理？為什麼政府應該介入這一系列理應在老經驗的機構之間進行的民間交易？他沒多作解釋。唯一可以確定的是，情況十萬火急。

當某件事不合常理……

我剛展開我的金融職涯時，高盛公司（Goldman Sachs）的合夥人之一巴伯・赫斯特（Bob Hirst）傳授了一條非常寶貴的守則給我：「如果某件事不合常理，它就是不合常理。」這句話聽起來雖然很像大力水手式的套套邏輯，但它背後卻隱藏著如假包換的深奧智慧。巴伯要傳達給我的觀點是，如果某個人對你解釋金融領域的某件事（像是一項光鮮亮麗的新產

品，或是為何一家公司的評價應該遠比產業同業高非常多）聽起來不合常理，你應該要求對方再說明一次他的理論基礎。要是他再次說明後，你還是覺得他的說法沒道理，就應該逃之夭夭。

為什麼要逃之夭夭？因為在金融領域，千萬不要單純因為信任就買進，也千萬不要盲目跟隨群眾，更不要因為怕顯得愚蠢而假裝自己了解某件事。逃之夭夭的理由在於，那種狀況實際上只有兩種可能性。第一是對方打算向你推銷的東西真的不合常理，不過是某種形式的金融煉金術、被轉化為股權的債務、最新版的零風險報酬神話，或是世界上最昂貴的五個字「**這次不一樣**」的最新版本。

長期下來，我領悟到，第二個理由普遍到令人感到痛心：某些事聽起來不合常理，是因為推銷這個新概念的人本身也不了解那個概念。在金融領域，很多人經常基於以下理由來制定決策：「某人在那個領域非常成功」、「那是一個熱門產業」，或甚至只是不想承認自己不懂而隨便做出決定。事實上，在金融領域，最蠢的就是從不發問。民眾習慣用不懂裝懂來掩飾真正的無知，也正因如此，一旦他們突然意識到某個事件的真相，便很容易陷入恐慌。

這並不是說一般人不可能在全然懵懂無知的情況下走運一段時間，畢竟「水漲船高」是永遠不變的道理。在一個多頭市場上，民眾只要順勢操作或複製某個策略，就可能維持一段時間的好表現。以銀行業者來說，就算不了解競爭對手的新產品，只要將那些產品「剪下」再「貼上」，將它們變成自家的產品，一樣能在市場上無往不利。在一個多頭市場上，當一切看起來都很順利，害怕錯過的心態就會急遽升高，這時所有人都會認定，全新的破曉似乎即將來臨，沒有問出口的疑問也會迅速堆積。

但那些問題終究必須要有解答。

迅速理清傑米在那個八月天下午提供給我的線索後，我發現，加拿大資產擔保商業本票市場確實正開始分崩離析，因為它當時的狀況就是不合常理。如果你覺得接下來幾頁的內容不合常理，請先別擔心。結構變得愈複雜，市場上真正了解那些結構的運作方式的人就愈少，也幾乎不會有人理解這些市場與機構已變得有多麼依賴那些結構，更幾乎沒有人知道一旦經濟開始急轉直下，將會發生什麼事。

從謹慎到危機

　　一如金融領域裡的許多產品，加拿大資產擔保商業本票市場最初也是審慎應用某個合理概念下的產物。銀行業者向來會與特定產業或特定類型的個人發展長期的放款關係。這些貸款的績效相對可預測，尤其如果將那些貸款組合在一起，讓任何一個產業或個人的特異因素得以大致彼此抵銷，貸款組合的績效就會更可預測。於是，「多元資產組合的風險低於單一曝險部位或一組同類型貸款組合（例如同一個城市的不動產抵押貸款）」的觀測結果，促成了證券化的發展；在證券化的結構下，資產被結合成不同的組合，並被轉為證券的形式出售給投資者。

　　資產擔保商業本票也不例外：銀行業者將他們的短期資產（如信用卡應收帳款等）組合在一起，再將之轉售給一個帳外（off-balance-sheet）結構性投資工具（structured investment vehicle，以下簡稱 SIV）。[1] 這個 SIV 實際上不過就是一家空殼公司，藉由發行商業本票來取得資金，並進而以這些資金購買銀行打算賣給它的組合資產。只要信用卡支付的總利息收入（調整過任何債務違約的案例後）高於 SIV 必須支付的商業本票利息成本，所有的參與者就會皆大歡喜：銀行得以賣掉信用卡的應收款項，盡快

收回現金來承作新貸款；SIV 所有權人則能賺到信用卡利息收入與商業本票利息成本之間的利差；而商業本票的投資者則獲得比相似信用品質的一般企業商業本票稍高的利息收入（略高的收入是對投資者的一種回報，因為他們為了確保投資 SIV 商業本票的合理性而花費了額外時間與精力分析那些商業本票）。

總而言之，我們可以從兩項風險判斷投資者購買資產擔保商業本票是否合於常理。第一項是流動性風險，指的是出售資產的能力，或是以資產的價值去舉借擔保貸款的能力。在深度市場（deep markets，注：指流通性高且買賣價差小的市場）上，散戶投資者的賣出行為對資產價格的影響微乎其微，且在許多狀況下，那類資產甚至可用來作為貸款的抵押品，換成現金。不過，在淺碟型市場，投資者想在必要時把資產轉換成現金將非常困難。在極端情況下，流動性風險就像是市場版的銀行擠兌，更糟糕的是，市場上沒有如中央銀行那樣的最後放款人可以出手拯救局面，投資者也不受特定的安全網保障；相較之下，銀行的散戶存款人不僅直接受到存款保險保障，也間接受到中央銀行協助銀行業者平安度過風暴的種種政策工具保障。

在上漲的市場上，流動性幾乎被視為理所當然，投資者總是信心滿滿，認定他們能在需要現金時，必能順利賣掉手上的商業本票。發行商業本票的企業擁有其他來源的流動性可作為備用資源，包括可在市場關閉或公司本身的信用度急速惡化（當企業信用度急速惡化，將使投資者不再想要投資它們的商業本票）時動用的銀行信用額度。在加拿大資產擔保商業本票市場上，一般認為前者（市場關閉）極度不可能發生，並認為後者（公司本身的信用度急速惡化）的變化只會緩慢發生。歷經長時間平靜且穩定的正常市場運作，投資者早已忘記市場有可能瞬間從深度市場變成淺

碟型市場，從高流動性轉為低流動性，從健全轉為脆弱。

加拿大資產擔保商業本票的投資者面臨的第二項風險是信用風險，也就是真正還清款項的信用卡夠不夠多。投資者理應監督 SIV 的資產品質，畢竟他們利用自己的資金為那些資產提供擔保，不過，就像我先前提到的，商業本票市場向來就像是一灘令人昏昏欲睡的死水，所以，那些本票通常只要靠 SIV 的聲望或是獨立評等機關（這些機關協助評估那些商業本票的信用等級）的信譽，就足以吸引投資者介入。

到了二〇〇七年的夏天，上述的防禦線已開始動搖。SIV 的經理人往往仰賴銀行業者（將資產出售給他們的銀行）過去的營運績效記錄來判斷那些資產的信用。儘管信用評等機關會實質審查 SIV 即將購買的那些資產，但事後回顧，信評機關顯然並沒有認真考慮到，一旦那些資產的所有權人不再是銀行，那些資產的品質將會發生什麼變化？銀行會不會因為預期，反正很快就會把那些資產轉賣到市場上，而在承作新貸款方面變得較不謹慎？這是市場的存在可能產生腐蝕效果的例子之一。

換句話說，SIV 商業本票的投資者和最終貸款人（諸如以信用卡購物的民眾等）的距離非常遙遠。但在這當中，沒有人提出嚴苛的疑問，每個人都依賴其他所有人釐清疑問。SIV 的行為模式像銀行，但它們又將銀行業務的基本任務外包給信評等機關，以及向它們出售資產的銀行業者。銀行業者則依賴市場來消化它們承作的貸款，讓那些貸款得以從它們的帳冊上消失。這些關係令人不得不質疑銀行究竟是為了什麼目的而存在，也讓人質疑市場是否能可靠地取代銀行業者。

銀行存在的目的？

商業銀行能履行幾項重要功能。首先，商業銀行是支付系統的關鍵環節，而支付系統是金融交易的發生管道。亞當・斯密的分散式交易就是靠支付系統促成的，所以，這個系統是維持市場經濟體系正常功能運作的關鍵要角。不過，除非支付系統瓦解，否則它的存在感很容易被忽略，因此，中央銀行的重要工作之一就是監督支付系統的系統性要素，以確保支付系統的可靠性。誠如我們在第五章談論貨幣的未來時所說明的，目前的支付系統可能很快就會被許多新技術與各式各樣的民間貨幣顛覆。

銀行業者的第二項重要作用力是轉換資產及負債的期限（maturities）。銀行收受短期負債（通常是以存款的形式存在），並將之轉換為長期資產，例如不動產抵押貸款或企業貸款。在這個情況下，家庭與企業便得以從事和銀行相反的行為，即持有短期資產（活期存款）與長期負債（貸款）。有了銀行可協助轉換資產與負債的期限，家庭與企業便得以好好規劃未來，並管理因現金流量的不確定性而起的風險。

銀行還透過允許快速取得那些一樣短期的資產，提供流動性給顧客。事實上，銀行藉由買賣各式各樣期限的資產與負債，提供有助於提高金融市場效率的套利機會。這讓貸款人得以爭取到最適合其風險特性的最低利率。

期限轉換（maturity transformation）的社會價值絕對毋庸置疑。然而，它顯然會造成期限錯配（maturity mismatch）的問題，期限錯配則會對銀行業者造成一種基本風險。銀行持有的流動性準備通常只相當於它們的一小部分未清償債務。如果只有一位存款人想領回他的資金，那不成問題，因為銀行一向會維持足夠應付典型提領需求的流動性，還能在衝擊大於預

期時，向其他銀行借錢來應付存款人的提領壓力。不過，如果有非常多存款人想在同一時間領回他們的資金，到了某個臨界點，流動性問題就會變成一波波自然而然實現的擠兌潮。

銀行依賴兩項關鍵支援來管理這項風險。首先，存款保險讓存款人無須擔憂存款會在他們需要用錢之際消失，所以能減少擠兌的發生，中央銀行也在其中扮演具償債能力、但流動性不足的機構最後放款人。這些支援機制是為了遏制銀行承擔不當風險，並在必要時為銀行提供支援等目的而精心打造的，同時還配有一個健全的監理框架。銀行業者在接受這些支援的同時，也接受了一個社會契約：一旦進入壓力時期，他們可以得到上述安全網的保障，代價是他們的行為必須無時無刻接受監理。

銀行還發揮了第三項重要作用力——信用中介——將資金從實體經濟體系的儲蓄者手中傳輸給投資人。這讓儲蓄者得以分散風險，並使所有人都得以維持較平滑的消費型態。年輕家庭可以貸款買房、學生可以取得大學學費、民眾可為了退休後的需要投資低風險的孳息性帳戶，企業則可取得營運資金（working capital）與投資所需的財源。

不過，切記，銀行業務本身並非目的，而是促進投資、創新、經濟成長與繁榮的手段。基本上，銀行業務就是一種中介業務，將實體經濟體系的貸款人與儲蓄者聯繫在一起。然而，在這場危機爆發前，有太多金融界人士將這個行業視為金字塔頂端的經濟活動。當時，銀行業務變得和銀行業者彼此之間的聯繫較有關係。客戶被交易對手（counterparties）取代，銀行業務變得愈來愈交易導向（transactional），不再那麼關係導向（relational）。誠如我們將見到的，這些態度是多年以來隨著新市場與新工具的問世而漸漸養成的。那些創新的最初動機是為了滿足客戶在業務活動上所需的信用與避險需要。然而，其中許多創新隨著時間漸漸演變成為了

追求更高財務成果而擴大投機操作規模的方法。

無法掙脫的致命擁抱

　　銀行不是唯一的資金提供者。在這場危機爆發之前，許多國家的市場成了和銀行一樣重要的集資管道，為企業與家庭提供資金。從金融體系的視角而言，市場的深化大致上是令人欣喜的發展，因為那樣的市場能使整個系統變得更健全並促進競爭，而競爭有助於維持銀行業活動的紀律。不過前提是，市場必須以正當的方式深化：要有充足的透明度、健全的流動性管理、一致的誘因，銀行與市場之間也要適當分離。

　　儘管市場使選擇範圍擴大，並使金融消費者可取得的價格降低，市場的功能畢竟還是和銀行有所不同。市場比銀行更徹底仰賴參與者對流動性的信心，而那股信心卻可能在轉眼間灰飛煙滅。

　　銀行的關鍵優勢之一在於它們和顧客之間的關係。銀行長期追蹤貸款人的狀況，並監控貸款人的付款歷史與可靠性。稱職扮演好適當角色的銀行能為貸款人量身打造適當的產品，並視情況採用較高或較低的標準。

　　相照之下，市場的活血是買賣交易。市場雖然扮演儲蓄者和貸款人之間的中介，卻沒有和這兩者維持關係。因此，當標的產品較標準化時，市場工具才會比較穩健。要判斷一項活動最好應透過銀行還是市場籌資，關鍵取決於專業化或標準化對那一項活動的相對利益。

　　市場成了銀行業者愈來愈大的競爭者，為了回應這股壓力，銀行業者漸漸成了市場上的直接參與者，最終埋下了危機的種子。

　　首先，銀行愈來愈依賴短期市場來取得銀行業務活動所需的財源，而在這個過程中，銀行大幅提高了它們的槓桿。這使銀行業者高度依賴貨幣

市場與資本市場流動性的可連續取得。等到市場在二〇〇七年秋天急轉直下，那個依賴關係也被殘酷地攤在陽光下，無所遁形。

第二，銀行業者利用諸如資產擔保商業本票等證券化市場，一邊從事關係銀行業務，一邊進行交易導向的市場型融資活動。在「貸款後證券化」（originate-to-distribute）的商業模型下，銀行業者會先承作一系列貸款，再將這些貸款重新包裝為證券，最後將包裝後的證券賣給投資者。實質上來說，銀行等於是在承作一些專業性貸款，再以「標準化包裝產品」的方式賣掉那些專業性貸款。儘管銀行指望利用證券化來分散它們的風險，但這項風險的轉移卻經常不夠澈底。因為銀行業者往往把那些證券賣給常規的（arm's-length）交易管道——如 SIV——但後來它們被迫重新中介，或繼續持有事實證明絕非零風險的 AAA 級複雜結構性產品。[2]

英國不動產抵押貸款公司北岩銀行（Northern Rock）將這個「貸款後證券化」的商業模型應用到荒謬至極的程度；那年夏天，就在我接到電話後的短短幾個星期，這家銀行就關門大吉。北岩銀行於一九六五年成立，最初是一家房屋互助協會（building society），那是一種互助儲蓄機構，主要宗旨是為它的會員提供不動產抵押貸款，而這些貸款多半是以其他會員的存款來支應。拜柴契爾夫人時代的金融解除管制所賜，到了一九九〇年代中期，北岩銀行已將業務範圍擴展到其他傳統的銀行業務活動。原本的北岩房屋互助協會在一九九七年轉為股份制，並以北岩銀行的名稱在股票市場掛牌交易。到這時，北岩銀行變成必須對股東負責，而非對會員負責，而新的銀行也開始根據一個「貸款後證券化」模型，實施一項野心勃勃的成長策略。從此以後，北岩銀行改變了原有的模式（即持有會員的不動產抵押貸款直至到期那一天，且總放款規模不超過會員的存款總額），為滿足市場上的貸款需求而承作（並審核）大量不動產抵押貸款，並在短

期貨幣市場取得承作不動產抵押貸款所需的資金，最後再將那些貸款重新包裝為證券化債券，將之售出。

到了二○○七年，北岩銀行已成為英國第五大不動產抵押貸款提供者。它的槓桿程度極高，且完全仰賴「批發債券市場」（wholesale debt market，注：銀行、保險公司乃至大型企業等機構法人交易固定收益型產品的市場）來出售不動產抵押貸款擔保證券。等到那個市場因美國次級房貸危機惡化而枯竭，北岩銀行採用的商業模型之缺陷隨即被暴露在陽光下，最終造成英國一個世紀以來首宗銀行擠兌事件。

這場金融危機暴露了證券化可能衍生的根本誘因問題。根據「貸款後證券化」的模型，貸款承作機構的誘因不再和風險承擔者的誘因一致。然而，一旦那個關係被切斷，新貸款的審核標準以及貸款核發後的監督作業便會雙雙急速沉淪，從負責轉為莽撞。然而，訂價與風險管理並沒有反應這些變化，等到問題爆發，根本為時已晚。當客戶成了交易對手，客戶和銀行業者之間就不再有任何形式的團結意識了。價值觀會影響價值。

銀行業者擁抱市場的第三種形式是，很多零售型（retail）銀行與商業銀行將營運觸角擴展到投資銀行業務。這讓銀行得以將傳統的放款業務與較高附加價值的代辦業務包裝在一起、進行造市（market-making）活動，並從事愈來愈多自營交易業務。銀行積極介入市場的風氣，促使櫃臺（over-the-counter）買賣型衍生性商品大量問世，進而製造了難以辨識與控制的交易對手風險及投資風險。

薪酬問題也導致這個演變過程百弊叢生。許多銀行的文化獎勵創新與不透明，對風險管理與透明度也相對不重視，這對組織的破壞力度遠遠超過原先的想像。誠如我們將見到的，那時較資淺的交易員因勇於承擔高風險而領到了優渥的現金薪酬。很多大型的複雜銀行在出事後才終於察覺，

公司內部以及公司和股東之間可能存在委託人—代理人問題。

另一方面，一如銀行業者開始從事市場向來最拿手的業務，市場也開始涉足銀行業務。不過，市場在從事銀行業務時，並沒有獲得和銀行業一樣的安全網保障，也沒有受到適當的監督。愈來愈多銀行業的傳統功能（包括期限轉換與信用中介業務）開始透過更廣泛的中介工具與投資工具進行，統稱為「影子銀行」體系（'shadow banking' system）。影子銀行包括投資銀行（在其他國家）、不動產抵押貸款仲介、金融公司、SIV、避險基金，以及其他民間資產組合。

這些發展的規模極為驚人。在這十年間，銀行業資產巨幅成長，加拿大、美國、英國和歐洲銀行業的資產規模約為全國 GDP 的一‧五倍至六倍不等。而那些國家銀行業的資產規模成長，多數都是透過提高槓桿所取得的資金來實現的，只有加拿大例外。[3]

在那一波榮景期的最後幾年，世人對於取得流動性的自滿心態達到頂峰，影子銀行體系的規模也隨之暴增。舉個例子，在二〇〇七年的前三年間，SIV 的價值增長為原來的三倍。金融活動的成長與愈來愈錯綜複雜的金融參與者陣容，使得金融體系**內部**的債權劇烈增加（而不是金融體系和實質經濟體系之間的債權增加）。也就是說，風險難以辨識，遑論管理。更根本而論，這顯示金融體系已明顯偏離它為實體經濟體系服務的角色。

金融機構（包括許多銀行業者）變得必須依賴市場上的高流動性水準才得以順利維持運轉。以美國來說，在這場危機爆發前三年間，商業本票總價值增加超過六〇％，資產擔保商業本票市場更成長超過八〇％。本質上來說，影子銀行體系形同在沒有安全網的情況下進行期限轉換業務——換言之，它完全仰賴集資市場持續可取得的資金來維持。所以，當市場流動性從二〇〇七年八月開始崩潰後，這些風險瞬間變得無所遁形。

監理體系既不理解這項活動的規模有多大，也未適當針對這項活動所製造的新風險採取通權達變的應對措施。影子銀行體系獲得的支持不如銀行體系，受監理與監督的程度也無法和銀行業相比。以事後諸葛的角度而言，這一切之所以會變得如此難以收拾，監理體系絕對難辭其咎，因為它長期過度放任市場朝著影子銀行體系演變。

資產擔保商業本票不再合乎常理

　　一如許多金融創新，原始的證券化結構都是審慎組合而成的結構。那些結構合乎常理。原始的證券化標的資產都經過精挑細選，通常是可在情況開始不對勁時快速出清的短期限型資產，或是由長期投資者持有——這些投資者的投資期間和標的資產的期限相配。此外，這些結構在資本緩衝與超額抵押方面，也都內建了非常大的邊際誤差，足以吸收潛在的虧損。

　　加拿大資產擔保商業本票市場對於這個後來成為巨大全球資產類別的領域來說只是一個小小的角落。債務的證券化早在幾十年前就持續擴張，舉凡公司債、信用卡債與不動產抵押貸款等，都被包裝成證券，再銷售到市場上。但這個成長趨勢在這場金融危機爆發前幾年急遽加速，流通在外的證券化商品價值，從二〇〇〇年的五兆美元遽增到二〇〇七年的十七兆美元。[4] 在同一期間，和標的資產的關係更加遙遠的證券甚至成長更多。其中，擔保債務憑證（collateralised debt obligations，以下簡稱 CDO，由大量不同債務組合所組成的證券）的發行量成長了六倍，而 CDO 中的 CDO（將其他大量 CDO 組合在一起的產品）更是激增了十一倍。[5]

　　這些證券的買家包括投資銀行、避險基金、投資基金、貨幣市場基金，當然也包括 SIV，像是加拿大資產擔保商業本票的發行者。到了二

○○○年代中期，這些影子銀行業務共為約八兆美元的美國資產提供融資，這個融資規模使它變得跟實際銀行體系的規模一樣大。[6]

到這個時間點，自滿與貪婪盛行的風氣結合在一起，最終導致影子銀行業務開始變得不再合乎常理。以過度依賴過往績效與依賴其他人等形式來呈現的自滿，削弱了所有的防禦線；金融家把責任推卸得一乾二淨。貪婪之心導致 SIV 的經營者認定 SIV 原來的利差收入太少，於是開始設法將次級房貸等較高風險的資產納入投資組合，藉此提高報酬率。這些長期不動產抵押貸款和每個月還款的信用卡不同，那些房貸將發行資產擔保商業本票的 SIV 變得更像銀行（因為它們的期限轉換業務增加，而期限轉換業務是銀行的核心功能），從而使它們的流動性風險大幅提高。

如果一家擁有像北岩銀行那樣多的員工、那樣大的資本、那樣高的存款人保障與那樣嚴謹的主管機關監督的銀行都可能遭遇擠兌的打擊，只有區區幾名員工、小資本、沒有存款人保障且不受監督的空殼公司，難保不受商業本票市場買方「罷工」的打擊。那種挫折因次級房貸加入營運行列變得更有可能發生。次級房貸的信用度高度取決於證券化降低資產組合整體風險（藉由結合無相關性的風險資產來降低風險）的能力。以這個狀況來說，整體風險低於個別風險的加總。不過，次級房貸未曾經歷過任何經濟衰退的考驗，而且，它可說是最容易發生「貸款後證券化」模型的惡質誘因問題的領域。

雪上加霜的是，加拿大資產擔保商業本票工具的經理人也不甘寂寞，在等待民眾償還信用卡債的過程中，也開始利用 SIV 資產負債表上的資產獲取利益。在合成衍生性金融商品爆炸性成長的帶動下，這個時期的證券化奇蹟加速暴衝。某些加拿大 SIV 仿效紐約和倫敦的發展，開始對位於倫敦的投資銀行出售信用衍生性金融商品，從中獲取手續費，而這些 SIV 則

是將它們的部分資產用來作為抵押品，作為付款承諾的擔保。

　　我承認，上述有關當年那些發展的描述已開始變得愈來愈複雜；總而言之，衍生性金融商品是導致多數影子銀行業務出狀況的環節——包括加拿大資產擔保商業本票。另外，在這場危機爆發之前，全球各地的金融體系也都發生了類似的狀況。

　　不過，我也必須聲明，衍生性金融商品能發揮很多重要的基本功能。衍生性金融商品是金融工具的一種，它們的價值是從其他標的資產「衍生」而來的，所以，若善加利用，這些商品能將金融風險從某個實體轉移至另一個較有能力承受風險的實體。舉個例子，某個農民可能在春天敲定一項價格，說好用這個價格在秋天賣掉他的收成，這麼做能讓他獲得一點心靈上的平靜，畢竟農業經常要面臨很多挑戰。這個農民的所得將因此受限於契約內容，但他也至少會獲得保障，不會再受不確定的結果傷害，不過，收成的收受者因這項約定受惠或因這項交易受害的程度，則取決於那些收成在未來那個日期的價格。早在古代的美索不達米亞，農民就已開始從事那種期約交易，他們會在黏土板上具體訂出一個價格以及未來的銷售日期。

　　數千年後，衍生性金融商品的用途已顯著擴大。除了保護農民以及原物料商品的生產者，衍生性金融商品也被用來為屋主、退休老人和企業隔絕各式各樣的風險。到了二〇〇〇年代中期，衍生性金融商品被廣泛部署到各式各樣的市場，那些商品的標的資產涵蓋了不動產抵押貸款、乃至個別企業信用（也就是所謂的信用違約交換〔Credit default Swap，簡稱CDS〕），以及一籃子企業信用曝險（即所謂的信用違約交換指數〔Credit Default Swap Index，簡稱 CDX〕）。就這樣，全球櫃臺買賣衍生性金融商品市場的名目價值，從二〇〇〇年的低於一百兆美元，快速成長到二〇〇

七年的五百兆美元。[7]

誠如我們到二〇〇七年秋天才發現的，衍生性金融商品對各地屋主造成一種巨大的倒金字塔風險，因為衍生性金融商品的使用者和標的資產之間的關係變得愈來愈遙遠。年少懵懂的我曾在愛德蒙頓（Edmonton）的一家零售銀行工作，我被外派去覆核我們銀行收到的房地產評價。就像我在第四章與第五章解釋的，傳統銀行業者承作不動產抵押貸款與創造貨幣的能力，受它們本身的風險偏好影響，且受限於銀行的法定資本多寡和流動性規定。但到了二〇〇七年的夏天，許多銀行核准並承作新的不動產抵押貸款的能力，多數只受限於它們能多快出清證券化資產組合中的資產（即它們承作的不動產抵押貸款）。那些資產的買方會接著將這些不動產抵押貸款組合進一步結合為雙層架構的 CDO（CDO2，也就是 CDO 中的 CDO），或以信用衍生性金融商品來對沖它們的風險。上述的每個步驟每向前推進一步，和屋主的距離就愈遠。沒有人會真正去察看房子或屋主的狀況。總之，金融活動變得愈來愈抽象，民眾在買賣不動產抵押貸款相關曝險部位時，完全不提任何疑問，甚至不知道出問題時該打電話給誰。

投資銀行業者特別積極利用信用衍生性金融商品來「保障」它們自身的資產負債表。舉個例子，如果一家銀行持有一個不動產抵押貸款組合，銀行業者可以購買一種能在不動產抵押貸款違約倒債情事增加時，付款給他們的衍生性金融商品，這麼一來，該銀行至少能透過這些衍生性金融商品收回因承作不動產抵押貸款而衍生的部分損失。當然，這個如意算盤還是取決於這項衍生性金融商品的供應者有沒有能力在不動產抵押貸款變成呆帳時付錢給上述投資銀行，畢竟衍生性金融商品的供應者本身也有可能因不動產抵押貸款市場重挫而違約倒債，在這個情況下，這家投資銀行為求自保，可能會要求對方提供抵押品，也稱為保證金。部位的風險愈高，

銀行要求的抵押品可能也會愈多。

希望你還沒被我搞得頭昏腦脹。如果沒有，那麼，你已領先市場上九九％的信用評等機關、商業本票購買人、信用違約交換的買家，以及幾乎所有的經理人與股東。當時多數市場人士都只看到片面的狀況。絕大多數人都假設，一定有某人——銀行業者、信用評等機關、大型投資者、SIV的所有權人，或是信賴市場智慧的監理機關——會仔細審查這些商品與交易流程並嚴格把關。但當時這個市場的組成成員當中，幾乎沒有一個有能力控制與掌握市場狀況。沒有人計算過那些曝險部位的規模，也沒有人料想到，只要有相對微小的變化，就有可能動搖整個巨大的結構。

兵敗如山倒

接著，到了二〇〇七年的夏天，幾檔結構性信用基金開始出現鬆動的跡象，就好像毛衣上鬆開的線頭，只要輕輕一拉，不僅整件毛衣都會被拆開，甚至整個衣櫥都會分解。何況那可不只是一個衣櫥，而是一間寬敞的更衣室，它的大小肯定不亞於卡戴珊家族（Kardashian）的豪華更衣室。為了以正確的脈絡來看待這件事，且讓我舉個實例：在我接到電話的那個八月假期週末結束時，加拿大資產擔保商業本票的市場規模大約是三百二十億加幣。它的資產大致上還夠應付負債，問題在於，市場愈來愈緊張，因為其中某些資產是美國的次級貸款，且一般人已隱約感覺到，美國次級貸款市場可能已經出問題了。謹慎的商業本票投資者打算出場；畢竟投入商業本票市場的好處之一，就是理應能享受較平靜的生活。

不過，問題來了。多數人並不知道其中很多資產早已被抵押，作為信用保險的抵押品。當時有投保的信用有多少？隨著我們深入調查，相關的

數字持續擴大，到最後，我們發現那個數字高達未清償商業本票規模的十倍以上！倫敦的投資銀行業者的總信用曝險部位中，持有超過兩千億美元的加拿大「保險」，而這項曝險部位只是總額超過六千億美元的信用堆疊的一部分——要知道，六千億美元可是加拿大經濟規模的一半以上。然而，儘管加拿大資產擔保商業本票的衍生性金融商品曝險部位高得驚人，那些部位和英國、歐洲與美國的類似結構相比，卻還是小巫見大巫。

就算不了解問題有多嚴重，二〇〇七年夏末，先前向加拿大資產擔保商業本票工具購買信用保險的銀行也開始憂心忡忡。次級不動產抵押貸款的市場價值承受極大壓力，少數信用基金漸漸發現它們的產品根本已沒有市場價格可言。取而代之，它們主張應該根據標的信用的模型來決定價值。

在提出這個主張的那一刻，他們已在不知不覺間，從主觀價值的支持者變成客觀價值的支持者！

基於上述令人心驚膽跳的發展，加拿大資產擔保商業本票信用保險的持有人要求取得更多抵押品，以求自保。不過，除非加拿大資產擔保商業本票提供者發行更多商業本票，並購買更多資產，否則根本無法提供更多抵押品，偏偏更多商業本票是此刻已非常清醒的加拿大市場所不想要的。倫敦銀行業者深知，要是他們發出融資追繳令後，保證金未及時補足，它們自家的資產負債表上隨即就會顯示出巨大的信用曝險部位（原本它們自認已用神奇且便宜的保險，擺脫了那些曝險部位）。屋漏偏逢連夜雨，銀行業者資產負債表規模的暴增，正好發生在它們的投資人與債權人開始猛烈質疑銀行的曝險部位之際。

到了八月中旬，市場上的緊張氣氛開始擴散。法國與美國的幾檔基金（分別是法國巴黎銀行〔BNP Paribas〕與貝爾斯登〔Bear Stearns〕發起的

基金）宣布暫停接受贖回，這個消息毀了那位歐洲央行官員的蘇格蘭假期。金融體系的管道運作開始失靈，導致歐洲中央銀行和加拿大中央銀行不得不出手干預。各方疑問叢生，我的電話也響個不停。

由於整個金融體系搖搖欲墜，我們迅速採取了某些極度不尋常的行動，即便到了今天，我還是不太敢相信我們怎麼有辦法做出那麼不尋常的回應。透過魁北克儲蓄投資集團（Caisse de Dépôt et Placement du Québec）經營者亨利－保羅·盧梭（Henri-Paul Rousseau）的個人魄力（該集團是這個部門最大的投資者），以及加拿大中央銀行總裁大衛·道奇（David Dodge）與加拿大財政部的集體力量支持，我們終得以策動倫敦、紐約和加拿大銀行業者與大型投資者暫時停止動作，從而阻止融資追繳令的發出乃至新商業本票的發行。那年夏天接到那通電話後的幾天內，所有人都被「關禁閉」，並開始焦急又緊張地尋找解決方案。

如果當年放任加拿大資產擔保商業本票市場的事件在八月那幾天內順著原本的勢頭發展，應該會引爆一場雷曼（Lehman）式危機。上述的「關禁閉」行動確實規避了短期的災難，也創造了找出永久解決方案的可能性。在加拿大傳奇律師波迪·克勞佛（Purdy Crawford）相助下，我們協商出一個解決方案（當初克勞佛欣然答應幫我「一個小忙」，沒想到卻因此陷入長達十八個月看似永無寧日的衝突邊緣，不過，他從未有過一句怨言）。在後續十八個月最黑暗的時刻，投資人原本一度只能回收原始投資的二〇％左右，不過，最終他們收回超過九〇％的投資。沒錯，金融市場確實可能發生內在價值與主觀價值如此差異懸殊的狀況！

從那年八月那個長週末開始，我就開始有一種不祥的預感。我和同事們領悟到，如果這樣的狀況能在相對穩定的加拿大發生，且涉及的規模又那麼龐大，那麼，它一定也會在世界上幾個最大的金融中心肆虐。當時全

球證券化與衍生性金融商品市場已成了一具具殭屍。若全部加起來，那些市場足以拖垮全球的金融體系。果然，最後的發展確實如此。

這場全球金融危機的近因

加拿大資產擔保商業本票市場的核心問題代表著即將禍害全球金融體系的隱憂。

一如所有金融危機，這一場危機也始於新世代思維。從經濟週期「大穩定」、透過次級房貸實現的住宅所有權新經濟學、透過新金融商品散播並降低的風險、一系列信念促使舉債行為大幅成長等，凡此種種，確實一度促使成長加速，但也養成愈來愈自滿的心態，最終引發一場苦難。若當初能在應用上有所節制，當中很多觀念其實堪稱健全，不過，一旦未能慎重以對，那些方法隨即變得有害無益。

當時，放眼望去，槓桿可謂無所不在。未受監理的證券化工具之所以有利可圖，主要原因在於它們的槓桿比例高於受到嚴格監理的銀行業者。但那些工具並未因此而滿足，還透過諸如加拿大資產擔保商業本票企業所發行的信用保險等衍生性金融商品，進一步提高槓桿。在危機爆發前那段期間，英國與美國銀行業者申報的資產負債表槓桿介於十五倍至四十倍。但它們的實際槓桿更高，因為這些銀行業者早就把一部分的資產轉售給SIV（和加拿大一樣），所以，儘管表面上看起來，那些銀行已透過衍生性金融商品對沖掉很多資產負債表風險，但嚴格來說，那些風險並沒有消失。當危機來襲，風險又重新回到那些銀行的資產負債表，它們的槓桿比例也迅速竄升。

如果你認為這看起來不合乎常理，那你就對了。

十年前，這個錯綜複雜的影子銀行業務掩蓋了這整個體系的巨大槓桿，包括大量的或有（contingent）曝險部位，還有銀行業者之間的相互聯繫。諸如加拿大資產擔保商業本票等不透明的證券化業務，造成了不完全的信用風險轉移，一旦無法成功追繳到融資，這種不完全的信用風險轉移作業就會崩潰。單一險種（Monoline）信用保險公司為一些無以為繼的債務提供支援，銀行則變得過度依賴脆弱的貨幣市場短期資金來源，而貨幣市場本身也是那些「突變」為高風險產品的資產擔保商業本票的主要買家。當存在於影子銀行業務的這個錯綜複雜的連鎖環節突然瓦解，市場上隨即跟著出現一波波資產跳樓大拍賣與流動性急速縮減的狀況，這對整個體系的穩定性造成極大的威脅，並使數以百萬計的家庭與企業突然無法取得信用。

這個系統在其他市場之上不斷開發新的市場，並透過合成衍生性金融商品來散播風險，所以，理論上來說，就算出了差錯，由於參與者為數眾多，每個人都只會虧一點點錢。但事實上，所有事物都環環相扣。銀行業者和買了銀行資產的 SIV 相關；SIV 透過為銀行的信用提供保險而和銀行業者相關。銀行業者和其他銀行業者也透過一個衍生性金融商品與短期集資網而彼此相關。

於是，當情勢一變，這些層層堆疊的市場隨即一個接一個崩潰，銀行業者原本以為已經隨風四散的風險，此時又回報到它們身上。當對市場的信仰放縱到碰撞到它們的極限時，就會發生這樣的狀況。事實上，這就是妄想加開更多市場來解決市場失靈的後果。

當市場反轉，這些難以理解的結構、複雜性以及缺乏透明度等等，全都導致恐慌的加劇。我透過二〇〇七年秋天的一些對話體會到，許多銀行執行長直到為時已晚，才終於體悟到他們原本以為已經順利出清的風險，

其實只是被相當於某個加拿大空殼公司之類的實體或持有大量美國次貸市場曝險部位（此時正在崩盤）的交易對手「擔保」而已。雖然這已經夠令人擔憂了，那些銀行的競爭者又是處於怎樣的景況？競爭者的景況又會對那些銀行所持有的競爭者曝險部位造成甚麼影響？總之，所有人都急著出場，這有助於解釋為何美國次級房貸的兩千億美元信用損失（實際上的違約金額），竟會衍生高達一兆美元的市場損失。在上漲過程中與現實狀況脫節的價值，又在下跌過程中再次與現實脫節。

這些問題的關鍵在於一系列與誘因息息相關的議題。當時，一般人認為眼前的價值重於一切，並認定未來的價值一文不值。我們在解決資產擔保商業本票的亂象時發現了一個令人困擾但典型的狀況：銀行從業人員的誘因嚴重錯置（misaligned）。中階交易員可以承接信用曝險部位，在債券市場上購買公司債。到這裡為止還不算古怪。但接著，他們會進而購買某個加拿大 AAA 級機構的信用保險，藉此對沖一籃子曝險部位的風險。後續他們的所屬單位則會根據保險成本和那些債券到期前（通常為十年）的總債券利息收入之間的利差，計算並發放現金紅利給這些交易員。在這樣的狀況下，這些交易員當然有誘因加碼持有更長期限的這類曝險部位，其中特別重要的原因在於，等到期限到來，他們早已離職，無須承擔這些不當行為的後果。

我們先前已約略談過第二組對證券化造成危害的誘因問題。當決策者一開始就打著事後要將承作的新貸款轉賣掉的如意算盤，他們在進行貸款的審核時，自然就會變得漫不經心，不將注意義務（duty of care）當一回事。在危機爆發前那段期間，承作貸款的標準從小心謹慎變成掉以輕心，從負責變為魯莽。承作貸款的品質江河日下，整個金融業的道德基礎也明顯動搖。

那是一個無形金融（disembodied finance）的時代，當時市場的成長速度遠遠超越家庭與企業的成長速度，問題是，市場的根本存在目的是要服務家庭與企業。在多數專業領域，民眾能親身感受到他們努力工作後會產生什麼「實質」影響力：舉例來說，用心教學的老師將目睹學生的成長，辛勤耕種的農夫則會見到收成增加。但當銀行業人員開始和位於實質經濟體系的最終客戶脫鉤，他們就再也無法直接見到他們努力工作後會產生什麼影響力。倫敦銀行間隔夜拆款利率（London Interbank Offered Rate，簡稱LIBOR）的設定者只是將螢幕上的數字當成一場輸贏遊戲，完全不管他們的行動會對不動產抵押權人（mortgage holder）或企業貸款人造成什麼後果。價值是相對的，但價值觀卻漸漸沉淪。層層堆疊的市場不僅就金融面而言非常脆弱，在道德上亦是如此。

而當音樂戛然而止，這些宇宙的主宰一窩蜂向政府尋求援助。我記得我在二〇〇八年年初升任加拿大中央銀行總裁時，接見了不少遭受這場混亂打擊的資產擔保商業本票投資者或銀行從業人員代表團。他們的要求自始至終都很一致——始終如一的自利。他們辯稱，加拿大中央銀行有責任承擔他們的風險，並主張我們不該過度無謂擔憂：市場只是暫時失去理智。

加拿大民眾有什麼理由承受這個負擔？畢竟他們從未有機會質疑被這些金融宇宙主宰隱匿的問題；不過，宇宙主宰對這個問題避而不談。另外，他們也刻意略過這種行為對整個體系的道德風險的影響，畢竟如果犯了錯的銀行業者和市場一樣能得到紓困，未來還有什麼能阻止他們承擔更大的風險（即繼續這種「正面他們贏，反面我們輸」的金融實務）？如果我們真的配合他們的紓困要求，未來要又如何促進負責、當責、審慎與信任等對永續金融業務攸關重大的價值觀？

但與此同時，隨著金融部門內爆，經濟體系也像自由落體般急速崩落。我們不敢奢望當初能以不同的方式解決各種事態，畢竟危機必須迅速獲得控制。

危機管理相關的教誨

接下來那一年，我從柏南奇、提姆‧蓋特納（Tim Geithner）、漢克‧鮑爾森（Hank Paulson）、克莉絲汀‧拉加德（Christine Lagarde）、馬里奧‧德拉吉（Mario Draghi），以及特里謝等人的作為，學到非常多關於金融危機管理的寶貴教誨。從那時迄今，我時時刻刻牢記五個教誨。

首先，市場出差錯的時間可能延續到你無力償債為止。在恐慌重挫的狀態下訴諸基本價值觀，無異對牛彈琴，尤其此時民眾早因驚慌失措而對任何理性評估都充耳不聞。這造成許多挑戰。當市場在二〇〇八年秋天崩潰時，各個市場皆因堅持它們的主觀價值，最終害人害己。如果市場永遠是正確的，且市場堅持次貸只值的先前的三分之一，那麼，很多美國與歐洲銀行業者的資產負債表便會達到無力償債的地步，即使多數抵押權人還是繼續正常付款。此時在資本市場上放款給銀行業者的大型機構也會開始進行那類按市值計價（mark-to-market）的計算，而這會接著促使它們抽出資金，並導致原本的流動性問題在一夜之間轉變成償債能力問題。

第二，「希望」不能當作策略，另外，引用蓋特納的說法，**「任何計劃都比沒計劃好。」**實際執行的計劃才是最好的計劃。為求慎重而執著搜尋最佳計劃、不明快採取行動，絕對會傷害福祉。

在英國脫歐公投之前，我們曾在英格蘭銀行應用這個教誨。由於市場訂價顯示「留歐」是最可能的結果，所以，我們的任務非常清楚：做好因

應相反結果的準備。在投票前幾週，我們研擬了一份長達數百頁的劇本，裡頭列出許多應對各種不同市場情境的措施；我們就每個可能發生的差錯進行預演，也演練了有助於緩和風險的可能作為。我們承認，我們不可能預見每一個或有情境，所以，為求整個方案的成效，我們要求銀行業者向英格蘭銀行進行事前部位抵押（pre-position collateral）。這讓我們得以向銀行業者貸放總額不高於兩千五百億英鎊的資金，相當於銀行業者在前一年度對企業與家庭的總放款的四倍以上。在「脫歐」投票結果出爐的隔天早晨，首相隨即辭職，英鎊重挫，市場承受著極大的壓力；儘管如此，我還是順利代表英格蘭銀行發表了一則簡單的聲明：「我們已做好因應這個結果的準備。」當我們大手筆以兩千五百億英鎊支持這個公投結果，市場隨即感受到我們的決心，並因此趨於穩定。

第三，清楚、頻繁且誠實地溝通。說謊無法幫助你擺脫危機，因為真相總有大白的一天。在八月那通電話後令人痛心的十八個月間，聯準會主席柏南奇總是會在聯準會採取任何大型原創計劃前知會我，以免聯準會的行動讓我們措手不及，並順便看看是否還有機會協調出有助益的方案。我深知我們必須直白地向加拿大人說明我們的優勢和弱點。如果只是一味強調優勢，而對弱點隻字不提，沒有人會相信我們所說的一切。

第四，一如「散兵坑裡沒有無神論者」，金融危機裡也不會有自由意志論者（libertarian）。金融危機會粗暴地暴露出市場的極限。我永遠記得，我擔任加拿大中央銀行總裁時，在二〇〇八年春天參加的一場 G7 會議。那天晚上，我們和世界上幾家最大型銀行的執行長在美國財政部華麗的現金廳（Cash Room）共進晚餐。晚宴即將結束之際，雷曼兄弟執行長迪克・傅德（Dick Fuld）來電，希望我們「關閉避險基金」。頓時之間，自由市場就此結束。

短短幾個月內，傲慢、不透明與槓桿等因素的結合，意味即將崩潰的不是只有雷曼兄弟的任何一檔避險基金，該公司本身也岌岌可危。資產擔保商業本票危機爆發一年多後，我又在某個星期天下午接到另一通電話，這一次是柏南奇的來電。他當時任職於紐約聯邦準備銀行（New York Federal Reserve）；美國的主管機關原本試圖透過紐約聯邦準備銀行協調由民間部門拯救雷曼兄弟，但最後功虧一簣。我接電話的時候，我只有兩歲大的女兒正抱著我的腿，她看起來比柏南奇還要心煩意亂——柏南奇總是能在巨大的壓力下顯得沉著鎮定。由於由民間部門出面救市的計劃失敗了，雷曼兄弟即將倒閉，所以，我們討論了隔天應該怎麼做才能幫助市場維持正常的運作。套句蓋特納的說法，那個狀況大概只比「清除飛機跑道上的泡沫」稍微好處理一些。這場崩盤一定會造成傷害，但至少自由市場將得以保有一片天。

　　國會議員巴尼・法蘭克（Barney Frank）事後的譏諷「自由市場的一（片）天」可謂恰如其分，因為它只維持了二十四小時。星期二那天，因雷曼兄弟倒閉而起的大屠殺式行情，促使當局提出一項旨在穩定保險業巨擘美國國際集團（AIG）的公共計劃，因為該集團位於信用衍生性金融商品金字塔的最頂端。短短幾個小時內，每一家大型銀行都承受了巨大的壓力，骨牌即將快速接連倒塌。接下來幾天，我不斷忙著接聽銀行業人員與銀行的投資者打來的電話，他們全都驚慌失措，要求我們做點什麼事。我知道美國主管機關此時已體察到有採取大規模行動的必要，但又不想事先走漏消息，所以，我只好不斷向他們強力聲明加拿大銀行業的優勢——在這場骨牌賽局，長期維持低槓桿且完全避免次貸放款、大型證券化案件、高風險自營交易與深奧難解的衍生性金融商品的加拿大銀行業者，將會是最後倒塌的。所以，我安撫來電者說，除非回到以物易物的時代，否則加

拿大的銀行不會垮。不過，根據我的估計，那一天將在幾個星期內來臨，只是我不能向他們透露這一點。

雷曼兄弟的崩潰，證明了沒有人能在危機爆發之際修復金融體系，尤其這個體系內的網路交互牽連甚深，也就是說，當一家銀行倒閉，連它的競爭者都有可能被拖下水。賴瑞・薩默斯（Larry Summers）在就「道德風險基本教義主義者」（moral hazard fundamentalists）提出警告時評論，「民眾在床上抽菸的可能性，通常不會被用來作為反對設置消防部門的論點之一。（注：道德風險基本教義主義者主張，設置消防部門可能反而會導致民眾仗恃著有人會出面救火而恣意在床上抽菸）」[8] 尤其當傳染（contagion）的可能性存在——也就是說，若因疲倦而在床上抽菸的人所引發的火苗可能迅速蔓延到相鄰的建築物時——就有更強烈的理由澆熄火焰。雷曼兄弟倒閉以及當局接連出手拯救陷入困境的美林證券（Merrill Lynch）與美國國際集團之後，情勢已明顯顯示，那是一場五級警戒的火災。雖然要出面撲滅這場因某些人怠忽職守而起的全球級大規模火災實在令人感到非常不愉快，但這件事不得不為。既然不得不為，那就最好快速出手。

上述種種引領我們進入最後一個和危機管理有關的教誨：**「壓倒性力量」**（*overwhelming force*）的重要性。妄想利用半調子的對策來撲滅金融火災將是徒勞無功的。無論是鮑爾森在二〇〇八年實施的七千五百億美元火箭筒式救助方案，還是德拉吉在數年後的歐元危機最熾之際所發表的「不計一切代價」宣示皆然，若想要有效打擊危機，相關的對策必須大手筆、以機構為本，還得可信。最終來說，只有政府能提供這種壓倒性力量。這就是公共價值觀抬頭的時刻。韌性、責任與團結一致。為了公共利益而採取強硬行動，是重建信心的必要手段。

雷曼兄弟倒閉後那個幾星期，我深深領悟到這一點。當時，加拿大正在進行一場聯邦選舉，保守派的少數黨政府總理史帝文‧哈珀（Stephen Harper）尋求繼續執政。競選活動不巧在危機爆發前幾天展開，事後回顧，那真是糟到無以復加的時機。當時的政府以正面的經濟展望作為選戰的宣傳主軸；在雷曼兄弟倒閉後，這個訴求還勉強相對符合事實，畢竟加拿大的表現應該不會像其他國家那麼糟糕；但一個「有點糟糕」的未來，聽起來實在沒有比「澈澈底底完蛋」的未來更具說服力。加拿大的競選期間相對較短，政府也沒有積極調整他們的宣傳訊息（他們還一度暗示急速下跌的市場是買進機會）。不久後，這個立場便讓很多選民覺得政府似乎對種種亂象漠不關心。

接著，大約在選舉日前十天，我知道世界上某些最大型的金融機構已瀕臨崩潰邊緣。英國政府正積極挹注巨額資金給許多英國銀行業者，並將最大的銀行蘇格蘭皇家銀行（RBS）國有化。我們先後和柏南奇、當時的英格蘭銀行總裁莫文‧金恩（Mervyn King）與特里謝交換意見後，得出一個共識：各國的中央銀行必須採行前所未見的協同降息行動，將利率調降五十個基本點，讓金融體系暫時撐到那個週末，也就是 G7 會議召開之際，屆時我們可能有辦法以壓倒性力量採取行動，阻止自由落體般的市場繼續下跌。我們有清晰且充分的理由採取行動（此時此刻，先進經濟體已確定全面陷入衰退），我卻憂心忡忡。如果加拿大中央銀行的行動戳破了政府對經濟現況的說法，導致政府在選戰中的論點站不住腳該怎麼辦？獨立超然且非關政治的中央銀行所採取的行動，是否可能影響選舉結果？

經過幾番反思，我終於想通：不採取行動才是流於政治化。由於此時金融部門正在內爆，我們必須即刻為金融體系提供流動性。而且，由於全球經濟體系即將停擺，加拿大經濟將需要大規模的提振措施，才能盡可能

保住就業機會。此外，我們得向市場宣示「機長還在飛機上」，讓市場知道主管機關深知情勢有多危急，也會以壓倒性力量來回應這個危急情勢。

所以，那天下午，加拿大中央銀行治理委員會（Bank of Canada Governing Council）達成共識，隔天一早的第一件任務，就是與聯準會、歐洲中央銀行、英國中央銀行、瑞典中央銀行與瑞士國家銀行同步採取緊急降息行動。大約晚間七點，我打電話給加拿大財政部長吉姆・弗拉赫提（Jim Flaherty），他是非常優秀且講求實際的職業政治人物，一年前就是他提名我擔任加拿大中央銀行總裁。我向他說明我們的計劃，他問我，加拿大中央銀行以前是否採取過類似的行動。我回答；「只有在九一一事件後。」電話那頭傳來深深吸一口氣的聲音，接著是一陣漫長的靜默，最後，他說：「祝你好運。」

最後的結果顯示，那次降息對弗拉赫提來說非常幸運，因為他的政黨得到的選票增加了，顯然加拿大人因這項以公共利益為前提的行動而鬆了一口氣。然而，他和我都知道，那個週末的會議需要的不僅僅是好運，因為世界經濟體系正搖搖欲墜。我們需要一個計劃。

建構一個振衰起敝的新體系

幾天後，我們和其他 G7 財政部長與中央銀行總裁再度回到美國財政部的現金廳。週末近在眼前，我們卻還沒擬好計劃。會議開始時，我們只完成了一份既冗長又雜亂的公報稿，稿子的內容以 G7 一貫諱莫如深的語言寫成，說穿了，這份公報稿根本毫無意義可言。我在擔任副手時常常花很多功夫處理這類公報，所以我很清楚內情。那些公報確實有其必要性，但此時此刻，我們需要的卻不是那一份公報。

我對照了一下我在那場會議所做的筆記，以及我在那個時期所做的筆記，我發現，干預的範圍和與干預有關的辯論似乎逐年增加。我個人認為，那場會議「完整、坦率且焦點明確」。在那場會議上，主張「市場過度反應並將自我平衡」的論點已經被粉碎。德國財政部長皮耶・史坦布律克（Peer Steinbrück）表示，那個星期他在前東德遇見一名婦女，對方告訴他，「她之前見證了共產主義的垮台，而如今她正見證著資本主義的垮台。」我們告訴在場碩果僅存的少數道德風險基本教義派主義者，一旦我們啟動改革，將這個體系改革到即使大型銀行倒閉也不會拖垮經濟體系的局面，他們自然會有翻身的一天。於是，會議上的焦點轉向此時唯一重要的事：挽救殘存的金融體系，以免經濟陷入蕭條。

　　那場會議達成的共識之一，就是政府與中央銀行將在必要時，明確地為銀行體系的流動性與資本提供最終擔保。我們捨棄了原先那份公報草稿，重擬一份簡潔有力的五點聲明。我們已經有一個以壓倒性力量為本的計劃，而且我們將會清楚傳達這份計劃。最後，我們應用了所有的危機管理教誨。

　　會後，當我走下美國財政部的階梯時，我突然想起我還在擔任財政部副部長時參加的第一場 G7 會議，當時我非常榮幸，坐在聯準會主席艾倫・葛林斯潘（Alan Greenspan）身旁。那時，《華盛頓共識》還掌握著至高無上的支配力量，當局者堅信自由市場、自由貿易、浮動匯率與自由化資本流動等將促進全球的繁榮。G20 是一個旨在透過外交，促進所有成員國了解並認同這些全球化支柱的年輕論壇。有一度，它確實有達到目的。市場獲得解放，全球經濟變得愈來愈整合；數以億計的民眾脫離貧窮，全球各國之間的不平等程度也開始降低。葛林斯潘遠比多數人更早了解到全球化與技術如何造就了美國的生產力榮景，而且，他也精準預測到這些動

力將產生反通貨膨脹的效果。那確實是一個全新的世代，不過，全新世代在帶來機會的同時，也衍生出各種風險。

在快速全球化的同時，各經濟體內部與各經濟體之間的失衡開始擴大。全球各國之間的不平等程度雖然降低，但很多先進經濟體內部的不平等程度卻惡化了。美國變得高度依賴外國貸款來支應消費者的支出與房市榮景。解決這些弱點的時間與機會有限。到了二〇〇五年，多數金融壓力指標都已達到黃燈警戒狀態，但當局都只採取有限的應對作為。

當局疏於應對的原因倒不是因為聯準會主席本人是一位被漫畫醜化的市場基本教義主義者。葛林斯潘異常通曉金融週期的本質，早在一九九〇年代，他便已看出股票市場存在不理性繁榮的證據，此外，他也曾在二〇〇五年描述，債券市場上存在一個「謎題」（conundrum）——當時較長期的債券殖利率並未隨著幾次升息政策而走高。不過，儘管他體察到市場可能過度反應與反應不足，他也認為主管機關可能無法充分肯定地辨識出這些過度反應或反應不足的個案，遑論採取應有的行動。此外，葛林斯潘認為，出手壓制看似即將生成的潛在泡沫，成效可能會相對不彰，不如等泡沫破滅再加以「清理」會更有效率。總之，他成功壓制了主張「擴大監理」的論點，並阻擋了和衍生性金融商品市場（也就是拖垮雷曼的市場，當時正快速擴張）機制有關的幾項重大改善措施。他兩度拒絕由聯準會來承擔監督美國大型政府資助企業（Government Sponsored Enterprises，簡稱GSE，例如房利美〔Fanny Mae〕與房地美〔Freddy Mac〕）的責任，後來，這些企業愈來愈肆無忌憚的行徑最終引爆了美國房市泡沫。另外，他也一心指望靠金融市場參與者的自利心來約束不節制的風險承擔行為。

但最終市場參與者帶給他苦澀的失望。二〇〇八年十月二十三日，葛林斯潘在那場著名的國會證詞中，正式承認自己的過失：「我們這些指望

主要機構的自利心來保護股東權益的人——尤其是我本人——感到極度震驚且難以置信。」他繼續表示，他向來主張諸如信用違約交換等某些複雜的交易工具無須監督，但那是「局部」錯誤的立場。當時的委員會主席問他：「你發現你的世界觀、你的意識型態不正確，行不通嗎？」格林斯潘回答：「一言不差」，並接著補充：「知道嗎，這正是讓我感到震驚的理由，因為我有長達四十年以上的親身體驗與更可觀的證據足夠證明它過去的成效真的非常好。」

誠如葛林斯潘的傳記作家賽巴斯提恩・馬拉比（Sebastian Mallaby）所言，葛林斯潘是「**知情者**」（The Man Who Knew），他比多數人更理解市場理性的極限。正因如此，他才會在一九八七年股市崩盤乃至九一一事件等重大金融與經濟衝擊爆發後，強力出手干預。不過，他也對監理抱持相等程度的懷疑，所以，他並沒有為了提升韌性而出手干預。另外，他也不偏好利用貨幣政策或其他政策來解決系統風險上升的問題。他認為，在一九九〇年代末期亞洲金融危機過後組成的 G20 是一個有效的論壇，因為它能幫助世人普遍了解作為開放全球市場基礎的方法。

不過，當我趕著去參加一場倉促召開的 G20 會議時，我便了解到，葛林斯潘偏好的那類輕度監理與自由放任思維已死。由於當時新興世界經濟體也被先進經濟體金融體系的內爆波及，所以，我們有必要達成新的共識。

當時 G20 財政部長與中央銀行官員為了幫 G7 的決策背書（G7 將為它們的金融體系提供最後擔保的決策），十萬火急聚集在一間大會議廳裡開會。財政部長鮑爾森和柏南奇主席坐在主位，兩人中間隔了一張空椅子。稍早，特里謝發表談話的時候，整個會議室開始變得有點吵雜，這時，我轉頭看到小布希（George W. Bush）總統大步走進會議室，就位坐

下，開始聆聽其他人的談話。巴西財政部長曼特加（Mantega，他曾猛烈批評美國處理雷曼兄弟的方式）是下一位預定發表談話的官員。他提議跳過他，主要原因是他的英文不夠好。但總統回答：「不，請繼續。」「我的英文更糟。」他這一番話緩解了場上的緊張氣氛。

當布希總統對著我們演說時，我發現他的英文一點也不差，他的談話非常精彩；他承認美國犯下的錯誤，並誓言導正一切：他承諾強化美國銀行體系，進而開口請我們出手協助。他強調：「我們需要你們也一起做後盾。團結力量大。」謙卑、責任、韌性、決心、團結一致。會場上的他表現出一個接一個正確的價值觀，從當時的情況明顯可看出，在他結束演說的那一刻，他已贏得所有與會人士的支持。

這一席演說讓我放下心中的大石頭，當我和一名遠比我資深、且遠比我有智慧的同儕德拉吉一同步出會場時，我告訴他，小布希總統應對這場會議的方式讓我深受感動。德拉吉則向我描述了他在一九九○年代初期和戈巴契夫會面的某個情景，當時蘇聯請求 G7 為它提供經濟改革上的建議。

那時的德拉吉還只是 G7 的財政部副部長之一，他看著這位蘇聯總書記，心裡想著：「那樣一位大人物幹麼跟我這樣的人開會？看來這些蘇聯人的問題可能比我想像的還要大。」他接著說：「馬克，你知道嗎？我現在的想法和當時一模一樣，只不過，蘇聯人變成了美國人。」

就在那一刻，這個世界已經從 G1 變成 G0（注：指國際上缺乏領袖、各自為政的狀況）。全球體系有可能在沒有任何霸權的狀態下倖存嗎？只有重新發現它的價值觀，才有可能。

第八章
打造一個更簡單、更安全且更公平的金融體系

　　G20 和小布希總統開過會後，被賦予領導全球金融體系改革的權力。G20 的目標不僅是要解決引發危機的導因，也要讓金融體系變得更單純、更安全且更公平。G20 責成一個稱為金融穩定局（Financial Stability Board，簡稱 FSB）的新單位來承擔這個重責大任，並規定它直接向 G20 領袖報告，換言之，各國領袖將提供它必要的政治後盾。我非常榮幸在金融穩定局第一任主席德拉吉卸任後，協助領導這項事務。在推動相關的工作時，我們很清楚我們的要務：重新平衡銀行業者和市場之間、市場與政府之間，以及經濟資本與社會資本之間的關係。

　　雖然這個新方法的很多要素和專業技術層面有關，我們卻無法從任何公式裡找到完美的變革方式。那些必要變革遠遠超出經濟學家的傳統直覺，畢竟經濟學家原本就因「物理嫉妒」（physics envy，注：由於經濟領域的事務難以像物理學那樣用簡單的定律來分析與處理，因此衍生了這個用語）而頭痛不已──我們妄想找到簡潔的經濟學方程式，並渴望取得經濟學的確定性模型（deterministic systems），但這樣的渴望難免造成更

大的失望，因為經濟學不是確定性的。民眾也不盡然永遠保持理性。人類的創造力、脆弱性、熱情充沛與悲觀，都是促使經濟與金融週期形成的貢獻因素。

誠如偉大的物理學家牛頓爵士曾悲嘆的：「我有能力計算天體的運動，卻無力計算民眾的瘋狂。」牛頓在投資南海公司（South Sea Company）失利、損失慘重後發表了這一番悲憤的言論（精確來說，牛頓之所以虧本，是因為他投入的是一場不合常理的投機泡沫）。[1] 在歷史上，曾經歷過牛頓那種處境的人可謂比比皆是。某些最初看起來合乎基本創新概念的事物，最終往往被推向荒誕不經的極端水準，原本的信念轉化為瘋狂崇拜，動能處處可見。價值與基本面脫鉤，一切都變得相對。最後，泡沫終於破滅，並帶來嚴峻的財務後果。

全球金融危機爆發前的情況也一樣。新千禧年剛展開那十年間的新世代思維，原本也是奠基於一些真正能推進經濟繁榮的力量，包括全球整合與技術創新等。金融創新提高了金融普惠程度，而且，這些創新還備降低風險的潛力——如果應用得當的話。不過，最初的成就孕育了自滿的種子。

世人對市場的堅定信仰最終支配了一切，民眾一天比一天更漠視金融體系的風險。所謂的宇宙主宰鮮少關注他們的行動將在長遠的未來造成什麼後果。果不其然，「未來」轟轟烈烈打了他們一個耳光：經濟體系由「大穩定」的局面急轉直下，變成「大衰退」，從欣欣向榮變成破敗衰頹，從信心滿滿變成滿腹猜疑。

相關的後果非常嚴重，包括：

失落的十年。自從北岩銀行倒閉，英國的實質家庭所得整整十年完全沒有成長（請見圖 8.1）。這是馬克思在大英圖書館完成《共產黨宣言》

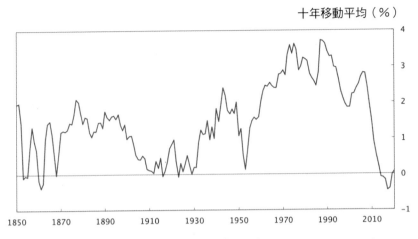

十年移動平均（％）

圖 8.1　英國實質工資變化，一八五〇年至二〇一五年

草稿以來最糟糕的經濟表現。對照之下，當今會有這樣的政治發展，或許就不那麼令人感到意外了。

　　全球經濟體系愈來愈支離破碎。第三波全球化隨著這場金融危機的發生盛極而衰。在那之前的十年間，貿易與跨國資本流動的年度成長率，分別為每年八％與二〇％。但經濟崩潰後，貿易成長率縮減至二％（二〇一九 COVID-19 爆發前），跨國資本流動則是至今尚未恢復到危機爆發前的水準。在危機剛過的那幾年，G20 還算能「阻止保護主義」（沿用 G20 公報上的用語），[2] 不過，隨著經濟困境變得更加嚴峻，貿易限制措施開始倍增，最顯而易見的就是美國和中國之間爆發的貿易戰。COVID-19 危機所造成的限制至少會讓這些趨勢更加難以扭轉，甚至可能對這些趨勢造成火上加油的效果。

　　對權貴階級愈來愈不信任。這場金融危機無疑是導致民眾對專家的信任嚴重崩盤的主要原因之一。[3] 畢竟一個受多數經濟學家與政策制定

者、乃至**所有**銀行從業人員歌頌的金融體系，就這麼硬生生地垮在一般民眾的頭上，其中某些民眾甚至迄今仍深受相關後果所苦。從伊莉莎白女王到所有民眾，人人都想知道：「為何沒有人注意到危機的到來？」[4] 根據三十三位卓越經濟學家聯名上呈女王陛下的一封信件所指，這個問題的答案是「很多明智之士——包括英國與國際上的卓越人士——集體想像力失敗，以致無法理解這整個體系所面臨的風險。」[5]

我已在前一章概述了那些專家所忽略的關鍵潛在問題。過多債務；過度依賴市場取得流動性；衍生性金融商品市場錯綜複雜到極度詭異；巨大的監理套利（regulatory arbitrage），在這當中，諸如資產擔保商業本票工具等機構實質上從事銀行業務卻又不受安全網保障；以及銀行業者與其模仿者之間廣泛可見的誘因錯置問題（misaligned incentives）。

不過，這場金融危機還有更深層的導因。這既是一場價值危機，也是一場價值觀危機。從積極面來看，進入這個千禧年前後的那些金融創新，最初是為了提高金融普惠而設計，而且，一開始的確也有實現這個宗旨。例如，美國的住宅所有權巨幅增加，且有一段時間，槓桿的快速擴大也的確促使經濟更強勁成長、變得更有活力。但事後證明，其中多數成長是短命的成長，因為在整個發展過程中，金融業偏離了它的核心價值觀：公平、誠信、審慎與負責。

金融穩定局與激烈的金融改革

那個決定命運的週末（小布希總統在華盛頓對各國財政部長與中央銀行總裁發表談話的那個週末）之後幾年間，G20 推行了一個包含多項激烈改革的計劃。如今，全球金融體系已因這些改革變得更安全、更單純且更

公平。若非二〇〇八年危機後的嚴峻經濟與金融挑戰逼得各國群起採取聯合行動，這些倡議不可能有落實的一天。誠如我們所見，各國共同組成了一個新實體——金融穩定局——並命令它修復先前導致危機爆發的種種潛在問題。金融穩定局匯集了世界各主要經濟體的中央銀行、證券監理機關與財政部門首長，主要標準設定機關的首長亦然。

在幹練且活力充沛的德拉吉帶領下，金融穩定局的影響堪稱立竿見影，它已塑造了一個更有韌性的全球金融體系。在接下來十年間，金融穩定局共研擬了涵蓋超過一百項改革的完整計劃。到我接任德拉吉擔任該局主席之際，我以他為榜樣，也領悟到在一個 G0 的世界，多邊主義需要什麼樣的條件才能取得成就。

首先，它必須設定明確的使命，並有堅實的政治後盾支持。G20 領袖在匹茲堡賦予金融穩定局的責任，就是辨識與解決可能危及全球金融穩定的風險。這項使命看似簡單，其實非常困難。不過，一年一度的高峰會週期以及 G20 領袖與大眾的嚴密監督，讓金融穩定局得以聚焦在成果上。金融穩定局樂於接受這種受到謹慎限制的授權。它研擬了許多建議案，但這些建議案必須先經過 G20 的背書，才能提交給各國，並由各個國家自由選擇是否要實施這些方案。

第二，找到適合的人選。金融穩定局並非大型的國際文官機構。它的秘書處只有三十個人。金融穩定局的優勢在於它的組成成員：由各國中央銀行、監理機關、財政部與標準設定機關的成員所組成。這些成員基於共同目標意識，為金融穩定局提供他們的專業知識，並密切合作，期許能為共同的問題找出全球性的解方。

第三，金融穩定局研擬改革方案的過程，建立了一種灌輸自主權的共識。在金融穩定局內部取得共識的標準，並不會對任何一個成員國的司法

管轄區產生直接的效力。畢竟一般人對全球化的某些不信任，源自丹尼·羅德里克（Dani Rodrik）所創的「三難選擇」（impossible trinity，又譯為三元三合一悖論）一詞，即經濟整合、民主政治與國家主權之間的「三難」。[6] 不同國家在進行商品、勞務與資本的貿易時，勢必要採用共同的規則與標準，但那些規則的採納卻形同割讓國家主權，充其量也是採共同主權。所以，為了維持正當性，商定這些標準的流程必須以民主當責為基礎。

金融穩定局的商議流程兼顧了這三難。即使每一個人都落實某一項改革會對所有國家有利（因為金融危機會輕易滲透國家疆界的限制），我們也不強迫任何一個國家落實那一項新改革。不過，經由共同分析與建立共識等來研擬新措施的那個過程，為各項新改革灌輸了自主權，最終也多半能及時促使相關的改革獲得國家層級的全面落實。

金融圈的三大謊言

全面性的金融改革計劃是要打造一個能同時在時機惡劣與良好的階段為家庭與企業效勞的金融體系。在 COVID-19 危機期間，金融部門的優異表現就是一個貼切的例子。儘管這段時間經濟體系所遭受到的衝擊不亞於大蕭條，但這一次，金融部門卻成了解決方案之一，而非問題的導因。如果這項金融改革計劃的精神得以維繫，便可貫徹有助於深化金融普惠、更妥善滿足人口老化需求，且為整個世界轉型為低碳經濟體的歷程提供部分資金等進一步的變革。

但若政策制定者與金融家自滿於這段時間的成就而不求精進，上述種種收獲終將得而復失。金融歷史上太常出現似曾相識的景象，對公民造成

巨大的代價。就像我先前提到的，八百年的經濟史告訴我們，金融危機幾乎每十年就會爆發一次，這樣的頻率某種程度上反映了金融機構的記憶有多麼短暫。崩潰時期所留下的痛苦教誨，總是隨著「新世代」黎明的到來與金融週期的再次展開而被遺忘。

某大型銀行的執行長曾告訴他女兒，金融危機「每隔五至七年就會發生一次」。[7]人類費盡心思學習金融危機的一切，並試圖改善金融危機的發生頻率與後果——說起來，人類對這個領域投入的努力，遠遠超過其他領域。另外，我們根本不可能容忍任何其他行業發生這種令人厭倦的宿命。金融圈這種令人沮喪的「審慎→信心→自滿→陶醉→絕望」週期，貼切反映出金融圈三大謊言的力量有多麼強大，這三個謊言分別為：這次不一樣、市場永遠能出清（markets always clear，注：指市場價格的靈活波動能使供需趨向平衡）、市場是有道德的。為了破解這三個謊言的魅惑力，我們必須強化根本加值觀，好敦促金融體系扮演好它為社會效勞的角色，而非作為社會的主宰。

我們先來討論第一個謊言，這個謊言堪稱世界上代價最高的五個字：「這次不一樣」。[8]

這個錯誤的觀念往往在獲得初期成就之後產生，因為早期的成功進展會日積月累，形成一股盲目的堅定信仰，使人認定「繁榮得來全不費功夫」的新世代已經來臨。舉個例子，一九七〇年代與一九八〇年代的不穩定高通貨膨脹、失業率高漲與經濟成長起伏不定等問題，終究是靠著一場激烈的總體經濟政策革命才得以解決的。

我們在第四章曾談過，當時的停滯性通膨是靠民主當責且高度有效率的新貨幣穩定體制才獲得解決。明確的職權；當責的國會；優質的治理；獨立、透明且有效率的政策制定等等。這些都是當時的偉大成就，而這些

成就的價值迄今仍歷久彌新。

不過，這些創新並未能實現永久的總體經濟穩定，事實上，我們離長久穩定還遠得很。物價穩定無法確保金融穩定。一開始健全的焦點，後來漸漸變成了令人分心的危險事務。在所謂「大穩定」的平靜背景下，一場風暴正隨著 G7 非金融債務總增加金額達到其 GDP 的總規模而醞釀著。

驅動這個債務超級週期的因素有幾個，包括人口統計學問題，以及中產階級實質工資停滯的問題（這個問題本身就是技術與全球化的產物）。以美國來說，家庭必須貸款才有能力增加消費。「何不食肉糜」變成了「何不食信用」。[9] 金融創新讓人更有辦法擴大信用的使用，而充足的外國資本供給也讓信用變得更加便宜。最重要的是——這就是第一個謊言——個人與機構的自滿（因長時間的總體經濟穩定與上漲的資產價格而產生的自滿），讓這種義無反顧的舉債行為看似合乎常理。[10]

誠如經濟學家明斯基（一個在世時默默無聞的先知）所述，這個週期通常始於一個基本上正面的發展，例如一個新市場，或是新技術受到廣泛應用。隨之而來的繁榮與總體經濟穩定期，會促使貸款人與放款人對未來做出愈來愈樂觀的假設，例如「房價只會漲不會跌」或「金融創新已使風險降低」之類的假設。於是，債務與資產價格將持續上漲，並一度互相提攜、彼此強化。

等到經濟情勢終於反轉，因債務累積而發生的弱點才被攤在陽光下。當世人終於體察到這些弱點的存在，放款人便會急忙修正他們對未來的期望，並縮減放款——這就是所謂的「明斯基時刻」（Minsky moment）。此時，貸款人會減少支出，更極端一點的則是會違約不償債。而這些反應會導致經濟陷入更深且更漫長的衰退。

當這場危機爆發，政策制定者迅速揚棄「大穩定」時期盛行的觀點，

爭先恐後搶著重新記取大蕭條的教誨。於是，明斯基的觀點蔚為主流。[11]「大穩定」的新世代思想奠基於對市場根深柢固的信仰。一如托馬索在杜拜那個會議室裡所預見的，在大穩定期，主管機關被「金融業能自發性自我調節與修正」的迷思俘虜，放棄了他們監理與監督的責任。

第二個謊言是相信「市場永遠能出清」，換句話說，即相信所有交易商品的供給永遠等於它的需求，且市場會處於一個永遠不會有超額供給或需求的「正確價格」水準。認定市場永遠能出清的信念會產生兩個危險的後果。第一個後果是，認定市場永遠能出清的人，可能會假設市場永遠處於均衡狀態——換言之，他們假設市場「將永遠正確」。而如果一個人假設市場是有效率的，他就不可能發現泡沫的存在，當然也就不可能出手處理泡沫的潛在導因。第二個後果是，如果市場永遠能出清，市場應該具備一種天然的穩定性。在這個情況下，唯有市場表現得扭曲或不完美，才能證明市場不能永遠出清。[12]那種思想是導致政策制定者在實務上對這場危機爆發前的房市與信用熱潮漠不關心的主要原因。

鑑於商品與勞動力市場上充斥著大量不均衡的證據，所以那種天真的想法著實令人震驚。商品市場上「處處可見呆滯景象」。若放任不管，經濟體系可能長期維持高於或低於潛力的運作，導致通貨膨脹無謂上升或無謂降低。但根據這個謊言，效率市場動力「應該」會促成使需求正好等於經濟潛力的價格變動，從而使通貨膨脹成為一種純粹的貨幣現象。

勞動力市場上則「處處可見剛性（rigidity）」。勞動力需求不足的時期有可能長期延續，換言之，勞動力市場並不會為了促使勞動力需求等於勞動力供給而流暢地進行調整，因此，大量短期失業與長期失業的狀態可能長期無法改善。但根據這個謊言，效率市場動力「應該」要能促進工資調整，確保充分就業狀態永遠得以維繫，從而消除這些不均衡。貨幣政策不

僅是對這些剛性的一種回應，更是因為這些剛性才會存在。

多數的金融創新源自一個邏輯：解決市場失靈的方案，就是在舊市場之上建立新市場。[13] 亦即企圖透過無限迴歸來求取進步。

在「大穩定」時期，這個觀點成為金融從業人員與政策制定者的組織原則（organizing principle）之一。政策制定者為了追求一個由眾多完全市場（complete markets，亞洛與傑拉德‧德布魯〔Gérard Debreu〕最初將之描述為抽象理論）組成的完美現實世界而施行輕度監理計劃。這個完美的世界是由一個自利的原子主體（atomistic agents）組成的，是一個條理清晰的世界，生活在當中的原子主體會冷靜計算這個世界未來所有可能狀態的發生機率，並彼此簽訂與交易契約，且所有活動都會在零摩擦的狀態下獲得強制執行，最終使所有人都實現互惠的結果——事實上是社會最佳結果。[14]

當然，只有在教科書裡，市場才能完全清算。在現實生活中，誠如牛頓透過虧損而領悟到的教誨，民眾是不理性的，經濟體系也不完美。當那種不完美狀態存在，加上市場進來窮攪和，有時候可能只會讓事情變得更糟糕。

舉合成信用衍生性金融商品為例。這種商品理應經由對違約風險的保障而使市場變完美，從而改善資本的訂價與配置——一種看似以分散風險的金融煉金術（將風險加以切割並配置給最想要承擔風險的人）。[15] 然而，危機爆發前，金融體系所採用的風險分散方式，卻只能偶爾且不透明地分散風險，最終反而使風險提高。等到危機爆發，資產擔保商業本票、證券化與信用衍生性金融商品的市場全部頓時失靈，風險也快速集中到中介機構的資產負債表，問題是，這些機構本身的資本是有限的。然而，由於貸款人與放款人的命運經由過度全球化的銀行業者與市場連結在一起，

因此，在核心位置爆發的問題遂猛烈且迅速地擴散到外圍位置。

金融業不變的真理之一，就是一項資產的風險性取決於這項資產的持有人是誰。一旦市場無法出清，參與其中的主體可能才終於驚覺，原來自己持有了不該持有的商品，而且還持有那麼久。等到大量參與主體突然產生這個驚覺時（或是有人認為有大量主體產生這個驚覺時），恐慌便會隨之而來。

危機爆發前採用的方法在實務面遇到的問題，不僅包括完全市場不可能存在。即使市場能被變得完美，大自然本身也是不可知的。牛頓力學（Newtonian mechanics）在次原子（subatomic）的層次上失敗了，世人直至今日都還在尋覓適用於所有重要事務的大統一理論（grand unifying theory）。記得嗎，在亞洛－德布魯的世界裡，民眾必須有能力計算每一個可能情境的發生機率。唯有如此，那些民眾才能交易合約，並互相保險，以免除各自不想承擔的風險。

即使是片刻的省思，都能看出這些假設和現實世界對照之下有多麼荒謬。就算只是試著描述所有可能的結果，往往就已遠遠超過凡人的能力所及，遑論為那些可能的結果指定主觀判定的或然率。這是實實在在的不確定性，而非風險，法蘭克·奈特（Frank Knight）早在一九二〇年代就區隔了不確定性與風險的差異。[16] 而這意味著市場結果其實是受個人在不懂裝懂的情況下所做的選擇影響。[17]

因市場結果而產生的情緒起伏——時而低潮悲觀，時而生氣勃勃——不僅僅是反映大自然的機率，更反映了我們對那些機率的評估，而我們的評估難免會受人類行為扭曲。凱因斯在他的《通論》（General Theory）中，省思理性主體如何探討一場假設性的選美競賽：從一百張照片中選出最美臉孔的競賽。他認為，致勝策略是：

不是選擇個人判斷最美的〔臉孔〕，甚至不是一般人真心認為最漂亮的臉孔。我們已達到第三個層次，我們竭盡我們的聰明才智，預測一般人會預期一般人將抱持什麼看法。而我相信，某些人已在進行第四、第五與更高層次的思考。[18]

凱因斯本身也是個成功的投機者，他主張，類似的行為也對金融市場產生了影響。畢竟在金融市場上，民眾並不是根據自己對股票基本價值的推估來為股票定價，而是根據他們認為其他每一個人對股票價值的觀點（即其他每一個人對那個價值的平均評估數值）來為股票定價。福利的CDO2。而在明斯基週期（Minsky cycle）裡，市場評價有可能嚴重偏離基本價值。

桑思汀的社會運動相關著作，有助於解釋為何（看似）約定成俗的信念，可能因突然的重新評價而改變。有相當可觀的證據顯示，社會規範的變化經常是突然發生的——例如報導中對同性婚姻或甚至政治性革命的態度。

桑思汀發現了幾個能解釋這個現象的要素，包括偏好竄改（preference falsification）——即我們願意在公開場合表達違心之論的那種偏好；以及相互依賴（interdependencies）——即我們願意說或願意做的事取決於他人。這些特性代表一旦情勢成熟，就可能快速達到新意見的臨界質量（critical mass），有時候，那甚至會衍生令人不愉快的結果。金融市場也有這樣的狀況。隨著明斯基週期持續向前推進，價值會變得愈來愈相對。當股票普遍很貴，民眾就會被動能最強的股票吸引，買進那些股票，並期待有更多傻瓜會在崩盤之前介入那些股票。不過，這種「跑最後被鬼抓」的方法，最終一定會高估一般人對一般人意見的真正想法。

但市場一開始又怎會和價值脫鉤？根據行為科學試驗，如果民眾得知一項全新或新興的社會規範（例如接納素食主義），他們比較有可能會根據那個規範行事。後者可以解釋新世代思維如何會快速興起。凱因斯就曾強調動物本能在促使市場偏離基本價值方面的作用力，他那一番著名評論如下：

即使撇開因投機而起的不穩定不談，還有因人性特質而發生的不穩定，即我們的積極活動——無論是就道德、享樂還是經濟層面的活動而言——有很大的比例取決於本能的樂觀主義，而非取決於數學期望。我們決定從事積極事務的多數決策（其完整後果要很久以後才會浮現）或許只能視為動物本能、一種採取行動而非無為以對的本能衝動結果之一，而不是量化利益乘以量化機率的某個加權平均值的結果。[19]

這些動態不僅可能讓經驗老到的幹練投資人非常苦惱，也可能對不動產抵押貸款的放款人與屋主感到無比折磨，尤其是在「新世代」期間。如果房價真的只會漲不會跌，那麼只要貸款人勇於舉借極大倍數的貸款，就有可能獲得足夠還清未來債務的巨額資本利得。

就是那樣的「理性」行為助長了信用狂歡，最終引爆了這場全球危機。而且，到了最後，由於懷抱「市場永遠正確」的信念，政策制定者遂未能扮演好他們應有的角色——換言之，政府並未為了追求集體的利益而適度節制那些傾向。

第三個謊言——即「市場是有道德的」——也就是將「市場必須履行其承諾」的社會資本視為理所當然。問題是，在金融市場上，手段與目的很容易被混為一談。價值有可能變得抽象且相對，而個人的氣節可能會因群眾的牽引力量而崩潰。

且讓我們舉固定收益、外匯與大宗商品（Fixed Income, Currencies and Commodities，簡稱 FICC）市場為例，一直以來，這些市場都高度依賴非正式的慣例和理解來運作，而且，幾個世紀以來，這些市場也一直遭受不良行為所苦。固定收益、外匯與大宗商品市場標準局（Fixed Income, Currencies and Commodities Markets Standards Board，簡稱 FMSB）全面檢視各種金融不當行為後，發現過去兩百年間屢屢出現一致的欺詐行為。[20] 一八六八年的裸麥原物料商品供給短缺、一九〇〇年的冰短缺、一九五一年的燕麥短缺，以及二〇一〇年的可可短缺等都有異曲同工之妙。在一九三〇年被用來抬高曼哈頓電力供應公司（Manhattan Electrical Supply）銷售價格、所謂的「虛買虛賣」（wash trades）手法，也在二〇一四年被如法炮製，用於泰拉交易所（TeraExchange）的相同目的上。這種為了抬高股票價值而散播謠言的行為歷史上反覆可見，只不過十九世紀的謠言是透過電報傳遞，二十一世紀則是靠社群媒體傳播。技術雖不斷演進，也有一些約束相關行為的法案通過，但那些不當行為骨子裡依舊相同。[21]

這場全球金融危機爆發前不斷反覆發生的不當行為案例（包括倫敦銀行間隔夜拆款利率與外匯市場醜聞），令人質疑我們是否應該給與市場創新與成長所需的社會許可。金融市場參與者蓄意向客戶銷售不當、或甚至欺詐性產品的行徑被拆穿識破。各公司行號的專業人士操縱關鍵利率與外匯交易標竿來支持自家公司所持有的交易部位，相對導致依賴那些標竿維生的散戶與企業客戶虧損數十甚至數百億美元；而在精心策劃這些惡行的聊天室討論記錄中，最令人震驚的內容之一，就是他們極度冷血看待受那些不當行為影響的現實世界企業與家庭。

關鍵的市場（例如債券、外匯與衍生性金融商品市場）不再專業且公開，而是變得非正式且排他。參與者不是為了爭取成就而展開君子般的公

平競爭，而是在網路上串謀勾結。照理說，每個人都應該為他們的行為負起責任，但事實上卻鮮少人被問責。

大規模不當行為傷害了銀行公平且有效運作的能力。在這場危機結束後那十年，全球銀行業者的不當行為所造成的代價已超過三千兩百億美元，這筆資金理當足夠提供五兆美元的放款來支持家庭與企業。[22] 而儘管這個體系仰賴信任才能運作，卻只有二〇％的英國公民認為銀行業者在危機後維持良好的營運，相較之下，一九八〇年代有高達九〇％的公民相信銀行經營良好。[23]

這場危機提醒我們，實在的市場（real markets）並非得來全不費功夫；市場的效能、韌性與公平性有賴優質的市場基礎建設實現，而市場基礎建設包括實體基礎建設（市場本身的結構，如金融市場標竿的設計）和軟性基礎建設（例如管理市場行為的監理規定、準則和文化）。

由於金融市場是為了服務實體經濟體系存在，所以，這些基礎建設必須妥善建立，這一點至關重要。市場為公司行號提供聘僱、投資與擴張所需的財源，從而協助驅動經濟成長並創造就業機會。另外，我們的市場開啟了跨國貿易與投資管道，從而為企業與儲蓄者創造新機會。不僅如此，我們的市場能將風險轉移給最願意且最有能力承擔的人，因此也幫助英國家庭與企業獲得保障，免於受意外事件所傷。

這項活動多半仰賴固定收益、外匯與大宗商品市場來進行，例如公司債市場、商業本票市場、衍生性金融商品市場與外匯市場。這些 FICC 市場確立了家庭、企業與政府的舉債成本，也設定了我們到海外旅遊或購物時所使用的匯率；另外，那些市場也決定了我們的食物及原料成本，同時幫助企業管理因投資、生產與貿易活動而衍生的財務風險。

隨著民眾自行為退休籌資以及為防範各種風險而投保等責任變得愈來

愈沉重，市場對民眾的重要性已愈來愈高。民眾的那些決策是否合宜，將高度取決於 FICC 市場。因此，FICC 市場的良性運作已變得愈來愈攸關重大，而一般認為，那些市場確實維持良性運作。

儘管 FICC 市場可以成為促進繁榮的強大驅動因子，但這些市場也有可能出差錯。如果不善加看管，這些市場往往會流於不穩定、不節制與被濫用。缺乏適當標準或基礎建設的市場，就像沒有建築準則、消防隊或保險的城市。不良的基礎建設讓美國次貸危機的火花點燃了英國市場裡的火藥桶，最終引爆我們一生中截至目前為止最嚴重的一次經濟衰退：

- 不良的「軟性」基礎建設，如鮮少人閱讀、且太多人漠視的行為準則。

- 有弊病的「實體」基礎建設，如幾乎固定不變的萬年利率與匯率標竿；以及

- 資本不足且高度依賴短期集資來源的贏弱銀行形成火藥桶。

各國中央銀行也同樣有這些弱點，由於它們經營的「火災保險系統」定義不清，所以當全球市場被火焰吞噬之際，這個系統絲毫沒有發揮任何建設性。在這場危機爆發之前，各國中央銀行採用的概要方法和 FICC 市場的態度完全一致——FICC 市場的運作長年高度仰賴非正式的準則與理解。那種通權達變的文化非常適合更早的世代，但隨著市場持續創新與成長，事實證明，那樣文化已明顯不足。

最令人困擾的事實是，市場上發生了大量利用那種非正式準則與理解來牟取不當利益的行為。這些情事削弱了大眾對市場的信任，並危及整個系統的穩定性。市場參與者之間的互不信任導致舉債成本上升，並使可用的信用量減少；對市場韌性的信心下滑，壓抑了企業的生產性投資活動。

而在不確定性的籠罩之下，民眾對於換工作或搬家等決策變得猶豫不決。

這些影響絕非微不足道，而且，這些影響的確也導致我們的經濟活力在危機後那幾年明顯降低。[24] 廣泛不信任的心態也造成更深的間接成本。市場本身並不是目的，而是實現全民繁榮與保障的強大手段。因此，市場必須保有社會的法定同意（即某種社會許可）才能獲准運作、創新與成長。這些反覆上演的不當行為場景令每一個人大失所望。所有金融圈人士都有責任共同修復這些問題，無論是公共領域還是民間領域皆然。

所以，這一次並沒有不一樣、市場無法永遠出清，而且我們還是可能因市場的缺德意識而受苦。既然有了這樣的理解，我們又應該採取什麼行動？要如何將這些理解謹記在心？

問題的答案從 G20 大刀闊斧的改革計劃開始。這項計劃旨在打造一個更安全、更單純且更公平的金融體系。這將是一個無論時機良窳，皆能更善加為家庭與企業效勞的金融體系。這個體系將有助於支持更高程度的普惠，並幫助現有的經濟體系轉型為一個淨零碳排的經濟體系。不過，儘管這些有利於市場的改革攸關重大，但還是不夠。

光靠監理規定無法打破一個已運行八個世紀之久的金融榮枯週期。如果我們再次陷入金融圈三大謊言的魔咒，近幾年的進展還是會化為烏有。為了抵擋那些謊言的魅惑，政策制定者與市場參與者必須嚴格自我約束。最終來說，我們必須承認市場的極限，並重新找回對這個體系的責任感。

解決「市場並非永遠都能出清」的後果

截至目前為止，已有一些旨在將市場變得較不複雜且較健全的重大改革問世。那些改革的核心目標是重建實在的市場。實在的市場有韌性、公

平且有效率。那些市場會維護它們的社會許可。實在的市場絕非得來全不費功夫，它們有賴優質的市場基礎建設來維繫。

健全的市場基礎建設是一種公共財，它經常面臨供應不足的危險，尤其最優秀的市場總是持續創新，使得市場基礎建設接應不暇。唯有所有市場參與者（包括公共領域與民間參與者）都切實體認到他們對這整個體系的責任，才有可能克服這項風險。

十年前，櫃臺買賣（over-the-counter，簡稱 OTC）衍生性金融商品多半不受監理，無須申報，且採雙邊結算。雷曼兄弟倒閉後，由於與那類曝險部位有關的不確定性引發恐慌，所以，從那時開始，當局便進行很多改革，使這些市場變得更安全且更透明，特別是藉由交易申報規定與鼓勵櫃臺買賣交易集中結算（central clearing）等改革來達到上述目的。這些作為所實現的成果是，目前有九〇％的新櫃臺買賣單一幣別利率衍生性金融商品已集中在美國結算。另外，全球所有衍生性金融商品交易的抵押品金額共增加了一兆美元。[25]

金融危機後那十年，一系列措施消除了作為金融危機風暴中心的有毒影子銀行形式，像是加拿大的資產擔保商業本票——因為這類影子銀行的資金嚴重錯配、槓桿過高且不透明，並涉及許多帳外安排。其他較具建設性、且以市場為基礎的直接金融形式（包括貨幣市場基金與附買回市場）則必須遵守新政策措施，以降低其風險並增強其利益。

然而，就在先進經濟體舊有的潛在問題獲得解決之際，新興市場經濟體的潛在問題卻惡化了。舉個例子，雖然過去三十年中國的經濟奇蹟的確非凡，但它主要是仰賴債務激增與債務相關的影子銀行業務暴增，才得以實現那樣的過人績效。中國的非銀行金融部門規模已從十年前約為 GDP 的一〇％左右，暴增到目前的超過一〇〇％，這個發展和美國在金融危機

爆發前的狀況異曲同工，因為中國也出現了諸如嚴重期限錯配的帳外工具、附買回融資暴增，以及貸款人與銀行巨額或有負債等現象，幾乎如出一轍。

更廣泛來說，G20各成員國都出現了一個可能事關重大的新弱點。一如往常，這項風險始於一個正面的發展。全球資產管理規模從十年前的大約五十兆美元增長到如今的大約九十兆美元，這個增長幅度幾乎完全等於危機爆發以來各國對新興市場經濟體的新增外國放款總額。這對金融體系而言，是令人欣喜的多元發展。

然而，其中超過三十兆美元的資產是一些向投資者承諾高流動性、卻又把資金投入潛在低流動性標的資產的基金所持有。[26] 這種流動性錯配使能搶在其他人之前贖回的投資者獲得某種優勢，尤其是在緊張時期。這種「先跑先贏的優勢」可能會引發一種破壞穩定的出走潮，不僅是率先發生問題的市場可能會出現這樣的狀況，具類似風險的市場也可能難逃一劫。而若那些基金為因應這種出走潮而暫停接受贖回（這是廣泛可用的工具），問題絕對會變得雪上加霜。

換句話說，那些資產還是以「市場永遠都能出清」的謊言為基礎。

當基金持有較低流動性的資產，且不巧市場情勢又惡化時，率先從開放型基金流出的資金當然會是對基金績效較為敏感的資金。雖然到目前為止，只有特定利基型基金管理公司和較小型的市場可具體見到這些風險，且其影響也獲得控制，但若基金圈持有的較低流動性資產規模持續成長，這些原本專屬利基型基金管理公司與較小型市場的風險，還是有可能演變成系統化風險，因此不得不防。

以市場為基礎的直接金融活動的核心機構也和銀行業者一樣，必須審慎管理它們的槓桿與流動性，尤其是開放型投資基金。當基金的贖回條件

和它持有的某些資產的流動性之間發生錯配，能搶在別人之前贖回的投資人將獲得某種優勢，尤其是在緊張時期。這個問題有可能會演變成系統風險，因為「先跑先贏」的利益可能會引發破壞穩定的出走潮。

為回應這些問題，英格蘭銀行與金融行為監理總署（Financial Conduct Authority，簡稱 FCA）決定，基金資產的流動性必須和基金的贖回條件（請見圖 8.2）更趨一致。具體而言：

- 基金流動性之評估：應以迅速賣出垂直切割部分資產（vertical slice）（註：指等比減碼投資組合內的每一類資產〔無論其流動性高低〕，這種減碼方式不會改變基金的流動性）時必須接受的折價幅度，或是在避免大幅折價的情況下出售那些資產所需的時間長短等，做為評估基金資產之流動性的標準。

- 贖回投資人收到的贖回價格：在具體贖回通知期間內賣出必要百分比的基金資產時不得不接受的折價，必須能翔實反映在贖回投資人應收到的基金單位數價格上；以及

- 贖回通知期間：贖回通知時間應該要反映在不超過特定折價幅度下，賣出必要比例的基金資產所需的時間，而所謂特定折價幅度是指不超過已在贖回投資者收到的價格中反映的折價幅度」。（請見圖 8.3）

在這場危機爆發後那段時間，流動性迅速枯竭，尤其是銀行間同業拆款市場，因為當時手頭有現金的銀行寧可囤積超額的資金，也不願將流動性提供給其他人。同時，各機構為了防範交易對手風險，紛紛提高抵押品評價的折扣（haircut），結果引發了一場「附買回市場擠兌」，最終導致先進經濟體的影子銀行部門崩潰。以歐元區來說，主權債務危機導致上述

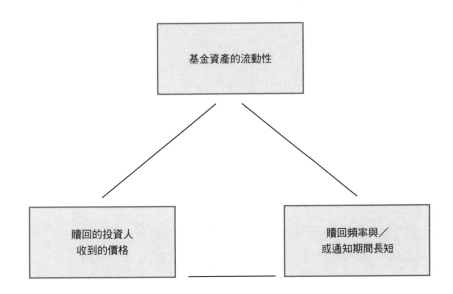

圖 8.2　金融政策委員會的共同基金韌性原則設計

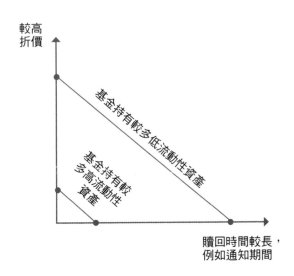

圖 8.3　為降低（投資人）搶先在他人之前贖回的動機
　　　　而需要的折價與通知期間的格式化組合

問題變得雪上加霜，甚至使某些市場的跨國交易完全停擺，轉向個別國家的國內交易。

幸好危機過後，多項全球性改革解決了當初引發這場可恥失敗的潛在問題。新的全球流動性監理標準已就緒，包括流動性保障倍數（Liquidity Coverage Ratio），以及淨穩定資金比率（Net Stable Funding Ratio）。目前的銀行資本標準已將對影子銀行的曝險部位列入考量，包括介入支援風險（step-in risk）以及防止擔保型放款發生明斯基週期的跨週期保證金（through-the-cycle margining）。這些改革正逐漸將銀行業者的營運方法轉變為以流動性管理與提高金融體系整體韌性為主的方法。舉個例子，目前的流動資產——相對可能輕易被擠兌的負債——已達到危機爆發前的十倍以上。[27]

然而，近幾年，從美元附買回市場的波動性，可看出還是有一些摩擦（frictions，注：指金融商品的交易存在一些難度）必須解決。二〇二〇年，這些市場趨於緊繃，但銀行業者並未介入貸放現金，因為它們認為從中獲取利潤的機會，不足以抵銷它們**感知到**的流動性監理規定影響。最終，那些市場因聯準會的公開市場操作而趨於平靜。不過，較長期的附買回利率依舊居高不下，因為交易員認為，未來利率再次出現類似飆升走勢的可能性已經上升，並以行動將這樣的觀點反映在市場價格上。這只是凸顯「市場流動性容易在緊張時期中斷」的更廣泛問題的突發事件之一（包括美國與德國政府公債市場大幅波動）。

解決方案不該是放寬後危機流動性監理規定，因為一遇到問題就放寬監理規定的行為是一種傾向再犯的行為，只要經過足夠的時間，它便可能再次造成過去那種巨大的系統性風險。此外，我們也要強調，這些事件的系統性影響有限。畢竟一項資產的風險性取決於資產的持有人是誰。邊陲

市場中看起來很像「危機」的事件，頂多只會讓投入那些市場的人不好過一小段時間；除非是銀行體系的中心發生讓人不好過一段時日的事，才會對實體經濟造成多災多難的長期影響。

我們在前幾章討論過，幾個世紀以來的發展，使各國中央銀行正式成為銀行業者的最後放款人，這一切都是為了防止暫時的流動性不至於惡化為償債危機。每一位中央銀行官員都會學到白芝浩的名言：「要規避恐慌，中央銀行必須在取得優質抵押品與高利率的條件下，及早且慷慨放款給有償債能力的公司行號。」[28] 要是事情真有那麼簡單就好。

每當中央銀行將白芝浩的建議應用到實務上時，總會遭遇到幾項挑戰。第一個挑戰是，一家企業是否有償債能力，並不是那麼容易判斷，尤其銀行業的龐大槓桿規模，代表如果市場鐵了心要和某個擁有健全資產的機構「作對」，那麼，「市場確實有可能誤判，但銀行的流動性可能撐不到市場認錯」，而對一家銀行來說，保持流動性就等於保持償債能力。

第二個挑戰是：怎樣的抵押品才叫優質抵押品？審慎的中央銀行官員當然永遠希望能取得最高品質資產（例如政府公債）的保障後再放款，但對整個體系來說，這樣的放款稱不上什麼服務；何況，在這場危機期間，情勢清楚顯示，如果中央銀行堅持非得取得最高品質資產的保障後才放款，那麼它便不足以對市場（例如資產擔保證券市場，這些市場對整個體系的正常運作已變得攸關重大）上的流動性產生顯著的連鎖效應。銀行業者往往會將它們取得的流動性囤積起來，而不會為了改善市場的正常運作而將流動性釋放出來。所以這種只服務銀行業者的最後放款人功能，將會愈來愈無法為整個社會效勞。

第三個挑戰是高利率或懲罰性利率本身也可能會引發問題。這種利率的設計旨在避免道德風險，讓銀行不致存有僥倖心理而蓄意維持低流動性

的營運，並假設它們能將流動性管理業務外包（給中央銀行）。然而，若銀行業者以高利率向中央銀行舉債，勢必會留下汙名（那象徵該銀行陷入危難狀態），也進一步代表銀行不可能太早向中央銀行求援；事實上，等到它們終於向中央銀行求援，可能為時已晚。

這和另一個要素密切相關：價值觀抵觸。傳統的中央銀行業務是在幕後進行。緊急放款可能是在心照不宣的情況下祕密進行。但在民主當責的世代，這樣的做法不可能延續，因為那可能會讓大量納稅人的資金變得岌岌可危。不過，資訊揭露又可能引發銀行擠兌的風險——也就是緊急流動性政策所要避免的那種風險。這些因素的交纏，意味目前中央銀行的最後放款人功能幾乎已變得面目全非，難以辨認。目前的重點是向廣泛的交易對手 —— 包括銀行、仲介、經紀商以及中央交易對手（central counterparties，這些單位是衍生性金融商品的中樞）之類的金融市場基礎建設——舉辦公開透明的流動性拍賣會。不過，過去幾年的經驗顯示，交易對手的範圍必須進一步擴大。

附買回市場壓力的根本潛在問題在於，若流動性在各機構或各國之間的分布不對稱，原本看似充足的總流動性也有可能會頓時變得不足。這顯示中央銀行應該提供更多的總流動性，包括藉由擴大中央銀行資產負債表的使用者範圍來提供流動性。

舉個例子，隨著英國脫歐而衍生的潛在風險，促使英格蘭銀行開始每週進行英鎊、美元與歐元標售，以吸收在金融體系浮現的壓力。英格蘭銀行還有一項或有定期附買回工具（contingent term repo facility）可在必要時啟動更高的使用頻率；另外，英格蘭銀行（和歐洲中央銀行一樣）能對願意提供各式各樣抵押品的廣泛交易對手放款。

中央銀行與監理機關也必須明確宣示，它們一定會在必要時使用哪些

現成的流動性工具與緩衝。舉個例子，英格蘭銀行為了再三強調它在日常業務過程中提供流動性的承諾，而對外闡明它的監督期望。英格蘭銀行並不期望公司行號向它證明自家的流動性用途是否合理，也不會預設立場，認定公司行號將在使用英格蘭銀行的工具前，先動用它們自身的緩衝。

提高集中結算程度是進一步改善附買回市場流動性、且就資本而言較有效率的方法；如果較小型的機構也能直接參與，效率將能達到最高。若公司行號能以更全面取向的方式管理內部資本，它們將會變得更加靈活，包括無須應用檯面上的槓桿比率。

有人強烈主張，應要擴大可使用中央銀行工具的使用者範圍，納入諸如資產管理公司等廣泛的金融市場參與者。因為過去十年的經驗顯示，銀行業者未能在緊張時期傳遞足夠的流動性來改善市場的正常運作。這樣的行徑衍生了一種加劇市場擺盪的連鎖效應，而嚴重的市場擺盪可能會促使中央銀行不得不進行更多的非常規干預，包括主要旨在維持金融穩定、而非實現貨幣政策目標的公司債與高收益債等資產收購計劃。

解決「這次不一樣」的後果

如果金融危機與 COVID-19 危機的經驗有帶給我們任何教誨，那就是謙卑。我們無法預料到每一項風險，也無法為每一個或有事故擬訂計劃。不過，我們必須——也能夠——為防範失敗擬訂計劃。也就是說，打造一個能穩健應對已知風險的加劇與「未知的未知風險」（Rumsfeldian unknowns，注：引用美國前國防部長唐納·倫斯斐〔Donald Rumsfeld〕的說法，他將事情分為「已知的已知」、「已知的未知」與「未知的未知」，也就是我們不知道的未知事件）的具體化等情境的反脆弱系統。

就大眾對金融業的信任來說，或許最大的打擊在於：這場危機透露了金融業竟藏有數十家大到不能倒的銀行。十年前，錯綜複雜的大型銀行享受著「正面我贏、反面你輸」的泡沫經營環境。這些銀行在危機爆發之前將利潤放進自己的口袋，但在問題爆發後，卻將虧損推給整個社會承擔。民眾對民間金融業的信心在二○○八年秋天澈底流失，直到隔年官方提供了總額高達十五兆美元的紓困，並由政府為銀行負債提供擔保，且實施特殊中央銀行流動性計劃後，信心才漸漸回穩。

風險和報酬分配的不公不義，直接導致不平等的情勢惡化，但更重要的是，那對金融業命脈之所繫的更廣大社會結構造成了腐蝕效果。若能以完整的市場紀律來取代呼風喚雨的銀行業者所享有的隱性特權，就有可能重建社會資本，進而提升經濟活力。也因如此，我們有必要打造一個反脆弱系統——一個即使遭遇衝擊與失序狀態也能繼續蓬勃發展的系統。此事刻不容緩。

為達那個目的，目前的銀行資本適足規定標準已提高到危機爆發前的十倍。十年前，銀行業者的資本嚴重不足。也因如此，有些銀行在它們的帳外工具崩潰後，槓桿比率急速上升到五十倍以上，相較之下，根據歷史記錄，十五至二十倍槓桿是較為審慎的水準；另外，它們的業務模型錯綜複雜，完全仰賴市場的善意（最終是納稅人的善意）才得以維繫。目前，最大型銀行的資本適足規定已比危機前高了十倍，代表銀行業者共募集到超過一兆五千億美元的資本。另外，為了防範看似不高、但事實證明並非如此的風險，銀行還受一個新槓桿比率所約束。

目前金融體系變得較為單純的部分原因在於，經過十年，銀行業者的營運內容變得沒那麼錯綜複雜，且更專注。過去端賴高槓桿、高風險交易活動與批發市場短期資金融通（wholesale funding）等來維繫的業務策略，

已在業者蓄意營造下漸漸消失。從十年前迄今，交易性資產縮減了一半，銀行間拆款規模也降低了三分之一。總之，銀行對家庭與企業的放款增加，但對同業的放款減少。

為了恢復市場紀律，並終止對公共資金的依賴，G20 的標準有助於確保未來全球系統性銀行業者得以安全地倒閉。銀行業者必須設法讓它們變得更容易清理——具體的作法是簽署「生前遺囑」以及自行重組——才能繼續為家庭和企業服務（即使它們的投資銀行業務遭受嚴重損傷）。最重要的是，銀行業者現在必須持有足夠的債務，如此一來，一旦它們倒閉，接手者才能進行資本重整（recapitalised），以支持最重要的銀行營運活動繼續運轉。這一切的一切所帶來的結果是，市場紀律終於恢復，英國最大型銀行所享受的公共補貼減少了九〇％。目前的體系比以前更公平，因為銀行與銀行經營階層和其他企業與企業經營者一樣，都必須為他們的失敗承擔所有後果。

雖然過去的危機源自金融損失，但在我們這個數位世代，系統性衝擊也可能源自非金融領域，包括網路攻擊。為了改善公司行號的網路防衛能力，英國最大型的銀行目前必須接受網路滲透測試（cyber penetration tests）。與此同時，我們實際上正在為失敗擬訂計劃，包括就「關鍵金融機構遭受網路攻擊後，必須多快恢復必要服務」等設定標準。

宏觀審慎法鼓勵主管機關主動迎接未來的挑戰，而不只是忙著打上一場戰爭。主管機關必須探討「未來有可能發生什麼事？」而不該因「已做好準備面對最有可能發生的問題」而沾沾自喜。宏觀審慎法使當局對女王的疑問做出更務實的回應：在整個系統的每一個角落尋找風險。

宏觀審慎政策存在的理由是要確保金融體系能支持**經濟體系**。宏觀審慎框架是反週期的（countercyclical），它在風險上升之際增進韌性，並在

風險具體成形之後善加利用那個韌性。宏觀審慎政策的具體目標「金融穩定」，在金融不穩定的情況下最容易定義——它是崩潰、動盪、危機與恐慌的相反。金融穩定的積極定義，指的是無論時機好壞，金融體系都能永續提供金融服務，且有信心能在未來遭受衝擊之際，繼續堅定且大致不中斷地提供服務。

要能做到無論時機好壞都為經濟體系提供支持，金融體系必須夠強健，才能在經濟衝擊發生後繼續為家庭與企業提供放款。而若金融體系能做到這一點，代表總體經濟下滑的趨勢不會因無以為繼的債務負擔而惡化。[29]

為實現這些目標，宏觀審慎型主管機關會集中火力處理系統性風險，也就是大到足以明顯衝擊到經濟成長的風險。系統性風險可分為兩大類：景氣循環性風險與結構性風險。景氣循環性風險是指當經濟表現強勢、且民眾變得愈來愈自滿時，金融情勢會漸漸趨向鬆散，且債務會有隨著時間逐漸增加等傾向——最極端的就是典型的明斯基週期。結構性風險則是指不會因景氣循環週期而有所差異的系統性風險。那類風險通常和金融體系內部的交互關連性與集中度有關，但也可能源自金融契約或監理規定的結構。

舉個例子，如果金融機構之間透過衍生性金融商品的連結而形成一個曝險部位網路，那麼，一旦某一家銀行發生問題，就可能引爆一個會影響到整個體系的連鎖反應。另外，如果幾家公司行號都持有相同市場的曝險部位，那個市場的問題就有可能因這些公司行號對那些問題的回應方式而被放大。如果結構脆弱且容易發生跳樓大拍賣的資產在重要的市場中扮演重要的角色，風險也會較高。另外，結構有缺陷的市場基礎建設會導致市場的複雜性與不透明度惡化，並使風險更加難以辨識。

過去十年間，為了解決當年引爆那場危機的潛在問題，各國當局已採

取非常多宏觀審慎政策行動，相關的行動包括提高銀行最低資本適足與緩衝、為銀行業者導入流動性緩衝、降低銀行交互關聯性並改善其可清理性、對不動產抵押貸款承作業務設定目標性限制、改造脆弱的櫃臺買賣衍生性金融商品市場、終結有毒的影子銀行形式，以及建構更有韌性且以市場為基礎的金融體系。

民眾對金融危機代價的切身感受，是促使當局致志改善這個體系，以及這個做法獲得廣大支持的部分原因。

誠如第四章所述，清晰的宏觀審慎政策框架可能有助於打破存在於金融週期當中這條令人憂鬱的自滿曲線、為政策制定者提供指引，並改善一般人對宏觀審慎政策的了解，同時提升這項政策的效能。這個清晰的框架能在民間金融部門內促進自我強化的行為，並改善中央銀行對議會與民眾（民眾是中央銀行效勞的對象）的透明度與當責度。

最終來說，要檢驗宏觀審慎政策的效能，最正確的方法就是觀察金融體系回應衝擊的能力有多強。COVID-19 是我們馬上想像得到的大型檢驗機會之一。這一次，主要的英國銀行業者都通過考驗，而且，它們的韌性為整個金融部門提供了極大的助力，讓它得以為過去看似「未知的未知」風險的具體化做好整備。

這項優勢並非純粹為了建立而建立，而是為了不時之需而預做準備。這樣的審慎態度是有目的的，培養韌性也是有理由的，那個理由正是整合英格蘭銀行貨幣與金融功能的最終目的——即一六九四年的英格蘭銀行章程開宗明義指出的：中央銀行官員的生命意義是要「促進大英王國民眾的利益」。

修復「市場道德」

一系列的醜聞已使民眾開始質疑金融業是否有資格獲得社會許可。金融領域各個小角落的微恙，只能透過由監理措施與澈底文化變革等組成的綜合方案來補救。

導致金融市場道德沉淪的因素很多，包括：外界不了解甚至漠視市場準則，而且那些準則總是缺乏強制力；太多參與者不覺得自己有責任為這個體系負責，也不盡然完全知道他們的行為會帶來什麼後果。於是，惡劣的行為並未受到抑制，漸漸積弊成習。

在周而復始的「醜聞→回應→誠信→淪喪→新醜聞」週期中，不時有各種潛在的解決方案被提出，但那些方案總是非常兩極化，不是主張輕度監理，就是主張全面監理。但這兩個極端都有問題。

輕度監理方案低估了基礎建設對實體市場的重要性，這種監理態度是引發金融危機的直接導因。

但一個仰賴全面監理與大量事後制裁來維繫的體系一樣容易失靈，因為那樣的體系會養成一種呆板遵從法律條文、但不尊重法律精神的文化，也因為在快速變遷的市場上，主管機關的發展永遠慢半拍。

較全面且長治久安的解決方案，是結合公共監理與民間準則，重建個人為自身行為與整個體系負責的當責文化。這類解決方案有三大組成要素：

● 與價值觀一致的薪酬制度。

● 強化高階經營階層的當責文化；以及

● 重新灌輸金融業的職業使命感。

這場危機留給世人的教誨之一，就是根據短期報酬來發放高額紅利的薪酬計劃，將鼓勵個人承擔過高的長期風險與尾端風險（tail risks，注：即極端風險）。總而言之，這種計劃會導致「現在」的價值被高估，「未來」的價值被嚴重低估。

為了讓員工獎勵制度更符合公司——更廣泛來說，符合社會——本身的長期利益，目前英國銀行業、保險業與資產管理業的薪酬規定，將極大比重的薪酬遞延到最長七年以後才能領取。[30]另外，英國還導入一個監理參照系統，解決違反行為與法遵規定者在資訊不揭露的情況下順利轉任其他公司的問題。目前，金融業公司行號依規定必須分享和違反個人行為規定、適格性與適任性評估的相關訊息，也要公布個人後續出席紀律聽證會的結果。也就是說，新雇主將得知那類「滾動的爛蘋果」的所有不堪歷史，並據此自行判斷是否適合錄用那些人。[31]

紅利遞延發放的規定，指的是若員工從事不當行為、失誤、未盡風險管理責任，或財務績效意外低劣等的證據浮現，那些紅利有可能會被沒收。以英國來說，在高階經理人制度（Senior Managers Regime，簡稱SMR）之下，這些條文直接適用於被判定有罪的員工，也適用於原本可合理預期理應有能力辨識與管理風險或不當行為、但未落實這些期望的員工，另外，可合理認定必須負責建立組織文化與策略的高階執行主管，一樣適用這些條文。在績效或風險管理問題普遍存在的領域，可以將紅利調整為對整組員工發放，而非對個人發放。

這些措施能強化個人對其行為之長期後果的責任感，並讓他們更加當責。另外，這些措施也能確立高階經營階層訓練並監督員工表現的責任；這能在組織內部創造一種正當的團結意識。雖然某些人認為，金融部門的紅利是「不節制」的薪酬，但如果有一大部分的薪酬可能會有領不到的風

險，員工就會在看重報酬的同時，也留意相關的風險。薪酬不僅應該取決於發放紅利那一年的年度績效，也應該取決於那一年的關鍵決策將造成的長期結果。舉個例子，倫敦銀行業者的交易員曾向一些空殼公司購買信用保險，而那些空殼公司事後紛紛倒閉，在那個情況下，那些交易員的雇主幾乎不該預先發放現金紅利給他們。在當今的英國，如果員工從事不當行為，雇主可沒收遞延的薪酬（紅利），甚至能追討已發放出去的紅利（在英國，最嚴重個案的追討期限甚至長達十年）。

這樣的時間範圍能讓個人專注於自身行為的較長遠影響。這個方法的這項效用說明了為何我在擔任英格蘭銀行總裁期間，我們反對實施歐洲那種紅利上限規定。雖然某些對金融服務業極高薪酬相當不滿的人可能深受紅利上限政策吸引，但這樣的政策雖能降低績效相關之風險薪酬，卻會產生減弱當責與負責文化，但總薪酬卻不變（某些個案的薪酬反而增加）等邪惡影響。

當然，世界上沒有一個薪酬方案能充分內化個人行為對系統風險的影響，包括外界對這個系統之信任的影響。要維護外界對這個系統的信任，市場參與者必須成為真正的利害關係人。換言之，他們必須承認，他們的行為不僅僅會影響到他們自身的報酬，也會影響到他們所參與的那個體系的正當性。

許多銀行業者已研擬了一些倫理道德準則或是營運信條來因應上述問題，這麼做無可厚非，但由於那些準則或信條都是一些概要的通則，難保某些交易員無法真正理解那些通則的意義。要求交易員在快速波動的貨幣市場上應用亞里斯多德式信條，或許有不切實際之嫌，若是如此，要重建外界對市場的信任，互補的方法之一，是藉助交易員對「真正的市場組成要素」的直觀理解。

為了引導交易員理解「真正的市場組成要素」，我們為 FICC 市場研擬了一套公平、有效率的市場原則。[32]

公平的市場具備以下特質：

1. 擁有清晰、相稱且一致應用的市場作業標準；
2. 使用戶得以核實那些標準是否獲得一致應用的透明度；
3. 提供開放使用（可直接使用，或透過一個公開、競爭且受嚴格監理的中介系統使用）；
4. 允許市場參與者良性競爭；以及
5. 設法讓人相信其參與者將秉持誠信行事。

有效率的市場還具備以下特質：

1. 能允許最終使用者以可預測的方式進行投資、集資、風險移轉與其他交易。
2. 有健全的交易與交易後基礎建設做後盾，讓參與者能取得可用的流動性；
3. 讓市場參與者得以用具競爭力的價格形成、發現，與交易；以及
4. 確保資本與風險的適當配置。

我們從《大憲章》記取一個教誨：設定正確的原則確實有其必要性，但若能提出實務面的例子，讓那些條文躍然紙上，會更加難能可貴。民間部門設計的新準則與標準讓公平市場原則變得更栩栩如生。為重新打造公平且有效率的市場，主管機關已鼓勵市場參與者研擬廣為人知、廣泛獲得遵循的市場作業標準，以及最重要的，這些標準要能跟上市場的發展腳步。重要的例子包括全球外匯準則（Global FX Code）以及民間部門固定

收益、外匯與大宗商品市場標準局所研擬的一系列 FICC 市場準則。[33]

　　當然，沒有人讀、沒有人遵從或沒有人強制執行的準則幾乎毫無用處可言。這時英國高階經理人制度就派上用場了。高階經理人制度以誘因鼓勵公司行號將這些準則列為它們的內建準則，讓那些自願性的準則變得更強大、更有效。高階經理人制度要求公司行號確認其最高階決策者的身分與其職責，藉此重建資歷與當責之間的關係，同時強化個人當責意識，提升集體責任感

　　在高階經理人制度架構下，目前若銀行、保險公司和大型投資公司的最高階決策者未能採取合理步驟（包括訓練或適當監督），預防他們的職責範圍內發生違反監理規定的情事，他們個人就會被追究責任。至於高階經理人採取的行動是否合理，可參考**金融**行為監理總署公開認可的精選自願性守則來判定。而在相關的認證制度之下，公司行號必須每年評估並證明各廣泛領域的風險承擔型員工是否適格與適任。目前已有愈來愈多公司行號採納這個方法，甚至有某些跨國企業也採納了高階經理人制度認證規定的某些項目來強化他們的全球業務。許多司法管轄區（例如香港、澳洲與新加坡）也開始應用高階經理人制度的原則和它的幾項特質。另外，金融穩定局的公司治理工具箱（toolkit on governance）也納入了其中一些要素。[34]

　　適當的薪酬與行為制度是必要的。英國在要求從業人員「重視薪酬的同時也要顧慮風險與行為」方面的成績非常值得稱道，值得其他司法管轄區仿效，尤其是美國。相似地，高階經理人制度包含敦促整個金融體系高階經理人當責與負責的最佳作業模式。不過，最終來說，再多的錢買也不到誠信，它也不是靠監理就能產生。誠信必須發自內心，並以價值觀為基礎。

健全的銀行業文化需要整個產業的永續承諾來維繫。諸如銀行業標準檢查委員會（Banking Standards Review Council，簡稱 BSRC）等倡議的設計，便是旨在藉由促進整個英國產業界的高稱職度與行為標準，從而建立銀行業的職業使命感。銀行業標準檢查委員會的主要目標之一是協助個別銀行業者，透過一個內部與外部的評鑑流程，改善行為與稱職度標準。這需要一個連續改善的流程才能完成，整個過程中必須定期評估文化、稱職度與勞動力發展，以及顧客結果等等。誠如第六章所述，這些價值觀和肌肉一樣，都需要鍛鍊才能變得更堅實。

　　大型金融機構的經營者必須擔負起定義明確的責任，並秉持誠信、誠實與專業的行事態度。另外，這些經營者也應該體認到，他們能發揮支持金融體系價值觀的作用力，因此，他們必須懷抱一種休戚與共的團結意識。

　　所有市場參與者——無論大小——都應該體認到，市場誠信是公平金融資本主義不可或缺的根本要素。當局應設法提升外界對那些市場的誠信的信心，並促進真正的競爭，才能確保最終顧客的需要能獲得適當與有效的服務。

　　我們在第三部將會談到，這個流程的第一步要做到以下事項：公司行號的董事會與高階經營階層必須明確定義其所屬組織的宗旨，並促進整個組織的道德商業文化。員工則必須和客戶及其所屬社區建立堅實且深厚的關係。

　　G20 的改革已創造了一個更強大、更單純且更公平的金融體系。歷經 COVID-19 危機的考驗，事實已證明，這個體系相當有韌性，只要給它一點時間，並讓它繼續為家庭與企業效勞，遲早它會重獲民眾的信任。

　　我們深知不能因目前的成就而志得意滿。金融歷史上似曾相識的事件

層出不窮，我們的公民往往得為此付出巨大的代價。我們必須時時保持警惕，抗拒金融圈的三大謊言，同時鞏固某些核心金融真理。

由於下一次將不會不一樣，所以，主管機關和市場參與者必須試著預測網路乃至加密通貨等事物可能衍生的新風險，並採取先發制人的對策。不過，由於我們無法精準預見每一場衝擊，所以，我們必須維護一個反脆弱的體系，才能解決我們未能體察到的問題。

另外，由於市場不見得永遠都能出清，各國中央銀行必須通權達變、調整它們的最後放款人角色；不過，中央銀行也必須體認到，市場並非永遠正確，且可能超漲或超跌等事實，並處理那些狀況可能造成的後果。

再者，由於市場並非天生有道德，故若不加以看管，市場便可能會扭曲價值並腐蝕價值觀。我們必須竭盡所能透過薪酬、準則與監理規定來促進當責、負責、團結、誠信與審慎等價值觀，同時必須體認到，唯有透過文化與實踐，才有可能澈底培養並實現這些價值觀。

所以，儘管主管機關必須打造硬體與軟體基礎建設來維護市場的正常運作，但這個世界上卻沒有一個簡單的公式能打破周而復始、不斷重複的金融歷史週期。物理學或許有一點幫助，但它救不了金融業。唯有促進一個能要求所有參與者全面實踐社會核心價值觀的系統，才有助於金融業的永續發展。

第九章
COVID-19 危機：
大流行傳染病來襲

　　二〇二〇年二月底，我到利雅德（Riyadh）參加 G20 財政部長與中央銀行總裁會議（可能是我此生最後一次），這場會議在金碧輝煌的艾雅瑪宮（Al Yamamah）內舉行，我們就坐在宮裡華麗的鍍金座椅上。參加這類集會超過十五年後，我對會議的節奏已是瞭若指掌。各國際組織的首長總是憂心忡忡，對時下的種種弱點提出警告，包括失衡的經濟成長、愈來愈嚴重的不平等，以及環境的慢性崩壞等；然而，隨著全球金融危機的記憶逐漸淡化，各國的部長級人物看起來似乎已對那些警告漠不關心。他們愈來愈習慣「照稿演出」──拿著下屬官員草擬的稿子，迅速唸完了事；沒有上台演說的官員更因時差、緊急國內政治事務與對社群媒體的盲目投入等，幾乎沒在認真聽講。

　　然而，那一天的會議有點不尋常。幾位部長級人物以激動的聲調，俐落又強勁地談論一場即將爆發的災難。這些首長不再低頭滑手上的 iPad。會議室裡的每個人對於這場當初被視為僅限於亞洲某些地區發生的冠狀病毒也都相當熟稔，有些人甚至還喊得出它的病毒株名稱──COVID-19。

不過，在場鮮少人做好因應幾週後將在他們國家發生的事態所需的準備，更沒有人想像得到，他們認識的每一個人——這個地球上的每一個人——的職業與個人生活會發生那麼不可思議的轉變。

新加坡和南韓的部長上台說明他們的國家為控制病毒採取了哪些對策，包括檢驗與足跡追蹤法等不久後成為其他與會國家政府欽羨不已的對策。義大利財政部長瓜爾特利（Gualtieri）談到倫巴底（Lombardy）地區因這場疾病而遭受愈來愈嚴重的威脅——幾天後，當地發生的病例與死亡個案急速增加。[1]

雖然談到這個話題，與會的部長級人物變得比較用心聆聽，但預料到接下來會發生什麼事的人少之又少，更沒有人真正做好準備。時至那日，我們知道當時英國和加拿大各有大約二十名病例，美國則有大約六十名。[2] 這三個國家當時幾乎沒有實施任何旅遊限制、[3] 沒有實施本地隔離措施，也沒有囤積維生設備或擴充醫療量能。那些國家甚至告知大眾，這場疾病對他們的威脅性很低。

這場會議上的所見所聞讓我震驚萬分，所以一回到英國，我便打了通電話給全世界最受敬重的流行病學家之一彼得·皮奧特（Peter Piot）。我是在幾年前的一場研討會上認識彼得的，他在那場會議中描述他領導對抗伊波拉（Ebola）病毒的經歷，也談及另一場大流行病正逐漸逼近的威脅。從那時起，我們就維持著某種社交關係，但不是專業上的往來，畢竟儘管英格蘭銀行要承擔非常多責任，卻沒有一項責任和應對大流行傳染病的整備有關。然而，此時此刻，我知道英格蘭銀行將可能是應對這場大流行傳染病所致的經濟與金融後遺症的關鍵環節。由於事件的發展非常快速，我愈來愈擔心，我們可能有必要迅速採取行動——甚至很可能必須在我任期屆滿前的這兩個星期內採取行動——只不過，我的官方說法還是以

安定人心為主軸。

彼得和善、簡潔且極度胸有成竹地回答了我對這項病毒的一些基本疑問，不過，他在談話過程中所表達的明確見解與不祥預感，卻讓我更加不寒而慄。他表示願意和英格蘭銀行的同事分享他的團隊為這個疾病建立的模型，好讓我們能根據他的模型衡量潛在的經濟與金融衝擊，並開始深思該採取什麼樣的政策回應。接下來的幾天，我們的研究結果令人震驚。我們的經濟預測團隊主管傑米‧貝爾（Jamie Bell）向我報告了他們對這場疾病的衝擊所做的幾個重要預測：如果放任不管，任由 COVID-19 朝「群體免疫」（不久後這個說法就變得惡名昭彰）發展，英國將會有二十五萬人不幸身亡。起初，我們有點難以理解預防性措施的經濟影響（包括學校停課與封城）：我們的模型顯示，GDP 有可能在幾週之內重挫一○％（後來，實際的衰退幅度是這個數字的兩倍）。總之，為了維護民眾的生命，我們必須為經濟體系戴上維生設備。

三月初，我們開始擬定應變計劃，希望利用金融部門的力量來支持企業與家庭。我們取消了所有社交集會，並更新了在家工作應變計劃。我們打造了一個全新的流動性工具，以便在金融市場陷入困境時使用，此外，我們還為可能有必要實施的貨幣提振方案造模。我想要交接給下一任總裁安德魯‧貝利（Andrew Bailey）的英格蘭銀行，是已經做好萬全準備，且能因應未來幾個月所有可能性的英格蘭銀行。

沒想到，短短幾天內，上述所有的計劃全部付諸實行，不僅如此，我們還著手策劃可提供更多支援的新工具。安德魯和他的幕僚以冷靜果斷的決心和非凡的速度，在接下來的幾個星期內強力部署這些（與更多）措施。英格蘭銀行的浩大行動規模與它的機構信譽結合在一起，不僅使英國得以避開那場災難，更展現出整個金融體系（代表著它理應服務的民眾）

的實力。和金融危機期間不同的是，再次歷經嚴峻試煉的英國金融體系，這次終於安然通過考驗。

不過，更大的挑戰是較廣泛的衛生相關回應，尤其因為衛生體系並沒有現成的議定書或清晰的機構信譽可憑藉。等到當局終於認清這個威脅有多麼龐大，便立即採取行動，對全體人口實施封城。這是政府以強制力履行其保護民眾之職責的實例，但也是一個極端的例子。這些行動的效用最終取決於政府的正當性，而當局要求民眾做出的犧牲，則代表著未做好整備的社會的一種緊急反應。

世界各地多數政府在應對這場疫情時，都是以衛生緊急事件優先，接下來才試著解決因此而產生的經濟後果。這一開始導致經濟活動嚴重衰減、失業大增，金融價值也普遍遭到破壞。然而，隨著時間持續向前推進，在衛生與經濟優先考量之間進行明確取捨的壓力也變得愈來愈大，設定共同宗旨的重要性也變得更加明朗。

為了同時應對經濟與衛生這兩大挑戰，所有層級的人員都必須休戚與共，團結一致，包括家庭內部、鄰里與社區、企業與員工之間、供應商與顧客之間，以及銀行與客戶之間。如果各國之間也能團結合作，各項行動的效能也將進一步得到強化——可惜後來各國未能戮力同心。各國中央政府各自取得主導地位，與分攤負擔和集中風險有關的機會則多半遭到捨棄。

當時，各方最憂慮的主要經濟問題並不是短期內的經濟衰退深度，而是經濟體系的生產產能和公民生活能維持到多大的程度。這些目標說明了為何各國央行與政府會啟動一系列空前的措施，期許能順利度過這個巨大、但最終來說屬於短暫的衝擊，包括幫忙承受被強迫休假的勞工的部分薪資、為個人與中小企業提供現金移轉（transfer），以及向大型企業提供

緊急貸款等等。

接下來我們將談到，這次各國回應 COVID-19 危機的方式，骨子裡包含著一些常見的價值（觀）：

1. 從家庭到企業與銀行，社會上所有階級休戚與共，**團結一致**；
2. 所有人對彼此的**責任**，企業對員工、供應商與客戶的**責任**；
3. **永續性**，因為 COVID-19 是一場代間危機，衛生相關的後果傾向於傷害老年人，而經濟相關的後果則傾向於傷害年輕人；
4. 在醫療保健服務的使用與經濟成本的承擔等方面的**公平性**，以及國際間分攤新興與開發中經濟體的負擔的**公平性**；以及
5. **活力**。這場危機最嚴峻的階段過後，持續努力重建人類經濟體系的活力成了當務之急，因為各地政府的大幅擴權已導致民間部門的脆弱性上升。

這些價值觀源於這場危機所引發的某些關鍵疑問的解答：

- 這件事怎麼會發生？為什麼那麼多國家的政府未能履行他們保護民眾的職責？
- 各國政府與公民對封城的回應，透露了社會上哪些根本價值觀？
- 個人能期待社會給予他們什麼？社會又能期待每一名民眾給予它什麼？
- 為了對抗一場疾病而設定許多經濟限制是否符合公平正義？
- 就最弱勢的群眾而言，這場危機讓我們領略什麼教誨？我們是否遵循「推己及人」的黃金法則？或者說，我們是否追求共同

利益？

政府的職責

　　政府最重要的根本職責是保護它的公民。霍布斯（一五八八年至一六七九年）在他的經典巨著《利維坦》中，描述了公民如何放棄某些自由，以換取政府保護他們「免受外國入侵者傷害；免於彼此傷害，從而保障他們靠著自身勤奮工作與親手培育的大地果實，安心滿足度日。」[4] 霍布斯對於公民／政府關係的理念源自他對人性的黑暗觀點。若沒有政府，生命將「卑賤、粗暴且短暫」──漫長無止盡的戰爭，民眾永遠擔心害怕，且隨時有遭暴力傷害致死的危險。[5] 為了限制這類衝突，公民服從政府的規定，並遵守「服從政府」的義務，至少在政府有能力保護他們的時候，他們也切實服從政府；[6] 政府則透過強制性的權力與對暴力的壟斷權來行使權威。

　　約翰‧洛克（John Locke，一六三二年至一七〇四年）對人性抱持的觀點則較為厚道，他相信，沒有政府的生活還是有可能相當和平、充滿善意，且互相扶持。[7] 因此，他主張政府並非自然狀態下的自動偏好；政府的正當性較取決於公民的法定同意，甚至完全取決於公民的法定同意。這個社會契約所涵蓋的範圍甚至可能遠遠超過維持和平的範圍。洛克認同霍布斯「政府的終極職責是要保護公民免於受傷與受到暴力傷害」的觀點，但洛克還另外納入了財產權的保護。不過，洛克也相信，在公民同意的前提下，政府可被授予更多的職責。[8] 繼洛克之後，盧梭（一七一二年至一七七八年）也以文字來擁護類似的觀點，他認為公民的同意是「一切權威的基礎」。[9]

政府職責的上述擴張過程是經過好幾個世紀漸漸實現的。如今，政府作為保護者的作用力已不僅僅包括保護公民不受暴力與直接傷害等，更涵蓋各式各樣的領域，像是促進金融穩定、保護環境與維護數據隱私等等。政府職責的擴張多半是對民眾的期望的一種回應——民眾為了趨避風險而期待得到政府主管機關更多保護。[10] 此外，當今政府的職責早已遠遠超過傳統的保護者角色，如今諸如提供基本服務、促進福利以及培養文化等等，都屬於政府的職責。我們將會談到，無論是針對 COVID-19 疫情還是貨幣政策而言，政府行動的效能取決於它的可信度，而政府的可信度又進而局部取決於政府履行它眾多多元角色的能力。

在洛克與盧梭眼中，政府的職責是交易之下的產物：公民接受政府對他們的自由與義務設限，以換取能切實履行官民一致同意之責任的仁德政府。根據他們的理念，國家權力的核心是互惠。[11] 政府有保護的職責，公民則必須承擔義務，並和政府以及其他公民合作，共同實現令人滿意的結果。政府的職責愈重，我們被限制的自由以及我們對社會的共同義務就愈大。誠如盧梭警告的，我們有時候會被要求「代表我們的安全來源（注：即代表政府）承擔特定風險」，例如被徵召入伍，或是因強制封城而可能陷入財務困境等風險。[12]

霍布斯、洛克與盧梭提出的都是某種版本的社會契約理論，相關的概念是，作為公民的我們彼此之間、以及我們與政府之間，共同訂立述明各方義務與權利的協議。契約主義模型（contractarian model）在描述現實狀況方面是有缺陷的，畢竟民眾不可能選擇撤銷他們的契約，也不曾表達他們在法律上同意成為這項契約的一員。不過，這個概念至少讓我們得以省思我們和政府之間的關係，並思考我們能對政府懷抱什麼樣的期待、政府能對我們有什麼期待，以及最終來說，我們對彼此有什麼期待。在

COVID-19 剛爆發的那幾個月，那些期待遭受最極端的考驗。一如很多契約（請見第十四章有關企業宗旨的內容），社會契約並非關係的界限，即使它是一項抽象的契約。要成為一個有韌性的社會，社會資本、責任感甚至文化，缺一不可。

政府的職能

為了履行職責，政府得擁有必要的能力，也就是政府職能。政府職能可分為三大組成要素：

1. 法律職能，指政府擬定監理規定、強制執行契約與保護財產權的能力；
2. 集體職能，指政府提供公共服務的能力；以及
3. 財政職能，指政府課稅與支出的能力。

這些職能彼此相輔相成，其中任何一個職能有所不足，就會傷害到另一項職能。[13]

從各國政府應對傳染性疾病的歷史，便可明顯看出不同類型政府職能之間互相強化的本質，也可看出這些職能各自對政府職責的履行有何貢獻。十四世紀黑死病肆虐歐洲之際，主管機關並未有效應對這場疫病以保護公民的職能，多數民眾反而轉向教會尋求解釋與治療。[14]

接下來的幾個世紀，政府保護公民不受疾病傷害的能力隨著疫病一波波定期爆發而緩慢發展。為了降低疾病的傳播，各地政府開始施展它們的法律職能，並學會施行強制隔離、設立防疫封鎖線（*cordons sanitaires*），以及我們目前所謂的「社交距離」等監理規定。[15] 到了西元一七〇〇年，

集體職能有了明顯的進展，那時歐洲各地普遍會在疾病爆發時，指派衛生委員會出面回應。為了降低傳播程度，他們建立專責醫院來隔離感染的病患，還成立專責熏蒸與銷毀床具、衣物等事務的主管機關。有些國家的貧窮家庭還會獲得政府援助，以免他們因強制隔離規定而無法生存。

經過不斷試誤，監理規定與公共服務隨著時間明顯改善，但人類對疾病導因的無知，依舊阻礙了相關應對措施的效能。即使到了十九世紀中的初期國際衛生會議（International Sanitary Conferences），各說各話的疾病傳播理論依舊讓各國政府難以編纂各國之間的協議，也無法研擬實質政策。[16] 直到幾十年後，疾病生源理論（germ theory of disease）獲得廣泛認同，情況才終於改變，這得歸功於各國政府的知識與教育投資。

到了二十世紀，財政職能的發展使政府保護民眾不受傳染病傷害的能力進一步升級。進入現代後，專供疾病應對目的使用的公共資金最初還是相當有限。即使到十九世紀下半葉，各國的稅收還不到國民所得的一〇％，而這些財源被守夜人國家（nightwatchman states，注：指小政府型國家，政府的功能是利用軍隊、警察和法院來保護公民）用來支應警力、法院系統、軍隊和一般行政支出，是以能用在其他領域的稅收非常少。[17] 如今，由於稅收系統較有效率，涵蓋所得稅、消費稅、資本利得稅乃至投資稅等等，因此，先進經濟體的稅收大約已達 GDP 的四分之一至略低於二分之一。[18] 這項額外的財政職能讓政府有財源增加醫療保健領域的支出；目前這項支出已從十九世紀遠低於 GDP 的〇·五％，上升至二十世紀末的幾乎一〇％。[19]

當然，這些職能的最終目標並不是要發展為大政府，而是要發展為配備必要職能來實現各項社會目標的聰明政府。民眾必須對「政府資源應使用到哪些長期優先考量」的問題達成共識，才較有可能建立高效率的政府

職能；而要達成這樣的共識，政府必須具備凝聚力，社會則必須能就政府與公民之責任進行有效率的意見交流。

政府針對細菌、病毒以及其他病原體展開的「軍備競賽」，緣起於政府作為保護者的傳統概念，這也促成了政府職責與職能逐漸擴大的結果。就這個脈絡而言，未能保護公民的政府就是未能履行其首要職責的政府。

不過，將那樣的失敗歸咎於作為一個抽象概念的政府是不對的。保護不夠充分是政府的決策模式（例如政治人物固有的短視）造成的嗎？還是那是路徑依賴的結果（即最初的失敗導致信心流失與不服從，結果導致問題惡化）？大流行傳染病應對表現根深柢固到什麼程度了（這是我們透過政府來表達我們珍視的事物的結果嗎）？

保護措施

政府的保護遠遠不只是對抗現有威脅的行動，還包括為未來可能的威脅進行整備。很多國家被武力入侵的風險非常低，儘管如此，各國還是維持常備軍隊。對照之下，爆發大流行傳染病的風險一點也不低，畢竟這個人口稠密且全球化的世界非常有利疾病傳播，它讓病毒得以在民眾澈底理解它源自何處以前，就飛快地跨越各個大陸。然而，我們對病毒入侵的防禦措施卻相當有限。

專家當然深刻理解潛在大流行傳染病的嚴重程度，近幾十年來，他們也經常性地對此提出警告。舉個例子，一九九九年世界衛生組織的因應流感大流行計劃（Influenza Pandemic Plan）就曾呼籲各國政府建立國家大流行傳染病規劃委員會（National Pandemic Planning Committees），從而採取負責的行動。[20] 流行病學家在二〇〇六年於《刺絡針》（Lancet）雜誌上發

表的造模分析也發現，一場現代大流行傳染病足以奪走五千萬至八千萬人的性命。[21]

媒體上也經常報導相關的警告。報章雜誌、無線新聞，甚至好萊塢電影，都在推敲下一場全球衛生危機的可能影響。二〇一五年，比爾・蓋茲發表了一場推廣衛生安全概念的 TED 演說，目的是希望以新的思維來取代過時的政府保護見解——那類見解聚焦在政府為諸如核子戰爭等威脅所提供的保護。那場演說發表之後並未吸引許多人的注意，不過，它在二〇二〇年獲得了新生命。另外，二〇一七年某一期《時代》雜誌的封面或許最能概要反映這些報導、報告與簡報的集體基調：那期雜誌的封面上印著一些不詳的微生物，另外還附上一個如今看來再清楚不過的標題「警告：我們尚未做好應付下一場大流行傳染病的準備」。

儘管這個普遍的威脅從未消失，過去各國政府卻只有在具體且嚴重的疾病爆發時，才願意採取有效的步驟，為因應全球衛生危機而展開整備。在嚴重急性呼吸道症候群（SARS）和伊波拉傳染病爆發後，各國當局終於採取一些改善國際協同的變革。那些改善措施主要和監控與確保疾病爆發後的即時全球通報有關，因為在 SARS 爆發之前，各國的通報義務僅限於霍亂、鼠疫與黃熱病等傳染病。[22]

這項議題的重要性得到許多深入的分析，但實際上的行動依舊相當溫吞，知／行嚴重不合一的另一個證據，在於各國未能建立全國性醫療量能。伊波拉危機過後，世界衛生組織確認了各國在衛生危機應對量能方面的系統性落差。[23] 到了二〇一八年，有超過一百個國家已進行外部評估與模擬聯合演練（Joint External Evaluations and Simulation Exercises），而且有超過五十個國家完成了行動後的檢討報告。[24] 這些檢討報告發現，很多國家的基本醫療服務不足以對抗新型病原體。

辨明那些落差是有必要的，但還不夠，即知即行才有意義。遺憾的是，參與世界衛生組織評估練習的國家當中，事後只有大約一半的國家根據世界衛生組織的建議，研擬全國衛生安全行動計劃；而且，在 COVID-19 來襲之際，沒有一個國家為擬定的計劃籌措到完整財源，遑論實施。[25] 另外，只有三分之一的國家遵守世界衛生組織為捍衛全球衛生安全而設定的標準：國際衛生條例（International Health Regulations）。[26]

舉個例子，事後回顧，全球衛生危機爆發的當下，各地對個人防護設備的迫切需求強烈到令人痛心不已；COVID-19 這場大流行傳染病爆發之際，只有少數國家擁有適足的個人防護設備庫存，或是具備有效的重新進貨系統。以英國來說，諸如護目鏡與防護衣等維生必需品，並未被納入二〇〇九年建立的全國庫存。且在 COVID-19 開始傳播的前六個月，政府漠視政府顧問團隊的警告，未能及時添購短缺的設備。[27] 以加拿大來說，聯邦庫存總額比安大略省在 COVID-19 病例首度激增那一週所需的數量還要少。此外，加拿大的公共衛生署並未設定適當的設備維護目標，事實上，他們連各省的庫存設備維護數量有多少都不知道。[28]

以美國來說，口罩的全國戰略庫存大約只達到因應嚴重大流行傳染病估計需求量的一％。[29] 這項庫存早在二〇〇九年 H1N1 大流行期間就損耗了一部分，但國會預算卻無視相關單位反覆發出的重新進貨警告，持續排除新設備採購的預算資金。[30] 國會議員丹尼‧蘭伯格（Denny Rehberg，他是負責監督二〇一一年庫存的那個經費委員會的主席）被問到為何決定不提供資金來適度補足補給品時，他表示，向來沒有人有能力預測到需要更大量庫存的公共衛生危機何時會爆發。[31]

德國和法國同樣也因個人防護設備短缺而吃盡苦頭。就在緊急措施開始實施後的不到兩個月，這兩國的醫療業員工紛紛在社群媒體上張貼他們

的裸體照片，抗議設備短缺問題，並凸顯他們在不安全的條件下工作有多麼容易受到傷害。[32]

以上所述是先進經濟體的狀況，許多開發中國家的局面更糟糕，他們的個人防護設備更短缺，甚至連潔淨的自來水與肥皂供給一直以來都嚴重不足。[33] 許多人口達幾百萬人的國家，只準備區區幾部通風設備，甚至有十個非洲國家連一部通風設備也沒有。[34]

理論上來說，當局可趁著危機時期，藉由增加進口或擴大國內生產等方式來解決庫存不足的問題，不過，各國卻未能做好準備因應這兩個選項的現實狀況。全球供應鏈雖然非常有效率，卻也非常脆弱，在危機時刻過度依賴這些供應鏈是非常危險的。COVID-19 第一波疫情爆發的當下，需求暴增與保護主義措施的綜合影響，導致很多國家的政府頓時束手無策。

至於國內生產能力，則取決於多元製造部門的存在；但在全球供應鏈與高度專業化的世代，擁有多元製造部門的國家早已成了異數。即使國內企業願意——或被迫——將製造廠房轉用來生產符合國家利益的產品，製程轉換也需要時間，何況適當原料的取得，又是另一個牽扯到供應鏈的問題。舉個例子，全球有一半的熔噴不織布（一種用在口罩的聚丙烯過濾材）供給是在中國生產。[35]

解決世界大流行傳染病整備日益不足問題所需的投資並不多。二〇一九年，世界銀行估計，中低所得國家平均每人只要花費不到兩美元，就能改善國際衛生條例中所規定的核心量能。[36] 二〇一六年的一次委員會建議，應將每年的全球大流行傳染病整備支出提高四十五億美元，並建議將其中的四分之三用來升級國家量能，剩下的多半用於感染性疾病的發現與應對等的研究與開發。[37]

伊波拉危機過後，聯合國成立了全球整備監督局（Global Preparedness

Monitoring Board），這是由一群獨立專家組成的單位，每年必須就全球衛生危機的整備狀況，在聯合國提出報告。二〇一九年九月，他們發表了第一篇報告，當中表明「整個世界正面臨地區或全球傳染病或大流行傳染病的毀滅性嚴重風險，這些疾病不僅會折損人命，還會顛覆經濟狀況，並製造社會混亂。」[38] 這篇報告的結論是，雖然伊波拉傳染病過後，各地出現了一些正面的發展，但「目前的作為依舊明顯不足。」[39] 同樣，二〇一九年全球衛生安全指數（Global Health Security Index）的首要結論是：「世界各國的全國衛生安全基本上都非常脆弱。沒有一個國家做好因應傳染病或大流行傳染病的萬全準備，每一個國家都有重大的缺口需要處理。」[40]

事後回顧，改善大流行傳染病的整備成本是可輕易負擔的，而且，那些成本和這場危機的代價比起來，根本可說是微不足道。即使將當初建議的年度大流行傳染病整備投資金額提高一倍，那個金額也只相當於因這一次應對措施不夠充分而造成的一日全球經濟產出損失。總之，政府有職能，卻未能善用這項職能來履行他們的職責。

為何會發生這樣的狀況？

價值觀的表現：韌性與整備

我去利雅德參加我任內最後一場 G20 會議時，南韓是第一批爆發 COVID-19 疫情的國家之一。二〇二〇年二月時，南韓的總通報病例數僅次於中國。由於病例數高，許多都市的人口又高度密集，所以南韓看起來似乎即將變成一個病毒熱區。然而，這個猜測並未成真。新病例數並未惡性急遽增加，反之，當地的新病例在三月初陡降，到了四月底，南韓的總病例數只有人口規模相近的西班牙的十分之一，而且，南韓是在還沒展開

全面封城的情況下實現了這些成果。

從南韓的整備狀況便可理解這個國家為何能在控制病毒方面獲得如此優秀的成績。二〇一五年，南韓曾爆發中東呼吸道症候群冠狀病毒（MERS）疫情，情勢一度相當危急，所以，政府事後迅速針對打擊傳染性疾病一事修法，並修訂了政策。法律與政策的修訂和其他要素的共同作用加快了檢驗速度，並允許政府可為了對抗疫情而使用地理定位數據，就對抗疫情而言，這兩個因素至關重要，但有很多國家在這兩方面遭遇到不少阻礙。南韓因採納上述與其他現成的措施，而得以建立廣泛的檢驗與追蹤體制，從而幫助該國在疫情爆發後，迅速在抗疫表現方面占了上風。[41]

並非所有剛爆發過傳染性疾病疫情的國家都因此有了進行整備的動機，不過，誠如我們所見，所有國家都接收到非常多「疫情可能即將爆發」的警告。各國政府深知疫情爆發後的後果有多嚴重，但南韓是真正採取行動、著手整備的少數例外國家之一。為什麼其他地方沒有針對那些警告採取行動？

簡單來說，那些國家不夠重視**韌性**。政府有保護民眾的責任，這要求政府必須事先為各式各樣的失敗擬定計劃——從管理全球系統性銀行的崩潰（見第八章），乃至預防氣候變遷的明斯基時刻（見第十二章），以及承認已嚴重到成為 TED 演說與《時代》雜誌封面主題的衛生警訊有可能成為事實等失敗。

在為了抵禦大災難而進行必要的長期投資時，人類大腦的運作方式經常會和我們的行為作對。行為心理學的研究已確認，人類有許多認知偏誤會導致我們低估韌性的重要性。我們會表現出一種現實偏誤（present bias），看輕未來可能發生的問題和利益，並偏好當下的報酬，即使以整體價值來說，當下的報酬較低。[42] 我們經常會優先聚焦最近的災難，並處

心積慮設法防止那種災難再次發生，但無視其他更大的威脅；所以，我們總是在飛機失事後的幾個星期忙著加強飛機的安檢，儘管車禍致死的可能性遠高於飛機失事。

此外，所有人類──包括決策者──都會展現出確認偏誤（confirmation biases），一味聚焦在對抗 SARS、H1N1、伊波拉的相對成就，忽略西班牙流感的結果，儘管有不少人就全球致命性疫情爆發的可能性提出明確的警告。就這些方面來說，金融危機那令人遺憾的歷史再次延伸到大流行傳染病的整備上，民眾就像被催眠般，相信「這次不一樣」，並認定毀滅性的衛生危機永遠不會再發生。

由於我們的公職人員懷抱這些認知偏誤，加上一般大眾總是獎勵能實現立即利益、而非先發制人解決長遠問題的政治人物，所以，這些思考模式已根深柢固深植在我們的治理系統中。當韌性的價值被低估，理應用來培養韌性的資金就會被轉移到其他領域的用途，國家衛生安全行動計劃（National Action Plans for Health Security）自然還是沒有得到奧援資金。

傳染性疾病的爆發也會帶來責任分散的問題（diffused responsibility，注：俗稱的「三個和尚沒水喝」）。為了有效應對大流行傳染病，國際組織、各級政府以及形形色色的政府機關必須設法協同。在承平時期，或許多數人並不會注意到角色定位與責任曖昧不清的問題，但定位與責任模糊及重疊問題，會導致整備不夠充分，並在危機爆發時造成緊張狀態。二〇一六年，聯合國針對伊波拉病毒危機發表的一篇報告發現：「在危機爆發初期，國家行政單位的哪些實體需負責協同各方的應對方式、哪些組織應該參加攸關會議等，都缺乏明確定義。某些個案的決策制定流程甚至因部門間的競爭與模糊的匯報關係而被延宕。」[43] 無獨有偶，二〇一九年，從美國外洩的一篇模擬演練作業評論指稱：「在應對流行性

大流行傳染病的過程中，參與演練的人員對聯邦跨部會夥伴的角色與責任缺乏明確的認識。」[44] 各國政府本身也可能很容易因其他事務而分心。舉英國為例，從二〇一六年開始，大眾的言談內容與政府資源幾乎完全受到脫歐議題支配，導致國家衛生安全事務的財源持續短缺。《泰晤士報》的通報發現，關鍵員工應對大型衛生危機的整備訓練已被擱置兩年，而突發事件應變規劃的相關資源也被轉移，用於應對無協議脫歐（no-deal Brexit，注：指英國在沒有退出協議的情況下退出歐盟）的可能性。[45]

總之，認知偏誤與一大堆系統性因素，最終導致大型衛生災難與破壞性經濟危機的整備不足。

應對艱難抉擇的框架：成本效益分析

由於各國政府未能保護公民免受大流行傳染病的傷害，所以，它們目前正集中火力設法減輕相關後遺症。這場衛生與經濟雙危機之間的交互關係錯綜複雜，主管機關必須謹慎權衡經濟活動與個人自由因它們承受的各種不同限制而可能產生什麼估計成本與效益。一如過去的危機，目前這場危機也無意間揭露了我們的社會重視什麼事物。這場大流行傳染病逼得人類社會不得不進行一系列極端困難的價值判斷。

就神聖與世俗價值觀的權衡來說，COVID-19 的相關政策可說是有史以來最棘手、最重大的權衡。這些決策將過去幾十年來，各國政府與監理機關在制定一系列個體面決策（micro-decisions，例如規定汽車必須配備安全氣囊）時廣泛採用的一項工具，應用到一個歷來首見更大規模、更複雜且更重要（例如關閉和開啟整個經濟體系的所有領域）的宏觀政策決定上。為了協助引導這些決策的制定，在 COVID-19 爆發後最初幾個月，許

多學術機構與智庫紛紛提出各式各樣與封城措施有關的成本效益分析，[46] 一般大眾也愈來愈嚴格地審視那類措施的制定過程。[47] 各國政府並非總是願意開誠布公說明策略形成的方式，只是不斷跳針，喊著他們「依循科學」的口號，即使成本效益評估已在 COVID-19 作戰指示、乃至某些政策的判斷上扮演重要的角色。

　　採行成本效益分析的主要好處之一，在於它能逼迫建構這些分析的人具體說明相關變數，以及隨之而來的假設。然而，這樣的明確度卻也帶來各式各樣實務面的挑戰。明顯的難處在於，關鍵的變數只能以極低度的確定性約略估計，然而一旦做出估計，那些變數的權威性就可能被誇大。就 COVID-19 來說，由於最初的數據非常零散，因此諸如死亡率和基本再生數（R0）因子等關鍵決定因素非常難以估計，而其他決定因素，如 COVID-19 對民眾健康的持久影響，或是封城對社會孤立感與家暴事件等影響，更是難以及時評估。

　　即使能以合理的確定性判斷出某個變數的當期數值，它的未來推估數值也是根據其他變數的一系列假設所做出的判斷。R0 將因大眾遵從封城命令的程度而改變，而封城命令又是無數動力交互影響下的產物，更糟的是，那些動力幾乎確定會隨著時間改變。此外，決策一旦做出，就必須與未進行干預下的推估狀態進行比較，而不是與當前的事態進行比較。封城的經濟成本也必須和適當的反事實（counterfactual，與疫情前的經濟相比，經濟活動並沒有全面下降）進行比較，因為就算沒有實施封城，許多民眾也有可能會為了自身健康而自願減少外出活動乃至消費。所以，若要針對 COVID-19 疫情建構完整的成本效益分析，就得採用一系列環環相扣的假設，也正因如此，解讀結果時必須非常謹慎。

　　先前我們提過，成本效益分析的根本挑戰之一，在於如何將這些林林

總總的變數轉化為可比較的單位，讓一項決策的淨影響變得可計算。在比較相關經濟成本與對健康和生活品質的影響時，這點尤其困難。我們可以用美元金額來表達 GDP 的預估減少程度，卻難以用明確的數值（金額或其他數值）來表達一條人命的損失。建構成本效益分析的人必須插入某個估計值來代表一條人命的價值或生活品質的降低。而生活的「貨幣化」數值的估計方式，充分體現了人類市場社會的樣貌。在這場 COVID-19 危機期間，它的運用方式凸顯出價值觀可能的轉變。

為生命進行評價並非新的現象——儘管這些評價在現代監理型政府中具有全新的重要性。先知穆罕默德（Prophet Muhammad）就贊同，當一名自由的穆斯林被奪走性命，應獲得一百頭駱駝的補償。[48] 而根據古老的盎格魯－薩克遜（Anglo-Saxon）法律，在謀殺案中，謀殺者虧欠受害者家庭的款項，相當於被謀殺者一生能累積的財富。[49]

十七世紀時，佩堤爵士（我們在第一章討論 GDP 的老祖宗時曾提過他）就曾尋求為人命指定一個價值，目的是希望能藉此衡量英格蘭的國民財富。佩堤將平均年度勞動力價值的估計值乘以二十年，以計算人口的價值。[50] 根據這個算法，每個人頭價值八十英鎊，他提到，這可用來計算國家遭遇諸如瘟疫或戰爭之類事件時的損失。[51] 他的研究是歷史上第一份為了協助政府制定決策而提出的人命價值評估報告，時至今日，這份研究依舊攸關重大，因為各國在汲汲營營生產活動幾十年後的今天，又再度重視財富與福祉的衡量。

在佩堤之後幾個世紀發生的工業革命，帶來了擁擠的城市和不安全的工作條件，進而造成不當致死索賠與人壽／意外保險激增等發展。[52] 一如佩堤對全國財富的計算，補償的金額依舊是以折損的所得為重點。保險公司利用投保人的年齡和盈餘所得（surplus earnings），搭配利率與標準化的

死亡率表，算出一條人命的價值。[53] 同理，法院的懲罰性賠償分析，也以未來的所得折損程度為重點。

一旦當事人失去性命，且目標是要確保身故者家庭的財務安全，以勞動力潛力來評估生命的價值，確實還算合乎常理。不過，到了二十世紀，這種評價方法的缺點卻變得愈來愈明顯，因為此時各國政府對於生命的評價愈來愈著眼於防止死亡發生的渴求，而非對死亡的補償。在這些情況下，需要考慮的因素就不只是財務安全與帳務上的成本，因為如果只考慮這些因素，我們就永遠不可能為了挽救退休老人和永久退出勞動力的民眾的生命而花錢，因為這類民眾的死亡不會造成上述那種狹義的財務損失。

但事實證明，起初各國政府對此沒什麼頭緒，當局根本不知道該以什麼樣的其他方法來進行這項分析。一九五〇年代初期，蘭德公司（RAND Corporation）就被這個問題難倒，當時它為了判斷不同空軍任務的總成本，試圖判斷空軍飛行員生命的價值。一名美國空軍飛行員的價值可輕易參考其訓練成本以及以新飛行員替換舊飛行員的成本來判斷，不過，誠如該公司一份內部備忘錄所記，這個判斷方式本身有所不足，因為「我們的社會賦予人命的內在價值，遠遠超過投資在他們身上的資源的價值。」[54] 即使是奇愛博士（Dr Strangelove）都能理解內在價值和替換價值之間的差異。

上述缺點導致各方迫切尋求另一種評估生命價值的新方法，最終促成了生命價值相關理念的變遷。就很多方面來說，那個變遷和第二章討論的主觀價值革命有許多相似之處，只不過，那只是過去短短六十年間發生的進展。

觸發這場革命的進展是湯瑪斯・謝林（Thomas Schelling，他後來獲得諾貝爾獎）於一九六八年發表的一篇文章，那篇文章影響非常深遠，標題

是〈你挽救的可能是你自己的性命〉（The Life You Save May Be Your Own）。謝林主要的獨到見解在於：關於為生命進行評價這件事，應該要換人做做看。他堅決主張，關於挽救生命的問題，真正重要的並不是它對與挽救性命有關的各方而言的價值；反之，在評估救命相關投資時，應該根據這項投資對可能受影響的個人之私人價值來評估。謝林提出了疑問：「對誰而言的價值？」而他的解答是：「對可能死亡的那個人而言的價值。」

謝林另一個關鍵的真知灼見，就是相關的計算並不需要評估生命的價值，而是得評估延緩死亡的價值，尤其不該聚焦在延緩特定人物的死亡，而是延緩統計學上的死亡。當民眾面臨近在眼前且確定會死的情境時，多數人會賦予自己的生命過高的價值，因此，根據這種主觀認定的價值做出來的評估，對政府沒有幫助。然而，謝林也領悟到，從一般人為降低風險而進行的交易，便可判斷出民眾的偏好。一般人願意為了降低極少量的死亡風險付出多少金錢？

雖然〈你挽救的可能是你自己的生命〉一文在發表時遭受了非常猛烈的批判——誠如我們所見，如今批評這篇文章的也大有人在——謝林的研究卻為政策制定者提供了一個評估人命價值的基礎，而他發明的「統計生命價值」（value of a statistical life，簡稱 VSL）一詞，也成了當今的主流詞彙。

謝林認為，要解答「生命的價值」謎題，應判斷一般人在接受風險時有怎麼樣的偏好。要如何判斷這個偏好？他建議觀察現有的價格結構，同時進行問卷調查。直至今日，這兩種方法還是相當通行。

第一類方法為**顯示性偏好**（revealed preference），以個人在市場上的行為為基礎，而市場上的價格反映了死亡風險的差異。在特徵工資法（hedonic-wage approach）中，統計生命價值是參考一個危險職業工作者收

到的工資溢酬計算而來。舉個簡化的例子，如果特定高風險職業的死亡風險是一萬分之一，而工人每年獲得三百美元的危險津貼，那麼，統計生命價值的估計值將是三百萬美元。而在規避成本法（averting-cost approach）中，統計生命價值是參考民眾為降低惡性結果的發生機率或嚴重性而花費的支出來計算（例如購買一頂鋼盔）。

對比之下，**敘述性偏好**法（stated-preference methods）則是為死亡風險的某個假定變化建構一個假設性的市場，並直接詢問被調查的受訪者，是否願意為了降低這項風險而付費。其中，假設市場評價法（contingent-valuation approach）通常是詢問受訪者是否願意為某一項可直接降低自身死亡風險的公共計劃付費。選擇造模法（choice-modelling approach）則要求受訪者在具備不同特性與貨幣成本的衛生風險之間做出一系列的選擇。

顯示性偏好法和敘述性偏好法各有優缺點，且雙雙被運用在不同的情境、不同的國家。美國基本上採用特徵工資法，而歐洲國家往往採用某種形式的敘述性偏好研究，其中，選擇造模法的採用愈來愈普及。[55]

這一系列不同的方法導致各國的統計生命價值出現了驚人的差異。二〇一二年，一份經濟合作暨發展組織的調查顯示，加拿大的統計生命價值介於三百四十萬加幣至九百九十萬加幣，美國則是介於一百萬美元至一千萬美元。[56] 歐洲委員會建議的統計生命價值介於一百萬歐元至兩百萬歐元，而英國運輸部（Department of Transport）則是採用一個精確到令人困擾的數字：一百六十三萬八千三百九十英鎊。歐洲的統計生命價值明顯比較低，主要原因是歐洲國家並未採用特徵工資法——這個方法傾向歸納出較高的估計值。值得一提的是，上述所有價值都不是靜態的。各國政府機關在計算統計生命價值時，會將通貨膨脹列入考慮，而且，至少在美國，統計生命價值的上升速度比通貨膨脹還要快。[57] 至少就民眾對自身生命價

值的估計數字來說，美國不僅再次偉大（注：引用雷根與川普的競選口號：「讓美國再次偉大」），而且從來沒有那麼偉大。

　　醫療部門常以成本效用分析（cost–utility analysis）、而非成本效益分析（cost–benefit analysis）來作為統計生命價值的替代方案。成本效益分析透過評估生命的價值，為效益指定一個貨幣價值；相較之下，成本效用分析則聚焦每一元的新增效用。因國情的不同，當一項療法的成本低於該療法能給予病患的每一年生命的規定金額，各國公共衛生機關或保險公司就可能會核准這項療法。成本效用分析並不會具體評估生命的價值，但它的結果讓決策者得以基於特定預算限制，根據對生命的某個理解價值來決定是否核准特定療法或專案計劃。

　　存活的年數通常會根據生命的品質進一步調整，所以，完全健康的一年等於一年的品質調整後存活年數（quality-adjusted life year，簡稱QALY），而具可診斷精神疾病病歷的一個存活年，等於〇・八個QALY。身體微差對存活品質的影響，是根據整體人口調查來判斷的，這與統計生命價值的敘述性偏好法非常類似。舉個例子，健康生活品質測量問卷（EQ-5D）是一份反映五個面向的問卷：行動、自我照顧、平常活動、疼痛與焦慮。[58]

　　如今，世界各地政策的相關決策皆普遍採用統計生命價值與 QALY。其中，統計生命價值成了桑思汀所謂「成本效益革命」（過去五十年在美國發生的革命，但加拿大、澳洲、英國和北歐國家以及歐盟也有這樣的現象）的根本組成要素。[59] QALY 則成了英國衛生政策的骨幹，也被非常多國家用來評估健康療法的功效。這些量化技術日益普及的原因在於，有明確的數字才能做出明確的決策。不過，如此斬釘截鐵的明確性是否有合理依據可言？它是否能反映生活在社會上的我們應該努力追求與維護的價值

觀？

依賴主觀價值的危險

在謝林眼中，和生命相關的無形品質與其他消費財並沒有多大的不同。當我們透過市場為止痛藥布洛芬（Ibuprofen）設定一個價格，就等於是為疼痛訂價；而當我們為一瓶百事可樂訂價，就等於是為快樂訂出一個價格。謝林依循新古典學派主義者和他們的主觀價值理論，主張真正重要的是：這些是一般大眾對無形事務的價值所做的判斷，而不是經濟學家所做的判斷。

但生命的價值和以市場價格作為價值衡量標準的典型消費財的價值截然不同，主要理由有三：

生命是經濟學家所謂的非地位財（non-positional good），所以和多數消費財不同。也就是說，生命任何一個環節的價值，都不是源自其他人對同類財貨的所有權。當我們周遭的人壽命縮短，沒有人會覺得比較好受，但當我們擁有一輛比別人更棒的車時，我們可能會覺得自己的景況比別人更好。對照之下，羅伯·法蘭克（Robert Frank）引用行為學試驗的許多證據後斷定，很多消費財的價值局部取決於那些消費財對個人實際地位與認知地位的影響。[60] 地位財的價值主要源自那些財貨的稀少性，而非它們的絕對特性。所以，在行為學調查中，以對房子的偏好來說，如果有兩棟房子，其中一棟房子很小、但相對比鄰居的房子大，另一棟很大、但相對比鄰居的房子小，那麼一般人會偏好較小的那一棟。這種心態造成了所謂的「支出瀑布」（expenditure cascades）以及消費者版的軍備競賽（必須看起來比周遭的人支出更多）。但另一方面，證據顯示，民眾是以絕對的標

準來評估工作場所安全與死亡風險的價值。當一項措施能使民眾的平均壽命延長，它就會獲得民眾的支持，即使這項措施使其他人的平均壽命增加更多，民眾也不會排斥。法蘭克的結論是，生命確確實實是非地位財。

這個說法似乎很怪，但生命就是和百事可樂不一樣。

第二，謝林的邏輯推理衍生了一些嚴重的疑慮，因為這項推理（隱隱約約）對群眾的智慧太有信心。舉個例子，顯示性偏好法仰賴一系列和市場與人性有關的嚴格假設來估計一條生命的價值，但那些假設鮮少實現。尤其是以下假設：一個選擇高風險職業的人清楚知道該職業的死亡或然率，並會理性根據他們的工資溢酬來分析這項或然率，但與此同時，卻又將其他所有變數從整個分析當中抽離出來；這樣的假設實在太令人難以置信。大數法則（law of large numbers）無法克服人類的過度不理性（行為心理學與經濟學的進展證明了人類確實過度不理性），因為我們有充分理由相信，認知偏差與資訊的不充分取得等問題在市場上普遍存在。另一方面，敘述性偏好調查中提出的問題，必須針對或然率進行理性評估，但妄想對那些或然率做出假設，實在過於天真。

受訪者認知偏誤與資訊不足等證據，可能導致那類研究難以產生有價值的結果，這在處理生活品質的問題時最為明顯。研究已發現，一般大眾傾向高估多項（甚至全部）健康狀況的負面影響，而我們在偏好問題上特別重視的事物，在實際經驗中往往不是那麼重要。[61] 因此，生活品質調查的結果主要是反映我們對於失去一條腿的恐懼，而不是反映真正失去一條腿的人的生活品質如何。若讓這些偏誤來決定要給付哪些醫療保健療法，將貶低其他未失能者或健康問題尚可管控的人的生命價值。

第三，那種全面貶低生命價值的狀況，說明了一個超越研究方法缺陷（methodological flaws）的更廣泛觀點。顯示性與敘述性偏好法依循價值的

主觀理論來計算統計生命價值或判斷生活品質，並找到個人偏好的總價值。這些偏好說明了民眾在沒有思考**應該**如何評估生命價值的情況下，就已非常珍惜自己的生命。但一如往常，有很多理由顯示，我們應該對盲目依賴市場的結論提高警覺，特別是依賴對低風險極端事件的深刻了解而進行的調查所歸納出來的結論。

且讓我們看看所得分配不均的影響。儘管統計生命價值並未明確將當期財富或未來所得列入考慮，但那些變數都已透過調查樣本個人的偏好，反映在統計生命價值中。因此，五十幾歲的中年人所展現出來的統計生命價值，一定高於二十幾歲年輕人的統計生命價值，而先進經濟體所報導的全國統計生命價值水準，也一定比開發中的經濟體高。[62] 但我們能主張當局應該根據這些敘述性的事實來制定政策嗎？

這正是世界銀行一九九一年某一份被外洩的備忘錄上的主題，那份備忘錄點出了「向開發程度最低的國家傾倒有害健康之汙染物（例如有毒廢棄物）」命令的經濟邏輯。[63] 不管這個邏輯看起來有多麼無懈可擊，這份備忘錄還是引來了激烈的後座力，為此，這份備忘錄的作者薩默斯事後不得不聲明：「沒有任何一個頭腦清楚的人會偏好將有毒廢棄物傾倒在任何人的居住地附近。」[64] 如今，世界銀行建議各國根據其國民所得來調整統計生命價值的估計值，但也強調，統計生命價值只能用在國內決策的制定，而非跨國比較。[65]

採用諸如統計生命價值這類敘述性衡量標準可能會營造一種道德無私的表象，但事實上絕非如此。採用統計生命價值本身就是一個道德選擇，且很多評論主張採用其他衡量標準，尤其是那些更能精確考量到福利的衡量標準。[66] 藉由成本效益分析將相關的權衡轉換為金額，就等於是選擇了財富最大化、乃至消費最大化的選項，不過，那並不盡然代表福利達到最

大化。[67] 舉個例子，一個為有錢人帶來大量利益、但窮人得為此付出小小代價的政策，可能讓財富最大化，但福利並未最大化。在批評者眼中，將諸如生命等變數量化為貨幣數字，最終會導致價值觀變得微不足道，但價值觀才是制定決策或政策時必須優先仔細考量的要素。[68]

統計生命價值也作了一個根本的假設：「生命數（而非存活年數）是正確的分析單位」——存活年數可根據統計存活年價值（Value of a Statistical Life Year）來衡量。在討論諸如交通法規之類的議題時，這兩種單位的差異並不重要，因為交通議題的影響不會朝任何特定年齡層偏斜，不過，這兩者的差異卻可能在其他情境下變成一個高度爭議性的問題。舉個例子，以 COVID-19 的個案來說，若以統計生命價值與統計存活年價值同步來衡量封城的利益，就會產生非常大的差異，因為病毒對平均餘命有限的族群最為致命。

要採用哪一個單位？這是個關乎平等的問題：所有生命都平等嗎？還是所有存活年都平等？這兩個方法各有不同的道德論述支持，所以，無論你是否認同，不管是採用哪一個，都是一種價值觀的判斷。

同理，建構成本效益分析的人必須決定是否要評估「死亡的本質」的價值，如果要，又該怎麼做。一般的統計生命價值假設所有死亡都平等，但敘述性偏好研究卻經常發現，民眾對不同死法的恐懼程度不一，也因此願意付出較多代價來降低他們眼中的「慘死」風險，例如在大流行傳染病爆發期間，死在一個人滿為患、卻和親人隔離的醫院裡。[69] 以獲得或失去尊嚴的死亡來增加或折減統計生命價值的決策，或是放棄其中之一，並將民眾對死亡的不同感受視為必須在分析中加以消除的市場扭曲——依舊是受道德指導的決策。

結論：政府與公民的核心價值觀

　　儘管各國政府負有保護公民的根本職責，但在 COVID-19 危機爆發之前，它們卻全面低估了韌性的價值。我們將在下一章討論，這個缺乏整備的狀況造成了多麼慘痛的後遺症，包括 COVID-19 對全體民眾的不平等影響。我們也將討論，儘管我們回應這場大流行傳染病的方式有諸多失敗，但也有不少成功的經驗，那些經驗能幫助我們、引導我們走出這場危機，並作為未來危機整備與應對的參考。

　　政府的角色與職責是由公民設定的，但當局卻愈來愈依賴以市場為基礎的價值衡量標準來決定政策，而不是根據社會價值觀來決定政府的行動。骨子裡來說，COVID-19 的政策性決定就是對生命、生活品質與死亡尊嚴的各種評估形式，儘管那些判斷是含蓄而未言明的。從成本效益分析的角度來建構這些政策性決定會立即帶來許多挑戰，像是如何為這些神聖的價值觀估算貨幣價值？另外，政策性的決策也必須權衡基本的公平性議題，包括疾病的發生率以及經濟困境的問題，當然也包括維持經濟活力的重要性。

　　社會對 COVID-19 的回應讓我們得以一窺民眾和政府之間的關係與社會價值觀。最基本且最重要的是，在面臨大災難之際，各國政府與公民都堅守自己的核心價值觀，並本著人類的同情心制定決策，而不是一切以財務優化為考量。我們可從這次經驗所顯露出來的價值觀找到一些有助研擬雙重危機管理框架的線索。現在，且讓我們討論這段時間以來政府的應對作為、民眾的表現，以及從中透露的、價值與價值觀之間的關係。

第十章
COVID-19 危機：
餘波、休養生息與復興？

各界對疫情爆發的回應透露了什麼訊息

　　二〇一九年十二月三十一日當天，中國向世界衛生組織提出警告，表示武漢市出現了幾個急性呼吸道疾病的群聚病例。中國當局迅速確認這項疾病是由一種新型冠狀病毒引發，而到一月底時，亞洲各地乃至西太平洋、歐洲與北美，都有通報病例發生。[1]到了二月底，每一片（有人煙的）大陸上都已有確認病例，不過，中國依舊是病毒的震央。[2]

　　三月是一個引爆點，自此以後，COVID-19 不再只是眾多新聞報導的題材之一，而是變成二十一世紀的劃時代歷史性事件。在這整個月裡，發生本土傳播的國家從十八個激增到一百五十個以上，通報病例則由八萬五千名暴增至七十五萬名，而通報死亡人數，更從一百三十三人增加到三萬六千人以上。[3]對世界各地數十億民眾來說，這項病毒已成了一個近在眼前的明確危險。

各國政府為了回應這個重大威脅，採取了多項果斷的行動來限制疾病的傳播。學校與公共場所被關閉、企業被勒令停業、民眾的行動受到約束，且必須遵守旅行禁令，各國國界也陸續關閉。隔離、宵禁與其他限制措施接連上路。行政權被接管、軍隊開始部署，選舉則暫停。某些政府甚至展開監視公民的作業。

中國從一月就展開封城的限制措施，但絕大多數的其他國家是到三月才忙不迭地開始落實封城。牛津大學布拉瓦尼克政府學院（Blavatnik School of Government）追蹤了各國在疫情爆發那段時間對 COVID-19 所做出的政策回應，並對各國限制措施的嚴格程度進行評分，滿分為一百分。二月二十九日當天，只有五個司法管轄區——中國、義大利、南韓、香港與蒙古——的疫情遏制政策分數超過五十分；但到了三月三十一日當天，超過五十分的司法管轄區數已增加到一百五十八個。

在實施遏制政策的同時，各國也同步推行了增加醫院量能的衛生政策、為疫苗研究提供奧援資金，同時採納旨在減緩金融浩劫的經濟政策。然而，這些遏制政策允許政府強制性地對全體民眾的生活進行某種程度的限制，這些限制的嚴格程度堪稱現代史上首見。在很多國家，連離開家門運動或去面見至親等活動都被禁止。就這樣，世界各地的民眾發現自己的生計遭到剝奪，若沒有政府援助，根本就無力供養自己或家人。

為確保民眾遵從這些法定遏制措施，許多政府可能動用了高壓權力。最常使用的強制執行工具是罰金——而且金額非常高——各國也威脅民眾，被發現違反封城限制措施的人必須坐牢或被拘留。以菲律賓來說，一個月內就有超過一萬名民眾因違反宵禁規定而被羈押，而在馬來西亞，無身分證明的工人成了封城搜捕行動的目標，並被遣送到拘留中心。[4] 在諸如中國和匈牙利等國家，散播病毒相關「錯誤資訊」的人——包括醫師和

記者——都遭到調查與拘留。[5]

此外，強制執行的警官經常訴諸暴力戰術，他們用催淚瓦斯、高壓水柱和橡皮子彈來驅離群眾。數十個國家陸續傳出警官與違反封城命令的公民之間爆發暴力爭執的視訊或報導，包括西班牙、以色列、美國和印度。[6]政府兵力甚至造成人命的喪失，在奈及利亞、南非與薩爾瓦多等國，都明文記載了因強制執行措施而起的死亡案例。[7]

在英國內戰的騷亂中完成巨作的霍布斯認為，服從政府是獲得政府保護的應付代價。公民為了交換由政府提供的更廣泛保障而將權力提交給政府，允許政府成為「暴力的壟斷者」。然而，我們並不想跟霍布斯一樣，將政府的行動比擬為一種無法無天的暴力，還心懷感恩地唯命是從，而是依照比例原則來判斷政府的行動是否合理，並根據一個以可信任度、團結與公平意識等為基礎的標準，來判斷政府的行動是否符合效率回應。體現這些價值觀的政府不是經由懲罰與威脅來順利度過危機，而是靠公民自動自發的奉獻。這樣的國度最重視的是政府的軟實力（例如正當性與互惠主義）乃至更廣泛的社會資本，並認為政府及公民價值觀的重要性足以影響存亡。

價值觀的展現：正當性與互惠主義

我們可以從各地政府與公民對封城的反應明顯看出各個社會的根本價值觀：一旦低估韌性的價值，便會導致整備不足、民眾更團結地集體違反規定，以及經濟與健康方面的不平等（和表面上重視公平的口號呈現明顯反差）。

一個政府的正當性源自於公民對政府治理結構、官員與流程所抱持的

信念。一個政府的規定與監理法規是否值得遵從,取決於這些規定與法規是由誰以什麼方式決定。[8] 唯有民眾覺得有義務與意願服從主管機關的指揮,公民才有可能在行為上遵從法令,尤其是在選擇遵從法令會使公民的個人私利直接受創的情況下。這種以價值為本的正當性,進而又源自民眾對當前的程序正義與政府整體可信任度的判斷與感受,而政府的可信任度,則和民眾對政府治理績效、領導者動機與行政職能等看法息息相關。[9]

知覺會受到當下的處境左右,也受過去的經驗以及深植在我們的文化當中的信念影響。我們在第四章說過,《大憲章》亙久不衰的重要性,局部在於它體現了英國的一個普遍錯誤的民族觀念:政府的權力有明訂上限(在缺乏明文憲法的情況下,這尤其重要)。當一個新的民選政府有世世代代的受限權力與仁德的治理做後盾,就能從一個擁有正當性的地位出發,展開它的執政之路。這個良性治理循環難能可貴,應受到珍視且被謹慎保護,因為相反的狀況(治理的惡性循環)隨時可能發生,而且事實往往是朝這個方向發展。黨派之爭、自利、醜聞、失能以及不公不義的程序等等,都將導致民眾對政府的信任日益減損。

可信任度是經由整個過程來建立的(如果一個決策是經由公平的過程制定的,民眾較有可能尊重那個決定),而正當性多半和那個過程中所體現的價值觀有關。完全採高壓統治不是不可能,不過,若權力的取得與使用符合正當性,將能更輕鬆落實治理作業且更有效率。[10] 即使是專制政體都不會完全依賴高壓手法來治理國務,不過,那類政體經常不惜投資大量資源,以求正當化他們的統治權。[11] 當民眾相信政府的行動有顧及廣大民眾的福祉,那些行動自然能獲得正當性。

我們可以說,民主政體本身並未給予一個政府太多的正當性,只有高

功能（high-functioning）的民主政體能給予政府正當性。[12] 基礎雄厚的民主政體傾向於擁有根深柢固的程序正義系統，政府的治理品質也優於專制政體。[13] 那種系統能將貪腐、歧視與其他違反公平的問題降至最低，從而逐漸建立正當性。[14] 同時，事實證明，羽翼未豐的民主政體的治理品質乃至正當性，都會比其他體系低，因為他們的程序正義系統尚未通過考驗且相當脆弱，政治人物亦難以做出值得信任的承諾。[15] 換言之，象徵性的投票行為本身並無法建立民眾對政府的信任，但民主機構有實現當責與公平對待的能力，若真的能實現當責與公平，將能建立專制政體無從獲得的正當性。

政治科學家會觀察民眾是否經由諸如選舉、自願從軍或依法納稅等行動來遵守法規與合作，並藉此衡量一個政府的正當性高低。另外，也可以用蘋果公司（Apple）和谷歌公司（Google）發表的封城期間移動數據（mobility data）來補強那類指標。舉個例子，在紐西蘭，從實施全面封城第一天的基準時間起，零售與休閒活動共降低了九〇％，且在該國連續五週的封城期間內，相關活動都至少較原來的水準降低了八五％。[16] 當政府的命令獲得即時與一致的遵守，便顯示政府擁有非常高程度的正當性。這項正當性所贏得的法遵意識與行為，以及政府及早且果斷實施旅遊限制並發布封城命令等行動，是紐西蘭得以在六月份第一波疫情爆發期間，將病毒連根拔除，同時只發生不到二十四個死亡個案的主要原因。

各國減少移動的程度並不見得可互相比較，因為各國政府對准許繼續開放、所謂「必要服務」的定義不一樣，也採納不同的方法來應對諸如戶外運動等活動與封閉公園等問題。不過，全體民眾遵守政府指示的速度，以及民眾是否繼續遵守法令，則是信任水平的直接證據。若民眾的法遵行動有滯後的情形，代表全體民眾並非根據政府的建議採取行動，而是根據

諸如媒體報導、社群壓力或已影響到朋友與家人的病毒等行事。參差不齊的法遵行為代表民眾對政府的信任不足，所以不願欣然接受政府封城措施所帶來的不便與困難。

義大利從三月十二日展開了鎖國措施，並關閉了所有非必要的商業活動，但該國的移動程度卻降得比紐西蘭緩慢（紐西蘭在四天內就達標）。在鎖國後兩週，移動率只出現二〇％的差異。[17] 在紐約州，封城後兩週，零售與休閒活動僅減少五〇％至六〇％，在那之後也僅減少五〇％至七〇％。[18] 這兩個個案的法遵一致性都遠低於紐西蘭。

紐約州的法遵行為足以代表整個美國的狀況。儘管美國許多最高層級的官員強力呼籲民眾待在家中，且除了五個州以外全數實施封城措施，但根據數據公司 Unacast 的統計，在四月一整個月間，美國只有兩天的移動狀況降低五五％至七〇％，[19] 其他日子的移動狀況縮減不到四〇％，到了五月中，儘管病毒依舊存在，移動卻僅減少不到二五％，且就此成為常態。

當時，美國的黨派之爭非常激烈，且在這場大流行傳染病剛爆發的初期階段，各級政府之間齟齬不斷，使得信任感縮減，並進而使法遵意願降低。川普總統公開反駁衛生專家的意見，且和各州州長之間明顯不和；戴不戴口罩成了黨派之爭的議題，造成民主黨人與共和黨人之間遵守政府自願性建議的比例，出現了超過二〇％的差異。[20] 在波索納洛（Bolsonaro）總統領導下的巴西也發生了相似的摩擦，所以，巴西也在遏制病毒方面陷入苦戰。對照之下，其他聯邦主義國家如加拿大，由不同政黨領導的各級政府展現出相當高的合作水準，不僅訊息統一，由來已久的政治仇恨也多半基於追求更大利益的心態而被擱置。

這項表現點出了政府正當性、職能與社會資本的重要性。若沒有這些

要素，整備再周全也是枉然。當全球衛生安全指數在二〇一九年十月發表各國的衛生危機整備度排名時，紐西蘭僅排名第五十四，遠遠落後許多在對抗 COVID-19 方面表現不佳的國家，像是巴西、義大利與西班牙。[21] 而為了遏制病毒在境內擴散而焦頭爛額的美國和英國，則分別在衛生危機整備度方面排名第一與第二，另外，在 COVID-19 疫情爆發初期就明快採取全面行動的新加坡，則僅排名第二十八。整體而言，這些排名似乎和一個國家應對大流行傳染病的實際績效並沒有明顯的相關性，甚至毫無相關性可言——尤其這場疫情是在該排名公布後不久爆發。全球衛生安全倡議（Global Health Security Initiative）的排名根據六項要素而定，包括：預防、偵測與通報、快速回應、衛生系統、遵從國際規範，以及風險環境。[22] 這項指數並未考慮到社會信任、當前的政治領導能力，或是政府的正當性。

對照之下，國際透明組織（Transparency International's）的清廉印象指數（Corruption Perceptions Index）則完全根據決定政府正當性的因素建構而成，所以，它和全球衛生危機可說是完全無關。這項指數取決於外界對公部門貪汙的印象。根據二〇一九年的指數，紐西蘭名列世界上最不貪汙的國家，另外，在這項指數排名前十的國家當中，也有不少因成功處理 COVID-19 而獲得讚譽的國家，包括丹麥（和紐西蘭並列第一）、芬蘭、新加坡、挪威與德國等等。另一個非常引人注目的成功經驗是冰島，它在這項指數上排名第十一。[23] 清廉印象指數排名和各國應對大流行傳染病的表現並非百分之百吻合，但從抗疫表現名列前茅的那些國家便明顯可見，信任與政府的正當性是應對危機的關鍵要素，並等同於在那種情境下被救活的生命數。

公民在政府制定封城政策後留在家中，或是在規定戴口罩的法規公布後切實戴上口罩等行為，可視為霍布斯式協定（Hobbesian bargain）的一

部分：為換取保護而服從。不過，那種協定忽略了一個重要的環節：許多人之所以能展現這種服從的態度，原因在於他們願意遵守一個正當且受信任的當權者下達的命令，那樣的態度也源於他們樂於幫助公民同胞的願望。遵守法令是使社會獲得優異成就的貢獻因子之一，但那算是社會契約裡的互惠義務，而不是對霍布斯式政府高壓統治的回應。在極端狀態下，高壓統治可能有其必要，但那並非實現政府目標的首要手段。[24]

價值觀的展現：團結一致

當政策與公民的價值觀一致，法遵就會獲得強化。社會價值觀總是在危機來襲時展露無遺。當時全球各地的公民廣泛支持封城措施與大規模的政府支出，即使他們個人並不覺得自己面臨很大的風險，[25] 換言之，在這場危機爆發之際，多數公民都表現得像羅爾斯主義者與共產社會主義者，而非自由主義者或功利主義者。二〇二〇年三月時，當絕大多數的緊急措施開始落實，一般普遍認為 COVID-19 只會對老年人口以及原本就有健康問題的人造成顯著的風險。在這樣的脈絡下，無論年齡與健康狀況如何的所有個人，卻還是願意為了家人、鄰居與更大的利益，做出個人與財務上的犧牲，這就是強烈團結意識的展現。

此外，當時民眾不僅遵從法律，也投入了大量心力在社區利他主義上。民眾縫製口罩、運送食物給弱勢族群，並公開為前線勞工的英勇表現喝采。隨著大量民間志工團體出面解決社區的需要，政府也展開正式的志工招募活動。以英國來說，誠如我們所見，國民保健署（NHS）徵求志工的活動共接獲超過一百萬份申請。各國政府也藉由強調保持社交距離對他人的好處，來鼓勵那種利他主義。

大眾對這個病毒威脅的反應，充分展現出團結一致與休戚與共的價值觀。但民眾因幫助同胞與履行自身對社會的義務的意願（有時非常熱切）而付出了極大的成本。這些是實實在在而非理論上的犧牲。封城措施加深了經濟不確定性，擾亂了社會生活，並帶來無法計算的壓力與焦慮水準。而這些本著休戚與共精神和團結意識做出的犧牲，讓許多社會的深刻不平等（經由 COVID-19 而被暴露出來）變得更加嚴重。

大流行傳染病爆發期間的團結行為，是經濟學家法蘭克所謂正向的「行為傳染」（behavioural contagion）的例子之一。簡單來說，指的是我們會受到周遭人的行為所影響。如果我們的朋友抽菸，我們也遠比其他人更可能抽菸。如果我們周遭的人遵守封城規定或戴口罩，我們也較可能這麼做。這個概念——也可稱為某種社會迷因——最早可回溯到亞當·斯密提出的道德情操。法蘭克主張，重要行為外部性的存在，對公共政策隱含非常重大的寓意。儘管良善的想法與行為經常會勝出，但沒有人敢假設想法與行為的「市集」絕對能可靠地促進共同利益，因此，「鼓勵對社會有益的迷因並壓抑對社會有害的迷因，我們將能獲得巨大且正當的公共政策利益。」[26]

價值觀的展現：不平等社會裡的公平

基本上，COVID-19 帶來的衝擊並不平等，疫情的爆發更使原本就存在於人類社會的深刻不平等變得無所遁形。病毒本身鎖定較年老的人口——九四％身故者的年齡超過六十歲——以及原本就有健康問題的人，包括過度肥胖、高血壓與糖尿病。[27] 能夠獨立作業並減少與陌生人接觸的人，感染病毒的可能性本來就遠遠低得多，這產生了取決於職業與社會經

濟地位的懸殊差異。加拿大統計局發現，不到三〇％的高中學歷主要薪資所得者能在家工作，但大約有六六％的大學或更高學歷的主要薪資所得者能在家工作。[28] 這個差異造成「教育水準決定是否染病」的後果。以英國來說，調查發現，因 COVID-19 而死亡的男性低技能工作者人數，接近專業人士的四倍。[29]

由於諸如職業與所得等社會經濟因素和血統與種族之間有交集，所以，COVID-19 對世界各國國內人口的致死率有著巨大的差異。以英格蘭和威爾斯來說，黑人、巴基斯坦裔和孟加拉裔的死亡率接近白人的兩倍。[30] 而在巴西的聖保羅市，有色人種因 COVID-19 而死的機率，比白人高六二％；在美國，據報導，非裔美國人的 COVID-19 死亡率，比其他血統的族群高一倍以上。[31] 加拿大兩大城市（多倫多與蒙特婁）受創最深的鄰里，也是有較大量移民人口的低所得地區。[32]

不同民眾因遏制措施所受到的影響也有差異。封城導致服務、餐旅與娛樂等產業的就業機會銳減。以英國來說，面臨遭永久裁撤風險或工時減少的就業機會，是時薪低於十英鎊的就業機會。[33] 失業的增加對青年、少數民族社區和婦女的影響，遠大於對其他人口統計族群的影響（請見圖 10.1 與圖 10.2）。[34] 此外，無身分證明或臨時性外國勞工則被排除在所得支援方案之外。[35]

在多數國家，小學和中學屬於免費的公共財，而在這場疫情期間，這些學校的關閉對財富分配造成了巨大的影響，因為學校關閉後，就更難以對社會上的機會平等有所貢獻。在封城狀態下，教育有極大程度仰賴父母的引導，以及孩童是否能取用電腦及高速網路，這些條件要求進一步增強了高所得家庭孩童的結構性優勢。

聯合國估計，在封城最嚴峻的階段，約有十五億名孩童無法上學，其

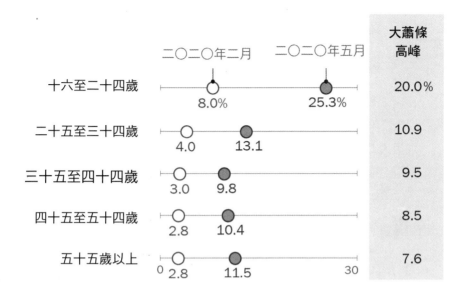

	二〇二〇年二月	二〇二〇年五月	大蕭條高峰
十六至二十四歲	8.0%	25.3%	20.0%
二十五至三十四歲	4.0	13.1	10.9
三十五至四十四歲	3.0	9.8	9.5
四十五至五十四歲	2.8	10.4	8.5
五十五歲以上	2.8	11.5	7.6

圖 10.1　年齡族群失業率

中大約有一半孩童無法使用電腦。[36] 根據再造公共教育中心（Center on Reinventing Public Education）的統計，美國的富裕學區透過視訊提供即時教學的機率，比低所得學區高一倍，而在鄉村地區，與老師之間的聯繫被切斷的學生人數，也不成比例地多於都會區的學生。[37] 封城政策實施後，私立學校往往較有能力快速轉採視訊教學，且在封城期間內提供較多師生定期溝通管道。

　　根據過去學校停課案例所做的事件研究，封城期間無法獲得適足教育的學生，在技能方面的發展將會不足，教育程度也會降低。[38] 挪威統計局（Statistics Norway）估計，學校的停課將導致受影響孩童未來產生每天一百六十三美元的所得損失，此外，學校停課也會折損父母親的生產力。[39] 最終的結果就是：這場大流行傳染病所造成的經濟代價，將有極顯著的比

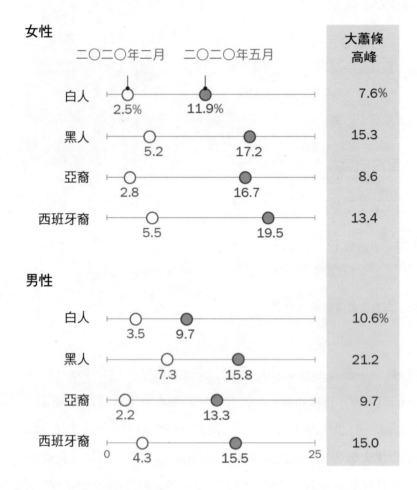

女性

二〇二〇年二月　　二〇二〇年五月　　　大蕭條高峰

白人	2.5%	11.9%	7.6%
黑人	5.2	17.2	15.3
亞裔	2.8	16.7	8.6
西班牙裔	5.5	19.5	13.4

男性

白人	3.5	9.7	10.6%
黑人	7.3	15.8	21.2
亞裔	2.2	13.3	9.7
西班牙裔	4.3	15.5	15.0

圖 10.2　性別與種族別失業率

重會是由受這項疾病直接影響程度較低的年輕人負擔,這個結果甚至還沒考慮到他們一生當中可能必須多負擔的較高租稅(這些租稅被用來作為目前各項緊急應對措施的財源)。這是判斷政府應該將多少財政職能使用到當前情境的考量之一,因為那可能對未來的世代造成更多約束。我們在第

十六章討論國家級中央政府時，會更全面探討這個議題。

COVID-19 疫情下的共同利益框架

傑瑞‧科里根（Gerry Corrigan）是我剛投入金融領域時的良師益友之一。傑瑞曾在一九八五年至一九九三年間擔任紐約聯邦準備銀行總裁，是全球金融領域最位高權重的職位之一（蓋特納正好在全球金融危機期間擔任那個職務，堪稱全民之幸）。黑色星期一（一九八七年十月十九日）危機期間，行事向來剛強的傑瑞正好擔任紐約聯邦準備銀行總裁，那一天，美國股票市場創下了有史以來最大單日跌幅，崩跌了二三％。在那個黑暗的日子以及巨幅波動的隔天，很多人吵著應該要暫停市場交易。他們表示，市場已經完全失去理智，就和失去理智的孩子一樣，需要一段休息與冷靜的時間。但傑瑞悍然拒絕了這些要求。他認為，「休市的問題在於，你終究還是要再次開盤。」誠如多數軍事領導者從年輕時就懂得、但許多政治人物總要付出極大代價後才能領悟的一個道理：開戰容易，停戰難。

由於各國普遍缺乏整備，加上對 COVID-19 大流行發展初期的應對速度過慢，所以，等到多數政府終於採取行動時，除了封鎖經濟體系，已別無他法。當時最迫切的要務就是扭轉這一場將造成大量死亡與重創人類尊嚴等嚴峻後果的疾病之爆發性傳染趨勢。儘管及早採取行動甚至事先做好準備會更好，但封城的決策與實施確實是當時唯一實際可行的選項。

不過，問題是，封鎖經濟後，政府要如何重啟經濟？鑑於封城的實質經濟成本非常高，所以，很多國家根據健康的估計價值與經濟結果之間的利弊得失來權衡並制定封城的相關決策。舉個例子，波索納洛總統甚至抗拒封鎖巴西經濟，因為他認為巴西禁不起「一波失業潮」，而川普總統也

經常暗諷美國的封城措施成本過高，不值得為那些逝去的人命封城。[40] 以英國來說，前保守黨領導者伊恩‧鄧肯‧史密斯爵士（Sir Iain Duncan Smith）主張民眾應該重返工作崗位，國家衛生局才有財源可用，從而將經濟復甦與衛生方面的結果掛鉤在一起。[41]

針對重啟經濟問題的這類構想過程，以最鮮明的方式證明了了解價值與價值觀之間的關係有多麼重要。我們談過，有很多方法可將重啟與否的決策視為某個臨床科學決策。諸如統計生命價值等評價方法、以及諸如成本效益分析等決策工具的結合，讓政策制定者得以權衡「當前與未來的潛在經濟損害」相對「發病率提高的估計貨幣成本」的水準，直到死亡和商務的邊際成本與效益相等為止（一如第二章所述的邊際革命）。那類分析可以變得更複雜——加入封城對心理健康與被迫放棄教育等的估計成本，乃至重啟經濟對勞工技能與企業生產產能維護等利益。這些延伸將使封城決策的重要考量點增加，只不過，那是在一個所有因素（包括人命）都有各自的估計貨幣價值的框架下進行，如此才能像解決其他所有經濟價值最大化的問題一樣，找出一個「最佳解決方案」。

然而，那樣的方法澈底違逆民眾的顯示性偏好，因為民眾在面臨COVID-19突然來襲的景況時，多半會選擇能保護最多公民同胞的作為。我們先前曾談到，這段時間，民眾對COVID-19的回應鮮明展現出團結一致、公平與責任等價值觀。因此，解決因COVID-19而起的經濟與衛生雙重危機的正確框架，必須能體現這些隱含在社會共同目標裡的價值觀，接著還要就各項可能的政策對那些價值觀的影響，評估哪些政策比較適當。

在基於共同利益的考量來設計因應COVID-19的政策框架時，可以從氣候變遷（請見後續兩章）相關經驗吸收教誨。氣候變遷有一個由「代間權益」與「公平」等社會價值觀確立的首要目標——環境永續性。環境永

續性可透過某個具體目標來實現，像是將溫室氣體排放量限制在與全球暖化攝氏一・五至二度的碳預算一致的範圍內。這個目標會受制於測量不確定性與它勘測的精準氣候結果（回饋鏈的存在等可能表示即使遵守預算，還是會發生更糟的結果）的程度等不確定性，不過，若以起點來說，它還是實現社會重視之事物的最佳風險管理方法。

為了判斷採取哪些決策最能解決 COVID-19 的衝擊，我們首先必須明確訂出要以什麼長期目標與衡量標準來衡量我們是否成功達成那些長期目標。在理想狀態下，實現這些最終結果的短期目標必須經過公開討論後再決定，公開討論的內容包括各項替代方案、可用來達到那些短期目標的行動，以及成功達到各項短期目標的相對可能性等等。接下來，應該要分析哪些政策能落實並實現那些短期目標。

經濟學家提姆・貝斯利（Tim Besley）與尼克・史登（Nick Stern）提倡以所謂的成本效能分析（cost–effectiveness analysis）法，來檢視如何管理及評估以不同方法實現長期目標的成本。[42] 成本效能分析會先設定長期目標，而長期目標會以社會價值觀為本。接著是確立衡量這些目標的明確指標／標準（如與氣候暖化攝氏一・五度一致的碳預算，以及我們將說到的 COVID-19 的低 R0），再來是檢視各種不同的替代政策，以判斷哪個方法最能有效率地實現社會的願望。請注意成本效能分析和成本效益分析的差異。成本效益分析（當然是粗略應用）會做出一系列的評價估計值，其中所有估計值（包括根據市場價格推估的估計值）都包含一系列和價值觀有關的判斷；接著，再將所有成本與效益加起來，進而根據邊際做出決定。「確實的」數字帶來的誘人方便性，但卻可能模糊綜合價值觀判斷。相較之下，成本效能分析則是明確尋求實現社會價值觀。成本效益分析若是由危險分子操盤，則可能會左右社會價值觀。

現在且讓我們將這個理論應用到實務。作家、工程師暨商人湯瑪斯·普耶尤（Tomás Pueyo）在一個極具影響力的部落格中，重點概述了COVID-19應對政策的標準架構，根據他的描述，COVID-19的應對方式由以下要素組成：

1. 榔頭，指最初為了保護健康而啟動的一系列極端限制措施，旨在控制病毒擴散。這些措施與世界上很多民眾的直覺反應一致。在多數案例中，榔頭會和保護企業與家庭的經濟拯救方案（旨在保護他們免於因暫停營業與停課而受到負面的經濟打擊）同步實施。以及

2. 舞蹈，指緩慢放寬封城限制措施（但還是繼續鼓勵維持社交距離與其他遏制措施），以及逐步重啟經濟活動的過程中所進行的一系列試誤流程。在這個第二階段，大流行傳染病雖尚未澈底被壓制，但必須獲得控制。[43]

在普耶尤提出這項特性分析之際，很多政策制定者認定封城是阻止COVID-19擴散、以防衛生服務機制被壓垮的必要行動。經濟支援措施（例如工資補助計劃與低利率企業信用）的目標是要維持勞工對自身職務的依附感，以維護企業的生產能力。這些政策的設計就像是橋梁一樣，含蓄地假設「與COVID-19共存」只是一個暫時的經驗，只是緊急而非長期的狀況。民眾和各國政府將健康擺在第一位，接著才竭盡所能緩和隨之而來的經濟後遺症。

但隨著幾個星期變成幾個月，奇蹟回歸正常狀態的展望變得愈來愈難實現，有四件事改變了。首先，這項疾病的進展獲得遏制——但未被根除，傳播速度R0降至一以下（若高於這個水準，代表這項疾病呈現幾何

級數成長）。第二，經濟成本開始遽增，政府赤字達到第二次世界大戰高峰以來首見的水準。第三，漫長的無所事事開始消磨勞工與許多企業的生產能力。這些問題在經濟體系內部快速但不均衡地擴散。當政府忙著擔心「為經濟體系特定部門擬定支援計劃」可能有圈定贏家（picking winners）之嫌時，COVID-19 則是忙著圈定各部門的輸家，例如餐旅、零售與運輸業等。最後一個改變是，這場大流行傳染病對不同社會經濟族群（像是婦女、弱勢族群與青年）所造成的不平等衝擊變得愈來愈明顯，它對全體民眾的廣義健康（包括心理健康、家暴與其他疾病的未接受治療等）所造成的不平等衝擊，也變得愈來愈明顯。

在這樣的環境下，要求在健康和經濟成本及效益之間進行更明確取捨的呼聲呈倍數增加。這些評估全都需要進行某種形式的統計生命價值估計，並拿那些估計值和愈來愈高的封城經濟與社會成本進行權衡。最精密的估計版本之一是幸福經濟學老前輩理查・萊亞德（Richard Layard）與多位共同作者開發出來的框架。[44] 他們的框架（以他們所謂「WELLBYS」的福祉衡量標準為核心）平衡了封城的一系列社會與經濟成本和效益，並找出了重啟經濟的臨界月份數。

然而，儘管這個框架經過深思熟慮，那類分析依舊充斥了前一章提及的諸多困難。整份分析有太多假設、研究方法有缺陷、公平被列為次要考量、優化至上，以及道德立場未經充分思考就被列為計算式裡的固有環節等等。明確評估諸如生命等變數的價值，可能會腐蝕支撐與維繫著人類社會的價值觀。

就生命、死亡與健康等問題而言，利用那種量化方法歸納出來的獨到見解有不少缺點，那些見解與道德危機議題以及必須採行的實務面決策等等有關。成本效益分析與統計生命價值的採用，經常會讓當局者取得不理

所當然的權威。謝林的主觀革命雖藉由勞動力潛力而提升了生命的評價，卻依舊遠遠不合乎期待。因為很多人——包括獲得諾貝爾獎的哲學經濟學家阿馬蒂亞・森（Amartya Sen）——主張，我們不能將生命濃縮為以美元、英鎊或甚至用 WELLBYS 計算的單一數字。顯然，政治人物並不願意在公開的言論中，為生命貼上某種貨幣價值的標籤，或許是因為他們意識到，那樣的立場將不被大眾接受。[45] 事實上，有時候，某些族群的民眾的確感覺到自己的生命不如他人的生命那麼受到重視，在那樣的時刻，他們便會相當直言不諱，反對統計生命價值估計法。[46]

更務實來說，雖然經濟與健康目標經常被置於對立面考量——為獲得將隨重啟經濟而來的經濟利益，必須付出較差衛生結果的代價——但現實情況其實更加錯綜複雜。誠如我的英格蘭銀行同事傑恩・夫利奇（Jan Vlieghe）所記，有非常大量的跨國證據顯示，這兩項目標通常是互補的。舉個例子，不同國家的數據顯示，隨著病毒流行率上升，有超過八〇%的減少移動是自願的。[47] 如果民眾擔心自己的健康會出狀況，他們不一定會願意回到工作崗位或是出門消費，在這種情況下，永久取消封城措施對供給和需求的影響就會有限。如果民眾擔心感染風險上升，他們就比較不可能基於消遣的目的而消費。感染率的激增會傷害消費與市場信心。[48]

此外，如果民眾認定當局信誓旦旦「重返正常狀態」的承諾不實在，他們將會對未來一波波的疾病傳播前景更感到憂心，而那將會對信心造成更大的危害。這凸顯出針對疾病與疾病傳播的已知與未知事項進行清晰且坦率的溝通有多麼重要。COVID-19 是最困難的挑戰：不僅是風險管理的問題，更是管理激烈不確定性的問題。[49] 類似的疾病並不在少數，但由於這場疾病的病毒株非常新，加上它的無症狀感染以及病毒隨時可能突變等問題揮之不去，故實際上來說，它可說是沒有任何真正前例的一項疾病。

不過，要維護政府正當性與鼓勵公民採行互惠的作為，絕對必須澄清什麼是已知、什麼是未知，同時以清晰的解釋內容向大眾更新建議，並說明為何要更新建議。當民眾被要求必須遵從某些措施時，他們需要理解為何那些措施是有道理的，如此一來，才會有足夠的人數遵從那些措施，並使那些措施奏效。

這件工作太過重要，不能單單把它託付給公共衛生官員了事。最終來說，當局必須「遵循科學」，先實現 R0 低於一的最基本目標，但接著還要優化一系列的目標，才算是有把整個社會真正重視的問題當一回事。不過，遵循流行病學建議的回報是遞減的。

理想的作法是採用全面性的方法來增長共同利益——先就社會上所有人的生活品質定義出核心宗旨，接著透過一個能形成一致意見的流程取得共識，最後再判斷什麼樣的成本效能干預措施最能實現這些目標。社會的選擇應該要以社會對生命的評價方式、工作的尊嚴，以及今日與未來的人類繁榮等為馬首是瞻。

誠如我們討論過的，在 COVID-19 大流行期間，公民展現了團結一致、公平與責任等價值觀。這些價值觀顯示，COVID-19 政策的首要目標應該要以衛生與社會結果為中心，也就是將死亡風險最小化、確保病患能獲得適足的治療，以及確保整個社會能公平分攤因保持社交距離所造成的負擔，同時公平分享隨政府提供的任何保護措施而來的利益。一旦這些目標獲得合理程度的實現，政策制定者應該藉由選擇性解封，在為經濟體系創造最大利益的同時，將這場疾病再次惡化的威脅降至最低。而在實施解除限制的政策時，政策制定者也必須特別留意分配的問題。放鬆封城措施為消費者與勞工帶來的直接利益與成本的規模和分配，差異相當懸殊（就工資、消費、就業與感染率等方面的變化而言）。

主管機關必須實施某種風險管理方法：最初以符合大眾優先考量的方式限制極端負面事件的發生機率之後，接下來必須將期望結果最佳化。大眾對「較佳衛生成果」的評價很高，而體察到這一點的主管機關必須設法控制所有情境下的 COVID-19 感染率。也就是說，實現 R0 遠低於一的目標（接近零的程度取決於疾病再起的展望以及澈底消除疾病的成本）。一如先前所述，R0 的使用和氣候變遷領域所使用的氣溫目標（例如維持氣溫上升攝氏二度以下）很相似，兩者都是可接受風險的理性評估環節。

　　一旦發生「大流行傳染病失控」的那類極端危險情境的風險被降到最低，持續封城對心理健康、生產能力與代間公平所造成的相對成本，就會變得非常明確。基於全面封城帶來的不確定性與複合成本非常高，所以，不能把恢復事發前原狀的全部希望，孤注一擲放在一種疫苗或是某種突破性療法組合、檢驗和目標性封城上。政策端的挑戰是要將控制感染率的經濟成本最小化，但也同時給予分配平等及代間公平議題應有的考慮。為了殲滅這場疾病而剝奪孩童的教育（即損壞經濟體系的未來生產潛力）的代價看來似乎過高。換句話說，應將平等與活力等價值觀納入 COVID-19 政策決定的價值觀指引清單。

　　將實現低 R0 列為實現社會價值觀的統一目標有幾個好處。首先，根據定義，以低 R0 為目標，代表限制疾病的擴散。第二，將這場疾病控制在一個非爆發性的軌道上後，便能確保現有的醫療量能不會被壓垮，從而使獲得公平治療的染病者人數或無法存活者尊嚴死去的可能性最大化。第三，這個目標能爭取時間來擴大衛生與檢驗量能、開發有助於降低 COVID-19 感染者死亡率的新治療方法，並提高發現與管理疫苗的可能性。最後，疾病的緩慢散播能使全體民眾逐漸累積免疫力。重要的是，由於這場大流行傳染病本質上非常新穎，所以這些要素全都受制於極高程度

的不確定性。

聚焦在 R0 的變化也能將公共衛生與經濟學結合在一起。封城的放寬可能導致 R0 上升，並產生對潛在經濟利益有害的經濟、衛生與社會面後果，而屆時當局可權衡這些後果和解封的潛在經濟利益之間的得失。應對COVID-19 的策略性政策方法，最好能以兼顧下述考量的政策為重心：以最低經濟成本將感染率控制在理想水平，同時重視分配及其他社會後果。唯有如此，這些成本的計算和校準才能作為各種考慮中的遏制策略的指引。誠如貝斯利與史登主張，政策經濟學帶給我們的主要教誨之一，就是確認哪些工具組合是實現哪個目標的必要元素，對社會決策攸關重大。[50]以 COVID-19 的個案來說，那代表必須留意各項措施對公平（工作機會維護、社會支援、衛生結果等）、教育的社會報酬、經濟誘因、代間公平（教育與經濟機會）以及經濟活力（藉由限制生產產能的中斷與破壞）等的影響。

在規劃政策時，必須體認到 COVID-19 的影響基本上是不對稱的。它對老年人的影響大於對年輕人的影響。不同經濟部門的曝險程度也差異甚大，它重創了特別容易受傳染病影響的特定產業（休閒娛樂、餐旅等等），但提高了較不受這類疾病影響的經濟部門的競爭利益（例如電子商務、網路學習以及網路醫療等）。就最低程度來說，這意味必須以一些專門鎖定特定經濟部門與人口區隔的計劃，來補強廣泛性的支援計劃。

在決定要開放或關閉哪些經濟部門時，政策制定者必須權衡一系列未獲任何市場評價的外部性。經濟外部性是指某一項活動對經濟體系其他部門的溢出效應。舉個例子，當汽車部門成長，就會使經濟體系對鋼鐵、鋁和愈來愈多軟體的需求提高。感染外部性是指經濟活動對疾病擴散的貢獻。多數形式的現場娛樂與餐旅活動都具備高感染外部性，而這項外部性

不盡然有充分反映在那些活動的價格上。[51]

　　一旦政策制定者將這些動態列入考量，應該會傾向限制對經濟體系其他環節的經濟外部性弱、而感染外部性高的經濟活動（例如現場娛樂活動、封閉型餐館以及非必要旅遊），但傾向開啟（甚至補貼）具低感染外部性、高經濟外部性的經濟活動（例如製藥業與銀行業）。最大的挑戰在於，如何處置具經濟必要性但從傳染的角度來說，又有極高潛在風險的那些領域（例如醫療、必要旅遊和教育），只不過，各方對於疾病感染率的看法已隨著時間不斷改變。亞森札（Assenza）等人用圖解來呈現這個分類（請見圖 10.3），他們建議，應該要依照經濟外部性與感染風險來保護、管理、限制所有經濟活動（或放任不管）。

　　比起政策制定者為因應 COVID-19 而不得不做的複雜選擇，像亞森札與其他人所做的那類極度精密且高度複雜的分析——包含感染的影子價格（shadow prices），以及跨部門的邊際替代率方程式——簡直可說是小兒科，充其量只是實際情境的簡化版。舉個例子，多數造模方法通常並未權衡不同社會經濟族群的疾病或經濟衝擊的發生率。總而言之，那些選擇並未賦予「公平」足夠的評價，即使「公平」是大眾最重視的核心要素，也是維護政府正當性的根本要素。另外，這些靜態的利弊得失權衡也低估了活力的重要性，並理所當然地認定經濟體系的生產能力不會因封城而受創或崩壞。

　　凡此種種的複雜性，意味我們不能將應對 COVID-19 的決策制定，簡化為某些客觀函數的數學期望值的優化作業。[52] 考量到相關不確定性的本質、後果的嚴重性，以及在價值觀方面的潛在歧見等，政策制定者應該選擇在各種可能情境下都能相對表現優於其他政策的健全行動。理想狀態是「無憾」型政策，不過，由於 COVID-19 的發展依舊模糊難辨，所以我們

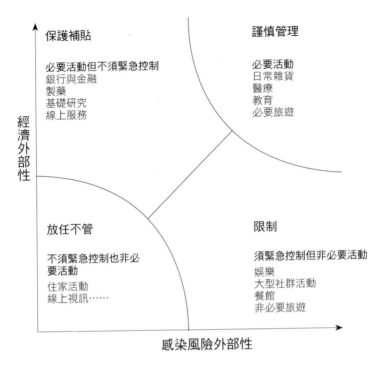

縱軸（經濟外部性）由下往上，橫軸（感染風險外部性）由左往右。

左上象限：**保護補貼**
必要活動但不須緊急控制
銀行與金融
製藥
基礎研究
線上服務

右上象限：**謹慎管理**
必要活動
日常雜貨
醫療
教育
必要旅遊

左下象限：**放任不管**
不須緊急控制也非必
要活動
住家活動
線上視訊……

右下象限：**限制**
須緊急控制但非必要活動
娛樂
大型社群活動
餐館
非必要旅遊

縱軸標示：經濟外部性
橫軸標示：感染風險外部性

圖 10.3　各經濟部門別的政策干預

最多可能只能期望那些政策造成較小的遺憾。

　　我們將在第十六章談到，財政職能的使用是一項攸關重大的決策。儘管目前的利率處於結構性低檔，預算終究不是完全沒有限制。同時，我們不該誤以為最低經濟成本等同於最低公共成本。監理規定對企業造成的成本可能會導致就業人數降低，或是造成資產使用的缺乏效率，而很多因此衍生的成本，會以較高物價的形式轉嫁給消費者。就這方面來說，最重要的應該是要考量經濟體系的動態產能。政策制定者必須考量各項政策對教育與民眾的技能發展，以及難以取代的企業生產能量的影響。路徑依賴真的很重要。

　　最後應該強調的是，「公平獲得醫療照護」是必要的，它的重要性不

亞於在重啟經濟的道路上所做的這些決策。如果對醫療公平妥協，政府的正當性與公民互惠之間的界線就會被破壞，這會產生較低法遵與較差衛生結果與經濟結果等不良回饋。就封城和保持社交距離期間所經歷的剝奪感而言，民眾感受到的公平性也是如此。不能讓有權有勢的人適用一個規則，而其他所有人適用另一個規則（一如封城期間，某些高級政府官員與足球球員的行為令大眾義憤填膺等情況所示）。

COVID-19 的管理是一個動態流程。在資訊有限且恐懼迅速蔓延時及早採取的政策不能一成不變。政策必須適度更新，並根據情勢的新發展與對眼前風險的更多了解，重新加以微調與重新校準。檢驗方式與療法的改良能改變這項疾病的風險概況。經濟體系則會適應各種限制措施。必須讓大眾隨時了解這些變化與它們的影響。若能減緩疾病的擴散，目前染上這項疾病的人將獲得較好的衛生結果。但在此同時，由於債務增加、技能萎縮、閒置實體資本生鏽，以及教育不足的悲劇持續深化等等，經濟體系與社會的韌性都已明顯降低。若要繼續實現管理 R0 的總體目標，這些發展應該會影響和重啟經濟的本質有關的決策。

價值（觀）會改變

COVID-19 危機展現了政府的重要性，也凸顯了政府失敗的代價。危機爆發之前，各國政府長年低估韌性的價值，也未能善盡保護公民的職責。事實證明，如果一個國家的政府很稱職，公民遵守封城命令的程度便會上升。疫情爆發後，世界各地的民眾挺身而出，透過個人與嶄新面貌的文明社會，展現出團結一致的意識與利他主義。但與此同時，COVID-19 危機卻也暴露了社會上的深刻壓力與不公不義。必要員工的價值被低估，

而眾多公民團結一致對抗疫情的景象，和存在於社會上的深刻不平等，呈現諷刺的鮮明對比。這促使民眾對生活所有領域的公平與更高程度的平等寄予更高的期待。

問題在於，危機期間所展現的價值觀是否能延續到正常時期。[53] 這個問題的答案部分取決於後 COVID-19 疫情時代的價值如何改變。金融市場評價已隨著世人對這場大流行傳染病的延續時間與嚴重程度的感受變化而不斷擺盪。

更深層的憂慮包括各經濟體系的供應崩壞（不僅僅是供應鏈中斷）到什麼程度。具體而言，有多少曾經有生存能力的企業將永久遭受損害？有多少民眾將失去工作，以及他們對勞動力的依附感？這些問題的答案不僅是 GDP 的短期崩落程度那麼簡單，還將是對各國政府、企業與銀行應對效能的真正考驗。

各方注意力已轉向危機所暴露的實質機會：遠端辦公、線上醫療、遠距學習，以及人類經濟體系加速由傳遞原子的世界轉變為傳遞位元的世界的趨勢。

隨著我們的數位與本地生活擴展，以及我們的實物與全球生活萎縮，未來勢必會有一些價值被創造出來，也會有一些價值被破壞。創造力與活力仍將繼續獲得高評價，但價值的樣貌將受一些新動力影響，包括經濟、金融、心理和社會等方面的新動力。請依序思考以下幾點：

首先，這場危機可能將加速全球經濟體系的支離破碎。除非疫苗廣泛施打，否則旅遊禁令將不會解除。就算疫苗已經廣泛施打，本地韌性仍會比全球效率更受重視。

第二，企業的多數企業價值因失去的現金流量和非常時期的財務支援而下降。較高的債務（除非經過重整、根據讓步條款展延或寬免）將導致

標的股票的風險性上升，並壓抑成長能力。

影響更深遠的是，政府與民間部門之間的金融關係已大幅擴展。未來的退場能多順暢？或者政府會繼續被捲入商務活動，並對民間活力造成束縛？

第三，衛生與經濟雙重危機的慘痛經驗，將改變企業平衡風險與韌性的方式。未來一般人將期待企業藉由反脆弱性的評估與做好因應失敗的準備等，為所謂的黑天鵝事件做好整備。當年，全球金融危機的重創使金融部門記取許多寶貴的教誨，也因如此，這一次銀行業者才能夠成為這場危機的解方之一。展望未來，哪些企業能以最少的流動性、最綿延不斷的供應鏈，以及替代性的或有計劃繼續運作？又有哪些政府將仰賴全球市場來解決本地的危機？

第四，民眾的經濟敘事（economic narratives）將會有所改變。幾十年來，風險不斷被下載（移轉）到個人身上，如今買單的時刻已到，但民眾甚至連開始付款的能力都沒有。全體民眾目前正經歷著失業的恐懼，且因醫療量能不足或被排拒在醫療大門之外而感到焦慮不安。民眾不會輕易淡忘這些教訓，而這會對仰賴槓桿消費、繁榮的房市與熱絡的零工經濟的部門產生持久的後果。

這指向最後一個更深刻的議題。近幾十年來，我們一步步從市場經濟體系邁向市場社會，這個變遷過程雖然細微到難以察覺，卻堅定向前。漸漸地，若一項資產或活動希望受到重視，就必須進入市場；一切事物的價格成了一切事物的價值。

這一場危機可能有助於扭轉那個因果關係，從而使公眾價值觀得以協助塑造民間價值。在逼不得已的情況下，各地社會已將衛生／健康列為最優先且最重要的考量，接著才設法解決經濟後果。這段時間以來，我們秉

持羅爾斯主義者和共產社會主義者的意識行事，不再是功利主義者或自由主義者。隨著團結一致、公平、責任與同情等價值觀已與經濟活力和效能等價值觀結合在一起，埋首計算統計生命價值的成本效益分析已被寬仁地推翻。

這一場危機是對利害關係人資本主義的一場考驗。當這場危機結束，外界將觀察「企業在這場戰爭當中有何作為」，並藉此評斷它們。企業如何對待它們的員工、供應商和顧客？哪些人慷慨解囊，哪些人又囤積居奇？哪些人挺身而出，哪些人又退縮不前？

許多領導者把當前這場危機形容成一場對某個隱形敵人的戰爭。等到危機結束，我們將需要贏得和平。

這類劃時代事件的有限歷史經驗顯示，災難過後，社會的渴望將不僅聚焦在成長率上，也會著重成長的方向與品質。當年全球金融危機過後，世人的目標是要再度平衡經濟體系的金融化，終結銀行業「大到不能倒」的亂象，近幾年更著重於利害關係人資本主義的建立。所以，我們有充分理由預期，COVID-19 危機過後，大眾將會要求改善社會支援與醫療照護品質，並要求更關注極端風險的管理，同時要求更留心科學專家的建議。

要復興我們的經濟體系與社會並非易事，尤其是為了打擊這場大流行傳染病而耗費的那些成本，勢必會削弱各地政府、企業與金融機構振興經濟的職能與量能（乃至應對下一場危機）。我們解決氣候變遷的方式將是對這些新價值觀的考驗。畢竟氣候變遷是一個（1）牽涉到整個世界的議題，沒有人能置身事外；（2）今日的胖尾風險（fat tail risk，注：指統計上位於鐘形分布兩端的事件的發生機率上升），但根據科學的預測，它將成為明日的主要情境；以及（3）除非提早休戚與共、採取團結的行動，否則我們無法解決這個問題。

很多領導者將 COVID-19 危機描述為二戰以來最大的挑戰。英國首相勞合‧喬治（Lloyd George）在歷經第一次世界大戰的蹂躪過後，曾號召經歷戰亂折磨的英國民眾，承諾一同打造一個「適合英雄生存的英格蘭。」等到這一場與無形敵人的戰爭結束時，我們應該懷抱更果敢的雄心壯志，一起打造「一個適合後代子孫生存的地球。」如果我們能共同面對這場醫學生物學的最大挑戰，一定也能團結迎接氣候物理學與造成不平等的動力的挑戰。

　　接下來，我們將先討論氣候危機，隨後在下一部探討各地領導者、企業與國家如何在危機當中挺身而出、穩定局面。

第十一章
氣候危機

從上一次冰河時期迄今，人類已在氣候異常穩定的全新世（Holocene）狀態下，蓬勃發展了超過一萬一千年。不過，目前那樣的穩定性正在劇烈動搖。我們創造了一個所謂人類世（Anthropocene）的新世代，在這個世代，地球的氣候不再受大自然的地質節奏驅動，而是受人類對這個星球的影響所左右。

地球的氣候隨著工業革命持續擴展而開始變遷。自一八五〇年起，全球氣溫平均每十年上升大約攝氏〇・〇七度。但在過去三十年間，地球氣溫上升速度的成了原來的三倍。十九世紀末以來，地球的平均溫度已上升攝氏一度。[1]

這些變化正對我們這個星球的精緻生態系統造成愈來愈強烈的衝擊。自工業革命以來，我們的海洋酸度已上升三〇％。[2] 過去一個世紀，海平面上升了二十公分，而過去二十年的上升速度更是增加一倍。[3] 過去十年間，北極與南極冰體積減損速度達到先前的三倍。[4] 極端氣候事件——颶風、野火以及山洪暴發——呈倍數增加，總之，昨日的極端風險已成了明日的主要情境。

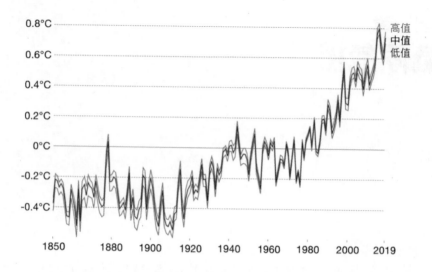

圖 11.1　全球平均氣溫變化，一八五〇年一二〇一九年

這些影響一開始是導致個別物種消滅，接著是整個自然環境遭到破壞。歷史上，我們的星球曾經歷過五次大滅絕。而此時此刻，人類的活動正以一種空前的速度，將這個星球推向第六次大滅絕。當前的滅絕速率大約比過去幾百萬年的平均速度快一百倍。從我出生迄今，哺乳類、鳥類、魚類、爬蟲類與兩棲類動物的總群體量已減少了七〇％。[5]

《聖經》裡描述的景象已變得愈來愈司空見慣。

或許是因為那些動物的價值未受到正式的財務評估，所以，這些生命的折損最初都被輕描淡寫、隨意帶過，相關的導因也被當作不重要的議題。不過，此時此刻，氣候變遷的影響已開始衝擊到具有市場價格的資產，導致這個隱約逼近的災難變得更顯而易見。氣候變遷正造成一個可怕的惡性循環，上升的海平面與更極端的氣候，對財產造成危害、逼迫人類移民、損壞資產，並降低工作的生產力。如今，COVID-19 危機已暴露了

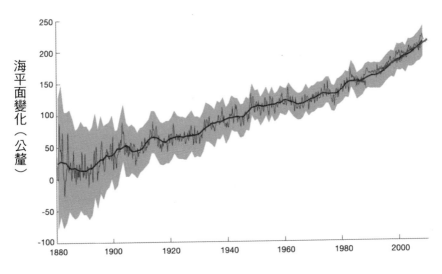

圖 11.2　自一八八〇年後之全球海平面上升狀況

低估韌性的重要性與漠視系統性風險有多麼可悲又愚蠢。隨著社會開始意識到這些風險的存在，民眾也愈來愈重視永續性的價值——這是解決氣候危機的先決條件。

　　但是，要解決氣候危機，我們得先了解它的導因與後果。

導因：溫室氣體排放

　　聯合國的政府間氣候變遷專門委員會（Intergovernmental Panel on Climate Change，簡稱 IPCC）斷定，我們當前的暖化趨勢，極端可能（或然率高於九五％）是人類活動所致。[6] 快速的工業化與全球經濟成長已導致大氣中的溫室氣體——尤其是二氧化碳——以令人不得不警覺的速度飛快增加。人類花了兩百五十年燃燒掉前五千億噸的碳。[7] 但以目前的趨勢

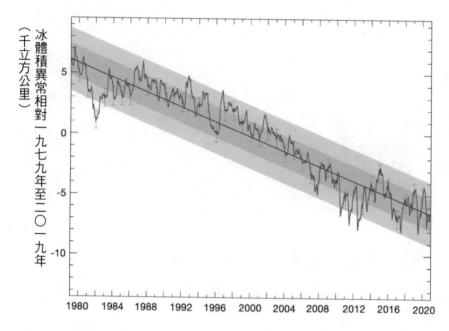

圖 11.3　北極海冰體積

來說，後續五千億噸的碳將在不到四十年內被釋放到我們的大氣當中。

　　目前，二氧化碳濃度已達到有史以來的新高（請見圖 11.4）。這不僅僅是一個眼前的挑戰。在那些溫室氣體當中（包括甲烷、一氧化二氮與氟化氣體），二氧化碳是最複雜難解的。溫室氣體排放所造成的氣候暖化衝擊，有四分之三導因於二氧化碳，而且，二氧化碳是最耐久的溫室氣體，我們今天排放的碳，大多會在大氣中停留數個世紀之久。[8]

　　科學家分析了過去一個世紀碳排放與氣溫之間的交互作用後，斷定全球暖化的速度大約和大氣中的二氧化碳含量呈等比關係。那類計算結果代表我們可以估計出我們的碳預算（carbon budget）──也就是在不超過各個不同溫度門檻的情況下，我們還可以再釋放多少二氧化碳。

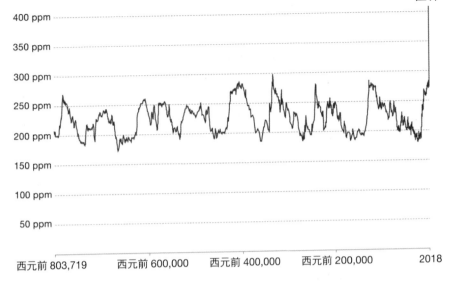

世界

400 ppm

350 ppm

300 ppm

250 ppm

200 ppm

150 ppm

100 ppm

50 ppm

西元前 803,719　　　西元前 600,000　　　西元前 400,000　　　西元前 200,000　　　2018

圖 11.4　大氣中的二氧化碳濃度 [9]

　　碳預算的規模取決於（1）氣溫結果；以及（2）不確定性的程度（也就是被指定給這個結果的或然率）。IPCC 的報告是最受推崇、且最常被引用的碳預算資料來源。二〇一八年那一年，IPCC 估計了一個碳預算範圍：四二〇 Gt（Gt：十億噸。以六六％的或然率實現暖化攝氏一・五度的目標；以目前的排放量來說，這不到十年就會耗盡）至一五〇〇 Gt（以五〇％的或然率將實現暖化攝氏二度的目標，以目前的排放量來說，大約三十五年就會耗盡）。若能將氣溫上升幅度限制在不高於工業化前攝氏一・五度，地球的氣候與自然系統就不致於陷入危險的回饋循環。舉個例子，IPCC 推估，即使氣溫只增加攝氏二度，就會有十七億名民眾可能必須經受更嚴重的熱浪，海平面也可能再上升十公分，珊瑚礁覆蓋率最多則將衰減九九％。

鑑於生態系統極度複雜，所以，我們的碳預算很可能甚至小於上述數字，而這就是人類應該竭盡所能限制氣溫上升的原因之一。地球有很多回饋循環與臨界點（tipping points），這些循環與臨界點有可能從良性轉為惡性，並加速這個過程。舉個例子，極地冰層會反射陽光並降低暖化程度。而當這些冰層融化，前述效果就會折損，導致極地冰層的消失成為既是氣候災難的後果，也是災難的導因。同理，支撐著我的家鄉陸地的永凍土目前正在融化，並啟動一系列釋放二氧化碳與甲烷以及加速全球暖化的流程。由於北極暖化速度達到全球平均速度的兩倍，所以未來這些回饋循環成為事實的可能性已愈來愈高。這些回饋循環絕非微不足道：根據 IPCC 估計，到了西元二一〇〇年，光是永凍土融化所造成的碳排放，就有可能耗掉攝氏一·五度碳預算的**三分之一**。

或然率（％）	溫度目標 ℃	碳預算（剩餘 Gt 數，以報告發表與二〇二〇年第一季時為準）[10]	以當前排放速度計算之剩餘年數[11]
66	1.5	420（報告發表時） ~336（二〇二〇年第一季）	~8
50	1.5	580（報告發表時） ~496（二〇二〇年第一季）	~12
66	2	1,170（報告發表時） ~1,086（二〇二〇年第一季）	~26
50	2	1,500（報告發表時） ~1,416（二〇二〇年第一季）	~34

當我們增加到大氣中的碳數量大於我們從中去除的量（過去一個多世紀以來皆是增大於減），二氧化碳的存量就會上升。為了將氣溫上升幅度穩定在攝氏一·五度以下、攝氏二度或其他任何溫度水準，我們都必須達到淨零狀態，也就是說，我們排放到大氣的碳必須等於我們去除的量。

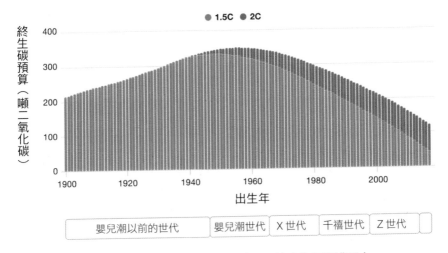

圖 11.5 氣候暖化攝氏一‧五度與二度等情境下，依出生年度排列之
全球人均終生碳預算

淨零不是口號，而是氣候物理學的一項當務之急。

　　為了持續將氣溫穩定在攝氏一‧五度的升幅以內，未來二十年的排放
量必須至少逐年降低八％。我們可以從下述數字了解這個目標的意義：二
〇二〇年，二氧化碳總排放量（包含全球經濟體系因 COVID-19 而全面停
擺的影響）降低了大約五％至七％。簡單來說，即使排放量因這場危機而
出現這樣的減少速率，我們還是繼續消耗著我們的碳預算，換言之，就實
現氣溫的目標而言，我們根本還沒步上軌道。此外，我們再利用以下數
字，看看這些努力究竟得到什麼樣的成果：即使二〇二〇年，全球的排放
量降低了一〇％，二氧化碳釋出量還是達到三十三 Gt，這個總數比二〇
一〇年以前的任何一年都還要高。

　　為了將氣溫上升幅度限制在攝氏一‧五度以內，今天出生的「一般」
全球公民必須遵守的個人終生碳排放預算，大約只相當於他們的祖父母輩
終生碳預算的**八分之一**（圖 11.5）。下次聽到有人對你說：「老人家閉嘴」

時，請先想一下這個推估值再發飆也不遲。

事實上，根據 IPCC 的估計，如果到這個世紀下半葉，溫室氣體的排放量依舊沒有穩定降低，氣溫將上升攝氏四‧○度（「可能的區間」介於攝氏二‧四度至六‧四度）。

唯有推行全面性的結構性變革，才可能實現「將氣溫上升幅度限制在二度以下」所需的減少排放（以下簡稱減排）速度和規模。不同部門面臨的挑戰可能並不一致，但所有部門都必須貢獻心力。即使是大自然都必須從溫室氣體的主要淨排放來源，轉變為一個天然碳匯（carbon sink），將大量超額的碳從大氣中去除。

溫室氣體排放最大的貢獻者以及距離淨零目標最遙遠的部門如下：

- 工業製程（約占目前排放量的三二％），例如製成品、化學品與水泥的生產。從一九九○年起，這類排放增加了一七四％。
- 建築物（約占目前排放量的一八％），能源用於供應電力與熱能。
- 運輸（占目前排放量的一六％），包括汽車、載重汽車與海運、空運產業使用的能源。過去二十年，光是運輸部門的排放量就成長了七○％。
- 能源生產（占目前排放量的一一％）──能源的生產與供給，而不是它的最終用途。
- 糧食與農業／天然來源（占當前排放量的一○％），包括作物和牲畜。

能源的生產與消費是影響氣候動態最重中之重的核心要素，這個項目約占全球人為溫室氣體排放量的四分之三。能源部門包括運輸、電力與熱

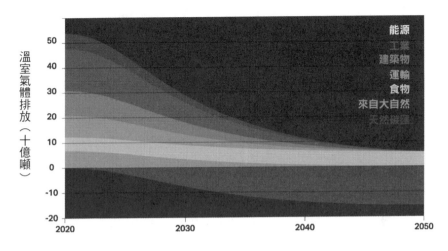

圖 11.6　為將全球暖化程度限制在攝氏一・五度以內，不同部門的減排路徑

能、建築物、製造與建築業，「逸散性」排放（'fugitive' emissions），以及其他燃料燃燒（fuel combustion）。在這當中，熱能與電力的生產是排放量最大的（二〇一六年為一五 Gt 的二氧化碳當量〔CO2e〕，相當於總排放量的三〇％），其他依序是運輸（一五％）與製造和建築業（一二％）、住宅用建築（一一％）與商用建築（六・五％）。汽油、柴油和其他運輸用燃料所產生的溫室氣體總量，約有一五％至四〇％是在尚未成為成品的情況下就已在煉油廠製程裡產生。

　　為了減排並穩定氣候，相關的解決方案必須著重下列要點：

● 我們如何生產能源（減少化石燃料的使用，轉採可再生能源）；

● 我們如何使用能源（例如從石化動力運輸轉為電力動力運輸，提高建築物的能源效率，以及去碳化工業製程）；還有

● 如何從大氣中去除更多數量的碳（藉由大規模重新造林以及碳

排放的捕捉、再利用與封存〔CCUS〕等技術的開發）。

為達到淨零目標，我們的能源系統將需要進行全面性的變革。也就是說，我們必須將大部分的能源使用轉化為電力，並將所有電力轉化為可再生能源。其他可能具決定性作用力的技術包括氫，尤其是供載重型運輸（如貨運、船運與航空交通）使用的技術，以及碳捕集與封存，只不過，要達到具經濟效益的程度，這些技術還有很大的改善空間。

某些部門比其他部門更難達到去碳的目標，這些「難以消除」的部門包括航空、船運、長途托運與水泥和鋼鐵生產業，合計共占全球總排放量的四分之一以上。減少排放量需要有效率、新工業製程與新技術才可能實現。在航空與船運業，生物燃料與氫動力引擎的潛力，有可能大幅減少排放量。而以建築部門的例子來說，3D列印機目前已能在四十八小時內蓋好整棟房子，並減少三分之一的建築廢棄物，從而減少一半的排放量。

對於某些不斷呼籲進一步推動技術創新的人來說，這是一種絕望的忠告，而在其他人（像是創新者與創業家）眼中，這些挑戰事實上代表著巨大的機會。無論如何，速度與規模都至關重要。也因如此，比爾・蓋茲才會帶頭成立一個規模高達數百億美元的突破能源基金（Breakthrough Energy Fund），目的就是提供一臂之力，在短期內將技術推向具競爭力的規模。

蓋茲的《如何避免氣候災難》（*How to Avoid a Climate Disaster*，注：天下雜誌出版）一書，詳細描述了實現淨零目標所需的關鍵技術。誠如他所坦承，淨零不僅是經濟與技術上的挑戰，也是政治上的挑戰。這本書概要描繪了幾個經由緊密結合財務價值觀與社會價值觀，以實現淨零的方法。另外，這本書也強調，人類必須竭盡所能節省碳預算，這項作為極度

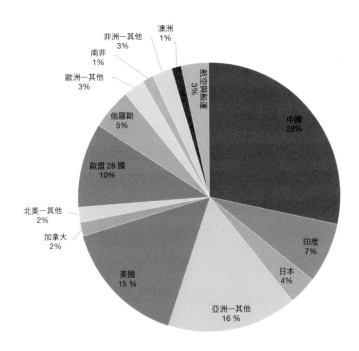

非洲—其他
3%

澳洲
1%

南非
1%

歐洲—其他
3%

航空與船運
3%

俄羅斯
5%

中國
28%

歐盟 28 國
10%

北美—其他
2%

加拿大
2%

印度
7%

美國
15 %

日本
4%

亞洲—其他
16 %

圖 11.7　全球各國二氧化碳排放量（二〇一七年）

重要，因為唯有如此，才爭取到一些時間與空間，讓比爾・蓋茲與其他人得以完成關鍵的技術突破。

排放濃度因產業部門而異，也因地理區域而異。都會區的排放量占絕大多數。儘管都市僅占整個地球陸地的三％，都市的二氧化碳排放量卻達全球的七〇％。以全球來說，亞洲是最大的排放區域（大約略高於全球排放量的一半），其次是北美洲與歐洲。不過，人均排放量的狀況則和前述截然不同，其中北美的人均排放量位居全球第一。另一方面，歷史累積排放量凸顯了西方對這個問題的（無心）貢獻，而貿易導致問題變得更加錯綜複雜，因為有些大國正在進口排放量。儘管這一切的一切都對必要的相對作為具有重大寓意，卻也凸顯出這個議題本質上是一個全球問題，因此

我們需要採取更進取的集體行動。

由於快速工業化的緣故，中國產生的二氧化碳排放量已超過全球總排放量的四分之一，美國和歐盟則緊接其後。若以人均數字排列，各國的狀況差異非常大。澳洲、美國和加拿大公民的排放量是平均值的三倍，而查德、尼日與中非共和國公民的排放量比最高排放國的公民低一百六十倍，人均排放量大約僅有○‧一噸（請見圖 11.8）。歐盟和英國大約落在平均值，部分導因於技術與能源生產選擇，部分則是它們較為服務導向的經濟體系所致。

幾十年來，先進經濟體享受了未受排放管制的好處，並因此得以快速工業化，從而實現高經濟成長。不過，如今氣候的當務之急導致開發中與新興經濟體無法仿效先進經濟體的發展腳步。這就好比我們必須將溫室氣體消費從貪得無厭的嬰兒潮世代轉遞給永續發展的千禧世代來承擔，只不過變成放眼全球的視角。

特別是美國，從一七五○年代起，美國總共排放了大約四千億噸的溫室氣體，是全球總累積排放量的四分之一（請見圖 11.9）。歐洲的累積排放量大約略高於全球的五分之一。直到一八八二年以前，英國的累積排放量是世界累積排放量的一半，後來這個位置被歐洲取代，接著到了一九五○年，美國又以蛙跳的速度超越歐洲。從這個歷史視角而言，中國的排放量看起來相對微小，儘管以目前來說，中國對大氣排放的碳位居世界第一。

某些國家已順利解除經濟成長和排放量增加之間那種亦步亦趨的掛鉤關係。幾個大型經濟體已實現這項成就（例如英國、法國、德國和美國），而且它們主要並不是仰賴生產活動外包（乃至將排放量外包）給法規較不嚴格的國家來實現這項成就，因此，這幾個國家的消費與生產相關

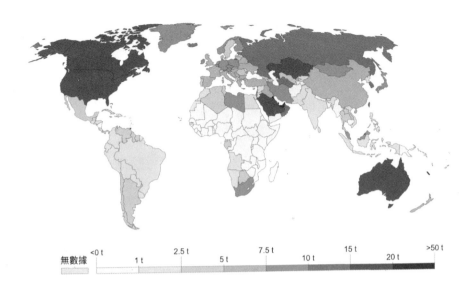

圖 11.8　二〇一八年人均二氧化碳排放量（噸）

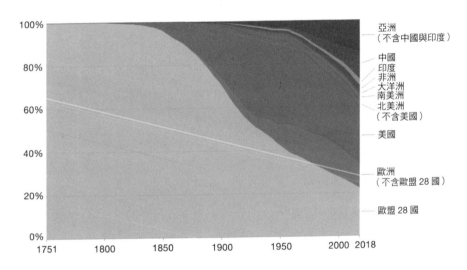

圖 11.9　世界各地區累積二氧化碳排放量

排放量雙雙降低。這種脫鉤現象是拜一些結構性的變革所賜，例如增加非碳密集部門（例如服務業）的依賴，乃至更環保的政策選擇與技術等。

更廣泛來說，隱含排放量（embedded emissions）貿易透露了東西方的分歧立場，並凸顯出這項挑戰的本質——這是一個全球共同的挑戰。多數西歐國家、美洲國家和很多非洲國家是碳排放的淨進口國，而多數東歐與亞洲國家則是碳排放的淨出口國。亞洲的排放濃度這麼高，部分導因於西方國家的持續排放欲求。

一九八九年，柏林圍牆倒塌後，全世界的集體排放量成長率就達到 GDP 成長率的兩倍。然而，誠如上述，即使各個經濟體因 COVID-19 疫情而封鎖，全球的排放量卻還是持續增加。這導致為了將溫度上升幅度限制在災難水準之下所允許的碳預算遭到快速消耗。

就某些以科學為基礎的衡量標準來說，我們有必要展開非常大規模的能源革命——那必須是一場大得驚人的革命。

想當初，若從二○○○年就展開行動，我們原本只要透過「每三十年將排放量減半」，就能實現暖化攝氏一·五度的目標。但如今，我們必須每十年減少一半排放量，才能實現那個目標。而如果我們再拖延四年才開始行動，就必須應付每年排放量減半的挑戰。如果再拖八年，我們的暖化攝氏一·五度碳預算就會消耗殆盡。

創業家暨工程師索爾·格里菲斯（Saul Griffith）主張，根據我們已投入的實體資本（physical capital）的碳排放特性，即使沒有人再增購任何配備內燃引擎的汽車、沒有人安裝任何新的瓦斯熱水器，或是——更大規模來說——沒有人興建任何新的燃煤電廠，我們還是注定會耗盡剩餘的碳預算。[12] 那是因為一如我們預期一輛新車可以開十年以上，我們也預期現有的機器設備將能使用到完全折舊為止。如果所有機器在其使用年限內的承

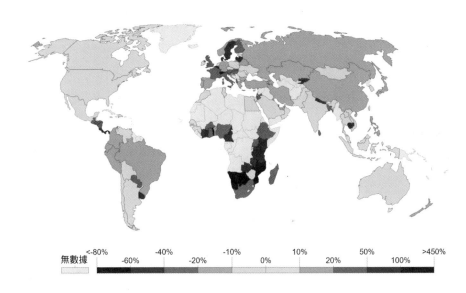

無數據 <-80%   -40%   -10%   10%   50%   >450%
       -60%   -20%   0%   20%   100%

圖 11.10　依照世界各地區顯示的二氧化碳排放量

諾排放量就將足以消耗掉攝氏一・五度的多數碳預算,那麼,未來幾乎所有增購的機器——如汽車——都必須零碳排才行。目前,雖然電動車是市場上最熱銷的區隔之一,但它的市占率還是只占個位數的百分點。也就是說,如果要實現社會的目標,未來勢必會有非常多的資產需要報廢與擱置(stranded)。[13]

如果我們不及時轉型,將會承擔什麼樣的風險?氣候變遷的潛在成本是什麼?如果我們真的實現淨零,又能保住什麼價值?

氣候變遷的後果

氣候變遷後果的衡量是價值與評價挑戰的核心議題。有些成本是直在、內在(visceral)且可量化的,例如極端氣候事件所造成的有形損害。

有些成本則可透過氣候變遷對經濟價值的標準衡量準則——GDP——的潛在影響情境來估計。不過，還有一些更基本的價值（與價值觀）問題需要釐清，尤其因為氣候變遷所破壞的許多事物（例如生物多樣性與社區）並沒有明確的（財務）評價可言。再者，我們對氣候變遷因應政策的相對價值所做的評估，主要取決於我們對未來的重視程度。

氣候變遷成本的估計值與永續性的價值，取決於許多不確定性。其中，第一個不確定性是大氣中的溫室氣體濃度究竟會對平均氣溫與氣候易變性產生什麼樣的精確影響。

與氣候成本有關的不確定性還延伸到極端氣候對關鍵經濟變數的變動率與水準的影響（例如 GDP 成長率、就業與工資）；此外，創新與適應性雖可能緩解氣候變遷對經濟價值測量值的衝擊，但其緩解程度存在不確定性。在評估物種生命與人類生計的價值時，我們也面臨類似於「將神聖價值觀『貨幣化』」的挑戰。另外，幾乎所有氣候變遷成本的估計值，都漠視了它對社會資本與機構的潛在影響、它對福祉的直接影響，以及它對經濟價值創造的回饋。

為了釐清這些要點，且讓我們依照我的習慣，從中央銀行官員如何看待氣候變遷的風險開始談起，接著再針對岌岌可危的價值進行更廣泛的衡量。

氣候變遷會帶來**實體風險**與**轉型風險**。實體風險來自更高頻率、更嚴重的氣候天氣相關事件（例如火災、洪水與風暴），這些事件會損壞財產，破壞作物，並導致貿易中斷。當實體風險具體化，它可能會損壞實質財產、破壞人類與大自然體系，並使財務價值降低。

最後一點的實質案例在於：保險公司的承保風險已大幅上升。颶風、山洪暴發、森林大火與海平面上升等極端氣候事件，使企業與社區所端賴

的關鍵基礎建設暴露在風險之中。一旦作物歉收、住宅被毀，運輸網被癱瘓，整個生計都有可能被摧毀。

自一九八〇年代以來，登記有案的氣候相關虧損事件數達到原來的三倍，調整通貨膨脹的損失後，更是增加了五倍。過去十年間，氣候相關保險損失的實質成本增加了八倍（這和氣候變遷加速的腳步一致），每年的平均值達到六百億美元。[14] 這些趨勢絕對會延續下去，據估計，這個世紀的剩餘時間，沿海洪水事件將增加五〇％，而這項發展有可能危及價值全球 GDP 二〇％的資產。[15]

上述資產價值損失估計值是財富存量（stock）的衡量標準，反之，GDP 是**流量**（flow）的衡量標準，也就是說，我們用 GDP 來衡量財富的增加幅度。若不解決氣候變遷的問題，經濟活動的水準與成長率將遭受非常可觀的估計潛在衝擊，而且，那不僅包括因較極端氣候所造成的破壞而衍生的成本，還包括平均溫度逐漸上升所造成的衝擊。舉個例子，持續上升的氣溫與頑強不退的熱浪將會影響勞動生產力，尤其是在戶外工作與做體力活的勞工。研究顯示，在攝氏三十四度的條件下，勞工將失去五〇％的工作量能。[16] 據估計，在一九九五年一整年，因工作時的熱負荷（heat stress）而發生的經濟損失達到兩千八百億美元。據推估，到二〇三〇年時，這項數值應該會增加八倍，達到兩兆五千億美元。另外，據估計，到二〇五〇年，將會有十二億名民眾（相當於印度目前的總人口）可能生活在致命性年度熱浪的威脅之中。

綠色金融體系網路（Network for Greening the Financial System，以下簡稱 NGFS）是一個由近八十個國家的中央銀行組成的聯盟（那些國家所產生的碳排放量，約占世界的四分之三），它已推演出一些代表性情境來說明氣候風險可能會如何演變，並說明氣候風險的演變將對實質與金融經濟

體系造成怎樣的影響。[17] 其中一個情境——「溫室地球」（hothouse earth）——根據「人類只對氣候變遷採取有限的行動，導致溫室氣體排放增加且氣溫上升超過攝氏三度」（記得嗎？根據聯合國政府間氣候變遷專門委員會的推估，若政策再不改變，中心情境將是氣溫上升攝氏四度）的情境造模。以這個情境來說，由於海平面上升，且有更多極端天氣事件肆虐，氣候變遷的實體風險將支配一切，並導致這個世紀末的 GDP 折損二五％。但根據 NGFS 的研判，上述的估計還算保守。

除了業界人士，鮮少有外人知道英格蘭銀行也負責監理世界上第四大的保險產業。擔任英格蘭銀行總裁後，我很快便領悟到，保險公司根本是站在氣候變遷的最前線。商業上的考量增強了保險公司更認真履行全球公民責任的動機，因此，它們有強烈的誘因去理解與處理短期內的氣候變遷問題。舉個例子，倫敦勞合社（Lloyd's）的保險商必須依照規定，在它們的商業計劃與承保模型中，明確考量氣候變遷的議題。他們精明地體察到，過去發生的一切並不能用來作為應對未來的參考，同時也察覺當前的極端風險將成為未來的災難常態。有了這樣的洞察力，也就不難理解為何保險業者向來格外積極調整組織、解決這類的生存問題了。[18]

產物與意外保險公司和再保險公司已針對最立即的實體風險——從洪水風險到極端天氣事件對主權風險的衝擊——調整他們的商業模型。從眾多的例子舉一說明：倫敦勞合社估計，從一九五〇年代起，曼哈頓角（the tip of Manhattan）的海平面已上升了二十公分，在其他因素維持不變的情況下，光是在紐約，颶風珊迪（Sandy）造成的已投保財產損失就增加了三〇％。[19]

截至目前為止，精密預測、前瞻性資本體制和以短期保險項目為中心的商業模型等的組合，使保險業者相對還算能善加管理實體風險。[20] 保險

公司必須不斷更新他們的模型，並審慎調整保險範圍。若沒有公共端的最後擔保，人類經濟體系將有愈來愈多領域會變得無法投保：到了二一〇〇年，美國將有價值兩千五百億至五千億美元的沿海財產可能低於海平面。[21] 此外，如果無法維持現有的保險範圍，更廣泛的金融體系將被迫承受愈來愈大且變化無常的實體風險。

第二類與氣候有關的金融風險是轉型風險。這些風險源自我們邁向較低碳經濟體系而進行的調整。政策的變革、技術與實體風險，將促使世人隨著轉型的成本與機會變得愈來愈顯而易見，從而不得不重新評鑑大量資產的價值。重要的調整拖得愈久才進行，轉型風險就會增加愈多。

目前看來，轉型為淨零經濟體系的調整速度仍不明確，且可能對金融穩定造成決定性的影響。現在已經有一些備受關注案例的定價因環保政策或績效的轉變而迅速陷入危難狀態的水準。從二〇一〇年年底迄今，美國四大煤炭生產商的總市場價值已降低九九％以上。為了實現暖化不超過攝氏一・五度的目標，當前的化石燃料儲備（包括四分之三的煤炭、一半的天然氣與三分之一的原油）將有超過八〇％必須繼續保存在地底下，而這將導致那類資產被擱置。如果要實現低於攝氏二度的目標，則大約有六〇％的化石燃料資產必須繼續保留在地底下（而一旦繼續被保留在地底下，那些資產就不再是資產）。

二〇一五年，我在一場演說中提到這些擱置資產（stranded asset）的前景，[22] 當時那些演講內容在產業界挑起了極大的憤怒。部分原因在於，他們當中有很多人拒絕接受人類社會在巴黎達成協議的那幾項目標（將氣溫上升幅度維持在攝氏二度以下）、拒絕接受為實現那些目標而不得不採納的碳預算（經科學方法估算而來），也不願就這些方案對化石燃料開採的影響等進行最基本的妥協。他們無法（或者該說他們不願）進行一個連

青少年——格蕾塔・童貝里（Greta Thunberg，注：曾因全球暖化與氣候變遷等議題進行罷課行動的瑞典少女）——都能輕易駕馭、且有效推估的數學運算。目前已有愈來愈多人體察到某些化石燃料資產將被擱置，即使是石油與天然氣產業界人士也一樣，不過，我們將在這一章稍後的篇幅談到，金融市場的定價依舊和這項轉型完全不一致。

被擱置的資產並不僅限於化石燃料。七〇％的熱帶雨林砍伐行為可歸因於商用農業——主要是棕櫚油、黃豆、牛隻與林業。其中某些農業企業目前已因政府限制森林砍伐（藉由限制新土地使用許可與強制執行，或拒絕更新現有的土地使用許可）[23] 而維持不下去。另外，以歐盟來說，據估計，歐洲汽車產業有高達兩千四百億歐元的資產可能因三項潛在的顛覆力量而有被擱置的風險：電動車、無人駕駛車與汽車共享服務。[24] 因此，各國中央銀行愈來愈重視如何管理各種潛在風險對金融穩定的影響，以應對氣候政策可能大幅且突然緊縮的狀況。我將在下一章講述該如何防止那種驟然調整的情況發生，以及要如何安穩度過這個轉型過程。

氣候變遷所引起的風險經由各種經濟衝擊——影響經濟成長率、就業機會創造速度，以及工資和通貨膨脹的上升——清楚顯露在我們眼前。經濟衝擊可分為兩種類型：需求與供給的衝擊。需求衝擊會影響到消費、投資、政府支出與淨出口；需求衝擊本質上通常是較短期的衝擊，且通常不會影響到經濟體系的長期軌道或生產能力。供給衝擊則會發生那類長期的影響；供給衝擊會直接影響到經濟成長的驅動因（勞動力供給與生產力的成），以及那些因子的根本決定因素（實體資本、人力資本與天然資本、技術與創新程度）。

負面的經濟衝擊可能會影響 GDP 水準，也會影響成長率（作為永遠憂鬱的科學家，經濟學家拒絕將為經濟體系帶來顯著改善的不可預測事件

稱為某種驚喜）。儘管過去的金融危機已足以構成一個大型樣本，世人對於這種「傳統」衝擊對經濟成長率趨勢的影響，卻仍舊沒有共識，部分原因在於那種衝擊的持久影響力取決於政策回應。氣候衝擊的影響則比那類「傳統」衝擊的影響更加難以預測。

有些人曾估計氣候變遷對 GDP 的潛在影響，但這些估計值受制於大量的不確定性，包括：

- 溫室氣體對氣候結果的映射（mapping）（容易受科學不確定性與氣候動態的非線性本質影響）。先前我們提過，氣候變遷的科學並不是直線前進的，而是受回饋循環與非線性動態影響。過去發生的一切並不能用來作為應對未來的參考。
- 氣溫與 GDP 的關係（以及這個關係有可能因平均值、變化率或波動性而有所不同）
- 判斷實體氣候事件會對 GDP 產生**水平**影響（*level* effect），還是會影響到趨勢成長（trend growth）（導因於對勞動力、生產製程的影響，以及因不利社會影響力而起的負回饋）。
- 可能減緩氣候衝擊的適應與創新程度。

既然我們已經知曉這些基本的考量與重要的警告，接下來，且讓我們看看氣候變遷對 GDP 潛在衝擊的估計。這些估計普遍發現，全球 GDP 因氣候變遷而降低的幅度，可能介於一五％至三〇％。[25] 本質上，氣候變遷可能導致經濟體系整整十年零成長。此外，記得嗎，GDP 代表經濟體系在單一年度的附加價值。一般來說，氣候變遷影響的估計值，通常會預測已損失的可能繼續維持損失。氣候變遷就像是揮之不去的詛咒。

重要的是，當前的估計值並不完整，因為氣候變遷對很多重要議題的

影響並未獲得明顯關注——像是水資源、運輸、移民、暴力衝突、能源供給、勞動生產力、旅遊與休閒娛樂——而且沒有任何一個估計值將上述所有問題全面列入考慮。這些遺漏導致相關的估計值有偏低之嫌，並強化了應降低溫室氣體排放的理由。

這些不同的估計全都因 GDP 有衡量與未衡量的事物而存在一些缺陷。尤其是作為價值衡量標準的 GDP，並未能記錄諸如相對平等、健全社會資本與福祉等具有幸福、健康與繁榮社會特質的無形因素，而在一個受氣候變遷肆虐的世界，上述每一個無形因素都將承受壓力。

一言以蔽之，有些要素並未被納入氣候變遷對 GDP 之影響的估計模型，但這些要素是構成福祉的基礎，且會直接產生經濟後果。

氣候變遷將導致流離失所與非自願遷移的情況增加。氣候難民指的是遭到極端天氣事件、水源短缺或海平面上升衝擊的民眾。早在一九九〇年，聯合國政府間氣候變遷專門委員會就提到，氣候變遷對人類社會與經濟體系的單一最大衝擊，有可能是它會製造大量的氣候難民。[26] 二〇一七年，將近有兩千五百萬名民眾因天氣相關的災難而被迫離開家園，而且據估計，到了二〇五〇年，這個數字有可能增加到兩億人。[27] 非自願移民會衍生很多經濟後果，導致都會地區與衛生體系承受更大的壓力，還會產生深遠的社會衝擊，因為社區就此解散，且社會資本遭到破壞。

我們也可以料想到，氣候變遷將導致疾病的發生率提高。隨著人類搬遷到氣候韌性（climate-resilient）較高的區域，將導致當地人口過於擁擠，進而使得那些地區成為疾病的溫床。此外，隨著自然環境與食物鏈被破壞，帶病的動物宿主將遷移到更接近人類的地方。不管是散播瘧疾的蚊子，還是會傳染伊波拉病毒的蝙蝠，總之，疾病發生率的上升將帶來的巨大的經濟成本。[28] 根據世界衛生組織估計，到了二〇三〇年，因人為氣候

二〇七〇年人類聚居地適居性的推估變化（根據氣溫與降雨量水準而定）
暖化程度約高於工業前水準攝氏二度至二・五度

較適居
／未改變　較不適居

不在歷史上適合
人類的地區內

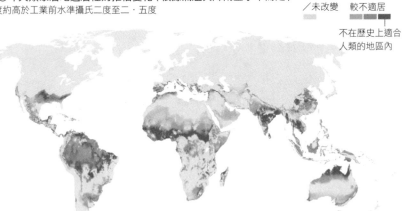

圖 11.11　人類聚居地適居性的推估變化

變遷所造成的各種不利健康結果而衍生的額外風險，將比目前增加一倍以上，主要導因是更頻繁的洪水、瘧疾、營養不良與腹瀉等問題。世界衛生組織提到，氣候變遷可能會導致全球爆發大流行傳染病的風險提高。[29] COVID-19 絕對不僅是提醒我們應正視系統性風險重要性的一個警訊。「爆發另一場大流行傳染病」的風險本身，就是要求我們處理氣候變遷的另一個理由。

最後，氣候變遷會導致衝突的風險上升。[30] 隨著民眾之間競逐稀少資源——包括水、具氣候適應能力的土地與甚至能源——爆發國內與國際衝突的風險也將上升。在那些因為一場乾旱或山洪暴發等氣候事件就足以導致緊張狀態惡化、並使法律規定瓦解的脆弱國家，尤其如此。

這些情境勢必會成為世界各地數以億計人口的生活日常。不過，這些情境對不同地區、不同人的影響並不相等。不管氣候變遷是透過什麼管道產生影響，在經濟與社會方面受氣候變遷傷害最大的，永遠都是最貧窮的

國家與社區。

　　舉個例子，隨著財產與基礎建設受到的損壞增加，中低所得國家的保險保障缺口，意味著較多的氣候變遷成本是由沒有保險的人在承擔。二〇一七年，已投保財產之損失達到創記錄的一千四百億美元，但這個金額與未投保財產之損失（兩千億美元）相比，顯得相形失色。在承擔最高氣候變遷風險的某些國家，像是孟加拉、印度、越南、菲律賓、印尼、埃及與奈及利亞，保險滲透率（penetration）還不到一％。生產力最可能降低的是開發中國家，因為這些國家的經濟以農業與建築業為主，預期到二〇三〇年，因熱負荷而折損的工時中，這兩個產業將分別占六〇％與一九％。儘管氣候造成的流離失所可能會影響到從路易斯安那州到拉合爾（Lahore，注：巴基斯坦第二大城）的每一名民眾，但全球各地為被迫遠離家園的民眾提供的機構支援品質與力道，乃至移民機會，卻明顯不平等。

　　同理，優質的機構支援與社會基礎建設是打擊日益上升的疾病發生率的關鍵要素，就疾病發生率而言，最貧窮的社區受到的影響依舊會是最大的。許多研究發現，擁有較優質機構、較高人均所得，以及貿易開放度較高的國家，較有能力經受極端天氣造成的最初災難衝擊，也較有能力防止這些衝擊進一步外溢到總體經濟體系。[31]

　　儘管氣候變遷相關經濟成本的估計值並不完美，卻能將氣候變遷對各項生產要素（物質、人力與自然資本）的影響（透過這些生產要素與技術變遷）轉化為對生產力、投資與所得的影響。

　　但有些因素無法輕易轉換為貨幣估計值，就連非常不完美的粗估值也沒辦法。氣候變遷所摧毀的許多事物都沒有經過正式評價，像是物種、自然環境、生活方式以及自然美景。記得嗎？市場能估計亞馬遜公司未來盈

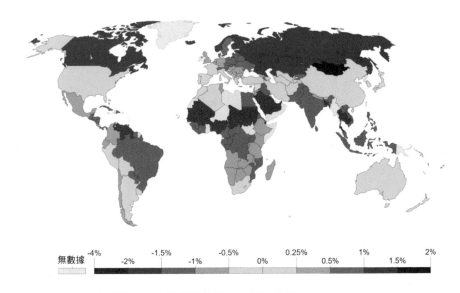

無數據 -4%　　-2%　-1.5%　　-1%　　-0.5%　0%　　0.25%　0.5%　1%　　1.5%　2%

圖 11.12　氣溫上升攝氏二度的世界將遭受的經濟衝擊

餘的價值，卻不會為亞馬遜雨林指定一個價值——除非雨林被砍光，並轉化為「生產性」用途的土地。

　　舉個例子，珊瑚礁可能遭受的破壞，並未被記錄到氣候變遷的任何GDP影響情境。二〇一六年，第一份比較暖化攝氏一・五度與攝氏二度的廣泛氣候變遷影響的研究警告，若整個世界變暖攝氏一・五度，九〇％的熱帶珊瑚礁將「從二〇五〇年起，因溫度導致的白化而有嚴重剝蝕的風險」。[32] 這份研究還提到，若氣溫上升攝氏二度，這項風險將上升到九八％的珊瑚礁將白化並剝蝕，研究表明，氣溫額外上升攝氏〇・五度「就有可能對熱帶珊瑚礁的未來產生決定性的影響。」[33]

　　珊瑚礁的廣泛損耗將對生態系統、經濟體系與民眾造成巨大的浩劫。根據國際自然保護聯盟（International Union for Conservation of Nature，簡稱IUCN）的說法，「儘管珊瑚礁僅約占不到〇・一％的海床，卻有超過四

分之一的海洋魚類住在珊瑚礁裡。」珊瑚礁也「直接撫養了世界各地超過五億的人口，這些人仰賴珊瑚礁來維持日常生計，且他們多半居住在貧窮國家。」[34]

達斯古塔生物多樣性經濟學評論（Dasgupta Review on the Economics of Biodiversity）宣示，人類與大自然之間的接觸之所以無法永續的根本導因在於，我們未能將大自然視為資產，也因此未能將大自然的損失視為一種資產管理問題。大自然資產和生產資本（produced capital）與人類資本一樣，會隨著時間生產商品與勞務流量（也就是生態系統服務）。這份評論將生物多樣性視為大自然的特性之一，而這項特性在生態系統服務的提供上，扮演非常重要的角色。較多元的生態系統較穩定、較有生產力、較有韌性，且較有適應能力。一如金融投資組合的多元性能降低金融報酬的風險與不確定性，較高的生物多樣性也能降低存在於大自然資產組合中的風險與不確定性。政策制定者和金融參與者能透過自然資本會計與評價，來強化對這些議題的了解。目前已經有人發展出那樣的框架，供公共與民間部門和社區使用，例如透過聯合國的環境經濟會計系統（System of Environmental Economic Accounts，簡稱 SEEA）。全球資本帳數據顯示（由聯合國環境規劃署〔UN Environment Programme〕提供），自一九九〇年代初期迄今，我們的人均全球自然資本存量已降低了將近四〇％，在此同時，實體資本增加了一倍，人力資本也增加了一三％。

總之，我們正面臨可量化（例如對財產的損害）成本已達到危急高點、且預期將繼續快速上升的驚險局面。經濟衝擊的估計值非常顯著，多數估計值顯示，相關的損失約當金額超過十年的全球經濟成長，這可是人類進入現代後未曾發生的動態。更糟的是，這些計算非常可能有低估之嫌，因為這些計算排除了氣候回饋循環與大量經濟管道的影響。所有非市

場價值都未被計入，例如在第六次大滅絕中折損的物種價值。

我們該以什麼樣的緊迫性採取行動？我記得大約十五年前，加拿大曾在班夫溫泉酒店（Banff Springs Hotel）主辦過一場 G20 能源與環境研討會。時任殼牌公司（Shell）董事長馬克・穆迪－史都華爵士（Sir Mark Moody-Stuart）談到了氣候變遷與暖化攝氏二度的碳預算。他承認，氣候科學的預測確實有很多不確定性，不過，他也表示，那些風險至少有七五％以上的機率是那麼大。接著，他評論道，在商業職涯當中，他經常必須制定動輒數十億、數百億美元的決策，而那些決策的成功機率都遠低於七五％；有鑑於氣候相關的風險攸關存亡，所以，立即採取行動的價值顯而易見。

從那時開始，殼牌公司將它的原油儲量提高了五〇％；另一方面，全球排放量增加了將近七十億噸（即增加二五％），那幾年還是有史以來最熱的九年。

理想：誘因

氣候變遷是迫在眉睫的悲劇。它帶來的災難性衝擊將遠遠過多數參與者有生以來見識過的所有衝擊——然而，儘管它將對後代子孫造成極大的成本，但當前的世代卻沒有直接的誘因去修復這個問題。也就是說，氣候變遷問題超出商業週期、政治週期，甚至超出技術官僚的管轄職權，例如中央銀行就受其法定職責所約束。

貨幣政策的時間範圍大約延續兩至三年，金融穩定的時間範圍稍微長一點，但通常最多不會超過信用週期的長度，大約是十年。換言之，一旦氣候變遷成了決定金融穩定的關鍵議題，屆時可能為時已晚，到時候我們

的「暖化攝氏一‧五度」碳預算可能已經消耗殆盡。

誠如上議院議長尼古拉斯‧史登勳爵（Lord Nicholas Stern）與其他人所述，這個矛盾其實更深。由於風險是累積排放量的函數，所以，若能及早採取行動，後續的調整成本必然較低。有一份估計顯示，提早一年採取行動，就可能可以降低事件終點（end-point）碳水準達 35Gt 的二氧化碳當量（CO2eq），若以碳的淨現值衡量，相當於二〇一九年的世界 GDP 的五％左右。碳預算凸顯出若今日不採取行動，明日將不得不採取更大規模回應的後果。在未來三十年間將排放量減半，明顯比在十年內減半輕鬆得多。

由於溫室氣體已頑強地存在大氣之中長達一個世紀以上，所以，在衡量氣候變遷的成本與緩解氣候變遷的利益時，衡量的時間範圍必須長於多數社會經濟的政策議題。在確認各經濟模型是否支持以今天的投資來降低明天的氣候風險時，折現率的選擇攸關重大，因為折現率決定了在不同時間點發生的總成本與利益的權重。[35]

這項作業的關鍵決定因素之一，在於我們要給予「後代子孫的福利」多高的權重？我們留給他們的氣候遺產，取決於我們有多重視未來。簡單來說，就是嬰兒潮世代是否介意留下一個無法解決的爛攤子給後代子孫收拾？

尼克‧史登主張應採低折現率——平均一‧四％（純時間偏好率〔time-preference rate〕〇‧一％）——這等於是給予當前世代與未來世代幾乎相等的權重。[36] 這是以約定成俗的折現法為基礎；由於氣候的衝擊最有可能對未來世代產生重大影響，而他們又無法對當前的政策發聲，所以，史登主張，若以高折現率來估算後代子孫可能受到的危害，將有虧德性。

當今的青年氣候行動主義分子也提出了相似的論述。另外還有一個理由可證明這個迫在眉睫的悲劇在實務上極度重要。歷史上，技術的應用（technology adoption）向來依循一個相對可預測的生命週期前進，那個週期也被稱為技術 S 曲線（technology S-curve）。這條曲線上有三個不同的階段：研究與發展、大量應用，以及成熟。第一階段往往較為緩慢、步步漸進且所費不貲，等到新技術達到某個轉折點後，就會變得較具成本效益，其應用也會明顯加速。

通常來說，要達到第二階段的大量應用期，要花上四十五年的時間，而就氣候變遷來說，若不想耗盡碳預算，那個時程過於緩慢。[37]此外，切記，能源轉型需要時間……這些巨大的能源轉型更是費時耗日。那些轉型需要有大量的基礎建設與經濟調整才能實現。瓦特（James Watt）一七六九就發明了蒸氣引擎，但直到一九〇〇年代，煤炭才終於取代「傳統的生物質（biomass，注：指木材、泥炭、牛馬糞等能當作燃料或工業原料的有機物）」。要達到「暖化低於攝氏二度」的目標，未來三十年，我們需要更快且更大規模的能源轉型。未來三十年至五十年，全世界目前從化石燃料生產出來的九〇％（或更多）能源，將得轉由可再生能源來源、核電或化石燃料電廠提供，這些電廠會掩埋它們的廢棄物，而不是排出廢棄物。

所幸，目前較新技術的應用速度已比過往快得多（請見圖 11.13）。二〇〇〇年起，S 曲線的短尾——也就是從研究與發展到大量應用——已縮短到平均大約十年。更萬幸的是，以氣候變遷的案例來說，已有人描繪出為達到低於暖化攝氏二度的目標，各個部門必須達成的精準 S 曲線。

這些 S 曲線有助於讓市場看見哪裡可能需要投資，並讓政府了解可能需要對哪個領域進行公共政策干預，以便加速技術的應用。舉個例子，在電動車領域，政府能幫忙興建提高其應用所需的必要充電基礎建設，並推

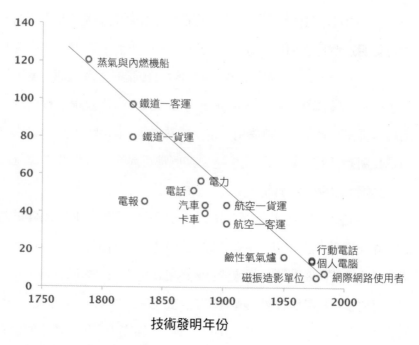

圖 11.13　新技術發明的技術應用率

出各種鼓勵購買電動車的政策，例如降低電動車的道路使用稅，以及電動車專用停車位或專用道，或是強制在特定日期之後必須銷售電動車的監理規定等等。

　　若要解決氣候危機，絕對要現在就把未來納入討論。基本上那只是我們對未來的重視程度問題。

　　共有財悲歌（tragedy of the commons）是環境經濟學最經典的問題。當個人完全基於自己的私利採取行動，經由集體自利行動消耗或破壞共用資源，從而違背整體使用者的共同利益時，就會發生這個問題。共有財悲歌的例子很多，包括過度捕撈、砍伐森林，以及十九世紀初在英格蘭與愛爾蘭公地上的放牧行為（原本不受管制）等等。共有財悲歌是負外部性的

極端案例：當一項行動影響到未直接參與（且未受惠於）那項行動的第三方時，就會發生這個問題。終極全球共有財——我們的氣候與生物圈——也是一樣的狀況，生產者往往沒有針對他們排放的二氧化碳付費，而消費者也未就他們消費的碳買單。

解決共有財悲歌的方案有三種：為外部性定價、民營化（透過財產權的分配），以及由使用共有財的社群進行供應管理。

首先，外部性可透過使用者付費或繳稅的方式來定價，從而將之內部化，並激勵行為上的改變。意思是為碳定價，好讓汙染者（或最終來說，那些汙染者的消費者）付費。到目前為止，這理論上非常有效，但實務上的應用卻明顯不足。根據國際貨幣基金的統計，目前有為碳定價的七十四個司法管轄區，大約只涵蓋全球排放量的二〇％，而他們對碳的平均定價，大約也只有每噸十五美元。[38] 相較之下，與實現《巴黎協定》（*Paris Agreement*）一致的多數碳價估計值，落在每噸五十至一百二十美元的區間，而國際貨幣基金的估計定價則介於這個區間的中點，為每噸七十五美元。[39] 我們將在下一章討論，碳價的水準與可預測性非常重要。

第二個解決共有財悲歌的方案是民營化，也就是財產權的轉讓（assignment）。這正是當年的圈地運動（enclosure movement）背後的精神，透過這場運動，公共放牧土地被轉為民間所有權的土地。儘管民營化以後的土地管理較具永續性，所有權的轉讓卻存在顯而易見的財富移轉疑問和深刻的公平性疑問。如果這類決策就本國層級而言已經非常棘手，那麼，要在全球層級推行這類決策，幾乎是不可能的任務。寇斯定理（Coase theorem，請見第十四章）指出，一個人就算得到（或被分配到）全世界，也不能失去自己的靈魂。但京都式排放量貿易許可的經驗卻顯示，情況並非如此。

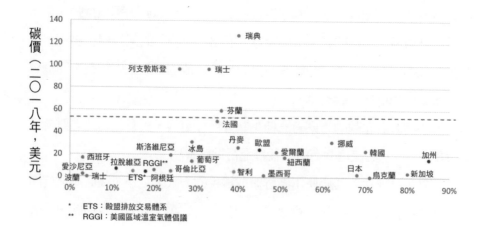

* ETS：歐盟排放交易體系
** RGGI：美國區域溫室氣體倡議

司法管轄區涵蓋的溫室氣體排放量占比

圖 11.14　二〇一九年精選碳倡議的碳價

　　這兩種傳統經濟解決方案既仰賴價格機制將這項外部性內部化，也仰賴價格機制對這項資源的永續性指定一個價值。不過，或許有人會問，憑什麼非得付費不可？憑什麼不付費的就是混蛋？[40] 目前還是有很多企業**蓄意**走在一條和淨零不一致的道路上，例如雖然很多科技公司響應「繳納應繳的稅金」，卻仍利用錯綜複雜的境外避稅工具來避免繳納任何應繳納的稅金。幸好也有一些採用影子碳價來營運的企業，選擇在制定決策時，將這項外部性內部化。舉個例子，英國石油公司（BP）最近導入了每噸一百美元的碳價，這個價格和專家認為實現社會目標所需的價格一致。

　　第三個解決共有財悲歌的方案，是設法讓社區的成員共同合作或監理，以審慎的態度充分利用稀少資源，這個方案被明文記載在諾貝爾經濟學獎得主伊莉諾 · 歐斯壯（Elinor Ostrom）的文獻中。這正是主要企業、地區政府與國家試圖追求的目標——一個促成共同管理的政治共識，並**藉**

由共同管理，解放民間部門的活力。

氣候變遷和大流行傳染病一樣，是全球的問題。沒有任何一個國家或一組國家能靠一己之力解決這個問題。不過，和大流行傳染病不同的是，就氣候變遷議題而言，沒有一個任何國家能像孤島（如紐西蘭）一樣，打從一開始就封鎖國門，先和整個世界隔離，再靜待疫苗的到來。在氣候變遷的議題上，我們不僅是被同一場風暴襲擊，更是坐在同一條船上。

氣候變遷已導致國際上的外交作為變得和戰後時期的國際外交相當類似。當今的氣候外交和當年布列敦森林體系的某些特性（國家私利、過去留下的債務以及新機構）相互呼應。一九九二年，氣候外交在里約的地球高峰會（Earth Summit）中誠摯展開，當時世界各地的領袖同意，在聯合國氣候變遷綱要公約（United Nations Framework Convention on Climate Change，簡稱 UNFCCC）的框架下，採納一系列的國際環保協議，以達穩定溫室氣體濃度的目的。締約方大會（Conference of Parties，也就是一般所知的 COP，由來自各國官方與聯合國各個實體的代表所組成）每年集會——也就是聯合國氣候變遷大會——並負責治理 UNFCCC。這場會議的第一份協議是《京都議定書》（*Kyoto Protocol*）——這項協議在第一屆聯合國氣候變遷大會中取得共識，並在一九九七年的第三屆大會中被採納。這是有史以來第一份具合法約束力的排放限制協議，但只包括已開發國家。

短短十年內，情勢便清楚顯示《京都議定書》有其缺陷。它只具備名義上的約束力，所以，我們需要另一個涵蓋更多國家、並鼓勵各國採取實際行動的全新框架。各國對歷史排放量的深刻歧見，導致在哥本哈根舉辦的第十五屆聯合國氣候變遷大會無法完成眾人殷切期盼的修訂框架。哥本哈根協定（Copenhagen Accord）從未被正式採納，不過，政治端的協議啟

動了一個重要的願景：將全球氣溫上升幅度限制在攝氏二度以內，且要求各國誓言採取減排的行動。

這為二〇一五年集體打擊氣候變遷的行動奠定了良好的基礎，那是一個極具里程碑意義的時刻。總數共一百九十五個國家與歐盟齊聚在巴黎舉辦的第二十一屆聯合國氣候變遷大會，並同意將氣溫上升幅度限制在攝氏二度以內，以便後續進一步將氣溫限制在不比工業化前水準高攝氏一・五度的範圍內。《巴黎協定》是根據各國的國家自訂貢獻（Nationally Determined Contribution，簡稱 NDC）來限制排放量。各國同意在適應氣候變遷的不利衝擊的同時互相扶持，而先進國家也誓言將金融流動導向減排的途徑。

這個由下而上的方法高度仰賴共識才可能推行。它以鼓勵、而非法律約束的方式敦促各國採取行動，唯一的約束是：國家自訂貢獻的報導與檢討流程，必須在國際法律規定下進行。第二十一屆聯合國氣候變遷大會的另一項特色，在於它納入更廣泛的利害關係人。自此以後，聯合國氣候變遷大會——原本是氣候外交官與科學家的專利——吸引了廣泛的公民社會團體參與，與會者有老有少，還有全世界最大型的跨國企業與金融公司行號，甚至偶爾還有中央銀行官員參與其中。

雖然就氣候外交來說，《巴黎協定》堪稱一項轟動的成就，但要得到效能，光靠應用並不夠，必須切實貫徹這項協定。到目前為止，國家自訂貢獻與政策承諾仍不足以讓我們步上能實現這些目標的正軌。就算所有誓言與目標都有落實，這個世界也只能在本世紀結束時，達成氣溫上升攝氏二・六度的成果而已，何況，實現這些目標所需的具體政策，迄今還付之闕如（將導致這個世界的溫度上升攝氏二・九度），而且現階段幾乎沒有任何跡象顯示，我們的星球的氣溫上升幅度不會達到攝氏四度。（請

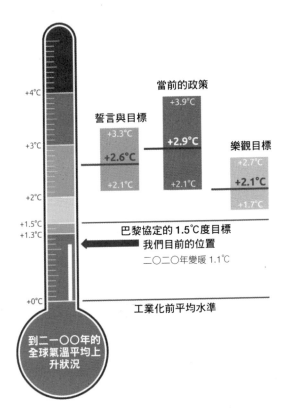

圖 11.15　預估到二一〇〇年的全球氣溫上升情況

見圖 11.15）

　　我們在下一章將會見到，如果更多國家（例如英國）將它們在巴黎許下的承諾轉化為法定目標與具體的行動，實體經濟體系與金融體系便會做出反應，從而強化這些政策的影響。一個可信、具時間一致性且專心致志的政府政策框架，能促進永續的投資，並終止在淨零世界中不再可行的非永續發展活動。

　　及早採取行動的政府將因綠色革命的收益受惠。英國早就透過第一次工業革命領略到這個道理，那一場革命經由新機械與能源來源，為英國帶

來超乎想像的國內進步，並因此得以利用倫敦金融城的融資能力，出口到更大胃納的全球市場。同理，朝淨零轉型也代表著一個鞏固創新技術與能源轉型領導地位的策略性機會，而若能獲得金融部門的支持力量，更有助於實現永續革命。

一直以來，科學家和學術界人士不斷就大流行傳染病、流星雨到火山爆發等類高衝擊事件，對這個世界提出預警，但世人卻總是漠視那些警告。COVID-19 的經驗顯示，這種掉以輕心的應對策略是有害的，它造成了高昂的代價。

儘管我們無法澈底消弭諸如此類的威脅，卻能思考要如何降低那些風險。相關的作為可能包括發展早期警告系統，並詳細思考規劃要如何善加因應各種災難情境的演變。別忘了蓋特納在全球金融危機來襲時的那句名言：「任何計劃都比沒計劃好。」計劃能讓人聚焦在各項作為，並促使民眾為了一個共同的目標而團結在一起，從而使人獲得必要的清晰思緒。即使是一個半調子的策略，如果它能帶領你逃脫立即的危險，那麼，它都比因執著於尋找完美解答而坐以待斃來得好。

人類智慧與政治體系的設計難以應付那類長期規劃作業。我們依賴啟發法（heuristics）來有效處理資訊（參考場景是必要的），問題是，災難總是具備不確定性的特質，未來並不會精準地複製過去的狀況。不僅如此，我們還往往會過度樂觀與過度自信。我們的心靈會處理已知的已知，但鮮少思考已知的未知，更不在乎未知的未知。即使我們察覺到一項風險，也會說服自己相信那個風險不會發生在我們身上，或說服自己，那個風險稍後一定能解決。我們的政治體系非但無法克服這些誤謬，甚至還經常導致情況惡化。因為為了降低極端風險而採取的行動，對當前執政的黨派沒有立即的利益，何況民選政治人物代表的是目前的選民，不是未來的

選民。不過，真正的領導者會好好管理他們傳承而來的組織、系統或社會。他們會承認那個領導權只是暫時的，而他們僅是保管人。

目前金融部門對淨零轉型的定價

雖然促進轉型的決心與意圖正持續增強，進展卻還不夠快。有廣泛的證據顯示，金融市場指定給「與氣溫上升攝氏二度以下的目標一致」的淨零轉型的或然率並不怎麼高。

儘管碳價只是眾多政策工具之一，卻能作為這項轉型的本質的實用代名詞。綠色金融體系網路提出的情境分析，讓人得以揣摩在有序朝淨零轉型、失序、延緩且突然朝淨零轉型，以及幾乎毫無作為地朝「溫室地球」前進等狀況下，整體監理作為的潛在途徑（以碳價為代表）。

誠如我們可從圖 11.16 見到的，能源公司往往採用比目前實際碳價格更高的影子碳價（內部規劃用），但他們並未預估未來幾十年的碳價上漲狀況。另外，這些企業都是開明的能源公司，他們實際上有揭露他們的碳價假設。在以碳價對資本投資進行壓力測試的企業當中，只有一五％的企業採用會隨著時間持續上漲的前瞻價格，剩下的不是採用固定價格，就是不揭露。

揭露碳價的企業所採用的碳價，遠低於實現淨零所需的每噸最低五十美元，包括九〇％的公用事業企業所採用的碳價。不過，企業界還是有一些領頭羊——英國石油公司最近揭露，它的內部模型使用每噸一百美元的碳價，並因此提列了一百七十五億美元的資產減損——不過，那樣的企業終究只是例外。只有四％的銀行與保險業者認為氣候風險的定價是正確的。[41] 他們的看法並沒有錯。

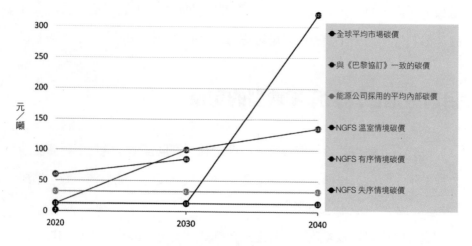

圖 11.16　在不同情境下，碳價隨著時間的演變

　　碳揭露專案（Carbon Disclosure Project）的數據顯示，企業內部正開始使用某個影子碳價（企業為了揭露營運風險與機會而選擇使用的假設性碳價），不過，絕大多數企業採用的影子碳價仍遠低於上述情境的碳價，且各個產業部門的影子碳價差異甚巨。而且，只有一六％的樣本企業採用動態價格（也就是隨著時間上漲的價格）。

　　誠如先前提到的，擱置資產的概念愈來愈受關注，但現有儲備的評價與新投資案的規模，看起來似乎與及時達到淨零的目標互相抵觸。需要特別謹慎的是，那取決於路徑與目的地（氣溫上升攝氏一・五度與攝氏二度看似差異有限，但這兩者燃燒的化石燃料所造成的英制熱量單位〔British Thermal Units，以下簡稱 BTU〕卻差異甚大），根據市場評價，這個世界正邁向在本世紀末氣溫上升攝氏三至四度的道路上。記得嗎？要實現氣溫僅上升攝氏一・五度的目標，有大約八〇％的剩餘化石燃料必須繼續保存在地底下，而若要實現攝氏二度的目標，需保存在地底的剩餘化

石燃料則是六○％。

二○二○年時，皇家荷蘭殼牌公司（Royal Dutch Shell）就它的石油與天然氣資產提列了高達兩百二十億美元的資產減損。二○二○年第二季，英國石油公司則在它的策略評論中，將該公司的長期石油價格預測調降每桶二十美元，並將它的長期影子碳價從每噸四十美元提高到每噸一百美元，是歐洲標竿水準的三倍。在邁向能源轉型的進度上，這些判斷促使該公司提列了一百一十億英鎊的資產減損，並凸顯了新興能源來源對英國石油公司的相對吸引力。

能源部門還有其他劃時代的資產減損提列行動，包括道達爾公司（Total）的八十億美元；埃尼石油公司（Eni）的三十五億英鎊；西班牙國家石油公司（Repsol）的十五億美元；以及塔洛石油公司（Tullow）的十七億美元。具高碳濃度（carbon-intensity）與長期儲備額度的資產面臨最大的風險。相關的解釋莫衷一是，但能源轉型是重要的因素之一，外界形容這些決策是這些面臨擱置資產風險的企業首次公開坦承他們面對的問題。

長耐用期限資產和剛建好的基礎建設一樣，通常容易有被擱置的可能。例如：以化石燃料發電的發電站（其設計旨在耐用四十年以上），諸如鋼鐵廠或石化廠等重工業資產，以及輸油管線。能減少弱點的因素包括低初期成本、短耐用年線與高適應性（例如某些北海基礎建設正從石油相關基礎建設轉變為風力相關基礎建設，而且，某些天然氣管線可能有一天會輸送氫氣）

有跡象顯示，高碳能源專案的資本成本已大幅上升。這表示市場愈來愈認同轉型的前景，且給予那個前景定價，碳氫化合物資產因資本成本上升而被擱置的程度，大於需求降低所導致的擱置。高盛公司提到，隨著投

資者繼續將資本配置轉移到碳氫化合物（hydrocarbon，即烴）以外的投資，石油與天然氣投資與可再生能源投資專案的資本成本出現了顯著的分歧（前者的最低資本回報率〔hurdle rate，又稱臨界點報酬率〕為一〇％至二〇％，而後者在歐洲的受監理投資案為三％至五％）。高盛估計，高碳與低碳投資的上述資本成本分歧，暗示碳價應介於每噸四十至八十美元，遠高於多數碳定價方案。

這對石油與天然氣產業的投資能力造成結構性的限制。過去五年間，長週期的新石油專案的資本支出承諾，較更早之前五年減少超過六〇％，這縮短了原油儲備的壽命。根據高盛的看法，這個發展可能經由較高石油與天然氣價格來促成能源轉型。根據他們的分析，可採資源量（recoverable resources）從二〇一四年的五十年，大幅降低到二〇二〇年的三十年。

在此同時，石油大亨正開始轉型為能源大亨。歐洲的大型石油公司從二〇二〇年年初就開始強化它們的氣候變遷承諾。高盛估計，這個族群的低碳能源（主要是可再生能源，但也包括生物燃料、天然碳匯，以及碳捕集）資本支出約當總資本支出的整體平均百分比，已從二〇一八年至二〇一九年的二％至五％，上升到二〇二〇年至二〇二一年的大約一〇％至一五％。如果也將天然氣視為低碳燃料（它的碳濃度是煤炭或原油的一半），大型石油公司早已將大約五〇％的資本支出投入低碳轉型，這是企業股東對氣候變遷的參與逐漸開花結果的另一個跡象。

高盛推估，可再生動力將成為能源產業在二〇二一年的最大支出領域，這也是可再生動力相關支出有史以來首度超過上游石油與天然氣的支出。相關的投資主要包括可再生能源、生物燃料，以及與支持新世代電氣化（electrification，包括電網與充電網路）有關的必要基礎建設投資。

我們將在第十六章談到，最新發展出來的衡量標準可顯示一個投資組合和《巴黎協定》氣溫目標一致的程度。它利用投資組合內的企業的排放量，計算全球氣溫將因那些排放量而上升多少。這項衡量標準具前瞻性、容易溝通，且呼應社會目標，所以可能特別有用。

　　某些最大型的投資者已自願公布這項資訊，並承諾未來將根據與《巴黎協定》一致的目標來管理投資組合，相關的做法將是與企業密切合作，且若有絕對必要（例如當情勢明顯顯示某個特定產業或技術無法見容於一個低排放量的世界時），將撤回對特定標的的投資。世界上最大的保險與投資管理公司之一安盛公司（AXA）就是利用這個方法，計算它的企業投資可能會造成多大的潛在暖化影響；安盛發現，即使撤回對高碳濃度的化石燃料資產的投資後，剩餘的企業投資還是會導致氣溫上升超過攝氏三度。日本政府年金投資基金（GPIF）、安聯公司（Allianz）、某大型德國保險公司與美國最大退休基金之一加州公務員退休基金（CALPERs）也都發現了相似的結果。這些公司與退休基金都承諾，將隨著時間，努力根據《巴黎協定》的氣溫上升幅度目標來管理它們的投資組合。

　　這些衡量標準是近幾年才興起的，而要讓相關的計算更盡善盡美，還需要更加努力。企業排放量的數據還不完整，也就是說，這個計算過程還包含非常多假設。另外，計算這項衡量標準的方法非常多種，所以會產生難以比較的問題。然而，這只是一個起步，隨著揭露資訊增加、隨著我們漸漸改良相關的研究方法，那些數據可能會成為有力的工具，證明資本市場（延伸來說，是整個世界）正朝氣溫上升不超過攝氏一‧五度的道路逐步前進。

　　目前金融部門的眾多參與者也開始將轉型風險的評估納入它們的營運活動。信用評等機關已漸漸體察到，轉型風險可能影響現金流量與信用評

等，因為高碳產品的需求會降低，或是那類產品的生產成本有可能導致整體成本增加。因此，這些機關愈來愈著重於以情境分析來評估企業朝淨零轉型的韌性。穆迪公司（Moody's）最近確認了十六個轉型風險暴露程度最高的部門共背負了高達三兆七千億美元的債務。

二〇一九年，十三個主要資產所有權人與五家資產管理公司發起了轉型路徑倡議（Transition Pathway Initiative，簡稱 TPI），這項倡議的目的是希望能更了解朝低碳轉型對投資活動的衝擊。TPI 會評估個別企業要如何透過一個公開透明的線上工具，找出它們在朝轉型至低碳經濟體的路徑上的定位。[42] TPI 推出了金融時報股票交易所轉型路徑倡議氣候變遷指數（Financial Times Stock Exchange Transition Pathway Initiative〔FTSE TPI〕Climate Transition Index），這項股票市場指數會評估企業的氣候變遷目標、追蹤它們的進展，並獎勵做出較多承諾與付諸更多行動的企業。只有根據第二十一屆聯合國氣候變遷大會（在巴黎召開）達成的攝氏二度上限協議來設定目標的企業，才會被納入這項指數。此外，各地股票交易所也開始著手安排所謂的轉型規格說明標誌（kitemarks，注：俗稱風箏標誌），來評估企業在朝淨零轉型的整備狀況。

轉型債券（Transition bond）則是這個部門的另一項創新；由於「棕色」企業尋求募集資金來支持它們朝綠色企業轉型，因此，這種新轉型債券遂成了支持轉型的工具之一。

結論

科學證據的重要性與金融體系動態的結合，顯示氣候變遷遲早會威脅到金融韌性與經濟繁榮。誠如我們將在下一章討論的，氣候變遷是一種無

法藉由分散投資來降低的風險。此外，行動之窗不但有限，還正在縮小。

　　要解決氣候危機，我們需要三種技術。首先是近來已有長足進展的工程學。如果剩餘的碳預算允許資本存量有足夠的時間進行更換，那麼，大部分挑戰都會迎刃而解。不過，基於行動之窗非常狹小，我們必須以戰鬥般的速度加快投資，以對抗現任美國總統氣候特使約翰‧凱瑞（John Kerry）所謂的第零次世界大戰（World War Zero）。

　　此外，解決氣候危機還需兩項技術：政治與金融。就政治面而言，我們需要一個能打破這個迫在眉睫的共有財悲劇的共識。所幸這個共識正在形成。《巴黎協定》與永續發展目標設定了相關的目標。目前已有超過一百二十五個國家設定了淨零的短期目標。各國的地方政府也紛紛做出宣誓，並開始頒布計劃。各式各樣的產業族群——從氣候領導者聯盟（Climate Leaders Alliance）到淨零資產所有權人聯盟（Net Zero Asset Owners Alliance）——皆已許諾將盡它們的一份心力。目前政治相關的動能正在增強，不過，我們需要更大的動能。

　　我們需要金融市場與氣候政策的密切配合，如此才能使那些政策的影響力最大化。只要有正確的基礎，金融體系便能建構一個更了解明日風險、為投資者設定更好的價格、讓政策制定者做出更優質的決策，以及更平順轉型為低碳經濟體系的良性循環。

　　我們**正在**建立一個全新且永續的金融體系，它正為民間部門的許多倡議與創新提供財源，它絕對有潛力強化政府氣候政策的效率，它可以加速朝向低碳經濟體系轉型。我們絕對有能力打造一個良性的創新與投資循環，實現當前公民強力要求、後代子孫應得的淨零世界。不過，這個艱鉅任務的機會之窗非常短暫，而相關的風險更涉及存亡。

　　為了將氣候風險與韌性納入財務決策的核心，我們必須採納更全面的

氣候揭露內容、改造氣候風險管理作業，並使永續性投資成為主流。

我們將在下一章解釋，如何做到這些要點。

第十二章
化解迫在眉睫的悲劇

　　應對氣候變遷的種種努力，向來是「緊迫性」和「自滿」之間的一種角力。

　　那是碳預算可能在十年內消耗殆盡的緊迫性；那是在現有的汽車、房屋、機器與電廠（在其耐用年限內）就足以耗盡那些碳預算的情況下，我們卻還繼續經由投資更多的汽車、房屋、機器與電廠，讓碳排放進一步增加的自滿。那是第六次大滅絕步步進逼的緊迫性；那是不重視個別物種損失並漠視整體自然環境破壞的自滿。

　　那是重新引導金融體系為未來三十年朝永續經濟體系轉型投資（需要數十兆美元）提供融資的緊迫性；那是許多金融圈人士不知自身碳預算、沒有設定淨零轉型途徑，且不了解他們對存亡危機的影響力的自滿。

　　如今，隨著社會價值觀獲得重新定義——將團結一致與韌性擺在優先順位——這些緊張的局勢可能得以解決。自滿可被承諾取代，緊迫性可轉化為機會。

　　那是因為將經濟體系轉型為淨零碳經濟體系的挑戰也是一個巨大的機會。我們歷經了漫長的低投資時期，而這項轉型將非常資本密集。在失業

狀況急速增加的情況下，建構永續的未來將能創造非常多機會。它能讓我們由棕色轉為綠色，讓我們由漸趨本土導向再轉回全球導向。轉型是這個世界未來所需要的，也是我們目前所需要的。

解決氣候危機需要三項「技術」：工程學、政治與金融。[1]這些技術都在我們的掌握之中。

工程技術：推動規模應用與創新

朝淨零轉型的可行性有多高？現有技術的經濟實用性如何？規模應用的作用力是什麼？淨零有多依賴未來的創新？我們的生活形態將必須做多大的改變？

問題的核心在於將一切電氣化，同時發展綠色電力。要實現淨零，就必須遠離化石燃料，朝可再生能源、去碳化運輸，以及降低工業製程排放量等目標邁進。另外，為了達到目標，也需要新穎的方法來管理難以減排的部門——即使在中期之內，要這些部門的流程電氣化或去碳化可能也不可行，例如長途航空交通或農業。

接下來，且讓我們逐一檢視這些議題。

打造淨零經濟體系的首要之務是發電的綠化。在一個淨零碳的經濟體系裡，電力占總能源需求的占比，將從當今的二〇％，上升到二〇六〇年的六〇％以上。也就是說，到這個世紀中葉，全球總發電量必須達到目前的幾乎**五倍**，而且要確保這些電力是以可再生能源生產而來。綠色能源的來源唾手可得。相關的技術都已存在（例如太陽能、風力與水力），而且這些技術的成本效益愈來愈高。二〇一三年時，英國政府估計，將在二〇二五年啟用的離岸風力發電廠的均化（levelised，即生命週期）電力成

本，為一百四十英鎊／千度（MWh，注：又稱為百萬瓦時）。[2] 到了二〇一六年，這項成本被下修二四％，為一百零七英鎊／千度。[3] 而最新的估計成本僅五十七英鎊／千度，又降低了四七％。以美國的估計值來說，低檔次陸上風力發電能源的均化電力成本，為每千度為二十六美元，太陽能能源為每千度三十七美元，低於煤炭的均化電力成本平均值——每千度五十九美元。[4] 目前美國政府提供的補貼已將這些可再生能源變得非常有競爭力，陸上風力與太陽能均化電力成本，分別只要每千度十七美元與三十二美元。

有些人估計，到二〇三五年，以風力與太陽能構成的能源組合，就足以應付將近九〇％的電力需求。[5] 但這需要兩股東風相助。首先是儲能方面的進展與電網優化的負載挑戰，因為可再生電力向來有間斷的問題。第二，那將需要非常快的部署速度——每七年增加一倍產能，而誠如我們稍後將討論的，未來的產能能否快速增加，取決於公共政策的可信度與可預測性。

除了朝可再生的電力來源前進，我們還需要大幅提高電力的使用效率。最刻不容緩的優先要務之一就是改造老舊住宅區，因為老舊住宅的能源使用往往特別沒有效率。

第二個主要優先要務是運輸領域的盡可能去碳化。相關的解決方案是將幾乎所有地面運輸電氣化，並將其餘運輸方式改用可永續的燃料，包括氫。改善大眾運輸的流量、使用與電氣化是絕對必要的。目前汽車方面已有相關的技術在應用，但我們需要能提供支援的基礎建設（例如電動車的充電站）以及正確的誘因（例如舊車報廢方案，甚至為電動車提供稅額寬減），才能迅速提高使用程度。如果目前的趨勢延續，到二〇三〇年，電動車與插電式混合小客車將占新車銷售的一〇〇％，即使屆時那類車輛的銷售成長率會從當今的每年五〇％，降至每年三三％。

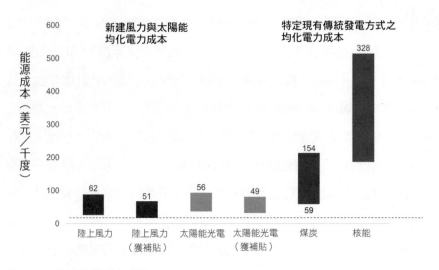

圖 12.1　美國均化電力成本

對於貨車等載重商品型的道路運輸而言，電池與電力並非最佳解決方案。氫和那類運輸需求比較相容，不過，目前氫動力運輸經濟還遠比電力基礎建設不成熟。興建燃料補給站、為氫動力重型貨車車隊的司機提供融資、宣布將在未來實施混合燃料的命令，以及基於鼓勵氫動力的使用而調整汽車與燃料稅規定等，將是有效的政策干預手段。

航空與船運等其他運輸則屬於真正難以減排的類別。目前並沒有適合這些部門的去碳化技術，就算有，也還不符合商業化的條件。長途航空將需要生物航空燃油或合成航空燃油，長途船運則需要阿摩尼亞（氨）或生物柴油（又稱為生質柴油）。這些燃料比現有的化石燃料貴，因此會導致航空業的去碳化成本增加每噸一百一十五美元至兩百三十美元，船運業增加每噸一百五十美元至三百五十美元。[6] 就這些部門來說，我們不僅得降低需求（例如不要為了參加商務會議而密集在天空穿梭，而是透過寬頻來進行），還必須應用工業規模的去碳化技術，例如碳捕捉與封存技術，但

目前那些技術都還不經濟。

第三個優先要務是降低工業排放量。工業部門每年排放的碳達到十七Gt 的二氧化碳當量，約占全球總排放量的三二％。所謂的工業部門包括諸如水泥、塑膠、鋁與化學品製造等重工業，也包括諸如時裝、家具與家用品等沒那麼能源密集的產業。工業部門是能源的最大消費者之一，所以，若這個部門能朝可再生能源生產的方向前進，將使情況變得大不相同。只要用目前市場上可取得的最佳設備來升級或替換現有的設備，到二〇三〇年，這個產業的能源密集度最多就有可能降低二五％。然而，實際上許多技術目前還未問世。舉個例子，水泥窯電氣化可能要到二〇四〇年才可能實現商業運轉，而這些行動至多也只能實現前述目標，因為很多工業製程屬於難以減排的類別。

一般公認的工業製程減排方法有四種：提高氫的使用、將某些製程電氣化、提高生物質的使用，以及善用碳捕集技術。這四種方法都必須搭配更妥善利用資源的材料使用，降低絕對使用數量，以及回收再利用我們使用過的材料或物品。此時此刻，歐盟國家每人每年平均使用八百公斤的鋼鐵、混凝土、鋁和化學品。幸好可回收材料的使用量持續增加，隨之而來的節能比率最高達到七五％。[7]

就技術層面來說，到這個世紀中葉，所有較難減排的部門就有可能以不到全球 GDP 的〇・五％的總成本實現去碳化，[8] 但什麼管道是最能實現這個目標的最佳管道？目前各界對此的看法依舊莫衷一是。舉個例子，目前各界對於碳捕集的必要規模仍沒有共識。幾個實現《巴黎協定》氣候目標的情境假設，到二一〇〇年，碳捕集和封存可能達到每年十八 Gt 的排放量降低。但也有人擔心碳捕集將成為有心人士藉故繼續使用化石燃料的手段之一。能源轉型委員會（Energy Transition Commission）的假設比較中

庸，它對真正難以減排的部門有所保留，假設每年的碳捕集大約是五至八Gt。[9]以多數個案來說，碳捕集技術將捕集到八〇％至九〇％的碳流量，剩下的一〇％至二〇％還是會被釋放到大氣當中。

總而言之，只要更換現有的資本存量，現有的技術就有可能相當經濟地降低大約六〇％的排放量（尤其是大規模應用時），讓整個世界得以順暢地走在「氣溫上升不超過攝氏一·五度」的淨零軌道上。目前可商業規模應用到包括發電、工業、運輸、建築物與農業的碳減排技術的成本曲線都非常陡峭，只有低成本領域有大型投資機會，尤其是發電業。不過，去碳化的水準愈高，成本就愈急遽上升。根據高盛的估計，若以當前可商業化使用的二氧化碳減排技術的成本而言，大約有六〇％的人為溫室氣體排放量，能以低於每噸二氧化碳當量一〇〇美元的隱含二氧化碳價格加以減排。[10]低於每噸二氧化碳當量一〇〇美元的碳價，能促使目前的發電產業由使用碳密集燃料（煤炭與石油），轉為使用較潔淨（天然氣、太陽、風）來源的替代發電產業，但這個價格對運輸、工業或建築物等的影響力非常小，除非有特定技術誘因。

最值得注意的是，高盛估計，大約有二五％的人為總溫室氣體排放量無法以目前可用的大規模商業化技術來減除。這凸顯我們有必要進一步推動技術創新，且更積極投資封存技術。儘管碳封存重新引起關注，但它尚未達到傳統上足以促使成本競爭力出現突破性發展的大規模採用與經濟規模效益，尤其是和可再生能源等其他減碳技術相比。過去十年間，碳捕集、使用與封存工廠的投資還不到可再生電力投資的一％。特別是直接空氣碳捕捉與封存（Direct Air Carbon Capture and Storage，簡稱DACCS）的經濟學，還具有極大的不確定性，多數成本估計值落在每噸四十美元至四百美元（在規模經濟下），且目前只有幾家小型的實驗工廠在運作。直接

如何達到航空業淨零
二氧化碳排放

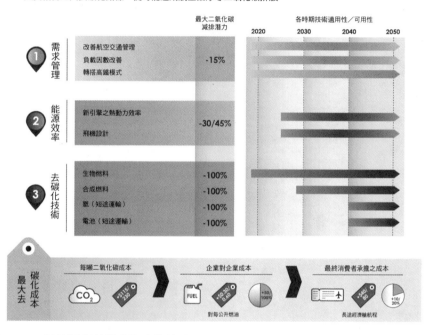

只要結合三大去碳化路線，便可能達成航空業淨零二氧化碳排放

圖 12.2a　達到淨零的特定格式化轉型

空氣碳捕捉與封存重要性，在於它具幾乎可無限擴大規模且可標準化的潛
力，因此有可能在淨零排放的情境下設定碳價。

　　經濟體系的不同部門將有不同的路徑，而諸如「可能的任務」
（Mission Possible）、科學基礎減碳目標倡議（SBTI）與奔向零碳（Race to
Zero）等倡議，各自對此做了一些估計（例如圖 12.2a 與圖 12.2b 翻印的

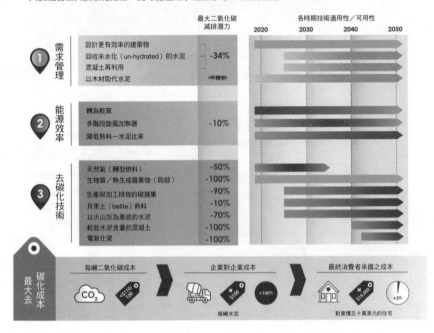

圖 12.2b　達到淨零的特定格式化轉型

工業與運輸業特定格式化轉型案例）。金融機構可以根據那些標準來審評個別企業與特定資產的前景，並判斷哪些人走在正確的歷史道路上，哪些人又誤入歧途。

　　未來勢必會有一些資產將被擱置，所以，隱含在那些資產當中的資本必須報廢。某些部門若沒有進一步的技術突破，最終可能會跟不上時代。

請回想上一章曾討論的，技術應用曲線必須多快才能及時實現淨零。在某些人眼中，這代表一個絕望的忠告，但在某些人眼中，這卻代表巨大的可能性。在最樂觀的創業投資家眼中，目前導致航空運輸與鋼鐵等產業無法達到淨零的那些技術瓶頸，表面上看起來像是棘手的挑戰，實際上卻是極有潛力的機會。

邁向永續的道路之關鍵，將是實現現有技術的規模經濟。目前某些技術還很昂貴，但隨著生產量與應用增加，那些技術的價格應該會降低。太陽能光電板的生產便是依循和半導體摩爾定律（Moore's law）相當的史旺森定律（Swanson's law）前進，這項定律指出，累計出貨量每增加一倍，光電模組的價格傾向於下跌二〇%。這條途徑愈可信，預估就會有更多人投資，從而形成一個規模更大、更有效率的良性循環。

政治技術：設定正確的目標

我們真正需要的核心政治技術，其實是重視我們的未來、關懷我們的後代子孫。因為氣候變遷是一場迫在眉睫的悲劇。

我們愈快採取行動，調整的過程才會愈輕鬆。如果及早展開低碳經濟的轉型，並依循一條可預測的途徑前進，氣候變遷的風險將有可能降至最低。誠如隨後將討論的，要化解這個迫在眉睫的悲劇，我們必須採取一系列讓現有市場更良善運作的對策，但也要採取創造新市場的對策。不過，最根本的是，若想化解這個迫在眉睫的悲劇，人類社會必須確立清晰的價值觀與目標，並設法讓政府、企業、第三部門（the third sector，注：又稱志願部門，既不屬於公共部門，也不屬於民間部門的組織）——乃至全人類——設法實現那些目標。

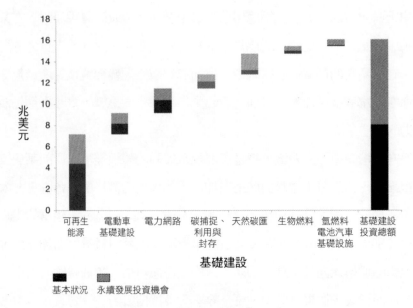

圖 12.3 至二〇三〇年之基礎建設累計投資機會

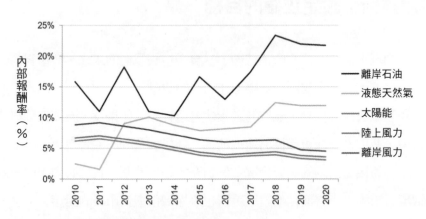

圖 12.4 可再生與碳氫化合物發展的資本成本

各地社會可能以各式各樣的方式與多元的層次來表達他們的價值觀與目標。就國際層次來說，永續發展目標（Sustainable Development Goals，簡稱 SDGs）代表一百九十三個聯合國成員國對於「為每一個人實現更美好且更永續的未來」所需採行之作為的集體觀點。這十七個長期目標（以一百六十九個短程目標為基礎）為了解決各項社會與經濟挑戰而生，包括不平等乃至負責任的消費：我們必須在這十年結束以前，解決這些挑戰，好建構一個更永續、繁榮且公平正義的世界。永續發展目標既是經濟上的當務之急，也是道德上的當務之急。若能實現永續發展目標，我們的生產力將會提升，勞動力供給將會增加，最終並得以創造更強勁的成長。總而言之，那些目標的實現可能帶領全球經濟體系走出目前這種長期停滯的抑鬱狀態。

各國最初在二〇一五年於阿迪斯阿貝巴（Addis Ababa，注：衣索比亞首都）舉辦的永續發展高峰會上，就上述目標達成共識之際，那些永續發展目標看起來還很深奧。很多人認為，那些目標屬於多邊開發銀行與國際金融機構的範疇，也被視為全球主義者（在較那個沒那麼憤世嫉俗的時代，那些人被稱為人道主義者，但如今他們已淪為各方笑柄）的最新善舉。不過，隨著這些永續發展目標陸續被轉化為各國的國家目標，並被許多力行宗旨的領導型大企業應用後，這些目標也得到愈來愈多人的關注。

諸多永續發展目標當中，關於氣候的目標最貼近現實。其中，和「使我們的星球恢復活力」概念有關的目標占有重要的地位：負擔得起的能源與潔淨成長、永續都市與社區、氣候行動與海洋生態。二〇一五年制定的《巴黎協定》是將氣候相關的永續發展目標轉化為有形短程目標的里程

碑。當時世界各地的領袖承諾將遏制碳排放，並對全球平均氣溫上升幅度設限──相對不比工業化前的世界高攝氏二度，並展開將氣溫上升幅度控制在攝氏一‧五度以內的種種作為。這項協定也承諾將支持各國通權達變，設法適應氣候變遷的更立即衝擊，同時確保金融流動能支持最脆弱的民族國家，在面臨氣候危機時逐步培養韌性。

過去五年來，這些國際層級的目標已成了國家層級的既定目標。已有超過一百二十五個國家（其 GDP 占世界 GDP 的一半以上）開始將它們在巴黎立下的誓言，轉化為在二〇五〇年實現淨零的公共承諾。[11] 很多國家設定了過渡性減排目標、為經濟體系的不同部門擬定了去碳化計劃，同時以綠色基礎建設公共支出及獎勵永續民間投資的政策框架支持這些計劃。

在二〇一五年的巴黎會議上，各國概要提出了它們的國家自定貢獻（Nationally Determined Contributions，簡稱 NDC），這些標準是各國為了降低排放量，許諾在特定日期之前達成《巴黎協定》設定之氣溫目標的誓約。正如這項標準的名稱所示，國家自定貢獻是由每個國家自行決定，換句話說，這些標準純粹是由下而上設定，所以如果將所有國家的標準加總起來的數字超過碳預算，個別國家也沒有義務修訂它們的計劃。

但據了解，當時在巴黎取得共識的國家自定貢獻，以及支持這些國家自定貢獻的政策承諾，還是不足以實現氣溫上升攝氏二度以內的全球共同目標；事實上，根據估算，那只能在這個世紀末，將全球氣溫上升控制在比工業化前高攝氏二‧八度的水準。更何況後續幾年，各國都未能達到它們的誓約，證據也顯示，我們的星球正朝在這個世紀末升溫攝氏三至四度的途徑邁進。[12]

直到目前為止，各國已更嚴肅看待全球暖化的問題，但顯然還不夠，才會有童貝里在聯合國氣候行動高峰會的一席演說：

你們用空洞的話語竊取了我的夢想與童年，但我還堪稱幸運兒之一。民眾正承受著瀕死的苦難。整個生態圈一天天崩壞。一場大滅絕正在我們眼前展開，但你們還是滿口金錢和永恆經濟成長的童話。你們怎敢如此！

……我們不會讓你們逍遙法外。此時此刻，我們將劃清界線。這個世界正在甦醒，無論你們是否欣然接受，變革即將來臨。

就在這一席話如雷貫耳般地震懾了聯合國大會堂上的總統、部長、商業領導者與其他「政要」人物之際，我本人也在現場。這些達官顯貴之所以會出席那場會議，正是因為他們下定決心，想解決氣候變遷的問題（我也是），並希望在我們的經濟體系創造更多高薪的永續就業機會。當時我們自我感覺非常良好，畢竟我們並沒有否認氣候問題的存在，我們察覺到風險，而面對我們所知道的、這個世界最大的挑戰，我們更是提出務實解決方案的先鋒部隊。

然而，那一席黑白分明且帶著年輕人特有的倨傲氣息的演說，清晰且確定地凸顯出一個事實：我們正走在失敗的道路上。

那場集會後的幾個月，我和童貝里見了幾次面。多年來，我結識無數政治、商業、宗教、藝術與慈善圈的領袖，其中多數人看起來「平庸」到令人訝異，那些相遇的經驗經常令人感到失望。不過，我偶爾也有幸碰到一些非凡人士，例如阿茲哈爾清真寺（Al Azhar mosque）的大瑪目、波諾（Bono，注：愛爾蘭樂團 U2 主唱、社會運動家，曾以教宗特使身分參加 G8 財長會議）與艾曼紐‧馬克宏（Emmanuel Macron）等。他們活力四射、滿腔熱忱又意志堅定。他們總是不斷鞭策、激勵周遭的人。這位瑞典少女以同齡者罕見的清晰條理與推理能力提出質疑。碳預算遭到快速消耗的無情邏輯，因她的努力而變得更有說服力。她的決心赤裸裸地顯露出

氣候物理學的刻不容緩，也凸顯人類面臨的挑戰有多麼巨大。

童貝里當初是為了一部記錄片而來英格蘭銀行採訪我，她也和我們的氣候團隊見了面，事後我還帶她下樓參觀一下擺在金庫裡的黃金。名義上具有極高價值的黃金，就那麼無聲無息地躺在金庫裡，簡直像在嘲諷我們兩人稍早的對話——那場對話和打擊氣候變遷所需的資源有關。和她在一起時，你總是會更強烈地意識到被遺忘的優先事項、時光的快速流逝、以及重新安排國家優先待辦事項與即刻採取行動等重要性。

童貝里和她所代表的運動，帶來了人類社會絕不會就此罷休的希望。我們的社會不會滿足於惺惺作態的高尚聲明。我們的社會不會輕易放過設定了攝氏二·八度暖化目標、卻又無法實現這個目標的國家；不會輕易放過口口聲聲環保、卻不管理自家碳足跡的企業；也不會放過無法判斷自家投資與貸款對氣候史有利還是有害的金融機構。

童貝里積極參與的那類社會運動，使得全球永續發展目標與各國邁向淨零的承諾更加清晰且緊迫——這項宗旨是解決氣候變遷的先決條件。由於轉型要花上非常多年才可能完成，所以，氣候政策必須盡可能可靠且可預測。而要擬定盡可能可靠且可預測的氣候政策，需要同時由下而上、且由上而下匯集大眾共識，為終極目標（永續經濟體系）以及支撐著這個目標的基本價值觀背書。那些價值觀包括團結一致、公平，以及最攸關重大的：活力。

這說明要求採取氣候行動的那些社會運動有多麼重要。近幾年，隨著這項挑戰的規模變得愈來愈顯而易見，那些要求已蔚然成風、成為主流。週五為未來而戰（Fridays for Futures）與民眾氣候運動（People's Climate Movement）等團體便以實例證明了大眾對永續性的要求有多麼強烈。

過去三十年間，氣候變遷已從科學與行動主義圈的邊緣性議題，轉變

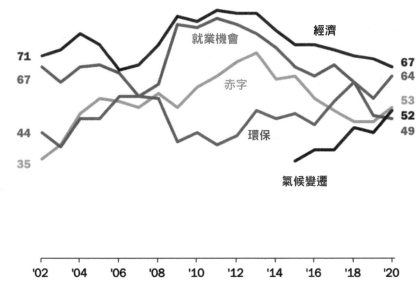

圖 12.5　總統與國會認知到的優先待辦事項

為主流媒體、甚至延伸到大眾良知最關注的議題之一。氣候變遷不再是綠色與環保政黨（屬於政治光譜上的邊緣政黨）的專屬議題（請見圖12.5）。如今，受經濟福祉與代間公平等根本問題誘發，民眾無論老少，皆同聲要求政府與企業採取明快且果決的行動，以期轉移迫在眉睫的氣候危機。

　　二〇一九年的全球氣候大罷課（Global Climate Strike）動員了世界各地一百八十五個國家的七百六十萬名民眾，參與人數創下歷史新高。童貝里和她的氣候罷課運動要求世人為下一代留下一個安全的未來。反抗滅絕運動（Extinction Rebellion）對造成第六次大滅絕的企業營運活動，以及為這場大滅絕提供資金奧援的金融企業施壓。民眾氣候運動則為了確保集體福祉，呼籲在一個低碳的世界裡，為所有人創造經濟機會、打造零汙染社

區，以及百分之百可再生的未來。

氣候行動主義從社群媒體擴散到主流媒體，從街頭抗爭轉移到室內辯論等發展，已反映在選民利害關係的民調與投票模式上。隨著這場運動變得愈來愈聚焦在經濟福祉，它已達到它的社會臨界點。在氣候抗議活動與孩童罷課等背景之下，愈來愈多選民注意到自身的氣候命運，並將氣候列為影響投票的關鍵要素之一。[13]

諸如此類的發展顯示，很多社會要求實現永續性的程度正逐漸接近臨界點，雖然那並非注定會實現，卻很有可能實現。社會運動研究顯示，那類運動可能帶來多重均衡。很多看似不太可能成氣候的社會運動，因多項因素的結合而意外吸引到大量的關注，那些因素包括偏好偽造（reference falsification，即我們公開表達的意見和我們內心想法分歧）、多重門檻（diverse thresholds，即不同民眾更願意在其他人面前大方表示意見）、相互依賴（interdependencies，即我們願意說的話取決於其他人）以及群體極化（group polarisation，當民眾和想法相似的人聚集在一起，便傾向變得更極端）等等。[14]

短短幾年內，原本被冷落的邊緣公開意見已成了主流。一如十九世紀的法國思想家德托克維爾（de Tocqueville）認為，「沒有人預料到法國大革命的發生」；美國開國元勳約翰‧亞當斯（John Adams）與同期的社會運動家湯瑪斯‧潘恩（Thomas Paine）當初也對美洲殖民地發生暴動大感意外。然而，從當時那兩國民眾的日記內容，便可清楚見到民怨沸騰的景況。[15]民眾總是嚴重口是心非，直到某個焦點（focal point）出現，他們才會公開內心真正的想法，並趨於激進。一旦關鍵多數形成，互相依賴助長了「我也是」（Me Too）運動的快速散播，原本隱匿起來的罪行突然迅速被攤在陽光下。行為科學也顯示，如果民眾學習到一個全新或正在興起的

社會規範，他們比較有可能採納實行（例如目前在某些國家興起的素食主義。）

　　經濟學家貝斯利與托爾斯坦·帕爾森（Torsten Persson）表示，相似的動態可能也在氣候變遷的議題上產生作用力。不斷變化的環境價值觀、瞬息萬變的技術，以及順時達變的環保政策政治角力等之間的相互依賴關係，可能帶來永續的社會變化，但也可能導致我們深陷一個「氣候陷阱」而無法自拔。[16] 在他們兩人的模型當中，價值觀是內生的（endogenous），也就是價值觀取決於技術與政府政策途徑。不管是偏好技術還是政府政策途徑的綠色推力（Green nudges），都有可能驅動「消費者對永續性產品的需求成長，並使綠色技術的經濟報酬率與綠色政策的政治報酬提高」的自我強化循環。價值觀能衍生可強化價值觀的價值。

　　我們可以合理預測，金融也能扮演類似的角色。金融部門愈是聚焦在淨零轉型，新技術解決方案就更容易獲得愈多融資，因為此時金融部門預期各界將積極採取氣候行動；在那個情況下，儲蓄者與投資者也將更能夠追蹤他們的投資是否與他們的價值觀一致，如果不一致，便能據此重新配置他們的投資。永續性投資可能從邊緣型活動轉變為主流投資活動，並大大提高成功的機率。

　　重點在於，社會運動可能進展緩慢，卻又瞬間意外加速。這些價值觀的變遷雖被稱冠上社會迷因、行為串連、道德情操等不同名稱，卻全都可能突然驅動巨大的變化。各國政府有責任沿著可信且可預測的途徑，將這鼓動能轉化為可行的政策。制定一系列的框架、敦促每個財務決策都將氣候變遷列入考量，會是個可行的做法。

　　企業向來是透過社會「需要」與「想要」的事物來擷取業務發展的靈感。隨著永續發展目標、《巴黎協定》與國家目標等經由多項社會運動而

開始獲得廣泛的支持，環境、社會與公司治理（Environmental, Social and Governance，簡稱 ESG）不再只是開明企業的先鋒型作業，而是已快速轉化為諸如美國商業圓桌會議（US Business Roundtable）之類組織裡的主流議題。我們將在第十四章與第十五章講述，目前社會上已產生一種「利害關係人價值」迷因（那是一個長期以來有人思考、但備受壓抑的經商方法，主要受宗旨驅動），而且，它已產生了一股自我強化的動能。

企業的存在是要改善我們的生活、擴展我們的眼界，並解決社會上大大小小的問題。若沒有一個有活力且焦點明確的民間部門，我們就無法興建我們需要的所有基礎建設、無法驅動必要的創新，也無法學習能讓我們在第四次工業革命中蓬勃發展的技能，更不懂得如何處理氣候變遷。世界上已有超過一百家最大型企業找出了核心環保、社會與治理的衡量標準，並將這些衡量標準連結到永續發展目標，這個發展絕非偶然。誠如美國銀行（Bank of America）執行長暨世界經濟論壇國際商業委員會主席（International Business Council of the World Economic Forum）布萊恩・莫伊尼漢（Brian Moynihan）公開宣稱的：「作為企業執行長，我們想要藉由實現扎實的股東報酬率與維持永續商業營運模型（這個模型能解決永續發展目標準則中所設定的社會長期目標）來為股東創造長期價值。」

由於力行宗旨的企業聚焦在包含其所屬社區的利害關係人，所以它們比較有可能將負面的外部性加以內部化。這些企業也是最早開始評估它們對於實現淨零貢獻的實體之一。

走在最尖端且最具遠見的企業已擁有可適應這個新世界的策略——有些是因為敏銳體察到改變中的社會與態度偏好（attitudinal preferences），有些則是預料到政府法令與規定將有所改變，而事先採取因應對策。這些企業並未在設定好「特定日期達成淨零」的高層次目標後便就此打住，而

是切切實實將這個目標融入每一個商業決策（從研發支出到高階主管薪酬等）。這些企業藉由這樣的方式，對能為所有人創造價值的利害關係人資本主義做出貢獻，當然，它們本身也因這樣的資本主義受惠。

要化解這個迫在眉睫的悲劇、並確保這個世界能平順調整為一個低碳的世界，我們必須採取負責任、公平且團結的行動。公共、民間與第三部門將需要跨越國界限制，合力創造能使經濟活力蓬勃發展的條件，並釋放實現強勢、永續且均衡成長所需的投資與創新。若能做到這一點，將使氣候變遷從一個攸關存亡的風險，變成我們這個時代最大的商業機會，並將財務危險轉化為道德上的進展。

價值觀就是這樣驅動價值的。

由於未來十年可用的重大去碳技術將陸續到位，且隨著政治技術逐漸就緒，接下來我們來談談將金融部門調整到足以使價值反映價值觀的各樣方法。

確保每一個財務決策都將氣候變遷列入考量

我被任名為聯合國秘書長氣候行動特使（Special Envoy of the UN Secretary General for Climate Action）及英國首相的氣候金融顧問時，我們組成了一個從屬於英格蘭銀行與白廳（Whitehall，注：泛指英國政府）的專家小組，並自我設定一個簡單但至關重要的任務：在參加格拉斯哥舉辦的第二十六屆聯合國氣候變遷大會之前，打好所有必要的基礎，以確保每一個財務決策都能將氣候變遷議題列入考量。

這需要重新對金融體系展開根本的整頓，好讓金融領域的所有環節（投資、貸款、衍生性金融商品、保險產品、整體市場）都能系統化地在

這場淨零競賽中，經由它們的行動發揮影響力。目標是讓氣候變遷成為和信用度、利率或技術一樣重要的金融體系價值決定因子，其中，一項活動對氣候變遷的影響，將成為一股決定價值的一個新媒介與新決定因子。

這麼一來，一如本書讀者將體察到的：價值便得以反映價值觀。

設定「每一個財務決策都將氣候變遷納入考量」的目標，是展現宗旨的力量的例子之一。這個目標既簡單又困難。我們稍後將會談到，我們必須就財務的幾乎每個層面——報導、風險與報酬——進行重大變革，才能達成這個目標。而且，我們必須打造一些新市場，才可能實現這個目標。不過，唯有達成這項使命，才能貫徹社會的理想——即永續的未來——以及必要工作的大量組織性原則。為確保每一個財務決策都將氣候變遷納入考量，聯合國氣候變遷大會流程已廣納民間部門、各國中央銀行、監理機關與非營利組織（它們是最早發現與倡議某些必要變革的組織）等專家。

我必須聲明，雖然民間的行動是造成過去某些問題（忽略外部性，並屈服於共有財悲歌以及迫在眉睫的悲劇）的元凶，但未來要解決氣候變遷問題，卻不能沒有民間部門的參與。

第一個理由是，解決這個問題所需的資金過於龐大。舉個例子，國際能源總署（International Energy Agency）估計，要實現低碳轉型，未來幾十年間，光是能源部門就必須每年投入三兆五千億美元的資金，比目前的投資金額高一倍。[17] 預期在二〇一五年至二〇三〇年間，氣候韌性基礎建設估計可能要花九十兆美元的基礎建設投資。如果目前就能做出明智的決策，便能確保那些投資可雙雙獲得財務報酬與環境永續性。公共投資對建構這項綠色骨幹而言確實攸關重大。此外，為支持開發中經濟體培養適應力與韌性，必須為它們提供優惠融資。不過，唯有主流的民間金融業才能為如此龐大規模的投資提供財源。只靠某個利基不可能實現淨零。

第二個理由是，要解決氣候變遷，我們不僅需要民間部門的資金，還需要民間的洞察力與創新。當整個社會聚焦在解決問題，民間部門就會立即採取行動、提出公共主管機關意想不到的解決方案，並持續以令人出乎意料的速度與競爭熱誠來落實那些解決方案。

誠如我們所見，要實現淨零，整個經濟體系都得全面轉型——每一家企業、每一家銀行、每一家保險公司與投資者都必須調整它們的商業模型。這進而需要全新的永續金融體系來為民間部門的創新提供資金，以增強政府氣候政策的效能，並加速轉型的歷程。這個永續金融體系的基本組成要件為：

- 報導：必須更全面揭露氣候相關的財務衝擊；
- 風險：氣候風險管理必須加以轉換；以及
- 報酬：為追求淨零世界而進行的投資必須成為主流。

報導

市場需要資訊才能有效維持運作，正如一句古老的箴言：可測量者便可管理。

企業與投資者必須了解極端氣候事件（即實體風險）以及邁向淨零（即轉型風險）會對商業模型與財務成果產生什麼影響。不久前，和企業預見及回應氣候相關風險與機會的有關資訊還是相當零散、不一致且支離破碎。然而，近幾年，氣候變遷相關風險與機會的報導數量、品質與可比較性，已出現了階躍性的變化。

二○一五年，在巴黎召開的第二十一屆聯合國氣候變遷大會中，金融

穩定局回應了 G20 的呼籲，在麥可‧彭博（Michael Bloomberg）的領導下，成立了由產業界主導的民間部門「氣候相關財務揭露專案小組」（Task Force on Climate-Related Financial Disclosures，簡稱 TCFD）。TCFD 的職責是為自願、一致、可比較、可靠且清晰的氣候相關財務風險揭露作業提供建議。這些揭露資訊的宗旨是要提供投資者、放款人、保險公司與其他利害關係人需要的資訊，好讓他們得以管理這些風險，並及時掌握相關的機會。

這個專案小組的成員是從先進與新興國家共同組成的 G20 經濟體的民間部門酌選而來，包括大型企業、大型投資者、全球性銀行與保險公司、所有大型會計師事務所以及信用評等機關。因此，這些成員涵蓋了實際上負責編製、要求與使用氣候相關財務揭露資訊的人。

TCFD 的建議是一種由市場為市場提出的解決方案，這些建議已呈至二○一八年的 G20 領導者會議（於漢堡召開），且目前被 G20 各國超過一千三百家的世界最大型企業所採納。[18] 這些建議也獲得控制了總資產負債表金額超過一百七十兆美元的金融機構的支持，包括世界上最大型的銀行業者、退休基金、資產管理公司與保險公司。愈來愈多投資者承認，氣候風險等同投資風險，而且要求了解（它們計劃投資或已投資的）每一家公司行號的氣候風險管理計劃。世界上最大的幾家資產管理公司正積極要求所有企業依據 TCFD 的建議進行資訊揭露。國際商業協會（International Business Council，簡稱 IBC）的一百四十位企業執行長則同意由 IBC 成員簽署一份資訊揭露協議，並根據這項協議揭露一組共同的衡量標準（包括 TCFD 建議的指標）此外，聯合國責任投資原則組織（Principles for Responsible Investment）的兩千兩百七十五位簽署人，目前必須揭露 TCFD 建議的資訊，否則就有被逐出這個組織的風險。

TCFD 的建議適用於所有已有募集資本的企業，它涵蓋各種主觀、客觀與前瞻性衡量標準：

- 公司治理、策略與風險管理揭露。

- 適用於所有部門且可比較的一致性衡量標準，以及特別為碳濃度最高的部門設定的具體衡量標準。

- 使用情境分析，以便動態考量轉型至低碳經濟體系的風險與機會可能會對策略與財務規劃衍生的潛在影響。

這些資訊揭露建議所傳遞的資訊，將對企業經營階層、企業的投資者與債權人等的決策制定非常有用，且這些建議是可執行的。這些建議善加利用現有的揭露體制（而非取而代之），所以，企業只要在其主流財務報告中順便揭露氣候相關財務風險與機會，便能更有效遵守現有的揭露責任，進而應可確保氣候相關的財務風險與機會被適當列為（且從屬於）企業公司治理與風險管理的根本考量。氣候風險的管理不能繼續被視為一種利基型活動。

從能源巨擘到消費財生產商等所有企業，都被鼓勵根據一致的方式來揭露它們的直接溫室氣體排放量，以及因其能源消費而衍生的排放量（即範疇一與範疇二的排放量），並以一份企業自訂減排目標來補強相關的揭露資訊。除此之外，若判定合適，也可增補上游與下游（即範疇三）排放資訊。

TCFD 的建議也體察到，當期碳足跡的靜態資訊揭露，絕對不足以透露出一家企業的氣候相關風險與機會。氣候資訊必須超越靜態揭露，朝策略性揭露前進。因為市場需要這項資訊來評估哪些企業已做好萬全準備，能掌握在轉型至低碳經濟體的過程中衍生的機會：例如，哪一家汽車製造

廠在燃料效率與電氣化方面居於領先地位？各能源企業是否通權達變，調整它們的能源來源組合？

若投資者希望正確為財務風險與機會定價，就得權衡公司行號的策略是否允當（像是如何應對看似合理的公共政策發展、技術進展與持續不斷演變的實體風險及機會等）。TCFD 以一種突破性的創新，建議企業探討並揭露氣候相關風險與機會在不同的潛在未來情境下（也就是所謂的「情境分析」），對其業務、策略與財務規劃等的潛在影響。投資者必須在可應對一系列可能轉型途徑的選項之間進行權衡，包括一切照舊（最終將造成災難性的後果），乃至平順且及時轉型至淨零等途徑。

企業應該繼續透過由多重部門組成的 TCFD 高峰會以及焦點更明確的 TCFD 產業籌備論壇，彼此分享、提供必要的市場資訊揭露相關知識，包括如何提供資訊？提供什麼資訊？以及在何處提供等等知識。這項動能正逐漸形成一種良性循環。隨著企業應用 TCFD 的建議，且投資者愈來愈根據這項資訊來區分不同公司行號的狀況，目前已有愈來愈廣泛的企業採納揭露作為，資訊揭露的內容漸漸改善，整個流程也變得更有效率。我們必須從這個基礎出發，進一步強化資訊揭露的數量與品質，好讓 TCFD 的資訊揭露變得盡可能可比較、有效且對決策有幫助。

然而，民間部門在推動公共財發展方面的力道終究有其極限（例如資訊揭露）。公共部門必須適時出面協同各方的努力，並確保資訊揭露的一致性。目前正是強制執行氣候資訊揭露的好時機。這項工作可經由幾個互補的路線來進行。

首先，金融監理機關可以透過它們的監督權，將氣候相關財務報導列為既定的強制報導項目。我在英格蘭銀行任職時，英格蘭銀行的監督機關審慎監督署（Prudential Supervisory Authority）發行了一份監督聲明，當中

述明了它對銀行與保險公司在氣候變遷相關處理方式的期待，包括審慎監督署對氣候相關財務風險的資訊揭露的期待（與 TCFD 一致）、應如何管理與治理這些風險的期待，以及針對那些機構的投資案的策略性韌性評估進行強制性的測試。從那時開始，許多主管機關也紛紛發表相關指導原則，或展開與 TCFD 一致的氣候財務資訊揭露諮詢。有了這項資訊，整個價值鏈上的金融公司行號——乃至它們的顧客——都能在它們自家的資產負債表與投資組合中報導氣候風險與機會。

第二，為了讓所有大型企業的氣候資訊揭露變得真正具全面性且可比較，必須將根據 TCFD 框架進行的報導作業，納為一種強制性的作業。國際標準設定機構如國際財務報告準則（International Financial Reporting Standards，簡稱 IFRS，負責建立財務報表的共同規定）與國際證監會組織（International Organisation of Securities Commissions，由各國監理證券與期貨市場的組織所組成）必須就如何將 TCFD 的建議轉化為報導標準一事達成共識。如果這些組織能根據一個共同的資訊揭露體制採取一致的行動，將會對市場評估氣候風險與機會有所幫助，減少資訊支離破碎、複雜與不一致等爭議發生的空間。

第三，國家層級的司法管轄區可透過不同的路線，發出氣候相關資訊揭露的強制命令。TCFD 已獲得世界各地超過一百零六個監理機關與政府組織的支持，包括加拿大、比利時、法國、瑞典與英國政府的機關與組織。這些機關與組織已採取不同的方法來落實 TCFD 建議的資訊揭露。以歐盟來說，歐洲委員會正透過非財務報導管理局（Non-Financial Reporting Directive）來管理歐盟境內所有上市櫃公司的相關資訊揭露。法國與紐西蘭則已導入一種「遵循否則解釋」（comply-or-explain）的 TCFD 報導系統。英國則承諾，將要求所有上市公司在二〇二五年以前完成 TCFD 的資

訊揭露，並對大型企業設定漸進的中期目標。

風險管理

永續金融體系的第二個組成要素是有效的風險管理。

誠如上一章所述，氣候變遷帶來了實體風險與轉型風險。實體風險來自諸如洪水、乾旱與熱浪等極端氣候事件，那些事件會摧毀財產、危害社區，並破壞生計。這些都是頻率與嚴重程度日益上升且廣受關注的實際風險。轉型風險則導因於朝低碳經濟體系調整的過程。政府設定的氣候政策、技術與碳價等的變化，將促使世人重新評鑑各式各樣資產的價格。舉個例子，對銀行業者來說，轉型的本質將會影響到它們對高碳濃度部門（例如能源部門，屆時這個部門有的大量資產可能會因轉型而被擱置）、消費金融（例如根據新的排放標準，特定汽車將失去殘值）與不動產抵押放款（根據新的能源效率規定，某些房地產將無法出租）等曝險部位的風險性。

更根本來說，在很多關鍵的著眼點上，氣候風險和傳統的風險有所不同，包括：

- 氣候風險在本質上是前所未見的。過往的經驗與歷史數據並無法作為預測未來或然率的理想因子。事實上，誠如保險產業所領略到的教誨，過去的低機率極端風險已成了今日的中心風險情境（central scenario）。

- 這些風險的寬度與廣度。這些風險將影響每個國家、每個部門的每一名顧客。而這些風險的影響將可能具相關性、非線性、

不可逆，且取決於臨界點。因此，這些風險一旦發生，其規模可能遠大於金融機構過去習慣管理的其他風險。

● 這些風險無法預知。我們雖然知道實體風險與轉型風險的某個組合勢必會發生，卻不確定那將會是怎樣的組合，因為風險發生的時機和規模取決於途徑的發展。此時此刻，我們很難精準判斷出我們將經歷什麼樣的實體與轉型風險組合，但可以確定的是，這兩種風險的某個組合勢必會成為事實。我們可以延續現有的排放路徑，並因此面臨巨大的實體風險，也可以改變路線，但面臨較大的轉型風險。[19]

● 最後，雖然發生實體風險的時程還很長（不是常見的三至五年商業規劃時程，而是幾十年後），但要解決明日的重大氣候風險，必須明快地在今日採取行動。事實上，未來幾十年（說不定是未來三至五年）的行動，將是決定未來風險規模與均衡的關鍵要素。[20]

金融體系無法藉由分散這項風險來獨善其身，這個事實不證自明。誠如這場大流行傳染病所示，實體經濟體系與金融體系之間的交互關聯性非常深。另外，一如 COVID-19，氣候變遷是一種影響深遠且擴及整個體系的風險，整個經濟體系都受它影響，金融體系自然也無法倖免。

我在英格蘭銀行任職時的同事莎拉‧布里登（Sarah Breeden）如此評論：

基於相同的理由，儘管個別投資者能撤回投資，但整個金融體系卻無能為力。事實上，看似理性但導致轉型遭到延遲的個別行動，甚至會讓我們集體的未來問題變得更嚴重。鑑於所需的變革規模非常大，我們根本無

法經由撤回投資來實現淨零。[21]

相對來說，若想降低財務風險，就必須管理實體經濟體系的基本氣候風險。此外，矯正這個集體行動問題是各個金融機構與監理機關的共同責任。公共與民間部門必須共同合作解決這個問題，也就是說，必須快速發展必要的風險管理專業技術。

風險管理項專業技術是必要的，因為未來我們將難以用平常的方式評估金融風險。誠如 TCFD 所強調的，那表示資訊揭露必須擺脫靜態揭露（也就是一家企業今日的排放量）的限制，朝向策略性揭露（也就是企業明日的排放計劃與相關的財務影響）前進。那意味評估企業因應轉型風險的策略的韌性。TCFD 建議採用情境分析，但目前這個領域還處於開發階段，相關的技能迫切需要提升。

英格蘭銀行已體察到有必要依據和該行金融穩定與審慎監理命令一致的原則，加速這些風險評估作業。英格蘭銀行是世界第四大保險產業的監督者，它深知一般保險公司與再保險公司就站在管理氣候變遷實體風險的最前線。保險公司為了回應這樣的處境，已發展出自家的造模與預測能力、改善曝險部位管理，並通權達變調整了保險範圍與定價。在這個過程中，保險公司發現，昨日的極端風險已漸漸變成今日的中心風險情境。與此同時，銀行業者也開始將最立即的實體風險列入商業模型的考量——從不動產抵押貸款的曝險部位、洪水風險，乃至極端氣候事件對主權風險的衝擊等。另外，銀行業者也就未來可能採行的氣候行動進行預測，並開始評估它們對轉型風險的曝險部位。舉個例子，這包括鑑於新能源效率規定而重新評估對高碳濃度部門的曝險部位、以柴油車擔保的消費者貸款，以及購入後出租相關的放款。

為了進一步培養這項風險管理能力，並將這項能力向下扎根，英格蘭銀行將根據不同的氣候路徑（包括可能造成大災難的「一切照舊」途徑，以及完美根據英國的法定目標，在二〇五〇年轉型到淨零〔這依舊是個嚴峻的挑戰〕），對英國的金融體系進行壓力測試。而銀行業者為了回應這些壓力測試，將得確定它們的貸款人要如何管理當前與未來的氣候相關風險及機會。那些評估結果將顯露出哪些公司行號已定有因應淨零經濟體系轉型的策略，哪些公司行號則投機取巧獨押新技術或是政策端的無為，還有哪些企業甚至還沒有想通相關的風險與機會。這項測試將有助於發展最尖端的風險管理技術，並將這些技術變成主流，此外，這項測試也會讓全球金融體系的核心更有能力對氣候方面的變化產生共鳴，進而響應政府的氣候政策。

　　為了澈底理解氣候風險的獨特本質，氣候壓力測試將和平常的壓力測試有所不同。氣候壓力測試將納入氣候結果，以及較傳統的總體（macro）與財務影響面。具體而言，這些測試必須同時評估實體風險與轉型風險，因為企業與我們的經濟體系將同時面臨這兩種風險。

　　未來實際上將發生的實體風險或轉型風險的精準組合，主要取決於各國對氣候變遷的政策回應。舉個例子，政策的果斷調整將可望限制實體風險的規模，但會製造一些轉型風險，不過，「一切照舊」的情境將受更嚴峻的實體風險支配。基於時程考量，這項壓力測試必須著眼於從目前轉型至二〇五〇年最終狀態的那幾十年的風險。最後，造模必須由下而上，要求公司行號從客戶端與交易對手端蒐集資訊，以辨識哪些客戶與交易對手正著手處理轉型相關事務。

　　最終來說，氣候壓力測試既關乎策略與治理，也關乎氣候風險造模技能的培養。那些壓力測試當然不是傳統上「不及格就淘汰」、並可能導致

銀行不得不支付資本費用的那種壓力測試。銀行必須評估不同氣候情境下的資產損傷狀況，並重新評鑑它們的交易帳戶的價值，但將不會有門檻報酬率，也不會有相關的資本費用。負責壓力測試的人將評估銀行的策略是否與朝向淨零轉型目標的管理一致，如果不一致，將詢問受測試的機構打算採取什麼變革。

最基本的是，氣候壓力測試將有助於擴展金融參與者與它們放款、保險或投資對象（也就是企業）的視野。這項壓力測試將協助改善風險管理量能，並培養和這個初生領域有關的知識與專業技能。這項壓力測試也將讓政策制定者與市場清楚見到，我們在轉型至淨零的道路上有多麼落後。政策制定者將能藉由確定有多少企業已設定轉型計劃、這些計劃有多成熟，以及金融部門對這些企業的曝險部位等等，更了解需要採取多顯著的整體經濟行動。這些測試的結果可能也有助於更準確地估計氣候變遷對總體經濟的影響，而這項估計可進一步作為政策行動的參考資訊。

一如氣候資訊揭露，那種策略性評估必須推行到全球，整個世界才有機會將氣溫上升幅度穩定控制在攝氏二度以內。由各國中央銀行與監督機關組成的聯盟「綠色金融體系網路」（Network for Greening the Financial System，簡稱 NGFS）能分享壓力測試的經驗與最佳作業，目前就發展公共與民間部門氣候風險專業知識方面，這個網路扮演非常關鍵的角色。與此同時，金融穩定局也開始描繪氣候變遷的風險傳播管道。國際貨幣基金則開始將氣候風險列為評估各國整備狀況的根本要素之一。

報酬

解決氣候變遷問題不僅和風險管理有關。畢竟追根究柢，這件工作是

要為社會提供它想要的結果，重視它所看重的事物。也就是說，轉型為綠色經濟體系一事，可能會成為我們這個時代最大的商業機會。未來三十年，光是能源部門所需要的總投資金額，就達到每年三兆五千億美元。另外，每年還必須再花五百億至一千三百五十億美元，發展與擴大碳捕集與生物燃料技術。[22] 此外，有超過六十億名民眾將住在都會地區，預期光是未來十年，就會興建大約四億棟住宅，其中全部的住宅都將需要使用綠色技術，以及與淨零、韌性轉型目標一致的基礎建設。

　　儘管諸如綠色債券與轉型債券等綠色投資商品，是發展一個全新金融體系的重要催化劑，那些商品還是不足以為轉型為「低碳未來」提供足夠財源。我們必須動員主流融資活動，協助支持經濟體系的所有企業調整商業模型，以便與淨零路徑維持一致的步調。只要能辨識領先者與落後者、能找出將克服轉型瓶頸點的最重要通用技術，便能創造價值。

　　換句話說，我們必須更詳細了解企業要如何由棕色企業轉型為綠色企業，而不僅僅是知道企業在某個單一時點的進度。到目前為止，並沒有一個理想的方法可完成這件工作。結合環境（E）、社會（S）與公司治理（G）的分數，可歸納出一個 ESG 衡量標準──雖然這個標準彌足珍貴，但它目前主要受到社會與公司治理項目支配。[23] 碳足跡並不是前瞻性的，而股東參與的影響也難以衡量。此外，整體經濟體系的轉型，不光只是為綠色活動提供資金、或將深棕色活動納入黑名單那麼簡單。我們得在地方、全球、國際、政治與社會等層面，廣泛落實綠色行動主義，才能催化並支持所有企業朝淨零目標前進，並讓我們有能力評估全體人類是否與《巴黎協定》的步調一致。

　　也就是說，投資者必須有能力評估企業轉型計劃的可信度。轉型規劃目前還處於剛剛萌芽的階段，品質也參差不齊。有些企業雖有明訂淨零目

標，卻未提出一份能實現那個目標的可信策略或可靠戰術。有些企業則已完整整合氣候策略、公司治理與投資。興起中的最佳轉型實踐計劃包括：

以範疇一、二、三排放量的標準來定義的淨零目標；

- 概述清晰的短期里程碑與衡量標準，以供高階經營階層用來監督進展與衡量成敗；
- 董事會層級的公司治理；以及
- 將衡量標準列為高階主管薪酬的根本決定要素。

諸如科學基礎減量目標（Science Based Targets）與轉型路徑（Transition Pathways）等倡議，能支援企業在轉型計劃方面的發展，並在企業達到適當門檻時給予認證。不過，我們在第十五章會談到，投資圈將需要發展它特有的專業技能，不能將這些關鍵判斷作業外包給其他管道。

投資者可利用某種評估轉型計劃功效的框架，了解要對投資組合內持有的企業提出什麼樣的疑問。不過，隨著愈來愈多企業揭露它們對氣候風險的評估，投資者應該要能有機會就這些資訊揭露與轉型計劃的品質表示意見。一如「股東決定薪酬」（say on Pay，投資者投票決定高階主管薪酬水準），愈來愈多投資者呼籲由「股東決定轉型」：亦即由股東投票判斷企業對轉型至淨零世界的整備是否充足。這個機制將在責任與當責之間打造無可動搖的關鍵連結。

隨著時間過去，投資者將不會只是評斷企業轉型計劃的優劣，他們本身也會成為被評斷的對象。投資者應該有義務評估其投資組合是否符合轉型的訴求，並以可輕易理解的形式來揭露它們的部位。相關的做法有幾種。以最基礎的方法來說，投資者可以計算已設有淨零目標的資產占其投資組合的百分比。隨著實體經濟體系的資訊揭露改善，更複雜的選項還有

計算投資組合資產的暖化潛勢（warming potential，即隱含溫度上升）。誠如我們將在第十五章更詳細討論的「以價值觀為本的投資」，「暖化潛勢」指的是全球氣溫隨任何特定投資組合之組成企業的排放量上升的程度。

為資產與投資組合進行暖化潛勢評分，能得到很多附帶的好處。政府可透過這項作業察覺經濟體系的轉型途徑，並因此得以了解政府政策的效能。此外，這項作業能讓消費者更有力量，可有更多空間選擇要用什麼投資方式來支持轉型。畢竟由於我們的公民——尤其是年輕人——強力要求採取氣候行動，未來資產所有權人有必要揭露他們是否有根據客戶的價值觀來投資客戶的資金，投資的程度又是如何等等。暖化潛勢的計算也有助於說明諸多投資管理決策對這個星球的影響。

跨境金融流動與全球氣候公平

前一章強調了氣候變遷的歷史不平等，以及史上最大排放者協助領導這項轉型的責任。身為工業革命搖籃的英國必須以第二十六屆聯合國氣候變遷大會主席的角色，領導這場永續革命。

開發中國家面臨的是氣候變遷與經濟發展的雙重挑戰。這些國家因氣候變遷的實體衝擊而深受其害，甚至承受了最大的傷害，而且，誠如我們所見，這些國家在培養韌性與將經濟體系調整到較能適應更不穩定氣候等方面的能力，有著極大的落差。此外，綠色技術是資本密集的技術，但開發中國家的資金成本卻向來因以下因素的綜合影響而較為高昂，包括：政治與監理的不確定性、較低流動性、較低金融市場開發程度，以及氣候風險本身的經濟衝擊等等。

已開發國家承諾，要在二〇二〇年合力動員每年一千億美元的氣候融

資，解決開發中國家的氣候移民與適應等需要。這項承諾是二〇〇九年哥本哈根協定下的產物，它在二〇一〇年的《坎昆協定》（*Cancún Agreements*）中有了正式的地位，並在二〇一五年的《巴黎協定》中被再次確認。據指出，這項資金的來源將非常廣泛，包括公共與民間來源，雙邊與多邊來源，也包含各種不同的融資來源。《巴黎協定》決議將這項集體動員目標延續至二〇二五年，屆時根據協定，設定一個最低每年一千億美元的新集體量化目標，這項目標會將開發中國家的需要與優先待辦事項列入考量。

全新的永續金融體系可經由三個方式幫助新興與開發中經濟體。

首先，藉由為永續性基礎建設的投資活動提供融資，新金融體系將使關鍵技術獲得規模效率，從而得以應用到全球。對化石燃料發電安裝基地較小的經濟體來說，這是更大的優勢。未來十五年將需要巨額的投資──大約是九十兆美元。這包括先進經濟體基礎建設老化，以及新興市場與開發中國家的較高經濟成長與結構性變化（尤其是因快速都會化而衍生的變化）等所產生的投資需要。新興與開發中經濟體將占全球基礎建設投資的大約三分之二（即每年四兆美元左右）。這項新基礎建設活動提供了一個大好機會，讓各個國家有機會迅速擺脫過去那種缺乏效率、雜亂無章且高汙染的系統。

第二個方式是，先進經濟體企業全面報導他們的範疇一、二與三排放量後，將能鼓勵那些企業把整個供應鏈的氣候風險最小化、機會最大化。隨著企業在其營運範圍內（包括它們的供應商、經銷商與零售商的營運範圍）解決永續性的問題，開發中國家的綠色投資將獲得顯著的提振，因為開發中國家是生產或外包範疇三排放的源頭。

第三，要實現淨零轉型，將需要能大幅提高開發中與新興經濟體之資

本流入的新市場結構。隨著企業承諾淨零或淨負排，投資者也積極尋找已設定可靠轉型計劃的企業，企業將需要展現它們計劃以什麼方式，透過適當的減排與可靠碳補償（carbon offsets，包括以大自然為本的解決方案，例如重新造林與從棕色轉為綠色所產生的碳補償）的組合來實現淨零目標。這將創造大量的資本需求，其中某些年度數量估計值正快速擴增到數百億美元。

值此時刻，購買碳補償的流程十分不透明、麻煩且昂貴。二〇一九年時，二氧化碳當量的貿易量只有九千八百萬噸，總市場價值僅有兩億九千五百萬美元。這個市場支離破碎，有很多地方性、特定部門或特定碳補償（例如以大自然為基礎的碳補償）專屬的市場，但沒有一個中央協同機制。碳信用（carbon credits）與碳補償目前尚未有統一的標準。這讓人難以比較在巴西購買一片森林與在印度購買一片森林而取得的一單位信用有何差異，而這又會導致價格變異性上升。聽起來相似的碳補償，要價可能介於每百萬噸二氧化碳當量〇‧一美元至七十美元以上不等。這種不透明的狀況衍生了信任問題與市場摩擦，問題是，這個市場是幫助我們實現淨零的關鍵市場。由於已頒布的補償並不保證會落實，且一項補償的所有權又缺乏透明度，導致信任問題變得雪上加霜。

為了釋放這個每年可能價值一千億至一千五百億美元的市場，我們需要能將供給與需求串連在一起（將已設淨零目標的企業之需求以及需要為去碳化倡議提供融資的國家之供給串連在一起）的適當基礎建設。這對開發中與新興經濟體來說，應該是特別吸引人的提議，因為這些國家的活動與專案最可能提供最有成本效益的碳補償。

金融部門擁有發展這個市場的經驗和資源。這並非史無前例。十年前，櫃臺買賣型衍生性金融商品交易原本多半不受監理、無須申報，且採

雙邊交割。不過，雷曼兄弟在金融危機期間倒閉後，和那類曝險部位有關的不確定性引爆了恐慌。在危機過後，金融穩定局與金融部門合作，藉由交易申報規定與鼓勵櫃臺買賣交易集中結算等手段，打造了更安全且更透明的衍生性金融市場。我們正為了第二十六屆聯合國氣候變遷大會而努力利用這項專業知識：在渣打銀行（Standard Chartered）執行長比爾・溫拓思（Bill Winters）的領導下，我們將再次研擬一份碳市場藍皮書，期許能迅速將這個市場發展起來，讓企業能到這個市場上購買碳信用，也讓投資者能獲得保障，不再需要擔憂那些碳信用的真偽。

永續金融體系幫助新興與開發中經濟體的最後一個方式是，經由適當的架構規劃，我們能將數百億甚至數千億的公共投資，轉化為數兆的民間投資。要將永續性投資的機會變得具商業可行性，需要官民之間的合夥關係、專案的管道，以及新的市場結構。多邊開發銀行（Multilateral Development Banks，簡稱 MDB）與國家開發銀行（National Development Banks，簡稱 NDB）及開發金融機構（Development Finance Institutions）將在這當中發揮重要的作用力，它們能降低專案風險，並在新市場上提供技術協助，以便為氣候韌性基礎建設及對適應性的投資提供資金，同時將它們的放款與投資方向調整到與氣候目標一致的狀態。

開發銀行也對提高本地市場的流動性有所助益，相關的做法包括與本地政府合作發展永續專案的管道、提供技術協助以打造投資框架，以及提高透明度。在這個過程中，開發銀行應該致力於將氣候風險全面融入它們的營運與放款活動，同時傳達可比較、健全且與《巴黎協定》一致的全銀行業落實計劃。開發銀行業者也應該透過國家自定貢獻之強化與落實週期，共同致力協助落實相關國家的進取氣候目標。國際貨幣基金已表明了解決氣候變遷、協助各國降低排放量與提升氣候韌性等強烈承諾。[24]

政策與氣候行動之間的交互作用

公共政策、企業轉型計劃與氣候相關風險及機會的資訊揭露等等，是轉型至淨零經濟體系的組成要素。（請見圖 12.6）[25] 政策信用度與永續金融體系的結合，將加速與擴大這些作為。

公共政策能為轉型至淨零奠定堅實的基礎。共有財悲歌與迫在眉睫的悲劇，意味民間企業與金融機構不會將它們的行動對氣候的影響全面列入考量。儘管領導型企業將預見未來的氣候政策，並在今日提前通權達變、進行調整，但最終來說，要使民間部門行動加速推進到臨界質量，還是需要有效率、可預測與可信的公共政策幫忙。

政府政策能透過財政措施（例如對汙染定價，以及支持研究開發及特定部門）與監理倡議（例如潔淨燃料命令，以及氣候效能路徑），提供遠比目標性支持（targeted support）更大的幫助。一旦這些措施成為氣候政策可信且可預測的績效記錄的一環，它們就能創造一個可促進氣候行動的民間投資框架，從而形成一個能打破迫在眉睫的悲劇的良性循環。

任何一個有效率的政策框架都需要有意義的碳價做為基礎。溫室氣體排放權的明訂價格，有助於確保較永續的企業不會處於不公平的劣勢處境，並鼓勵較高碳企業進行調整。為支持有效率、有序且公平的調整，碳價應該以漸進且可預測的方式逐步提高，而且，碳價的設計應該要公平合理，包括利用碳價收入來支持所得較低的家庭。

不過，氣候挑戰的規模非常巨大，光靠碳價是不夠的。政策制定者得根據轉型的需要來安排公共支出，那些需要包括低碳基礎建設的投資，以及支持永續研發活動的貸款與補助等等。目標性的環保監理規定能加速特定容易受制於重大集體行動問題（並因此可能較無法對碳定價產生共鳴）

圖 12.6　公共與民間部門作用力對邁向淨零經濟體系的轉型路徑的影響

的產業變革。

　　為了支持全球各地對氣候變遷做出有效率的回應，各國國家策略的進取程度將必須隨著時間而漸漸趨同。碳邊界調整（carbon border adjustments，一種連結到相對氣候作為的關稅）將在允許領導國家追求更進取的目標的同時，避免碳洩漏（carbon leakage）。這些調整應該要以和世界貿易組織的規定完全一致的方式來設計。

　　公共氣候政策愈可預測、愈可靠，對民間投資的影響就愈大。就這方面來說，我們必須體認到，氣候政策也可能因過去一直困擾著貨幣政策的那類可靠性問題而受害（一如第四章的討論）。

　　從政治的視角而言，政治人物為了支持短期就業而調整利率，並因此損害長期通貨膨脹穩定性的誘惑向來就相當大。為了克服這個問題，世界各地政府採納了明訂的通貨膨脹目標，讓選民更容易在政府未實現穩定低

通膨的承諾時，要求政府負責。此外，各國政府還將它們自身的角色限縮在長期貨幣政策目標的擬定，並將實現這些目標所需的工具（例如利率的設定）授權給獨立超然的中央銀行來運用，因為中央銀行比較不會為了刺激短期經濟成長而禁不起降息的誘惑。

類似型態的時機不一致問題也經常對各國政府的氣候政策可信度造成傷害。氣候政策的利益總是很久以後──經歷多次選舉──才會完全顯現，不過，任何短期的成本還是立即就能感受到的。所以，一旦政治人物當選，就很容易因為禁不起誘惑而推行較嘩眾取寵、較無實質成效的環保作為。這可能導致企業難以準確預測氣候政策的未來方向，並因此心存僥倖延後、甚至停止必要的氣候行動。即使政治人物最終採納了必要的對策來避免氣候災難發生，但由於他們缺乏事前可信度，所以容易錯過及早、明確採取行動的利益。

反之，如果氣候政策非常明確，金融體系就能輕易預料到當局未來將採什麼樣的政策，並鼓勵企業從今日就開始調整。而且，若有明確的氣候政策，政策制定者較不需要強力干預，就能實現特定氣候目標，擱置資產存量也將大幅降低。如果進取的氣候目標具可信度，企業將會限制對棕色技術的投資，從而降低完全折舊型高碳機器的存量，好在未來以綠色替代方案競爭。在這樣的狀況下，就不需要為了實現特定溫室氣體排放量降低目標（請見圖 12.7）而那麼積極提高碳價。這可以降低高碳價可能造成的非預期結果，包括碳洩漏的風險。

可信度確實能讓政策制定者得以更輕易實現特定目標，這個概念不僅適用於氣候政策。我在英格蘭中央銀行的總裁前輩金恩就曾以足球賽為例，提出一個妙喻：「馬拉度納利率理論」。金恩受到這位偉大的阿根廷球員的進球啟發（儘管馬拉度納或多或少是呈直線奔跑，但他是在閃開五

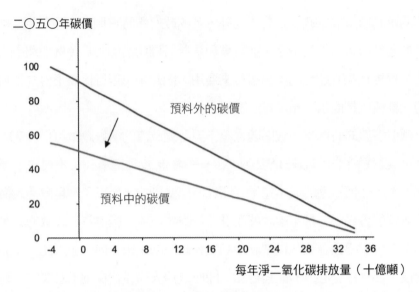

二〇五〇年碳價

100

80　　　　　　預料外的碳價

60

40

20　　　預料中的碳價

0

-4　0　4　8　12　16　20　24　28　32　36

每年淨二氧化碳排放量（十億噸）

圖 12.7　可信的政策框架能將碳價降至實現特定目標所需的水準

名英格蘭球員後才進球得分），主張可信的中央銀行必須不那麼激進地調整利率，才能將通貨膨脹維持在接近目標的水準。

　　此外，早一點開始將排放量縮減到淨零目標，可能可以大幅降低終極事件終點的碳濃度。[26] 然而，G30 報告（二〇二〇年）的分析使用了看來相當合理的「碳的社會成本」估計值，說明相關的利益可能更大。就算提早一年實現淨零目標，也可能將事件終點的碳水準降低超過三百五十億噸的二氧化碳當量，而以其淨現值而言，那大約價值二〇一九年全球 GDP 的五％。[27]

　　最後，可信的政策框架能使現有擱置資產存量增加的風險降低：可信的政策框架能降低企業對未來的政策懷抱錯誤期待，所以能降低企業心存僥倖繼續投資過時技術的風險。一旦政治人物能設定清晰的策略，就能針對他們未來打算提出的政策提供前瞻指引。若氣候政策能達到那樣的可預

測性，就能幫助企業從今天開始主動適應淨零世界的現實，並確保這個調整能有序進行。

有幾個方法可建立可靠且可預測的氣候政策。

首先，通貨膨脹目標制的經驗證明，為了解決時間不一致性的問題，相關的目標必須獲得政治光譜上所有政治人物的公開認可。當企業了解到反對黨也可能落實相似的政策時，就能確知它們必須投資擁有數十年經濟壽命的綠色基礎建設。這意味可信的氣候政策需要得到廣泛的政治與公眾支持。

第二，行動勝於雄辯。可信的氣候政策不會拖延，而是會以降低事件終點的碳濃度為目標，一天接著一天切實縮減排放量。另外，那類政策能客觀評估這項挑戰的規模與各項措施的效用。特定氣候政策必須明訂預期將實現多少溫室氣體減排量（估計值）。另外，應該評估整體氣候策略，釐清它是否與平順轉型至淨零的目標一致——相當於稍早所述的投資者隱含溫度上升，只不過，這是全國性的評估。氣候變遷的證據和氣候物理學（包括碳預算與實現淨零排放的需要）的急迫性一樣明確且無可辯駁。只不過，這些基本事實經常被掩蓋。邁向淨零流程的報導作業愈透明愈可靠，主管機關才愈可能當責。

第三，可信的政策框架會明訂哪些特定活動在淨零的世界中將不再可行，所以，它創造了支持替代方案的強大誘因。

第四，必須翔實記載氣候政策的績效記錄，才能鞏固可信度。一如財政政策、貨幣政策與企業績效，必須先確認並實現與長期策略及目標一致的中期目標，才有可能建立績效記錄。根據財政與貨幣政策的經驗，有大量證據顯示，如果政策的可信度很低，將需要花上多年的時間才有可能建立可信度，且政府可能需要更有說服力的政策，才能漸漸累積一種「負責

任」的聲望。總之，政府必須制定與長期策略一致的中期目標，並為特定部門擬定專設的政策（例如為鋼鐵生產設定排放目標），同時提出跨領域的倡議（例如設定合適的碳價）。

在諸如貨幣政策等各式各樣領域，政府早已將特定有限責任授權給獨立超然的技術官僚實體，並經由這個方式建立了相當程度的可信度。氣候政策目標的設定——例如在二○五○年達成淨零——需要充分的民主當責制度作後盾，故唯有民選政府才可能完成這件任務。不過，政府可將實現這一目標所需的具體工具的某方面校準作業授權給碳委會（Carbon Councils）執行，以改善可預測性、可信度與氣候政策之影響力。這些授權可能需要（由下而上依序是）：

- 評估氣候政策是否與政府的短期與長期目標一致；
- 就這些工具的設定，向政府提出「遵循否則解釋」的建議；或
- 以類似中央銀行為實現通貨膨脹目標而制定政策的方式，決定有限數量之工具的校準作業。

即使一國政府為了確保校準作業能根據客觀的基礎與科學證據來設定，而將所有的校準決策授權給碳委員會，政府還是應該保留與所有收入用途有關的完整控制權。這是要確保民選政府能左右碳價對分配結果的影響。政府或許應該保留對多數氣候政策工具的控制權，因為那些工具對分配的影響，可能比碳價對分配的影響更難以抵銷。這些工具可能包括針對製造業公司行號導入強化版環保標準，或是加速內燃機（internal combustion engine）的淘汰。

我們會在第十六章討論國家級中央政府，以及各種不同方法的優點與缺點。

影響力最大的政策框架將是具時機一致性（不會遭到任意調整）、透明（具有明確的目標、定價與成本計算）、以及具保證意義（透過條約、國家自定貢獻，以及各國的立法與共識）的政策框架。隨著各國努力累積它們的績效記錄，其可信度也會日益上升，屆時市場就會把資金配置到旨在實現必要創新與經濟成長的用途——就像一股「東風」，加速實現低碳未來的調整過程。

報導內容愈豐富，風險評估就愈健全，報酬優化的狀況也會愈來愈普遍。在那樣的情況下，轉型至淨零也會愈快實現，從而化解這個迫在眉睫的悲劇。

童貝里的訊息鏗鏘有力，她精準傳達了氣候物理學那令人不寒而慄的邏輯，以及氣候危機的根本不公平。我們當前的生活型態正快速消耗有限（且不可逆）的碳預算，這將對後代子孫造成直接的代價。跟很多人一樣，我被她的邏輯力量說服，也因她為代間正義哭泣而感動萬分。然而，對於這個刻不容緩的問題，我心目中的合適解決方案，卻和她的看法有所分歧。

誠如本書清楚說明，我個人並非市場基本教義者，因為我不會不假思索地認定市場是所有事物的**唯一**解方。但與此同時，我也在很多情境下見識過市場的無窮威力，因此，我深刻體會到，市場是人類世界許多最大挑戰的解決方案的一環。若沒有經濟成長，我們無法實現永續發展計劃；若沒有創新、投資、宗旨與利潤，我們也不可能達到淨零狀態。我的經驗讓我深深相信市場解決問題的能力，畢竟我日復一日見識到人類追求成長與進步的慾望，以及人類渴望為自身與家人追求更美好生活的慾望實現了什麼成果。

持續成長不是童話；而是必要。

不過，並非所有成長都是必要的。市場的力量必須被引導到能實現社會願望的方向。而要引導市場的力量，就需要能反映人類價值觀的所得與福利衡量標準——也就是既能衡量社會資本，又能衡量經濟資本的標準。人類需要一個不再完全被諸如 GDP 等衡量標準牽著鼻子走的世界——畢竟那類標準是在一個世紀前設計出來的，當時地球看起來似乎永垂不朽，且當時市場的社會規範感覺不可能改變。為了實現我們的氣候目標，我們應該設計旨在能以最低成本鼓勵經濟調整與技術創新、同時又能將調整的負擔盡可能公平分攤到國內各部門與所有國家的政策。

成功的關鍵要素包括：建立一個廣泛的社會共識、採用清晰且一致的溝通方式，以及建構可信且可預測的政府及監理政策績效記錄。這些條件的落實程度愈高，市場愈可能促使「轉型至淨零碳經濟體」的目標更快且更平順實現。

朝著「氣溫上升不超過攝氏二度轉型」前進的市場，是建立在報導、風險管理與報酬等基礎之上的市場。這個市場將讓我們得以清楚見到企業評價如何可能隨著氣候政策的改造與碳濃度的降低而日益轉變。這個市場將允許市場與政策制定之間的回饋，其中，政策制定者將透過市場的反應來學習，而市場則會內化政策制定者的目標、策略與工具。這個市場將揭露未來的可能經商成本、可能必須為溫室氣體排放付出多少代價，以及更嚴謹之監理規定的成本。而當意見發生變化時，這個市場能幫助價格調整變得更流暢，而不是將所有調整集中在某種氣候明斯基時刻發生。這個市場將開啟我們這個時代最大的商業機會。

下一部我們將概述領導者、企業、投資者與國家的行動計劃，而這些行動計劃屬於更宏觀倡議的一環：恢復我們的價值觀。

PART-3

重建價值觀

第十三章
以價值觀為本的領導

「領權能力與價值觀之反思」是個有點危險的領域，當然，對批評者來說，這也是一個隨處可找到批判目標的環境，因為批評者能輕易在這個領域找到很多「言」、「行」不一的狀況。事實上，有一份報紙在評論最近一本關於領導與價值觀的書籍時，便表明該書的發行本身就透露出過度自信的問題——風暴來臨前的自滿——並告誡企業執行長與投資者應該要對「作者身分的詛咒」戒慎恐懼。[1]

金融圈當然有無數「驕兵必敗」的前例。想想當年將全球金融危機前的那段時間譽為「大穩定期」的那幫人，或想想世界上最貴的五個字「這次不一樣」。不過，我還是要硬著頭皮繼續討論「領導」的主題，不僅因為我們必須從經驗記取教誨，也因為那種跨社會領導能力是重新樹立人類價值觀的核心要素。

領導模型

很久以前，人類就對「領導」備感興趣。和這個主題有關的著作琳琅

滿目，內容也經常以數千年來無數的成敗案例為鑑。有些人會閱讀凱薩與龐貝時代（Pompey）的作家普魯塔克（Plutarch）之作（尤其是軍隊的將軍），藉此吸收教誨，有些人則向一些有魅力的領導者學習，例如鼓舞了整個國家的甘地（Gandhi）。

雖然目前領導理論與實務已成為管理科學領域裡的一個巨大分支，正式的領導理論卻是到了上個世紀才興起。最早期的分析集中在領導者素質的分析，後來，一般人才把這個議題的關注轉移到情境因素（situational factors）的重要性。韋伯將領導者分成三種類型：魅力型、傳統型與法理型。[2] 即使主要只有歷史與社會學研究者對這個分類法感興趣，它還是非常發人深省，因為它暗示，在這個權貴漸漸式微的環境下，機構權力的擴展將遭遇什麼樣的極限。後來，這個分類法也為情商（emotional intelligence）對轉換型領導（transformational leadership）之重要性的研究，奠定了一個穩固的基礎。

實際上，韋伯聚焦在權威（authority）的程度高於領導，他以圖示描繪社會從魅力型領導者——魅力型領導者的權威來自人格力量，也就是「非凡的恩典（天生魅力）」——之後的進步狀況。一旦這種魅力型領導者過世或離開，整個領導系統就必須演化成「傳統」或「法理」模型，才能繼續維持。在傳統的系統——例如君主國——當中，正當性來自「不朽昨日」的權威，而在法理系統——例如現代民主國家——個人與機構的權力是靠他們的職務取得。這項權力的定義明確、受約束，且應負責任。賦予中央銀行處理特定工作的委任權威，就是法理權威的經典案例。

不過，誠如第四、第七與第八章的內容所示，權威並不等於領導能力，而若無法維護社會的許可，機構權威也不可能永續。沒有人會指責中央銀行官員太有魅力，但即使是中央銀行官員，也不能只是固守在辦公室

裡，設法激勵外界對中央銀行政策的信心與信任，妄想這樣就能維護央行政策的效率。他們必須參與、解釋並展現他們的情感。而如果我們這樣要求在上位者（從很多方面來說，他們屬於典型的技術文官），那麼，這樣的標準也適用於企業、社區與團隊領導者，尤其是在發生巨大經濟與社會變化的時刻。

在開始說明領導者如何持續贏得他們的正當性、並將其效能最大化以前，先區分一下領導模型之間的差異可能會有所幫助。我將許多精心打造的領導模型粗略簡化為以下三種主要類別：

第一型：偉人理論（Great Person theories），找出自古以來眾多領導者與生俱來的特質，並堅決主張那些偉大的領導者是因為天生就擁有那些特質（尤其是天生的魅力、自信與智慧），才會那麼有效率。這些理論往往將偉大的領導者描繪為英雄式、神話式與注定偉大的人物。這個「偉人理論」（一如當初眾所周知的名稱）在十九世紀期間廣為流傳，它利用諸如亞歷山大大帝（Alexander the Great）、尤利烏斯·凱薩（Julius Caesar）與亞伯拉罕·林肯（Abraham Lincoln）等神話般的領導者來證明它的論點。這個理論的代表性著作是極具影響力的歷史學家湯瑪斯·卡萊爾（Thomas Carlyle）的作品，他斷定：「說穿了，整個世界的歷史就是眾多偉人的傳記。」[3]

然而，儘管歷史上確實有一些曾改變歷史軌跡的傑出人物，卻有無數的其他人在大大小小的組織裡創造了許多不同的局面。史丹利·麥克克里斯托將軍（General Stanley McChrystal）在結束極度輝煌的軍旅生涯後，將領導能力研究視為他的天職；他激烈反駁他所謂的「亞特拉斯／制式神話」（Atlas/formulaic myth，根據這種神話，一組特定的領導特質能自動帶來成就），因為根據他的經驗，很多偉大的領導者絲毫沒有展現出那些特質。[4]

此外，偉人理論所引據的案例傾向於將組織的成就全數歸功於領導者一人，但事實上，還有其他各式各樣的因素對組織成就的貢獻功不可沒。事實上，由於領導者制定的最棘手決策都是在巨大不確定性的環境下做出的，因此很多人純粹基於幸運而被視為優秀領導者的可能性並不低。何況如果領導能力真的只是一組與生俱來特質的產物，那麼，為何所有擁有那些特質的人最終未能全都成為領導者？

研究發現，領導能力並非命中注定，很多要素會影響特定領導者的成敗，包括團體的特性，以及需要領導者展現領導能力的情境。[5] 基於這些理由，這一章的評論將和另外兩個領導理論學派較為一致：行為理論與參與理論。

領導的行為理論主張，領導者並非天生就有領導能力，並主張領導能力是一個過程所造就的產物，而非來自天賦。行為理論的根本概念是，所有行為都可能透過制約[6]（conditioning，也就是我們一向所謂的道德情操）來發展。行為理論聚焦在領導者的行動，而非他們的心理素質或內部狀態，那些理論說明，每一個人都能透過觀察與教學來學習高效率領導，所以，這類理論賦予我們這些凡夫俗子許多希望。誠如我們即將談到，領導者的內部特質對他們的誠信度很重要，也對發展永續卓越領導能力所需的必要美德非常重要。

參與式領導理論則表明，理想的領導風格會參考並利用其他人的投入（input），並聚焦在領導者與同事之間所建立的關係。參與式領導者會鼓勵團體成員做出貢獻，讓他們覺得自己對決策的制定也很攸關重大，並因此更願意致力於成功執行那些決策。那類轉換型領導者能藉由協助團體成員了解各項工作和組織的更崇高宗旨之間的關聯性，並適時給予誘導與鼓勵。

我個人的經驗是，行為式領導與參與式領導強調的較不是領導者本身

實現了什麼成就，而是較著重於領導者傳遞給同事的宗旨意識，以及他們在追求那個目標的過程中所催化的行動。

領導是否有效率，顯然得視情況而定，個中的意義遠遠超過莎士比亞所謂的「時勢造英雄」（Cometh the hour, cometh the man.）。管理風格應該根據挑戰的本質、脈絡與被領導者的類型而有所差異。[7] 對防禦與攻擊、圍攻或策略、交易或轉型工作等有效的領導方法各有不同。優秀的領導者會評估追隨者的需要，謹慎斟酌情勢，並據此調整他們的行為。舉個例子，當領導者是一個團體裡最精明且最有經驗的成員時，採取較正式的風格（也稱為權威式領導〔authoritarian〕）或許比較適當。而如果整個團體是由一群技藝高超的專業人士組成，採用參與式或民主式的領導方法可能會比較有成效。

就這些著眼點來說，領導理論經常會將互易型領導（transactional transformational leadership）與轉換型領導加以區分。前者也稱為管理式領導，它聚焦在特定工作的完成，並採用獎勵與懲罰手段來誘導追隨者。[8] 互易型領導者往往在諸如文官機構或大型企業的現有系統中運作，並利用他們的知識或合法權威來實現成果。互易型領導除了常見於企業界，也經常用於運動圈，這種領導方式高度仰賴監督、組織、規定與程序來進行。較優秀的互易型領導者會設定期望與標準、針對績效提供建設性的回饋，並公平分配報酬與褒揚。這樣的領導方法能在領導者和同僚之間打造一種有建設性的互惠互利關係。研究發現，互易型領導在問題顯而易見且問題能輕易定義等情況下最有效率。[9]

轉換型領導能透過共同的宗旨，激發同僚、組織以及領導者本身的正向變化。轉型領導者往往精力充沛、樂觀進取且滿腔熱忱。他們透過他們的遠見與人格，激勵同僚改變期望、知覺與動機，以實現共同的目標。

轉換型領導的概念在美國政治傳記作者詹姆斯・麥克葛瑞格・伯恩斯（James MacGregor Burns）的推廣下而漸漸普及，他以韋伯對魅力型領導者的分析作為出發點。根據伯恩斯的觀點，在轉換型領導之下，「領導者與追隨者協助彼此提升到更高層次的士氣與幹勁。」後來，伯納德・貝斯（Bernard Bass）跟隨伯恩斯的腳步，找出了轉換型領導的四項組成要素：

1. 才智的激發。轉換型領導者不僅會對現狀提出質疑，也會鼓勵同僚發揮創造力。

2. 個別的關懷。轉換型領導者會維持溝通管道的暢通，讓同僚能自在地分享想法，領導者也會就同僚的獨特貢獻給予直接的認可，從而達到支持與鼓勵個別追隨者的目的。

3. 動機的啟發。轉換型領導者會頭頭是道地描繪一幅清晰的願景，並鼓勵組織熱情地完成這些目標。

4. 理想化的影響。轉換型領導者能發揮模範的作用，鼓勵同僚仿效並內化這位領導者的理想。

有效率的轉換型領導者往往具有非常高的情商（EQ），這項要素與他的智商（IQ）相輔相成，不可或缺。情商的概念最早是由彼得・沙洛維（Peter Salovey）與約翰・梅爾（John Mayer）發展出來的，他們將情商定義為「感知情緒的能力，獲取與產生情緒以協助思考的能力，理解情緒與情緒性知識的能力，以及反射性控制情緒以促進情緒與智力成長的能力。」[10] 科學新聞工作者丹尼爾・高曼（Daniel Goleman）的推廣，讓大眾普遍了解從自知之明、同情，乃至有效領導等情商的重要性。[11] 領導者知道他們必須承認、理解並管理好他們自己的情緒，同時也要承認、理解並

影響同事的情緒。

一個轉換型領導者必須對未來懷抱堅定且積極的願景。領導者本人相信那個願景是不夠的，他們還得激勵其他人認同這個願景。真誠可靠、熱情、贊許與值得信賴等關鍵領導者特質，將有助於誘導追隨者支持你對整個團體的目標。

由轉換型領導者所領導的團隊往往既成功且忠誠、流動率低且懷抱堅定的信諾。證據顯示，這些團體的績效、滿足感與福祉水準較高，特別是因為成員們感覺受到自己被鼓勵與被賦予權力。[12] 貝斯與羅納德・里吉奧（Ronald Riggio）在他們的經典著作《轉換型領導》（*Transformational Leadership*）中解釋：

轉換型領導者……激發並鼓勵追隨者實現非凡的結果，同時也在過程中培養他們本身的領導能力。轉換型領導者會賦予追隨者權力，並將個別追隨者、領導者本身、團體與更大組織的各自短期與長期目標調整到一致，藉此回應個別追隨者的需要，以協助追隨者成長，而這個過程也使他們本身漸漸成為真正的領導者。[13]

在實務上，互易型與轉換型領導法都很重要。互易型的執行本身就極度重要，因為績效記錄能建立組織對領導者職能的信任。舉英格蘭銀行為例，我們體察到，我們做的每件事都有可能影響民眾對我們完成英格蘭銀行使命的信心。此時此刻，轉型的動力極度巨大：我們活在經濟、技術與社會劇烈變遷的時代。有一些產業（例如零售業）整個遭到破壞，也有新產業（例如碳捕集與封存）被創造出來。全球經濟體系既日益支離破碎（因貿易壁壘），卻又日益整合（透過社群網路）。隨著系統性偏差變得一覽無遺，我們面臨一個緊迫又不可避免的選擇：要將普惠納入我們的普遍

人道主義觀（common humanity）的一環，或是放任現有的社會裂痕繼續演變成巨大的斷層。

在這個機器世代，技術的領導必須既互易又轉換。人工智慧（Artificial Intelligence，簡稱 AI）是一種能廣泛應用的通用技術，它的生產力利益取決於重新設計流程以實現共同宗旨的程度。

我們可將 AI 想成「預測機器」，這些機器比人類更有能力對未來做出更好的預測，而且那些預測的精準度能隨著使用而改善。[14]

通常來說，在需要互易型領導的情境下，機器學習（Machine learning）的功效是最好的。也就是說，在有明確定義的疑問、預期未來的行為表現將和過去一樣，而且有足夠資料可運算問題等情境下，機器學習的效率會是最高的。就金融領域來說，相關的案例包括辨識詐騙、洗錢、評估保險業的共同風險因子，或是評估中小企業的債務違約風險等等。AI 在有固定規則的賽局中可能特別有效率，例如金融市場的套利：演算法能從中發現人類無法觀察到的機會，並從中取利。就最後一個著眼點來說，AI 有能力發現人類無法觀察到的事物，並因此偶爾能產生一些變革性的獨到見解，例如 DeepMind 和李世乭之間那一場著名的圍棋賽局，當機器發現另一個支配著世上最優秀圍棋選手長年所經營的區域的局部最大值（local maximum）時，整個賽局遂發生質變。

機器的管理還局部牽涉到確認何時可將一項客觀預測和人類判斷結合在一起，藉此改善那項預測。這需要了解 AI 的優點與侷限性。機器能就信用評估或貸款展延等進行最初的篩選，尤其是零售型消費者放款，因為可用的數據實在太多了。不過，儘管 AI 與機器學習能比人類大腦計算更多的數據，從而降低過度側重某個單一因素的或然率，但 AI 消除人類偏差的能力，當然還是取決於那些偏差是否出現在機器用來學習的歷史數據

當中。

　　有時候，決策制定講求的是速度，而非完美，尤其是在這個錯綜複雜的世界。當人類無法找到最佳解決方案時，就會退而求其次，選擇「滿意即可」的方案──即採納一個能達到某個令人滿意門檻的較務實選項。當沒有足夠的數據可供 AI 學習時，AI 也會受人類的直覺支配。當過去發生的一切不能作為應對未來的參考，人類橫向思考能力的巨大價值，就會變得顯而易見。

　　轉換型領導議題對 AI 而言是個特別艱困的挑戰。AI 較難以發現並理解諸如氣候變遷、人口老化乃至 AI 本身的長期結構性變遷。當可用來推斷結論的數據過少，AI 顯然就會陷入苦戰。一旦沒有足夠的資訊可運算，AI 就無法填滿空白，因為它無法像人類一樣辨識或推斷「已知的未知」。

　　AI 模型也可能非常難以解讀。通常來說，開發人員都知道模型的參數（儘管以神經網路的個案來說，並非總是如此），但模型的大量參數與非線性形式還是讓人類難以理解。舉個例子，亞馬遜公司用於自然語言處理的 AlexNet 有六千萬個估計參數。另外，即使是焦點更集中的信用評等模型，都可能有數千個非線性或非參數的參數，因此很難解釋它們的運作方式。

　　就金融穩定而言，AI 可能會導致金融機構與監理機關的人類更難理解發生在極端事件中的行為，包括決策（例如交易與投資決策）是怎麼擬定的。而若不了解問題的導因，便難以矯正問題。對第三方的依賴增加會產生一種營運風險以及單點故障（single point of failure，注：指單一環節失靈就會讓整個系統無法運作的狀況）的風險，而互動能力（interoperability）意味一項行動的後果有可能被強化。

接下來，我將假設讀者不是生活在君權神授的領導模式之下，也不是生活在獨裁命令的領導方式之下，所以，你所面臨的領導挑戰——無論大小——至少得取得同事、董事會、股東與利害關係人的法定同意，當然，最好是能得到他們的熱情回應。無論你所屬的組織大小，請切記，那種法定同意延伸適用於更廣大的社會，因為經過測試，所有人都需要取得社會許可才能有效運作。

也因如此，在這個顛覆的時代，我們必須聚焦在這一章所描述的那種以價值觀為本的領導形式。但那種方法若想成功，我們必須先承認，當前的「信任危機」主要是由領導危機所造成的。[15]

領導能力與信任危機

在很多社會，信任的淪喪已成了時下的流行話題之一，縱向社會調查（longitudinal social surveys）也確實顯示，過去幾十年，大眾對許多機構的信任普遍呈現下降的趨勢。[16]

上述的信任淪喪現象通常被形容為民眾對「專家」的幻想破滅，但那樣的說法未免過度簡化。整體而言，當今的民眾在被問及相關問題時，其實還算相對信任科學專業知識，[17] 但對政府與媒體則抱持最大的懷疑態度。二〇二〇年愛德曼全球信任度調查報告（Edelman Trust Barometer）發現，在被取樣的國家當中，有大約三分之二的國家在「政府與媒體切實『為所當為』」的項目上，信任度還不到五〇％。[18] 民眾對超級富豪以及金融部門的信任度也非常低——一如第七章所述。[19] 由於民眾對相關機構缺

乏信任，只好採取「另請高明」的回應。這時，在民眾眼中，「你我這樣的凡人」變得和技術專家一樣可信，且遠比企業執行長或政府官員可信；從社群媒體便可看出這個變遷：民眾變得比較信任親朋好友，而非專家、企業執行長或政府官員。

對機構的不信任源自於幾個因素。有些因素是績效低落所致。能力非常重要，一般民眾會對無能的人產生猜疑，並視之為笑柄。以金融部門來說，信任降低的轉捩點，無疑是主流經濟專業人士未能預見監理鬆散的市場基本教義主義者之金融體系可能引爆危機。一系列的歐元區危機更是導致大眾的疑慮加深，而那些危機暴露了單一通貨機構結構（這個結構原本被廣泛視為一項專屬權貴的專案）的不全。[20] 諸如倫敦隔夜拆款利率市場的金融操守醜聞，則導致幻想破滅的情況進一步惡化。

雖然醫療專業的表現遠比金融家好，但自一九七〇年代以來，大眾對這個專業的信心一樣持續下降，而從它許許多多的失策便明顯可見民眾對它的信任如何會日益淪喪。舉個品質控制專家系統失靈的著名例子，一九九八年，有人在聲譽卓著的同儕評審期刊《刺胳針》上發表了一篇研究，那篇研究聲稱，麻疹、腮腺炎與德國麻疹混合疫苗（MMR）與自閉症有關。這篇研究發表後，英國全國接種 MMR 疫苗的比例降到八〇％以下，並在二〇〇五年爆發大規模的流行性腮腺炎。事後，隨著後續的研究並未能在疫苗和自閉症之間找到可信的關聯性，因此，那篇研究的主要作者被註銷醫療登記證，《刺胳針》也撤回了那篇文章（因為那是一份只針對十二名孩童所做的研究）。

在 COVID-19 爆發期間，公共衛生官員頓時成了舞台上的聚光點，而且從很多方面來說，他們對全體人口的日常生活行使了**事實上**的權力（這是政府承諾「依循科學指引」的合理結果）。由於經常得在巨大不確定性

的情境下提供即時的建議，公共衛生專業所做出的一系列判斷，自然品質大有問題，而這也導致外界對這個專業的信心日益縮減。在這場大流行傳染病期間，科學家被鼓勵針對無症狀感染患者的疾病傳播力的影響、戴口罩、兩公尺間距規定，與入境旅客隔離等議題提出明確的建議，後來卻又被迫一百八十度大轉彎，否定自己先前提出的建議。想當然耳，由於這是一種新病毒，事實證明，它的致死率確實非常難以估計，而諸如「可預防的死亡」之類的反事實也被視為事實。儘管這些發展都可被視為一種學習，卻也可能被當成失誤，令人對封城策略失去信心，並導致人與人之間意見分裂——有些人認為威脅被誇大了，有些人則擔心科學建議將屈服於經濟與政治目標。

從世人對各項議題的意見，經常可見到這種兩極化的現象，如今，這個現象因資訊科技革命而更加惡化。知識的數位化與免費取得，大大地促進了民主化，並讓民眾獲得更大的力量。[21] 與此同時，我們接收到的新聞與意見，則愈來愈傾向成為被自我強化式搜尋引擎和社群媒體演算法鎖定的目標。這一切的一切增強了我們的確認偏誤，並消除了我們進行微妙風險判斷的空間。如果只要仰賴臉書朋友或平日追蹤的推特對象就能核實我們的意見，誰還需要專家呢？

誠如倫敦政治經濟學院院長米諾琪‧沙菲克（Dame Minouche Shafik）女爵所斷言：「在一個資訊如此充沛的世界，未來的教育將著重培養批判性思考，以及打造擁有學習與判斷能力的公民。」[22] 她指出，演算法創造了許多志同道合者的同溫層，在這樣的情況下，資訊的品質有可能非常難以評估；事實被假新聞扭曲；「後真相」（post-truth）助長了憤世嫉俗的心態；線上匿名的特性更賦予個人與國家濫用網路的力量。根據牛津大學路透社新聞研究所（Reuters Institute for the Study of Journalism at Oxford

University）的統計，有一半的網路使用者是以社群媒體作為新聞來源（從二〇一三年迄今，美國的這個數字已增加一倍）。[23] 這種仰賴演算法提供新聞的現象，導致民眾生活在資訊同溫層的風險上升，因為那些演算法會根據使用者先前閱讀與點讚的內容來猜測他們的偏好。而在這個點閱數代表收入的世界，這些風險變得更加嚴重，因為這樣的文化可能會給予最尖銳的聲音極微優渥的獎勵，並助長最極端的觀點。

民粹主義政治的興起，導致民眾更不信任專家與專業知識。民粹主義是一種特殊形式的身分認同政治學（identity politics），它打著道德的旗幟，聲稱它代表「真正的民眾」。[24] 就本質來說，民粹主義其實是反多元主義與反權貴思想，它促進一種「涇渭分明」的思想，主張只有支持民粹主義者政策的「民眾」（經由他們支持那些政策的行為來辨識）才是有智慧的。舉個相關態度的例子，在英國脫歐公投期間，當時英國內閣大臣麥可・戈夫（Michael Gove）堅稱，民眾「早已受夠了專家」——顯然，他那一股反專家的情緒很快就消失了，因為短短幾年後，他就成為主張「依循科學指引」來應對 COVID-19 危機的英國政府成員之一。

很多人用各式各樣豐富多彩的隱喻來形容信任的動態。在金融領域，有人形容「信任靠雙腳走來，但乘著法拉利離開」。印度政府高階官員蒙泰克・辛格・阿魯瓦利亞（Montek Singh Ahluwalia）曾告訴我，信任以椰子樹的成長速度增長，但以椰子掉落的速度下降。不管是什麼樣的形容方式，個中的教誨都是一樣的：信任的建立可能要耗費好幾個世代的時間，卻能在頃刻之間灰飛煙滅。

專家為重建大眾信任所需採取的各類對策，可供所有組織的領導者作為清晰明瞭的參考。其中有六個步驟特別重要。

首先是改善透明度；當大眾沒有充分的資訊來了解特定決策如何與為何制定時，改善透明度應該會有幫助。然而，透明度已成為一種輕鬆的默許值，而且，在一個資訊超載的時代，透明度可能無效。英國哲學家奧諾拉‧歐尼爾（Onora O'Neill）強調，以所有可用資訊對大眾進行地毯式轟炸，並不是解決問題的方法（「不管一個機構或一項專業有關的資訊有多麼乏味或多麼例行公事，還是會對外發布。」[25]）。如果利害關係人因語言的緣故而無法理解資訊，或是因資訊過度複雜或脈絡的緣故而無法評估那些資訊，那麼，就算透明度很高，意義也不大。利害關係人需要的是有效的透明度。資訊的提供方式必須讓個人得以評估資訊的品質、分辨資訊的真偽，藉此判斷那些資訊值得信任的程度。[26] 那就是作為英格蘭銀行成員的我們在透明度與當責的沃希報告（Warsh Report）發表後，努力想要實現的目標；具體的做法是，以適合我們的利害關係人的關心程度與專業知識水準，將和單一決策有關的所有資訊，分級提供給不同的利害關係人。經由分級資訊的提供，一般大眾得以評估標題訊息的清晰度與含義，金融市場專家與學術界人士則得以詳細審閱、並辯論每一段文字與每一個數據點的重要性，而媒體也得以判斷整套計劃的一致性。

第二，確立事實。美國已故參議員丹尼爾‧派崔克‧莫尼漢（Daniel Patrick Moynihan）曾道：「你有權發表你個人的意見，卻沒有權利將那些意見當成事實。」為提供那些事實，某些傳統機構創造了公共資訊服務，例如「國民健康直接服務」（NHS Direct）與國家健康保護署（National Institute of Health Protection）。目前已有一些判斷資訊品質的非傳統管道興起，例如鑑定公眾人物說法的事實查核網站。事實查核人員甚至開發了一

種行為準則，讓用戶得以評估那些查核人員本身工作的真實性。[27]

各個社群媒體巨擘也紛紛對事實查核的根本重要性發出迴響。YouTube 與推特等公司本是基於自由表達與資訊管制的去中心化等價值觀而創建，但這些公司也已採取愈來愈多打擊不實資訊的行動，它們雇用了數千名內容審查員（content moderators），並開始實驗各種適當的程序與公司治理模型。

其中一個非常有意思的公司治理進展是臉書的監察委員會，該委員會對有爭議的內容掌握了最終判決權，未來它更將擁有推翻臉書領導階級決策的權力。這個監察委員會由世界各地的不同個人組成，成員包括一名前首相，一名諾貝爾獎得主，還有許多憲法專家。這個蓄意與司法實體相似的設計——包括上訴流程與委員會決策的發表等——顯示，臉書的確真心想要以透明且公平的方式，來取得言論自由與準確性等議題之間的平衡。

專家與組織尋求維護大眾信任的方法之一是公布決策、模型和基本數據，因為其他人可在那些項目發表後，接著驗證那些專家和組織的論點與結果的可靠性。同理，就理想狀態來說，政府最好發表敏感度（sensitivities），並賦予利害關係人改變那些敏感度的能力，好讓他們得以評估結論的健全性（至少能讓他們自己熟悉結果的不確定性）。我們在英格蘭銀行偶爾會發表和我們的預測有關的敏感度和不同情境，目的是為了讓民眾可以試著判斷當各種不同經濟情境發生時，我們會如何回應那些情境（技術上來說，那是我們的反應函數〔reaction function〕）[28]。

改善信任的第三種普遍處方，是讓專家欣然接受不確定性。[29] 英國哲學家伯特蘭・羅素（Bertrand Russell）曾哀嘆：「這個世界的全部問題在於，傻瓜和狂熱信徒總是感覺自己十拿九穩，但較明智的人卻總是充滿懷疑。」在一個錯綜複雜的世界，抱持懷疑的心態才是聰明的。我們從

COVID-19危機的經驗可以見得，不確定性有可能衍生極度不同的結果——以流行病學的模型來說，只要假設出現明顯微小變化，就可能衍生極度不同的結果。專家不僅對他們自己的模型的校準作業沒有把握，甚至不敢確定他們使用的模型是否正確。

因此，與其明確表達錯誤的確定性，並因此擔上犯錯的風險，有人主張專家應該對不確定性坦承不諱，如此才能隨著時間一步步建立專家的可信度。誠如安德烈・紀德（André Gide）所言：「信任努力尋求真相之人，但懷疑自稱已找到真相之人。」[30] 這個態度的經典案例，就是在經濟預測中使用英格蘭銀行貨幣政策委員會打造的「扇形圖」（fan charts）。這些扇形圖顯示，在一組特定的最初情境下，有可能會產生非常廣泛的通貨膨脹、經濟成長與失業的結果。

然而，不管這個建言表面上看起來多麼合理，它還是有缺點。無論是認為媒體絕對會傳達這項不確定性，或是在媒體真的傳達了這項不確定性的情況下，認為大眾絕對能理解這項不確定性——都太過天真。根據我的觀察，英格蘭銀行用來對銀行業者進行壓力測試的「最糟情境」，往往被形容為預估、預測，甚至肯定的結論。此外，如果要傳達不確定性，將會導致訊息的複雜性上升，而那樣的訊息很難用兩百八十個字（注：推特限制字數）完成。

為了試著應對沙菲克提出的挑戰，專家們得判斷怎樣的溝通才是無憾溝通（no-regret communications）。在為風險進行整備時，我寧可被指控過於悲觀，也不要在壞事真的發生時，因準備不足而措手不及。且讓我們看看英格蘭銀行的經驗——在為英國脫歐進行整備時，我們所採用的「最糟情境」設定，被外界曲解為即將發生的可怕預測。我的同事山姆・伍茲（Sam Woods）曾說：「我們向來被稱為悲觀的商人，而我將那樣的稱呼當

成一種恭維。」山姆說得對，因為最糟情境設定確實有其存在目的——確保英國的銀行業者強健到能禁得起英國事實上（而非法律上）脫離單一市場後的最糟可能經濟情境的打擊。我們在第八章曾說過，若能針對失敗提前進行規劃，將有助於確保成功的取得。正因如此，我們自信滿滿，認定金融部門是已做好應對英國無條件脫歐的經濟領域之一。此外，當COVID-19來襲，英格蘭銀行「銀行業者是部分解方」的說法，也才能贏得必要的信用度。簡單說，我們受到信任。

這引領我們進入第四個改善信任的常見解決方案：更良善的溝通。當然，在重量不重質的社群媒體與媒體氾濫時代，專家只是眾多聲音之一；更糟的是，專家經常愛用一些令人難以理解的艱澀語言來表達他們的意見。舉個例子，二〇一七年，英格蘭銀行職員做了一份研究，比較了我們的出版品和其他資訊來源之間的語言學複雜程度，結果發現，唯有具備某種程度以上的閱讀理解力的人，才有能力理解我們的出版品；具體來說，只有五分之一的人較能讀懂我們的資訊。[31]

為了回應這個問題，我們開始根據弗列奇分數（Flesch scores，注：一種閱讀輕鬆度評分）為所有內部備忘錄與外部演說打分數，以鼓勵同仁採用更平鋪直述的對話方式表達，並打造多元的溝通層次，好讓民眾能輕鬆理解我們的主要訊息，且讓他們可以選擇是否要深入鑽研數據與細節。我們領悟到，在談話時使用「物價與工作機會」的效果，比使用「通貨膨脹與就業」之類的經濟術語好得多。

不過，這個方法並非完全沒有執行上的困難。採用平鋪直述的說話方式後，我們變得難以表達訊息中的細微差別和不確定性意識（有人建議我們必須兩者兼顧）。舉個例子，當外界問我們對經濟有何展望時，回答「我們不知道」或許很明確，卻沒什麼幫助，也不可能讓外界對我們產生

信任，畢竟英格蘭銀行必須對可能的經濟結果抱持某種觀點，否則我們要怎麼制定貨幣政策？到頭來，英格蘭銀行必須就最可能發生的展望提出呼籲，進而在實際狀況和那個展望有所差異時，解釋究竟是什麼因素改變了。關於平鋪直述說法的第二個挑戰在於，工作機會與經濟成長之類語言是政治人物的語言。若使用那種語言，可能導致民眾誤以為英格蘭銀行能做的比它實際能力所及的更多，使得民眾將獨立超然的文官機構和政治流程混為一談。

這引領我們進入建立信任的第五個策略，這是聯準會主席傑伊・鮑爾（Jay Powell）倡議的策略：盡好自己的本分。我們在第四章提過，中央銀行是在受審慎約束的裁量權下運作。權力來自民眾，而民眾將權力授予專家實體或機構來完成特定的工作。身為英格蘭銀行職員，我們向來秉持「盡好自己的本分」的立場，所以，每當有人對我們提出財政政策的問題，我們總是格外謹慎，即使我們有非常充分的資訊與專業知識能提供某種觀點，且財政政策也一向對貨幣政策的採行非常重要，但我們還是不會輕易逾越本分。畢竟財政政策不是我們的責任，而貨幣政策的彈性意指英格蘭銀行能在財政政策調整步調較慢時，迅速調整貨幣政策來因應變局。此外，一旦英格蘭銀行對財政政策發表評論，可能也會促使政治人物對貨幣政策的管理說三道四，這會讓大眾摸不著頭腦，並模糊當責的界線，最終導致外界對這兩者的信任雙雙降低。

英格蘭銀行的職責範圍非常廣泛，這意味我們依法必須對一些可能威脅英國金融穩定與民主當責的爭議性領域表示意見。蘇格蘭公投就引發了貨幣主權和金融穩定的根本疑問。[32] 蘇格蘭的建議案——計劃快速走向獨立、但又要在沒有任何形式的財政聯盟或共同金融安全網的情況下保留英鎊——可能對總部設在蘇格蘭的龐大金融服務部門的穩定性造成極大風

險。於是，英格蘭銀行基於預防的考量而採行廣泛的應變計劃來保護這個體系——這是我們在議會聽證會上就這個主題作證時，必須揭露的預防性作為。民眾將權力轉移給英格蘭銀行，而我們在行使這些權力時，也對民眾當責。

同理，英格蘭銀行若不為英國脫歐的潛在金融穩定後果進行整備，或對那些整備措施保持緘默，都應該是無法想像的，因為英國脫歐牽涉到銀行自主集資方法的全面轉變，且有可能逼得英格蘭銀行不得不放款數千億英鎊給金融部門。那筆放款若有任何閃失，最終都是納稅人必須承擔。不採取行動理應算是一種政治決定，而要在議會質詢時保持緘默，又流於肆無忌憚。誠如財政委員會（英格蘭銀行便是經由這個委員會對議會當責）主席所言：「英格蘭銀行就這個主題所發的奧莫塔緘默誓言（vow of Omertà，注：黑手黨的信條之一，以緘默來表達對組織的極端忠誠與團結），應該會導致就諸如此類決策或事件到本委員會作證的你和你同事的聽證過程遭遇一連串的阻礙。」[33]

該委員會的委員認為，他們有責任評估英國的「歐盟成員國身分」對英格蘭銀行實現其法定目標能力的影響，這樣的想法無可厚非。英格蘭銀行本來也就有法定義務向議會與大眾報告我們根據證據所做出的判斷。舉個例子，貨幣政策委員會的職責範圍明訂「本委員應促進外界對貨幣政策設定過程之固有權衡的理解。」此外，當通貨膨脹偏離二％的目標超過一個百分點（例如公投前一個月），依規定，英格蘭銀行總裁必須撰寫一份公開信件給財政大臣，詳述「在判斷通貨膨脹偏離目標水準的預期規模與延續期間時，就通貨膨脹與產出變動性所做的權衡」等事項，並說明「這個方法如何能達成政府的貨幣政策目標」。鑑於貨幣政策委員會的九位獨立成員都認為「貨幣政策委員會預測最顯著的風險和公投有關」，而投票

通過脫歐的可能影響，或許會「導致經濟成長軌道大幅降低，通貨膨脹軌道顯著上升」，因此該委員會「將面臨不得不在穩定通貨膨脹與穩定產出與就業之間進行取捨的難處」，所以，不在我們的出版品中對此提出評論，明顯違背我們的職責。[34]

相似地，當時英格蘭銀行的金融政策委員會也確實善盡了它的法定職責，因為它當時報告，該委員會的各個委員就金融穩定的展望達成共識，並根據那個共識歸納出要採取什麼政策行動後，它「評估公投相關的風險是近期內對金融穩定影響最顯著的國內風險。」[35] 誠如我在二〇一六年四月對上議院經濟事務專責委員會（House of Lords Economic Affairs Committee）所做的證詞，「這是一個開放透明的中央銀行的基本標準。評估與報導主要風險，並不代表參與政治；反之，壓制和英格蘭銀行職權範圍直接相關、且會影響到我們的政策行動的重要判斷，才是泛政治化。」[36] 我也在二〇一六年五月向下議院財政委員會（House of Commons' Treasury Committee）發表的證詞中解釋，如果「我們打算改變政策，我們就有義務加以揭露，一如英格蘭銀行向來的作為──為履行我們的職責，我們已調整流動性政策，我們已調整監察政策，且理應改變貨幣政策。」[37]

就那個事件來說，由於做了那些整備，所以「脫歐」公投的結果（在結果出爐前一天，金融市場還認定「脫歐」投票結果發生的或然率不到五分之一）出爐後隔天早上，外界才會認為我代表英格蘭銀行發表「我們已做好充分因應這個結果的準備」的宣言是可信的。市場很快就趨於平靜，銀行維持放款正常，而我們也得以提供經濟體系所需的提振措施。總之，我們在最攸關重大的時刻受到信任。

最後且最根本的是，專家必須傾聽各方意見。若以組織內部來說，這代表著參與式領導的真諦。我們將在下一章與實現企業宗旨有關的內容中

討論，要維護社會許可並改善績效，一定要將觸角伸向所有利害關係人。當你廣泛參與，一定會發現一些和基本議題有關的尖銳分歧意見，這些尖銳的意見雖非常堅定，但在研究過程中卻經常被輕描淡寫地帶過。誠如紐約大學教授強納森・海特（Jonathan Haidt）主張，那部分是因為人類在對重要議題進行道德判斷時，容易有「集體正義」（groupish righteousness）的傾向。這個傾向正因社群媒體而強化，因為社群媒體為志同道合者提供專屬的溝通管道。

到頭來，即使所有事實都已確立，實際上分歧的意見還是有可能存在，在專家之間亦然。也因如此，決策制定的流程非常重要。這是我在處理多元情境下各種複雜議題的經驗談。我在全球金融危機過後擔任金融穩定局主席的期間，世界上最大的二十幾個國家的主管機關絞盡腦汁，苦思要如何解決可能在未來幾十年間影響數十億人口的高度複雜問題。當時眾人之間意見分歧，各方說法非常頑強但理由也相當充分。不過，在共同宗旨的驅使下，透過公開且就事論事的討論，我們始終都能達成共識，因為各方都努力且誠實地試著理解彼此的觀點。同樣，根據我在加拿大為兩位財政部長做事的經驗，即使是棘手的聯邦—省問題，也都能透過上述方式找到解決方案。歐洲各機構內部的協商也是如此，另外，一百九十五個國家在奧斯陸進行的氣候協商也沒有不同。企業和利害關係人，以及組織和它們所屬的更廣大社區之間的互動也是如此。

從其他人的視角來看世界，並藉由這個方式制定決策，可能相當麻煩且費時耗日，不過這卻是有必要的。愈來愈多的領導能力來自打造共識，而非先發制人的結論。

我們認為，目前社會上的所有環節比以往的任何時刻都更需要那種包容的普惠流程。作為個人，如果我們想要進行有建設性的政治辯論，並在

重要議題上取得進展，所有人都有責任開闊心胸，並尊重不同的觀點。

　　重建外界對專家的信任的許多方法，和成為有效領導者所需的許多條件互相呼應，包括謙卑、坦承專業知識的極限、有效的透明度與更清晰的溝通、廣泛參與，以及從其他人的視角來看待各項議題等。

　　然而，最終來說，並非所有專家都是領導者。很多專家能輕易做出專業的判斷，但他們畢竟只是重要的觀察者和影響者，而非不可或缺的參與者。領導者就不同了，因為他們**必須**做決定。歸根究柢，領導就是選擇。對一名領導者來說，沒有理由只因為某件事不確定就束手觀望。如果領導者無法做出抉擇，就會產生「不作為」的後果。長期下來，如果他們總是無法果敢決斷，勢必會有人出面做決定。

　　當你像領導者一樣做出決策，且那些決策又是正確的，那將會帶來很大的幫助，毋庸置疑。你值得信賴的程度難免會受你所屬的團隊、小組、部門或組織的績效記錄影響。民眾會尊重有誠信且仁慈的領導者，但如果他們不信任這位領導者的稱職程度，就不見得會永遠追隨。我們將在下一章討論，企業領導者必須在為人仁慈的同時，繼續維持業務的發展。換言之，在實現宗旨的同時，也必須能創造利潤才行。

　　那麼，你應該怎麼做才能確保那些決策可能是最好的決策？

領導者的作為

　　區分領導者的「作為」與「為人」非常重要。領導者的眾多必要作為當中，有三項特別重要：

1. 尋找並培養合適的人；
2. 設定優先待辦事項；以及

3. 催化行動。

要實現這些作為，第一步就是廣泛招募。只想尋找志同道合之士的領導者，最終只能打造一個狹隘的基礎。

英格蘭銀行向來採納諸如主要創投資本家肯・奧利薩爵士（Sir Ken Olisa）等人的觀點，他強調：「處理多元性是企業的當務之急，不只是人力資源政策的議題。」十年前，新加入英格蘭銀行的研究所畢業生多半是由十一所大學畢業的經濟學家組成。到我離開時，我們聘用了超過四十所大專院校的學生，其中有一半的新進人員曾就讀科學、商業、法律與人類科系。我們在二〇一七年錄用的七百位有經驗的專業人士當中，幾乎一半是女性，而且有四分之一具非裔、亞裔與其他少數族裔背景。

COVID-19 加速了另一個提高多元性的方法。領導性的科技公司（如Stripe）正快速擴展遠距辦公業務，Shopify 甚至高喊「設計由數位出發（digital by default）」，從而開啟了一個巨大的全球人才庫。重要的是，我們要確保的不僅僅是人才的地理分布多元性。拉加德擔任國際貨幣基金主席後告訴我，國際貨幣基金的成員高度多元化，由超過一百五十個國籍的人組成，唯一的問題在於，那些成員全都擁有麻省理工學院的經濟學博士學位。

一旦適當的人員進了門（即使是虛擬的門），就必須加以培養，包括找出一個能培養出具多元廣泛經驗的未來領導者的管道，並為了讓這些未來領導者做好成為大人物的準備，而持續加以鞭策。以英格蘭銀行來說，我們不僅廣泛招募，也鼓勵同仁在組織內進行共同研究，並勸勉同仁花時間投入不同領域，以培養現代中央銀行官員所需的各種不同技能。

大型組織在培養未來領導者時，更需要注重紀律。舉個例子，維托里

奧・科勞（Vittorio Colao）在擔任沃達豐（Vodafone）執行長時，每年會和公司的最高經營團隊一同與公司的兩百大主管會談，會談的目的是評估績效、設定發展行動，並照管遇到困難的人。接著，沃達豐公司的高階主管委員會在每一次的高階主管會議中，討論不同領導者小組的進展，以維持透明且嚴謹的未來領導者培養流程。英格蘭銀行也是採用類似的方法。

要培養合適的人員，組織還需要一種能重視多元概念、鼓勵公開辯論及賦予各級人員權力的普惠文化。

最後，對領導者來說，擁有合適的人員也代表他能利用可信任的外部觀點——例如外部諮詢委員會，或與其他領導者的非正式接觸。作為英格蘭銀行總裁，我非常幸運能定期和各種多元領域形形色色的領導者分享經驗。在那些人當中，最重要的測試人（sounding boards，注：檢驗某些新想法或建議是否可行的人）是其他中央銀行官員。在這個信任圈裡，我們會定期且坦率地討論我們不理解（但不能太公開承認我們不理解）或特別敏感的許多議題。

我記得我是在某年二月的晚間第一次參加那樣的晚餐會。那個夜晚既黑暗又冷冽，我到位於巴賽爾（Basel）的國際清算銀行大樓參加晚宴。二〇〇八年三月初，美國的投資銀行貝爾斯登即將陷入萬劫不復的深淵。當時，貝爾斯登被困在衍生性金融商品與貨幣市場的一團混亂當中（第七章說明的那個荒謬的資產擔保商業本票綜合體就是被那個亂局拖垮），不僅如此，同一時間還有許多其他亂象發生。沒有人知道萬一貝爾斯登突然倒閉會發生什麼事。時機至關重大，因為亞洲市場即將開盤，但當時主持這場會議的歐洲中央銀行總裁特里謝卻還慢斯條理地接待我。他向我解釋了這個獨特的背景、這場討論會以及這個信任圈直言不諱的本質等。過了大約十分鐘，他才終於說：「現在，如果我們不在一個小時之內採取行

動，一切都會化為烏有。」於是，在短短一個小時內，我們就達成以下共識：提供兩千億美元的流動性（這在當時可說是聞所未聞）到市場上，以協助這家銀行暫時度過難關，直到某個競爭者出面拯救它為止。

━━━━━━━━━━

領導者必須做的第二項關鍵事務是設定組織的優先待辦事項。優秀的領導者在設定優先待辦事項之前，會先評估組織所處的營運脈絡。那個流程一開始是透過圓桌會議與調查，和所有利害關係人（包括客戶、高階經理人和與各級同事）進行討論。

要了解脈絡，就得先培養和全球發展與瞬息萬變的技術有關的直覺。這向來是諸如英國與加拿大等開放經濟體中央銀行業務的第二天性，因為全球性的事件總是會迅速影響到這些經濟體的國內情勢。不過，如今世界各地不受大趨勢（例如人口統計變遷、加速前進的技術顛覆腳步、更普惠的資本主義的需要等等）影響的組織，可謂少之又少。

領導者在設定優先待辦事項時，應懷有進取的抱負，我指的並不是他們個人的抱負，而是組織的抱負。但我們稍後將會說明，無論是多麼進取的抱負，都必須以組織的宗旨為基礎。

艾莉森‧理查德（Alison Richard）擔任劍橋大學副校長時曾問道：「若我們不為自己懷抱進取之心，誰會為我們懷抱進取之心？即使經過八百年的悠久歷史，我們也不能將劍橋大學的偉大視為理所當然。我們必須費心思與活力來照料它，而且必須將進取之心轉化為任務的完成。」[38] 如果這項訊息適用於諸如劍橋大學這麼神聖的古老機構，它當然也適用於存在三個多世紀的英格蘭銀行，就算是剛成立三個多月的東倫敦科技城

（Silicon Roundabout）新創企業，這項訊息也同樣適用。

勇敢正面對決。設法解決客戶的最大問題。著手處理錯綜複雜的情境，設定明確的議程來解決，並快速展開具體行動。

領導者必須做的第三件事是催化行動。具體的催化劑因組織結構與文化的不同而有所差異，不過，以所有情況來說，領導者必須先做出澈底且清晰可見的承諾，再將權力下放給同事。催化行動的意思是指與同事互動，並賦予他們權力，況且如果同事在領導者開發新方向的過程中曾被徵詢意見，他們將較有可能依循那個新方向前進。當然，這凸顯出清晰的組織宗旨有多麼重要，也顯示將策略倡議和宗旨的實現連結在一起的重要性。如果能做到這一點，同事將會對未來充滿期待、願意創新，並切實履行職權。

亞馬遜的非凡成就已讓「飛輪效應」（feeding the flywheel）的概念普及化，這是管理學理論家詹姆‧柯林斯（Jim Collins）率先獨創的名稱。這個概念的前提非常簡單：飛輪是一種專為效率儲存能源而設計的機械裝置（旋轉或動力能源）。[39] 持續不斷的推送就能使飛輪累積愈來愈多的動能。就企業而言，當飛輪變成一個自我強化的迴圈——最初由幾項關鍵倡議促進，而這些倡議又進而彼此驅動——並在過程中逐步建構長期業務，就能將優良企業就能轉變為卓越的企業。

那樣的賦權（empowerment）與活力化意味接下來領導者必須退居幕後。據傳，老羅斯福（Teddy Roosevelt）總統曾說：「最優秀的高階主管懂得如何挑選優質人員做（領導者）想完成的事，他們擁有足夠的自制力，不會在人員做事時跟著一起瞎攪和。」[40] 對於各國央行來說，那樣的授權向來就像是一種詛咒。不過，這場危機過後，隨著英格蘭銀行的規模增加一倍，責任增加兩倍，我們終於了解到，英格蘭銀行僵化的階級制度必

須有所改變。

為了展開改變流程，我們廣泛進行調查，並和英格蘭銀行上上下下的同事會面，以便研擬新的策略。接著，我們裁撤了英格蘭銀行內部三分之二的內部委員會，並規定每次討論一篇分析報告時，報告的作者必須隨時在場。我們將決策權下放到適當的層級，改變我們的集會方式，並使溝通管道以及發言人人數倍增，好讓英格蘭銀行更得以滲透到外面的世界。

但我們知道，我們也必須改變英格蘭銀行制定決策的方式，所以，我們決定採用類似亞馬遜公司的做法。意思不是詢問 Alexa（注：亞馬遜公司的智能助理）（畢竟機器學習還有很長的路要走），而是要試行一些我曾從亞馬遜員工那裡聽來的某些做法。我的理解是，亞馬遜是採用非常有條理的方式來制定決策：包括借重機器、有機器協助的人員，或只靠人員來制定決策。某個層面來說，顯然他們的決策流程必定是首尾一貫且有效率的，因為亞馬遜每天要制定幾乎數百萬、數千萬個決策——決定要在它的網站展示什麼品項，或要對顧客建議哪些品項等等。

但亞馬遜顯然也是以相同的方式來制定每一個策略性決策，即使是年度策略計劃亦然。為了學習亞馬遜的決策運作模式，主管我們「市場」領域的執行董事安德魯・豪瑟（Andrew Hauser）和我一同從英格蘭銀行出發，步行到幾個街區外的亞馬遜公司歐洲總部，與該公司歐洲總部的領導者道格・加爾（Doug Gurr）及他的團隊促膝對談。我見過道格幾次，每一次都對他淵博的知識、策略敏銳度與專注力印象深刻。這些特質在他全方位答覆我的問題「亞馬遜如何制定決策？」時，顯得一覽無遺。

安德魯和我從那場對談獲得了改變英格蘭銀行決策制定方式所需的一切知識。新方法的精髓明確易懂：

- 定義會議所要達成的目的，包括開會的目的是為了決策、討論與腦力激盪，還是為了聽取匯報？

- 讓所有必要人員參與會議，並弄清楚需要將會議結果告知哪些人。盡可能廣納最多人員參與。

- 確保每一個人都在事前取得必要的資訊，並確保他們都閱讀過那些資訊，且確保他們都期待參與會議。

- 做出明確的決策，並確保決策立即有人跟催。

　　如果你正在為一場決策會議做準備，請先確認讀者是誰，並為他們撰寫會議文件。請思考下列幾點：為何這個議題現在攸關重大？這些讀者應該在什麼時候做些什麼？會議文件必須焦點明確、寫作方式必須清晰易懂，且不能超過六頁。這是一項艱難的工作；誠如史帝夫‧賈伯斯（Steve Jobs）所言：「簡單可能比複雜更為困難。你必須努力保持清晰的思緒才能讓它變得簡單。」將所有重要的資訊擺在前面。（典型）注意力不集中的讀者最多只會記得報告裡的兩、三件事。用線性的方式敘事，且要避免重複。此外，利用你的判斷力，做出明確的建議，同時為讀者提供足夠的資訊，如此才能積極追問他們是否同意。

　　報告的作者必須出席會議，和其他專家共同答覆疑問。每個人都應該先讀過會議資料，並做好貢獻心力的準備。亞馬遜甚至會為了確保每個人都閱讀過會議資料，而保留會議的前十五分鐘，供與會人員閱讀備忘錄。主席應該說明會議的宗旨，確保每個人都有作出貢獻的機會、確保會議上的討論不被任何人支配或因任何人而離題，同時維持會議的準時完成。決策必須在會議上獲得明確的溝通，並立即指派人員負責後續的跟催行動。

　　應用到英格蘭銀行時，當中的某些觀點難免遭遇阻力，這是可以理解

的——英格蘭銀行的專家強調，他們的議題非常複雜，而且，要將這些議題歸結出明確的建議，也是非常大的挑戰。這兩個意見皆言之有理，不過這兩點卻也是導致一般人常提出「一方面來說……但另一方面……」之類模稜兩可的建議（但關鍵資訊卻隱藏在某個附錄的某一個附註）的因素。

這些疑慮最初被兩個考量克服了。首先，誠如我們所見，這是亞馬遜組織上上下下制定決策的方式。由於這個「應有盡有商店」的新倡議極度廣泛，所以，這個方式想必是可行的。第二，每個人都心知肚明，這個方法可能納入更多人、並更產生更大的影響力。加入英格蘭銀行的人就是為了實現它的使命而加入，所以，他們自然想要知道如何經由他們的工作為那個使命做出貢獻。制定正確的決策能使他們獲得更大的力量。

這些作為的成效很快便在英格蘭銀行顯現。我們的討論品質與同事的影響力都有顯著改善。此外，如果政策制定者事後的行動與會議中提出的建議不同調，同事也可以了解為何政策制定者會那麼做，並從中記取教誨。也就是說，大家較有可能落實決策，尤其是經過上述流程後，決策者的行動看起來也比較沒那麼蠻橫。被賦予權力的同事較有行為動機，而在提出清晰建議的同時，他們也是在練習領導。當你個人對一個專案有所投入，你就會成為那個專案的追隨者。如果追隨者和領導者互相承諾，信任水準就會非常高，成功的希望便會放大。

以價值觀為本的領導的特質

尋找與培養適當的人員、設定優先待辦事項，以及催化行動，是所有領導者必須做的事，但最終決定個別領導者之效能的最根本因素是他們本身。根據我的經驗，領導素質並非與生俱來，而是可以培養的。那些特質

並非用過就會消耗殆盡的有限財，而是像肌肉一樣，只要定期練習就會持續增長。總之，那些特質是可以經由培育而養成的優點。

五項最根本且最普遍的領導特質是：

1. 宗旨
2. 透澈的眼界
3. 清晰的思維
4. 稱職
5. 謙卑

誠如下一章將更詳細討論的，宗旨是一個組織的主張；一個組織從事它現有事務的理由；以及外界認定它應實現的目標。宗旨向來比單純的營運盈虧更加廣義。一個組織可能以追求客戶的美好體驗為宗旨——例如Shopify的「讓每個人的商務往來變得更美好」，或是追求更崇高的宗旨——例如谷歌的「組織全世界的資訊」，或是追求更大的福祉——例如世界銀行的「終結極端貧窮」使命等等。

我一加入英格蘭銀行，便四處會見同事，我的目的除了想了解他們的工作內容，我想知道他們認為我們的組織應該推動什麼變革，順便也（暗示性地）詢問他們對我有何期待。當時我常在走廊裡徘徊，倒不是因為我迷路，而是因為我在尋找宗旨。我對這些新同事提出的第一個疑問是：為什麼他們選擇在英格蘭銀行工作。讓我訝異的是，他們的答案無奇不有，從「公共服務」到「路徑依賴」（從暑期實習開始，接著從事一系列職務），乃至智力挑戰、工作環境與人員等。甚至有一名同事表示，他是看到一個和金融危機有關的電視節目，而產生對銀行監管人員的認同，並唾棄虛張聲勢的宇宙主宰（令我欣慰的是，她目前已成了英格蘭銀行的高階

監管人員之一）。

　　但讓我感到意外的是，當中沒有人提到英格蘭銀行的使命。由於我當時也不是很精確了解英格蘭銀行的使命是什麼，所以，我開始詢問他們的看法；但最後，我發現他們和我同樣一無所知。這和德國聯邦銀行（Bundesbank）的狀況呈現鮮明的對比——它的歷史使命是「保護德國馬克的完整性」，德國聯邦銀行前首席經濟學家奧特馬．伊辛（Otmar Issing）向我擔保，該行的所有人員（直至今天！）都會朗誦這個使命。所以，當我們坐下來研擬我們最初的策略時，我們的優先待辦事項便是就「英格蘭銀行的使命」達成共識。我們拿出英格蘭銀行的牛皮紙章程作參考，並從它開宗明義的第一個句子得到靈感：英格蘭銀行的創辦人「期許能促進我國民眾的公共利益與福利」。我們將這句話現代化，並加入我們的責任，最後達成的共識是，英格蘭銀行的使命是要「藉由維護貨幣與金融穩定，以促進英國民眾的福祉。」

　　儘管本書討論的並非英格蘭銀行本身，但你可能記得本書稍早的內容已多次提到那個使命。畢竟領導者的職務是要確保組織的宗旨永垂不朽，同時確保宗旨能發揮鞏固組織目標、價值觀與策略的力量。

　　和多元性一樣，宗旨並不是一種「可有可無」的事物。證據顯示，有崇高宗旨的企業擁有較高的員工向心力、較大的顧客滿意度、較緊密的供應商連結，以及更優質的環境管理。有崇高宗旨的企業將得到更優異的股價表現、更卓越的營運績效、較低的資本成本、較少的監理罰款，以及面臨衝擊時的較大韌性等回報。

　　宗旨意識和信任息息相關，因為我們對某人的信任，部分取決於我們了解他們試圖實現什麼目標，以及他們遵循什麼樣的指導原則。對於組織的領導者來說，組織的宗旨就像羅盤。而要維持組織的效率，宗旨必須符

合誠信。你作為領導者的誠信難免受到某些人的試煉，而他們將需要分辨組織對外聲明的宗旨是不是它真正的宗旨。那需要開誠布公，也需要時間來建立績效記錄，包括解決整個過程中難免犯的錯誤。

真正理解宗旨的意思是指隨時牢記領導者是組織宗旨的管理人。就這個意義來說，領導就是接受責任，而不是奪取權力。真正的領導本身並非目的，而是實現值得追求的目標的手段之一。

一般人很容易被領導權的華麗外觀迷惑。總裁辦公室的富麗堂皇可能引來兩種反應：相信它代表辦公室主人的重要性，或是感受到它所傳達的歷史重擔以及期望。我經常提醒自己，別忘了自己的身分——我只不過是第一百二十屆英格蘭銀行總裁。為了提醒我自己永遠別忘了我的背景，我在辦公室門邊與視線同高的位置，懸掛了一幅愛爾蘭梅奧郡（County Mayo）的小地圖。那是個美得令人屏息的地方，景致非常迷人。但在將近一個世紀前，我的祖母為了追求更美好的生活而從那裡移民到加拿大時，它也是歐洲最貧窮的國家中，最貧窮的郡之一。如果這幅地圖還不夠提醒我看清自己的分量，我還會告訴自己，在我之後還會有非常多任的總裁。我的職務只是要保護這一路傳承下來的遺產，如果可能，更要改善這些遺產。

每當我對自身的重要性起了任何懷疑，英國有為數眾多的大教堂，只要挑一處去走走，就足以讓我認清自己。大教堂注定要等到它的創作者離世後才有可能建成，所以，那些大教堂向來是一種令人謙卑的好工具。西敏寺（Westminster Abbey）更是讓所有職業變得渺小。西元一〇六六年以來，英國所有的加冕典禮都是在這裡舉辦的，這座雄偉的「皇家特有財產」，也是英國最偉大的詩人（從喬叟〔Chaucer〕到丁尼生〔Tennyson〕）、科學家（從牛頓到達爾文）與政治人物（從小皮特首相到克萊曼・艾德

禮〔Clement Attlee〕）的安息之地。小皮特曾在一七九七年法國危機期間，為了取得英格蘭銀行的準備金而以著名的言論攻擊所謂的針線街老婦人，艾德禮則是在一九四六年將英格蘭銀行國有化。

我並不是暗示有人對英格蘭銀行惡意相向，不過，我確實注意到，只有兩位經濟學家獲得長眠西敏寺的殊榮，但他們並非以經濟學家的身分享受這項殊榮，因為「經濟學並非西敏寺所列的三十一種職業之一」。長眠此處的倫敦政治經濟學院的創辦人席尼與碧翠絲・韋伯（Sidney and Beatrice Webb）夫婦被列為「社會主義者」。沒有任何資本家被葬在此處，在我之前的一百一十八位已故前英格蘭銀行總裁也無一長眠於此。依目前的狀況而言，情況本當如此，畢竟中央銀行的業務是創造各種條件讓人得以承擔風險、得以創造，以及得以改善這個世界的狀況，說穿了，它只是為人作嫁。相照之下，中央銀行官員最引人注目的貢獻則是他們犯下的錯，例如他們對大蕭條的回應。在全球金融危機期間，金融部門摧毀了它在稱職方面的聲望，目前還在努力重新贏回信任。災難無法得到體面的葬禮，稱職也非獲得不朽聲名的祕訣。

和死亡有關的討論就像是一種提示，提醒領導者不要把他們領導者的角色和他們本人混為一談，也不要沉迷權力、戀棧地位及特權，而是應該體察到所有領導權都只是暫時的——領導者只是他的所屬機構的保管人和延續機構煙火的人而已。如果可能，請以辛辛納圖斯（Cincinnatus，注：羅馬共和時期的軍事統領，歸隱後臨危授命保衛羅馬，退敵十六天後便解甲歸田）與華盛頓（Washington）為榜樣，在別人開口要你離開以前，自己先掛冠求去。

領導者必須有透澈的眼界。領導者必須先評估當前的景象，判斷組織要如何規劃未來，這和力行宗旨的崇高抱負是一致的。不過，請注意規劃

未來和「為未來擬訂計劃」之間的差異。進取的領導者能主動協助塑造未來，而不僅僅是被動對未來做出回應。組織必須要有對抗風暴的韌性，但也要有打造新氣象的非凡效率。

領導者的透澈眼界不能侷限於近在眼前的事務。真正的領導者也必須從邊緣地帶的視角來看待事物。教宗方濟各強調，當我們從邊緣人的角度來看待一個情境，會比身處中心位置的當局者更能精確感知到真實的狀況。失業者對經濟現況的看法與一般人不同。沒有權力的人眼中的政治結構也和掌權者有所不同。另外，被排擠者眼中的社會和一般人眼中的社會不同，被迫害者眼中的安全部隊也和一般人眼中的安全部隊有所不同。

唯有透過透澈的眼界，才能處理被過分簡單化的民粹主義者解決方案。揚－威爾納・穆勒（Jan-Werner Müller）反對將民粹主義與「不負責任的政治」混為一談，也反對將民粹主義與選民的恐懼或憤怒畫上等號。那類高高在上的心理分析暴露出權貴分子「未能讓民眾對他們說的話信以為真，而無法兌現他們自己的民主理想」。[41] 解決民粹主義的唯一方法就是維持密切互動。穆勒主張：「可以認真看待他們的政治主張，但不用信以為真並照單全收」。[42] 這麼一來，政治人物與媒體應該就能處理民粹主義者提出的問題，但對民粹主義者的構想與他們所認為的理想解決方案表達質疑。

「改善從邊緣人視角來觀察世事的能力」是我們從事學校訪問、地區市政廳訪問以及我們在英格蘭銀行創始的第三部門外展會議時所要傳達的眾多價值觀之一。即使中央銀行業務最終和總體經濟結果有關，但隱藏在那些經濟數字背後的經驗卻非常重要，絕對有必要深入了解。這項能力讓我們更懂得和民眾溝通、更善於傾聽、更能激發我們竭盡所能、做能團結每一個人的事，同時促成諸如教育慈善經濟（educational charity econoME）

等倡議，並找到透過金融科技縮小中小企業放款缺口的新方法。[43]

領導者在設計倡議時，若能從邊緣人的視角來思考這些例子，就更可能支持以最邊緣族群的利益為核心的共同利益，那些最邊緣的族群包括：

- 在金融危機期間，最憂心個人儲蓄狀況的在職窮人；
- 在氣候危機下的年輕人、尚未出生的人，以及生活在脆弱島國的人。
- 在 COVID-19 期間面臨最高個人風險、但又只能獲得微薄工資的老人、弱勢族群以及基層工人。

COVID-19 危機讓我們了解到，我們每一個人都處在同一場風暴，不過，倒不盡然每一個人都坐在同一艘船上。它讓我們了解到，我們得以一個互相依存的社會的立場採取行動，而不是以獨立個體的立場採取行動。有人能「不見」自己的鄰居嗎？一旦情勢顯示勞工不可或缺，我們對他們的評價會和從前一樣低嗎？

當企業積極且密切與所有利害關係人互動，並了解他們的需要、希望和恐懼，那種眼界的變化就會成為可能。或者如果我們能努力改善社會的共同利益（使最脆弱的人也能跟我們一樣成功），而不是只尋求最多人的最大繁榮（那會導致很多人遠遠落後），我們就能擁有那樣的透澈眼界。

第三個根本領導特質是清晰的思維。要有清晰的思維，首先必須有清晰的心智與優質的判斷，而這兩者源自情緒覺察（emotional awareness）與情緒控制。一個優質的領導者會深思熟慮，他們可能知悉且留意當下發生

的一切，並從經驗中尋找個中意義。和許多人一樣，我發現冥想和每日的反省是一種有效的紀律，這些練習能讓人以更深思熟慮的方法來應對生活，乃至領導。也就是說，當我不斷練習，便會發現這個方法很有效，而一旦我認定自己「太忙」而未能冥想和反省，就會累積許多錯誤與誤解，最終落得小洞不補，大洞吃苦。

領導向來帶有權力的元素，即使它完全奠基於說服的力量，但一味追求凌駕他人之上的權力、尤其是追求權力的行為偏離了效率領導者所需的道德權威，很快就會變得相當危險。領導者必須為了權力而放棄權力，並體會服務的力量。每日的冥想練習是理解這個矛盾的簡單方法之一——放掉（凌駕他人之上的）權力，才能使用（服務他人的）權力。

在英格蘭銀行工作時，每天早上，我都會用羅馬帝國皇帝奧理略的名言來勉勵自己：「起來為人類工作。」即使我偶爾忘記自我提醒，英格蘭銀行門框上，古羅馬詩人維吉爾（Virgil）的詩句「不僅為己」（*sic vos non vobis*）也會對我耳提面命。

冥想帶來的虛無感和隨之而來的清晰思維真的非常有幫助，因為領導者總是同時要面對多重的問題。領導者必須非常謹慎，不要在每一次的互動時刻都記掛著全部的問題，因為領導者的職責之一是要吸收壓力，讓組織的其他人能夠專注。領導者也必須記住，他們的每一場會議有可能是其他與會者最重要的會議。這些個人將會把這個經驗發揚光大，分享甚至放大他們從領導者身上見識到的價值觀。這些真誠與信任考驗可能會啟動一連串正面或是負面的動態。

清晰思維的重要根本環節之一是化繁為簡，將錯綜複雜的問題歸結為最基本的問題，接著將這些簡化的問題傳達給團隊，讓問題得以解決。有話直說、化繁為簡，但來龍去脈要說清楚。

我花了很多年才終於領悟這個教誨。我的本性是，如果要了解一項議題，就必須深入且專注加以分析。這需要廣泛閱讀、和許多不同的人對談，接著嘗試綜合各種彼此不相容的觀點或數據。但在那麼深入分析的過程中，我容易忍不住想把大量的知識丟給聽眾，試圖以大量的分析來說服他們，而不是用理性論證與典故來說服他們。長期下來，我發現如果要歸納出正確的結論，確實還是得認真做功課，但民眾充其量只會記得典故，而不會記得分析。也因如此，我非常敬佩諸如拉加德或摩根大通（JPMorgan Chase）董事長傑米·戴蒙（Jamie Dimon）等領導者，他們總是能在秉持宗旨的前提下，清晰地傳達一些極端錯綜複雜的議題，同時，如果你想要更深入鑽研某個主題，他們又能隨即變成無所不知的超連結。

最卓越的領導者會尊重他們的聽眾。在和民眾談話時，這一點尤其重要，千萬不要讓對方覺得你用高高在上的姿態對他們說話。這在COVID-19危機期間特別重要，因為當時這類根本議題處於危急關頭，且不確定性快速上升。紐西蘭總理傑辛達·阿爾登（Jacinda Ardern）與德國總理安格拉·梅克爾（Angela Merkel）等人就開誠布公地發表他們當時已知的資訊、選擇和風險。

實施封城令不久後，阿爾登舉行了一場臉書現場直播，她在直播中重點式地明確敘述紐西蘭政府所採取的回應，並直接答覆觀眾的疑問。她一開場就為那場直播定了調，表示她只是想「向大家報告，並問候每個人是否平安」。一個月後，當德國放寬封城限制時，梅克爾則說明了R0的些微增加如何可能導致醫院迅速人滿為患。當時，因為有人就遵守剩餘監理規定（而非要求盲目遵從）的重要性分享了一些獨到的見解，所以她才對不同行動的可能後果提出解釋。阿爾登和梅克爾都沒有採用事後可能導致她們作繭自縛的輕描淡寫手法和民眾溝通：取而代之，她們兩人都強調了

當前的不確定性，另外，她們也對民眾遭遇到的困難以及民眾感受到的焦慮表現出同理心。

領導者發表談話時，會在寫實主義與樂觀主義之間取得適當的平衡。他們會對不確定性、錯誤與困難坦承不諱，但又會讓人感覺到這些不確定性、錯誤與困難都有希望克服。一九六〇年代，一手擘劃美國大社會計劃（Great Society）的約翰・加德納（John Gardner）曾說過一席話，達到這個困難的平衡：「擺在我們眼前的是一些足以令人屏息的驚人機會，只不過表面上看起來，那些機會像是無法解決的問題。」[44]

領導者經常會使用各種敘事手法來激勵民眾採取行動。且讓我們看看以下幾個敘事手法之間的差異：倡導「堅定落實第二十一屆聯合國氣候變遷大會國家自訂貢獻」的口號、馬克宏的簡單聲明「別搞錯氣候問題：沒有 B 計劃，因為沒有就是沒有」，或是摩根士丹利（Morgan Stanley）董事長既執行長詹姆斯・高曼（James Gorman）在國會聽證會上答覆一個有關氣候變遷是否真的會對金融穩定造成風險的疑問時，所做的簡潔答覆：「如果沒有地球，就很難有金融體系。」

當領導者達到寫實主義和樂觀主義之間的平衡點時，宗旨、希望與清晰思維的結合將能產生鼓舞作用，從而釋放組織的才華與能量。鼓舞非常重要，因為領導者根本不可能靠一己之力迎接每一個挑戰、看見每一個機會，或管理每一個局面。能創造最高績效表現的組織，是有最多人被賦權把自己當成領導者一樣思考的組織。

在金融危機期間，清晰的頭腦、思考與溝通勝於一切。在那一場恐慌最嚴重之際，所有人都惴惴不安，因為「民眾不再信賴他們原本堅信的真理。信念被顛覆。經濟體系與市場的根基遭到質疑。」[45] 在恐慌的環境下，唯一的目標就是阻止恐慌。領導者得藉由正面對決的方式來阻止恐慌，一

如拿破崙（Napoleon）對他麾下的將軍所下的命令。這需要快速動員。

一如第七章所述，蓋特納就是本著這樣的精神而說出「任何計劃都比沒計劃好」的名言。計劃能提供必要的清晰思路，讓人聚焦在應有的作為上，並以一個共同的目標，將所有人團結在一起。即使是一個半調子的策略，只要它能讓人立即擺脫險境，都比妄想找到完美解答後再出手（但最後坐以待斃）來得好。在英格蘭銀行最後幾週的任期裡，我召集了銀行的金融穩定小組，就我們在沙烏地阿拉伯的 G20 會議中聽到的一些消息（令人不安的 COVID-19 相關訊息）提出報告，並討論那些消息對市場與銀行業者的意義。為了讓他們理解整個局面的危急程度，我問他們：「有什麼方法能勝過沒有計劃？」

他們回答：「計劃！」這讓我鬆了一口氣。接著，我又問：「有什麼東西勝過計劃？」他們又隨即回覆：「一個好好執行的計劃！」從那一刻起，我知道，至少從金融體系的視角而言，我們將能做好應對病毒的準備。

這個終結金融恐慌的計劃必須把「降低各項目標的不確定性」納入考量。在金融危機爆發期間，有些人擔心為了挽救一個搖搖欲墜的金融體系而採取的行動，將助長未來的莽撞行為。不過，聯準會主席柏南奇心知肚明，在美國爆發金融危機的期間訴諸道德風險考量，將會誤入歧途且會導致非常危險的結果。他善用敘事手法的力量，以他經常引用的簡單假設案例，對「道德風險基本教義主義者」的論點提出質疑：你會為了教訓在床上吸菸的人，而讓他死在發生火災的房子裡嗎？還是救他一命、阻止周遭住宅發生火災後，再針對他的莽撞行為加以申斥？

所有和領導有關的討論都不應該忽略「稱職」。有計劃總比沒計劃好，但一個被妥善執行的計劃才是最好的。稱職並不代表所有事都做對，重要的是做對的比做錯的多。策略是領導的重要環節之一，但執行才真正

攸關重大。你必須有能力做你想做的事，能讓同事對你永誌在心的是你的行為，而不是你所說的話。領導專家維諾尼卡・霍普・海利（Veronica Hope Hailey）用簡單的方法來形容「稱職」：「如果你不稱職，就無法贏得信任。」除非你做對的艱難決策多於做錯的，否則你就不算稱職。

制定艱難的決策本來就不容易。邱吉爾有過許多失眠的夜晚。歐巴馬總統曾說，身為總統，要做的每一個決策都很困難。此外，同一個議題的許多面向必然會有不同且非常強烈的觀點。決策制定的過程可能對調和這些觀點有所幫助，但最終來說，領導者不能矯枉過正，想要討好每一個人。

當年古巴飛彈危機得以解決的因素之一，在於甘迺迪（Kennedy）總統適時展現出能力，質疑眾多將軍約定成俗的見解。甘迺迪曾讀過巴巴拉・塔克曼（Barbara Tuchman）的大師巨著《八月砲火》（The Guns of August，注：聯經出版），那本書描寫了歐洲國家如何被作戰計劃與火車時刻表困住，最終硬生生陷入第一次世界大戰的大屠殺窘境。甘迺迪認為，先發制人的軍事行動所帶來的封鎖與威脅，可能會輕易造成核子對峙升級的後果。

領導者必須依循專業知識的引導，而不是將決策外包給專家（除非是符合第四章說明的「受約束之裁量權原則」的那種經過謹慎定義的領域）。在 COVID-19 危機期間，由於問題牽涉到衛生、社會與經濟等不同層面的要素，所以決策過程必須匯集各種不同的觀點。而在匯集眾多不同觀點的過程中，必須謹記專業知識的重要性。舉個例子，當每個人都在交換意見時，多數人（包括我本人）都會以為自己是溝通專家。但事實上，唯有真正出色的溝通人員才是專家，像是我的英格蘭銀行同事珍妮・史考特（Jenny Scott），每次聽她的話我都獲益良多，不聽一定會付出代價。

在不確定性或瞬息萬變的環境下專注追求實現目標的領導者深知他們必須高度通權達變。誠如麥克克里斯托將軍所言，領導能力是「在領導者和追隨者的互動下自然產生的一種財產，在一系列的背景要素中確定。」領導者必須擁有保持沉默與傾聽的能力，才能體認到他們自己並沒有正確答案，唯有如此，才較有可能將某個局面下的領導能力應用到另一個局面。

最後一種必要的領導素質是謙卑。記得我曾說這一章在批評者的眼中是一個隨處可找到批判目標的環境嗎？

優秀的領導者結合了個人謙卑、自我認知與學習能力等特性。那意味著承認錯誤、尋找與接受回饋，並分享教誨。當領導者變得過度自信（或開始寫書），就會停止學習。

長期下來，我領略到非常多教誨（這也就是說我犯了很多錯）。舉個例子，當你不懂某件事，最好坦白承認自己不懂，尤其是金融圈的事務。記住，「如果某個現象看起來不合常理，那它就是不合常理。」在金融危機爆發前，我是對「全球失衡」──由美國的巨額經常帳逆差與亞洲（尤其是中國）的巨額順差組成──憂心忡忡的經濟學家之一。不過，儘管當時我已確認一個症狀，卻沒有鍥而不捨、繼續挖掘問題的源頭。我擔心美元後續可能會大幅波動，但我並沒有追蹤貨幣情勢，所以沒有看出資金的跨國流動正使次級房貸與影子銀行體系風險急遽上升（已在第七章詳述）。

其次，我從錯誤中體會到，即使已採取一些降低惡性結果發生的措施，還是應該要鍥而不捨、繼續釐清還有什麼環節有可能出差錯，那麼做絕對會值回票價。金融危機爆發時，許多主管機關提出一系列解釋，說明為何要遏制次貸。但它們並沒有追究真正攸關重大的問題，也就是如果不遏制次貸，將會有什麼影響。直到今日，我還是認為我必須投注更多時

間，回頭想像各種不同的可能性。政策制定者必須本著這個精神，在努力打造一個更有韌性的金融體系之際，繼續保持謙卑。我們必須牢記，儘管我們能降低金融危機發生的機率，並在金融危機爆發時減輕危機的嚴重性，卻無法根除金融危機。即使我們並不能精確知道未來將出什麼差錯，卻必須承認未來一定有某種差錯會發生。誠如第八章所述，接受這個認知意味我們的最佳策略是打造一個能在潛在衝擊發生時禁得起衝擊的反脆弱體系。

第三，我和很多同事合作過（例如貨幣政策委員會的夫利奇），他們總是定期檢討決策，而在採納新決策之前，會先比對先前的假設和後來接收到的新資訊有何差異，他們在這方面高度自律。這是絕佳的作業方式，因為這個方式可避免確認偏誤，並能促進持續學習。不過，這個做法費時耗日，而且，我一向不太能謹守那樣的自律意識。所以，在英格蘭銀行時，我們將這個預測方法制度化，除了採納並發表一份年度預測績效評估報告，詳細說明我們哪些預測正確、哪些預測錯誤，也試著從中吸取更廣泛的教誨。

領導者必須在功成名就時保持謙卑，且誠實面對失敗。承認錯誤並公開記取教誨是展現真誠的重要環節。真誠指的是言行合一，並讓人知道你的為人——包括你的信念、驅動你的力量，以及你的優點，最重要的是你的弱點。真誠與信任息息相關。民眾可能不會認同你的每一個決策，但他們有權知道你為何會做出那些決策。另外，如果民眾知道領導者的真心主張，他們將比較有可能依循那些決策，事實上，他們將更容易預料到領導者將做出什麼決策。

當領導者承認自身的弱點，就等於承認他們走在一條持續學習並自我改善的道路上。當一個人成為領導者，並不代表他已徹底成功、再也沒有

什麼好學習。反之，領導是一種牽涉到蓄意練習與持續學習的紀律。

宗旨、透澈的眼界、清晰的思維、稱職與謙卑。並非所有領導者都明顯具備這些素質，當然，這些素質也絕不會在同一時間顯現。

但如果你隨時牢記這些素質，在練習領導的過程中，便會潛移默化，漸漸養成這些素質。而這些素質的增長將使作為領導者的你與被你領導的人同時受益。

在顛覆的時代，如何落實以價值觀為本的領導？

當今的領導者面臨一個由持續蔓延的衛生危機與隨之而來的經濟衝擊等壓力組成的巨大挑戰。不僅如此，各方領導者還得面對氣候變遷與第四次工業革命所帶來的較長期結構性挑戰。不過，每一個挑戰背後都隱藏著一個巨大的機會。當今的領導者還有機會規劃未來。大約十年前，英國的轉換型領導是要「呼風喚雨」。而如今，領導者真的能改變氣候。那樣的進取心是受宗旨驅動的資本主義之精髓。

貿易與資本全球化的趨勢正逐漸逆轉，第四次工業革命即將來臨，而我們也還在學習網路的分化與連結力量。值此時刻，當今的年輕人終將接下領導者的衣缽。

但要如何在那樣的世界領導其他人？

首先，明確定義你的宗旨，並執著堅守這個宗旨。此外，切記，那個宗旨（包括企業的宗旨）必須以客戶、社會與人道目標為基礎。誠如約翰‧凱的評論：「商業的宗旨不僅止於利潤，一如生存的目的不僅止於呼吸。」我們將在下一章談到，我們必須同時衡量財務報酬與社會影響力，和所有利害關係人合作，並幫助他們功成名就。

第二，在一個分裂的世界，融合將帶來突破。明智選擇要與誰為伍，並承認雖然多元性是不可否認的現實，普惠也是一種選擇。經由廣泛招聘、設定多元性目標等方式來接受這個多元性的事實，接著採取經過深思熟慮的策略來培養團隊，並賦予他們權力來超越那些多元目標。你的決策方式是建立普惠性與將影響力最大化的根本要素。

第三，雖然你應該隨時逐一整理你面對的事實，你也必須設法理解一般人的直覺，並贏得他們的信任，才能說服他們。我們每一個人都必須起身抗拒，阻止我們的社會淪落為一個「後真相」的社會。不過，儘管證據極度重要，我們卻很少能找到足夠證據。建立信任、創造追隨者群以及密切互動等等，都需要同理心，而同理心是解決正義問題的藥方。以開放的態度接受對話，並牢記亨利‧福特（Henry Ford）的建議：「如果成功有任何祕密可言，那就是獲得另一人的觀點的能力。」在這個顛覆的時代，領導者不僅必須有能力看透眼前的事物，也必須從邊緣人的視角來看待事物。如果能夠從組織、社會邊緣人的角度來看待各項事物，就有機會促成普惠型資本主義。

這凸顯出優質領導不僅僅是效率領導，更是道德領導。這樣的領導方式才能促使人類蓬勃發展。這不足為奇，因為真正的人類進步是道德進步。道德進步不僅需要價值觀，也需要美德才能實現。美德是品格的要素。所謂的美德必須是絕對的美德，而非相對的美德。美德代表兩個極端之間的中庸之道，其中，勇氣的美德是魯莽和懦弱的中道。

美德學說俯拾皆是，幾乎不亞於領導學說的百家爭鳴。舉個例子，亞里斯多德就將美德區分為道德（和品格有關）和智慧（和思想有關），阿奎那則將美德區分為四項基本美德：公平正義、智慧、勇氣與節制（這四項美德是其他所有美德的中樞），以及和神有關的美德：信仰、希望與慈

善（透過這些美德，「恩典使大自然變得完美」）。

各種美德的共同點是它們可透過模式發育（pattern formation）、重複與培養等途建立。美德就像肌肉，能經由練習而增長。牛津大學學者艾迪‧布魯克斯（Ed Brooks）強調，就道德領導而言，有三種耳熟能詳的美德特別重要：

- 謙卑，謙卑點出我們的智力極限，甚至能凸顯出我們生活環境中的極端不確定性。
- 人道，能激發民眾渴望和邊緣人團結一致的感覺；以及
- 希望，激起我們對未來的進取心。

那一股進取心應該和什麼有關？下一章將討論，我們可將企業的宗旨發展為能協助實現社會珍視之事物的解決方案，並協助企業員工、供應商與客戶蓬勃發展。

另外，倒數第二章條列了實現社會目標的國家策略。社會可以以促進人類蓬勃發展、擁有美好生活，以及建構共同利益等為宗旨。但我們不該把共同利益混淆為最多數人的利益，因為共同利益指的是沒有人被排除的利益。要實現共同利益，就必須懷抱共同的宗旨意識，包括邊緣人眼中的宗旨。有了那樣的團結及休戚與共的意識，我們接著便能判斷怎麼做才最能實現那些目標。那些目標——即我們的價值觀——並沒有被定價，但和實現那些目標有關的工具和機制很可能有定價。

要判斷社會想要實現什麼目標，以及要如何達成那些目標，將需要這一章所描述的那種以價值觀為本的領導、下一章所概述的受宗旨驅動的企業，以及倒數第二章談到的國家策略。

第十四章
企業如何創造價值

　　當我們在一個組織裡做事，我們應該要能答出某些和這個組織有關的基本疑問。這個組織的宗旨是什麼？誰擁有這個組織？這個組織為誰負責？責任的範圍有多廣？這個組織有多依賴它的營運環境？它對它營運所在的社區有何貢獻？

　　我們在上一章說過，成功的領導能傳達一種共同的宗旨意識，並催化可實現那個目標的行動。以價值觀為本的領導者能促使他們的同事、董事會、股東與其他利害關係人熱情密切互動，以實現共同的目標。此外，他們的組織也能贏得社會的法定同意——那是允許它運作的一種社會許可。

　　宗旨是一個組織的真正主張，也就是一個組織為何而戰的「何」；宗旨說明了一個組織為什麼從事目前的事務，也說明了我們應該信任這個組織將會實現什麼成果。根本的宗旨是確立公司營運方式的一組價值觀與信仰。所以，企業的宗旨向來比單純的營運淨利更加廣義。企業有許多利害關係人，包括股東、員工、供應商和顧客。企業本身**就是**利害關係人，因為企業在它們營運所在的經濟、社會與環境體系中，有著非常深厚的利害關係，並共同承擔著這些體系的責任。

基本上，宗旨是價值與價值觀的問題。一家企業只背負為股東創造價值的責任嗎？還是它必須為所有利害關係人創造價值？如果是後者，價值——尤其是沒有在任何市場被定價的價值——要如何衡量？價值是透過結果衡量、透過過程衡量，還是同時透過這兩者來衡量？利害關係人價值最大化最終能實現多大程度的股東報酬最大化——能達到魚與熊掌兼得的天賜巧合嗎？還是我們應該承認（並頌揚），只要企業能實踐社會價值觀，它的部分貢獻自然就會惠及股東以外的利害關係人和更廣大的社會？

　　我們將在這一章檢視，力行宗旨的企業如何為它們的利害關係人與社會衡量與創造價值。一家具備真正的企業宗旨的公司會做到以下幾點，藉此與更廣泛的利害關係人維持密切互動：努力成為**負責任**且能產生共鳴的雇主；和供應鏈上的所有供應商和顧客實現誠實、公平與永續的關係；以及努力成為優質的企業公民，全力奉獻社會。企業宗旨能從骨子裡形成團結一致的氛圍，包括地方、全國，乃至全球（以最大型的企業來說）的團結一致。此外，企業宗旨也體認到不同世代之間的永續性需要。

　　企業的存在是要改善我們的生活，擴展我們的視野，並解決社會上大大小小的問題。如果沒有活力充沛且焦點明確的民間部門，我們就無法建造我們所需的全部基礎建設、無法締造能解決今日看似病入膏肓的問題的創新、無法學習能在第四次工業革命中蓬勃發展的技能，也無法解決氣候變遷的問題。企業必須以各種能為它們的創新、幹勁與活力獲取公平報酬的方法，為我們創造更美好的生活，如此才能成為成功的企業。誠如我們先前提到的，約翰·凱的根本洞見是：「商業的宗旨不僅止於利潤，一如生存的目的不僅止於呼吸。」不過，一如呼吸是生存的必要條件，長期下來，利潤也是實現宗旨的必要條件。因此，唯有平衡活力、責任、公平性、團結一致與永續等核心價值觀，才有可能實現宗旨。

而這一點在巨變時期尤其重要。

在顛覆時期，宗旨會被凸顯與強化

當代有很多受宗旨驅動的企業案例，但為了這個詳細闡述這個概念，且讓我們將思緒拉回幾個世紀以前，想想約書亞・瑋緻活（Josiah Wedgwood）精彩的人生，他的一生證明了宗旨能實現多麼不凡的成果。

瑋緻活生於一七三〇年的一個陶工家庭，堪稱那個時代的賈伯斯的他，為陶器領域開創了史無前例的創新與設計光彩，而在這個過程中，他也改造了所有產業的商業運作模式。最初，瑋緻活接受的訓練是要成為一名陶胚製作工人，無奈他十幾歲時不幸罹患小兒麻痺症，所以無法繼續操作拉胚機，於是，他被迫聚焦在陶器生產的其他環節，尤其是黏土和釉料的成分。他採用科學化的方法來應對這件工作，並在筆記本裡記載了他為了尋覓最適生產條件而進行的五千多項實驗。[1] 後來，爐溫不可靠讓他吃盡了苦頭，於是他發明了一種高溫計，那讓他獲選為聲譽卓著的皇家協會成員之一。[2]

瑋緻活的實驗造就了非常高級的產品，他也順利取得的非常有利的契約，並成為夏洛特皇后（Queen Charlotte）最鍾愛的產品之一。在這樣的條件下，他本可成功開創一個專門迎合英國權貴階級需求的事業，但他體察到，他的多項創新不僅帶來高級的產品，也同時改善了生產可靠度，並使成本降低。於是，他將業務擴展到新市場。[3] 到了晚年，他已將他們的優質陶器產品推廣到英格蘭的新興中產階級與海外市場，而在這個過程中，他也澈底改革了工廠生產乃至行銷與銷售作業。

這一切的一切理應足以讓瑋緻活成為歷史上最偉大的創業家之一，不

過，他的成就不僅於此。瑋緻活是在工業革命剛展開之際經營事業的，當時的技術變遷促成了更大的繁榮，但也形成了不人道且危險的勞動條件。在政府監理法規幾乎付之闕如的那個時代，瑋緻活卻相當照顧他的工人。他在位於埃特魯里亞（Etruria）的工廠旁興建一個村落，村裡供員工居住的房屋比當時普遍可見的住宅更舒適妥貼。[4] 村裡的便利設施包括一座保齡球館和公共住宅，不僅如此，他到最後還成立了一所學校，學校老師是瑋緻活家族的成員，負責傳授這項業務的各種要素。瑋緻活還在工廠裡推行一項疾病會（sick club）計劃，根據這項計劃，員工平日會提撥一小部分的週薪作為疾病會的基金，用以支持因病或意外而無法上工的同仁。他激烈反對將生產活動外包到國外，並公開倡議本國生產，即使本國生產的成本可能較高。[5]

瑋緻活除了照顧他自己的員工和社區，他還是一位社會行動主義者，其中，他特別積極參與終結大西洋兩岸奴隸貿易的運動。一七八七年，他為廢除奴隸貿易委員會（Committee for the Abolition of the Slave Trade）製作了一個大徽章，徽章上描繪了一名被鎖鍊綑綁的奴隸，還寫著「我難道不是人，不是同胞？」瑋緻活承擔了這個徽章的所有成本，後來的英國廢奴運動還以這個圖像作為代表標誌。[6]

瑋緻活的例子——以他作為商人的傑出成就為基礎——凸顯出宗旨在一個結構性變遷時代的重要性。目前我們也正經歷著一系列不亞於瑋緻活那個時代的廣泛與顛覆性變化，包括第四次工業革命的新技術、正在重塑全球整合本質的地緣政治變遷，還有日益惡化的氣候危機，乃至因快速變化的社會規範而再次發生（且迫切需要解決）的社會正義與公平問題等。這些變化正影響著幾乎每一家企業的策略，而且勢必將使愈來愈多人反思「你的公司是為何而戰？」。

在這些問題當中，COVID-19 是考驗利害關係人資本主義的重大試煉之一。等到這場危機過去，民眾將會評斷哪些企業支持他們的員工、與其供應商和顧客維持密切互動，並以協助社會順利度過這場史無前例的衝擊為職志。鑑於 COVID-19 危機降低了「股東價值最大化」與「利害關係人價值最大化」之間的緊張關係，所以，它和先前多次危機的經驗是一致的。這些經驗能讓我們深刻領略到，支撐著真正的企業宗旨的價值觀如何有助於解決人類與地球的問題。

且讓我們看看前幾場金融危機留下的五個教誨，以及那些教誨與今日的關係。

綜觀歷史，危機總是促使一般人質疑我們評估價值的方式，並對我們的價值觀產生疑問。事實上，過去的危機留下的第一個教誨（一如本書所主張），就是那些危機骨子裡是有價值的；那些危機都和錯誤的價值評估有關。

我們在第七章講過，全球金融危機部分導因於風險的定價過低，以及監督評判者對市場約定成俗之見的屈服。第九章曾述，COVID-19 危機部分是因我們多年來低估韌性的價值而起。儘管先前早已浮現大量的不同警訊，各國政府還是未能保護公民免受已知風險之害。事實上，這些疫情整備一年將花費的成本，理應大約只等於這場疫情所造成的一日經濟產出損失。另外，一如第十一章的討論，共有財悲歌導致我們沒有為汙染的外部性定價，從而導致氣候危機日益惡化，而且，我們實質上根本就漠視環境退化與物種消失的問題。與此同時，儘管面臨迫在眉睫的悲劇，我們還是低估了「未來」的價值，無知而自私地打算將這些悲劇般的遺毒留給未來的子子孫孫。

第二，危機改變了策略。問題在於，策略是為了誰的利益而改變？在

巨變（那些變化因 COVID-19 危機而進一步惡化）發生的時刻，企業對其利害關係人乃至企業作為其所屬社區的利害關係人等共同責任變得更加突出。COVID-19 危機正引發價值與價值觀的重新評價、促使企業展開策略重置，並使得各國開始進行社會重置。由於整個社會加速朝著電子商務、電子學習與電子醫療等方向前進，加上供應鏈的重新導向——從全球化與及時（just-in-time）轉為本地化和以防萬一（just-in-case）、更謹慎的消費者與更廣泛的財務重組等，使企業不得不進行策略重置。另外，由於危機逼得我們重新評鑑我們的價值觀，因而引發社會重置。

在這場危機期間，我們不再是以個體獨自行事，而是像互相依存的社區，懷抱著經濟活力與效率、團結一致、公平、責任與同情等價值觀行事。不平等的現實被披露，包括低薪重要員工、疾病發生率的不平等、無薪照護工作的負擔，以及線上教學所凸顯的不平等教育悲歌等等。換句話說，每一個人都處於同一場風暴，但並非每一個人都坐在同一條船上。

為了建構更美好的未來，我們必須從當前的困境記取教誨。COVID-19 的悲劇證明，我們不能靠希望來化解系統性風險，我們必須為了避免未來的災難發生而提前投資布局。氣候變遷的問題也一樣，這是一場牽涉到全世界的危機，沒有人能置身事外。此時此刻，韌性的價值受到高度重視。

由於驅動價值的經濟與社會因子發生變化，企業在危機前設定的策略，將幾乎不再是最好的策略。COVID-19 使商業界不得不進行策略重置，新的策略必須以解決最緊迫的人類與地球問題為目標。力行宗旨的大型企業已體認到，策略的重置必須與社會重置緊密結合。那些大企業的行動將決定這個社會是否能實現它的目標，包括實現淨零碳經濟體系的目標。

過往危機留下的第三個教誨是，這些危機催化了旨在改善系統風險報導作業的作為。換言之，既重視風險，也重視韌性。一九二九年華爾街崩盤後，除了羅斯福「新政」（New Deal）所推行的全面性社會改革，美國也設立了證券交易委員會（Securities and Exchange Commission，簡稱SEC），該會的宗旨明訂：保護投資者、維護公平有序且有效率的市場，並促進資本形成（capital formation）。[7] 證券交易委員會在實現使命的過程中，最重要的成果就是史上第一個共同揭露標準（聯邦層級），它讓投資者能取得公開掛牌證券「真實且統一」的財務數據。到一九三六年，更有一般公認會計原則（Generally Accepted Accounting Principles，簡稱 GAAP）的會計準則誕生。

在全球金融危機過後不久，各地提出幾個倡議，期許能改善引發這場危機的那類風險的揭露。為了讓衍生性金融市場變得更安全且更透明，當局導入了櫃臺買賣衍生性金融商品的交易報導規定。為協助消除高風險的證券化業務與不透明的影子銀行業務，目前已有一些旨在規範證券化的新規定與新會計準則，確保所有涉及這類交易的銀行，能在資產負債表上揭露相關的風險。另外，當局也研擬了一項新會計準則 IFRS 9（注：全名為國際財務報告準則第九號〔International Financial Reporting Standard 9〕）來認列預期虧損，讓世人能更精確掌握銀行的韌性，同時降低整個金融體系的順週期性（pro-cyclicality）。

如果氣候危機具體化，我們將永遠失去建立適當報導框架的機會。本著這個精神，主管機關正提前採取行動，期許能確保利害關係人了解企業正面臨怎樣的氣候相關財務風險，以及企業正如何設法管理那些風險。民間部門領導的揭露倡議——氣候相關財務揭露專案小組 TCFD——已成為一致、可比較且有助於制定決策的氣候相關財務風險資訊的最佳準則。當

務之急是強制要求所有公開掛牌企業落實這些準則。

面對危機，第四個常見的反應就是提高韌性。畢竟一旦危機使弱點與脆弱性變得一覽無遺，一般人自然而然會想恢復到更強健的狀態。在全球金融危機爆發之前，大型銀行的資本嚴重不足，當時那些業者錯綜複雜的商業模型完全是靠市場的善意在支撐（最終來說是靠納稅人）。但目前在普通股權益（common equity）規定之下，大型全球性銀行已能靠著自身的力量站穩腳步，且現在的資本緩衝已比危機前的標準高出十倍。目前的監理規定讓銀行的業務變得較不複雜，且更聚焦。自危機爆發以來，交易性資產減少了一半，銀行同業放款減少了三分之一，流動性則增加十倍。再者，還有一系列的措施幫助確保銀行業者能在不造成系統性後果的情況下倒閉。

我們並不是單純為了這股力量而培養這股力量。這是為了準備不時之需。這是有目的的審慎。它是基於某個理由而培養的韌性。金融部門的韌性意味金融可以成為 COVID-19 相關經濟衝擊的部分解決方案。

此時此刻，主管機關必須將這些教誨應用到氣候危機上，相關的作為是就各種不同氣候路徑——從「平順轉型到淨零」，乃至「可能造成災難的一切依然故我」——對銀行業者與保險公司進行壓力測試。重要的是，這將幫助銀行思考並進而了解和「轉型至淨零」與「一切依然故我」有關的潛在風險。如果要將排放量控制在氣溫上升攝氏二度以下的目標，世界上已知的四分之三煤炭礦藏、一半的天然氣儲備，以及三分之一的石油礦藏都不可燃燒，[8] 在這個情況下，企業對擱置資產曝險部位的揭露資訊將會變得至關重要。氣候壓力測試將可清楚揭露哪些金融企業——延伸來說，一般企業——正在為這項轉型做準備，哪些又沒有在做準備。

過往危機的最後一個教誨是，藉由重建商業界的宗旨意識，讓商業界

由衷產生責任感。從全球金融危機可清楚見到，一旦喪失宗旨意識，將會發生多麼糟糕的狀況。

若失去宗旨意識，金融就無法再堅守它的公平、誠信、審慎與責任等核心價值觀，這會破壞市場賴以創新與成長的社會許可。如此一來，被破壞的將不僅是未來經濟繁榮與永續成長的基礎，情況將會更加嚴峻。在這場金融危機過後，整個金融產業努力重新發現它的宗旨。為了邁向一個再次重視未來的世界，銀行從業人員必須將自己視為其所屬機構的保管人，並在傳遞給繼任者之前，設法加以改善。另外，他們也必須和客戶與社區建立扎實的關係。

監理規定、規範與薪酬都各自能發揮它們的效用，但最終來說，誠信無法靠收買或監理而來。它必須發自內心，必須奠基於價值觀。

一如過去的危機，COVID-19 危機也清楚暴露出舊方法的失敗。更積極來說，它證明了在本地社區團結一致以及在全球社會團結一致的價值（後者有價值的主要原因是物以稀為貴）。如今，隨著每個企業都在重置策略，它們的能量、想像力與資本，有可能啟動一個有助於永續成長的共同方法。

對企業來說，這代表專注於權衡、韌性與責任，以實現企業的宗旨。對投資者來說，這意味利用這項資訊找出領導者與落後者，並根據客戶的價值觀來投資他們的資金。而對各地政府而言，這表示適時介入，在適合的情況下落實強制性且全面性的框架，並將這些可有可無的事物轉化為必備品。

這些倡議的廣度凸顯出受宗旨驅動的企業在以下特定生態體系內的運作方式——在這個生態體系，企業的邊界（boundaries）還有它和客戶、供應商、投資者、債務人與社區的關係，比傳統經濟學所描繪的更錯綜複

雜且更具滲透性。這些現實非常重要，攸關受宗旨驅動的企業如何創造價值。一如沒有人能夠孤立獨活，企業也不可能只靠自身的力量來實現它的全部潛力。

兩種截然不同的企業

公司是一種在實現其企業宗旨的過程中，為了將和公司有關的各方人馬——員工、投資者、顧客與供應商——集合在一起而設計的法律結構。股份有限公司是擁有自主生命的機構，是獨立於為它工作、為它提供融資以及管理它的人的自主法律實體。法人人格（corporate personality）既是一個法律概念，也是一個活生生的現實。

和公司行號有關的傳統經濟觀點認定，公司行號是由一系列的契約組成、屬於股東所有，目標是要將股東的價值最大化。而為了達到股東價值最大化，股東將責任委託給專業經營團隊，但這又造成委託人—代理人（principal–agent）的問題，所以，股東必須監督經營階層，確保他們採取以股東最大利益為前提的行動。此外，股東會為了促進他們與經營階層之間這個結盟關係，而採納一系列公司治理機制與薪酬結構。總之，根據這個傳統經濟觀點，公司行號本身的邊界取決於「在市場上透過契約運作」與「在公司內部透過階級運作」之間的權衡。

和多數經濟理論很類似的是，這個觀點的每一個要素都相當簡單，它是化約主義者造模練習（這些練習能產生重要的獨到見解，例如因委託人—代理人問題而產生的誘因挑戰等有關的獨到見解）的產物。不過，根據這個觀點，一加一將少於二。將一家企業視為「契約關係的組合」（nexus of contracts）的觀點，並未能完整描繪出企業實務上的運作方式，

所以，如果依循這些觀點的指引，就有遺漏經濟價值的風險。長期下來，那樣的觀點將削弱社會的價值觀，包括公平與效率市場所賴以維繫的那些價值觀。

宗旨可用來建立信任，並激勵員工追求貨幣薪酬以外的回報。此外，這種宗旨意識與信任能擴及企業的邊界之外。誠如我們所見，企業是以生態系統的一分子在運作著。企業的邊界可滲透且互相連結，而這些連結當中存在著能創造巨大價值的機會。

公司行號的所有權人是誰？答案看起來顯而易見：股東。不過，以所有權的傳統意義來說，股東並不是所有權人。股東沒有占有權（rights of possession）或使用權。股東對他們「擁有」的企業所提供的服務，並未掌握比其他顧客更多的權利。而在有限責任的情況下，公司採取的行動都不算是股東的責任。

即使英國企業股東擁有的權利比很多司法管轄區的企業股東還要多，英國企業股東也稱不上所有權人。誠如上訴法院（Court of Appeal）一九四八年所宣告的：「從法律的觀點，股東並非企業的部分所有權人。」[9] 二〇〇三年，英國上議院更以明確的用語重申那項判決。[10]

誠如約翰・凱所斷定：「誰擁有一家企業？答案是沒有人擁有，正如沒有人擁有泰晤士河、國家美術館、倫敦的街道，或我們呼吸的空氣。現代經濟體系有很多不同類型的債權、契約和責任，只有在偶爾的情況下，才能用所有權來形容這些債權、契約和責任。」[11] 此外，管理理論家查爾斯・漢迪（Charles Handy）曾寫道，在檢視現代股份有限公司時「所有權迷思會成為障礙。」[12] 我們必須跳脫所有權的迷思，著眼於企業的目標與宗旨。

股東或許不是傳統意義上的所有權人，卻是一家公司的剩餘索償權人

（residual claimants）。簡單來說，當每一個人──債權人、員工、供應商與政府（以稅金的形式）──都得到補償後，才輪到股東取得補償。而股東在階級中的這個地位就是鞏固「股東至上」型法律方法的主要基礎。

股東是否承擔了最多的風險？這是一個可受公評的問題。馬汀・沃夫（Martin Wolf）主張，員工無法分散他們對一家公司的曝險。[13] 主要供應商或受一家公司支配的社區也一樣。當這個事實與股東至上的信條結合在一起，就會使公司行號與經營階層（如果他們的薪酬高度取決於短期的股權激勵方案）產生承擔超額風險的誘因。[14]

股東有誘因承擔較大的風險，因為股東的虧損風險是有限的（在有限責任的狀況下，股東最多就是虧光他們的資金），但他們的獲利潛力卻是無限的。這等於是將風險轉移給其他索償權人（claimants）──主要是員工和債權人。[15] 類似的動態也適用於外部性，例如汙染。

宗旨曾是股份有限公司組成的根本要素之一。從十六與十七世紀開始，商業性法人陸陸續續成立，當時這些法人都是根據非常明確的宗旨而組成，例如為了某個基礎建設專案，或是海外探險專案等等，而且，一旦那些明訂的工作項目完成，這些法人就會依照計劃解散。[16] 在那個時代，法人組織的成立是一種特權，而非權利，而且唯有政府或君主核准它的目標、並授與這個法人一份特許狀（或其他類似文件）後，它才能成立。成立後的公司被視為一項確保長期致力於共同目標與風險的工具，它對與公司密切互動的人負有互惠的責任。舉個例子，在英格蘭，最早對大眾發行股份、以取得永久性資本的公開掛牌企業東印度公司被授與英格蘭的亞洲貿易壟斷權，但它也負有保護其貿易路線之貿易活動的互惠責任。因此，早期的商業性法人被灌輸了某種作為公共財的宗旨，所以，從很多方面來說，那些法人屬於公共機關。[17] 亞當・斯密認為，法人的組成必須遵守嚴

謹的條件，包括必須有「最明顯的證據」能證明那些法人能帶來比一般常規貿易更大的效用。[18]

在工業革命前與工業革命期間的多數時間，購買股份有限公司股份的股東都了解，他們的資金會被導向股份有限公司的明訂宗旨，他們也深知，唯有公司實現那個既定宗旨後，股東才能取得他們的投資報酬。[19] 雖然這個系統不見得永遠保證能實現有道德的結果（東印度公司與哈德遜灣公司〔Hudson Bay Company〕等外國貿易公司絕非品高德重之輩），而且，貪汙與賄賂等行為經常會影響股份有限公司特許狀的授與，不過，股份有限公司的宗旨確實能促使公司所有利害關係人基於一個明確且更遠大的目標而團結在一起。

但工業革命深深改變了這個系統。由於有更多專案需要融資，且有更多有儲蓄的人想為那些專案提供融資，各國政府漸漸感到有必要採取行動，讓資本更容易取得。[20] 一八四四年，英國政府通過了《合股公司登記與監理法案》（*Joint Stock Companies Registration and Regulation Act*），該法案允許合股公司透過登記的方式組成，無須取得核准。[21] 另外，在美國，安德魯・傑克森總統（President Andrew Jackson）則比英國早十年實施了普通公司法，法國和德國則在後續幾十年先後跟進。[22] 到了二十世紀初，宗旨已不再是股份有限公司存在的先決條件。

對很多股份有限公司而言，這項變革多半對它們的營運方式無關緊要。股份有限公司登記的放寬，促使大量類似合夥企業（而不是類似複雜且資本龐大的大型風險型企業）的小型企業成立。[23] 這些股權集中的實體因股東人數有限，所以，一眾股東很容易就公司營運方向達成共識。在當時，公共利益還是許多民間企業的核心考量之一，持有且控制那些企業的家族（例如瑋緻活家族）不僅僅追求純粹的財務利得，更懷抱著恢弘的社

會宗旨。不過，較大型的股份有限公司（股東愈來愈多，從數百至數千人不等）就較難以建立共識。因此，到十九世紀中葉，隨著公司的組成趨向自由化，企業聚焦在公共宗旨的傾向，逐漸被追求私利的傾向取代。二十世紀初期，因公開市場資本的挹注，許多工業型企業的家族控制力量遭到稀釋。公開市場讓資本密集型工業容易取得創造其成長所需的資金，但因公司行號所有權和控制權的分離而引起的新挑戰也漸漸浮上檯面。

其中一家股份有限公司是福特汽車公司（Ford Motor Company），二十世紀初，該公司在密西根州的底特律成立。一九〇八年，福特發表了它著名的 T 型車（Model T），從此改造了運輸業的生態，並為公司帶來豐厚的利潤。到了一九一六年，該公司資產負債表上列記的累積盈餘已達一億一千兩百萬美元。[24] 福特公司的股東為了分享公司的成就而催促公司發放特別股利，但該公司總裁亨利·福特（Henry Ford）卻計劃將利潤進一步投資到業務擴張用途。他公開宣示：「我的抱負是要雇用更多人，盡可能將這個工業系統的利益散播到最多人身上，協助他們好好過日子，讓他們興建自己的房子。而要做到這一點，我們必須盡可能將最多的利潤再投資到業務上。」[25] 但這份理論說明未能阻止股東對福特汽車公司採取法律行動，他們要求法律命令將至少七五％的累積盈餘發放給股東。[26]

雖然福特先生公開宣示的善心在某種程度上只是一種公關策略，但它挑起了公共目的和私人利益之間的衝突，並促成一項和股份有限公司宗旨有關的司法判決。密西根最高法院與股東站在同一陣線，判定「商業型股份有限公司的成立與目的，主要是為股東創造利潤。董事權利的行使必須以那個目的為前提。」[27] 法院命令福特汽車公司分派股利給股東，不過，它實際上要求發放的金額，只相當於股東要求金額的一小部分，因為經營階層對業務運作方式保有某種程度的裁決權。

時至今日，《道奇訴福特》（Dodge v. Ford）判例成了「股份有限公司的存在主要是為股東謀取利益」的理念基礎。大蕭條與第二次世界大戰減緩了股東至上理念的採納——危機的當頭棒喝，提醒企業注意到它們並不是在與世隔絕的環境中營運，還必須考慮其他因素——但到了一九七〇年代，股東至上理念再次成了支配一切的心態，甚至在盎格魯－薩克遜國家被納為公司治理的法律。[28] 與芝加哥大學有關的經濟學家是股東至上理念的主要倡議者，這個理念的吸引力之一在於它的經濟簡單性（economic simplicity）。如果股份有限公司肩負著廣泛的公共責任，外界就很難用量化的方式來衡量公司的績效。然而，如果股份有限公司的責任是促進股東財富的最大化，外界就較能精準衡量它們的績效，並進而設法將其績效最大化。[29]

因所有權（股東）與控制權（公司經理人）獨立而起的「代理」問題鞏固了這個信條。個中風險在於，經理人將最大化個人偏好——包括帝國大廈、公司福利，甚至是安靜的生活，而這些都是犧牲股東報酬所換來的。解決方案是監督，以及透過授與股權和股票選擇權等方式，讓股東與經理人的誘因趨於一致。關於所有權與控制權分離的疑慮，阿道夫・伯利（Adolf Berle）與嘉迪納・敏斯（Gardiner Means）透過他們的著作《現代股份有限公司與私有財產》（The Modern Corporation and Private Property）所表達的看法最具說服力。他們的獨到見解激發了很多創新，從而大幅改善了企業的公司治理與管理。

無論如何，若極端地認定股東價值勝過一切，控制權與股東價值最大化的趨於一致，有可能縮減對利害關係人的價值創造，同時腐蝕社會價值觀。事實上，伯利與敏斯的論述以一個更大的願景為基礎，只不過這個事實多半被遺忘，這個願景是：「希望以能使全體社區受益的方式來行使各

種形式的經濟與政治權力。但後來，這個多元參照框架不受關注，造成許多迴盪迄今的後果。」[30] 包括股東權利的持續增強。[31]

股東至上的前提是「股東乃股份有限公司的所有權人」。誠如芝加哥經濟學派最顯赫的經濟學家米爾頓‧傅利曼（Milton Friedman）在半個世紀前寫過的一段名言：

> 股份有限公司的高階主管是企業所有權人的員工之一。他對他的雇主負有直接的責任。那項責任是根據股東的願望來經營事業，而股東的願望通常是在遵守社會基本規則——包括體現在法律與道德常規中的規則——的前提下，盡可能賺最多錢。[32]

傅利曼的學說極具影響力，但這個學說的絕對論（absolutism）卻以兩個錯誤的前提為基礎。首先，傅利曼在上述文字中追加了一段文字，為自己開了一條後路：他說賺錢行為應該遵守「社會基本規則——包括體現在法律與**道德常規**〔作者個人強調〕中的規則」。但誠如我們所見，那些道德常規並非永遠不變。事實上，在利害關係人被迫與財務報酬脫離的情況下，很多支持優質市場運作的必要常規早已遭到腐蝕。傅利曼是在觀察到一家公司或許會為了從事美其名為社會責任的「偽善美化行為」，而投注資源為它所屬的社區提供便利設施後（期許能藉此獲得吸引員工的回報），才隱晦且悲慘地承認那種道德情操的重要性；他怕一旦承認這種「欺詐」行為的本意純粹是為了追求利潤，將會「傷害到自由社會的根基」。後續幾十年，價值觀也的確經由上述方式遭到腐蝕。

第二個錯誤的前提是：股東乃股份有限公司的所有權人，而非公司的剩餘索償權人。如果誠如我們所見，股東不是一般觀念中的所有權人，股東至上的缺點就會變得一覽無遺。康乃爾法學院（Cornell Law School）教

授琳恩‧斯托特（Lynn Stout）指出，股東擁有的只是股份而已，而股份只是一種賦予股東具體且有限法律權利的契約罷了。[33] 因此，股東和股份有限公司之間的關係其實是一種契約關係，而那種關係在很多方面和股份有限公司與債券持有人、供應商、員工與消費者等之間的契約關係很類似。[34] 說穿了，股東不過就是股份有限公司的剩餘求償權人──當其他所有人都取得補償後後，才輪到股東獲得補償。而股東在承擔這項風險的同時，理所當然地期待獲得報酬，但他們對報酬的權利並不高於前述每一個利害關係人。總之，股東只是眾多利害關係人之一，企業的董事不能繼續在所有權的概念下來行使為股東創造最大財富的職責。

股份有限公司的所有權屬於它們自己，且英國公司法（自十九世紀迄今）和美國公司法都是以公司法人人格信條為核心。公司本身是獨立於其經理人、股東、員工與債權人的實體。因此，公司的董事是為**公司的**利益效勞，不僅是代股東工作的代理人。

基於這些現實及其他理由，加拿大最高法院在二○○○年代初期的兩個著名判例中，否定了股東至上論，並主張董事的職責是要維護公司的最大利益，而公司的最大利益可根據廣泛的利害關係人利益來判斷。[35] 法國從未採納股東至上原則，此外，二○一八年，法國政府委託的一份報告重申了這個立場，並建議復興企業宗旨，鼓勵企業將宗旨的重要性擺在財富的取得之上。[36]

這份報告促成了幾項重大的法律改革，包括規定法國股份有限公司必須考慮其業務活動對社會及環境的影響等等。[37] 在德國，有高達五○％的股份有限公司監督委員會成員是由公司的員工──而非股東──選舉而來，藉此將利害關係人理念植入企業文化。

然而，直到目前為止，股東至上概念依舊根深柢固地扎根在英國與德

拉瓦州（絕大多數大型美國股份有限公司在此地登記註冊）的公司法當中。以英國來說，《二〇〇六年公司法》（*Companies Act 2006*）明訂（第一七二節），董事的職責「是為了公司成員的利益而促進公司的成就」，這些規定反映出一種以股東為中心的觀點。[38] 而根據這項法案其他條文的定義，那一節所謂的成員幾乎只包含股東。[39] 在德拉瓦州，根據各級法官的簡潔陳述，董事會的職責和英國法律規定的內容相似。[40] 二〇一五年，德拉瓦州最高法院首席法官在概述德拉瓦州的法律時寫道：「董事必須視股東福利為其單一目標。」[41] 總之，在這兩個司法管轄區，股份有限公司的宗旨都是追求股東財富最大化。

　　然而，要描述一家股份有限公司的宗旨是如何構思而來，簡直就像試圖射擊一個移動的標靶。雖然股東至上原則是了解過去一個世紀以來英國與德拉瓦州的法律如何制定的關鍵要素，但這個原則已漸漸失去它的影響力。企業漸漸體認到，一家股份有限公司的價值來自全面性地平衡各種不同利害關係，狹隘聚焦在股票價格的方法難以創造企業價值。這個觀點——常被稱為開明股東價值（enlightened shareholder value）——主張，當其他利害關係人獲得尊重，且當公司能秉持一個跳脫利潤的明確宗旨行事，股東財富自然便能最大化。而由於英國與德拉瓦州的法律極度尊重經營階層所制定的商業決策，因此，開明股東價值容許受宗旨驅動的企業在公司法的範圍內運作，因為所有行動最終還是為了股東的利益。不過，一般來說企業愈來愈重視為公司效勞，從而更直接且明確地為較廣泛的利害關係人之利益效勞。

　　舉個例子，開明股東價值概念是英國《二〇〇六年公司法》改革的中心要點。誠如上述，該法明訂董事的首要職責是為股東的利益效勞，不過，也「必須兼顧」更廣泛的利害關係，包括員工、顧客、供應商與更廣

大社區等的利害關係。這個「必須兼顧」條款的精確作用力，向來是各自解讀。隨著時間的發展，這項條款漸漸獲得公共當責制的支持——企業必須每年報告它們實現更廣泛利害關係的成果（透過永續經營報告或影響力報告）。這個流程明顯受到本書所記錄的幾次價值（觀）危機所強化，它有助於重新平衡企業宗旨，朝更廣泛利害關係人的利益傾斜。

近年來，這個概念已達到一個臨界點，並變得愈來愈具支配力。二〇一九年，美國最大且最具影響力的一百八十一家股份有限公司的執行長，全面簽署一份由商業圓桌會議起草的聲明，聲明中否定了「企業只有單一主要目標」的概念。這份聲明承認，為股東創造長期價值是企業的承諾之一，但企業對其他利害關係人的另外四項承諾也和這項承諾一樣重要，另外，每一家公司專屬的企業宗旨也同等重要。接下來的幾個星期，美國幾家最卓越的法律事務所陸續發表公開備忘錄，表明將仰賴開明股東價值與對經營決策的尊重，審慎地支持這項聲明的合法性。[42] 瓦奇戴爾、立頓、羅森與凱茲法律事務所（Wachtell, Lipton, Rosen & Katz LLP，常被譽為世界上最具獲利能力的法律事務所）甚至大膽宣稱「德拉瓦州的法律並未將股東至上原則奉為神聖不可侵犯的目標。」[43]

德拉瓦州的幾項司法判決則與上述立場抵觸，但這個與數十年來的判例法（case law）抵觸的立場或許並不令人意外。公司法並不是什麼神聖不可侵犯的真理，它只是慢半拍地將社會人士對企業宗旨的構想反映出來罷了。一九九〇年代初期擔任德拉瓦州衡平法院（Court of Chancery）首席法官的威廉・亞倫（William T. Allen）透過寫作，以辯才無礙的筆觸表達了這個概念：

在定義我們所知道的公開發行股份有限公司時，我們等於是在含蓄地

表達我們對人類社會生活的本質與宗旨的看法。由於我們在那個看法上確實有歧見，所以，我們的企業實體法律本身，必然也容易引起爭辯且具爭議性。這個爭議終將獲得解決，但不是經由演繹的方式解決。在這個過程中，效率考量、意識型態與利害關係團體權術等，將和歷史交融在一起……產生一個此時此刻有效的答案，但這個答案勢必將被某些未來的壓力撕裂，而且將會再次被重新設定。[44]

持續增強的危機所帶來的壓力與掌握新機會的前景，正促使我們再次進入一個撕裂與重新設定的時期。開明股東價值學說日益興起，我們也面臨了更大的改革壓力。開明股東價值使人得以將其他利害關係人列入考慮，但它終究還是某種形式的股東至上原則。公司法繼續禁止企業董事為了實現企業宗旨而採取最終會導致股東付出成本的行動。企業執行長在企業圓桌會議聲明中宣示的各種不同承諾的合法性，取決於一個假設：對企業、一個利害關係人團體或更廣大的社會有利的事，最終一定會股東有利（在天賜的巧合之下，一如我們將在下一章討論的）。我們將談到，情況確實經常如此，不過那個結果並非絕對。有時候，如果（企業）代表股東做出的小小犧牲，有可能會為社會帶來極大的正面利益。

基於這個理由，很多提倡修訂英國與美國公司法的意見，認為最好是更善加平衡利潤和宗旨，並將這兩者列為股份有限公司的雙重目標。[45] 那樣的改革可以將法律和社會對企業的期望調整到一致（社會愈來愈期待企業不要只是關心利潤最大化，而是要承認公司行號的多面性本質、承認公司和利害關係人之間的關係，以及要如何將那些關係發展為互利關係等）。

每一家企業都是在某個生態環境下營運。公司行號和它的供應商、顧

客與社區之間的邊界既真實存在，也具有滲透性。宗旨能善加利用這些關係來創造互利。宗旨不僅能創造一種足以凝聚整個公司的共同動機與價值觀，[46] 還能鼓舞、激勵社區的所有成員。一個清晰且普遍獲得理解的宗旨，可能有助於說服利害關係人相信在投資與報酬（創造價值的必要元素）的權衡與分配過程中，他們的利益有受到照顧，[47] 而那樣的信任有助於打造長期價值創造所需要的透澈眼界。

但在經濟學家眼中，宗旨、價值觀與信任並非自然概念（natural concepts）。諾貝爾獎得主羅納德・寇斯（Ronald Coase）發展出來的經典經濟觀點主張，一家企業是一個契約網路，網路中的每一個人——所有權人、經理人與勞工——都會理性回應各種誘因。根據寇斯的《企業的本質》（*The Nature of the Firm*）一書，企業的邊界是由透過市場或企業提供商品或勞務的成本差異來定義。[48] 市場買賣交易承擔了搜尋與蒐集資訊的成本，還承擔了議價、管理與強制執行成本。在公司內部將這些交易內化，雖能節省成本，卻得付出管理幅度（span of control，注：指一位主管人員在組織中直接且有效指導與監督的人數）、複雜性與規模不經濟（diseconomies of scale）等代價。企業的邊界取決於這些要素的平衡，其中，透過命令與控制才能更有效率完成的活動，宜在公司內部進行，其餘的則透過市場來中介。

這個方法的嚴格解讀忽略了共同宗旨可能使交易成本降低，從而使在公司外部發生的活動變成能促進公司宗旨、強化其獲利能力並創造共享價值的共同投資。共同宗旨能降低市場關係當中的交易成本，並使更大且更錯綜複雜的企業實體成為可能，從而改變企業的邊界（同時提高它創造價值的能力）。當供應商與顧客對共同宗旨有信心，企業便能減少和它們訂定代價不斐且澈底的完整契約的必要性。同時，組織內部的明確宗旨（可

透過堅實的內部文化來鞏固）則能促成連續創新，將好企業轉化為傑出的企業。

這一點很重要，因為單純的理論化經濟模型一旦應用到企業實務，有可能會成為劣質的指引，而這樣的情況發生過不只一次。契約模型（contractual model）的好壞取決於契約，在實務上，這些契約可能不完整、難以強制執行，且容易發生違約情事。人類在各式各樣經濟環境下的現實行為模式，證明「人類誘因完全受契約條件左右」的假設根本是胡扯。此外，不同參與方有不同的時間範圍與利害關係考量，這也會阻撓最佳結果的達成。誠如沃夫主張，「如果股份有限公司的基本原理是要以關係型契約（relational contracts）來取代明文訂定的契約（即以信任取代強制執行），那麼，在判斷企業「為何而戰」與誰應該控制企業時，就不能忽略這一點。」[49]

「委託—代理」理論的關鍵獨到見解並不僅限於將股東與經營階層的誘因調整到一致，這項見解更可延伸適用於董事、經營階層和員工，乃至企業與供應商及社區之間的類似挑戰。當時間範圍有差異，勢必有某一方會產生「食言而肥」的誘因，換言之，相關人士較可能會拒絕履行或甚至徹底否認他們先前做出的承諾。我們在第四章討論過，這是將職權下放給中央銀行的典型動機之一。但即使是那樣的一流解決方案還是有缺點，因而凸顯了共同使命與價值觀的重要性。

堅實的企業文化是解決不完整契約與不完美誘因的部分方案。堅實的企業文化能鼓勵利害關係人內化公司想要創造與維護的行為。其中，宗旨尤其是構成誠信文化的必要元素。誠如我們先前討論的，光是堅持規定與依循契約的議定內容不可能贏得信任，能強化行為與價值觀的多重社會互動才能贏得信任。道德情操——有時被稱為社會迷因或行為串連——非常

重要。

　　因此，宗旨的運作有很多層面。首先，對內而言，宗旨能在公司內部創造必要的社會資本，而這些社會資本是支持價值創造的基礎：宗旨能在公司內部打造一個緊密連結且正常運作的團隊，並提高員工參與度及密切互動程度。第二，對外而言，它能作為使公司聚焦在顧客服務與一致性的手段。公司的外部焦點和傳統宗旨有關，也就是服務顧客。[50] 如果公司能做好這件事，就能贏得顧客的忠誠度，長時間下來，顧客將成為利害關係人之一，從而強化信任、誠信與公平交易。第三，宗旨能作為一種社會敘事（social narrative），並在公司以外的社區和社會中發揮作用力，協助創造並維護公司營運所需的社會許可。最高層次的宗旨能體現企業對改善當前與未來世界局面的道德貢獻。

　　經濟體系並不是單純由一味追求最大利潤、且暫時透過契約網路聚集在一起的獨立個體所組成。在現代經濟體系，企業才是價值創造的引擎。然而，企業是錯綜複雜的組織，企業將許多人集合在一起以共同採取行動，他們的動機獲得企業宗旨的賦權，而每個人的行動也會在企業宗旨的協同下趨於一致。

　　那個宗旨並不僅僅要為其中任何一個利害關係者——股東——創造最大價值。利潤是必要的，但必須以一種能為所有利害關係人創造共享價值的方式來實現利潤。企業的宗旨也不是為了幫任何其他利害關係人團體——例如員工——創造最大報酬。公司的最高宗旨是要以一種能獲利的方式提供解決方案，並以它特有的方式為社會的盡善盡美做出貢獻。

　　企業需要宗旨才能成功，而要實現那個宗旨，企業必須平衡各個利害關係人之間彼此衝突的利害關係，一如個人在追求亞里斯多德的美好生活時所必須做的事。[51] 一家企業不僅僅是許多契約關係的組合，而是實實在

在的法人人格。成功的企業會使經濟意義上的價值增加，因為它不僅僅是各組成要素的單純總和，換言之，一加一會大於二。企業成就的高低取決於使它得以擁有競爭優勢的那個獨特能力組合，那些優勢則主要取決於該公司的利害關係人，而利害關係人的基礎可透過共同宗旨與社會價值的創造來加以強化。誠如我們將討論的，這些關係是成功的影響力投資（impact investing）之精髓。

實現企業宗旨與永續價值創造

定義明確且具激勵目的的宗旨確立後，接下來最根本的問題就是：如何實現這個宗旨。簡而言之，必須將宗旨融入公司的每個層面。要實現一家企業的宗旨，首先必須展開適當的公司治理，將之貫穿到策略之中、將經營階層的誘因調整到和公司目標一致、賦予員工權力，並促成所有利害關係人的全面密切互動和參與。

現代公司治理的根本挑戰，在於要如何化宗旨為實踐。要將宗旨化為實踐，必須打造一個能融合股東價值與利害關係人價值的策略、使經營團隊的利益與公司核心宗旨趨於一致，並透過適當的董事會結構，建立一系列利害關係人的當責文化。董事會與經營階層之間必須就實現宗旨所需的價值觀達成共識，並將那些價值觀深植到企業文化當中。

一旦經營階層與董事雙雙體認到（短期）股東報酬最大化不再是股份有限公司的單一目標，就得重新擬定成功的衡量方式與標準。價值創造必須相對企業的既定宗旨來衡量。為追求效率，攸關的環境、社會與治理（ESG）要素必須充分整合（將在下一章描述），並內化到公司治理、策略、營運與績效管理作業中，而不是將之切割並實質從屬於企業社會責任

（corporate social responsibility，簡稱 CSR）的事務。每一家企業的董事會都應該將攸關的 ESG 要素融入他們的工作，並應告知所有董事成員，ESG 議題會如何影響公司的風險管理。[52]

舉個例子，英－荷食品綜合企業聯合利華公司（Unilever）在二○一○年提出它的永續生活計劃（Sustainable Living Plan，簡稱 USLP）。該計劃包含了和改善衛生與福祉、降低環境影響，以及改善生計等相關長期目標與具體短期目標。該公司會在每一年的年報中衡量與報導這些具體的短期目標，並由董事會的揭露委員會（Disclosure Committee）監督，當中的部分精選指標甚至必須經過董事會審計委員會監督的第三方會計師事務所負責核實。[53] 永續生活計劃相關的進展和發展由董事會的企業責任委員會（Corporate Responsibility Committee）負責追蹤，另外，該委員會還會額外監督潛在風險，並設法保護與強化聯合利華的品牌。[54] 在此同時，薪酬委員會（Compensation Committee）則將永續生活計劃的短期目標融入高階主管的紅利薪酬結構當中。[55] 透過這些機制，董事會的監督重點變成了「確保公司營運符合企業宗旨」。

此外，董事會的監督角色有個關鍵面向：鞭策並支持經營階層將資本分配到能驅動長期價值的因子，例如研究與創新、尊重人權、員工福祉、人才培養、加強企業文化、強化外部利害關係人關係，以及培養大眾信任等。[56] 這些作為應加以追蹤記錄，並透過適當的衡量標準與足夠長的時間範圍來評估其效用。

董事會的組成與董事會的會議議程必須能展現董事會對這些企業宗旨的承諾。[57] 這可能需要徹底改革董事會的提名標準，以確保董事會的組成人員能充分代表多元的觀點與學養。董事會在調適這種宗旨導向結構的過程中，必須嚴謹地重新評估他們的職能，並檢討要優先監督及治理哪些事

項。很多必要的改革可能和幾十年來的既定規範相互抵觸，所以，董事會要以批判性的思考方式來考量他們的結構組成方式與採用那些新組成方式的理由。

如果追求企業宗旨的做法的確和股東價值創造的訴求完全一致，那麼，追求企業宗旨當然就毫無懸念可言。因此，在開明股東價值的架構下，只要有理由相信追求宗旨最終將使股東價值增加，經營階層便會積極追求實現宗旨；而在實現宗旨的過程中，他們將會明智地把大眾的信任與社會許可的維護，以及公司長期吸引、留住與授權最優秀人員的能力等放在心上。在這些情況下，無論是對內還是對外溝通，宗旨都極度重要，且會被融入企業的公司治理、策略與績效管理。

某些企業甚至採行一些措施，將宗旨列為其法律結構的固有環節，以便更徹底地致力於宗旨的實現。其中最簡單的方法就是將宗旨納入公司治理文件——也就是公司章程（英國與大英國協的多數國家稱之為 articles of association，美國與加拿大則稱之為 articles of incorporation）。這些文件等同於一家公司的憲法，當中詳述諸如公司名稱、股份結構與選舉權等重大關鍵資訊。有些司法管轄區（如德拉瓦州）依舊規定必須將股份有限公司的宗旨填入公司章程裡，這是從古早時代（當時公司的設立高度取決於股份有限公司的較大社會貢獻）流傳迄今的慣例，只不過，這項規定已形同虛設，很多人將之視為毫無意義的作業。舉個例子，雖然臉書公開宣示的使命是要「建立共同體，並將整個世界更緊密連結在一起」，但該公司較不引人注目的法定宗旨則是：「從事根據德拉瓦州一般公司法成立之股份有限公司的所有合法行為或活動。」[58]

無論如何，很多企業已本著這項法律的精神，在它們的章程當中加入更具體的宗旨。舉個例子，二〇一二年，企業社會責任方面的世界領導者

之一巴塔哥尼亞公司（Patagonia）修訂了它的章程，加入六種具體公益宗旨，包括捐出公司一％的淨營收來促進環境保護與永續性，打造不會造成不必要傷害的最優質產品，以及為員工提供支援性的工作環境等。[59] 目前這些承諾已成了該公司章程的一部分，也是經營階層制定決策時必須考量的固有事項。公司治理文件在公司組成時就已確立，但可隨時修訂，不過通常來說，需要取得股東絕對多數的同意。[60]

企業還可以進一步明確地將宗旨奉為企業結構中神聖不可侵犯的環節。以美國來說，很多州政府已打造各種超脫標準營利實體的不同法人組織型態來促進這一股趨勢。這些法人組織型態包括公益股份有限公司（benefit corporations）、社會宗旨股份有限公司，以及彈性宗旨股份有限公司（flexible purpose corporations），那類企業透過這些法人型態，向股東與其他利害關係者暗示它們將「追求各種目標的平衡」，並允許經營階層在考量股東報酬最大化之餘，擁有考量其他因素的更大自由。二〇一九年，法國也從善如流，開創了一種新型態的公司，允許股份有限公司成為使命企業（*entreprises à mission*）。大英國協通常不偏好採用不同公司型態，不過，加拿大的英屬哥倫比亞省（British Columbia）已創設了一種公益股份有限公司的稱呼。

經由修改股份有限公司的型態，或是在核心公司治理文件中加入具體的宗旨等來改變企業結構，將使企業得以克服和股份有限公司一般宗旨有關的法律辯論問題，並使股份有限公司得以追求更廣泛的公共目標。這些作為讓企業得以跳脫天賜巧合或開明股東價值原則的框架——即唯有最終能提高股東價值的利害關係人利益才會被視為有價值的那種框架。

上述的清晰演變促使很多聚焦在社會利益的第方審核系統要求想取得認證的企業必須根據上述作法，明確調整其企業結構，其中最知名的是非

營利機構 B 型實驗室（B Lab）安排的 B 型企業（B Corp）認證。B 型企業是符合社會與環境績效、公開透明度與法律當責等核驗標準的企業，當企業試圖達到這些衡量標準時，也會在宗旨和利潤之間取得平衡。為了獲得認證，B 型企業必須修改它的法律結構，承認這項平衡作業的存在，而 B 型實驗室則會詳細說明每個司法管轄區的企業所需要進行的調整。就最低程度來說，B 型實驗室通常會要求股份有限公司必須在章程中，明定該公司的宗旨要對社會與環境產生積極正面的影響。B 型實驗室在給予企業認證之前，會以各式各樣的指標來評估企業的狀況，而核發認證後，還會每三年重新評估一次。

目前世界各地五十幾個國家共有超過兩千五百家實體通過了 B 型公司認證，還有更多類的似實體正設法加入這個團體。[61] 最近最顯赫的例子之一是達能（Danone），是一家營收達三百億美元的跨國食品公司。過去幾年，達能陸續採行許多措施來定義它的企業宗旨——一個超越股東價值的宗旨。舉個例子，二〇一七年，達能公開了新的企業識別標誌：「地球只有一個，健康無價（One planet. One health）」，並許下承諾，將在全球各地培養更健康且更永續的飲食習慣。[62] 目前該公司聚焦在再生農業（regenerative agriculture）與土壤健康等事務，同時投注非常多的心力在產品包裝上——以可重複使用、可回收再利用，或可製成堆肥的材料進行包裝。[63] 達能已將它的宗旨奉為企業結構中神聖不可侵犯的環節，旗下所有子公司亦然。舉個例子，達能加拿大公司目前的公司章程要求必須照顧員工、社區與環境，而該公司位於歐洲的食品子公司（工廠）阿普羅（Alpro）則設置了一個要求尊重利害關係人的公司治理結構。[64] 二〇二〇年六月時，母公司本身也修訂了法律結構，成為法國第一家採納使命企業名稱的大型公開掛牌企業。另外，藉由這次調整，目前達能的公司章程也

加了一項企業使命：「透過食物帶來健康」。[65] 該公司九九％的股東投票同意這項變革，執行長伊曼紐・法貝爾（Emmanuel Faber，中文名為范易謀）在向股東發表演說時，盛讚這個結果「推倒了米爾頓・傅利曼的雕像」。[66]

儘管一家企業的策略會隨著新資訊與不斷變化的競爭動力而演變，但企業本身存在的理由——即企業宗旨——應該維持不變。不過，宗旨必須直接和策略連結才真正有意義，另外，真正有意義的宗旨也必須和公司在這個巨大變遷的時期為迎接挑戰與掌握機會而必須做出的諸多困難抉擇直接相關。一如實踐宗旨計劃（Enacting Purpose Initiative）所評論，作為文化的宗旨過多，作為策略的宗旨則不足。[67]

經營階層與董事有責任確保他們的策略優先考量與資本配置能支持永續與長期價值創造的關鍵驅動因子。在技術與社會快速變遷的背景下，這需要堅定專注在諸如企業文化、人才培養、研究與發展及品牌開發等無形資產上。

利害關係人——特別是股東——必須有能力判斷企業的策略與宗旨是否確實一致。世界最大資產管理公司貝萊德（BlackRock）的執行長賴瑞・芬克（Larry Fink）在一份寫給企業執行長的年度信件中，強調貝萊德期待企業能對股東發表一份經董事會通過的年度策略框架報告。[68] 那份框架報告應該包含企業「如何順利應對競爭環境、目前如何推動創新、如何適應技術顛覆或地緣政治事件、目前投資到什麼地區，以及如何培養人才等等」[69] 議題。企業應該說明經營階層用什麼標準來衡量進展，並詳細解釋這些衡量標準會對經營階層的誘因與薪酬產生怎樣的影響。

一如愈來愈多投資者，貝萊德已經清楚將宗旨與利潤聯繫在一起，並公開聲明它以投資者的立場，期待企業的經營階層必須有能力解釋公司的

策略框架和更廣泛的企業宗旨有何關連。[70] 芬克強調：

　　當一家企業真正了解並明確陳述它的宗旨，它就會以驅動長期獲利能力的聚焦性與策略性紀律來運作。宗旨能使經營階層、員工與社區成為一體。它能驅動道德行為，並在必要時遏止有違利害關係人最佳利益的行動。[71]

　　但必須聲明的是，那個策略在為利害關係人創造價值的同時，也必須具備長期獲利能力。利潤與宗旨息息相關，缺一不可。如果一家企業想要長期為利害關係人效勞（不只是股東，還包括員工、顧客與社區），就必須有利潤進帳。再重申一次，活力的價值是價值創造的必要元素。

　　當然，利潤的時間範圍與永續性很重要。就定義而言，長期策略將規避任何一味尋求暫時利益、但有損未來價值的行動。長期策略就像整體宗旨和日常營運之間的一座橋梁，那些策略能引導經營階層抗拒一味追求短期成果最大化的致命誘惑。

　　應該讓企業領導者有權分享他們的行動所創造的報酬，但也必須要求他們承擔那些行動所造成的後果。然而，誠如我們所見，現代股份有限公司所有權與控制權的分離，導致這件事變得知易行難。

　　為了克服這個問題，企業董事會開發了以績效為本的複雜衡量標準，希望建立一個使誘因與價值創造緊密結合的高階經營階層紅利結構。不過，這類作為必須面對的挑戰之一在於，現有的薪酬配套方案經常鼓勵當事人採取不當的行為類型。最重要的是，以績效為本的高階經營階層薪酬配套方案，通常只採納一至三年的保留權利期，但研究顯示，市場可能要花五年的時間才能將與無形投資有關的所有資訊全反映到股價上。[72] 因此，致力於投資研究與發展或改善員工工作條件的高階主管，很可能是在和自己的狹隘私利過不去。

一般普遍認為，紅利及其他變動酬勞結構和短期營收成長之間的強烈連結關係，正是引發二○○八年金融危機的因素之一。[73] 誠如第八章的解釋，目前英國金融服務業的薪酬規定已將風險及報酬結合在一起考量，而且，有極高比重的變動薪酬被遞延七年之久（這樣的時間範圍大致上已足夠確保未揭露風險或品格問題的被公諸於世），如此一來，企業便可在必要時收回這些薪酬。這項將風險與報酬緊密結合在一起考量的作為，已和產業標準以及高階經理人規範架構下的優質公司治理等掛鉤，因此變得更加鞏固。

高階主管薪酬需要重新配置，讓誘因與長期且永續的價值創造活動趨於一致。具體而言，應該要用股票與債務配套方案取代以年度績效為本的紅利方案（或者將年度績效紅利列入次要方案），這種股權與債務配套方案能透過保留權利結構與出售限制，將高階主管在公司的利益延伸到至少五至七年——具體的期間視產業而定。[74]

如果企業採用以績效為本的衡量標準，便應該將這些衡量標準調整到和企業宗旨一致的狀態，並採財務與非財務指標並重的基礎，避免過分聚焦在績效的單一特點上。[75] 應該調整獎勵措施，將公司面臨的各類風險列入考慮，包括聲望與法遵風險。[76] 任何年度貨幣型紅利都應該根據多元的計分卡來決定，另外，那類衡量標準也應該融入特定的懲罰與索回條款，允許董事會在保留權利到期以前縮減獎勵，或在高階主管未能達到既定期望、或從事不當行為等時，要求返還其他薪酬。

就目前來說，將非財務衡量標準融入高階主管薪酬計算條件的做法並不常見，金融時報股票交易所全世界指數（Financial Times Stock Exchange All-World Index）的成分股中，只有九％的企業將高階主管薪酬和環境、社會責任和公司治理條件等掛鉤在一起。[77] 聯合利華的薪酬委員會已透過

它的經營階層共同投資計劃（Management Co-Investment Plan），將非財務指標融入公司的酬勞結構，其中，永續性要素是以該公司的永續進步指數（Sustainability Progress Index）來衡量，占二五％的權重。[78] 鋁製造商美國鋁業公司（Alcoa）將三〇％的年度獎勵薪酬連結到非財務衡量標準，該公司因此獲得外界的讚揚，只不過，這個方案實際上並不像表面上看起來那麼值得稱許，因為這三〇％當中，有一半和工作場所安全有關——這是以死亡事故與嚴重傷害來衡量——只有五％是和公司的環境目標掛鉤。[79] 對一家以採礦為業的公司來說，五％並不算高，因為該公司對社會的影響多半是環境方面的影響。此外，高階主管有可能在特定類別獲得超過一〇〇％的分數，從而補貼他們在永續性上的差勁表現。所以，儘管二〇一九年，美國鋁業公司未能達到它的碳排放目標——這部分導致高階主管少領五％的紅利——卻因在「自由現金流量」（free cash flow）類別獲得一四八％的分數，使得高階主管獲得高於上述損失的補償。[80] 該公司連多元化目標的最低門檻都沒有達到，但到最後，高階主管還是領到當年度九〇％以上的獎勵性薪酬。

這些例子凸顯出若希望使企業高階主管薪酬結構成為驅動改革的因子，這些結構就不能只是在表面上融入 ESG 要素，而是要創造一些有意義的誘因。

企業必須設定績效衡量指標來評估它們實現自家宗旨的成敗。這些指標應該對外公開發表，而且，在衡量經營階層績效與薪酬時，也必須特別參考這些指標是否達成。董事會必須以對待銷貨收入、現金流量或報酬標準的方式，來看待非財務衡量標準。就內部而言，平衡計分卡（balanced scorecards）和非財務衡量標準應該有助於高階主管績效的評定。

「將薪酬與風險結合在一起考量」屬於責任分配（責任的分配是一項

更廣泛的需要）的一環。一家企業的經營階層應該要體察到，一旦公司對它的利害關係人產生影響，經營階層個人也將責無旁貸。董事會必須承認ESG要素與企業可能面臨的營運、財務、聲望與監理風險之間的關聯性，並負責將具體的ESG要素內化到企業風險管理作業。企業必須就這些風險的管理設定明確的當責線，由具體的高階經理人負責向相關的董事會委員會報告。

最終來說，高階經營階層終究只是股份有限公司裡的一小部分勞動力。若希望宗旨能成為企業及其營運活動中根深柢固的環節，員工也必須根據與公司的更廣泛目標一致的方式來經營他們自身的績效，並以專業和敬業的精神來履行自身的職責。員工因獲得公平的薪酬、擁有適足的資源以及一個有建設性的工作環境等，而得以全神貫注於自身職務，便最能輕鬆實現這個目標。優質工作環境的細節會因公司與職位的不同而看似有所差異，不過，基本要項並不會不同；所有員工都應該得到尊嚴且受到尊重，並且必須能免於受到威脅與騷擾。

企業應該獎勵那樣的專業精神。高績效員工應該獲得表揚，企業也應該要有健全的內部升遷記錄。為協助員工內部晉升，應該為所有員工提供職涯發展機會，不管他們處於公司結構的什麼位置。經營階層時時刻刻都必須思考：「我們未來將需要什麼技能，要如何從現在開始投資那些技能？」

當企業透過意義深遠的宗旨公平對待員工，並將員工的日常工作和企業的宗旨緊密連結，員工就會得到強大的動機，並自視為公司的保管人；換言之，員工將覺得自己對公司以及公司的成就責無旁貸。舉個例子，達能及其子公司之所以能轉型為公益股份有限公司結構，部分是拜自動自發的員工所賜，因為他們自願花費時間與精力，在達能內部開創這個朝公益

轉型的流程。[81]

　　這股能量與動力會進而轉化為企業價值。舉個例子，豐田汽車在一九八〇年代末期的迅速崛起，向來被歸功於敬業的勞動力，因為這一群勞工被公司視為團隊中的重要成員。[82] 經由職業適性發展，勞工可感受到了解與堅持行業倫理道德是他們的職責。這些行業倫理道德可能被編纂到標準甚至監理規定當中，此外，自願性產業規範或雇主內部政策，可能也會描述這些倫理道德標準。重點並不在於這些標準是否具有法律約束力，而在於勞工是否會在不同情境下尋求這些標準的引導；當民眾對自己的工作場所引以為傲，就比較可能出現這樣的狀況。敬業的員工能主動且積極地幫助企業解決各種問題，並經由群眾外包的方式找出解決方案。負責且能對員工產生共鳴的雇主，則能避免小問題持續惡化為蔓延整個企業的危機。

　　要確保績效和宗旨趨於一致、要在制定決策時將意想不到的後果或意料之外的事件列入考慮，就必須促成所有利害關係人的密切互動及參與，這一點非常重要。企業必須誠實且公平地和供應商與顧客互動，並著重於永續商業模型的開發。了解企業宗旨能如何為顧客效勞，便有可能驅動創新，並維持公司的競爭力。[83]

　　企業應該在地理位置與產業等層面加強與外界合作，以強化其經營所在位置的社區。優質的企業公民能全力奉獻社會，就最低程度而言，優質的企業公民深知它們會對社會產生什麼影響力，並據此採取回應，避免造成傷害。未來大型企業也將必須關注全球社區，並盡可能發揮它們全部的力量，稱職扮演好全球共有財捍衛者的角色。

企業在採取行動時也必須考慮到後代子孫，畢竟後代子孫永遠也無法充分參與現在的決策，而他們的需要卻經常將面臨最大的風險。為了將後代子孫列入考量，企業必須由衷接納一個概念：企業有義務保護自然世界，並投資開發中的技能、知識與理解，而且，不僅要在公司內部這麼做，還要在更廣大的社會中履行這項義務。

最後，力行宗旨的企業必須落實明智的透明度，在它們和利害關係人之間，啟動恆久穩定的雙向資訊流通。透明度讓利害關係人得以評估績效、預測績效的軌道，並明確評估企業的成果是否偏離既定目標。

資訊揭露應該盡可能標準化，易於理解和比較。企業對標準化報導原則的承諾，能降低它們蓄意排除或模糊不利資訊的可能性。那種以使用者為中心的揭露方法，考量到利害關係者雖關心資訊的存取、卻不盡然有時間或資源進行複雜的分析。

我們愈來愈迫切需要以一種完整結合標準財務報導和重大 ESG 風險及機會報導的方式來編製企業的主流財務報告。由於這些要素的重大性日益提升，因此，良善治理的企業必須在主流揭露資訊中報導這些要素，並設定公開目標、針對這些目標的實現提供獨立的績效保證，以及分析攸關風險與機會等，藉此確保企業對投資者與其他利害關係人的更大公開透明度與當責態度。TCFD 建議就是以那種方法為核心（在第十一與第十五章討論），而世界經濟論壇的國際商業委員會配合大型會計師事務所推動的一項重大倡議，也將這個方法擴展為一組核心 ESG 標準。

藉由行善獲取成就

有愈來愈多證據顯示，企業宗旨和企業對價值觀的承諾將會帶來助

力，而且不會傷害到企業的淨利。二〇一五年，一份針對一九七〇年代起發表的兩千兩百多份研究所進行的統計分析發現，有九〇％的研究指出，ESG 條件與財務績效之間存有一種非負相關的關係，更有六三％的研究表示，ESG 條件與財務績效之間存有正向的關係。[84]

特別是有證據顯示，若能聚焦在對商業產業攸關重大的 ESG 條件，原本已相當強勁的財務績效將進一步強化。關心環境的資源類企業與關心公司治理的金融機構，都能實現正面的影響。二〇一六年的一份研究發現，當企業大量投資對所屬產業攸關重大的 ESG 議題，並少量投資對所屬產業不重要的 ESG 議題，便能創造比市場績效高四・八三％的回報。[85]反之，未能大量投資到重大 ESG 議題的企業，則呈現績效落後市場的狀況。

此外，證據顯示，企業必須積極處理對所屬產業攸關重大的 ESG 議題，才能真正收到效益。企業在自家網站或年報上宣傳的價值觀，表面上看起來對企業的績效並沒有貢獻，但能讓每天為公司忙進忙出的員工注意到的價值觀確實很重要。當一個企業的員工對經營階層的言行合一投桃報李，且在商業實踐上表現誠實與道德，這家企業便能維持較高的獲利能力。[86]同理，當中階員工能透過公司的工作清楚辨識出明確的企業宗旨，那樣的企業也能明顯地創造較高的財務績效。[87]

將宗旨轉化為利潤的明顯理由之一在於，這有利於降低風險。舉個例子，在乎環境影響的資源企業較不容易犯下諸如漏油與環境危害相關訴訟等代價高昂的錯誤。當企業投資對所屬產業攸關重大的 ESG 議題，就較可能維護營運所需的社會許可，並避免因惡劣的企業作業而遭遇聯合抵制。未能善加管理 ESG 要素，就有可能會摧毀企業的聲望與價值，導致原本績效良好的企業突然陷入虧本的窘境。二〇一五年的一份研究發現，

當一家公司的企業社會責任分數出現一個標準差的上升，該公司的貝塔值（Beta，衡量股票波動性〔volatility〕的標準指標）就會比樣本平均值低四％。[88]

另一個理由是，企業對社會驅動型宗旨的堅定承諾能吸引並留住最頂尖的人才。巴塔哥尼亞公司將一％的營收提撥給地球，並將永續消費主義列為優先事項，這些作為讓它收到可觀的回報：該公司每提供一個實習職位，就會收到九千份申請，永久性職務的留任率也非常高。[89]此外，由於留任的員工受到內部價值激勵，而非純粹受財務利得吸引，所以，他們也較不可能流於因循。誠如瑞貝卡・韓德森（Rebecca Henderson）解釋：「當你感覺自己屬於一個更大組織的一員，就會展現出更高水準的敬業精神，更高水準的創造力，也更願意與公司內部各個功能性領域與產品領域合作，而這是極度強大的力量。」[90]這個效應可能非常顯著：在控制市場績效與其他風險要素後，一九八四年至二〇一一年間，列名美國「百大最佳雇主」的企業的報酬比標竿高了三・八％。[91]

企業贏得的社會資本也有助於它們順利度過危機時期，甚至在危機當中蓬勃發展。二〇〇八年金融危機期間與危機結束後的一份績效分析發現，在危機期間，企業社會責任高的公司的股票報酬率，比企業社會責任低的公司高了四％至五％。[92]此外，危機結束之際，「重宗旨、輕利潤」的企業的社會資本，甚至可能高於危機爆發前的水準。想必現在每個人都想知道，COVID-19危機過後，哪些公司進步了，哪些公司退步了？哪些人囤積居奇，哪些又與利害關係人採取團結一致的行動？

最後，宗旨意識對創新至關重要。《哈佛商業評論》（Harvard Business Review）的一份研究針對數百家企業的宗旨進行分析，並將那些企業分別定義為宗旨優先型企業（已有明確陳述且得到充分理解的宗旨）、宗旨開

發者（尚未有明確陳述的宗旨，但正設法開發一個宗旨）、宗旨落後者（尚未開始發展宗旨或甚至從未思考過宗旨問題）。[93] 根據企業的報導資訊，被視為宗旨優先型的企業中，有三九％的企業不僅擁有較高的銷貨收入，也更能輕易擴展到新市場，並聚焦在連續的轉型。有一半的宗旨優先型企業表示，過去三年間，它們的組織已根據宗旨來調整策略發展，還有三分之一的企業表示，宗旨驅使它們改變商業模型與產品及服務開發。反之，根據企業的報導資訊，四二％的宗旨落後者過去三年的營收持平或降低，且只有一三％的宗旨落後者指出它們成功完成創新與轉型。

因此，企業宗旨能降低風險、激勵員工、在不確定時期提供指引，還能刺激創新。大創新中心（Big Innovation Centre）在廣泛檢視現有文獻後，就「力行宗旨的企業」發表了一份期中報告，報告中發現，「令人印象深刻的實驗證據證實了——即使考量資格問題與未答覆的疑問——『力行宗旨對各層面的商業成果皆產生有利影響』的主張。」[94] 這份報告的作者群推斷，證據顯示，每年的宗旨型投資可能達到英國股票市場市值（已較過往上升）的六％至七％，即達到一千三百億英鎊之譜。[95]

結論：建立強而有力的宗旨

但在推廣企業宗旨的過程中，不能將對利潤的追求貶為第二順位，而是必須兩者並重。利潤對企業的存亡攸關重大，對社會也是至關重要。利潤讓企業得以正常運作並得以建設。當民眾預期未來將會獲得報酬，就會受到激勵而願意將資金和時間投資到新的冒險事業。如此一來，資本就會被用來創造與建設更新、更美好的明天。在這個過程中，優質的概念將蓬勃發展，而劣質的概念將因無法通過考驗而被放棄。

當這一股「創造力狂風」以宗旨為主軸,並以解決民眾與地球問題為中心,這種對利潤的追求將能以極驚人的速度改善生活。對更快、更好、更實惠且更永續目標的連續追求,正是活力的展現。

這一股活力必須延續。當今社會上的很多問題是錯誤地認同現狀所造成的結果,從愈來愈惡化的不平等,到我們對化石燃料的持續有害依賴皆然。更根本來說,這些問題是我們不表達我們的價值觀、也不進而貫徹那些價值觀所造成的。由於信用、COVID-19 與氣候等三重危機暴露了我們所面臨的挑戰,此時此刻,企業應該立即著手定義它們的宗旨,並澈底實踐。

誠如美國創業家馬克・安德森(Marc Andreessen)所主張,解決眼前諸多問題的方案就是創造與建設。[96] 我們需要新的基礎建設、新的學習模式、新的製造系統、新的藥物與新型態的能源。公共部門將提供這項發展的多數基礎,但民間部門的融資、探索與營運化能力,才是根本的驅動力。要建設更美好的明天,我們需要凡事以宗旨為重並受利潤激發的企業。企業的活動將創造一種可歸屬於股東乃至員工、顧客、供應商與更廣大社區的共享價值。如果瑋緻活能在十八世紀好好管理這個平衡,現代的企業家絕對也有這個能力,甚至能創造更大的影響力。

投資者(注:在此指為客戶投資/管理資金的實體,如資產管理公司)能在這股活力當中發揮關鍵的作用力。因此,投資者也必須定義並貫徹他們自己的宗旨。就這點來說,沒有什麼比氣候變遷更重要了。現在且讓我們轉換視角,看看投資者如何衡量、投資與擴大價值(觀)。

第十五章
價值與價值觀並重的投資

ESG 的持續興起

本書主張，信用、氣候與 COVID-19 等三場危機的共同導因之一，是我們衡量價值的方式出了問題。事實上，我們對過往幾次危機的回應，往往包括改良我們衡量企業影響力的方式，以及改良我們衡量企業所面臨之風險的方式。一九二九年崩盤後，我們打造了標準會計作業——美國的一般公認會計原則。全球金融危機過後，我們也採納一系列的對策來改善銀行風險與曝險部位的報導。而此時此刻，當務之急是設定氣候相關財務風險的強制報導方式，唯有如此，資本主義才能協助解決氣候危機。同時，事實可能證明，影響力投資的普及，對實現永續發展目標具有決定性的意義。

誠如前一章解釋的，企業有各種不同的利害關係人，企業本身也是利害關係人之一。它們的行為會影響（有時甚至會決定）廣泛的永續性成果，通常被稱為環境、社會與公司治理（簡稱 ESG）成果。為衡量這些影響，已有大量評估企業永續性績效的倡議被提出。請恕我直言，這些方法

個別來看確實有其價值，但百家爭鳴的研究方法——從 ESG 評分到影響力會計——很有可能適得其反，造成衡量上的雜音，難以實現其初衷。

為了重新平衡價值與價值觀，我們必須發展能全方位且清晰衡量企業的利害關係人價值創造成果的方法，並將這些方法化為企業運作的固有環節。金融是一種有用的工具，它是實現目的的手段之一，而所謂的目的是由社會決定。若投資者想要保持和客戶一致的價值觀，就必須明智且謹慎地應用 ESG 要素。這些資本提供者——投資者、退休基金、銀行與保險公司——必須更透明地揭示它們的目標，包括投資期間，以及它們處於「股東價值最大化」與「利害關係人價值最大化」的連續光譜（continuum）上的什麼位置。

ESG 衡量與 ESG 投資的快速興起，為利害關係人的價值創造帶來莫大且希望無窮的貢獻。ESG 投資緣起於一九六〇年代發展出來的社會責任投資（Socially Responsible Investing，簡稱 SRI）等哲學。早期的社會責任投資模型使用價值判斷與負面篩選（negative screening）來辨識要規避哪些公司，例如涉及菸草的公司，或活躍於種族隔離時代的南非企業。從那時迄今，相關的考量層面持續擴大，儘管目前各方並未就 ESG 的要素列出一份共識清單，但大致上被納入清單的議題類型條列如下：

- **環境影響**：氣候變遷與溫室、氣體排放、空氣與水汙染、生物多樣性、森林砍伐能源效率、廢棄物管理、水資源缺乏。
- **社會貢獻**：顧客滿意度、數據保護與隱私權、性別與多元性、員工敬業度、社區關係、人權、勞動標準。
- **公司治理與經營管理**：董事會組成、審計委員會結構、賄賂與貪汙、高階主管薪酬、遊說、政治捐獻、吹哨人保護方案。

愈來愈多投資者與債權人在制定決策的過程中，除了考量傳統的財務要素，也一併將 ESG 要素納入考量。現代 ESG 投資與分析較著重於判定公司的價值（長期下來透過較高的風險調整後報酬），並選擇投入在三項 ESG 領域創造正面影響力的宗旨驅動型企業。舉個例子，從氣候的視角而言，ESG 投資和傳統投資的差異，在於前者撤回對所有能源公司的投資，以及選擇投資已設有淨零目標、且已設定可信策略來實現那些目標的企業；換句話說，ESG 投資會避免投資造成氣候問題的企業，並支持正在尋找氣候問題解決方案的企業。我們將談到，當社會較重視永續性，這種形式的資本配置就有潛力創造出可能對驅動全面經濟體系轉型（這種轉型是解決氣候變遷的必要功課）攸關重大的全新資產類別。

　　二○一八年年初，永續性管理資產總額已超過三十兆美元，這個投資法涵蓋了大約一半的歐洲資產和三分之一的美國資產。從那時開始，這個部門便極度快速成長，根據最新的估計值，目前受管理的 ESG 資產已超過一百兆美元。與這個數字相關的是，全球各地有整整三分之一的大型資產所有權人，都已簽署了聯合國的責任投資原則（Principles for Responsible Investment，簡稱 PRI）。這場衛生危機更是強化了這個趨勢。[1]

　　有跡象顯示，隨著世人對這個議題的興趣激增，一種常見於金融圈新發展的典型自我強化週期正開始形成（在這個圈子裡，當一項創新較廣泛獲得採納，最初總得付出代價，因為相關產品的品質參差不齊）。隨著金融市場參與培養了必要專業知識，自然會造成績效上的更大差異。另外也有一些證據顯示，由於 ESG 風箏標誌——例如 PRI 會員資格——有助「吸金」或是能降低失去客戶授權的風險，所以成為企業積極尋求的目標，但就算企業取得風箏標誌，也不見得代表企業的管理作業確實是朝 ESG 目標改善。[2] 如果事實真是如此，PRI 的新策略將會讓那些企業無所遁形，

因為不遵守 PRI 原則的成員會被驅逐。

不管執行的動機是什麼，執行品質如何，情況清楚顯示，永續性投資背後確實存在一股實實在在的動能，這也顯示永續性投資可作為一種創造價值與促進社會目標的強大工具，例如達成聯合國永續發展目標。這一章就是要討論如何將這個方法的應用效益最大化。

ESG 如何引導利害關係人

相較於傳統的投資（傳統投資不是漠視 ESG 要素，就是未能全面性地將這些要素列入考量），ESG 投資可謂形形色色，相關的個案可構成一個非常廣泛的連續光譜。絕大多數的 ESG 資產尋求利用 ESG 條件來辨識能支持風險管理與價值創造的共同要素，以便透過某種形式的「天賜巧合」，來強化長期風險調整後報酬，從而達到「藉由行善來獲取成就」的目標。這些策略包含社會責任投資與永續性投資，前者多半使用 ESG 來進行風險緩和（risk mitigation），後者則採用漸進式 ESG 實踐，以期強化長期的經濟價值。影響力投資（Impact investing）尋求在追求財務報酬的同時，也支持正向的社會或環境利益。這種投資的特色是：它以衡量財務結果的嚴謹度來衡量社會與環境結果，同時追求額外增益（additionality），也就是說，聚焦在能催化社會或環境變革的投資。所以，當一個影響力策略聚焦在加速淨零經濟的轉型，它就可能並不只會投資現有的綠色資產，而是會開發全新的可再生資產專案，或是幫助企業藉由投資來降低其碳足跡。

在影響力投資的光譜上，一端是財務優先策略，這類策略尋求取得具競爭力的財務報酬；而在光譜的另一端，則是影響力優先的策略，這類策

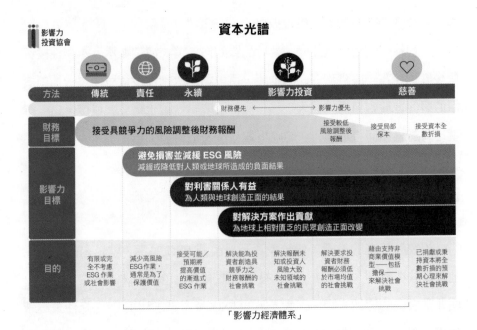

圖 15.1　資本光譜：投資者的選擇與策略

略接受低於市場均值的報酬。到最後，以價值觀為本的投資方式，會將投資組合調整到和個人或組織的道德價值觀或信仰一致的狀態。那種投資經常基於慈善目的而進行（但非絕對）──為了促進更廣泛的社會目標，所以投資者預期其資本將部分或甚至全數折損。

　　ESG 投資策略的連續光譜如圖 15.1 所述，圖像擷取自影響力管理專案。

　　除非特別具體說明，這一章將聚焦在財務優先的影響力投資策略，那些策略力求藉由行善來創造成就。本質上，這些方法以下述觀點為前提：能創造利害關係人價值的企業，將比不這麼做的企業實現更高的長期股東價值。

　　那樣的較高績效可能是由幾個不同的理由所造成的。首先，這些企業

本來可能大致上就屬於管理較為良善的企業，只是正好以優良的 ESG 績效來呈現它們的優質管理。此外，能平衡所有利害關係人利益的企業，可能較傾向於為每一方——包括股東——創造較大的長期價值。最根本之處在於，當企業的宗旨與競爭優勢雙雙取決於某個特定社會或環境價值的實現，股東價值與利害關係人價值就有可能大致趨於一致（一如以下將討論的，這被稱為共享價值）。

就這個脈絡而言，影響力策略是一種能明確評估企業活動之社會影響力、且會計算一項投資之社會報酬的永續性投資。影響力策略力求根據和最終投資人一致的價值觀，在財務報酬與社會報酬之間取得一個平衡點。其中某些策略可能會犧牲某種程度的財務報酬來實現更大的社會報酬，但某些則以「天賜巧合」為目標。後者和一般永續性投資的差異在於，它會明確計算、追蹤且報導社會「利益」目標。

我們稍後將會檢視，有非常可觀的證據顯示，受宗旨驅動的企業在 ESG 標準上的分數明顯超越不根據宗旨行事的企業。然而，這當中存在一些細微的差異。舉個例子，就創造股東價值而言，並非所有 ESG 要素都「生而平等」。有些可能立即、直接攸關股東價值的創造，有些可能屬於較長期且間接的競爭力驅動因子，包括維護社會許可，以及改善企業吸引與留住最優秀人才的能力等。這些潛在較高未來現金流量可解釋為何 ESG 較健全的企業，目前能以較高的評價在市場上交易。

不過，我們不該假設健全的 ESG 績效絕對能隨著時間的推移而徹底轉化為較高的現金流量，顯然也不該單純以股票市場是否願意為幫助企業實現那些目標而對它們提供信用，來判斷社會的價值觀。有些東西是有錢也買不到的，但企業有可能會對那些事物產生極大的影響力，例如物種的消失或是不平等。通常這些事物的價值歸屬於更廣大的社會，不見得總是

會被「計入企業的價格」。

據傳，愛因斯坦說過一句話：「不是所有重要的事物都是可計算的，也不是所有可計算的事物都很重要。」一如我們將談到，目前有非常大量的方法被用來擴展「可計算的事物」的範圍，目的是為了判斷社會是否認定那些事物很重要。

為找出當中的某些差異，且讓我們看看一系列以氣候變遷為中心的議題。對某些企業來說，能源效率和競爭優勢息息相關。沃爾瑪（Walmart）就是個經典的例子，它是一家在運籌作業方面相當卓越的企業，而運籌是零售商的核心能力。因此，該公司改善後的環境足跡（社會公益）與企業效率（財務利益），在天賜的巧合之下緊密趨於一致。處於另一個極端的某企業則是在不會得到直接財務利得、且甚至極可能發生極高成本的情況下，採取行動協助保護瀕危物種。這樣的企業自詡為優良企業公民，並更重視社會價值。它可能因此獲得吸引員工與維護社會許可等間接的財務利益，但這家公司並不盡然能透過經由這類管道而間接改善的財務績效，取得和拯救瀕危物種有關的所有正面社會利益。社會許可的撤銷可能會對一家企業的前景造成巨大的危害，但這個臨界點發生的時刻非常難以預測（就某些方面來說，這有點類似先前在氣候章節中討論到的社會運動，以及以下的「動態重大性」〔dynamic materiality〕相關討論）。

績效

有非常可觀的證據顯示，永續性投資策略（天賜巧合）的績效比傳統策略好。在二〇二〇年上半年（COVID-19危機爆發之際）那麼緊繃的市場波動性之下，永續性投資策略的績效依舊勝出。誠如摩根士丹利資本投

資公司所評論：

我們先前的研究發現，特定高 ESG 評分企業的系統性風險（例如外部衝擊）曝險程度較低，而雖然涵蓋期間有限，ESG 要素的正面貢獻證實我們的研究是正確的。最近的新型冠狀病毒危機就是那種衝擊的例子之一。[3]

由於 ESG 基金較有能力管理那種偶發性的下跌風險，所以這類基金較有可能存活下來。晨星公司（Morningstar）發現，平均而言，十年前，投資者可投資的永續型基金當中，有超過四分之三至今都還存在，相較之下，十年前迄今仍倖存的傳統基金還不到總數的一半（四六％）。[4] 檢視大型全球與美國基金便可發現，過去五至十年間，ESG 基金各種投資期間的平均報酬率，每年都高了大約一個百分點。[5]

ESG 基金績效超前的原因之一，可能在於 ESG 要素提供了一些和企業營運績效有關的新資訊。堤道資本公司（Causeway Capital）的莫札法爾·康恩（Mozaffar Khan）、哈佛大學的喬治·塞拉芬（George Serafeim）與西北大學（Northwestern University）的亞倫·尹（Aaron Yoon）發現，若企業在推行永續性相關作為時，主要聚焦在重要的社會與環境要素，那麼，它們的績效便會大幅超前市場，「阿法值」（Alpha，績效相對高於市場中值）介於每年三％至六％。[6] 那些企業的績效也超出將永續性相關作為聚焦在非重要社會與環境因素的同儕企業。為了找出特定的價值創造驅動因子而進行 ESG 資訊探勘（mining），是下述之共享價值的流程之一。[7]

此外，有證據顯示，在 ESG 方面績效優異企業的財務評價，會隨著社會價值觀漸漸與它們同向發展而上升。理論上來說，社會對轉型至淨零的評價愈高，作為轉型至淨零的部分解決方案的企業就愈有價值，因為外

界對這些企業的產品之需求將會增加，也因為法規與碳定價將朝支持社會目標的方向發展。本著這個精神，塞拉芬發現了具備正向 ESG 情緒要素的 ESG 股票績效超前的證據——市場對於擁有優異永續性績效企業的評價溢酬，會隨著時間不斷上升，而這項溢酬會隨著正向的大眾情緒動能而上升。[8] 證據顯示，大眾情緒會影響投資者對各種企業永續性活動的價值之看法，從而影響投資者為了企業永續性而願意支付的價格，乃至重視 ESG 數據的投資組合之投資報酬率。

晨星公司觀察到，企業的 ESG 風險可能會上升，且各項 ESG 風險的相關性會隨著時間變得愈來愈高，主要原因之一是消費者、監理機關和投資者已愈來愈關注這些議題。在其他條件都相同的情況下，留意這些風險並善加管理的投資組合，將能創造超前的績效。

就這方面來說，ESG 資產的某些評價溢酬反映了市場的以下期望：市場期待這些資產在 ESG 要素上的超前績效，最終將在天賜的巧合下轉化為較高的獲利能力。誠如上述內容所指，這種績效超前的狀況可能透過許多不同的管道發生，包括改變消費者偏好，乃至新的支持性監理規定、在價值鏈上與供應商、顧客及社區一同實現共享價值的機會，以及維護營運所需的社會許可等等。[9]

雖然很多驅使 ESG 超前績效的要素，可直接或間接轉化為較高的未來現金流量，但並不盡然所有的評價溢酬都來自這些要素。企業也可能因身為優良企業公民——因它們的法人人格促成了相當於平衡的「美好生活」——而獲得較高的評價。此外，社會許可以及吸引、激勵與留住最優秀人才的能力，是企業蓬勃發展的關鍵能力。很多「第二順位」的財務利益其實將來自「第一順位」的社會改善。

整體而言，ESG 投資活動的績效研究令人士氣大振，因為永續價值創

造與經濟價值創造之間，的確存在某種天賜巧合。然而，我們需要更長——延續幾個市場週期——的績效紀錄，才能較篤定地相信 ESG 投資活動的績效確實能超前。此外，由於 ESG 是一個龐大、多樣性且快速成長的領域，所以確實有必要謹慎以對。我們稍後將會討論，不同的資訊提供者可能會做出非常不同的判斷。顯然，並非所有 ESG 策略都絕對能創造超前績效，而且，誠如以下的討論，投資者應該要對 ESG 評分或風箏標誌的公式化應用抱持謹慎的態度。我們不能單純地將 ESG 與阿法值畫上等號。有關價值與價值觀的判斷，並不是那麼簡單。

此外，如果經過足夠的時間，ESG 終於成為主流，屆時整體市場績效、風險調整後報酬都應該會有所改善，但相對績效卻不會，這一點至關重要。勞動力多元性與全面普惠等廣泛的社會改善，將不會使協助促成這些改善的特定企業顯得和其他企業有所不同，除非是在轉型至較平等且普惠社會的那個過渡期。這些變遷將創造「社會阿法值」，也就是民眾俗稱的進步。

受託責任（Fiduciary Duty）

投資者重視 ESG 要素的程度，最終取決於投資者如何對客戶履行它們的受託責任。在這個領域，投資工具的目標必須明確，而且投資者本身必須深刻理解利害關係人與股東價值之間的天賜巧合，這兩者缺一不可。

受託人被賦予責任照料另一方的利益，他們受到特殊程度的信任，而且被賦予代表另一方行事的權力。依規定，受託人的行動不能以個人的利益為出發點，而是必須以受益人（beneficiary）的利益為考量，並在這方面根據法律的明文規定善盡職責。舉個例子，股份有限公司的董事是股份

有限公司的受託人，而且，誠如上一章討論的，董事的所作所為必須以公司的最大利益為考量，無論那個最大利益是被設定為股東價值最大化，還是平衡一系列利害關係人的利益。機構法人投資者（從退休基金到單位信託〔unit trusts〕）則對委託它們管理資金的人負有受託責任。因此，以投資來說，我們又回到了公司法中提出的同一個兩難：受託責任只牽涉到「為受益人（你和我）創造利潤」嗎？還是有牽涉到更深層的意義？

顯然，社會要素會直接影響到一家公司的未來績效，所以，將這些要素納入投資決策考量，並不違反受託責任；事實上，受託責任的存在，將強制決策者把這些要素列入決策考量。誠如我們先前討論的，有愈來愈多證據顯示，當利害關係人價值漸漸改善，往往也能產生股東價值，同時降低極端風險，而這個事實也代表，需要考量 ESG 要素的範圍非常廣泛。事實上，歐盟的政策就強調，若受託人未能考量 ESG 要素與風險和報酬之間的多面向關係，將可能會面臨責任風險的問題。

有一個論點主張，受託責任的唯一詮釋是「利害關係人與股東價值之間完全一致」，但這個論點是否站得住腳，取決於與受益人偏好有關的種種假設。最狹隘的詮釋是，受益人的偏好是只想追求財務報酬。不過，受託人的角色是要為受益人的利益行事，也就是受託人必須將受益人的福祉最大化，而不僅僅是追求受益人的財務報酬最大化。何況，儘管每一位從事投資活動的受益人都希望追求貨幣利得，卻不代表他們不在乎那些報酬是透過什麼方式實現的。

近日，較大型的資產管理公司在消費者趨勢方面所做的問卷調查以及證據顯示，資本的所有權人並不只是關心利潤而已，他們還希望資產管理公司在制定投資決策時，也能將 ESG 相關問題納入考量。[10] 一如很多例子（只有一個例外），最近一份由英國外交、大英國協與發展事務辦公室

（Foreign, Commonwealth & Development Office，簡稱 FCDO）所做的儲蓄者調查發現，有超過一半的民眾有興趣在目前或未來進行永續性投資，有將近三分之一的人表示，只要他們得知一項投資會對他們關心的某件事產生正面影響，那麼，就算那項投資的報酬較低，他們也願意接受。[11] 在退休金領域，我們已經知道，英國的癌症研究人員不希望他們的退休儲蓄被用來為菸草公司提供融資（不意外），另外，安大略省的教師也不希望他們的退休儲蓄被用來為美國的移民拘留中心提供資金。[12] 不管推廣致癌性活動還是拘留孩童相關業務的利潤有多龐大，他們都敬謝不敏。

因此，充分考慮受益人利益的受託責任者在制定決策時，不能只是考量財務面的因素，也必須將 ESG 要素列入考慮。如果能根據一個妥善打造且表達明確原則的框架，透明地加以執行，受益人將能選出最能代表其個人優先考量的投資經理人，並因此較可能將自身的福祉最大化。在不得不參與基金——例如強制性的退休計劃——以及不可能「用腳投票」等情況下，應該要讓受益人有能力就社會責任決議與重大投資決策投票，這樣才能確保那些決策符合他們的利益。[13] 一如受益人可具體說明他們的風險偏好，應該也要讓他們可以具體說明，他們希望優先考量非財務價值觀的程度有多高。

政府能在闡明投資者責任與鼓勵投資者和受益人清晰溝通等方面，發揮一定的作用力。目前這個作用力正開始變得更系統化。歐盟在二〇二一年生效的規定，將要求金融市場參與者與財務顧問在評估財務績效時，將永續性風險列入考量。[14] 此外，依照規定，市場參與者和財務顧問將得發布資訊，說明他們是以什麼樣的方式將這些考量融入投資決策。[15] 因此，新的規定明確闡述投資經理人應該要如何看待他們對客戶的受託責任，從而強制他們聚焦在長期與永續價值的創造。

歐盟的新規定是朝更全面正視受託責任前進的明快措施。其他司法管轄區域也實施了較小規模的類似措施，最常見的是在退休基金領域，原因在於退休基金是依規定強制提撥的（注：而非受益人主動找上門）。舉個例子，從二〇一六年開始，加拿大安大略省就要求退休基金發表一項投資政策來說明「環境、社會與公司治理要素是否被納入退休計劃的投資政策與程序，若是，這些要素是如何被納入的？」的投資政策。[16]

英國的法律委員會（Law Commission）對受託人確定提撥制退休計劃（defined contribution pension schemes）的指引是，受託人可在符合以下兩項條件的狀況下，將非財務要素列入考量。[17]首先，當受託人有充分理由認定退休計劃的成員懷抱共同的疑慮時。這不需要全體一致同意，而是在考量各個觀點的強度後所進行的利益平衡作業。舉個例子，如果絕大多數的人反對某一項投資，但其他人不置可否時，那可能就足以決定不要進行那一項投資。然而，如果絕大多數的人反對某項投資，但也有不少的少數人強烈偏好那一項投資，此時受託人就理應聚焦在財務要素上。第二，受託人必須確保他們不會在優先考慮 ESG 要素的同時，承擔了財務利益遭大幅損傷的風險，另外，受託人也應該為此接受專業的財務建議。

但美國的情況卻與上述相反，受託責任以及這項責任和 ESG 投資策略之間的關係，在當地遭受愈來愈嚴格的審查，美國勞動部甚至在二〇二〇年採取許多具體行動，包括聲明「（退休計劃）受託人為促進公共政策、政治或其他任何非金錢目標而犧牲報酬或接受額外風險的行為是不合法的。」[18]就這樣，根據勞動部提議的規定，退休計劃參與人的利益被假設為只包含財務利益。關於這項聲明，具體的措施包括擬議一套新規定，要求民間退休金管理人必須證明它們沒有因投資著重 ESG 要素的投資標的而犧牲財務報酬，某些案例甚至要求部分資產管理人就五年前迄今的投

資決策提出證據，證明那些決策符合上述規定，而且不管那些決策的財務績效高低，都必須這麼做。上述的額外管理負擔可能導致 ESG 基金和投資活動陷入不利的競爭地位。由於有愈來愈多績效記錄顯示 ESG 確實能創造股東價值，難怪在勞動部諮詢的受訪者當中，絕大多數的受訪者都反對這項政策（占九五％）。[19]

在這個情況下，我們應該如何看待投資者的現代受託責任？聯合國環境規劃署金融倡議（Environment Programme Finance Initiative）已建議重新制定傳統的忠誠受託責任與相關的注意義務，期能兼顧受益人利益的重要性以及 ESG 考量所能帶來的價值。[20] 在重新擬定的規定當中，忠誠責任將被擴大，以敦促投資者確實了解其受益人的永續性偏好，並將這份理解融入他們的決策當中──無論受益人的偏好是否具財務重要性。同時，注意義務也被現代化，承認 ESG 要素在確定長期價值與降低風險方面的作用力。為善盡注意義務並審慎採取行動，投資者必須根據與這項義務一致的時間範圍，將具財務重要性的 ESG 要素融入他們的投資決策。此外，投資者也必須扮演積極的所有權人，鼓勵所投資的企業創造高標準的 ESG 績效。

整體而言，監理規定大致上是朝著這種責任投資的方向快速前進，由進入這個千禧年後，全球責任投資監理規定與政策的持續增加，便可見一斑（請見圖 15.2）。

儘管這個進展令人欣慰，但在朝向現代規劃前進的旅途中，多數司法管轄區還是有很長的路要走──投資經理人必須努力了解客戶的永續性偏好，也要了解 ESG 要素對長期價值與風險的影響力。同時，投資者的作業必須遵守其法律責任的界線。隨著各方愈來愈了解 ESG 考量的附加價值，投資者將有充分的財務理由不再囿於短期財務指標的限制。此外，上

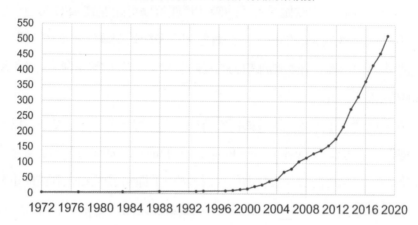

各個時期責任投資政策行動的累積數

圖 15.2　責任投資的成長

述多項大有可為的法律改革，以及諸如英國「讓我的錢變重要」運動
（Make My Money Matter，旨在激勵個別投資人表達他們的觀點）等近期
提出的倡議，凸顯出受託人同時考量客戶價值觀與價值，以了解客戶福祉
並將客戶福祉最大化等責任。

利害關係人價值創造的投資生態系統

　　利害關係人價值創造的投資生態系統非常複雜，演變也相當快速，因
此，表面上看來，它可能非常令人困惑。我們先釐清一下這個生態系統的
主要參與者、他們需要的資訊，以及他們採取的行動，想必會有幫助：
　　主要的參與者包括：

● 接受投資並將那筆資金投入運作，以創造經濟價值與社會影響

力的企業。社會影響力可能是蓄意創造而來，也可能是無心插柳的結果，此外，社會影響力可能是正面，也可能是負面。

- 為企業提供資本，從而支持企業活動的投資者。我們曾講過，投資者可以採行各式各樣的策略——舉凡不考慮 ESG 要素的傳統策略，到全面考慮且融合 ESG 要素的影響力策略。

- 包含員工、供應商、顧客與社區等受企業與投資者之行為影響的其他利害關係人。

- 負責監督整個系統、設定規則且負責解決企業與投資者行為所造成之系統性後果的政府與監理機關。

這些參與者全都想取得可用來評估企業之經濟與社會影響力的資訊。其中某些資訊將直接從企業擷取，某些則來自第三方來源。企業提供的資訊——企業報導——是受監理規定與市場慣例管理。企業報導內容是利害關係人（包括投資者）了解與評估企業績效的工具。過去一個世紀以來，財務報導方式與內容已有長足的發展（尤其是因為過往多次危機的教誨），並已編入國際認可的會計與揭露標準，這一切的一切旨在為金融市場提供透明、可信且有效率的資訊。永續性報導則是較近期的發展，這個領域較不成熟，且因下述的諸多因素而更加錯綜複雜：

行動。一旦資訊被揭露，問題便在於要如何應對這些資訊。我們將討論，很多投資者會利用企業與其他來源提供的原始永續性資訊，自行評估一家公司的影響力，有些人則是仰賴第三方的 ESG 評分提供者，來彙整 ESG 資訊與評估一家企業的 ESG 績效。

投資者將賦予不同 ESG 要素不同的權重。投資者也會權衡社會趨勢（包括逐漸興起的社會許可標準）以及企業的集體行動對系統風險的影

響。追求天賜巧合——即尋求藉由行善來創造成就——意指在改善報酬的同時，降低極端風險的曝險程度。這些風險可能包括社會撤回對一家企業的許可，以及改善企業應對系統性衝擊的韌性。一如所有系統性風險，沒有人知道這些風險何時會在新的大流行傳染病、氣候明斯基時刻，或社會許可被撤回等狀態下具體化。

重要的是，永續性資訊揭露的使用者比金融中介機構更加廣泛，且包括所有會在公司受到衝擊時發生利害關係的全部利害關係人。這些利害關係人不僅著眼於社會價值，也重視經濟價值，而且，它們會考量社會趨勢與優先待辦事項。因此，這些利害關係人想取得的資訊集合（information set），一定比預期將隨著時間影響到企業之財務價值的資訊集合更加廣泛。這提醒我們注意到，ESG 報導是企業對社會的責任之一。

有了這個脈絡，現在且讓我們轉而討論一系列有助於判斷影響力的資訊與分析議題。

資訊與揭露

有關利害關係人價值創造的資訊集合有三項要素。首先是傳統的財務報導，過去幾十年，這項資訊不斷演進。誠如先前提到的，財務報導相對成熟，而且，它有一個根源民間部門、並由公共主管機關負責監督的健全治理結構。企業報導標準是由公認的實體負責設定，特別是兩大會計準則委員會：國際會計準則理事會（International Accounting Standards Board，簡稱 IASB）與財務會計標準委員會（Financial Accounting Standards Board，簡稱 FASB），另外還有負責監督資訊揭露作業的證券監理機關。這個系統有正式的機制可通權達變地根據不久前學到的教誨進行調整（例如金融

危機帶來的教誨），並促成的新準則的採用（例如為金融工具評價而設定的國際會計準則第三十九號〔IAS39〕，以及為貸款的預期損失而設定的國際會計準則第九號〔IAS9〕）。

對照之下，永續性報導比較新，發展也一日千里。為了回應投資者與整個社會對有助於決策制定的全面性永續性資訊的需要，目前已有很多公開掛牌企業編製某種形式的永續性報告。同時，很多實體也開發了永續性資訊揭露的自願標準（多半是過去二十年的事）。這些標準包括全球報導倡議組織（Global Reporting Initiative，簡稱 GRI）、永續性會計準則委員會（Sustainability Accounting Standards Board，簡稱 SASB）以及氣候相關財務揭露小組（TCFD）。我們將談到，問題之一在於要如何將這些倡議的指引合理化，並讓那些倡議的涵蓋面變得更完整，使所有企業都能以和財務揭露一致的方式和完整度，報導它們的永續性資訊揭露。圖 15.3 描繪了這些標準之間的關係。

最後，從社群媒體到科學分析等來源的公開資訊非常豐富，民眾能透過這些資訊得知當前的永續性狀態以及大眾對永續性演進的期待等等。

所有利害關係人都會使用到員工、供應商、顧客、本地社區、監理機關、政府、金融機構與投資者提供的永續性資訊。不同利害關係人對這些資訊的興趣因主題而異，且將隨著時間而改變，但所有利害關係人關心的事都很重要。投資者將會判斷哪些永續性要素將會影響企業的長期企業價值創造：實質上，那些要素就是決定經濟資本之創造的要素。其他利害關係人則將較重視永續性價值創造的要素——其中有些會創造經濟資本，有些責會創造社會資本。利害關係人也會考慮各個不同部門的所有企業對永續性的整體影響。畢竟就全球的層次來說，並沒有所謂的外部性可言。

這些更廣泛的考量，代表企業不「只」必須報導驅動經濟價值的那些

永續性要素，而是可能必須報導更廣泛的內容。此外，這也凸顯出企業必須時時留意社會許可的要求可能會如何演變。世界上沒有任何一家企業能獨自生存。舉個例子，在設定碳預算以前，環境永續性議題主要只是能源企業和極高度汙染企業必須頭痛的問題。但如今在碳預算即將耗盡的狀況下，環境永續性已成為關係到每一個人的問題。對於校園的氣候大罷課運動而言，這是一個攸關存亡的危機。而對企業報導而言，這是動態重大性的例子之一[21]——即永續性議題對企業績效的重要性如何可能轉變（有時非常快速）（這些變化以圖 15.3 上的箭號來代表）。

歷經一段巨大創新期後，目前正是合併與合理化諸多不同永續性報導準則的好時機。就那個目的來說，目前民間、準則設定者與公共部門等三方都採取了一些作為。

世界經濟論壇的國際商業協會是最早為合併永續性報導準則而積極採取作為的單位。這個協會集合了世界一百四十大企業領袖，為了實現他們對利害關係人資本主義的承諾與其他目標，已和四大會計師事務所（德勤〔Deloitte，注：台灣稱為勤業眾信〕、安永〔EY〕、畢馬威〔KPMG，注：台灣稱為安侯建業〕與普華永道〔PwC，注：台灣稱為資誠〕）研擬了一份企業報導框架和最低限度的建議揭露項目。這項作為的目標是要就民眾、地球、繁榮與公司治理原則（People, Planet, Prosperity and Principles of Governance）等主題的聯合國永續發展目標的共同衡量標準與揭露內容達成共識，未來企業必須根據「揭露否則解釋」（disclose-or-explain）原則來落實這些建議。各方共同同意的準則，是盡可能從現有的準則與資訊揭露規定（例如 GRI、SASB、TCFD 等）中擷取而來，當中包含核心衡量標準，以及進一步延伸的衡量標準：

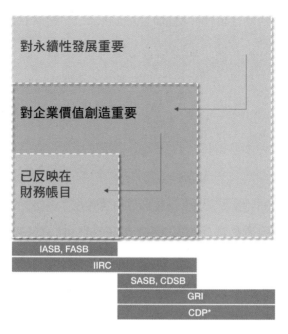

對永續性發展重要

對企業價值創造重要

已反映在
財務帳目

IASB, FASB

IIRC

SASB, CDSB

GRI

CDP*

* CDP 為碳揭露專案（Carbon Disclosure Project）的簡稱。

圖 15.3　企業報導系統

- **核心衡量標準。**由二十二項成熟的衡量標準與報導規定組成。
  這些衡量標準主要是量化的衡量標準，許多企業早已開始報導
  這項資訊，只要稍稍花點心力，便能取得這些衡量標準。核心
  衡量標準主要聚焦在一個組織自家疆域內的活動。

- **進一步延伸的衡量標準。**在現有的作業與準則中，這額外的三
  十四項衡量標準傾向較沒那麼成熟，且涵蓋較寬闊的價值鏈範
  圍，或是會以更複雜或有形的方式傳遞影響力，例如以貨幣的
  形式。這些衡量標準代表一種更先進的永續價值創造的衡量與
  傳達方法，準則設定者鼓勵企業在符合重要性的情況下，適當
  報導這些衡量標準。

影響力管理專案（Impact Management Project，簡稱 IMP）集合了多項氣候報導倡議，目的是要將那些倡議的準則與框架協調到一致，最終目標是要促成各方同意採納一個合併的全球永續性報導架構，而這個架構採用經營階層評論與整合報導方式，連結各帳戶的經營管理系統和會計系統。

具體來說，影響力管理專案正在建立一個框架，來順應不同層次的重大性，包括：

- 已反映在財務帳戶（IASB）的內容。
- 對企業價值創造攸關重大的資訊（SASB／氣候變遷揭露準則委員會〔Climate Disclosure Standards Board，簡稱 CDSB〕／國際整合報導協會〔International Integrated Reporting Council，簡稱 IIRC〕）與
- 對永續發展攸關重大的資訊（GRI）。

圖 15.4 說明了這三者之間的關係。

財務會計與永續性資訊揭露應該透過整合報導連結在一起，且各方應該要體認到，長期下來，重大性可能因風險改變與社會規範演變而轉變。整合報導是二○一三年打造的報導框架（目前正在修訂中），它以原則為基礎，組織可利用這個框架，報導其長期價值創造的狀況，包括人力、社會、智慧、製造與更廣泛的自然資本等等。整合報告可傳達一個組織的策略、公司治理、績效與展望等，如何在外部環境的脈絡之下，促成短期、中期與長期的價值創造。國際整合報導協會正與國際會計準則理事會、全球報導倡議和永續性會計準則委員聯手打造一個有凝聚力的互聯報導系統（透過影響力管理計劃作業），用意是要將這個整合報導框架與影響力管理計劃結合在一起，作為財務揭露和對企業價值創造攸關重大的帳戶及資

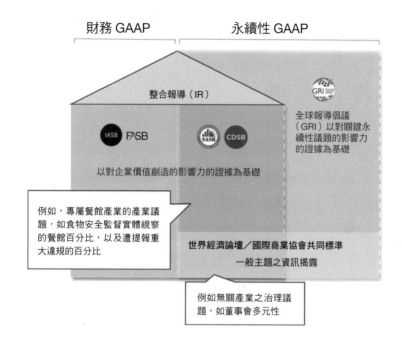

財務 GAAP　　　　永續性 GAAP

整合報導（IR）

IASB FASB　　SASB CDSB

以對企業價值創造的影響力的證據為基礎

GRI

全球報導倡議
（GRI）以對關鍵永
續性議題的影響力
的證據為基礎

例如，專屬餐館產業的產業議
題，如食物安全監督實體視察
的餐館百分比，以及遭提報重
大違規的百分比

世界經濟論壇／國際商業協會共同標準

一般主題之資訊揭露

例如無關產業之治理議
題，如董事會多元性

圖 15.4　準則設定報導框架

訊之間的連結。

　　多年來，歐盟向來是非財務報導領域的先鋒，其中，二〇一四年發表
的非財務報導指令（Non-Financial Reporting Directive，簡稱 NFRD）最值
得一提。歐洲委員會目前正在檢視 NFRD，目的是為了將它納入《歐洲綠
色政綱》（*European Green Deal*）的一環；此外，歐盟也在考慮是否有必要
改良非財務報導之可比較性與可信度的標準，包括一系列不單單對財務影
響重大的衡量標準；預期歐盟將在適當時機就這件事務提出最後的立法提
案。

　　就全球來說，已有許多人呼籲國際財務報告準則基金會（IFRS
Foundation，它設定了美國以外多數國家的企業揭露準則）將非財務報導

項目納入職權範圍。國際財務報告準則在發展健全報導準則方面的深厚專業知識，以及它廣泛的地理涵蓋範圍，使它成了承擔這個角色的絕佳選擇。就那個目的而言，目前該基金會正設法釐清要如何將氣候相關財務資訊揭露融入財務報表，以及如何打造非財務報導方面的全球性標準。

投資者為了實現目標而執行不同的策略，例如挑揀在 ESG 要素方面績效名列前茅的企業、剔除在那方面表現差勁的企業；另外，它們也動量投資（momentum investing）到正努力改善 ESG 績效的企業。更深入的分析能強化共享價值的系統性方法，從而辨識出和一家企業的競爭優勢息息相關的社會影響力。

在這些策略當中，應用 ESG 要素的方法主要有三種：

- 以評分為基礎的方法，將 ESG 績效的評估外包給第三方服務提供者進行；
- 根本價值法，直接分析原始的 ESG 數據，而這項分析屬於整合評估永續價值創造與企業價值創造之間的關係的一部分；以及
- 影響力評估法，衡量與報導對社會的更廣泛影響力，但也鎖定具體的正面社會影響力以及財務報酬。

以評分為基礎的方法

根據以評分為基礎的方法，投資者將評估作業外包給 ESG 數據提供者；這些數據提供者採用它們自家的研究法，將涵蓋所有 ESG 部門的主觀及客觀數據全部整合在一起，成為綜合指數或評分。首先，從公開可取得的資訊（包含永續性資訊揭露）中取得那些主、客觀數據，接著再將這

些數據與問卷、公司訪談甚至 ESG 評分服務提供者的內部分析（針對部分個案）等結合在一起。[22] 資本的提供者將使用這些評分來作為決策的簡單篩選標準或要素。

ESG 評分與數據提供者眾多，分別提供各式各樣廣泛的數據。這些提供者包括能針對具體 ESG 組成要素（例如碳分數與性別多元性）計算衡量標準的專業服務提供者，乃至根據數百個 ESG 相關的衡量標準來為企業評分的服務提供者。二○二○年年初，大約有七十家不同的公司行號提供某種類型的 ESG 評分數據。[23] 這還不包括進行 ESG 相關研究（這些研究可用來編製客製化評分）的投資銀行、政府組織與研究組織。

ESG 投資活動的興起以及被動投資法愈來愈普及，已促使系統性 ESG 評分數據的品質與可取得性變得極度重要。遺憾的是，ESG 評分數據可能因涵蓋面向不夠完整以及過度依賴企業的自我報導而有所缺陷，此外，ESG 數據提供者的研究方法琳琅滿目，不同提供者的研究方法差異甚大，所以，利用不同提供者的數據建構而成的投資組合，也可能會有極大的差異。即使是同樣在 ESG 範疇內的要素，也非全都基於平等的方式打造而來。最近明晟公司（MSCI）發表了一份報告，分析二○○六年十二月至二○一九年十二月間，E、S 與 G 議題對企業財務基本面與股價表現之相對影響力，這份報告發現，G 分數是衡量財務要素的曝險方面最重要的分數，而 S 分數則是這方面最不重要的。

數據供應商的評分系統有可能差異甚巨，這當然有可能導致相同的企業在不同評分系統下得到的分數天差地遠。舉個例子，二○二○年的一份研究發現，六家評分服務提供者的整體 ESG 評分之間的相關性大約是○‧四六，所以說，不同評分服務提供者做出相同評估的機率大約只有一半。[24] 公司治理項目的平均相關性最低（○‧一九），環境要素的平均

相關性最高（〇·四三）。較具獲利能力的企業比較不會發生 ESG 評分不一致的狀況，而沒有信用評等的公司行號的評分則較不一致。二〇一九年的一份研究發現，在那一年，特定公司行號 ESG 不一致的程度已見上升。[25] 就研究法而言，伯格（Berg）、柯爾貝爾（Kölbel）以及里哥彭（Rigobon）發現，這些差異主要是測量方法所造成（也就是說，採用什麼衡量標準來評估各個不同的 ESG 特性），其次是範圍差異所造成（即被評估的特性是什麼），最後是權重造成（也就是說，評分服務提供者對每個特性所指定的重大性水準）。[26]

　　無論導因為何，這些差異都很重要。由於數據服務提供者為數眾多，ESG 方法也琳琅滿目，不同的 ESG 評分服務提供者最後分析出來的結果，自然也會有所差異──某些個案的差異甚至非常大。這代表 ESG 投資可能因採用的 ESG 方法不同，而產生非常不一樣的報酬，實質上那是因為投資者支持不同的 ESG 結果所致──最終來說，是它們支持的價值觀不同。

　　為了讓人了解這個問題的重要性，研究聯營公司（Research Affiliates）使用兩個主要的評分服務提供者（分別涵蓋這兩個市場的九五％市值）來分析美國與歐洲的兩個模型投資組合。在一段橫跨八年的期間內，這兩個投資組合的年度績效差異是歐洲的七十個基本點（basis points）與美國的一百三十個基本點。而在整段期間，累積績效差異大約各是一〇％與二五％。利用 ESG 次要組成要素分數建構的投資組合，甚至出現更大的績效落差──每年的績效差異介於七十至兩百二十個基本點──無論是美國還是歐洲，最大落差都導因於以公司治理為基礎的策略。

　　這些差異凸顯出 ESG 評分服務提供者的許多判斷本質上流於主觀。ESG 評分會考慮數百個衡量標準，其中很多衡量標準本質上是一些質化

（qualitative）的衡量標準。不同的 ESG 評分服務者會考量不同的衡量標準，並根據自家的演算法，將質化衡量標準轉化為數量，同時根據它們對那些衡量標準之相對重要性的評斷，給予不同的權重。所以，以所有個案來說，評分服務提供者其實只是從事價值判斷的業者罷了。

這證明要為我們重視的結果進行評價，並不是永遠都那麼簡單。只要投入時間與精力，應該能改善這項評價能力，但所有評價勢必都會牽涉到主觀元素。重要的是應該公開說明那些判斷是怎麼產生的，讓投資者能夠自行做判斷（即使那些判斷是在有意識的情況下，決定接受其他人的判斷）。因此，投資者應該謹慎研究不同 ESG 評分服務提供者的研究方法，選出評分方式和投資者本身的ESG觀點較為一致的評分服務公司。或者，投資者也可以自行篩選原始數據，再使用那些原始數據來判斷哪些衡量標準對決策最有幫助。

在工作中實踐價值觀是一件苦差事，但一如美德，隨著你持續實踐，這件苦差事必然會變得愈來愈簡單。

根本永續價值法

當投資者採用「在廣泛的條件中選用原始或基本ESG數據」的策略，它們本質上就是使用根本永續價值法。這項數據通常是從公開可取得的資訊中蒐集而來（從公司申報文件、公司網站、非政府機關與社群媒體），接著再以一種系統化的方法，將這些資訊傳播給最終使用者。這項數據的使用者會自行判定資訊的重大性，而且，使用者會在制定投資與放款決策時採用自家的研究法。這些數據提供者的例子包括埃信華邁（IHS Markit）、路弗特（Refinitiv）與彭博社（Bloomberg）。

根本永續價值投資法的重要分枝之一是「共享價值」法，這個方法只聚焦在廣泛 ESG 要素中一小組與企業宗旨與策略有關的要素。共享價值策略將社會影響力與競爭優勢及經濟績效直接連結在一起。麥可‧波特（Michael Porter）、塞瑟芬及其他人主張，基本上，創造共享價值不同於針對廣泛的 ESG 要素進行漸進的改善，這些作家主張，那些要素「在任何一個特定產業，長期下來傾向趨同」（記住，那對這個社會是好事！）。

　　共享價值型企業會做出和競爭者不同的一系列選擇，並在它們的商業模型裡累積與眾不同的社會影響力。共享價值能從三個相輔相成的層次影響策略：（1）創造能解決新興社會需要，或開啟目前未獲得服務的消費者區隔的新產品；（2）強化價值鏈的生產力，不管是藉由尋找新效率還是藉由提高員工與供應商生產力等來達成；以及（3）為改善公司所在地區的商業環境或產業聚落而投資。[27] 請注意，這個方法和以評分為基礎的方法相反，以評分為基礎的方法導致很多投資者最終採納機械式的指數策略，或是採用一家企業的整體 ESG 績效來進行旨在降低風險的最後篩選。

　　共享價值投資法將幫助企業與投資者雙雙把握將社會宗旨與投資活動密切結合在一起的機會，同時讓企業得以專注於「改善股東報酬」以及「為更美好的世界奉獻心力」的雙重目標。然而，這個方法並不能全方位重新平衡價值與價值觀。它有低估較廣義的永續性改善的風險——這類改善能對企業的未來績效形成「第二順位」的影響，同時也能使 ESG 績效整體改善，所以，雖然這些改善對特定企業的績效超前沒有貢獻，卻屬於廣泛社會與經濟進步的一環。此外，共享價值投資法明確排除了未獲市場定價的較廣泛環境與社會進步。

　　基於這些理由，同時著眼於整體面與具體面的影響力投資方法，可能在創造中期至長期經濟價值與社會價值方面較有效率。原本不重要、但目

前已迅速變得攸關重大的社會要素非常多（想想企業為提高多元性與普惠程度而耗費在密集審查的精力）。投資者有責任評估並管理系統性風險，系統性風險對特定企業絕對績效的影響，將超過對相對績效的影響。就這方面來說，波特等人體察到更廣泛的 ESG 焦點，將能改善整體產業與整個經濟體系的績效。

監理機關、非政府組織與重視永續性的投資者當然將會繼續聚焦在整體 ESG 績效。企業將需要繼續改善並報導它們在更廣泛的 ESG 要素組合上的績效，即使其中多數 ESG 要素將不會帶來任何永續競爭優勢。

隨著企業與投資者愈來愈了解價值與價值觀之間的連通性，整合報導提供一個框架給企業彰顯並傳達企業宗旨，以及它們心目中的價值創造驅動因子。

不同投資者與利害關係人競爭利益（至少某些人將之視為競爭利益）的激增，加上愈來愈多數據來源（遠遠不僅止於來自企業的資訊）以及新分析方法的問世，目前和企業績效有關的敘事也是各有千秋。不過，最適合描述企業價值創造「故事」的，終究還是企業本身。在過去，企業是透過不同管道對不同聽眾述說那個故事，導致訊息流於片段，在最糟的情況下，企業甚至有可能對不同資訊使用者提供互相矛盾的訊息，使得不同的資訊使用者難以將所有片段拼湊在一起。這是導致某些人認為永續性報導和品牌與公共關係較相關，和價值創造較無關的因素之一。

以一個共同的「整合」框架來為廣泛的使用者提供企業報導資訊，不僅讓企業得以向外界傳達它們的企業策略，同時受財務與永續性考量驅動，也能幫助企業傳達它們如何經由跨功能整合來落實策略。此時此刻，隨著影響力投資法的興起，整合報導也提供了一個能順應不斷演變的影響

力衡量標準與考量的概念框架。

影響力、貨幣化與價值

影響力投資策略的作用不僅僅是納入 ESG 考量的策略。這些策略是結果導向的，它們聚焦在一家企業的產品與服務如何促進具體的影響力目標，例如永續發展目標。而在這個過程中，影響力策略不僅聚焦在一家企業的宗旨（即企業正試圖實現什麼目標、它如何衡量成就等），也聚焦在該企業對社會的更廣泛影響力。

根據影響力策略所進行的投資，目的是要在獲取財務報酬的同時，取得正向且可衡量的社會與環境影響力。影響力策略是沿著一個介於財務報酬與社會報酬之間的連續光譜來管理這個「雙成果」。有些策略為了追求財務報酬而犧牲了一部分的社會報酬，但很多其他影響力經理人尋求在實現財務績效超前的目標時，也能做出社會貢獻。

影響力策略要求資金管理人必須有方法評估、追蹤與傳達社會影響力。儘管促進聯合國永續發展目標的相關努力，提供了一個可錨定（anchor）影響力目標的框架，但資金管理人還會使用額外的質化、量化方法和框架，追蹤並報導他們的投資活動所創造的社會及環境利益。影響力管理作業已開始有產業準則可使用，包括國際金融公司作業原則（IFC Operating Principles）、影響力管理專案影響力範圍（Impact Management Project Dimensions of Impact），以及全球影響力投資網路（Global Impact Investing Network's，簡稱 GIIN's）的 IRIS+ 標準。許多經驗豐富的大型投資者結合了多重框架，以這些準則來衡量與管理影響力。

同時，有愈來愈多企業正將影響力評估作業納入他們的企業永續性報

告（但完整程度各有差異），甚至專門設置影響力報告。舉個例子，普華永道的一份評論發現，幾乎有三分之一的金融時報一〇〇指數成分股採取這項作為。[28] 很多組織——包括全球報導倡議組織、影響力管理專案、影響力加權會計帳目倡議（Impact Weighted Accounts Initiative）、永續發展目標影響力（SDG Impact）、社會價值國際網路（Social Value International）與價值平衡聯盟（Value Balancing Alliance）等等——都在設法建立影響力揭露準則，這些準則將能提高這些報告的編製效率，同時改善可比較性。更進取的作為是發展全面性影響力會計準則——應將企業的 ESG 影響力估計值列為企業損益表與資產負債表的固有環節。這項專案幾乎形同金融面的登月計劃，是件扎扎實實的大工程。

某些影響力策略高度仰賴影響力貨幣化。所謂影響力貨幣化，指的是將 ESG 影響力轉化為貨幣價值的一種分析流程。我們可將影響力貨幣化應用到特定的投資案，換言之，在綜合評估特定投資案的吸引力時，除了評估財務報酬，也可將貨幣化的影響力納入考量，另外，也可將影響力貨幣化應用到影響力加權會計帳目的發展上（這是更進取的作為）。

影響力貨幣化作業能將企業的正面與負面影響力予以量化，包括企業創造的外部性。貨幣化能為不存在於市場上的影響力定價。當然，必須充分且明智了解這些估計值的優點與健全性後，再決定要在多大程度上將這些估計值列為投資決策的考量因素。畢竟這些影響力評估值是根據客觀與主觀資訊的組合計算而來，且這些計算高度取決於個人判斷以及做出那些判斷的人的價值觀。

有時候，貨幣化的計算相當簡單明瞭。一家太陽能光電板公司的財務影響力，是太陽能光電板銷售價格減去其生產成本。該公司較廣泛的社會影響力則包括影響力廣度——例如家庭安裝的太陽能光電模組（模組是指

安裝在一間典型住宅上的一組太陽能光電板）乘上它的深度（例如每一個模組大約每年能降低十二噸的二氧化碳排放量），接著再乘上一個價值因子（例如每噸二氧化碳的價格，如十七美元）。計算出來的結果就是這項活動的社會影響力之貨幣價值。

接下來，可以利用這個貨幣價值來進行風險的造模，測試對各種假設的敏感度，並大致上可將之視為其他商業或財務衡量的標準來加以分析。就這個例子來說，投資者可能因（1）認為碳價即將上漲（這個想法和某些明訂的政府政策一致）或（2）認為若根據與淨零目標一致的路徑（例如中央銀行與監理機關綠化金融系統網路的有序情境是採用二〇三〇年每噸一百美元，而根據加拿大的碳價路徑，到那個日期的碳價將達到每噸一百七十美元），碳價一定會上漲（這屬於價值判斷），故賦予因此而避免產生的二氧化碳較高的價值因子。深度與廣度是取決於企業成就的客觀要素，而價值因子有可能是客觀的（當前的價格），也可能是主觀的（投資者對可能或應有碳價的看法）。所以，價值因子的評估與後續採取的行動，取決於投資者的價值觀。

就影響力的衡量來說，最進取的方法牽涉到完整與健全影響力會計準則。這些準則的確立需要時間，但值得考慮，因為這些準則闡明了將社會與環境結果予以貨幣化的利益與潛在缺點。以下例子明顯透露了哈佛商學院的影響力加權會計帳目倡議（由塞拉芬領導，羅納德・柯恩爵士〔Sir Ronald Cohen〕擔任主席）之潛力：

如果你比較一千八百家企業所造成的總環境成本，那會怎麼樣？你可能會發現，薩索爾（Sasol）與索爾維（Solvay）的營運（這兩家化學公司的銷貨收入各約一百二十億美元），每年分別製造了一百七十億與四十億

美元的環境損害，但另一家擁有七百億美元銷貨收入的巴斯夫公司（BASF）只製造了七十億美元的損害。

如果你比較那些企業的勞動力多元性不足所造成的社會成本，那會怎麼樣？以英特爾（Intel）為例，該公司一年支付超過七十億美元的薪資給五萬名美國員工，並促進員工的福祉與多元性。但如果你以相對本地人口結構的分布來衡量該公司的多元性，那麼，你可能會發現，英特爾對社會的正面雇用影響力，降到大約只剩二十五億美元。[29]

哈佛影響力會計專案已根據公開資訊，發布了超過一千八百家企業的環境影響力估計值。二〇二一年，他們將加入雇用與產品影響力，以便讓人更完整了解那些企業的影響。該專案的最終目標是要打造一套「一般公認影響力原則」，並將這些原則反映在有列示影響力加權利潤的財務帳目上。

但影響力會計的倡議者也提醒，不要為了追求完美而矯枉過正。畢竟誠如 Y Analytics 的葛瑞格・費雪（Greg Fischer）所言，財務會計準則「持續演進，財務報表附註為損益表、資產負債表和現金流量表上的無數細微計算提供了必要的詳細描述。影響力會計方法也應該採納類似的精細度。」但他補充：「我們也應該放棄妄想生活在一個澈底受保證的世界。我們（早已）在前瞻性聲明（forward-looking statements）了解這一點。」[30]

這類作為非常值得讚賞，特別是由於發展影響力加權會計帳目所需要的分析嚴謹度，無疑將促進我們對社會與環境影響力的了解。不過，還有很多挑戰需要謹慎以對，尤其要避免為了計算一個融合世俗與神聖的優化「數字」——一個金額數字——而陷入將財務與社會價值觀加總在一起的風險。

各項未在市場上定價的活動，要怎麼評估價值？對讀者而言，這是一個熟悉、卻沒那麼簡單的核心挑戰。因化石燃料發電被取代而降低的死亡率，究竟有多少價值？維護亞馬遜雨林的價值又是多少？保護一種蠑螈的價值是多少？誠如我們透過 COVID-19 相關決策所見到的，進行這些計算的選項包括顯示性偏好——利用現實世界相關交易的例子，例如某人為了一台空氣過濾器或側邊安全氣囊花了多少錢，再推斷這些標的非市場商品（如潔淨的空氣或降低受傷的機率）的價值。[31] 另一個替代方案是採用明確的敘述性偏好，這個方式是直接詢問個人如何評估這項商品的價值。一如 COVID-19 危機所示，這些方法經常無法體現諸如死亡率等結果的「完整」價值。當市場不完美時，這些挑戰便會更加嚴峻，因為當貧窮與崩潰的信用市場可能導致我們誤將付款意願當成付款能力，觀察到的行為也一定無法體現諸如生物多樣性或甚至教育等的價值。[32]

要將社會與環境結果轉換成貨幣價值，需要全方位了解相關的研究與證據。舉個例子，如同第九章所述，和 COVID-19 危機有關的生活品質調整後存活年數（quality-adjusted life years）的各種不同計算，或是所得邊際效用遞減的不同估計值，也都和計算影響力價值（由化石燃料轉換為可再生能源發電的影響力價值）息息相關。由於這些估計值經常牽涉到各種不同的假設和不確定性，所以最好是計算估計值的區間，並應連帶強調哪一些假設或判斷特別重要。事實上，貨幣化方法的主要危險在於，使用者一定會忘記貨幣化過程中所使用的謹慎假設，忽略不確定性的危險，並沉迷於假精確（false precision）。

儘管檢視區間與敏感度並進而針對各項假設進行辯論，可能對特定影響力是有效的，但當淨評價取決於一系列輸入值的一系列區間，情況馬上就會變得更為複雜。將正面與負面影響合計為一個淨數字，可能會導致準

備過程中牽涉到的權衡與假設遭到抹殺。Y Analytics 的費雪評述，若在衡量影響力時將一系列權衡壓縮成可被視為「一個真實數字」的事物，不僅忽略了細節，更會抹殺細節。

若使用時漫不經心，貨幣化反而可能會導致情況變得更令人困惑不解，而非清楚明白。不過，若使用得當，貨幣化將逼迫我們清楚闡述我們的價值觀，使利弊得失的權衡變得明確，凸顯出負面的影響力與分配問題，同時允許我們表達風險、不確定性，並說明我們如何權衡未來相對目前的成本與利益。最終來說，這將允許企業與投資者做出較優質的影響力決策，並將那些決策的驅動因子有效地傳達給它們的利害關係人。

總而言之，儘管若能進行同類（或金額對金額）的比較，確實很吸引人，但貨幣化並不是那麼容易的事，相關的挑戰包括必須解決不確定性、假精確的危險、比較各個不同部門或地理布局影響力的難處，以及評估本質上非貨幣化結果的價值（例如更健康的孩子們）可能遭遇的挑戰等。當然，這些問題並非貨幣化所造成。若能正確使用，貨幣化就能變得更透明，從而支援和影響力有關的較優質決策。不過，相關的風險是，貨幣化的應用愈廣泛──例如澈底影響力加權的會計帳目──它導致情況變得令人困惑不解（而非清楚明白）的程度就愈高。

在將非市場結果轉換為貨幣價值時，難免會牽涉到主觀判斷。通情達理的人可能無法達成共識，不同利害關係人也會賦予各項結果不同的價值。尤其是在審視牽涉到世俗（例如經濟體系或利潤）與神聖（生物物種或人類生命）議題的權衡時，可能會特別難以達成共識。不過，貨幣化有一個好處：它讓這些歧見變得顯而易見，並為決策制定、可比較性與當責提供一個媒介。不過，愈多這類高度主觀、但看似精確的數字判斷被結合

在一起，細節與敏感度折損的風險就愈高，且這個追求更大利益的過程受財務最大化支配的風險也會愈高。

基於這些挑戰，很多人樂見為特定投資案量身定製貨幣化，或在旨在實現特定影響力（如降低孩童貧窮程度，或解決氣候變遷）的投資組合中，採用透明揭露的一致假設。在很多情況下，我們可以用和我們所要追求的精確目標連結的衡量標準，更完善衡量這些結果，無須武斷地將之轉換為可能腐蝕我們想要支持的價值觀的「金額」。

獲得氣候影響力：轉型至淨零

我們在第十二章討論過，就解決氣候變遷而言，最大有可為的方法牽涉到工程、政治與財務技術。廣義來說，必要的工程技術不是已經存在，就是正在興起；當然，現有的技術足夠擔保第一個十年的能源轉型進度無虞。我們要解決的挑戰在於，這些技術必須以極快的速度、大規模在整個經濟體系部署，而這需要政治技術來培養對正確目標的廣泛共識。目前許多國家正在就《巴黎協定》「將氣溫上升控制在攝氏二度以下」的目標凝聚廣泛的共識。此時此刻，宜開始利用財務技術將投資活動導向這個目標——一個被社會共同接受、且在科學家與工程師的相助下，愈來愈可能實現的目標。

鑑於轉型至淨零既是氣候物理學的當務之急，也高度受社會重視，所以，永續性投資者（這種投資最終將成為主流）將特別重視企業在管理氣候相關風險與機會方面的準備程度是否足夠。

外界將愈來愈傾向於透過氣候轉型的視角來審視企業與資產。誰站在歷史正確的一方？誰又站在錯誤的一方？哪些企業擁有動能？哪些又可能

被氣候淘汰？目前已有超過一百二十五個國家設定了淨零目標，所以我們可以合理預期，未來所有大型企業都將不得不發布轉型計劃，而資本的提供者——諸如退休基金、資產管理公司、銀行與保險公司等資產所有權人——則將必須使用那一項資訊來指揮它們的企業互動策略、評估與揭露它們在朝淨零邁進方面的定位。這將創造一種全新的跨領域資產類別，外界也會以投資組合（最終是放款與承保作業）使大氣暖化方面的作用力來評斷這些投資組合的良窳。投資者能愈快敦促投資組合持有的企業與資產朝淨零邁進，隱含溫度上升的程度就愈低。

這個全新的轉型資產類別能強化興起中的工程與政治動能，它能創造一種不僅能「呼風喚雨」的影響力，而是幾乎能「改變氣候」的影響力。這股影響力的基礎是：

- 隨著初期的破壞性氣候物理現象倍增而愈來愈重視穩定氣候的社會；
- 不管氣溫多少都要穩定氣候的淨零當務之急；
- 必要的調整將需要整體經濟的轉型，這牽涉到經濟體系的每一個部門（我們無法靠某個利基達到淨零）；以及
- 格拉斯哥聯合國氣候變遷大會民間財務倡議的目標——確保「每一個財務決策都將氣候變遷列入考慮。」

將這些基礎結合在一起的永續影響力投資應該側重促進淨零轉型，而根據影響力投資的傳統，這需要與那個明確目標攸關的測量指標。追蹤與揭露進展的方法有很多種，包括逐項資產與投資組合的溫室氣體排放減少量，以及相對與科學基礎減量目標維持一致的程度（如果有進展的話）。

投資者需要證明他們如何將客戶的投資調整到和這項轉型一致。任何相關投資組合的調整措施都必須：

- 具前瞻性，就企業為脫碳而付出的努力給予適當的分數；
- 以現實世界的氣候目標為軸心；以及
- 動態調整，展現長期以來的進展並順應新技術。

若能依循這些條件，就能鼓勵投資者與整個經濟體系的不同企業密切互動。我們無法靠某個利基實現淨零，光是撤回投資也無法實現我們所需要的整體經濟轉型。

現有的氣候相關衡量標準的確發揮了實用的功能，不過，這些衡量標準並非最適合全體經濟體系轉型的標準。投資到碳足跡與二氧化碳排放量的資金並不具前瞻性。另外，ESG 標準不一致、相關性低，且它們的「E」並不是以淨零為標竿。再者，符合永續分類標準（taxonomies）的商業活動占整體商業活動的比率還非常低，無法透過廣泛在地方、全球、國際、政治與社會等層面落實綠色行動主義來促成進展，且這個分類標準的動態性不足。

資本提供者有幾個可能的方法可評估企業與投資組合在這條轉型軌道上的位置。為進行這項評估作業，資本提供者可衡量與揭露一系列衡量標準。以下根據精密程度（由低至高）來排列這些衡量標準：

- 已訂有淨零轉型計劃的資產的百分比；
- 與淨零一致或與《巴黎協定》一致（例如以外部永續分類標準為基礎）的資產占投資組合的百分比；
- 偏離某個目標（例如相對 EU 標竿或淨零資產所有權人聯盟或

科學基礎減量目標倡議等的路徑）的百分比；以及

- 投資組合暖化指標，這一項前瞻性標準是用來評估與特定企業
  或投資組合之溫室氣體排放有關的全球氣溫潛在上升幅度。日
  本政府年金投資基金、安盛與安聯等公司行號，皆已自願揭露
  這項資訊。其中某些機構正提供資訊給第二十六屆聯合國氣候
  變遷大會的氣候相關財務揭露工作小組，因為這個小組正在思
  考暖化溫度或其他任何衡量標準是否可作為衡量轉型過程中之
  潛在風險與機會的最佳方法。

不管使用哪個方法，數據投入與研究法都務必透明，也必須進行結果
的敏感度分析，一如所有的影響力評估作業。目前在金融市場上進行的投
資組合暖化評估結果相當發人深省，但並不意外，這些評估結果顯示，市
場正在為一個氣溫將上升超過攝氏三度的世界提供資金。

既然這個缺口已被揭露，應該就有助於終結它。在淨零資產所有權人
聯盟當中，一個管理超過五兆美元資產的重要投資者小組，正在為他們的
投資組合設定具體的減碳目標，且承諾將隨著時間把他們的投資組合調整
到符合暖化攝氏一‧五度的目標。為了實行一個類似的策略，我已加入
一家另類資產管理公司——布魯克菲爾德公司（Brookfield），我們的目的
是希望在為投資者實現商業報酬的同時，也努力不懈聚焦在經濟體系的脫
碳。這些作為將使它們本身與整體的情勢雙雙獲得改善，且勢必會創造一
股使「轉型至淨零」成為一種資產類別的動能，鼓勵愈來愈多投資者支持
已設定脫碳計劃的企業。

投資活動的社會宗旨

　　永續性投資正逐漸發展為使投資活動的價值觀符合社會價值觀的一項
必要工具。永續性投資改善了許多衡量標準，從工作場所的多元化到永續
發展目標等等。它也可以透過多種管道，協助企業吸引並留住最優秀的人
才、提高韌性、改善效率，更緊密與利害關係人站在同一陣線，以及維護
社會許可等，從而增長企業的股東價值。

　　投資者可實行各種不同的策略，將價值觀融入價值。例如，投資者可
以透過廣泛的 ESG 方法，全面提升環境、社會與公司治理標準，從而促
進宏觀永續性。投資者也可以經由追求共享價值，使公司的宗旨、競爭優
勢與社會影響力密切結合，從而變得更聚焦。一旦專注在具體的重要 ESG
要素後，投資者就能在解決具體問題的同時產生阿法值。

　　此外，投資者也能以全人類與地球的具體影響力為目標。「將氣候轉
型發展為一項資產類別」可以說是有史以來最大的機會。潛在的可投資範
圍是每一家企業。精準的目標則是正在發展能實現轉型至淨零目標、且具
獲利之可行策略的企業。我們可以經由投資組合對地球暖化的貢獻來衡量
進展。因此而獲得的社會報酬是讓每一個人都能擁有一個未來。另外，經
濟報酬則可能非常巨大，因為值得注意的是，這項攸關存亡的社會目標尚
未被反映在價格上。

　　ESG 是一項強大的工具，但我們也得明智且透明地使用這項工具。投
資者應該聽從英國詩人威廉・布萊克（William Blake）的建議：知道自身
的價值觀，而不是被另一個人的價值觀所奴役。每一種永續性投資方法都
會做出各種判斷，即使是將判斷工作外包給 ESG 評分服務提供者的投資
方法也不例外。無論如何，ESG 數據的使用者必須了解這些數據當中的假

設、權衡與限制，才能做出正確的判斷，將投資組合配置與投資組合目標調整到和價值觀一致。

我們必須在現狀（澈底漠視企業活動的所有影響力）和發展永續性報導時所遭遇的這些挑戰之間進行審慎的權衡。如果不衡量宗旨是否達成，設定宗旨的目的何在？如果一家企業不願意追蹤它對社區與更廣大社會的正面與負面外溢影響，它怎麼可能成為一個真正的利害關係人？此外，如果投資者和債權人對企業的內部治理（包括驅動那一家公司的社會與環境影響力等要素的公司治理）視而不見，他又要如何判斷這家公司的前景？在這個情況下，如果民眾強烈堅持特定的價值觀，那他們又有什麼理由將自身的儲蓄投資到這種道德盲目的投資組合？（尤其是在不知道那些投資組合會如何應用他們的儲蓄的情況下）

我們應該投資對社會進步有貢獻、且具獲利能力的企業，並將資金撤離未能創造良性循環的企業。這個做法能改善消費者、員工與社會的福利，同時促進經濟成長，並為民眾創造機會。我們要投資在積極創新以滿足社會需要的活力企業，這種投資活動是資本主義力量的泉源。當社會的需求可經由具獲利能力的商業模型來解決，資本主義的神奇力量就會被釋放出來，屆時我們面臨的許多根深柢固的問題，自然就會迎刃而解，並創造更廣泛的可能性。

健全、永續且平衡的國家成長策略能讓這些解決方案的力量倍增，如虎添翼。下一章將說明個中的道理。

第十六章
國家如何為全民創造價值

　　過去四分之一個世紀，我們的工作、貿易與生活方式遭遇到一系列影響深遠的顛覆性破壞，但這些顛覆性破壞也幫助超過十億名民眾脫離貧窮，讓四十億人能夠取得人類自古以來累積的所有知識，並延長了全球的平均壽命。這些變化要歸功於作為第三次工業革命核心的變革性資訊及通訊技術，還有愈來愈自由的貿易、資本及概念流動。

　　此時此刻，我們正處於某些人所謂的第四次工業革命（簡稱 4IR）的風口浪尖上。機器人、奈米科技與量子運算等進展，正使人工智慧的應用變得愈來愈普及。我們的經濟體系正重新組織為有眾多分散式點對點連結的強大網路，這革易了我們消費、工作與溝通的方式。基因工程、人工智慧、奈米科技、材料科學、能源儲存與量子運算等綜合進展，創造了許許多多巨大的可能性。

　　商務的本質正在改變。愈來愈多銷售活動不再是在大街上進行，而是透過各種平台在網路上發生。自然資本的價值因無形資產（諸如軟體與智慧財產）的價值而相形見絀。[1] 我們正進入一個全新的時代，在這個時代，任何人都有能力透過 3D 列印在任何地方創造任何事物，任何人都能

透過 YouTube 向全球播放他們的演出，且任何人 ——無論業務規模大小——都能透過天貓或 Shopify 銷售到中國。

但對很多人來說，這些衡量整體進步的指標和他們個人的體驗幾乎可說是八竿子打不著，換句話說，很多人根本沒有享受到上述進步的好處。全球化與技術進步非但沒有帶來一個全新的黃金世代，反而和低工資、沒有保障的就業條件以及嚴重不平等問題息息相關。這個體系似乎未能賦予這些人以及他們的子女一個公平分享這個光明未來的機會，因此，他們對這個體系的信任正日益降低。

就實質所得來說，金融危機過後的那十年，可謂英國自十九世紀中葉以來首見的「失落的十年」。平台替代了紡織廠，機器學習替代了蒸氣引擎，而電報則被推特取代。總而言之，當前的種種動態和那個時代相互呼應。無獨有偶的是，十九世紀中葉時，馬克思忙著在大英圖書館撰寫《資本論》的草稿，而如今，病毒般的激進部落格和推文，也正好呼應了他的激憤。

每當我外出參加加拿大或英國的工會會議時（在英國，工會會議的主題是「英國人理當獲得加薪」），都能感受到那種憤恨不平的氛圍。我到漢米爾敦（Hamilton，注：安大略省的重工業城市）或利物浦訪問時，都能深深感受到發狂般的現代生活所造成的壓力，以及隱藏在極端不確定性底下的暗流。停滯的所得成長導致世人更加聚焦在所得的分配上。當經濟體系普遍繁榮且景氣持續上揚，民眾往往能對不平等睜一隻眼閉一隻眼；但當希望開始幻滅，民眾對不平等的感受也會開始變得強烈。在英國。這樣的情緒尤其嚴重。不知是因為英國的情況被揭露得較多，還是因為英國的狀況比其他國度嚴重？

身為一名中央銀行官員，我站在一個獨特（但令人沮喪）的制高點。

我有大量的數據與優秀的同事助我一臂之力，加上我經常接觸國內與全球各地各行各業的人士，面對這些強大動力，我內心有很多領悟，但能做的卻相對有限。誠如我們所見，中央銀行提供了經濟繁榮所需的某些要件：優質的貨幣，以及無論時機良窳都能運作的金融體系。就這些方面而言，中央銀行負責維護著政府保護民眾的職責的某些基本面向。這件工作是必要、重要且最根本的，也是民眾該有的期待。但這些工作遠遠不足以實現永續成長。

永續成長可能因許多方面的問題而被削弱，包括：

- 家庭、企業與銀行業者債務過度累積；
- 政府將未來的財政能量揮霍在當期支出上，掏空後代子孫的口袋來為當前世代買單。
- 碳預算的快速消耗殆盡和對生物多樣性的相關攻擊；以及
- 為維持市場正常運作並使全民蓬勃發展所需的必要社會資本被消耗殆盡。

不僅如此，此時此刻，我們還面臨了可能導致這些弱點進一步惡化的巨大動力。COVID-19 危機暴露出人類社會的許多深刻裂痕。第四次工業革命雖然帶來極大的希望，卻有可能導致不平等進一步惡化，若任由這個趨勢發展，將導致社會壓力上升。而氣候轉型雖必要且基本上有利，卻必須在短期內進行巨大的結構性變革。

第四次工業革命的希望與挑戰

最根本的挑戰在於，雖然第四次工業革命同樣也將帶來每一次技術革

命最終都會衍生的巨大利益，卻將在新的就業機會與生計出現前，無情摧毀現有的就業機會與生計——乃至身分認同。工業革命使農業與家庭手工業的前途黯淡無光，而生產線的發展以及服務型經濟體取代製造業等，也都產生了類似的影響。目前相同的動力也透過機器學習和全球採購發揮作用力，且其影響可能規模更大且更快速。

某些經濟學家認為這類論點是杞人憂天。因為他們主張，長期下來幾乎沒有證據可以證明技術性失業（technological unemployment）是一個事實。畢竟目前的平均就業與失業率和十八世紀的水準差不多。（請見圖16.1）

問題在於，雖然最終就業狀況可恢復均衡，但那樣的巨大轉型需要時間才能完成。勞工無法無縫接軌轉職到新的就業機會，原因包括技能錯配（skills mismatch）的問題，或居住地點無法配合等等。第一次工業革命（十八世紀下半葉展開）的利益一直要到十九世紀下半葉才全面顯現在生產力與工資的上升。也就是說，有好幾個世代的勞工承受了痛苦的調整，並因而處於長久的脆弱狀態。

十九世紀剛展開時，工資成長停滯，勞動力所得占比降低——這個時期被稱為「恩格斯停滯」（Engels' pause，請見圖16.2）。但被經濟學家委婉稱作「摩擦」的現象，卻可能足以消滅一整個區域的就業機會，並導致全國不平等劇烈惡化。[2] 同理，第四次工業革命的利益可能也要好幾個世代之後才能廣泛分享到經濟體系的每個角落。而這段漫長的調整期內，很可能會發生長期的技術性失業、劇烈惡化的不平等，以及愈來愈白熱化的社會動盪等情事。與此同時，演算法所體現並傳播的價值觀，很可能會以意想不到的方式塑造社會的選擇。[3]

綜觀歷史，中期而言，技術變遷往往會降低勞動力所得在總所得當中

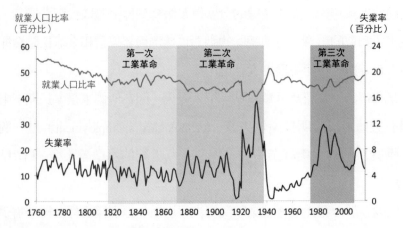

圖 16.1　技術性失業，一七六〇年至二〇〇〇年

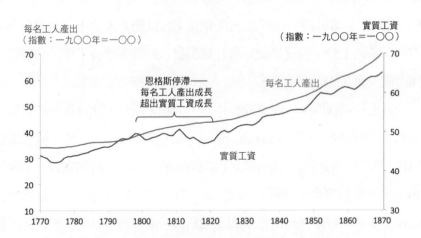

圖 16.2　第一次工業革命的實質工資與生產力

相對資本所得的占比，因為勞工經由較高生產力獲得的報酬，不足以抵銷就業機會遭到破壞所傷害的報酬。但較長期以後，當技術變遷所帶來的第三種效應——為勞動力創造新工作[4]——與持續上升的生產力結合，便能抵銷技術的替代效應，並使工資提高，且不影響就業狀況。

就涵蓋範圍、規模與速度來說，第四次工業革命可能比前三次更加劇烈。此外，第四次工業革命是緊隨普遍導致不平等惡化與兩極化擴大的第三次工業革命之後來到。到目前為止，每一波技術變遷都使認知型作業（cognitive tasks）的重要性相對非認知型作業提高。換句話說，機器在很大的程度上取代了人類的手，而非大腦。此外，勞工也已能夠改善他們的技能，並迎接新的認知型、較高價值型作業的挑戰——這些作業超出機器的認知極限。

不過，運算能力的快速提升、大數據的更容易取得，以及人工智慧和機器學習的進展等等，都意味未來將被更聰明的機器取代的人類活動會比以往更加廣泛，機器甚至已達到取代人類大腦的程度。新技術可能提供愈來愈多以前只有人類勞動力才能提供的智能、感官知覺和推理。技術樂觀主義者[5]相信，未來的自動化將不僅是二十世紀末那種取代人類「例行手工」作業的技術，而是將取代幾乎所有型態的工作。[6]

據估計，可能受影響的就業機會數涵蓋了一〇％至五〇％的就業人口。[7]不過，有愈來愈多證據顯示，雖然很多就業機會大致上將受自動化影響，但將被澈底自動化的就業機會將僅是相對少數。[8]愛德華‧費爾頓（Edward Felten）、曼納夫‧拉傑（Manav Raj），以及羅伯‧席曼斯（Robert Seamans）說明，近期的技術進展可用來預測未來職業的作業結構變化，這進一步證實了「技術進展將可能改變很多就業機會的本質，而不是澈底消滅那些就業機會」的論點。[9]較極端的估計經常是純粹以自動化

的技術可行性為基礎，鮮少考慮到它的經濟可行性。[10]

　　將這些額外因素列入考量後，在多數先進經濟體，將因自動化而岌岌可危的就業機會占比，就會降到一〇％至一五％。[11] 這樣的水準和前三次技術革命相當，在那幾次革命，受影響最大的產業之總就業機會，長期下來大約減少了一〇％至二〇％。

　　另一方面，至少有四個領域將創造新就業機會。首先，人類將繼續提供他們的心靈，換言之，人類將繼續從事需要情商、原創性或社會技能的作業，例如說服或關懷他人。第二，人口老化會使照護的需求增加，勞動力供給也會直接減少。第三，如果全新的全球經濟體系使全新型態的訂製型大眾創造力成為可能，人類的手可能再次取得控制權（某種形式的家庭手工業將東山再起）。最後，未來必然會有一些我們目前想像不到的角色出現。畢竟當年智慧型手機問世之際，沒有人馬上想得到「出租車產業的到來」。

　　儘管有這些互相抵銷的力量，卻還是有幾個理由可說明為何第四次工業革命可能導致不平等大幅惡化。最根本之處在於，新技術取代（而非互補）勞動力的情況愈明顯，資本的所有人就會拿到愈多利益。資本分配的不平均，意味因自動化程度上升而產生的較高資本報酬率，勢必會導致不平等的情勢惡化。第二，在轉型的過程中，隨著新技術獲得採納，經濟學家委婉稱呼的「摩擦」，可能導致本地勞動市場遭受壓抑，或使全國勞動市場的不平等惡化。第三，如果教育的腳步跟不上持續演變的技能需求，已經擁有那些技能的人將進一步獲得更高的薪資溢酬，而就業機會的兩極化，也會導致想爭取較低技能就業機會的勞動力供給增加。[12] 最後，較高的全球交互關聯性勢必會增強上述種種動態。

　　如果這個世界真的變得充斥剩餘勞動力，馬克思和恩格斯的學說可能

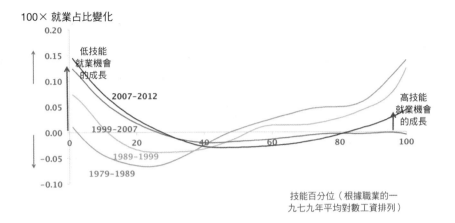

圖 16.3　依據職業技能百分位區分的就業人口變化，一九七九年至二〇一二年

再次變得意義重大。

　　COVID-19 爆發前的證據顯示，持平而言，自動化尚未導致整體就業人數降低，但已造成顯著的構造變化。此外，也有一些跡象顯示，近年的技術進展已使不平等惡化。就全球而言，在這場大流行傳染病爆發前二十年間，勞動力所得占比是降低的，且有證據顯示，技術是導致這個狀況發生的主要貢獻因素。英國與加拿大屬於離群（outlier）個案：從一九八〇年代末期以來，這兩國的所得不平等狀況大致上呈現穩定狀態，但相對偏高。[13]

　　此外，有強烈的證據顯示，從一九八〇年代以來，先進經濟體的勞動市場便趨向兩極化——這個結構變遷大致上可歸咎於初期階段的作業自動化與數位化，這些發展使中階技能的就業機會被技術取代。在就業機會的光譜上，高技能與低技能的勞工需求一向是最強勁的，結果導致中階技能就業狀況空洞化（請見圖 16.3）。從技能型勞動力的報酬也明顯可看出勞動市場的兩極化，較高教育水準勞工的所得報酬率遠遠高於較低教育程度

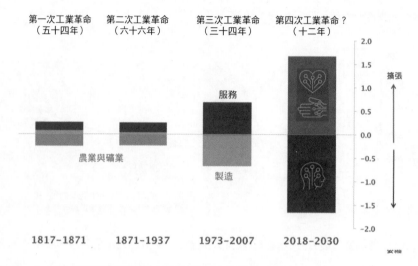

第一次工業革命　　第二次工業革命　　第三次工業革命　　第四次工業革命？
（五十四年）　　　（六十六年）　　　（三十四年）　　　（十二年）

擴張

服務

農業與礦業

製造

1817–1871　　　1871–1937　　　1973–2007　　　2018–2030

圖 16.4　四次工業革命期間的部門別就業占比的年度變化

的勞工。

　　總而言之，如果第四次工業革命和過去幾次技術革命相似，它的整體影響**最終**將促使生產力與工資提高，同時創造足夠的新就業機會來維持或甚至提高整體就業人口。但那是長期以後的事。中期來看，如果剛剛展開的這場變革和過去幾次工業革命的初期經驗類似，那麼，隨後我們將會進入一段漫長的技術性失業期，在這段期間，將會有大量勞工流離失所，不平等的情勢也會惡化。

　　技術採納週期（technology adoption cycle）的加速前進，意味這些變化將更快速發生，隨之而來的挑戰可能也會非常大（請見圖 16.4）。此外，和過去幾次工業革命不同的是，更快的調整速度以及更長的工作年限，代表勞工可能不見有權選擇退休。這導致技能嚴重錯配、長期結構性失業大幅增加，以及社會壓力上升等風險提高。

COVID-19 帶來的總體經濟挑戰

COVID-19 加速了第四次工業革命的步調。隨著必要的發明與應用誕生，新技術對工作造成的變化，已遠比先前預測的更快發生。隨著數位醫療、數位學習與數位商務等領域的興起，經濟體系已從「傳遞原子」轉變為「傳遞位元」。舉個例子，二〇一八年，英國的線上零售業務已成長到約為整體銷售的五分之一，而到二〇二〇年春天、封城最嚴格的那段期間，這個占比更是幾乎增加了一倍，就算到了封城限制放寬後，這個比率還是持穩在三分之一左右。可遠距工作的勞工當中，有三分之一勞工的工作本質已轉化為一個幾乎完全數位溝通的網路。而為了追求更大的韌性、永續性及保障，全球供應鏈也從「及時」模式被重新配置為「以防萬一」模式。

我們正活在列寧（Lenin）所評論的處境：「有時幾十年都沒大事發生，但有時幾個星期就可能發生數十年才可能出現的巨變」。COVID-19 就是那樣的巨變。對很多人來說，工作與商務的本質已劇烈改變。全體人口正經歷著失業的恐懼以及醫療照護不足或無法取得的焦慮。幾十年來，風險被陸續下放到個人身上，如今買單的時間已到，但很多人卻想不出該如何支付這筆帳單。

儘管我平常就小心翼翼地避免因外界的紛紛擾擾而認定我們永遠活在艱難的時代，但這一次**真的**不同。多數經濟衰退導因於無以為繼的經濟成長時期（原本世人並不認為那些成長期無以為繼，但突然間某些事態證明它無以為繼）所長期累積的失衡。在那樣的經濟衰退期，總需求（家庭、企業與政府的支出）反轉，導致經濟急速陷入衰退。到最後，隨著先前的不節制行為被清理乾淨，經濟體系便會在支持性貨幣與財政政策以及失而

復得的信心等因素的共同作用下，開始復甦。

　　不過，這一次我們所遭受的衝擊是卻總供給的大規模萎縮。這場疾病大規模毀滅了經濟體系的許多大型產業區隔（餐旅業、傳統零售業、運輸、國際教育），並可能引發廣泛的破產潮，同時導致大量民眾失業。這場疾病已導致國際貿易中斷，而它那如影隨形的幽靈也持續對商業投資活動造成壓抑。

　　影響所及，需求已隨著供給降低，到二〇二〇年年中，世界總產出平均重挫了一〇％。諸如英國與西班牙等國家的產出縮減幅度，甚至達到前述數字的兩倍。雖然隨著某些封城措施放寬，經濟成長隨即回升，但只有特別幸運的經濟體才有機會在幾年內恢復到二〇一九年年底的經濟規模。而且，即使恢復當時的經濟規模，經濟活動的組成結構也將非常不同。

　　這場疾病是在我的英格蘭銀行總裁任期即將屆滿之際來襲。當時，衛生主管機關原本判斷這場大流行傳染病應該可望在同年秋天之際獲得控制。因此，當時我們決定採取前所未見的財政與貨幣支援，以幫助家庭和企業能順利度過這個艱困但短暫的時期。其中，英國、歐洲和加拿大的目標是盡可能維護經濟體系的生產產能，尤其是希望盡可能讓最多人不必被迫離開工作崗位。美國政府則選擇另一條途徑，它接受失業大量增加，但支付更多的補助金給民眾。美國的方法將打破員工和雇主之間的依附關係，但能加速調整，尤其如果這場疾病比預期更久之後才落幕。

　　各地的中央銀行則採取過去一貫的作為來強化銀行體系的韌性，並迅速有效地採取行動，將可能威脅金融穩定的風險降至最低。另一方面，財政政策既慷慨且有效率；在封城最嚴峻的那個時期，一般美國家庭的可支配所得反而成長，成長率甚至達到二〇〇〇年以來的新高。此外，明顯上升的不確定性以及支出面所受到的實體限制（例如對餐旅業與旅遊相關

行業的限制），促使家庭儲蓄率大幅上升（加拿大家庭甚至償還了大量債務）。

但隨著時序從春天轉為秋天，整個世界看來還是無法擺脫受病毒的威脅。於是，很多人開始質疑，協助勞工與公司行號度過難關的那些應急措施究竟還要延續多久？因為不僅相關的成本變得日益龐大（財政赤字已堪與戰爭時期最惡劣的狀況相比），支援計劃還可能造成有必要關門大吉的艱困企業未能適時停止營業，而新企業又無法開始營運等風險。各國政府必須釐清這些過渡性支援計劃是否真的能成為強力支持經濟體系的長期耐用基礎？那個日子何時才會到來？抑或這些計劃最終只是暫時紓解壓力的無謂浪費？由於各方一開始認定那些強化型支援對策只是暫時的權宜之計，[14] 因此並沒有人積極反對採行那些措施，但隨著情勢顯示這些支援措施似乎已快成為某種永久且大方的全民基本收入，繼續施行這些對策的阻力也變得愈來愈高。

社交距離與經濟孤立的狀況持續愈久，失業的勞工就愈難以繼續保住他們的技能，難以培養新技能，更難以找到滿意的就業機會。更根本來說，COVID-19 已加劇第四次工業革命的轉型。很多就業機會將更快被遠距作業的效率與工作內容的加速自動化取代。與此同時，對於健康的疑慮可能會扭轉幾十年來較年老勞工繼續留在職場上打拚的趨勢。

整體環境的風險正日益上升。其中，家庭在權衡極端不確定性、高失業率與疲弱的所得成長等狀況後，開始縮減支出。企業投資也承受了類似的壓力。海外貿易因實體面的限制、地緣政治緊張與疲弱的投資等綜合因素而縮減。而極端不確定性（投資者為求心安而爭相購買最安全的資產）、疲弱的投資、高儲蓄與低生產力等因素的結合，導致全球利率繼續維持在異常低的水準。

在各國政府未能實現「保護公民」的最基本職責之後，此時此刻，它們必須採取行動來重建信心。經濟體系已擁有它需要的支援，但它愈來愈需要方向。這就是我們必須明智使用財政職能的關鍵原因之一。很多人都觀察到目前的利率極端低，不過，不能因為極低利率可能促使支出提高，而認定極低利率是最優選擇。當期的支出雖可能有助於維持今日的活動，卻無法促進經濟體系明日的成長。另外，我們也不能輕忽簡單的債務動態影響——長期的入不敷出絕對無以為繼，即使我們目前還難以確定利率將在何時上升，並導致支出突然大幅減少。唯一明確的是，如果漠視這些風險，最後審判日將會更早到來。

世人經常以債務永續性（sustainability of debt）或不定形市場（amorphous markets）的支配力量等抽象用語來談論預算選擇。不過，預算選擇真正需要考量的是民眾生計的永續性。民眾當然知道，只顧眼前需要的支出不可能為他們與子女帶來更美好的未來。財政鞏固措施（降低赤字）以及由當期支出轉為資本支出（投資未來），是經濟福利（economic welfare）與代間公平的問題。

以下是新加坡資深部長尚達曼（Tharman Shanmugaratnam）的結論，他以一種令人不安的較長期視角來看待這些趨勢：

所有國家的財政政策方向都已朝著個人利益而非公共利益偏移，並朝著短期或下一個選舉週期偏移，而非朝向長期偏移。舉個例子，一九六〇年代，美國的預算有七五％是流向某種形式的公共財——基礎建設、學校、醫院、運輸設施等等。另外二五％則是流向個人的補助金。今日的情況正好相反，七五％流向個人，二五％流向公共財。這樣的做法本質上流於短視。這樣的做法有時確實能解決眼前的問題，但不會促成更美好的長

期未來，也不會令人產生樂觀心理。如果不投資公共財，民眾就看不到你正在為長期的未來投資，在那樣的情況下，就很難使社會變得更樂觀，到頭來，社會上的民眾只會變得斤斤計較，一味關心「和其他人比起來，我得到的比較多還是比較少」。[15]

過去一段時間，有些政府徵詢我的意見，我對它們的建議一律是——將支出分成三大類：COVID-19 支出（緊急）、當期支出（基本的現行計劃，例如孩童照護津貼或國防支出），以及資本支出（提升經濟體系長期生產產能的對策）。各國政府的任務是要盡快且盡可能透明地從第一類支出轉型到最後一類的投資支出。一旦這場衛生危機最危急的階段過去，就是由「打擊恐懼」轉向「激發樂觀心理」的時候了。

政府的計劃必須考慮到新的現實。目前有愈來愈多跡象顯示，經濟體系無法回復到原來的狀態。還記得嗎？我的英格蘭銀行總裁老前輩使諾曼曾建議邱吉爾首相回歸金本位的舊有確定性。諾曼沒有想到的是，第一次世界大戰的大悲劇加速了當時已在進行中的各種變化——美國強權的興起、愈來愈組織化的勞工不願犧牲工資來支持人為的匯率釘住政策、新技術的開發，以及促使決策速度加快的即時交易等——使他那個直覺潛藏了致命的缺陷。

同理，我們再也無法回到 COVID-19 爆發前的經濟體系。這有多重的含義。首先，COVID-19 疫情在加速第四次工業革命的過程中，正逐漸耗盡企業、家庭與政府的緩衝，而這些緩衝原本理當能幫助緩和變革性技術將帶來的痛苦變化。勞工已比我們先前預期的更快暴露在那些風險中。第二，COVID-19 危機凸顯出韌性——所有形式的韌性——的重要性。第三，COVID-19 使多數企業不得不展開策略重置。第四，新企業策略絕對

必須概要說明他們的淨零計劃，否則就流於不完整。最後，已為了共同利益而做出巨大犧牲的民眾，高度期待能因此獲得團結一致且休戚與共的對待。

在應對這些情況的過程中，中央銀行將繼續發揮重要的根本作用力。中央銀行必須在劇烈變化的環境中，繼續提供貨幣與金融穩定的雙重錨定力量。在這場衛生危機最嚴重的階段，通貨緊縮的壓力明顯加劇。隨著利率下限（零利率）的挑戰變得愈來愈緊迫，更明確的通貨膨脹目標路徑提高了政策彈性，且協助確保所有經濟部門的大規模槓桿化的挑戰能獲得解決。就這些考量來說，聯準會將其受託任務調整為追求「彈性平均通貨膨脹目標」（Flexible Average Inflation Targeting）的時機，可謂恰到好處且令人感懷在心。中期來說，經濟體系必須展開通貨再膨脹歷程。

與此同時，主管機關必須承認通貨膨脹勢必會回歸，尤其因為COVID-19疫情代表著重大的負面供給面衝擊，有非常多產能被摧毀，目前還在進行艱難的調整。未來幾年，財政主導（中央銀行政策受政府支出優先的政策左右）與金融主導（中央銀行政策受「支持金融市場的感知需要」左右）的雙重風險將會上升。在這個環境下，更應該由獨立的主管機關負責評估與解決可能危及貨幣及金融穩定的風險，這個議題日益攸關重大。當很多人假設利率將永遠維持低檔，且假設主管機關永遠都會在市場遭遇壓力時出面紓困，我們就更迫切需要更積極且更整體的方法來管理存在於以市場為基礎的直接金融業務的風險。《大憲章》的教誨迄今依舊有效（見第四章）。

為了擺脫當前的處境，邁向我們真正需要實現的目標，各國政府應該依循一份十點計劃：

1. 設定一個明確的目標，從忙著緊急支援舊經濟，轉而建構一個讓每一個人都能蓬勃發展的新經濟體系。我們需要能解決當前問題、而非放任問題成為沉痾的使命導向型資本主義，唯有如此，才能積極創造未來，而非試圖維護過去。

2. 設定支出與舉債規則與指導原則，這些規則與指導原則將使各國政府保持紀律，同時鼓勵它們更聚焦在為全民創造更光明的未來。

   —中期以後，當期與 COVID-19 相關支出的總和應該回歸正常。

   —應逐一鑑定各項資本投資案，並根據獨立的評估作業來釐清那些投資是否能對國家的資產／負債狀況產生加分效果。應該由獨立的預算機關（例如英國的預算責任辦公室〔Office for Budget Responsibility〕）負責發表這些評估，說明那些投資案對經濟體系的長期回報是否將高於初始投資。

   —進行新償債／收入測試，以確保政府是真的利用低利率來獲取投資的利益，而不是單純受低利率的引誘而胡亂投資。

3. 逐漸減少緊急 COVID-19 支援對策，從支持就業轉為支持勞工。德國式的縮短工時（Kurzarbeit）計劃提供部分的工資支援，非常適用於這項任務。應該將非常態追加失業保險金的政策連結到再培訓計劃，尤其為了培養新經濟所需的數位技能，更應該這麼做。對企業提供的支援應該旨在重振受影響最劇的產業，而不是無條件為所有產業提供雨露均霑的支援，因為那樣的代價過高。

4. 為支持短期經濟活動，同時建立我們所需要的有形、數位與自然資本，應該將政府投資最大化。

5. 新預算對策宜聚焦在能創造大量就業機會且資本密集的綠色活動（請詳以下說明）。

6. 利用監理政策來擘劃經濟的未來方向（例如淘汰內燃引擎與頒布氫燃料強制命令的明確時間表）。這些措施對提供確定性與可預測性攸關重大，而確定性與可預測性是驅動民間投資的要素。

7. 為使金融體系擁有協助加速轉型至淨零的能力，推行能為這項任務奠定良好基礎的金融部門政策。

8. 制定紀律嚴明的方法，藉由明確指派責任、透明的行動與公共當責等來培養韌性。

9. 開發代間帳目（intergenerational accounts），以人口統計來追蹤紀錄當期支出的永續性，並透過新自然資本資產負債表（natural capital balance sheet）追蹤自然資本。

10.為我們明日的工作方式發展新機構，包括為零工經濟體系勞工打造的第四階段教育與新就業保險計劃（如以下詳述）。努力不懈且專注設法將所有社會經濟族群納入勞動力。

永續經濟復甦不只是口號。這是下一代應得的待遇，也是我們目前所需要的。永續經濟復甦能創造大量的就業機會（比傳統上需捲起衣袖的道路與橋梁興建活動更能創造就業機會）、資本密集（在利率非常低且家庭支出低迷的時期）且公平（對所有社會經濟族群公平，且對當今受影響最大的區域和產業，以及未來的世代公平）。永續復甦支持再生，而非再分配。

永續復甦必須奠基於堅實的基礎與正確的價值觀。

機構與市場：為全民創造機會的基礎

健全的機構與公平且有效率的市場，是為全民創造機會的基礎。根據諾貝爾獎得主諾斯的定義，機構是「人類為建構政治、經濟與社會互動而設計的約束。」[16] 機構是社會基礎建設，包括正式的機構如議會、司法機關、中央銀行、社會安全網與學校，以及非正式的協會和團體，例如工會、同業公會以及慈善機關。

很多機構對市場經濟體系攸關重大。最根本來說，財產權讓民眾得以在不需無謂擔心資本被竊取、沒收或尋租等情況下擁有資本與創造資本。當民眾能夠擁有自身的勞動成果，他們才會有努力與創新的誘因。公開記錄的所有權使民眾得以用他們的財產所表彰的價值來舉借債務，從而取得信用。而若沒有合約權的保障，商業型企業將受限於即時的交易，或是只能透過個人關係來強制執行的交易。

其他重要的機構則決定了建立、經營與解散企業的難易度。這些機構負責設定取得許可、獲得融資、繳稅、跨國貿易與破產管理等條件。那種經濟機構使新概念與新企業的「創造性破壞（creative destruction）風暴」成為可能。

雖然機構負責規定市場合法運作方式的框架，但如果公民不服從那個框架，那些機構也沒有意義可言。所以，研究機構的人經常聚焦在引導人類行為的非正式約束，例如風俗習慣、常規與戒律，也就是亞當‧斯密所謂的「道德情操」。當這些規範（非正式約束）和正式結構相輔相成，將能確保法遵，並填補法律漏洞。但當這些規範和正式結構格格不入，就會對控制民間行為者的法律結構造成巨大且通常不切實際的壓力。就這些方面來說，價值觀不僅是機構健康的基礎，價值觀本身也是機構。

據發現，就促進經濟成長而言，機構的影響力比地理位置或國際貿易更加重要。[17] 優質的機構能鼓勵生產性活動的進行、藉由建立規範來降低交易成本、降低不確定性與壓抑傷害經濟成長的行為。劣質的機構則會造成貪汙與尋租文化，一如諾斯的解釋：「如果機構基礎獎勵剽竊行為（或更廣泛來說，鼓勵再分配活動）、較不鼓勵生產性活動，那麼，民眾就會設法學習如何更輕而易舉地剽竊，不重視正規學習。」[18]

機構的效能取決於機構如何通權達變地進行適當調整。長期下來，機構將隨著社會潮流漂移，但會在關鍵時刻建立新的規範與結構。[19] 這些調整是基於很多不同的理由而發生，包括在技術顛覆期間，對急迫的財務需要和社會需要所做出的回應，因為這些技術顛覆期一定會導致社會上多數人的景況惡化。此時此刻，那樣的顛覆期剛剛展開。

歷史告訴我們，要平順度過這個轉型期，並實現第四次工業革命的利益，將得大幅改革幾乎每一個機構，從教育至金融機構皆然。在前三次工業革命，勞工的技能基本上是因初級教育、中級教育與第三級教育（tertiary education，注：指完成中學教育之後的教育階段）的出現與普及才獲得改造。新保險機構為跟不上這個轉型過程的人提供了支援，包括失業保險與全民健保。新的勞動市場機構則填補了各項規定的缺口，例如合作社、工會、最低工資與民間企業退休金的導入等。而為了全球化的經濟體系，新的市場結構也應運而生，像是有限責任公司與國際電信市場等等。

我們必須牢記，單靠正式的機構與市場——受看不見的手（但沒有目的）指揮——支撐的經濟體系，就像是建築在沙堆上的豪宅。這些經濟體系只能影響價值的取得方式，無法影響價值觀的表達方式。這些經濟體系對不平等的動力視而不見，也罔顧人類社會確實存在、且愈來愈嚴重的脆

弱性。這些經濟體系承諾提高總體可衡量價值，而非提高民眾的福祉。不過，長期下來，由於這種經濟體系勢必會削弱市場的社會機構，所以這種經濟體系既會失去總體可衡量價值，民眾福祉也會每下愈況。

市場是進步的必要元素，也是尋找人類最急迫問題的解決方案以及掌握最大機會的根本要素。不過，市場並非與世隔絕。市場是社會構思（social constructs）的結果，市場的效能部分取決於政府設下的規定，部分取決於社會的價值觀。如果放任市場自行其是，它們遲早會腐蝕那些價值觀。

實現普惠性繁榮既需要遠見，也需要毅力與決心。我們將只是預測並坐以待斃，還是會採取回應？我們是否懷抱能防止整個世界被機器占據、並阻止人類失去靈魂的價值觀？要累積社會資本，個人、企業與國家都必須懷抱某種宗旨意識與共同價值觀。因此，本書一再強調，當務之急是培養個人使命感、為企業灌輸宗旨意識，以及在各國國內訴諸愛國主義（而非民族主義）等，藉此發展那些宗旨意識與價值觀。接下來的幾頁篇幅將提供幾個例子說明如何將這些原則化為行動。

矯正價值觀並為全民創造價值

鑑於近幾十年間累積的「赤字」，我們必須專注地重建社會資本，好讓市場正常運作。為達這個目的，個人與他們的所屬公司行號都必須找回他們對這個系統的責任感。更廣泛來說，重新定義社會價值觀的評價基礎，就能為全民打造能專注於解決人類最大問題的繁榮平台。

以上所述並不是天真的渴望，也不是為了「反市場」。本書厚著臉皮為領導者、企業與國家提出的行動計劃體察到，市場的活力是實現人類繁榮與福祉的必要元素，不過，市場也需要宗旨。透過共同的理解與價值

觀，就能引導市場的活力，為全民創造價值。

為引導市場活力為全民創造價值，我們必須鞏固本書一貫強調的幾項核心價值觀：

- 團結一致
- 公平
- 責任
- 韌性
- 永續性
- 活力
- 謙卑

以下闡述的具體例子將說明如何實踐並發揚這些價值觀，好讓每一個人受益。

團結一致

從疫情爆發以來，世人便以團結一致的核心價值觀，有效率地回應COVID-19。團結一致也是正義轉型至淨零經濟體系的關鍵要素。另外，它將決定第四次工業革命的成敗，這場革命最需要的就是能實踐團結一致價值觀的新機構。

就企業來說，團結一致的價值觀能使企業與其利害關係人——員工、供應商、顧客與社區——聯繫在一起。團結一致能延伸跨越地區的限制，團結一致是國際化的。最終來說，我們是為了民眾而團結一致：如何幫助民眾取得新技能，使他們擁有多樣且充實的職業生涯；如何幫助民眾轉型

成為新產業的一員；如何確保經濟變革能讓全民共同受惠。

為了做到這一切，我們要支持的是勞工，而非就業機會。企業應該保證的是就業能力，而非就業。政府必須重新設計勞動市場與教育機構，使新的工作方法能尊重職場尊嚴以及工作宗旨等不朽的價值觀。

我們在這一章稍早的內容檢視了第四次工業革命的潛在就業機會折損規模。這場大流行傳染病似乎加速了自動化的採用，並暴露出這個世界上有多少脆弱的勞工。舉個例子，麥肯錫（McKinsey）在一份分析一千一百個微型勞動市場的研究中發現，技能與就業機會成長及衰退之間的錯配愈來愈嚴重，而在 COVID-19 疫情期間顯得脆弱的勞工，和將受技術影響的勞工之間的重疊性非常高。[20] 以美國來說，這類工作是傾向雇用較多弱勢者的低薪就業機會，而這引發了普惠與公平性等重大問題。

誠如上述，在過去幾次工業革命，公共、民間與第三方機構的行動曾使勞工的轉型期、轉型影響與代價得以縮減。[21]

以史為鑑，我們這一次能做些什麼？

首先，每個人都能貢獻一點心力，幫助民眾更理解未來將需要什麼樣的新技能。包括：企業應詳細檢視當前的人才與未來的人力需求之間是否有錯配問題；一般用途技術的創造者則應估計那些技術的潛在應用廣度；而公共機構應就勞動市場的趨勢與自動化的速度提出報告。

再者，租稅系統應該要支持高技能（且能令人一展抱負的）就業。既然明知有一場勞動力衝擊即將來臨，我們便不能繼續犧牲勞動力來補貼資本。目前多數國家還是較受機器或軟體投資吸引，較不重視人員的投資。若能評估有形資本（廠房與機械）、無形資本（概念與流程）與人員投資（即經濟學家所謂的人力資本）的相對租稅待遇，就有機會改變這樣的現況，而且，這項評估還能解決更廣泛的問題。這項租稅再評估作業對發展

員工技能是最有幫助的。

在一個有創造力且關懷眾生的經濟體系，精神廠房（mental plant）的重要性愈來愈高，在那樣的狀況下，有什麼理由認定投資實體廠房會更有利？另外，以美國來說，勞工的平均稅率大約是二五％（薪資與聯邦所得稅加起來），相較之下，軟體、結構與設備的稅率卻只有一五％或個位數，這說得過去嗎？當然，了解我們珍視的事物後，我們將擴大開發並使用對創造高薪就業機會有所助益的技術。

第三，雇主應該負起更大的責任培養自家勞工的就業能力。由於技術的採納速度經常受限於現有員工的技能組合，若雇主能更積極培養自家勞工的就業能力，對所有雇主的集體利益也將是有利的。而當員工的工作與就業機會被取代，企業應該為那些人員負起責任，並將這項責任視為商業計劃與維護社會許可的一環。舉個例子，幾年前，美國電話與電報公司（AT&T）研判，該公司大約有一萬個就業機會可能在十年內消失，但AT&T 並沒有因此解雇相關人員並雇用其他人，而是投資十億美元，訓練這些員工投入那些未來就業機會的能力。

第四，一般用途的新技術提供者有責任探討如何以創造最多就業機會與更廣泛社會利益的方式，來開發它們的產品與服務。導致不平等情勢惡化的並非全球化與技術，而是我們回應全球化與技術的方式。我們向來假設水漲船高，漠視歷史帶給我們的教誨，也就是變革性技術會帶來長達幾十年的調整。此時此刻，我們必須聚焦在如何藉由技術的部署來提升現有就業機會的技能（而不是取代那些就業機會），以及如何根據我們對未來就業機會的預測結果，培養相關技能。舉個例子，領導性人工智慧公司DeepMind 成立了倫理與社會研究單位，協助技術人員實踐倫理道德，並幫助社會預見 AI 的影響力，並加以引導，好讓它能為多數人效勞。

除非我們選擇「將數位納入設計」（digital by design），否則我們最終將變成「設計由數位出發」（digital by default）。我們不該以科技巨頭的視角來看待技術，畢竟在那些科技巨頭眼中，演算法的作用是要取代人類，並將人類的互動組織成能供以大數據為中心的商業模型使用的模式。我們應該要先評估，我們希望技術幫忙實現的結果價值是多少，例如減碳與改善勞動力的報酬。碳稅與其他能鼓勵人力資本較密集部門進行擴張的誘因可能有幫助。麻省理工學院的戴倫‧艾塞默魯（Daron Acemoglu）教授主張，我們應該更進一步，重新引導技術變革（其路徑並非「預定」）本身的方向。如果技術會造成巨大的經濟與社會成本，從而偏向對勞工不利，那麼，我們就得緊急思考如何透過改變企業監理方式、技術監理方式，以及政府與技術提供者和領導者的交流方式等，及時改變技術變革的方向。

第五，我們必須專注於培養初階至中階勞工的技能。擁有最高技能的員工本來就會透過他們所扮演的角色與他們既有的門路而持續學習。而要獲得普惠的成長，就必須下定決心培養所有社會階級的技能。另外，應該特別著重與現有技能相關或以現有技能組合為基礎的技能。

第六，不言而喻，無遠弗屆且讓人負擔得起的寬頻網路是一種權利。普惠型成長必須做到覆蓋全國各地、且讓民眾有能力負擔的寬頻網路。寬頻服務提供者的一般服務義務與競爭政策的設計，應該要能達到鼓勵全民採納的目標，不能只是大多數人採納。在 COVID-19 疫情延燒期間，引來最大反感的不平等議題之一，就是寬頻網路存取的不平衡，這個問題對各社會階層的教育結果與就業前景造成了直接的衝擊性影響。我們應該探索所有能實現這個目標的選項，包括增加外國競爭，乃至直接越過現有技術的低軌道衛星系統等。在遠距工作愈來愈普遍的這個世界，資訊與通訊革命技術最終有可能實現地理上的立足點平等。

第七，為了促進勞工動力流動（labour mobility）並鼓勵適當保護從事產業界新興就業形式的勞工，我們需要新的勞動市場機構。英國的《泰勒報告》（*Taylor Review*）檢視了現代勞動實踐後 [22] 表明，關於工作，現有的（概念性與法律）定義並不適當。零工經濟體系裡有一群既不屬於自雇者、也不屬於受雇員工的第三類勞工，他們比較像「獨立承包商」。必須明確定義「雇主」／平台提供者對這類勞工的責任。這些勞工應該要能享受和一般勞工類似的保障——以勞工權利與安全網等而言的保障。由於很多 COVID-19 相關的勞工支援計劃完全排除了這個成長最快速的勞工階級，便可說明為何這是一項必要的任務。《泰勒報告》指出，平台勞工應該繼續享受現有的彈性，但他們的所得至少也要能達到全國最低工資水準，而且要能享受最基本程度的保障（假日與有薪病假），同時要給予他們在工作上獲得進展的途徑。其他議題還包括改善應徵者與就業機會媒合的技術解決方案，乃至數據可攜性（data portability）（包括過去的名聲紀錄）的新框架。

最後，我們需要澈底省思怎樣的教育才能真正實現終生學習。每一次工業革命最終都伴隨著致能（reputational histories）機構或教育機構的重大創新。隨著工作不再是終生制，在那樣的就業市場上，我們要針對不同層級的教育（小學、中學、高等教育與技職教育）進行什麼變革，才能滿足未來的技能需要？

儘管「幼兒教育攸關重大」已成為老生常談，但這是不可抹滅的事實。這並不是說要把幼兒送到學校去，而是說要讓他們參與所屬的社區，並與具備多元背景和成就的民眾共同組成社區。必須使公立學校系統成為社會流動與卓越成就的途徑。專為權貴階級設置的教育系統，不管是在經濟上、社會上還是道德上都會造成災難。優秀的公共教育需要招聘、訓練

與改造教師，包括給予小學與中學教師休假，例如新加坡的做法。優秀的公共教育需要做到因材施教，讓擁有不同優勢的學生可以透過差異化的學習路徑受教，不過，也必須兼顧彈性，讓學生得以在不同群體之間移動。那樣的教育方式將需要進行重大的投資與不斷的實驗。

在這個平均壽命可能逼近一個世紀的世界裡，如何將職業生涯中期的再訓練予以制度化，並將這項訓練整合到社會福利系統中，無疑是重大議題之一。根據小學、中學和第三級教育的普遍性原則，打造一個第四級教育系統的時機即將來臨。我們需要發展社會福利計劃來支持那種生涯中期訓練，因為當勞工達到這個必要的正式再培訓期的年紀時，將更可能有伴侶、可能會有孩子和房貸。長期下來，由於有超過一半的人口將進入第三級教育與第四級教育領域，技職培訓的必要性將勝過一切。

與此同時，大規模的再訓練計劃也有存在的必要，例如英國的彈性學習基金（Flexible Learning Fund）與新加坡的未來技能計劃（SkillsFuture programme，這項計劃為二十五歲以上的所有公民提供超過兩百五十英鎊的學分費，讓他們用來支付經核准的工作技能相關課程）。除了這項學分費，新加坡也為四十歲以上的新加坡人提供最高九〇％的慷慨補貼。根據未來技能計劃的執行長所言，那一項支出改變了民眾對持續再培訓的心態，這個收獲遠比那一項支出的報酬重要得多。

這些政策的整體定位應該是要賦予全民蓬勃發展的機會。團結一致就是要合作。團結一致關乎再造，和再分配較無關係；授人以魚，不如授人以漁。檢驗的標準應該是觀察每個人一生的實質所得與前景是否持續成長。目前，在許多社會，大量民眾的工資長期停滯且不見改善，這在道德上不合理，在政治上也說不過去。這的確是一個很高的障礙，卻是企業、社會、政府與家庭全都必須努力克服的障礙。

公平與責任

我擔任中央銀行官員後，領悟了兩個主要教誨：「市場公平」的根本重要性，以及唯有市場參與者共同扛起責任，市場才能維持永遠的公平。從金融市場到就業市場，公平與責任是共存的。

儘管令人痛心，但各個機構總是能輕易以各種傷害公平性的方法發展。艾塞默魯與詹姆斯‧羅賓森（James Robinson）將開發中國家的劣質機構歸咎於殖民統治，因為當地的許多結構是殖民統治者為了剝削人民財富而設置的。[23] 由於機構是社會累積學習成果的一種表現，所以，儘管開發中國家已經歷過法律、經濟與政治上的改革，這些系統迄今仍具影響力。一旦貪腐風氣盛行，光靠正式的法律絕對不足以將之根除。諾斯也指出，那種路徑依賴是劣質機構擁有強韌生命力的主要禍首。

尼爾‧弗格森（Niall Ferguson）在他的賴斯講座（Reith Lectures）中，把焦點擺在原本健全的機構最終怎麼會走向衰敗。在弗格森眼中，西方國家的停滯可歸咎於忙著保護現狀並抑制成長的機構。[24] 他舉的例子包括受到過分監理與大到不能倒的銀行業者，以及被教師工會把持的美國公立學校等。弗格森認為，西方企業並未因非官方的尋租文化受損，而是被約束經濟活動的繁重監理規定與昂貴的法律費用所害。弗格森的論點和曼瑟爾‧奧爾森（Mancur Olson）的精神不謀而合，奧爾森相信，長期下來，穩定的社會會漸漸形成許許多多利益團體，而這些利益團體將會掌握愈來愈大的勢力，並造成機構硬化與疲弱的經濟成長。[25]

路徑依賴與機構硬化適用同樣的療法——普惠。艾塞默魯與羅賓森強調，打造能鼓勵大量民眾經由密切的政治互動來參與經濟的機構是非常重要的。弗格森則表示，機構必須由一國的公民建構，而非該國的律師。根

據這些人的論述，經濟都取決於政治。這呼應了諾斯的精神，諾斯在一九九三年領取諾貝爾獎的演說中強調，確保公平與開放的市場，是「一個錯綜複雜的過程，因為它不僅必須打造經濟機構，也必須要有適當的政治機構來強化那些經濟機構。」

為了維持正當性，機構必須趨向普惠並遠離壓榨。機構必須永遠保持警惕，以確保它們能時時刻刻造福整體社會，而且不受權勢者擺布。

誠如我們先前已討論過的，機構是遊戲規則，它們是架構我們的政治、經濟與社會互動的約束力量。而公平是機構取得正當性的基礎。

法律、規定、規範與常規必須平等適用，也必須被視為平等適用，這一點攸關重大。不能內部人士和權貴者適用一套規定，其他人又適用另一套規定。這就是當權者違反 COVID-19 限制規定時，最後往往被迫辭職的原因。這也是全球金融危機過後被公諸於世的一系列金融體系不公平現象與醜聞，對金融業（某種程度來說，也對市場本身）的正當性造成極大危害的理由。

雖然通常來說，市場是一股向善的力量，但市場還是有可能出差錯。若不加以看管，市場容易變得不穩定、不節制與濫用。我們需要的是能實現永續繁榮且實在的市場，不需要在金融危機前發展出來的那種市場：那是一旦遭遇外部衝擊就會崩潰的市場、在聊天室進行交易的市場、似乎沒有任何人為任何事當責的市場。

全球金融危機過後，世人才發現很多理應強健的市場不是被縱容，就是非常腐敗。

● 主要的銀行業者變得大到不能倒，並享受「正面我贏、反面你輸」的泡沫特權營運條件；

- 為求取個人利益而操縱市場比較標竿的狀況成了家常便飯；以及

- 股票市場展現出一種邪惡的公平意識，公然偏袒因掌握技術而強大的人，未以相同標準對待散戶投資者。[26]

實在的市場是專業且開放的市場，而不是非正規且玩小圈圈的市場。實在的市場是靠實力競爭，而非在網路上勾結。實在的市場有韌性、公平且有效率，這樣的市場能維護它們的社會許可。

實在的市場並非得來全不費功夫；這些市場取決於市場基礎建設的品質。健全的市場基礎建設是一種公共財，這項公共財永遠都面臨著儲備不足的危險，因為最好的市場會持續不斷創新（注：導致基礎建設不足或不堪使用）。唯有所有市場參與者——公共與民間——都承認他們對這整個系統的責任，才能管理好這項固有風險。

為了將市場的影響力最大化，並維護市場運作所需的必要社會資本，我們必須採行維護市場效率與公平性的措施。這需要適當的硬體基礎建設（例如公平、公開的市場交易與交割平台）以及軟體基礎建設（例如規定與監理法規）。也就是說，必須促進競爭。它需要透明度——包括所有攸關資訊的發布，以及確保所有人都能平等取得相關資訊。誠如第九章所述，為了引導各個參與者理解這一點，英格蘭銀行協助研擬了固定收益、外匯與大宗商品市場的公平與效率市場原則。[27]

對市場參與者灌輸更大的責任、以及隨之而來的更大公平性的方法之一，就是確保所有市場參與者都會因這場賽局而有「切膚之痛」；換句話說，要確保個人必須為失敗扛起責任，並承擔起失敗的後果。舉個例子，我們在第七章與第八章談過，大到不能倒的銀行業者的存在（許多人將之

視為「正面我贏、反面你輸」式資本主義的醜聞之一），是導致外界愈來愈不信任金融業、權貴分子與市場體系的主要因素之一。因此，為了終結大到不倒的銀行業者而進行的改革極度重要，尤其若這種改革能和高階經營階級薪酬結構的巨大變革結合在一起，將能有效恢復外界對他們的信任。

這場危機的關鍵教誨在於，以短期報酬來計算高額紅利的薪酬計劃，會變相鼓勵個人承擔過高的長期風險與極端風險。當時，每個人都只看眼前的利益，視未來如無物。為了讓更妥善設計的誘因與公司——乃至更廣泛的社會——的長期利益趨於一致，目前銀行產業的薪酬規定，已將相當高比重的薪酬遞延到未來再發放（最長遞延七年），從而將風險與報酬緊密結合在一起。根據這個做法，如果有證據顯示員工個人、他們的所屬團隊或公司從事不當行徑、犯錯或是未能善加管理風險，公司方面可縮減對他們發放的紅利。

倫敦銀行間隔夜拆款利率與外匯市場定盤價等醜聞，是經濟機構有可能被某些特殊利益團體把持的實務案例，這些案例事後都因普遍社會利益的考量而遭到改革。倫敦銀行間隔夜拆款利率是一項公共財，是世界上最重要的利率之一，因為它是數兆美元的不動產抵押貸款、企業貸款與衍生性金融商品合約的參考利率。所以，二〇一二年，幾家銀行互相勾結的證據被公諸於世後，外界相當震驚；事實上，外匯市場上也發生過類似的作弊行徑。

我們曾經談過，要重新為這些市場打造公平性，常見的倡議有兩類。首先是改革硬體基礎建設（包括市場比較標竿、交易平台與監控系統），讓參與者更難以作弊。此外也一樣重要的是改變軟體基礎建設，也就是管理市場的規定與準則。民間部門已利用普惠性機構的原則，設計了全新的準則與標準，期能實踐公平市場的原則。主管機關也已鼓勵市場參與者發

展易於理解且廣受遵循的市場作業標準；最重要的是，這些作業標準必須能跟上市場本身的發展。[28]

誠如第九章強調的，如果準則沒有人讀、沒有人遵守或沒有人強制執行，那麼就算設了準則也毫無用處可言。這時就輪到諸如英國高階經理人制度之類的措施上場了。高階經理人制度鼓勵公司行號將自願性的準則納為內部固有的準則，並藉由重建資歷與當責之間的連結，使這些自願性的準則能夠發揮更大的效率。

最終來說，就像本書一貫強調的，社會資本並不是契約性的。儘管我們能利用薪酬配套計劃將報酬與風險調整到更一致，但那類計劃不可能將個人行為對系統風險的影響力（包括對這個體系的信任的影響力）完全內化。誠信無法靠收買或立法而來。即使有最好的準則、原則、薪酬計劃與市場紀律框架，商業界人士還是必須時時捫心自問他們是否堅守應有的標準。市場參與者必須成為真正的利害關係人，承認他們的行為不僅會影響到個人的報酬，也會影響到他們所運作的體系的正當性。

所有市場參與者都應該承認，市場誠信是維護永續系統的根本要素。而要培養這種團結一致、休戚與共的意識，我們最終必須將商業活動視為一種使命，一種具高倫理標準的活動，而這又進而傳達某種責任。要做到這些要求，首先必須提出正確的問題，例如：金融業為誰服務？是為金融業謀取私利嗎？還是為實體經濟體系效勞？或為社會效勞？此外，金融業人士對誰負責？對他們自己嗎？對他們的企業？還是他們所屬的金融體系負責？

要回答這些問題，首先必須承認，金融資本主義本身並非目的，而是促進投資、創新、成長與繁榮的手段。銀行業務的基本功能是中介，也就是將實體經濟體系的貸款人與儲蓄者聯繫在一起。但在這場危機爆發之

前，銀行業務卻成了銀行業者本身的牟利手段，而非協助企業的工具；當時銀行業者純粹只為了交易而服務，不為關係服務；只為交易對手服務，不為客戶服務。

當銀行業者和最終使用者脫鉤，銀行的唯一報酬就只剩下金錢，在那個情況下，銀行業者不再重視因協助客戶或同事獲得成就而衍生的滿足感。這種人類境況的化約論者觀點，無法作為道德金融機構（支持長期繁榮不可或缺）的良好基礎。為協助重建那個良好基礎，諸如你我這樣的金融從業人員，都必須避免小團體化（compartmentalisation）──也就是將生活切割為不同的小團體，每個小團體各有一套規則；家庭與工作切割、道德與法律切割，個人與系統切割。

為終結這種被切割的生活，企業董事會與經營階層必須定義所屬組織的宗旨，將公司的活力導向改善這個世界的某些形勢。他們必須在組織內部促進一種公平與負責的文化。員工必須與客戶及其所屬社區建立牢固的關係（也就是團結一致）。為了邁向一個再次重視未來的世界，銀行從業人員必須將自己視為所屬機構的保管人，在將這些機構交棒給繼任者之前，設法提升這些機構的價值。

機構必須加以管理的理由，不僅限於機構有淪為監理俘虜（regulatory capture）或流於腐敗的風險。機構也需要關照，因為社會總是會隨著技術變遷而演進。即使在亞里斯多德的時代，財產權也不算是新概念，遑論十七世紀的洛克時代，當時他不斷強調財產權的重要性。史上第一批現代專利是在十五世紀的威尼斯頒發的，當時正值儀器與玻璃製造的密集創新期。史上第一套現代版權法則是一七一〇年在英國導入，這一套法律主要是為回應十五及十六世紀印刷作品的散播而採取的亡羊補牢措施。如今，我們面臨的是一系列新穎的所有權問題，包括因社群媒體與個人數據市場

成長而起的所有權議題。與此同時,生物技術的進步導致我們不得不面對和自身 DNA 有關的特有憂慮,而深偽影像(deep fake videos)的製作,則令人不得不擔心或許有一天,我們連自己的肖像都無法控制。

我們可以利用現有的結構來回應這些新穎的問題(例如像對待好鬥的馬匹那樣應對失靈自駕車的法律責任),但這可能會造成經濟效率低下並對社會有害的結果。零工經濟體系已將許多勞工從員工改造為獨立的承包商,這個差別在法律上非常明確,但和這些承包商與其平台之間實際上的權力關係並不一致。此外,就社會層次來說,「依賴型承包商」的快速成長,已造成愈來愈多民眾的保險計劃、病假、退休金與職涯發展機會等遭到剝奪,因此,法律體制可能要為經濟與社會的利益通權達變、進行調整。

我們有理由擔憂主要科技公司可能會決定機構的演進方式,從而鎖住其自身優勢並阻礙創造性破壞的發生。要讓市場變公平,並敦促市場參與者負起應有的責任,國家——而非企業——必須為市場設置這些基本規定。政府得藉由公平的流程來頒布與維護公平有關的規定,同時以正式結構與非正式慣例來共同維護這個流程,抗拒被俘虜,並順應不斷變化的環境。

韌性

政府向來都未能盡到它最基本的保護職責。政府放任一場大流行傳染病肆虐,導致個人自由遭到大規模剝奪,全體人類面臨失業與醫療不足等風險。而這場雙重危機是在全球金融內爆——導致民眾的儲蓄與就業機會遭受危害——後短短十年後發生。同時,各國政府還得努力保護本國媒體與選舉共有財,以免遭外國干涉。

各國必須採行更有紀律的方法來培養韌性,好讓民眾能經受得起潛在

的衝擊，並使經濟體系能快速從衝擊中復原。我們經歷了許多脆弱性，而各種衝擊在整個體系中串連，導致這一路上的破壞變得更加嚴重，這一切都令人苦不堪言。此外，誠如大到不能倒的銀行業者之醜聞所示，當應該為那些失敗負責的人可以輕易逃脫那些後果，市場誘因就會遭到扭曲，社會資本也會被腐蝕。

韌性使成長成為可能。西方經濟體規模的估計值顯示，從中世紀到一七六〇年工業革命前夕的那段漫長歲月，人均所得幾乎沒有成長。但接下來，奇蹟發生了（請見圖16.5）。

不過，那些總和數字隱匿了實際的狀況。經濟史學家史帝夫・布羅德布瑞（Steve Broadberry）與約翰・華利斯（John Wallis）已說明，期間平均值隱匿了長期成長軌跡中的漫長起伏（請見圖16.6）。他們的修正後指標顯示，一七五〇年以前，儘管平均成長率為零，經濟成長率也不是持平的一條直線，而是劇烈震盪——長時間的強勁成長後，隨之而來的是劇烈的收縮，最終回到原點。他們為英國做的估計值顯示（英國的情況大致上和當時主要歐洲國家的型態相符），西元一三〇〇年至一七〇〇年間，有超過一半時間的 GDP 是擴張的，平均每年的成長率是五・三％。但這些擴張期幾乎正好都被收縮期澈底抵銷，在那些收縮期，平均每年經濟成長為負五・四％。

我的英格蘭銀行同事安迪・哈爾丹（Andy Haldane）曾強調，從工業革命以來，經濟擴張期的成長和工業革命前的狀況相對變化不大，但 GDP 收縮的頻率與代價卻大幅降低。自西元一七〇〇年以來，發生經濟衰退的時間只占三分之一，且自一九〇〇年以來，衰退的時間更僅約占六分之一。在這些收縮時期，一七〇〇年以來的平均年成長率為負二・二％，而到了一九〇〇年以後，收縮期的平均年成長率還是只有負三・

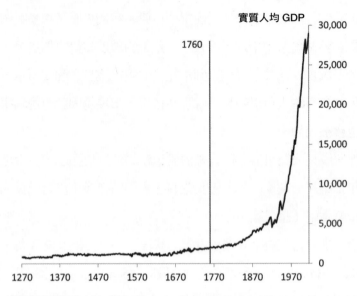

圖 16.5　英國長期實質人均 GDP

四％。「讓黃金時代（Golden Era，自工業革命前夕起）和在此之前的馬爾薩斯派（Malthusian，注：主張人口成長可能呈現幾何成長，但食物或其他資源卻是線性成長，所以，食物與資源的供給不足終將降低生活水準，甚至導致人口衰亡）觀點有所差異」的關鍵是：黃金時代以後不再發生深度衰退，也就是說，黃金時代以後，我們的韌性提高了。[29]

　　為培養韌性，我們必須認清系統性風險的獨特本質。系統性風險並非晴天霹靂式的突發風險。系統性風險源自經濟體系、金融體系、氣候與生物圈內部的相互關聯性與回饋迴路。系統中的這些特質會觸發不良的誘發因子，並導致那些因子進一步惡化。很多衝擊是無法預防的，但我們卻可設法顯著降低這些衝擊的潛在損害。

　　多數系統性風險骨子裡是某種合成誤謬（fallacy of composition），即個人行為的總和既具破壞性且會自我強化。舉個例子，經濟衰退可能因節

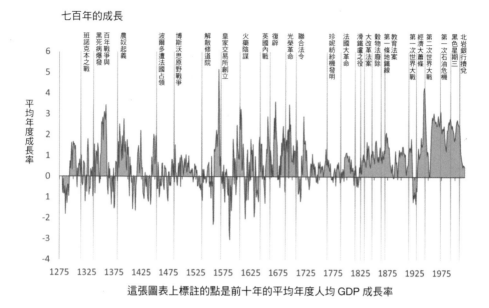

七百年的成長

平均年度成長率

班諾克本之戰
黑死病爆發
百年戰爭與
農奴起義
波爾多遭法國占領
博斯沃思原野戰爭
解散修道院
皇家交易所創立
火藥陰謀
英國內戰
復辟
光榮革命
聯合法令
珍妮紡紗機發明
法國大革命
滑鐵盧之役
穀物法廢除
大改革法案
第一條地鐵線
教育法案
第一次世界大戰
經濟大蕭條
第二次世界大戰
第一次石油危機
黑色星期三
北岩銀行擠兌

這張圖表上標註的點是前十年的平均年度人均 GDP 成長率

圖 16.6　英國七百年的成長

約悖論（paradox of thrift）而進一步傳播——在這當中，個人因擔心失業率上升而（理性地）增加儲蓄的行為一旦結合在一起，集體的影響力就會變得自我實現，導致失業率真的上升。而且，這些動態可能被銀行的行為強化，因為銀行業者總是等到此時才後知後覺轉趨審慎，選在經濟體系最需要信用的時刻緊縮信用。這就是美國次級貸款虧損波及全球金融體系時，真實上演的狀況。累積的經濟衝擊因系統性風險與放大作用的緣故，最後達到次貸最終損失的五倍以上。

　　永久凍土融化或珊瑚礁白化的回饋迴路，正使氣溫上升的危害放大，並加速氣候的危急情勢。這些臨界點正快速消耗碳預算，且可能導致經濟體系發生更大且更快速的調整。而一旦市場被迫倉促地重新為擱置資產以及持有這些資產部位的實體定價，這種糾纏不清的相互關聯性有可能使氣

候明斯基時刻提早來臨。

保護民眾免於受這場疫情影響的必要衛生措施，已誘發了一系列間接的經濟影響，為人父母者被迫待在家裡照顧小孩而無法工作，因此產生的所得折損與更高的不確定性，已在家庭與企業之間引起一種節約悖論，因為個人支出的趨向謹慎（這是可以理解的），反而集體強化了他們最害怕的事——經濟趨緩的程度加劇。

就最高層次來說，我們一向生活在不受約束的資本主義所帶來的系統風險當中。純就理論而言，個人追求股東價值最大化、且不考慮其他利害關係人的態度或許是理性的，但就社會層次來說，事實終究證明，那種態度是災難一場。誠如我們討論過的，市場基本教義主義會透過很多管道，損傷市場本身的社會基礎。這可能具體呈現在系統風險上，包括市場的腐敗，乃至資產價值因社會許可的迅速撤除而遭到破壞等等。企業必須成為可靠轉型至淨零的一環，這一點愈來愈重要，因為當存亡風險發生，社會隨時都能「突然撤回」對企業的許可。

我們可以採取特定行動來培養韌性。首先，應該賦予主管機關辨識系統性風險的具體責任，而主管機關必須採取必要行動來減緩那些風險的衝擊，同時也要勇於承擔責任，解釋當局的作為已實現了什麼進展，還剩下什麼缺口需要填補等等。英格蘭銀行的結構是金融部門的模範，因為它背負著辨識與減輕金融體系與總體經濟體系風險的明確責任、掌握解決那些風險的廣泛權力，並能在必要時刻建議其他主管機關採取行動。

各國需要發展更嚴謹的方法來評估系統性風險，並建立公開的流程來培養韌性。若能參考北歐國家所立下的典範，各國應該也能實現不錯的成果。[30] 芬蘭設有一套明確提及大流行傳染病的法律，而芬蘭就是根據那一套法律才得以聚焦在相關的整備作業上。為了灌輸通盤思考的文化並改善

整備，芬蘭從社會上的每一個角落選出一些領導者來參與國防中心課程，檢討不同領域——運籌、食品、能源、銀行與國防——在危機情境下的運作模式。其他北歐國家則讓公民參與應變計劃的擬定，這個做法和其他先進經濟體相反——在其他經濟體，一般民眾無法參與這類策略。舉個例子，幾年前，瑞典發送了一份小冊子給所有家庭，內容詳述一旦爆發戰爭或網路攻擊，家庭應該採取什麼行動。它的概念是要讓有能力的民眾更有自立更生的力量，這樣一旦問題發生，政府才能專注照料較脆弱的國民。這些普惠的態度能改善決策的制定，並在需要就這些危機應對措施付諸行動時，提高措施的正當性。

第二，主管機關與企業必須為失敗擬訂計劃。我們先前談過，由於各式各樣偏見——包括災難短視（disaster myopia）、雙曲折現（hyperbolic discounting）以及近因偏差（recency bias）——作祟，導致民眾向來不善於預測系統性風險。金融市場可能尤其脆弱，因為它更無法抵擋流動性幻覺的誘惑，且太過依賴「能在愚蠢的大眾之前出場」的策略。舉個例子，二〇二〇年春天，一些承諾將隨時對客戶提供流動性的資產管理工具，反其道而行地將資金投資到流動性基本上非常低的資產（例如企業貸款），並因此面臨被跳樓大拍賣的風險，最後由於市場預期聯準會將大手筆干預，這些資產管理工具才終於得救。我透過經驗得知，繁榮的經濟可能會讓人產生「風險降低」的錯覺，並令人對潛在經濟成長的強度與永續性產生不切實際的期待。但實際上，當你感覺最沒有風險之際，風險卻往往是最高的。

培養韌性的關鍵環節是要打造一個健全的反脆弱體系。具體的例子包括完成終結「銀行業大到不能倒」亂象的措施、培養網路韌性（cyber resilience）、施行氣候壓力測試，並為從事新型態工作的民眾打造社會安

全網。當然，那意指維護大流行傳染病的整備、國防與反恐怖主義量能等。

第三，為失敗擬訂計劃包括採行壓力測試與作戰演習。主管機關必須思考一旦出狀況，將會發生什麼惡果，不要只是忙著辯解為何那個狀況永遠不會發生。不要問你能為市場做什麼，而是要問市場可能對你做什麼。接著檢視各種後果，同時應對外公開這些壓力測試與作戰演習的結果，並採取具體的跟催作為來提高韌性，也要指定某個人來批改你的作業（一如國際貨幣基金對英格蘭銀行的關係：國際貨幣基金會檢視英格蘭銀行對金融機構的壓力測試報告）。

當然，一旦災難來襲，情勢的發展絕對不可能按照事先擬好的劇本演出，換句話說，你預先演練與準備的精準情境不盡然會發生。但誠如美國總統艾森豪（Eisenhower）強調的：「計劃毫無價值可言，但規劃不可或缺。」舉個例子，英格蘭銀行為英國脫歐所做的整備措施，為金融體系的所有環節建立了緩衝、準備金與或有計劃。所以，當這場大流行傳染病來襲，我們迅速為這些整備找到了新用途，並隨即付諸實行。

這引領我們進入第四項措施——建立緩衝並使用這些緩衝。金融危機過後，所有銀行依規定必須保留更多資本與流動性，最大且交互關聯性最高的銀行必須保留的資本和流動性（以「皮古」稅〔'Pigouvian' tax〕的形式，將這些業者對系統性風險的貢獻予以內化）更是可觀。不過，除非那些緩衝可在壓力情境下真正落實，否則就毫無用處可言。中央銀行的工作之一是在風險急速竄升且恐懼指數達到頂峰之際，預防銀行業者之間發生節約悖論的集體行動問題（collective-action problem，注：又稱社會兩難，指在某個情境下，所有個人合作會比較好，但由於個人之間存在利益衝突，因此阻礙他們採取聯合行動）。英格蘭銀行在公投結束後與這

場疫情剛剛爆發之際，就藉由降低資本適足規定並釋出大量流動性來落實這件工作。

誠如我在脫歐公投隔天早上對全國發表的電視演說中所言：「我們已針對這個結果做好準備」——在那之前的幾個小時，金融市場認定這個結果的發生機率只有區區一〇％。而這個經驗也告訴我們，不管你是否認為會有什麼事在你眼皮子底下發生，都必須事先做好整備。

就醫療領域而言，審慎的緩衝包括個人防護裝備的庫存與試驗量能。就網路領域來說，審慎的緩衝包括備份系統與緊急應變計劃。悲哀的是，目前沒有任何緩衝可保障氣候風險；此時此刻，唯一的保護就是催化及早行動，部分可透過可信的碳定價路徑進行。

最後是促進各種不同的多元性。較多元的系統較有韌性。系統性風險會懲罰單一策略與群體思考。因此，在評估風險時，務必促進機構、策略、民眾與流程的多元性。就金融領域來說，不同公司行號在壓力情境下有著不同的承重能力。這是限制跳樓大拍賣的必要元素（賣方必須能找到自願的買方）。從醫療到氣候工程領域，多元化的方法都是創新的必要元素。

永續性

永續發展符合當前世代的需要，而且，永續發展也不會損害到未來世代滿足其需求的能力。永續性的支柱包括經濟、環境與社會面的支柱，但這些支柱已快被我們消磨殆盡，這並非危言聳聽。我們強迫下一代承受的負擔——從巨額的政府債務、資金提撥不足的退休基金、不夠充分的衛生與社會照護，乃至環境災難等——是不公平、不平等且不負責任的。

要實現永續性，我們的思維不能侷限於此地與此時此刻，而是必須超越新聞週期並跳脫政治週期的侷限。在最理想的狀態下，永續政策能以可同時改善現在與未來的方式，從今天起就將未來納入考量。

永續性的支柱彼此互相依存，沒有一個能獨善其身。以氣候危機來說，它始終是下一個世代最主要的優先待辦事項。氣候危機問題的解決方案和我們的財政、經濟與社會福祉息息相關。我們必須善加利用已為了氣候行動而組成的社會聯盟，但若我們未能進行公平正義的轉型，那個聯盟將不會、也不該堅持下去。犧牲經濟體系乃至民眾的生計，就不可能實現環境永續性。同理，若沒有市場動力相助，我們將無法設計出所有必要的解決方案，遑論以夠快的速度落實這些方案。

也因如此，我們必須將市場的力量引導到社會所重視的使命上。誠如第十二章解釋的，要解決氣候變遷問題，必須設定唯有靠整個社會的全面性作為才可能實現的明確目標——淨零。為了「師出有名」，解決氣候變遷的作為必須：

- 目標明確（例如幫助民眾提高自家與工作場所的能源效率、讓民眾有條件能更輕易駕駛電動車、種樹，以及保護我們的大自然遺產。）
- 可預測（建立可信的氣候政策績效記錄，這些政策必須著重於對解決方案的投資，以便吸引大量民間投資）；以及
- 公平（支持將歷經痛苦調整的地區與部門進行公平正義的轉型）

綠色投資機會（未來十年投資金額高達幾十兆美元）匯集了一組獨特的要素：

- 潛在的消費者謹慎態度、就業市場所承受的壓力，以及較疲弱

的出口市場等，可能都意味綠色投資將決定多數國家經濟復甦的強度；

● 長期低利率環境代表推動大規模公共投資是可行的，儘管為打擊 COVID-19 危機，財政支出已創下新高記錄（前提必須迅速由 COVID-19 支出轉為資本支出）。

● 下一個十年，最大的投資機會全都和加速淨零經濟體系轉型有關；同時，這些投資將在國內各地創造高薪就業機會，並促進未來產業的競爭力；以及

● 全球民間金融部門會漸漸將轉型至淨零視為金融業的未來。

這些要素將創造一種三贏局面：更強的成長與更好的就業機會；工業、服務業與金融業的更大出口競爭力；以及實現氣候目標的美好展望。只要善加利用政府財政職能來支持目標明確的投資，同時在碳定價、適當的監理與財務揭露的支援下，為轉型闡述明確的策略方向，以便用最低可能成本來釋放民間投資，便能把握住這個巨大的綠色投資機會。

我們應對永續性的方法也應該善用原住民傳統的智慧。在我的家鄉加拿大，第一民族（First Nations，注：指當地的美洲原住民）知道環境與經濟考量並無孰輕孰重之分，且這兩者並非各自獨立的考量，換言之，他們相信這兩者本質上是息息相關的。在加拿大的很多地方——例如我們的太平洋沿岸與河流——環境等於經濟。而我們的原住民傳統告訴我們，人類並不是與大自然分離的個體，而是大自然不可或缺的一環。我們只是一個綜合生態系統中的一個渺小又卑微的元素，所以我們必須有所付出，才能爭取到從這個環境中取用某種資源的權利，但在取用資源的同時，我們也必須時時尊敬並滋養這個環境。

同理，誠如諾貝爾獎得主帕薩・達斯古塔（Partha Dasgupta）在他為英國政府撰寫的〈生物多樣性經濟學評論」（Review of the Economics of Biodiversity）中所言，永續性意指：認同我們的經濟體系是大自然當中根深柢固的一環——而非大自然外部的事物。這迫使我們承認大自然對經濟體系所施加的限制，從而形塑了我們對永續發展及成長的理解。經由這項體認，我們已開始看見自然資本的價值——包括生物多樣性。過去幾十年，以人均基礎計算的自然資本估計已降低了四〇％，但我們的生產資本幾乎增加了一倍。[31]

鑑於碳預算快速折耗，且財政職能持續降低，接下來幾份預算將對國家實現永續性的作為攸關重大。這將需要使用所有公共政策工具，或是所謂的 3F：財政、框架設定與金融（Fiscal, Framing and Finance）。

財政

當局必須善加利用政府資產負債表，盡可能實現短期成長與長期永續性之間的平衡。政府要投資必要的公共財，同時為經濟體系設定較長期的方向，以催化必要的民間投資。如此一來，政府就能加速朝向經驗證實有效且符合經濟效益的零碳解決方案轉型，同時承擔隱含在氫，以及碳捕捉、利用與封存，還有生物革命（bio-revolution）等新解決方案中的風險——這些是精算過的風險。這個問題過於巨大且太過緊急，除了政府出手，無法用其他方式解決。

十年過去了，碳預算正快速耗竭，我們不能再次犯下全球金融危機後所犯的錯誤——金融危機過後的支出一味追求速成，且流於保守。當時，所有先進經濟體的綠色措施與投資大約僅占總財政提振支出的一六％左

右。只有中國（支出的三分之一）、德國（五分之一）與南韓（四分之三）等國家的支出較長期且綠色導向。影響所及，這些國家已顯著改善了它們的經濟競爭力。

目前的初期訊號顯示，未來依舊大有可為，其中，若以歐元支出為基礎來衡量，歐盟、法國與德國的預算，都將大約三分之一的資源投注到綠色復甦用途。更重要的是，誠如稍後將說明的，已對外公布的許多措施的生命週期影響力明顯提高。因為這些措施會改變「碳的影子價格」，且有潛力在能源系統內創造規模經濟與互補性，從而提升它們的競爭力與採用率。在這個基礎之上，歐亞集團（Eurasia Group）發現，在二〇二〇年二月至七月間的一百個不同提振措施當中，有超過三分之二（五千億美元）可被歸類為綠色措施，而若以最高年度基礎衡量，這些措施估計應該會省下約四億一千三百萬公噸的二氧化碳淨排放（大約相當於波蘭的年度排放量），而若以生命週期的基礎衡量，應該會節省超過四億公噸的二氧化碳排放。[32]

最大有可為的某些可投資領域包括：

- 改善能源效率的住家翻新：透過改善絕緣功能、從天然氣加熱轉為電熱、安裝熱泵與太陽能板等方式。
- 永續電力：要打造零碳經濟體系，我們必須盡可能電氣化，並以零碳的方式來生產我們的所有電力。包括地面運輸以及大部分建築物暖氣的全面電氣化，以及利用電力製造氫氣，再將氫氣使用於多種工業製程與燃料。澈底去除化石燃料發電是不夠的，事情沒那麼簡單。許多經濟體必須在幾十年間將總能源產量增加一倍，才能滿足遠比目前高的需求。

- 興建充電網路，以利轉型至零排放汽車。關鍵的議題是，這種投資雖然相對溫和，初期的投入資金卻必須很龐大，才能克服最初的里程焦慮（range anxiety），同時鼓勵綠色汽車與卡車的快速普及。

- 發展氫和碳捕捉利用與封存技術。氫將是零碳經濟體系的關鍵組成要素之一，它可能在長途貨運、鋼鐵生產、石化製程、海運（以氨的形式）與空運（轉化為合成噴射機燃料）等的去碳化方面扮演主要的角色。碳捕捉、利用與封存技術也將可能在電力部門、鋼鐵與合成燃料和石化製程（氫與二氧化碳可透過這種製程合成在一起，以製造各種不同的產品）中發揮重要的作用力。

- 深度電氣化的經濟體系將自動變得更有效率，而若能配合先進的數位能力來優化每一天、每一週與每一年的電力管理，經濟體系的效率將更加提升。要實現數位能力，需要以高速互聯硬體平台（經由光纖與 5G 網路傳送）為基礎的智慧電網軟體與商業模型創新。

最後一個例子凸顯出永續性三個主要支柱之間的綜效關係。要充分利用綠色投資獲取最大利益，就必須先數位化。就其定義來說，數位化也能彌合 COVID-19 所暴露出來的數位分歧，藉此改善社會永續性。

最大的綜效之一是永續性投資創造就業機會的潛力。平均而言，以一百萬美元的投資支出來說，可再生能源與能源效率領域的永續性投資支出，能創造比傳統能源投資支出多大約五個就業機會。[33] 住宅存量翻新投資是創造就業機會的最好政策，因為這項政策需要花費的多數支出，是付

給工人處理住宅絕緣功能與設備安裝的費用，所以，這種支出能將「支出導致向海外進口設備的風險」降至最低。

零碳發電與電網的每一美元投資能創造的就業機會，少於建築物翻新所能創造的就業機會，不過，那類投資創造的就業機會數依舊很重要，而且，其中很多將是高技能與高薪的就業機會，那類就業機會可分布到各個地區，並有助打造產業聚落，建立未來技術與就業機會的競爭優勢。

聚焦淨零的實現，將能催化巨額的民間投資，而這凸顯出框架設定政策的根本重要性。

框架設定政策是指定調朝低碳經濟體系發展的監理法規、規定、命令、禁令，還有租稅與補貼。明確的能源轉型策略能強化框架設定政策的效用，包括能建立可信度與可預測性的時間表與里程碑。經由這些方式，框架設定政策便能確立長期民間投資的條件，且能推進行動。

「轉型至淨零經濟體系」的清晰策略願景有望大幅降低轉型的成本。民間投資者愈是確定這段旅程的方向、未來投資機會的規模，以及投資作業必須遵守的法律及契約框架，他們要求的期望投資報酬率就會愈低。同理，企業愈確定未來技術部署的速度與本質，它們就愈願意投資技術與供應鏈的開發，資本設備成本與營運成本也會因經濟規模與學習曲線效應而降低得更快。

過去十年，這些效應已使陸上風電、太陽能光電板與電池的成本各降低六〇％、九〇％與八五％。公共政策必須採用一些手段來促成這些技術與其他更廣泛技術組合的進一步進展。這類手段包括：

● 為未來十年設定明確的碳價軌道，使投資者確信高碳技術將變得不經濟，低碳技術將漸漸具獲利能力。

- 鼓勵具體轉型的監理法規。舉個例子,提高最低燃料效率標準以及分階段停止所有內燃機引擎小客車銷售的承諾,將刺激企業加速電動引擎及電池的投資,同時鼓勵投資者支持已擬定最進取的電氣化策略的汽車公司。此外,碳價與要求航空公司提高零碳來源燃料百分比的監理命令,將鼓勵民間加強對永續航空燃料的投資。

- 財務揭露體制的強化,這能逼迫企業與投資者規劃與揭露他們的轉型策略。

碳定價。碳定價是最重要的倡議之一。最好的方法是歲入恆定(revenue-neutral,即這項稅收不影響總歲入)的累進式碳稅。換句話說,平均稅金收入將返還給個人,以產生鼓勵民眾增加低碳專案支出的誘因,而較不富裕的家庭則將因退款受惠。

有意義的碳價是所有有效氣候政策框架的基石。當政策制定者就溫室氣體排放權收取明確的價格,就能確保綠色企業不會因其他製造汙染的競爭者而落入相對不公平的不利地位。此外,碳價能誘使目前的高碳企業以最有效率的方式調整至淨零。碳價應該根據可預測的軌道逐步提高,如此才能支持有序調整至淨零經濟體系的進程,而且碳價的設計必須公平,舉例來說,利用相關的收入來支持低所得家庭。

如果政策制定者確立了轉型至低碳經濟體系的明確方向與速度,金融體系便會積極推行未來政策,確保經濟體系從今天就開始朝那些政策調整。我們在淨零途徑上爭取到的每一年,都可能具備顯著的利益——以淨現值計算,大約是二〇一九年世界 GDP 的五％。可信的行動承諾也能避免擱置資產存量增加(數兆美元)的風險,並意味政策制定者未來將不需

要那麼強力干預。

氣候政策需要廣泛的政治支持才能贏得可信度。通貨膨脹目標制的經驗證明，當政治光譜上所有政治人物都認可一個共同問題，是非常難能可貴的。如果政治人物都能懷抱共同的目標，且預期將勇於承擔責任，進取的氣候政策行動計劃就比較不容易走回頭路。但那樣的廣泛政治共識需要經由明確的溝通與提倡來建立。

各國可藉由建立氣候政策績效紀錄來鞏固可信度。政府必須擬定和長期策略一致的中期目標，並以具體實例證明它們正採取行動來實現這些中期目標——例如設定適當的碳價。

政府贏得可信度的方法之一，是將某些決策授權給獨立的碳委員會制定。我必須聲明，氣候政策的目標（例如在二〇五〇年達到淨零的承諾）只能由民選政府決定。然而，政府可將實現這些目標所需工具（例如碳價）的校準作業，授權給碳委員會執行。責任下放有助於防止短期政治壓力影響具長期重大意義的決策，同時讓各國更快且更有效建立可信度。那樣的機構設置方案效仿貨幣政策框架的設計，一如某些中央銀行必須承擔起監理職權，碳委員會也必須和這些全國性的氣候目標站在同一陣線，監督企業界的排放與其減排目標。

這樣的方法應該搭配適當的當責機制。碳委員會的法定任務必須由民選政府制定，而且必須將這些法定任務明確寫入法令，同時決定適當的當責機制。這一點尤其重要，因為氣候政策可能對財富分配產生非常重大的影響力，使得政治當責更顯重要。

各國政府應授予碳委員會多大的直接控制權？答案因氣候政策的不同領域而各有差異。在光譜上的某一端，政府可以授予碳委員會獨立校準政策工具的直接權力。這樣的碳委員會是最獨立的，也最能隔絕短期政治端

力量對氣候政策校準作業的影響力。但在光譜的另一端，碳委員會只能發表「遵循否則解釋」建議，並由政府決定是否要接受或拒絕那些建議。儘管那樣的方案將使碳委員會缺乏完全的獨立性，卻有助於解決「政府將重大的分配性決策交給非民選官員決定」的合理疑慮。就宏觀審慎政策領域過去的經驗來說，事實證明，「遵循否則解釋」建議是有效結合彈性與政治監督及民主正當性的方法之一。

政府制定的許多其他財政與監理政策可能非常有助於有效展現出淨零經濟體系的輪廓，包括：

- 解決可能阻礙可再生能源擴張之結構性問題的措施（例如促進電網互聯、儲存與智慧充電的投資與監理規定）；
- 提高電動車需求的計劃（例如透過差異化補貼與舊車換現金），以及未來十年分階段停止新內燃機引擎汽車銷售的監理法規；
- 燃料與能源使用命令（例如到二○二五年時，航海／航空燃料必須採氫混合燃料）；
- 制定全新的住宅與商用建築物準則（相關的翻新與綠色房貸支援計劃）；以及
- 針對大型企業設置的氣候揭露與淨零轉型計劃規定。

金融體系能在加速與強化公共政策效用方面扮演決定性的角色。若金融體系能將對未來氣候政策的前瞻性評估列為當今保費、放款決策與資產價格設定的重要參考因素，它就能推進朝淨零經濟體系調整的流程。

系統化評估政策的影響力後，金融業便能透過氣候政策釐清應如何將資金配置到經濟體系的每一個部門。融資活動已開始將氣候風險計入考

量。保險公司也早就將氣候變遷的實體風險融入它們的風險模型。許多最大型的銀行已決定停止放款給高碳產業，而金融市場的價格也開始反映和轉型至淨零有關的風險。

為了管理這些風險並掌握相關的機會，金融機構必須採納前瞻性的策略方法。金融機構放款、保險或投資對象（企業）的碳排放等靜態資訊是一個順理成章的起點，不過，從這些資訊可能無法看出一家企業的未來展望。金融機構必須將企業的轉型計劃與企業對新氣候政策及技術的策略韌性列入考量。

認真閱讀本書的讀者將會熟知，「3R」政策行動計劃——改善氣候報導、風險管理與報酬優化（Reporting, Risk management and Return optimisation）的方法——能確保每一個決策都將氣候變遷列入考量（第十二章曾詳細討論）。主管機關正在建立適當的市場框架，讓民間部門得以盡情發揮：善加配置資本來管理所有經濟體的風險，並把握個中的機會。

活力

活力——即奧地利經濟學家熊彼得（Schumpeter）所謂「創造性破壞狂風」——是成長的必要條件。新企業與概念週期取代舊企業與概念週期，是市場經濟體系的核心，不過，活力並不會自我延續，所以，各國必須小心呵護並積極培育能促進活力的條件。

許多人記得熊彼得說過「創造性破壞」一詞，但卻忘記他提出這個用語的脈絡。熊彼得的著作繁多，但究其核心，那些著作主要是在強調他的觀點：資本主義容易僵化。根據「知識分子的背叛」（the treason of the clerks），大企業傾向變成自我延續的文官組織。知識分子的背叛一旦和現

任者的自然尋租傾向（企圖將其他人所創造的價值的報酬據為己有）結合在一起，就有可能壓制這股創造性狂風。

如果公共政策利商而非利市場，亦即如果公共政策聚焦在目前存在的企業的需要，而傷害到新介入者的利益，上述的情況較有可能發生。愈去中心化的經濟體系愈有活力，經濟部門的領導者也愈可能在新概念問世時做出改變。反之，經濟體系愈集中化，就愈容易造成尋租與鞏固現有優勢者的作為。

誠如約翰·凱所強調，資本主義的巨大影響之一是「發現的過程」。管理型經濟體系（Managed economies）往往對創新不友善，相反地，市場經濟體系仰賴創新來蓬勃發展。多數概念會失敗，但「源源不斷的非理智樂觀主義」偶爾會創造出真正能帶來新解決方案的成就（因為這些解決方案會迅速被仿效並廣泛散播）。因此，容易進場與出場是必要的。顛覆性的創新通常來自後起之秀——例如零售業的亞馬遜，或運輸業的優步（Uber）。同樣重要的是，來自基礎雄厚的現有企業以外的劣質概念，很快就會面臨資金短缺的命運，而且不會消耗過多資源就先凋亡。

促進活力的關鍵策略有六個。

首先，健全的競爭政策是不可或缺的。如今這種政策主要是和明確設定市場界線以及估計合併或企業活動對價格的影響等有關。在技術領域——服務通常是「免費」提供（或者更精確來說，服務是為了換取廣告和個人數據的收集，所以才會免費）——由於不會產生顯而易見的價格影響力，所以，一系列的收購都能順利通過核准。不過，那對會實驗產生不利的影響，也會產生「經濟勢力集中」的有害影響，而這兩種不利影響又會進而會對活力造成影響衝擊。

經濟學家湯瑪斯·菲利彭（Thomas Philippon）經過嚴謹的研究，完

成了《大逆轉》（*The Great Reversal*）一書，他在書中主張，那樣的流程已在美國發生。在菲利彭眼中，美國市場——曾是世界的模型之一——正一步步放棄健康的競爭。經濟部門一個接著一個變得比二十年前更集中，每一個部門都被愈來愈少但愈來愈大的參與者支配，而那些支配者為了保護並擴展它們的邊際利潤而積極遊說政治人物。這種缺乏競爭的現象驅使價格上漲，但導致投資、生產力、成長與工資降低，最終使不平等惡化。在此同時，歐洲——長期因競爭力僵化與軟弱的反托拉斯作為而被當成軟柿子——正在它的戰場上迎頭痛擊美國。從金融業到科技業，目前以促進競爭力的政策而言，歐洲無論是在思想還是行動方面，都成了領導者。

留意這個警世故事的國家應該能實現良好的成果。邁向自滿寡頭壟斷的道路是一條緩升坡。這種平靜生活的代價不會立即顯現，但相關的成本會經由失去創新、概念呆板化，以及愈來愈多尋租行為等日漸增加。我們必須以競爭之名隨時保持警戒。未來將是由目前還名不見經傳的創業家打造。

鑑於第四次工業革命的本質，這種警惕性對數位競爭尤其重要。二〇一九年，哈佛大學的傑森・佛曼（Jason Furman）教授擔任女王陛下財政部解鎖數位時代競爭（Her Majesty's Treasury to Unlock Digital Competition）專家小組的主席。這個小組的核心結論應該能做為未來的政策指引，特別是：

● 各國不應只依賴傳統的競爭工具，而應該採用前瞻性的方法，打造並強制執行一系列明確的規定，限制最顯赫的數位平台的反競爭（anticompetitive）活動，同時降低目前妨礙有效競爭的結構性障礙。

- 這些規定必須以一般公認原則為基礎，並在廣泛的利害關係人共同參與下，發展為更具體的行為準則。應讓消費者（與小型企業）能輕易在各種數位服務中移動他們的數據，建立以開放標準為中心的系統，並讓競爭者能取得數據，從而使消費者獲益，並促成新企業的進入。

- 現有的競爭工具也必須更新，以便更有效率應對不斷變化的經濟體系。「要確保競爭的活力，就必須確保競爭者的存在。」長久以來，購併的管制發揮了這個作用力，而在數位經濟體系的脈絡下，這項管制必須變得更加積極，並採納更具前瞻性的方法，且更聚焦在創新與購併對整體經濟的影響上。此外，即使有更明確的事前規定，事後的反托拉斯強制執行仍將是重要的防護網——不過，為了各方利益，事後的反托拉斯強制執行必須以更快且更有效率的方式進行。

第二，在一個愈來愈無實體的經濟體系（在這個經濟體系，決定競爭力的核心要素是概念與流程），健全的智慧財產權框架攸關重大。很多無形資產屬於「兵家必爭」的領域，因為它們可能輕易遭到盜用與抄襲。除非企業合理預期它們將能取得相關無形資產的勞動利益，否則難以維護企業投資無形資產的誘因。

第三，我們需要一個能支持真實活力的租稅系統。應該給予投資時間與金錢來創造新解決方案的個人公平的回報。此外，由於未來很多最優秀的概念將來自最不顯眼的起點，所以，鼓勵創業投資是明智的。諸如英國企業投資計劃（Enterprise Investment Scheme）等租稅安排，讓各式各樣的初創企業投資（前提是資本必須持有三年期間）獲得租稅減免，從而達到

鼓勵創業投資的目的。許多這類投資勢必不會成功，在那種情況下，投資者應該要能獲得相當於其部分投資金額的所得稅抵減。這類計劃將促成一個鼓勵投資、創造、破壞與再投資的生態系統。我們希望進行實驗，尤其是在發生巨大變化的時期。贏家——能駕馭新技術的力量的人——將會非常成功。另外，還應該考量是否對被轉入新投資用途的資本利得遞延課稅。

或許支持財富創造看起來有點不合時宜，但若要解決目前的諸多挑戰，那卻是必要的。本書明確主張，我們不該從象牙塔的角度來看待財富創造。財富創造和這個行動計劃的其他要素相輔相成，包括：遏制尋租活動的積極競爭政策、強化為所有利害關係人創造價值的企業宗旨、個人責任，以及對公平的承諾——這項承諾能重視與建立市場的社會資本。

第四，要打造一個充滿活力的商業環境，絕對少不了新形態的中小企業融資活動，那類融資管道不可或缺。大數據正為中小企業開啟更具競爭力、且以平台為基礎的新融資機會。這有可能藉由開發新信用額度、提供更多選擇、更精準鎖定目標的產品，以及更敏銳的訂價等等，為家庭與企業帶來巨大的利益。終結人類經濟體系最大集資缺口的重要關鍵在於：善加利用數據的力量。以英國來說，中小企業雇用了超過一半的民間部門員工，其營業額也占民間企業營業額的一半以上，但這些中小企業卻面臨兩百二十億英鎊的集資缺口。[34] 幾乎一半的中小企業沒有使用外部融資的計劃，它們指出，問題出在申請外部融資時可能遭遇到的麻煩和耗費的時間。曾找上銀行的中小企業當中，有五分之二吃了閉門羹。[35]

部分的問題出在中小企業打算用來作為貸款擔保品的資產已愈來愈無實體化（像是品牌價值或是用戶群價值），它們並不是用諸如建築物或機械等實體資產來做擔保。另外，尚未借過錢的中小企業則是缺乏信用評分

所需的歷史數據。不僅如此，防止洗錢以及「認識你的客戶」等法律規定，更讓資源有限的中小企業感到整個申貸流程極度令人困擾。

在能取得豐富數據的世界，上述困擾應該不會發生。在那樣的世界裡，放款人應該會有能力取得更廣泛的資訊組合，並據此制定信用決策。目前搜尋引擎與社群媒體數據已能補充傳統標準的不足，讓資產屬性愈來愈無形的小型企業——包括諸如 Shopify 等電子商務平台，以及像是 Stripe 與 PayPal 等支付服務提供者——能順利取得融資。

為取得真正的進展，中小企業必須有能力分辨哪些數據和它們的業務真正攸關，並將這些數據納入它們的個別信用檔案，同時透過一個全國性的中小企業融資平台，簡便地向潛在融資提供者分享這些檔案。這就是從數據中擷取價值與促進競爭的方法。英格蘭銀行曾為中小企業放款開發了一個開放平台，這個平台能實現開放式銀行業務，讓中小企業更有力量。這個平台一方面能幫助中小企業避免侷限於現有的平台，一方面則使融資提供者得以競逐中小企業的放款業務，從而讓企業有更多可選擇的集資產品，為企業提供更有競爭力的費率，使企業得以在享有成本效益的情況下，快速、輕易取得融資。[36]

第五，成功的國家將成為全球供應鏈的卓越中心以及樞紐。我們將在後續有關全球化的段落談到，這些連結關係必須以價值觀為基礎，才能打造有助於實現經濟繁榮的平台，包括促進中小企業自由貿易的安全數據入口網站以及平台。

第六，社會凝聚力是新的競爭力。企業愈來愈想在朝向永續發展前進的司法管轄區經營業務。真正崇尚多元性、且著重其優勢的進步社會極其重要。社會韌性能衍生經濟韌性，它使以真正受宗旨驅動的企業為中心的利害關係人資本主義變得不可或缺。

本書所要傳達的核心訊息在於，當活力被導向社會重視的事物，活力便能發揮它的最大效率。這種使命導向的資本主義能善加利用市場，實現從淨零到控制疾病（低 R0）、區域團結與社會平等之類的更遠大社會目標。我們在最後一章將談到，影響力投資者往往會非常堅定地朝以上一個或多個社會發展目標前進，並實現具體的進展。先前說過，各國可能採取許多有形的手段來促進企業宗旨，包括：

- 設定企業法律與治理準則，以敦促企業明確地在它們的章程中設定具體的宗旨，並使董事會切實尊重所有利害關係人的利益。監理法規應該要能將經營階層的利益與企業宗旨調整到一致，並建立明確的報導與當責機制。

- 允許諸如 B 型企業與使命企業等新形式的股份有限公司存在，奉行能跳脫營利型股份有限公司實體標準的新原則。經由這些新的公司形式，股東與所有利害關係人便能明瞭企業各項目標的平衡點何在，並讓經營階層得以考慮股東價值最大化以外的其他因素，從而獲得更大的揮灑空間。

- 要求企業在主要財務報告中，報導以永續性報導標準來衡量的利害關係人結果。設定正式的報導規定，以及「遵循否則解釋」的揭露義務。

- 將受託人責任現代化，要求投資者必須負起「了解其受益人的永續性偏好」的責任，並且要求投資者將受益人偏好融入他們的決策，無論這些偏好是否具財務重要性。此外，應明訂投資者的注意義務，從而使他們承認 ESG 要素在識別長期價值與降低風險等方面的作用。

以價值觀為本的全球化

　　商品與勞務生產的全球化，已顯著深化了國與國之間的相互依存程度。從一九九五年開始，外國貿易占全球 GDP 的比重，已從當年的大約四五％增加到目前的七〇％左右，跨國持有的金融資產，也從一九九五年占全球 GDP 的七五％，增加到目前的超過二〇〇％。這個流程部分是受政策選擇所驅動，不過，主要還是受技術進展驅動，在這當中，企業善加利用運輸、電信與運算方面的進步，將全球價值鏈更輕易地建構起來，企業也可進行全球貿易。事實上，目前有整整三〇％的外國附加價值是透過全球供應鏈創造而來。[37]

　　全球化帶來更大的繁榮，但也造成巨大的苦難。這使得國際整合的原則遭到質疑，而作為國際整合支柱的機構，也因此漸漸失去重要性。但就在這個狀況發生之際，透過技術變革而產生的整合力量卻有增無減。看來我們有邁向雜亂且不受控的國際整合的風險，並因此可能在價值觀上作妥協。在這個情況下，如何在進入全球化的第四個階段建立更普惠、更有韌性且更永續的全球化，將是這個世代面臨的決定性挑戰之一。

　　全球化的第一階段是在第一次世界大戰前發生，即使以近年來的標準而言，當時的移民與跨國資本流動大致上不受限制（加拿大的經常帳逆差有三十年的時間平均維持在 GDP 的一〇％，而在這個期間，加拿大的人口增加了一倍）。那時只有少數的國際性機構具備全球性機構的架構，例如國際電報聯盟（International Telegraph Union）。金本位只是當時的慣例，而非正式簽署的條約。國際財產權則是以槍砲彈藥來強制執行。

　　到了兩場世界大戰期間，這些非正式的貿易與資本流動慣例災難般地瓦解。事實上，誠如我們所見，英國因死守這些慣例而垮台。後來，全球

化在第二次世界大戰的灰燼中再次興起，這一次，它奠基於一個以規則為基礎的貿易、資本與開發援助流動架構，並以布列敦森林體系為這個架構的中心。到了一九八〇年代，各國國內的經濟自由化，更是加速了全球整合的步調。

到了第三階段，幾項要素使全球化得以全速前進。柏林圍牆的倒塌以及鄧小平所啟動的改革，促使全球三分之一的人口被融入全球勞動力當中。世界貿易組織的成立，以及中國正式加入國際貿易系統，澈底改造了全球商務。與此同時，技術創新的爆發性成長，使總數達四十億的民眾（只要輕輕點一下虛擬按鍵）得以接觸到人類自古以來累積的所有知識。全球化市場與技術發展之間的共生關係深化，將超過十億名民眾帶離貧窮的深淵，而一系列技術進展，更從根本豐富了所有人的生命。

不過，想當然耳，在光鮮亮麗的表面之下，並非一切都那麼美好。從金融體系開始浮現的嚴重隱憂，引發了一場絲毫不亞於諾曼時代的嚴重金融與經濟危機。幸好我們記取那個世代的教誨，才終得以趨吉避凶。

那一場危機的結果「遠比原本可能的發展好」，但反事實實在難以令人信服。「你原本有可能會更糟糕」並不等於「從來都沒那麼好過」。

事實上，許多先進經濟體的公民正面臨著更高的不確定性，他們對這個體系的失控感到痛心，且對這個體系漸漸失去信任。在這些民眾眼中，衡量整體進步狀況的指標幾乎和他們個人的經驗八竿子打不著。全球化非但沒有帶來一個全新的黃金時代，反而和低工資、沒有保障的就業、無國籍大型企業與顯著的不平等息息相關。

或許經濟學家對自由貿易懷抱著宗教圖騰般的信念，但儘管貿易確實使各國的景況改善，卻沒有讓每一名民眾的狀況同步水漲船高。實際上，貿易的利益被不平等地分散到不同個人與不同時期。

因此，每一個中小型國家所依附的規則基礎型結構目前正面臨巨大的壓力。上流社會不再談及世界貿易組織，哪些國家操縱匯率，美國財政部說了算，而非國際貨幣基金，此外，侵略者用歐威爾（Orwell）式的雙關語否認他們的侵略行為，氣候政策更是被區區一則推文推翻。

　　將這一切歸咎於少數個人的惡棍行為將是錯誤的，因為這些現象的導因根深柢固，且就某些個案來說，那甚至是機構問題所造成的。誠如先前的說明，商品、勞務與資本的貿易需要共同的規定與標準，但那些規定說好聽點是共同主權，實際上卻形同割讓主權。為了維護正當性，就那些共同準則進行協商與達成共識的流程，必須從民主當責出發。

　　問題是，全球貿易的整合傾向使那一項能力縮減，因為隨著價值鏈中的生產活動變得愈來愈支離破碎，各國愈來愈有必要就共同的標準達成共識。但最終那些標準多半不是在世界貿易組織內部設定，而是由在價值鏈中具支配地位的大型經濟體設定。較小型的經濟體最終往往只是國際體系中的規則接受者。[38]

　　若能採用一個以價值觀為本的方法，就有可能建構更普惠、有韌性且永續的全球化。儘管我們無法就具約束力的全球規則達成協議，以處理我們面臨的挑戰，多邊主義還是可以發揮強大的力量。國際社會在幾年前因應金融危機的方式就是個很好的教誨，那一次的經驗可作為一個良好的參考基礎──金融危機過後，即使是不具約束力的規則，各國之間還是會發展出健全的準則與更深層的合作。

　　這個經驗告訴我們，合作性國際主義（Cooperative internationalism）較能因應我們目前面臨諸多問題的複雜性，也較能迎合選民的真正需要。合作性國際主義有以下含義：

- 結果導向，而非以規則為基礎，它尋求促進諸如韌性、永續性與活力等價值觀；
- 讓多重利害關係人參與，且擁有彈性的組成結構（而非通用的組成結構）；
- 具互通性（適用於多重的政治體系，而不是像福山那樣，假設整個世界都朝著自由民主與開放市場聚合）；以及
- 普惠，因為它著重對所有同胞的生活的影響。

各國對金融危機的回應是合作性國際主義的最佳範例。各國在這段時間的回應方式，明顯強化了跨國金融穩定——韌性——的主權責任，同時尊重各國為實現目標而採用的方法上的差異。重點是要透過一種以實現普惠結果為重的流程來達成團結一致。當時我擔任金融穩定局的主席，金融穩定局又是負責這些改革的實體，透過那次個人經驗，我了解到這是一件費時耗日且需要投入非常多分析作業的艱難工作，但最終這些努力也獲得了巨大的回報。

一如金融體系在 COVID-19 危機爆發後的表現所示，當今的金融體系已變得較安全、較單純且較公平。這個結果並非得來全不費功夫，而是全球各地在過去十年所進行的數百項改革的直接成果。這些艱鉅的任務由 G20 的領袖設定，解決方案則是由金融穩定局研擬，並經過我們內部辯論後，在眾人達成共識的情況下決定；接著，這些解決方案被轉移到各國司法管轄區內落實；不過各國並非基於任何條約義務而落實這些解決方案，而是透過一種共同所有權與脣亡齒寒的意識而推行的。

誠如第九章所述，當其他國際整合相關的實體——從貿易到維和機構——都陷入困境，金融穩定局卻成功了，因為它有明確的使命和政治後

盾，擁有合適的成員，並已建立共識，且被賦予決策的權限。

金融穩定局的經驗可作為實現國際合作的成功模型：這是一個遵從準則（這些準則經由共同研擬的方式打造而來，而不是根據條約義務）指引且結果導向的方法。這些準則只提供廣泛的指引，而不是絕對不容置疑的處方，因為我們體認到，具體的對策必須因地制宜，依照不同體系的狀況來設定。

金融穩定局的改革本身是好事，因為採納這些改革的國家都獲得了金融更穩定的成果。我們稍後將談到，這些改革也創造了一個更廣泛融合的平台，讓希望採納這些改革的國家更緊密融合在一起。

我必須聲明，G0 世界的整合將是局部且片段的，不可能像教科書所描述的那麼理想化，但它以主權為基礎，所以也是以價值觀為本。此外，最佳平台應該會獲得關鍵多數的支持（一如社群媒體的最佳平台因網路效應而獲得關鍵多數的支持），最終可能占有主導地位。

若能應用相似的方法來解決全球化所帶來的某些主要挑戰——包括貿易、技術與氣溫——應該也有機會獲得和上述改革相似的優質成果。

跨國貿易——商業價值——可能愈來愈取決於各國是否共同抱持最攸關隱私權、普惠式成長、勞工權利或氣候變遷等領域的價值觀。若各國能實行合作性國際主義，與其他抱持相同價值觀的國家發展共同的平台，就有可能建構更普惠、更有韌性且更永續的全球化。

金融服務業改革可作為結果導向的服務業貿易新方法的平台。基於女性在服務業的就業人口比例遠大於男性，善加利用這個方法不僅有助於解決貿易失衡，也能使成長變得更普惠。與此同時，新金融技術與電子商務平台的結合，也可用來促進更自由的中小企業貿易。歷經幾十年的多邊貿易協定，為從謝菲爾德（Sheffield）到上海，乃至薩斯卡通（Saskatoon）

等地的企業開啟無縫跨國貿易，才是真正普惠的全球化。

　　商品與勞務貿易之間的戰場不對稱，是當前貿易嚴重失衡的導因之一；目前服務業貿易的障礙高達商品貿易障礙的三倍。世界上多數最主要的順差國（如德國與中國）是商品的淨出口國，它們因這種不對稱的狀態受惠。反之，在服務業比較有優勢的國家（如美國及英國）則較有可能會發生經常帳逆差。

　　打造更公平的戰場是讓所有人都能從貿易受益的方法之一。服務業貿易障礙的降低，將讓服務導向型的經濟體得以善加利用它們較具優勢的領域獲取利益。將服務業貿易的限制降到和近幾年商品貿易限制相同的程度，就有可能使全球失衡降低一半。而且，這麼做也能使成長變得更普惠，因為服務業的女性就業人口占比，較男性高一〇％。事實上，過去幾十年，女性工時（淨）增加的部分（在英國，從一九六八年約占男性工時的三七％，上升到二〇〇八年的七三％），全都屬於服務業部門的工時。

　　當然，服務業的自由化並不容易，因為服務業的障礙通常不是關稅，而是監理標準與貿易條件方面的「跨國」差異。正因如此，金融服務業的經驗特別攸關重大。金融服務業的經驗顯示，即使沒有像歐盟那種正式的調和與強制執行機制，我們依然可以透過非約束性的全球標準與監理合作等，大大紓解跨國保護主義方面的疑慮。

　　諸如金融穩定局等實體的主要任務之一，是釐清如何讓各國的主管機關相信它們本國的金融穩定，將不致因其他國度的不當監理規定或風險管理的外溢效應而受到損傷，從而達到維護金融市場開放的目標。共同的標準、開放的資訊分享以及優質的監督合作，能打造一個公平的戰場，並提供必要的信任感，讓各國主管機關在各自的方法能實現不分軒輊的結果時，彼此承認並順從對方的方法。

這為金融服務業的自由貿易提供了一個平台，並建構了一個更開放、整合且有韌性的金融體系；在這個體系，資本能自由、有效且永續地在各個司法管轄區域移動，從而驅動投資與創新。如今，這個金融服務業自由貿易平台可作為更廣泛的服務業貿易自由化的模型。這個方法的例子之一是美國和英國近日簽署的衍生性金融商品協定，這項協定涵蓋了全球三分之二的衍生性金融商品活動。

依據那個模型來發展更自由的服務業貿易，將產生更廣泛的利益，不僅能解決外部失衡，還讓消費者有更多、更好的選擇，並使價格降低。採納這個模型可能會使生產力廣泛提升，尤其因為資訊科技、研究發展、運輸、通訊與金融業等服務，是各式各樣產品的製造活動所不可或缺的元素。另外，更自由的服務業貿易可能有助於重新平衡羅德里克的三難，從規定性的超國家法規，轉為各國互不相同但能實現共同結果的方法。（見第八章）

更自由的服務業貿易可能讓成長變得更普惠，因為當遵守各國不同監理規定的成本降低，受惠最多的將會是中小企業。中小企業是多數經濟體的成長引擎，但這些企業的出口占比非常低。舉英國為例，儘管中小企業貢獻了三分之二的出口附加價值，它們的出口卻僅占總出口量的三分之一。中小企業未能充分獲得出口代表性的主要原因，是跨國經商成本——從遵守不同國家的多元監理規定，乃至國際資金轉移的成本——遠高於境內經商成本。這些沉入成本對較小型的企業來說負擔較為沉重。

經過幾十年的「多邊」貿易協定，我們有充分理由主張，中小企業自由貿易的時機已成熟。這才是真正普惠的全球化。為達到這個目的，各國可善加利用作為新經濟體系中心的 Shopify、天貓、Etsy 與亞馬遜等中小企業平台。這些平台讓較小規模的企業得以直接參與本地與全球市場，讓

它們得以繞過大企業，以一種匠人全球化的形式參與——這是一場可能使家庭手工產業東山再起的革命。

要讓中小企業得以更自由地從事貿易活動，除了降低關稅並承認產品標準（透過聚焦在結果上），還需要：

- 降低跨國支付成本，因為那些成本可能比國內支付成本高十倍；
- 改善中小企業取得融資的能力，部分做法是使用更廣泛的數據與企業的社會足跡，一如先前的內容所討論的。

新技術開啟了改造零售支付的潛力，包括可藉由中央銀行數位通貨開發來打造的各種可能性。使用者可在訊息交換平台上交易這些通貨，也可和參與的零售商交換。如果設計得當，這些數位通貨將大幅改善金融普惠，並大幅降低國內與跨國支付的成本。

適用社群媒體平台的準則與監理規定的相關辯論，是在那些平台已經被數十億使用者採用很久以後才展開的；支付和通貨等創新的參與條件則不同，啟用之前得先正式通過。這些參與條件必須符合審慎監理與消費者保護的最高標準，且必須能解決反洗錢、數據保護、營運韌性等議題，同時還必須採用可促進競爭的開放平台形式，使新用戶能以平等的條件加入。

這就是拉加德和我聯手設立一個主要國家中央銀行工作小組來探討中央銀行數位通貨開發議題的原因。我們都抱持相同的價值觀——韌性、普遍性與活力——也同意以一個務實的方法，確保這項大有可為的技術途徑之開發能以服務公民為考量，而非以服務科技公司為重。我們期待這個解決方案能聚焦在結果（聚焦顧客服務與保護，並藉由強化金融穩定來實現這些結果）、有韌性，由利害關係人發展，同時有一個能讓其他人在未來

加入的開放平台。

　　上述種種倡議的共同目標是要將機會雨露均霑、散播到社會上的所有階層。相關的倡議包括強制性的勞動力訓練、通用技能措施、促進企業社會的租稅誘因、有效率的市場監理法規、利害關係人權利的平衡，以及中小企業自由貿易等等。要實現這些目標，核心的挑戰在於：如何在強化社會價值觀的同時，在全球整合的經濟體系裡開發各式各樣的機會。

　　國家能發揮根本的經濟作用力，但國家不僅僅是市場的集合體，也不單是貿易協商者。政府體現了諸如機會平等、自由、公平、區域團結與關懷未來世代等集體理想。它可以設定國家目標，例如公正轉型至淨零經濟體系，或實現全民訓練，使所有人都能獲得第四次工業革命的甜美果實。

　　近幾年，不管是全球主義者還是民族主義者，都經常貶低這些理想，而在這個過程中，他們也鞏固了買賣交易導向的狹隘民族意識。這種狹隘的意識認定國家只有割讓主權和奪回主權這兩種選擇，要麼為了加入較大的市場而割讓主權，要麼為了贏得貿易戰而奪回主權。愛國主義則和這種自我本位的民族主義相反。馬克宏曾強調：「一切以我們自身的利益優先而罔顧其他人的利益，將抹滅一個國家最珍視、且讓國家得以保持生命力的事物：它的道德價值觀。」童貝里於聯合國發表演說的那一天，歐盟主席唐納‧圖斯克（Donald Tusk）也在聯合國表示：

　　歷史顯示，我們有多麼輕易能將一個人對祖國的愛轉化為對鄰國的恨、多麼輕易能將一個人對自身文化的驕傲，轉化為對陌生文化的鄙視、多麼輕易以維護自身主權的口號來反對他人的主權。

　　我們真的很容易將自立與主權混為一談。解決「經濟整合的明確利益」與「實現整合所必須的合作（合作可能難以實現或解釋）」之間的固

有緊張關係，是核心的挑戰之一。以很多個案來說，這個緊張關係其實是一種幻覺，因為國際合作非但不會奪走國家的主權，還提供一個贏回主權的管道。

我還在念書時，經常搭公車往返牛津與倫敦，當時我總會以一個地標來判斷何時該準備下車。那個地標不是大學城裡的夢幻尖塔，也不是這座首都的大理石拱門，而是海丁頓大街上一棟離我就讀的學院還有幾英里的排屋。在這條原本毫不起眼的街上，一名男子在他的屋頂上建造了一座巨型鯊魚雕塑，那條鯊魚看似正要攻擊他的屋頂，這讓他的鄰居很不爽。這名男子部分是受車諾比核災的催化而打造這座雕塑——他希望透過這座雕塑來表達他對海外的生存挑戰如何可能迅速變成本地生存挑戰的那種「無能為力、憤怒與絕望」的感受。多年來，我常常回想起那條鯊魚，因為會跨越國界的不只是核子落塵，還有金融動盪、網路犯罪與氣候混亂。一個國家阻擋鯊魚入侵的能力有多強？對於嘗試阻擋鯊魚入侵的國家來說，它們的國民又被迫失去了什麼貿易與投資機會、概念以及創造力？

我們絕對不能誤把自立當成主權。德拉吉曾強調：「真正的主權不是體現在制定法律的權力之上——這是法律上的定義——而是體現在控制結果與回應民眾根本需要的能力中，而民眾的根本需要就是約翰‧洛克所定義的：民眾的『和平、安全與公共利益』。」[39] 事實將證明，即使是有意願且有權威的人，都難以藉由單獨行動來解決我們面臨的挑戰。而且，其中很多挑戰需要國際協同行動才能解決，而國際協同行動更是難上加難。所以，以很多情況來說，各國需要設法和志同道合的國家合作促進共同的價值觀。

我們應該從金融業的例子重新振作起來，這個例子證明，透過以下方式，合作性國際主義還是有可能成功的：

- 聚焦在以價值觀為本的結果；

- 願意與多重利害關係人跨國合作；

- 擴大使用軟性合作（而非具法律約束力之全球標準）形式；以及

- 設計一個機制來協助各國以盡可能一致的方式發展各國將要採用的方法。

　　最佳形式的團結就是國際間藉由合作，尋找務實解決具體挑戰的方案。那些具體挑戰包括培養金融體系韌性、公平性與責任，讓資本得以跨國流動，進而創造就業、機會與成長；透過促進中小企業自由貿易來創造活力，讓成長變得更普惠；透過一致認同的方法，將永續金融與類似的全國性對抗氣候變遷等計劃列為主流對策，以促進永續性。

　　重新以共同的宗旨、理想與價值觀應對全球事務，藉此促進愛國主義，是為全民創造機會的國家策略之必要環節。我們需要一種全新型態的國際整合：一種能聚焦在結果、能維護價值觀且保留真正主權的整合。這是機構為實現其宗旨而持續通權達變的最高境界。

　　毫無疑問，這些機構調整將必須既深且廣——像揭露現有秩序脆弱性的現象一樣深刻，像當前進行中的地緣政治秩序重建一樣浩瀚。唯有立足在價值觀之上的國家，才能順利度過這些逆流並蓬勃發展。而若各國缺乏這一章詳述的那類國內倡議來鞏固公平、韌性、永續性、活力，以及——最重要的——團結一致等價值觀，全球整合將無以為繼。

　　就那些倡議達成共識、研擬計劃與採取行動的流程必須盡可能普惠。這一點非常重要。而這件工作必須以進取心與第七個價值觀——謙卑——來完成。

　　此刻，本書便將以謙卑的態度做出結論。

結論
謙卑

重新啟動

　　我睡醒後從不賴床。通常我醒來時，天色都還未明，所以，我會盡可能躡手躡腳走下樓，避免踩到會嘎吱作響的第二階樓梯。接著我會倒一杯水，想想我的朋友尼可萊（Nikolai）曾告訴我的話：水是維持正常認知功能（我漸漸感覺到我一定沒有喝足夠的水）最重要的事物。我特別忙碌時，我會稍作冥想（相信我，冥想能製造時間）再開始工作。沒有時程表，也沒有啟動障礙，畢竟我早已習慣在辦公室睡覺。

　　過去一年，我的通勤方式也和數億名民眾一樣有了明顯的改變。我沒有開車、沒有搭地鐵或公車、沒有騎車，也沒有跑步或散步到辦公室。從家裡到工作地點，只需走幾步路——從床邊走到電腦的擺放處。只要掀開螢幕，我就能抵達任何地方——通常是其他人的住家。少數人會坐在一面企業橫幅前，而較懂得使用技術的人會在向後靠時消失在他們的虛擬背景中。

　　不過，多數人都對於將自己的住家當成工作室和工作站一事感到滿

足。我個人也比較喜歡這種方式。我看過一隻澳洲貓走過鍵盤。我瞥見雪花飄落在愛德蒙頓。我聽見一名阿根廷男孩喊著要吃午餐，敲著和我一模一樣的書櫃。我還常等待被送貨到府服務打斷的對話重新展開。所有人都平等、彼此連結，且人性化。

這個世界正在重新啟動，而本書主張，這個世界應該要朝「由價值觀驅動價值」的方向前進。

謙卑

細心的讀者一定有注意到，上一章的內容並沒有探討到七個價值觀之一：謙卑。這不是我們的疏忽。我們並沒有因為謙卑不好啟齒而忽略它，只不過，國家謙卑策略運動確實可能遭遇不小的挑戰——「我必須聲明，我說的是國家謙卑，而非國家恥辱……」而且，我的確有很多必須謙卑的地方。

謙卑很重要。因為它是一種領導與治理態度。謙卑不會妨礙我們採取行動，它只是承認意料之外的狀況勢必會發生。我透過經驗領略到，就算你認為絕對不可能出狀況，最好還是多想想萬一出差錯會怎樣。這種「生於憂患」的態度值得學習。請想想：如果次貸問題沒有獲得控制會怎樣？如果網路攻擊行動得逞了會怎樣？如果英國無協議脫歐會怎樣？謙卑代表我們承認自身的知識有限，承認將有「未知的未知」事件導致我們迫切需要韌性與適應能力。謙卑的人能為失敗做好規劃，即使他們不知道自己將會怎樣失敗或將在何時失敗。

謙卑讓我們在知道所有答案之前就先設定目標。如果我們謙卑，就不會妄想自己有能力畫出一份世界地圖，並進而描繪我們要走的所有路線，

也不會為了達到（表象的）最高效率而妄想為所有價值貼上一個價格標籤。如果我們謙卑，便能承認若想要找到真正的答案，就必須展開辯論、考量不同觀點以及打造共識等流程。

謙卑的人能體察到菁英治國（meritocracy）的極限。謙卑讓人承認很多事不能排除好運的成分，同時讓人深知隨著成功而來的將是責任——為實現宗旨而應盡的職責。保持謙卑是承認我們只不過是企業、社區與國家的保管人，承認企業、社區與國家裡的每一個人都是平等的，並承認共同利益勝過功利主義。

不確定性

幾年前，我和幾位亞伯達大學（University of Alberta）的學生見面。我和這所大學頗有淵源——家父曾在亞伯達大學任教，家母與舍妹則曾在那裡就讀。當時我覺得我應該為那些學生提供一些職業生涯的建議，所以，我告訴他們，根據我個人的經驗，未來的道路將不會是一條直線。不要試圖描繪未來幾十年的狀況，那完全不切實際，尤其因為很多就業機會、甚至產業很可能明天就會消失。為了讓他們更能理解我的建議，我引用了約翰·藍儂（John Lennon）的評論：「當你忙著制定其他計劃時，你的生活也一點一滴流逝。」[1] 他們緩慢地點點頭，但表情看起來有點困惑，所以，我更明確地補充：「約翰·藍儂是披頭四（Beatles）合唱團的成員之一。」我又怕他們沒聽過披頭四，再補了一句：「披頭四是一支英國搖滾樂團」。

我繼續對他們說一些大道理。我要表達的重點是，每次我和高中或大學時期的朋友——老到還記得披頭四的朋友——見面，朋友們經常會驚嘆他們的職業生涯和年輕時的期待有多麼不同。他們的快樂往往取決於他們

是否繼續追求自己的興趣、是否回饋社區，以及是否繼續忠於自身的價值觀。

在這個脈絡之下，我建議那些學生在展開職涯後，要繼續保持彈性與冒險精神，選擇能讓他們學習新事物與繼續個人成長的機會；另外，我也建議他們在思考每一個就業機會時，不僅要思考工作機會本身是否值得，也要思考它是否能成為一個可貴的經驗，好讓他們藉著這份工作，做好掌握下一個機會的準備。透過那些方式，他們就能培養適應能力、享受自己的人生，且更可能成功。

對即將畢業並進入一個正在發生結構性變遷的世界的年輕人來說，那樣的適應能力特別重要。從 G7、G20 乃至 G0，從第三次工業革命到第四次工業革命。從多元性到普惠——值得期待——等等。這個充斥不確定性的環境蘊藏著為人類的共享繁榮建構全新經濟與社會引擎的巨大機會。在未來幾年，我們將決定這個世界要如何將可再生能源、生物技術、金融科技與人工智慧等領域的根本突破加以商業化。我們將決定這些突破是為多數人服務還是只為少數人效勞。

我們也將決定是否要為了實現與我們的價值觀一致的共享繁榮而重建社會資本——即道德情操。

機會

最後，我建議那些學生，當成功來臨——我的意思是進一步的成就，畢竟他們已經頗有進展——務必要記得「機運」在我們所有人的一生當中所扮演的角色，並且要牢記隨著那個好運而來的責任。

我理應深知這些道理，因為我之所以成為英格蘭銀行總裁，說起來純

粹是一個歷史大偶然。事實上，很多英國人到目前為止還在納悶，怎麼會輪得到我來擔任英格蘭銀行總裁。早年我是為了理解這個世界如何運作，才選擇研習經濟學的——但幾十年來，我並未體悟到主觀革命的經濟學正一步步改變它聲稱要描述的這個世界。

我從未料想過自己會成為一名中央銀行官員。在那之前的許多年間，我輾轉在三個大陸從事投資銀行業務，每隔十八個月或兩年，我就得從這個洲轉到另一個洲工作。雖然那份工作的多元性令人振奮，但我後來發現，我最喜歡處理與公共和民間部門的交集有關的議題，包括種族隔離後的南非，到私營化前的安大略省等相關事務。

因此，當加入加拿大公共服務領域的機會一出現，我便毫不遲疑，欣然接受。幸運的是，由於我一向積極追求我最感興趣的事務，因此也累積了非常多市場與準公共政策的經驗，這些寶貴的經歷讓我得以擠進加拿大央行的大門。在那裡，我從幾位卓越的同事身上學到很多，包括我的前輩道奇與我的繼任者帝夫·馬克蘭（Tiff Macklem）。我很開心能回饋一點綿薄之力給教育我、鼓舞我且給我機會的這個偉大國家。

我被指派為加拿大央行總裁時，我心想，謝天謝地，我終於知道自己未來七年將做些什麼了！畢竟打從國小五年級以來，我就從沒搞清楚自己接下來七年的路將會怎麼走。我的前輩交接給我的是一個狀況優異的經濟體系，一年內排定的定期利率決策會議只有八次。我只需要設定「巡航定速功能」，一切照章行事，別把事情搞砸就好。

糟糕……我差點兒忘了我現在是在談論謙卑。全球金融危機幾乎在我接任後隨即爆發，這毀掉了我的春秋大夢——我以為中央銀行業務代表平靜的生活，代表遠離民間部門的喧囂和狂暴的情緒。不過也幸好經過那些折磨人的歲月，我才有幸向一群卓越的人士學習如何在巨大的不確定性與

壓力之下，解決錯綜複雜的問題。

就這樣，我追隨我的熱情，和一群卓越人士共同合作，再加上一些微妙的機緣巧合——在對的時間與對的地點發生的機緣巧合——我最終在一個意義非凡的時期，加入了英格蘭銀行。這絕對是一個幾乎不可能發生的僥倖。

誠如麥可・路易士（Michael Lewis）曾說的：「這不僅是故作謙虛，而是有理由的故作謙虛。」[2]

責任

重點是我們都很幸運。我的運氣顯而易見。我遇見的那群學生很幸運能在亞伯達大學就學，也很幸運在這個時代當加拿大的年輕人、更幸運能擁有家人、朋友和鼓舞他們學習與發展的良師益友。他們的未來掌握在他們手中。只要他們願意設定自己的宗旨，就能創造他們想要的未來。儘管那個計劃和人生計劃一樣，不會無縫接軌地自然向前推進，不過，只要他們繼續忠於自己的興趣與價值觀，並堅持自己的宗旨，他們的職涯就會如同橡樹，隨著年紀持續增長。

在當今這個世界，天賦異稟又幸運獲得機會的人，有可能獲得巨大的回報。在全球市場上，成功會被放大。COVID-19危機讓這樣的狀況變得更容易發生。只要走幾步路，打開電腦，就能進入預設的數位世界並取得主導地位。這是一個只要靠名氣或運氣就能獲得成就的時期。不過（誠如洛克紀錄的），被給予愈多名氣與運氣的人，卻也背負著旁人對他們愈高的期待。我們必須體認，任何一個人的成就都不是完全靠自己掙來的，所以，我們有責任改善我們工作與生活環境當中的各種系統。這是謙卑的第

一個標記。

　　誠如本書詳述，長久以來，經濟與政治哲學家都高度擁護價值觀、信仰與文化對活力經濟體系的重要性。價值觀包括責任、公平性、誠信、活力、團結一致與韌性等。我們有責任強化這些價值觀，並將它們傳遞給後代子孫，直到這些價值觀向下扎根到無可動搖為止。若能建立使命感，我們就能扮演改善人類機構與社區的保管人，並進一步將這些機構與社區傳遞給後代子孫。

　　企業能藉由實踐宗旨，尋找解決當今諸多社會挑戰的方案，同時扮演負責且積極回應的雇主，並與供應商和顧客維持誠實、公平與持久的關係，以優質企業公民的姿態參與它們所在的社區。

　　此外，國家可藉由促進愛國主義，將機會散播到社會上的每一個角落──沒有任何一個人被排除──並在各個地區與世代體現平等、自由、公平、活力與團結一致等理想。

　　透過這些方式，我們就能重建長期繁榮所需的倫理基礎。每一個人都要避免小團體化──也就是將我們的生活切割為各有一套規則的不同領域，例如家庭生活和工作切割，倫理道德與法律切割、個人與系統切割等。重新灌輸較崇高的宗旨、理想和美德，可能有助於終結這種分裂的生活，並擴大有價值的價值觀範圍，最終將市場的報酬更雨露均霑地散播到各個角落。

　　我們是有選擇的。我們可以繼續放任財務評價窄化我們的價值觀，但也可以打造一個利用社會價值觀來擴展市場價值理念的生態系統。透過這個方式，個人的創造力與市場的活力將被導引到實現社會最崇高目標的方向。

復興

在結束英格蘭銀行總裁任期前幾個月,我參加了康希爾(Cornhill)聖米迦勒教堂舉辦的倫敦金融城新年禮拜。這場聚會向來是在聖誕狂歡之後、展開新一年的工作之前舉辦,是非常受歡迎的聚會。一如過去六年,我被安排坐在(新任)倫敦金融城市長(Lord Mayor of London)身旁。這一年很特別,因為新任倫敦金融城市長威廉‧羅素(William Russell)是我的老朋友。威廉曾是一位非常幹練的銀行家,但此時的他已將多數時間投注在慈善工作與家庭,他滿腦子都是能讓倫敦金融城更永續發展的概念。

威廉的任期才剛展開,而我的任期即將結束。那個早晨,我懷抱著反省的心,重新閱讀了奧理略《沉思錄》(Meditations,注:遠流出版)的部分內容,他在書中提醒我們:人類終將一死,這深深打動了我:

> 住在地球某個小角落的這個凡人的生命微不足道;即使是最持久的名氣也一樣微不足道——因為名氣端賴一連串迅速凋零的小人物來維繫,這些小人物甚至對自己一無所知,遑論知曉某個早已逝去且遠離的小人物。[3]

令我訝異的是,查爾斯‧斯克林牧師(Rev. Charles Skrine)正好也選擇了這個主題作為那天的佈道內容。他先是引用近在眼前的悲劇,接著,他話鋒一轉,將信息延伸到其他更廣泛的題材,他談到了不朽的觀點,也談到了我們當今的生活方式。直接,他對著教堂第一排座椅的聽眾說:

> 我們當中某些人從事遲早要下台一鞠躬的工作……座位的第一排坐著我們第一百二十屆中央銀行總裁與第六百九十二屆倫敦金融城市長閣下。

中央銀行總裁的任期比市長閣下更長，而你們一定也能從教堂後面看到，司琴的任期比牧師更久。

在這一百二十位英格蘭銀行總裁當中，我們說得出幾位的名字？市長閣下呢？……我能在不作弊的情況下，說出我前任七位牧師的大名，但即使如此，我只記得他們的姓，名字卻記不全。但將死之人會感覺他們是自己一生傳奇裡的英雄。

接下來，他引用手上的讀物，以兩個相反的觀點來定調我們短暫的生命：

且讓我們及時行樂吧，因為我們終將一死。如果你將離世的那一刻定調為個人績效回顧的終點，那麼生活便是短暫且壓力沉重的，而這股壓力**將導致你變得不那麼無私、不那麼樂於服務他人。**

如果將視野延伸到入土之後，越過永世的時間，沒有死亡腐敗的陰影籠罩後，我們便能用恰當的眼界與視角來看待生活。

他指的是一種不會輕易被日常家庭與工作「危機」動搖的生活、一種力行宗旨的生活、一種能實現持久利益的生活。

我個人認為，那是一種受道德情操引導的生活，不是受市場情緒支配的生活。那是一種尋求促進分配正義、機會平等與代間公平等三重神聖目標的生活。即使我們未能實現那些目標，那樣的生活也會讓我們體認到，在我們追求美德的過程中，我們不僅幫助自己培養了這些美德，也幫助他人培養了這些美德。那樣的生活讓我們擴大了美德的實踐，並賦予那些美德某種生命。

請為了人類的成果挺身而出。保持謙卑。不管你今天有多麼偉大、或

明天有可能變得多麼偉大，你終究會被遺忘。西敏寺的地下室並沒有我們容身之處。就算有，幾個世紀以後，我們的成就一樣可能被遺忘，到時候我們的名字也會成為謎一般的存在。但我們的道德情操卻能像謎因一樣永久長存，並透過服務他人的價值觀而倍增。值得尊敬的過往將沉積為更美好的未來。

格拉巴酒就是這樣變回葡萄酒的。

附錄

貿易領域的比較優勢

　　比較優勢定律確實存在，但並不是那麼顯而易見。假定葡萄牙勞工能以四小時的勞動力生產一瓶葡萄酒，並以八小時的勞動力生產一匹布；再假定英國勞工生產這兩種產品的生產力都比較高：每三小時的勞動力能生產一瓶葡萄酒，一小時的勞動力能生產一匹布。乍看之下，由於英國人生產這兩種產品所需花費的時數較少，所以，外人可能會以為貿易對英國沒有利益可言。但事實並非如此。

　　雖然以勞動時數來說，葡萄牙生產葡萄酒的成本比英國高，但葡萄牙生產布的成本其實是低於英國的。因為葡萄牙人每生產一瓶葡萄酒，就必須放棄生產半匹布，但英格蘭人每生產一瓶葡萄酒，卻必須放棄三匹布。因此，葡萄牙在生產葡萄酒方面具有比較優勢。同理，葡萄牙每生產一匹布，就必須放棄生產兩瓶葡萄酒，但英國人則只放棄三分之一瓶。因此，英國在生產布方面具有比較優勢。

　　如果這兩國能進行葡萄酒和布的交易，葡萄牙就能專事葡萄酒的生

產，並將其中部分葡萄酒用來和英國貿易，而英國則可以專事布的生產。英國和葡萄牙的景況將雙雙因貿易而改善，不貿易則無法改善。舉個例子，若葡萄牙將生產布的八小時勞動力轉用於葡萄酒的生產，它雖將放棄一匹布，但這些勞動力卻理應能生產兩瓶葡萄酒，而這兩瓶葡萄酒能經由貿易換回兩匹布。英國也受益。將生產葡萄酒的三小時轉移來生產布後，英國的葡萄酒產量減少一瓶，卻能增產三匹布。它可以將其中兩匹用來和葡萄牙貿易兩瓶葡萄酒，讓英國能取得比以前多一瓶的葡萄酒，而且還多了額外的一匹布。

馬克思的剩餘價值

馬克思確認的資本類型有哪幾種？首先，是以機器與其他非勞動力生產工具等形式持有的不變資本（constant capital，c）。馬克思清楚表示，那些機械的根本價值，等於生產那些機械的過程中所嵌入的勞動力（embedded labour）。事實上，馬克思表示：「所有商品的價值都只是已投入那些商品的勞動時間之精準總和。」當這項嵌入勞動力隨著生產工具折舊或被用盡而逐漸被實現，不變資本就能獲取某種報酬。

第二，變動資本（variable capital，v）則是用來聘請勞工與支付他們的工資。

第三，孳息性資本（interest-bearing capital，i）是由透過放款賺取利息的銀行業者供應，而放款是工業家為擴大生產而向銀行申請。

最後，馬克思區分了生產性資本與商業資本（commercial capital，cc）的差異。前者擁有生產工具，並生產商品及勞務。後者則在經濟體系流通這些產品，並為生產性資本提供購買生產工具所需的貨幣。工業資本創造

剩餘資本，而商業資本則讓剩餘資本得以「實現」。

所以，一項產品的全部價值 W（即它的財富價值）可用兩種方式來表達。第一個方式是：以復原勞動能力所需的總額 Ln 以及剩餘價值 s 來表達。

$$Ln + s = W$$

第二個方式是以收入在勞動、利潤／剩餘（p）與各式各樣資本之間的分配來表達：

$$v + c + icc + p = W$$

勞動能力的價值是以勞工的工資以及資本家的利潤等兩種方式來表達。經濟體系的平均利潤規模是總剩餘價值除以總變動資本（用來雇用勞工的資本）與不變資本（投資到其他生產工具——機械、土地、建築物與原物料——的資本）。

致謝

本書匯集了我多年累積的印象、觀點和教誨。它的影響是多方面的。我在公共政策領域的經驗讓我受益良多，深深感謝讓我有機會為這個領域奉獻的人，包括道奇、弗拉赫提與奧斯本。在公共領域服務期間，我從許多傑出的同儕身上學會韌性、創新與責任的重要性，他們是貝利、Jean Boivin、布里登、Ben Broadbent、Agathe Cote、Jon Cunliffe、Brad Fried、Charlotte Hogg、Mike Horgan、Anil Kashyap、Don Kohn、馬克蘭、Nick Macpherson、John Murray、Tom Scholar、沙菲克、Richard Sharp、Martin Taylor、夫利奇與伍茲。我特別感謝史考特，她對共同利益的奉獻，澈底改變了我對宗旨和領導的思維，也改變了我採取行動的決心。

投入中央銀行業務領域期間，我和許多經濟學家共事，他們不僅了解模型，也對道德認識甚深，包括 Nicola Anderson、David Aikman、Alina Barnett、貝爾、James Benford、Alex Brazier、Jon Bridges、Paul Brione、Alice Carr、Ambrogio Cesa-Bianchi、Bob Fay、Jeremy Harrison、豪瑟、Shoib Khan、Clare Macallan、Daisy McGregor、Alex Michie、Tom Mutton、Ben Nelson、Jen Nemeth、Cian O'Neil、Caspar Siegert、Kate Stratford、

Tim Taylor、Greg Thwaites、Jill Vardy、Thomas Viegas、Matt Waldron、Anne Wetherilt 和 Ian de Weymarn。Nicholas Vincent 教授就《大憲章》的歷史和重要性,為我提供了非常關鍵的學術研究意見

許多同事為了改革全球金融業的倡議奉獻心力,包括 Tobias Adrian、Svein Andresen、柏南奇、Benoît Coeuré、Bill Dudley、德拉吉、蓋特納、拉加德、特里謝、Axel Weber 與 Kevin Warsh。有關氣候變遷的章節,記錄了我和幾位領導永續金融主流化趨勢的人士之間的對話(迄今仍持續),特別是 Frank Elderson、Christiana Figueres、易綱、Kristalina Georgieva、Sylvie Goulard、拉加德、水野弘道與 Laurence Tubiana。另外,感謝由葉倫領導的 G30 工作小組提供了有關金融和氣候政策之關係的見解,相關的研究是 Caspar Seigert 與 Sini Matikainen 完成的。

在秘書長 António Guterres、副秘書長 Amina Mohammed 與主席 Alok Sharma 堅定的領導下,由 Steve Field、Yasmine Moezinia 與 Jen Nemeth 領軍的第二十六屆聯合國氣候變遷大會民間金融樞紐,促成了許多最重要的發展。

有一群人正努力設法拉近計算價值與重要價值的落差,他們大大影響了我對價值的未來思維,特別是 Mike Bloomberg、Mary Schapiro 與 Curtis Ravenel——氣候相關揭露小組的先鋒——影響力管理專案的 Clara Barby,國際商業委員會的莫伊尼漢與 Bill Thomas,哈佛大學影響力加權帳目專案的塞拉芬與柯恩爵士,以及國際財務報告準則基金會的 Lucrezia Rechlin 與 Erkki Likkanen。

Richard Curtis、達斯古塔、Jamie Drummond 與童貝里影響了我對氣候變遷的當務之急的想法。我對於創造可能性的藝術(art of the possible)的信心,是受比爾・蓋茲、Jeremy Oppenheim、史登、Adair Turner、Lance

Uggla 以及我在布魯克菲爾德公司的同事包括 Bruce Flatt、Sachin Shah、Connor Teskey 與 Natalie Adomait 所啟發。有關 COVID-19 的章節引用了我和史登、貝斯利、與 Gus O'Donnell 和 Daisy McGregor 等人的重要對話與他們的研究。

經由和 Oliver Baete、Thomas Buberl、Edward Burtynsky、Emerson Czorba、Roger Ferguson、Lynn Forester de Rothschild、Laurence Freeman、哥爾莫利爵士、Paul David Hewson、Philipp Hildebrand、Michael Ignatieff、Father Augusto Ocampo、史考特、尚達曼、黃國松、John Studzinski、Cardinal Peter Turkson 與 Archbishop Justin Welby 等人的討論，讓我得以理解更深奧的價值觀議題。

如果沒有 Jen Nemeth 的創造力、奉獻與知識，本書不可能完成。R. J. Reid、Tim Krupa 與 Eliza Baring 提供寶貴的研究協助，而 Gerry Butts 好心幫我檢閱草稿，並提供了不可或缺的獨到見解。

Caroline Michel 從頭到尾都相信這個案子會成功，她鼓勵我拓展思路，開展視野，並堅持到底。在 Caroline、Rebecca Wearmouth 和她們在 Peters Fraser Dunlop 的同事的協助下，這本書順利被交給我的編輯 Arabella Pike，經過她的巧手塑造，這本書變得盡善盡美。我也很感謝 HarperCollins 的團隊，包括 Peter James（他將這本書編得非常好）與 Eve Hutchings。我還要感謝我的加拿大編輯 Doug Pepper 與 Jenny Bradshaw 的積極和專注投入（還有非常棒的幽默感）。在準備和發表賴斯講座的過程中，本書某些核心主題的輪廓變得更加清晰。我要感謝 Mohit Bakaya、Jim Frank 與 Hugh Levinson 的質疑和引導。

感謝在寫作最緊繃的階段，Nez 與 Hassan Khoshrowshahi、Bill 與 Anda Winters 還有 Sean 與 Mimi Carney 和最無與倫比的 Ruthie Rogers，友情為

我照料飲食並提供居所。

我太太黛安娜（Diana）一直陪伴著我，和我辯論、給我批評指教，並且不斷鼓勵我。我的孩子們逼得我放下自滿，並且不斷質疑我的想法。我的兄弟姊妹們則一如往常給我支持，此外，我時時刻刻都對我的母親心懷感念，感謝她和父親給我的美好童年，更要感謝他們平日傳達給我的價值觀。

儘管我接受了那麼多的支持與協助，本書依然充滿誤謬和疏漏，請將所有誤謬和疏漏歸咎於我個人。

注釋

前言

1. 第一次工業革命（一七六〇年至一八四〇年）期間，隨著蒸汽動力的導入，紡織廠業開始機械化，促使民眾從以家庭為基礎的工廠轉向都會區的工廠。第二次工業革命（一八六〇年至一九一四年）則受電力被導入製造活動所驅動，影響所及，機械化生產線的大量生產模型被導入更廣大的產業界。第三次工業革命（一九七〇年至二〇〇〇年）的特色是從機械與類比轉變為數位，家庭與職場廣泛採用了各式各樣電子產品。

第一章

1. Richard Layard, Andrew Clark, Jan-Emmanuel De Neve, Christian Krekel, Daisy Fancourt, Nancy Hey and Gus O'Donnell, 'When to Release the Lockdown: A Wellbeing Framework for Analysing Costs and Benefits', Centre for Economic Performance, Occasional Paper No. 49 (April 2020).
2. 《新牛津美國字典》
3. 例外者包括教律派，例如本章所討論。
4. Walton Hamilton, 'The Place of Value Theory in Economics', *Journal of Political Economy* 25(3) (March 1918), p. 217.
5. Mariana Mazzucato, *The Value of Everything* (London: Allen Lane, 2018), p. 6.
6. 弗斯特主張，亞里斯多德預見到了後來的多數價值理論的內容與基本原理。亞里斯多德曾說明重商主義者的金銀財富概念，但拒絕接受那個概念。重農主義者受他啟發，主張土地是價值的來源。另外，教律派也引用他對高利貸的譴責。John Fagg Foster, 'John Dewey and Economic Value', *Journal of Economic Issues* 15(4) (December 1981), p. 882.
7. Aristotle, *Politics*, trans. Benjamin Jowett (Oxford: Clarendon Press, 1908), p. 41.
8. Fagg Foster (1981), p. 882.
9. Bede Jarrett, *S. Antonino and Medieval Economics* (London: The Manresa Press, 1918), p. 65.
10. 誠如漢米爾敦（一九一八年）所警告，這造成一個兩難：「將經濟學抽象化，等於是切斷它和中世紀思想的淵源，而這些淵源是經濟概念、原則的來源，所以切斷這些淵源等

於是終結那些概念與原則的生命。」然而，如果反去鑽研整個中世紀的教會體制，那麼經濟便會融入「陰暗的虛無」。（pp. 223–4）

11. 同上，p. 224。

12. Thomas Mun, Director of the East India Company, as quoted in Mazzucato (2018), p. 25.

13. Bernardo Davanzati, 'A Discourse Upon Coins', trans. John Toland (1588): https://quod.lib.umich.edu/e/eebo/A37157.0001.001/1:3?rgn=div1;view=fulltext (accessed 15 December 2020).

14. Robert B. Ekelund Tr. and Mark Thornton, 'Galileo, Smith and the Paradox of Value: The "Connection" of Art and Science', *History of Economic Ideas* 19(1) (2011), pp. 85–6.

15. 以代數來說，「求解」是將 X（即變數）隔離在等式另一端的方法。

16. Sir William Petty, 'The Political Anatomy of Ireland – 1672', in *A Collection of Tracts and Treatises Illustrative of the Natural History, Antiquities, and the Political and Social State of Ireland,* vol. II (Dublin: Alex. Thom & Sons, 1861), p. 50.

17. Mazzucato (2018), pp. 25–6.

18. 佩提的研究和他同時代的喬治·金恩（Gregory King，見上）的研究相輔相成。

19. 見 Hamilton (1918), p. 224, and Fagg Foster (1981), p. 884.

20. Hamilton (1918), pp. 225–6.

21. 他主張只有大自然能夠生產新的事物：小小的種子生出可作為糧食的穀物；樹苗生長為可做木材的大樹；土地生出可興建房屋、打造船隻和機器的礦石。而人類只能**轉化價值**：麵包來自種子、木材來自原木、鋼來自鐵。

22. Mazzacuto (2018), p. 23.

23. 'Who were the Physiocrats?', *The Economist*, 11 October 2013.

24. 「古典學派」一詞是對遠古時代的希臘及羅馬作家與思想家被賦予的地位的一種蓄意呼應，在十九世紀末開始有人使用「古典」經濟學家一詞時，那些思想家與作家的著作依舊被當作最基礎的教育素材。

25. Mazzucato (2018), p. 33.

26. Jesse Norman, *Adam Smith: What He Thought, and Why it Matters* (London: Allen Lane, 2018), pp. 21–2.

27. 誠如諾曼的結論：「真正的亞當·斯密並非自利的擁護者，他並不相信理性行為是一味追求利潤的行為，他不認同自由放任，也不贊成親富人的立場。他也不反政府……斯密並不認為所有市場都有相同的行為模式……也不認為市場會構成一種可能消除（民眾）對政府的需要的自我調節系統。」（同上，p. 241）

28. Norman (2018), pp. 286–9.

29. Adam Smith, *An Inquiry into the Nature and Causes of the Wealth of Nations* (1776; digital edn MetaLibri, 2007), I.ii.16.

30. 諾曼強調這一點，而他是正確的。

31. 誠如斯密所撰：「在一個治理良善的社會，所有不同工藝的產量因分工而得以大量增加，那種普遍富裕有時會延伸到社會階層最低之人。每一名工人自己都有大量超出自身需要的作品要處置；每一名其他工人的狀況也都相同，他因而得以用大量他自己產出的財貨去交換其他人產出的財貨，或他人財貨的價格——這是一樣的。他供應大量他們需要的財貨，而他們也供應大量他需要的財貨，於是，透過社會上各行各業的交流，普遍富足的現象便自然會擴散。」Smith (1776/2007), I.i.10.

32. 「任何特定的貿易或製造部門的某些方面總是和大眾的狀況不同，甚至相反……任何經由這個秩序而來的新商務法律或監理規定的提議——絕對必須高度謹慎聆聽，除非經過許久的時間，否則不能採納並且必須小心檢視——不僅必須以最高規格的謹慎態度來對

待，也要以最懷疑的態度加以關注。」Smith (1776/2007), I.xi.9

33. 同上，I.v.1。

34. 同上，I.v.7。

35. 同上，I.vi.1。

36. 李嘉圖也發明了比較靜態分析（comparative statics），是經濟學的重要分析方法之一，而他也因推廣貨幣數量理論而為自己贏得了經濟學家的聲望。

37. David Ricardo, 'Chapter 1: On Value', in *On the Principles of Political Economy and Taxation* (1817): https://www.marxists.org/reference/subject/economics/ricardo/tax/ch01.htm (accessed 15 December 2020).

38. 儘管有這些改善，李嘉圖還是被迫接受還有其他影響價值的動力存在，而這使得純理論性的勞動價值理論無法成立。儘管如此，他還是相信於製造財貨的勞動力數量是決定價值的關鍵要素。到最後，李嘉圖的價值理論適用於競爭市場上的自由複製的財貨（或商品）。

39. 漢米爾敦（一九一八年）。「這本書沒有任何明確的部分——一方面延伸到一般物質福祉，另一方面延伸到技術、組織與安排——可採用『生產』的標題。相反的，較舊那篇論文中的機構問題被刪去——是為了滿足通貨經濟學與財政改革的目的——或者被不相干地插入，只為了讓一篇學術性論文看起來統一與對稱。」(p. 238)

40. 或許可以用以下的另一個方式來表達：如果我買一座工廠，我不會期待在第一個月就收回全部的投資，我知道要等上好幾年才能回收。然而，如果我在一家工廠工作，我會期待每個星期都收到工資。工人的時間範圍遠比資本家短。

41. Karl Marx, *Critique of Political Economy*, 1857, I.3: https://www.marxists.org/archive/marx/works/1859/critique-pol-economy/appx1.htm#193 (accessed 15 December 2020).「因此，表達其〔資產階級社會〕關係的類別與對其結構的了解，讓人得以洞察所有既存社會關係的結構與生產關係，以及這些社會關係的崩壞如何被用來打造有產階級社會。」

42. 記得嗎？先前的價值理論家為了將內含價值歸納為一個生產要素，全都努力設法以他們選擇的核心要素來說明其他要素，但這件事讓他們頭痛不已。舉個例子，坎蒂隆斷定土地的價值等於維持勞工生活所需產物的價值的兩倍，這讓他得以在所有生產函數（他沒有那樣的函數）中，以 2X 來代替土地。李嘉圖認可的生產要素有三個：土地、勞動力與資本。他也使用一個維生工資（實質上代替了 1X），並以生產機器所需的累積勞動力來代替資本。到這裡為止還說得通，不過，誠如我們所見到的，當他領悟到資本和勞動力報酬的時間範圍不同，他的理論也遭遇一大挫敗。光是調整勞動力品質是不夠的。

第二章

1. Frances Morris, 'On Tate Modern's 20th anniversary, director Frances Morris says we must assert the value of culture', *Financial Times*, 11 May 2020.

2. 這個用語後來是由索爾斯坦・韋布倫（Thorstein Veblen）所創。

3. Morris (2020).

4. William Stanley Jevons, *Theory of Political Economy* (London: Macmillan, 1871), p. 2.

5. Nicholas Barbon, *Of the Quantity and Quality of Wares*, cited in Elgin Williams, 'Nicholas Barbon: An Early Economic Realist', *Southern Economic Journal* 11(1) (July 1944), p. 50.

6. John Stuart Mill, *The Principles of Political Economy* (Batoche Books, 1848/2000), p. 517.

7. Carl Menger, *Principles of Economics*, trans. James Dingwall and Bert F. Hoselitz (Auburn, Ala.: Ludwig von Mises Institute, 2007), pp. 120–1.

8. William David Anthony Bryant, *General Equilibrium: Theory and Evidence* (World Scientific

Publishing Company, 2009), ProQuest Ebook Central, p. 119.

9. Alfred Marshall, *Principles of Economics* (London: Macmillan, 1920), V.iii.7: https://www.econlib.org/library/Marshall/marP.html?chapter_num=31#book-reader (accessed 15 December 2020).

10. Jeremy Bentham, *An Introduction to the Principles of Morals and Legislation*, vol. 1 (London: W. Pickering, 1823), p. 3.

11. John Stuart Mill, 'Bentham', *London and Westminster Review* (August 1838), accessed at Classical Utilitarianism website https://www.laits.utexas.edu/poltheory/jsmill/diss-disc/bentham/bentham.html.

12. Cass R. Sunstein, *The Cost-Benefit Revolution* (Cambridge, Mass.: MIT Press, 2018), pp. 23–4.

13. Layard et al. (2020).

14. Mazzucato (2018), pp. 11–12.

15. 同上，p. 74。

16. 也就是說，所有金融產品與服務。往昔的生產性與非生產性之間的差異早已不復存在。

17. Diane Coyle, *GDP: A Brief but Affectionate History*, revised and expanded edn (Princeton: Princeton University Press, 2015), p. 108.

18. Commission on the Measurement of Economic Performance and Social Progress (Stiglitz–Sen–Fitoussi Commission), *Report* (Paris, 2009).

19. Sunstein (2018), pp. 60–1.

20. 這就是美國聯邦政府會在成本效益分析中明確考量分配影響力的原因之一，這也衍生了倫理學中的優先主義（prioritarianism）學說，這個學說的社會目標是要將福利對象最大化，但最弱勢者優先。出處同上。

第三章

1. 民主黨總統候選人布萊恩在一八九六年七月的一席著名的集會演說，最後以一段漸次加強的論述收尾：「我們有這個國家與世界的生產大眾做後盾，且在商業利益、勞工利益與各地體力勞動者的支持下，我們將這樣答覆他們實施金本位的要求：你們不可將這頂荊棘冠冕強壓在勞工頭上；你們不可將人類定釘在黃金的十字架上。」

2. 擷取自亞當・斯密《國富論》的名言。這句名言也出現在印有他的肖像的二十英鎊鈔票上。整段引言是：「由於分工，所以相同人數能大量增加工作量。」Smith (1776/2007), I.i.5.

3. 「我們的盤中飧並非來自屠夫或釀酒工人的慈善心，而是來自他們汲汲於自身利益的私心。」（同上，I.ii.2）

4. 基於這個理由，某些經濟學家將這個作為記帳單位的運作視為貨幣的最重要特性。事實上，一般人普遍主張，貨幣政策的決定性特質在於中央銀行對記帳單位的控制。請見 Robleh Ali, John Barrdear, Roger Clews and James Southgate, 'The economics of digital currencies', *Bank of England Quarterly Bulletin* (2014) Q3.

5. Agustín Carstens, 'Money in the Digital Age: What Role for Central Banks?', lecture given at the House of Finance, Goethe University, Frankfurt, 6 February 2018.

6. 這是二〇一六年的數據。二〇一五年時，銀行鈔票占買賣交易的四五％，換言之，年減率達到五個百分點，可能和信用卡與線上支付的使用增加有關。

7. 請見 Michael McLeay, Amar Radia and Ryland Thomas, 'Money Creation in the Modern Economy', *Bank of England Quarterly Bulletin* (2014) Q1. 他們提到，有關貨幣實際上是如何被創造出來的，通常和標準教科書上說明的不同，不是銀行在家庭儲蓄時收到存款，再將那些存款拿去放款，而是銀行的放款創造存款。

8. 關於貨幣創造流程的詳細說明，請見上述資料來源。

9. 雖然很多人常說「要信任，但也要求證」的說法出自雷根總統，但這其實是一句俄羅斯古諺，戈巴契夫在雷克雅維克的軍備控制會談中引用了這句古諺。

10. 儘管英格蘭銀行並沒有設計貨幣總量目標，但會採行貨幣政策來確保經濟體系的貨幣創造數量能和穩定低通膨的目標保持一致。在正常時期，英格蘭銀行會藉由設定中央銀行準備金利率的方式來落實貨幣政策。在利率已降無可降的非常時期，英格蘭銀行則會藉由購買資產來落實貨幣政策，但這個做法會產生一個副產品：民間銀行持有的中央銀行準備金數量增加。

11. 亞波島雷石的所有權歷史是透過口說歷史來記錄，是某種形式的現代共識機制。

12. 關於貨幣成色降低的詳細說明，請見 Niall Ferguson, *The Cash Nexus: Money and Power in the Modern World, 1700 2000* (London: Allen Lane, 2001), Chapter 5: 'The Money Printers: Default and Debasement'.

13. Ernest Hemingway, *The Sun Also Rises*, (New York: Scribner's, 1926), as quoted by Agustín Carstens (2019).

14. Isabel Schnabel and Hyun Song Shin, 'Money and Trust: Lessons from the 1620s for Money in the Digital Age', BIS Working Paper No. 68 (February 2018), p. 2.

15. 而且在很多方面代表了中央銀行貨幣的前身，因為支票與直接借記系統促進了其他銀行之間的大批交易。

16. Carstens (5 December 2019).

17. 參見 G. Dwyer, 'Wildcat banking, banking panics, and free banking NOTES 535 Values.indd 536 27/01/2021 22:28 536 VALUE(S) in the United States', *Federal Reserve Bank of Atlanta Economic Review* 8(3) (1996), pp. 1–20；Arthur J. Rolnick and Warren E. Weber, 'New evidence of the free banking era', *American Economic Review* 73(5) (December 1983), pp. 1080–91；以及 Charles W. Calomiris, 'Banking crises yesterday and today', *Financial History Review* 17(1) (2010), pp. 3–12。

18. Niall Ferguson, *The Ascent of Money: A Financial History of the World* (London: Allen Lane, 2008), p.24.

19. 同上，, p. 26.

20. P. G. M. Dickson, *The Financial Revolution in England: A Study in the Development of Public Credit, 1688–1756* (London: Macmillan; New York: St Martin's Press, 1967); David Omrod, *The Rise of Commercial Empires: England and the Netherlands in the Age of Mercantilism, 1650–1770* (Cambridge: Cambridge University Press, 2003); John David Angle, 'Glorious Revolution as Financial Revolution', *History Faculty Publications* 6 (2013), https://scholar.smu.edu/hum_sci_history_research/6.

21. 該銀行可發行有限數量的通貨（受託發行），但不是以黃金擔保，而是以政府的證券擔保。

22. Ferguson (2008), p. 56.

23. 根據一八四四年的《銀行特許法》（*Bank Charter Act*），英格蘭銀行的鈔券發行責任被正規化，英格蘭和威爾斯其他銀行業者的鈔券發行權則開始逐步被取消。

24. 有些歷史學家也指出了一八五〇年代在美國發現大型白銀礦藏的影響，例如 Barry Eichengreen, *Globalizing Capital* (Princeton: Princeton University Press, 1996), pp. 17–18.

25. 同上，, p. 7。「（金本位）的發展……主要拜大英帝國在一七一七年偶然採納實質金本位所賜……英國的工業革命與它在十九世紀的崛起為世界主要金融及工業強權，使英國的貨幣作業變成一種愈來愈具吸引力的替代選項，對於尋求和不列顛群島貿易與有意向它

借錢的國家來說，它的貨幣作業似乎是替代白銀基礎型貨幣的理所當然選擇」(pp. 5–6, 2019 edn).

26. 但金本位邊陲國家的中央銀行並不盡然如此。

27. 主要的癥結並不是一般人所聲稱的固定匯率，而是政府並不覺得有必要為了其他目標而犧牲匯率穩定的態度：Eichengreen (2019 edn), p. 7.

28. 同上，p. 128。

29. B. R. Mitchell, *International Historical Statistics, Europe 1750–1988* (New York: Stockton Press, 1992), p. 840.

30. Ferguson (2008), p. 332.

31. Eichengreen (1996), pp. 34–5.

32. 同上，p. 30。

33. Angus Maddison, *Contours of the World Economy, 1–2030 AD: Essays in Macro-economic History* (Oxford: Oxford University Press, 2007), p. 379.

第四章

1. 詳見 Paul Tucker, Unelected Power (Princeton: Princeton University Press, 2018)。

2. N. Vincent, Magna Carta: A Very Short Introduction (Oxford: Oxford University Press, 2012) 有出色的總結。

3. 他的盟友最終在一二一四年在布汶戰役（Battle of Bouvines）中被擊敗，那場戰役終結了從一二〇二年爆發的英法戰爭。

4. 保羅·拉丁莫表示，通貨膨脹集中在十三世紀的頭六年左右，請見 'The English inflation of 1180–1220 reconsidered', *Past and Present* 171 (2001), pp. 3–29。

5. P. D. A. Harvey, 'The English inflation of 1180–1220', Past and Present 61 (1973), pp. 3–30.

6. 他們負責從國王的資產收取固定的農租。在正常的年度，他們的利潤非常可觀，因為只要交付國王一小筆固定農租，以實質所得來說，各郡的巨額收入比那些固定農租多得多，而他們早就習慣將這項盈餘據為己有。若企圖改革這個系統－即降低實質所得和固定農租之間的不均衡－就可能破壞國王和重要行政司法官與其他貴族官員等管理階級之間的關係，而這些關係對國王的政治安定攸關重大。於是，每一個國王都寧可另外設法籌錢。

7. 誠如 Latimer (2001) 所言，「一一九八年至一二〇六年間，綿羊價格、葡萄酒價格和國庫為定期布料供應支付的價格，都顯示物價急劇且持續上漲。」(p. 4)。

8. Harvey (1973), p. 13. 亨利二世付給他的武士一天八便士，約翰國王則是一天付二至三先令，增幅大約達到二七五％。

9. 不那麼直接的是，我們可以從莊園領主選擇向隸農（農奴）收取現金支付而非強迫他們從事土地勞動的證據來推斷，當時非熟練型農田勞動力的工資勢必也上漲了。

10. 假設那些上漲是發生在 Latimer (2001) 認定的嚴重通貨膨脹期的六年之間。

11. 以非常粗略的角度來說，這邊的假設是，我們可以從現代發現的硬幣數量推斷出十三世紀鑄幣人與鑄幣廠的營運量。有了這項資訊，我們就能接著算出每個鑄幣人打造了多少硬幣（這個時期只有一種硬幣流通，那就是銀便士），再進而計算總貨幣的供給。

12. Latimer (2001), pp. 11–12.

13. R. C. Palmer, 'The Economic and Cultural Impact of the Origins of Property: 1180–1220', Law and History Review 3(2) (Autumn 1985), pp. 375–96.

14. Ben Bernanke, Mark Gertler and Simon Gilchrist, 'The financial accelerator and the flight to quality', Review of Economics and Statistics 78(1) (February 1996), pp. 1–15.

15. Latimer (2001), pp. 15–16.

16. 或許正是這個原因——葛蘭辛法則（Gresham's Law，注：指劣幣驅逐良幣）在十三世紀的體現——外界經常認為考古發現的硬幣貯藏中，包含極高比例的新鑄硬幣。

17. 被逐出教會的約翰在一二一三年宣布自己為教皇附庸，英格蘭為教皇封地，從而讓他恢復教會的恩寵，並說明自己是無辜的，後續他又在一二一五年三月「背上十字架」——也就是說，他宣稱自己是一名十字軍。

18. 亨利一世在西元一一○○年頒發的加冕憲章（一一五四年，亨利二世在他自己的加冕典禮上也認可那份憲章）就是個貼切的例子，因為實質上那份憲章就是後來《大憲章》所參考的草稿，其中有幾項到現在還被視為最重要的條款。原始的內文以連續流水帳的方式寫成，分成段落是現代才有的結構。

19. 此外，在這之前的六十年，金雀花王朝沒有頒布過類似的和解憲章；它的頒布同時明顯破壞了貴族與君主之間的關係，讓起義變得不可避免。

20. 事後來看，即使是「魚堰」條款（三十三條）都可解讀為一種對公共財（以羅馬法律用語來說，是公眾事務〔res publica〕）與航行自由的保障：英國人是基於相同的原則加入一七五六年至一七六三年的七年戰爭，而這場戰爭所造成的成本，又引發了一七七六年的美國革命。

21. Tucker (2018) 在中央銀行的脈絡下應對這些挑戰。

22. 其他銀行僅限於不超過六名成員的合夥企業。

23. 在一八六六年和一八七八年的危機，英格蘭銀行無限量對這個體系放款，但允許失去償債能力的奧弗倫格尼公司（Overend Gurney）和格拉斯哥市銀行（City of Glasgow Bank）倒閉。一八九○年，它使用一個「救生艇」法來拯救霸菱銀行，當時它被視為還有償債能力。然而，請注意，當時並沒有明確的證據顯示英格蘭銀行的高階職員及它的董事真心接受一套明確的最後放款人原則。Rudiger Dornbusch 與 Jacob Frenkel (1984) 'The Gold Standard and the Bank of England in the Crisis of 1847', National Bureau of Economic Research. *A Retrospective on the Classical Gold Standard.* 1821–1931, pp. 233–76 討論了英格蘭銀行在這個時期興起為最後放款人的發展。

24. 十九世紀末，銀行業務體系受監理的程度相對較低（部分甚至自我監理）——在一九七九年以前，英格蘭銀行並沒有明確的監督基礎建設，也沒有審慎控制系統。然而，當時英格蘭銀行的責任範圍幾乎和目前一樣廣泛，只不過具體的責任組合不同罷了。

25. Eddie George, 'Central bank independence', speech given at the SEANZA Governors' Symposium, 26 August 2000.

26. 英格蘭銀行經營即時總額清算系統（Real-Time Gross Settlement）服務，並經營持有銀行、房屋互助協會與其他機構的帳戶的基礎建設。這些帳戶裡的餘額可用於各帳戶持有人之間的即時資金轉移用途，從而提供了最終且零風險的清算服務。

27. 在一九七一年至一九九二年的英國，通貨膨脹非常高，平均達九％，且起伏很大，標準差達到五‧四％

28. 通貨膨脹目標從一九九二年歐洲匯率機制（ERM）崩潰後開始啟用，從此以後，物價穩定成了英國貨幣政策的明確目標。新框架非常成功，不過，只能算是局部成功。原因在於，由於財政大臣繼續掌握利率決策權，所以，貨幣政策並不全然可信。如果政府先選擇偏好的通貨膨脹率，再將操作責任授權給中央銀行，由中央銀行負責實現那個通貨膨脹率，福利應該能進一步改善。到了一九九七年，財政大臣戈登‧布朗（Gordon Brown）導入受限制的裁量權，並於隔年頒布。

29. Mervyn King, 'Monetary policy: theory in practice'. 這是二○○○年一月七日在美國經濟協會與美國金融協會的聯合午餐會上發表的演說。金恩表示，「受約束」相對「不受限制」的差異最初是柏南奇與弗雷德里希‧米希金（Frederick Mishkin）提出的。

30. 通貨膨脹目標是對稱的（意味 MPC 對於將通貨膨脹將壓回或拉高到目標水準是同等重視的），且永久適用。在實現這個目標的前提下，MPC 依規定必須支持政府的經濟政策目標－目前這個目標是強勁、永續且平衡的成長。

31. 進一步的資訊請見 Mark Carney, 'Lambda', speech given at the London School of Economics, 16 January 2017, 以及 'A framework for all seasons?', speech given at the Bank of England Research Workshop on The Future of Inflation Targeting, 9 January 2020.

32. 除了 MPC、FPC 和 PRC，英格蘭銀行也負責發行銀行鈔票、透過即時總額清算系統提供支付系統的基礎、監理系統性金融市場基礎建設，並掌握為銀行與其他金融機構提供各式各樣流動性的權力與工具，以促進金融體系在遭受衝擊時仍能繼續正常運作。其他能支持外界對通貨的信心的機構還包括法償效力地位（legal tender status，意思是如果你以英鎊償還債務，就不會因不償還債務而被告，注：即本國幣對本國境內的一切支付具合法清償效力）以及由政府擔保的最高八萬五千英鎊銀行與房屋互助協會存款保險。

33. 一九四六年，英國國王喬治六世（George VI）頒授大英帝國官佐勳章（Officer of Order of the British Empire）給圖靈，以表彰他在戰時的貢獻，只不過，他的工作細節被保密多年。

34. Alan Turing, 'On Computable Numbers, with an Application to the Entscheidungsproblem', Proceedings of the London Mathematical Society 42(1) (1936), pp. 230–65.

35. 當他最初在倫敦的國家物理實驗室（National Physical Laboratory）工作，以及後來在曼徹斯特大學運算機器實驗室（Computing Machine Laboratory at Manchester University）工作時，他的獨到見解在一九五〇年促成了自動運算引擎的創造，以及世界上第一部可商用的電子計算機費倫蒂馬克一號（Ferranti Mark 1）。

36. 請見亞倫·圖靈在 The Times newspaper (11 June 1949) 的訪問。圖靈對神經學和生理學的興趣，促使他鑽研運算機器是否有複製人類思維的能力，包括學習能力。他的研究成果預告了當今應用在諸如癌症診斷與自駕車的神經網路，以及尚未發現的未來新技術。另外，判斷一部電腦是否能表現出與人類不分軒輊的智能行為的圖靈測試法（Turing Test），迄今依舊是研判真正人工智慧的標竿。

第五章

1. 尤其是內部貨幣（商業銀行所創造）以及外部貨幣（中央銀行所創造）之間的平衡。

2. John Maynard Keynes, *The Economic Consequences of the Peace* (London: Macmillan, 1920), p.11.

3. Niall Ferguson, *The Square and the Tower* (London: Allen Lane, 2017) 有更廣泛的說明。

4. 我在英格蘭銀行任職時，我們用個幾個方法來改變我們的硬體基礎建設，以實現存取公平化。不久前，只有商業銀行能直接存取 RTGS（銀行業者的批發型支付系統），而另類支付服務提供者（PSP）依規定必須經由它們的路線進行。那在古老的金融世界是有道理的，因為以前的金融體系是沿著一系列樞紐和輪輻來安排的，但在新興的分散式金融框架下，那種舊式安排愈來愈不合時宜。所以，英格蘭銀行設法讓大量公司行號更容易介入，和較傳統的服務提供者競爭。為回應金融科技提供者的需要，重建後的 RTGS 將提供 API 存取，以讀取和寫入支付數據。二〇一七年七月，英格蘭銀行成了 G20 中央銀行中首家對新一代非銀行 PSP 開放支付服務的中央銀行。更開放的存取將改善對英國家庭與企業的服務，而且，這將使金融更加穩定，因為以中央銀行貨幣結算的百分比提高了，並且分散了結算公司的家數，且驅動了創新。

5. Agustín Carsten, 'Money in the digital age: what role for central banks', speech given at House of Finance Goethe University, 6 February 2018.

6. 雖然它不是以黃金計價，而是以新銀行鈔票計價，但它們的價值獲得機構擔保。

7. Hyman P. Minsky, *Stabilising an Unstable Economy* (New York: McGraw Hill, 1986).

8. Agustín Carstens, 'Data, technology and policy coordination', speech given at the 55th SEACEN Governors' Conference and High-level Seminar on 'Data and technology: embracing innovation', Singapore, 14 November 2019.

9. 那些貸款也以批發貨幣和資本市場的資金來支應，不過，那並不會改變和這個問題有關的核心經濟學。

10. 根據國際清算銀行總裁卡斯頓的說法（2018），「新穎的技術並不等同於較好的技術或較好的經濟學。比特幣就是如此：雖然它的立意或許是作為無政府參與的另類支付系統，它卻已成為泡沫、龐氏騙局和環境災難的綜合體。比特幣的波動性使它成為一種劣質支付工具和愚蠢的保值方法。鮮少人利用它來付款或作為記帳單位。事實上，在一場大型加密通貨的大會上，登記參加費用竟不能以比特幣支付，因為用比特幣支付的成本過高且緩慢，所以會場上只接受傳統貨幣。」

11. Asli Demirgüç-Kunt, Leora Klapper, Dorothe Singer, Saniya Ansar and Jake Hess, 'The Global Findex Database 2017: Measuring Financial Inclusion and the Fintech Revolution' (2017), pp. 4–5, 11, 35, 92.

12. Benoît Cœuré, 'Fintech for the people', speech given at 14th BCBS-FSI high-level meeting for Africa on strengthening financial sector supervisión and current regulatory priorities, Cape Town, 31 January 2019a.

13. Carstens (2019).

14. 詳見 Ben Broadbent, 'Central Banks and Digital Currencies', speech given at the LSE, 2 March 2016, https://www.bankofengland.co.uk/speech/2016/central-banks-and-digital-currencies.

15. 如在 Carstens（2018）引用的, Curzio Giannini, *The Age of Central Banks* (Cheltenham: Edward Elgar, 2011) 評論，「貨幣機構的演進似乎主要是經濟與政治領域間持續對話的成果，每一方都輪流創造貨幣創新……並保護共同利益免受黨派利害關係的濫用。」

第六章

1. Joel Waldfogel, *Scroogenomics: Why You Shouldn't Buy Presents for the Holidays* (Princeton: Princeton University Press, 2009) Values.indd 541 27/01/2021 22:28 and 'The Deadweight Loss of Christmas', *American Economic Review* 83(5) (1993), pp. 1328–36.

2. Waldfogel (2009), p. 67.

3. 對經濟學家來說，更好且更理性的是，如果他們擁有完美的遠見，並承諾餽贈金錢，他們不僅能節省交易的無謂損失，而且一開始根本不必費事先拿錢；畢竟生命是一場有限的賽局，而那將是一種子賽局完美均衡（subgame perfect equilibrium）。

4. Michael Sandel, *What Money Can't Buy: The Moral Limits of Markets* (London: Penguin, 2012), p. 124.（注：《錢買不到的東西：金錢與正義的攻防》，先覺出版）

5. O. Henry, *The Four Million: The Gift of the Magi and Other Short Stories* (Minneapolis: Lerner Publishing Group, 2014), p. 16.

6. 見 Federico Cingano, 'Trends in Income Inequality and its Impact on Economic Growth', OECD Social, Employment and Migration Working Papers No. 163 (2014); Joseph Stiglitz, 'Inequality and Economic Growth', in Michael Jacobs and Mariana Mazzucato (eds), *Rethinking Capitalism* (Oxford: Wiley Blackwell, 2016), pp. 148–69; Andrew G. Berg and Jonathan D. Ostry, 'Inequality and Unsustainable Growth: Two Sides of the Same Coin?', IMF Staff Discussion Note (April 2011); Roberto Perotti, 'Growth, income distribution and democracy: what the data

say', *Journal of Economic Growth* 1(2) (1996), pp. 149–87; Philip Keefer and Stephen Knack, 'Polarization, politics and property rights: Links between Inequality and Growth', World Bank Policy Research Working Paper No. 2418 (August 2000)。

7. Cingano (2014).

8. Jonathan D. Ostry, Andrew Berg and Charalambos G. Tsangaride, 'Redistribution, Inequality, and Growth', IMF Staff Discussion Note (April 2014).

9. Berg and Ostry (2011).

10. 同上，p. 9。吉尼指數或稱吉尼係數，是衡量所得在人口之間的分配狀況的指標。吉尼指數是由義大利統計學家柯拉多・吉尼（Corrado Gini）在一九一二年開發出來的，這項指數經常被用來作為衡量經濟不平等的標準，用以衡量全體人口的所得分配，也被用來衡量財富分配，只是後者比較少見。

11. 克里斯汀・富比世（Kristin Forbes）發現，所得不平等與經濟成長之間存在短期的正向關係。('A Reassessment of the Relationship between Inequality and Growth', *American Economic Review* 90(4) (2000), pp. 869–87); Daniel Halter, Manuel Oechslin 與 Josef Zweimüller 發現不平等的惡化對後續五年的人均 GDP 平均成長率產生正面的影響力，但對再接下來五年有負面的影響力。('Inequality and growth: the neglected time dimension', *Journal of Economic Growth* 19(1) (March 2014), pp. 81–104)。也請見 Abhijit Banerjee 與 Esther Duflo, 'Inequality and Growth: What Can the Data Say?', *Journal of Economic Growth* 8(3) (2003), pp. 267–99，他們主張經濟成長和不平等之間的關係可能是非線性的。

12. 除了附註六，請見 Alberto Alesina and Dani Rodrik, 'Distributive Politics and Economic Growth', *Quarterly Journal of Economics* 109(2) (1994), pp. 465–90; Torsten Persson and Guido Tabellini, 'Is Inequality Harmful for Growth?', *American Economic Review* 84(3) (1994), pp. 600–21; William Easterly, 'Inequality Does Cause Underdevelopment: Insights from a New Instrument', *Journal of Development Economics* 84(2) (2007), pp. 755–76。

13. 例如 Persson and Tabellini (1994); Perotti (1996); Alesina and Rodrik (1994)。

14. Forbes (2000); and Banerjee and Duflo (2003).

15. Federico Cingano 在描述由 Oded Galor 與 Joseph Zeira 正式提出的人類資本累積理論時寫道：「較低所得家庭可能在無力負擔費用的情況下，選擇離開全日制教育，即使報酬率（包括對個人與對社會的報酬）很高，他們還是可能這麼做。而窮人的投資不足進而暗示總產出可能會低於完全金融市場的情境。」(2014)，p. 11。

16. Shekhar Aiyar 與 Christian Ebeke, 'Inequality of Opportunity, Inequality of Income, and Economic Growth', IMF Working Paper No. 19/34 (15 February 2019)。這兩位作者發現，代間流動的影響在經濟上具有極大意義：「提供了巨大的意義：集合樣本的所得不平等上升一個標準差（對應以百分點表示的十單位吉尼），以代間所得彈性位於二十五百分位水準（大約是日本所處的分布位置）來說，將使未來五年期間的平均成長率降低〇・五百分點，而以代間所得彈性位於七十五百分位水準（大約是巴西所處的分布位置）來說，將使未來五年期間的平均成長率降低一・三百分點。」

17. 請見 Alberto Alesina, Rafael Di Tella and Robert MacCulloch, 'Inequality and Happiness: Are Europeans and Americans Different?', *Journal of Public Economics* 88 (2004), pp. 2009–42；Richard Wilkinson and Kate Pickett, 'Income Inequality and Social Dysfunction', *Annual Review of Sociology* 35 (2009), pp. 493–511。

18. Richard Layard, *Can We be Happier? Evidence and Ethics* (London: Pelican Books, 2020), pp. 44–54.

19. Daniel Kahneman and Angus Deaton. 'High Income improves evaluation of life but not

emotional well-being'. *Proceedings of the National Academy of Sciences of the United States of America* 107(38) (2018), pp. 16489–93.

20. 參 見 Branko Milanovic, *Capitalism, Alone: The Future of the System that Rules the World* (Cambridge, Mass.: Belknap Press, 2019)（注：《只有資本主義的世界》，商周出版），and Layard (2020).

21. 二〇一三年接受皮尤研究（Pew Research）調查的三十九個國家當中，有三十一個國家的一半以上人口相信不平等是社會中「一個非常大的問題」。(Pew Research Center, 'Economies of Emerging Markets Better Rated During Difficult Times', *Pew Research Center* (23 May 2013) p. 20).

22. Steven Levitt and Stephen J. Dubner, *Freakonomics* (William Morrow and Company, 2005), p. 11. As quoted in Michael J. Sandel, 'Market Reasoning as Moral Reasoning: Why Economists Should Re-engage with Political Philosophy', *Journal of Economic Perspectives* 27(4) (2013), p. 122.

23. A. B. Atkinson, 'Economics as a Moral Science', *Economica* 76 (2009) (issue Supplement S1), pp. 791–804.

24. Cass R. Sunstein, *The Cost-Benefit Revolution* (Cambridge, Mass.: MIT Press, 2018).

25. 同上，p. 22。

26. 見第二章。

27. Douglass C. North, Nobel Prize Lecture (9 December 1993).

28. Milanovic (2019), p. 2.

29. Paul Mason, *Postcapitalism: A Guide to Our Future* (London: Allen Lane, 2015).

30. John Micklethwait and Alan Wooldridge, *The Fourth Revolution: The Global Race to Reinvent the State* (London: Penguin, 2014)

31. Thomas Hobbes, *Leviathan* (1651; reissued Lerner Publishing Group, 2018), 1.xiii.4, p. 115.

32. Thomas Hobbes, *Hobbes' Verse Autobiography* (Cambridge: Hackett Publishing Company, 1994), II.liv.25.

33. John Micklethwait and Alan Wooldridge, 'The Virus Should Wake Up the West', *Bloomberg Opinion*, 12 April 2020.

34. Tommaso Padoa-Schioppa, 'Markets and Government Before, During and After the 2007–20XX Crisis', Per Jacobsson Foundation lecture, Basel, 27 June 2010, p. 8.

35. 同上，pp. 13–14。

36. Milanovic (2019), pp. 190–1.

37. 同上，p. 112。

38. 對照之下，在開發中經濟體，全球化對不平等發揮了一種平衡作用，這些經濟體在諸如農業等傳統上雇用低工資工人的部門，都見到生產力相對上升的狀況。'World Economic Outlook: Globalization and Inequality', IMF (October 2007), ch. 4, 'Globalization and Inequality', pp. 31–65.

39. 馬克思和李嘉圖的古典資本主義當中有三種不同的階級——地主、勞工與資本家——這些人全都只做一件事。因此，根據馬克思和李嘉圖的觀點，階級之間存在不平等，但人與人之間並無不平等。目前民眾有資本所得和勞動所得；因此，他們觀察個人之間的分配。目前的有錢人的所得當中，有較高比重來自資本，來自勞動力的比重較低。較富裕的社會的所得／GDP較高。舉個例子，瑞士的這個比率是八倍，相較之下，印度是三倍。

40. Michael Lewis, Princeton University's Baccalaureate Remarks (3 June 2012).

41. Miles Corak, 'Income Inequality, Equality of Opportunity, and Intergenerational Mobility',

Journal of Economic Perspectives 27(3) (2013), pp. 79–102.

42. Padoa-Schioppa (2010), p. 8:「我個人發現,有一個世代的經濟學家堅決不情願使用諸如均衡匯率、核心通貨膨脹、中性利率、產出缺口或結構性赤字等基本經濟概念。他們的理由是衡量和定義爭議上有困難,不過,追根究柢,他們的不情願是政策制定者取消自主判斷所致:只有市場知情、只有可信度重要,而如果你的說法和市場相悖,你的可信度就會被摧毀。」

43. Milanovic (2019), p. 177.

44. 本著湯姆‧沃爾夫(Tom Wolfe)的精神。參見 Joel Best. '"Status! Yes!": Tom Wolfe as a Sociological Thinker', *American Sociologist* 32(4) (Winter 2001), pp. 5–22.

45. Milanovic (2019), p. 104.

46. 同上,p. 106。

47. Max Weber, *The Protestant Ethic and the Spirit of Capitalism*, trans. Talcott Parsons (London and New York: Routledge/Taylor & Francis e-library, 2005), pp. 115–16.(注:《新教倫理與資本主義精神》,左岸文化)

48. 同上,p. 116。

49. 根據約翰‧羅爾斯的說法,理想行為的內化在日常生活中重申了社會的主要信念,這可能要歸功於宗教和心照不宣的社會契約的約束。Milanovi (2019), p. 179.

50. 請 見 Rabbi Jonathan Sacks, *Morality* (London: Hodder and Stoughton, 2020); Archbishop Justin Welby, *Dethroning Mammon: Making Money Serve Grace* (London: Blomsbury, 2017); Pope Francis' Encyclical, *Laudato Si* (24 May 2015).

51. Jonathan Sacks, 'Morals: the one thing the markets don't make', *The Times*, 21 March 2009.

52. Milanovic (2019), p. 105.

53. 同上。

54. Sandel (2012), p. 9.

55. 誠如桑德爾的評論,即使是反對買賣腎臟的人都不能主張腎臟市場會摧毀參與者所追求的商品。(同上,p. 95)

56. Uri Gneezy and Aldo Rustichini, 'A Fine is a Price', *Journal of Legal Studies* 29(1) (2000a), pp. 1–17.

57. Uri Gneezy and Aldo Rustichini, 'Pay Enough or Don't Pay at All', *Quarterly Journal of Economics* 15(3) (2000b), pp. 791–810

58. Sandel (2012), pp. 19–20 cross-references 128 studies.

59. Richard Titmuss, *The Gift Relationship: From Human Blood to Social Policy* (1971).

60. Sandel (2012), p. 128.

61. Aristotle, *Nicomachean Ethics*, in Christopher Rowe and Sarah Broadie (eds), *Aristotle: Nicomachean Ethics* (Oxford: Oxford University Press, 2020), II.i.35, p. 111.

62. Sandel (2012), p. 128 也有引用。

63. Fagg Foster (1981), p. 895.

64. Atkinson (2009)。由於在很多個案,這些假設全都不成立,因此使經濟學本身無法作為判斷一項商品是否應該藉由市場或非市場原則來進行分配的指南。

第七章

1. 通常也稱為特殊目的工具(special purpose vehicle),簡稱 SPV,SIV 的說法和危機爆發前的工具本身較直接相關,那些工具和銀行連結,是市場崩潰的故事主角之一。

2. AAA 是獨立信用評等機關能給出的最高評等。意指違約風險非常、非常低。但事實證明,

某些未經過時間考驗的高度結構性產品並非如此。

3. 參見 Mark Carney, 'What are Banks Really For?', Bank of Canada. Speech given to University of Alberta School of Business, 30 March 2009.

4. 國際清算銀行的數字。債務證券化的規模在金融危機之後小幅降低，但後來持續攀升，到二○一九年達到超過二十五兆美元的新高規模。

5. Miguel Segoviano, Bradley Jones, Peter Lindner and Johannes Blankenheim, 'Securitization: Lessons Learned and the Road Ahead', IMF Working Paper (2013), pp. 8–9.

6. Testimony of Secretary Timothy Geithner before the House Financial Services Committee, 20 April 2010.

7. 國際清算銀行的數字。「櫃臺」買賣型衍生性金融商品在交易方之間彼此交易，無須經過交易所或中介機構。

8. Larry Summers, 'Beware Moral Hazard Fundamentalists', *Financial Times*, 23 September 2007.

第八章

1. 根據最初的預測，南海公司的利潤將非常豐厚，因為政府授予該公司中美洲與南美洲的貿易壟斷權。然而，當控制了拉丁美洲港口的西班牙限制該公司每個港口每年只能有一艘船後，南海公司的商業計劃實質上已受到嚴重損害。不過，該公司的領導階層並未因此退縮，他們持續宣傳美洲的財富，並利用慷慨的購股獎勵和其他大有問題的戰術，在半年之間，將股價從一百二十八英鎊炒作到一千零五十英鎊。一般大眾被得來全不費功夫的利潤迷惑，開始投資更投機的事業，而且經常是以舉債的方式投資。這股成長力道不斷自我強化，並與正常營運的展望完全脫節。

2. 例如請見從二○○八年在華盛頓、二○○九年在倫敦與匹茲堡，乃至二○一七年在漢堡舉辦的 G20 會議後的領袖聲明。

3. Edelman Trust barometer 發現，在三分之二的國家，不到一半的民眾信任主流商業機構、政府、媒體與非政府組織有「為所當為」。Edelman, 2020 *Edelman Trust Barometer*, Global Report (19 January 2020).

4. 2008 年訪問倫敦經濟學院時的談話。

5. Tim Besley and Peter Hennessy, 'The Global Financial Crisis: Why Didn't Anyone Notice?', British Academy, 2009.

6. Dani Rodrik, *The Globalization Paradox: Democracy and the Future of the World Economy* (New York and London: W. W. Norton, 2012). （注：《全球化矛盾：民主與世界經濟的未來》，衛城出版）

7. Jamie Dimon, CEO of JP Morgan, Testimony to the Financial Crisis Inquiry Commission, 9 January 2010.

8. 更廣泛的調查，參閱 Carmen M. Reinhart and Kenneth S. Rogoff, *This Time is Different: Eight Centuries of Financial Folly* (Princeton: Princeton University Press, 2009)。

9. Raghuram Rajan, *Fault Lines: How Hidden Fractures Still Threaten the World Economy* (Princeton: Princeton University Press, 2010), p. 21

10. 對金融體系不穩定的內生傾向的強調，令人不由得想起明斯基的「金融不穩定假說」。(Hyman P. Minsky, 'The Financial Instability Hypothesis', *Levy Economics Institute* Working Paper No. 74 (May 1992), pp. 1–9).

11. 《經濟學人》雜誌在二○一六年七月的一篇文章提到，從一九五○年代至一九九六年他過世時，明斯基只在他的工作生涯中被他們的出版品中提到過一次。但從危機在二○○七年爆發後，他被提到大約三十次。('Minsky's Moment', *The Economist*, 30 July 2016).

12. 參　見　Adair Turner, 'Market efficiency and rationality: why financial markets are different', Lionel Robbins Memorial Lectures, London School of Economics, 2010。

13. 更觀察入微的經濟學家早在一九五〇年代就已指出這個邏輯的缺陷。請見 R. G. Lipsey and Kelvin Lancaster, 'The General Theory of the Second Best', *Review of Economic Studies* 24(1) (1956), pp. 11–32。

14. Kenneth J. Arrow and Gérard Debreu, 'Existence of an equilibrium for a competitive economy', *Econometrica* 22(3) (1954), pp. 265–90.

15. 在開發信用衍生性金融商品市場方面扮演領導角色的銀行業人員宣稱：「信用衍生性金融商品是在這個系統內有效轉移風險的機制」，十年前可能導致一家銀行資產負債表出現漏洞的已違約貸款，「目前這些衝擊已被我們分散到整個體系，因此，那只會對數百家金融機構資產負債表產生非常微小的衝擊。」請見 Gillian Tett, *Fool's Gold* (London: Little, Brown, 2009), p. 99。

16. Frank H. Knight, *Risk, Uncertainty, and Profit* (Boston and New York: Houghton Mifflin, 1921; reissued Orlando, Fla.: Signalman Publishing, 2009).

17. F. A. Hayek, 'The pretence of knowledge', Nobel prize speech, 1974.

18. John Maynard Keynes, *The General Theory of Employment, Interest and Money* (London: Palgrave Macmillan, 1936).

19. 同上，第十二章。

20. FICC Markets Standards Board, 'Behavioural Cluster Analysis: Misconduct Patterns in Financial Markets' (July 2018)

21. 同上。

22. Mark Carney, 'Turning Back the Tide', speech given to FICC Markets Standards Board Conference, 29 November 2017.

23. Alison Park, Caroline Bryson, Elizabeth Clery, John Curtice and Miranda Phillips (eds), British Social Attitudes 30, *NatCen* (2013).

24. 請　見　Abigail Haddow, Chris Hare, John Hooley and Tamarah Shakir, 'Macroeconomic Uncertainty: What Is It, How Can We Measure It and Why Does It Matter?', *Bank of England Quarterly Bulletin* (2013) Q2. 亦可參見 Nicholas Bloom, Max Fleototto, Nir Jaimovich, Itay Saporta-Eksten and Stephen J. Terry, 'Really Uncertain Business Cycles', *Econometrica*, 86(3) (May 2018), pp. 1031–65。

25. Mark Carney, 'What a Difference a Decade Makes', speech given at the Institute of International Finance's Washington Policy Summit, 20 April 2017.

26. 低流動性資產是需要高額折價才能快速賣出的資產，換言之，若想避免高額折價，就需要花很長的期間才能賣得掉的資產。相關的討論請見 the chapter on 'Vulnerabilities in open-ended funds' in the Bank of England's 'Financial Stability Report', December 2019.

27. Committee on the Global Financial System, 'Structural Changes in Banking After the Crisis' CGFS Paper No. 60 (January 2018).

28. 「衝擊來襲時，銀行最終準備金的持有人（不管是一家銀行還是很多銀行）應該要迅速、免費且隨時放款給所有能提供優質擔保品的人。」(Walter Bagehot, *Lombard Street: A Description of the Money Market* (Cambridge: Cambridge University Press, 2011), p. 173).

29. 總體審慎政策和個體審慎政策不同。個體審慎政策聚焦在促進個別機構的安全與健全。總體審慎政策則是旨在解決金融體系的機構與部門之間的互動、以及金融體系和實質經濟體系之間的互動所衍生的風險。

30. 在美國，變動薪酬的遞延發放並不是強制性的，不過，政府機關在指導原則中建議高階

主管採取這個做法，也在許多機構中使用。

31. Bank of England. PRA Supervisory Statement SS28/15, 'Strengthening Individual Accountability in Banking' (May 2017)

32. Bank of England, HM Treasury and Financial Conduct Authority, 'Fair and Effective Markets Review: Final Report' (June 2015).

33. 舉　例，FMSB's 'Reference Price Transactions standard for the Fixed Income markets' (November 2016); 'New Issue Process standard for the Fixed Income markets' (2017); 'Surveillance Core Principles for FICC Market Participants: Statement of Good Practice for Surveillance in Foreign Exchange Markets' (June 2016)。所有標準與出版物可見 https://fmsb.com/our-publications/。

34. Financial Stability Board, 'Strengthening Governance Frameworks to Mitigate Misconduct Risk: A Toolkit for Firms and Supervisors' (April 2018).

第九章

1. 自治市已封城了幾天，全國性封城在一週多後實施。

2. World Health Organisation, 'Coronavirus disease 2019 (COVID-19) Situation Report–40' (February 2020).

3. 唯一的例外是美國對近期曾到過中國的人所設的限制。

4. Thomas Hobbes, *Leviathan* (1651; reissued Lerner Publishing Group, 2018), II.xvii.7 p. 160.

5. 同上，p. 115。

6. 同上，p. 97。

7. John Locke, *Two Treatises of Government*, in Ian Shapiro (ed.), *Two Treatises of Government and A Letter Concerning Toleration*, (1689; reissued New Haven: Yale University Press, 2003), II.iii.19, p. 108.

8. John Locke, *A Third Concerning Toleration*, in Ian Shapiro (ed.), *Two Treatises of Government and A Letter Concerning Toleration*, (1689; reissued New Haven: Yale University Press, 2003), III, p. 227.

9. Jean-Jacques Rousseau, *The Social Contract*, in Susan Dunn and Gita May (eds.), *The Social Contract and The First and Second Discourses* (1762; reissued New Haven: Yale University Press, 2002), I.iv., p. 158.

10. 誠如桑姆普森爵士（Lord Sumption）所述，我們已養成一種「不理性恐懼死亡」的心態，導致我們用前幾個世代想都沒想過的異常高成本來保護生命。請見 Jonathan Sumption, 'Coronavirus lockdown: we are so afraid of death, no one even asks whether this "cure" is actually worse', *The Times*, 4 April 2020。

11. Timothy Besley, 'State Capacity, Reciprocity and the Social Contract', *Econometrica* 88(4) (2020), p. 1309.

12. Rousseau (1762/2002), II.iv., p. 176.

13. Timothy Besley and Torsten Persson, 'The Causes and Consequences of Development Clusters: State Capacity, Peace, and Income', *Annual Review of Economics* 6 (2014), pp. 932–3.

14. Paul Slack, 'Responses to Plague in Early Modern Europe: The Implications of Public Health', *Social Research* 55(3) (1988), pp. 436–40.

15. 同上，pp. 441–2。

16. Howard Markel, 'Worldly approaches to global health: 1851 to the present', *Public Health* 128 (2014), p. 125

17. Thomas Piketty, *Capital in the Twenty-First Century* (Cambridge, Mass.: Harvard University Press, 2014), pp. 474–9.（注：《二十一世紀資本論》，衛城出版）

18. OECD, 'Revenue Statistics 2019' (2019).

19. 二〇一七年，G7 國家的政府國內總衛生支出介於 GDP 的七％至九％；請見世界衛生組織的全球衛生支出資料庫。關於公共支出增長的歷史分析，請見 Vito Tanzi and Ludger Schuknecht, *Public Spending in the 20th Century: A Global Perspective* (Cambridge: Cambridge University Press, 2000)。

20. World Health Organisation, Department of Communicable Disease Surveillance and Response, 'Influenza Pandemic Plan. The Role of WHO and Guidelines for National and Regional Planning', 1 April 1999.

21. Christopher J. L. Murray, Alan D. Lopez, Brian Chin, Feehan Dennis and Kenneth H. Hill, 'Estimation of potential global pandemic influenza mortality on the basis of vital registry data from the 1918– 20 pandemic: a quantitative analysis', *Lancet* 368(9554) (2006), pp. 2211–18.

22. The World Health Organisation, 'Frequently Asked Questions about the International Health Regulations' (2005).

23. The World Health Organisation, 'Country Implementation Guide: After Action Review & Simulation Exercise Under the International Health Regulations 2005 Monitoring and Evaluation Framework' (2018), pp. 7–9.

24. Global Preparedness Monitoring Board, 'A World at Risk: Annual Report on Global Preparedness for Health Emergencies' (September, 2019), p. 19.

25. 同上，pp. 19 & 33。

26. 同上，p. 20。

27. 'Coronavirus: UK failed to stockpile crucial PPE', BBC, 28 April 2020.

28. Marieke Walsh, Grant Robertson and Kathy Tomlinson, 'Federal Emergency Stockpile of PPE was Ill-Prepared for Pandemic', *The Globe & Mail*, 30 April 2020.

29. 'New Document Shows Inadequate Distribution of Personal Protective Equipment and Critical Medical Supplies to States', Press Release from the Office of Carolyn B. Maloney, Chairwoman of the House Committee on Oversight and Reform, Department of Health and Human Services, 8 April 2020.

30. Beth Reinhard and Emma Brown，「全國口罩存量從二〇〇九年以來就未充分重新補充。」 *Washington Post*, 10 March 2020。

31. Yeganeh Torbati and Isaac Arnsdorf, 'How Tea Party Budget Battles Left the National Emergency Medical Stockpile Unprepared for Coronavirus', *Propublica*, 3 April 2020.

32. 'Stripping Naked for Masks: German Doctors Protest Lack of Protective Gear', Reuters, 28 April 2020.

33. UNICEF, *Progress on household drinking water, sanitation and hygiene 2000–2017* (New York: United Nations Children's Fund (UNICEF) and World Health Organisation, 2019), pp. 36–7.

34. Ruth Maclean and Simon Marks, '10 African Countries Have No Ventilators: That's Only Part of the Problem', *New York Times*, 18 April 2020

35. Jane Feinmann, 'PPE: what now for the global supply chain?', *British Medical Journal* 369(1910) (May 2020).

36. World Bank Group, 'Pandemic Preparedness Financing – Status Update' (September 2019).

37. Commission on a Global Health Risk Framework for the Future, 'The Neglected Dimension of Global Security: A Framework to Counter Infectious Disease Crises', National Academy of

Medicine, (Washington: National Academies Press, May 2016).

38. Global Preparedness Monitoring Board (2019), p. 11.

39. 同上，p. 16。

40. Global Health Security Index, 'Global Health Security Index: Building Collective Action and Accountability' (October 2019), p. 9. 該指數評估的一百九十五個國家的平均總分為四十分（滿分一百分）。

41. Derek Thompson, 'What's Behind South Korea's COVID-19 Exceptionalism?', *Atlantic*, 6 May 2020.

42. Richard Thaler, 'Some empirical evidence on dynamic inconsistency', *Economics Letters* 8(3) (1981), pp. 201–7; Jess Benhabib, Alberto Bisin and Andrew Schotter, 'Present-bias, quasi-hyperbolic discounting, and fixed costs', *Games and Economic Behavior* 69 (2010), pp. 205–23.

43. United Nations General Assembly, 'Protecting Humanity from Future Health Crises: Report of the High-level Panel on the Global Response to Health Crises' 17th Session, Agenda Item 125 (February 2016), p. 40.

44. US Department of Health and Human Services, 'Crimson Contagion 2019 Functional Exercise Key Findings: Coordinating Draft' (October 2019), p. 1, available via David E. Sanger, Eric Lipton, Eileen Sullivan and Michael Crowley, 'Before Virus Outbreak, a Cascade of Warnings Went Unheeded', *New York Times*, 22 March 2020.

45. Jonathan Calvert, George Arbuthnott and Jonathan Leake, 'Coronavirus: 38 days when Britain sleepwalked into disaster', *The Times*, 19 April 2020. According to the article, 'An equally lengthy list of recommendations to address the deficiencies was never implemented. The source said preparations for a no-deal Brexit "sucked all the blood out of pandemic planning" in the following years.'

46. 參 見 Michael Greenstone and Vishan Nigam, 'Does Social Distancing Matter?', *Becker Friedman Institute for Economics* Working Paper No. 2020-26 (March 2020)；Richard Layard, Andrew Clark, Jan-Emmanuel De Neve, Christian Krekel, Daisy Fancourt, Nancy Hey and Gus O'Donnell, 'When to release the lockdown: A wellbeing framework for analysing costs and benefits', Centre for Economic Performance, Occasional Paper No. 49 (April 2020)；Linda Thunström, Stephen C. Newbold, David Finnoff, Madison Ashworth and Jason F. Shogren, 'The Benefits and Costs of Using Social Distancing to Flatten the Curve for COVID-19', *Journal of Benefit-Cost Analysis* 11(2) (2020), pp. 179–95；Paul Dolan and Pinar Jenkins, 'Estimating the monetary value of the deaths prevented from the UK Covid-19 lockdown when it was decided upon – and the value of "flattening the curve"', London School of Economics and Political Science (April 2020)。

47. 參 見 Chris Conover, 'How Economists Calculate the Costs and Benefits of COVID-19 Lockdowns', *Forbes Magazine*, 27 March 2020；Amy Harmon, 'Some Ask a Taboo Question: Is America Overreacting to Coronavirus?', *New York Times*, 16 March 2020；Sarah Gonzalez and Kenny Malone, 'Episode 991: Lives vs. The Economy', *Planet Money – NPR*, 15 April 2020；David R. Henderson and Jonathan Lipow, 'The Data Are In: It's Time for a Major Reopening', *Wall Street Journal*, 15 June 2020；W. Kip Viscusi, 'What is a life worth? COVID-19 and the Economic Value of Protecting Health', *Foreign Affairs*, 17 June 2020。

48. 直到現在，現代伊斯蘭法律體系還存有這種血錢（Diyah，注：死亡賠償）作業，不過，評價方法與通貨已隨著時間演進。

49. A. E. Hofflander, 'The Human Life Value: An Historical Perspective', *Journal of Risk and*

Insurance 33(1) (1966), p. 381.

50. 'The mass of mankind being worth twenty years purchase': Sir William Petty, *Political Arithmetick* (London: Printed for Robert Clavel, 1690), I, p. 31.

51. Hofflander (1966), p. 382.

52. 同上，p. 386；Wex S. Malone, 'The Genesis of Wrongful Death', *Stanford Law Review* 17(6) (1965), pp. 1043–76。

53. Hofflander (1966), pp. 386–7.

54. H. Spencer Banzhaf, 'Retrospectives: The Cold-War Origins of the Value of Statistical Life', *Journal of Economic Perspectives* 28(4) (2014), pp. 214–18. 蘭德公司避免對飛行員的性命設訂一個金額，而是就一系列固定的死亡人數提供最佳策略，那基本上就是將人類生命價值的計算交給軍事指揮官。

55. OECD, 'Mortality Risk Valuation in Environment, Health and Transport Policies' (OECD Publishing, 2012), pp. 22, 29.

56. 同上，pp. 24–8。

57. Dave Merrill, 'No One Values your Life More Than the Federal Government', *Bloomberg*, 19 October 2017.

58. EQ-5D 是一項用於醫療評估的健康狀況指數，由 EuroQol 基金會的研究專家所開發。https://euroqol.org/support/terminology/.

59. Cass R. Sunstein, *The Cost-Benefit Revolution* (Cambridge, Mass.: MIT Press, 2018); OECD (2012), p.55.

60. Robert H. Frank, *Under the Influence: Putting Peer Pressure to Work* (Princeton: Princeton University Press, 2020).

61. Paul Dolan, 'Using Happiness to Value Health', Office of Health Economics (2011), summarising the research of: David A. Schkade and Daniel Kahneman (1998), 'Does living in California make people happy? A focusing illusion in judgments of life satisfaction', *Psychological Science* 9(5) (1998), pp. 340–6; Daniel T. Gilbert and Timothy D. Wilson (2000), 'Miswanting: Some problems in the forecasting of future affective states', in Joseph P. Forgas (ed.), *Feeling and Thinking: The Role of Affect in Social Cognition* (New York: Cambridge University Press, 2000), pp. 178–97; G. A. De Wit, J. J. Busschbach and F. T. De Charro, 'Sensitivity and perspective in the valuation of health status: Whose values count?', *Health Economics* 9(2) (2000), pp. 109–26.

62. Joseph E. Aldy and W. Kip Viscusi, 'Age differences in the value of statistical life', *Review of Environmental Economics and Policy* 1(2) (2007), pp. 241–60; Ted R. Miller, 'Variations between countries in values of statistical life', *Journal of Transport Economics and Policy* 34 (2000), pp. 169–88.

63. The Lawrence Summer World Bank Memo (excerpt) (12 December 1991), https://www.uio.no/studier/emner/sv/oekonomi/ ECON2920/v20/pensumliste/summers-memo-1991-%2B- nytimes.pdf.

64. Noam Scheiber, 'In Defense of Larry Summers', *The New Republic*, 7 November 2008.

65. The World Bank and Institute for Health Metrics and Evaluation, 'The Cost of Air Pollution: Strengthening the Economic Case for Action' (2016), pp. xii, 48–50.

66. 參見 John Bronsteen, Christopher Buccafusco and Jonathan S. Masur, 'Well-being analysis versus cost-benefit analysis', *Duke Law Journal* 62 (2013), pp. 1603–89；Matthew D. Adler, *Well-Being and Fair Distribution: Beyond Cost-Benefit Analysis* (New York: Oxford University

Press, 2011)。

67. Bronsteen, Buccafusco and Masur (2013), pp. 1666–7.

68. Frank Ackerman and Lisa Heinzerling, *Priceless: On Knowing the Price of Everything and the Value of Nothing* (New York: New Press, 2004).

69. 參 見 W. Kip Viscusi, Joel Huberb and Jason Bel, 'Assessing Whether There Is a Cancer Premium for the Value of a Statistical Life', *Health Economics* 23(4) (2014), pp. 384–96。

第十章

1. World Health Organisation, 'Coronavirus disease 2019 (COVID-19) Situation Report – 11', 31 January 2020.

2. World Health Organisation, 'Coronavirus disease 2019 (COVID-19) Situation Report – 40', 29 February 2020.

3. 同上；World Health Organisation, 'Coronavirus disease 2019 (COVID-19) Situation Report – 71', 31 March 2020。

4. Emma Farge, 'U.N. raises alarm about police brutality in crackdowns', Reuters, 27 April 2020; Rozanna Latiff, 'Malaysia seizes hundreds of migrants in latest lockdown raid', Reuters, 12 May 2020.

5. Stephanie Hegarty, 'The Chinese doctor who tried to warn others about coronavirus', BBC, 6 February 2020; Andras Gergely and Veronika Gulyas, 'Orban Uses Crisis Powers for Detentions Under "Fake News" Law', *Bloomberg*, 13 May 2020.

6. 參 見 Farge (2020)；'Coronavirus: Police officers in Spain suspended for violent lockdown enforcement', ASTV, 6 July 2020；Josh Breiner, 'Violence between Israeli Police and Public Rises with Coronavirus Enforcement, Source Says', *Haaretz*, 7 July 2020；Chas Danner, 'Philly Police Drag Man from Bus for Not Wearing a Face Mask', *New York Magazine*, 10 April 2020；'Indian police use force against coronavirus lockdown offenders', *Al Jazeera*, 30 March 2020；'Covid-19: Tear Gas Fired at Kenya Market', *Bloomberg*, 25 March 2020。

7. 'Nigerian security forces killed 18 people during lockdowns: rights panel', Reuters, 16 April 2020; 'Court orders suspension of South African soldiers over death of man in lockdown', Reuters, 15 May 2020; 'El Salvador: Police Abuses in Covid-19 Response', *Human Rights Watch*, 15 April 2020.

8. Margaret Levi, Audrey Sacks and Tom Tyler, 'Conceptualizing Legitimacy, Measuring Legitimating Beliefs', *American Behavioral Scientist* 53(3) (2009), p. 354.

9. 同上，p. 356。

10. 同上，p. 355。

11. Christian von Soest and Julia Grauvogel, 'Identity, procedures and performance: how authoritarian regimes legitimize their rule', *Contemporary Politics* 23(3) (2017), pp. 287–305.

12. Bo Rothstein, 'Creating Political Legitimacy: Electoral Democracy Versus Quality of Government', *American Behavioral Scientist* 53(3) (2009), pp. 311–30.

13. 同 上；Nicholas Charron and Victor Lapuente, 'Does democracy produce quality of government?', *European Journal of Political Research* 49(4) (2010), pp. 443–70。

14. Rothstein (2009), p. 325.

15. Philip Keefer, 'Clientelism, Credibility, and the Policy Choices of Young Democracies', *American Journal of Political Science* 51(4) (2007), pp. 804–21.

16. Google, COVID-19 Mobility Reports, Retail and Recreation Mobility Data for New Zealand,

https://ourworldindata.org/covid-mobility-trends (accessed 9 December 2020).

17. Google, COVID-19 Mobility Reports, Retail and Recreation Mobility Data for Italy, https://ourworldindata.org/covid-mobility-trends (accessed 9 December 2020).

18. Google, COVID-19 Mobility Reports, Retail and Recreation Mobility Data for New York State.

19. 'Social Distancing Scoreboard', *Unacast*, unacast.com/covid19/social-distancing-scoreboard (accessed 26 June 2020).

20. Ruth Igielnik, 'Most Americans say they regularly wore a mask in stores in the past month; fewer see others doing it', Pew Research Center, 23 June 2020.

21. Global Health Security Index, 'Global Health Security Index: Building Collective Action and Accountability' (October 2019).

22. 同上，p. 36。

23. Transparency International, 'Corruption Perceptions Index' (2019).

24. Timothy Besley, 'State Capacity, Reciprocity, and the Social Contract', *Econometrica* 88(4) (July 2020), p. 1309–10.

25. John Authers , 'How Coronavirus Is Shaking Up the Moral Universe', *Bloomberg*, 29 March 2020.

26. Robert H. Frank, *Under the Influence: Putting Peer Pressure to Work* (Princeton: Princeton University Press, 2020), p. 6.

27. F. Natale, D. Ghio, D. Tarchi, A. Goujon and A. Conte, 'COVID-19 Cases and Case Fatality Rate by Age', European Commission, Knowledge for Policy Brief, 4 May 2020.

28. Derek Messacar, René Morissette and Zechuan Deng, 'Inequality in the feasibility of working from home during and after COVID-19', Statistics Canada, 8 June 2020.

29. 'Coronavirus (COVID-19) related deaths by occupation, England and Wales: deaths registered up to and including 20 April 2020', Office for National Statistics, 11 May 2020.

30. Michelle Bachelet, 'Disproportionate impact of COVID-19 on racial and ethnic minorities needs to be urgently addressed', Office of the UN High Commissioner for Human Rights, 2 June 2020.

31. 同上。

32. Alan Freeman, 'The unequal toll of Canada's pandemic', *iPolitics*, 29 May 2020.

33. Tera Allas, Mark Canal and Vivian Hunt, 'COVID-19 in the United Kingdom: Assessing jobs at risk and the impact on people and places', McKinsey & Company, 11 May 2020.

34. Rakesh Kochhar, 'Unemployment rose higher in three months of COVID-19 than it did in two years of the Great Recession', Pew Research Center, 11 June 2020; 'Coronavirus: "Under-25s and women financially worst-hit"', BBC 6 April 2020.

35. 參見 Andy Uhler, 'With no federal aid, undocumented immigrants look to states, philanthropy for support', *Marketplace*, 1 May 2020；Elise Hjalmarson, 'Canada's Emergency Response Benefit does nothing for migrant workers', *The Conversation*, 6 May 2020。

36. 'Startling disparities in digital learning emerge as COVID-19 spreads: UN education agency', *UN News*, 21 April 2020.

37. Betheny Gross and Alice Opalka, 'Too Many Schools Leave Learning to Chance during the Pandemic', Center on Reinventing Public Education (June 2020).

38. 參見 'Closing schools for covid-19 does lifelong harm and widens inequality', *The Economist*, 30 April 2020。

39. 同上。

40. Flora Charner, Shasta Darlington, Caitlin Hu and Taylor Barnes, 'What Bolsonaro said as

Brazil's coronavirus cases climbed', CNN, 28 May 2020; Maggie Haberman and David E. Sanger, 'Trump Says Coronavirus Cure Cannot "Be Worse Than the Problem Itself"', *New York Times*, 23 March 2020; Peter Baker, 'Trump's New Coronavirus Message: Time to Move On to the Economic Recovery', *New York Times*, 6 May 2020.

41. Iain Duncan Smith, 'We must speak about the threat coronavirus poses to our economy', *Sun*, 17 May 2020.

42. Daniel Kahneman, *Thinking, Fast and Slow* (London: Allen Lane, 2011).（注：《快思慢想》，天下文化出版）

43. Tomás Pueyo, 'Coronavirus: The Hammer and the Dance', *Medium*, 19 March 2020.

44. Richard Layard, Andrew Clark, Jan-Emmanuel De Neve, Christian Krekel, Daisy Fancourt, Nancy Hey and Gus O'Donnell, 'When to release the lockdown?: A wellbeing framework for analysing costs and benefits', Centre for Economic Performance, Occasional Paper No. 49 (April 2020).

45. 面臨和如何重啟紐約市的相關決策時，紐約州長安德魯・庫莫（Andrew Cuomo）並未發表攸關成本效益分析的摘要，而是在推特上寫道：「人類生命沒有金額數字可言。在安全的情況下，紐約將重啟（按地區）。」(@NYGovCuomo, 10:27am 5 May 2020) 安大略省省長道・福特（Doug Ford）也說：「我們都必須捫心自問，生命的代價是什麼？在公園野餐的價值等於一條生命的價值嗎？到海邊遊玩的價值等於一條生命的價值嗎？和幾個麻吉在地下室聚會的價值等於一條生命的價值嗎？答案是否定的。」('Doug Ford's latest coronavirus update: "You have saved thousands of lives" (Full transcript)', *Maclean's*, 3 April 2020).

46. 例如請見美國環境保護署二○○三年「老年死亡折價」爭議，以及老年利益團體對該單位的激烈反對。

47. Gertjan Vlieghe, 'Assessing the Health of the Economy.' Speech given at Bank of England. 20 October 2020.

48. Tiziana Assenza, Fabrice Collard, Martial Dupaigne, Patrick Fève, Christian Hellwig, Sumudu Kankanamge and Nicolas Werquin, 'The Hammer and the Dance: Equilibrium and Optimal Policy during a Pandemic Crisis', *Toulouse School of Economics Working Paper* (May 2020).

49. 以風險管理的個案來說，可能的結果通常是已知的，且其或然率是可判斷的。然而以激烈不確定性來說，我們可能連形容未來也許會發生什麼事都有困難，根本不可能指派或然率。

50. Timothy Besley and Nicholas Stern, 'The Economics of Lockdown', *Fiscal Studies* 41(3) (October 2020), pp. 493–513.

51. 由於大眾高度擔憂染上這項疾病會導致這些服務的需求受創，某種程度上外部性還是會局部內化。

52. Besley and Stern (2020), p. 504.

53. Mark Carney, 'The World After Covid-19: on how the economy must yield to human values', *The Economist*, 16 April 2020.

第十一章

1. 世界氣象組織（World Meteorological Organisation）的十年企業更新全球年度報告 , 8 July 2020。大衛・華勒斯－威爾斯（David Wallace-Wells）的《氣候緊急時代來了》一書中也能找到關於這個主題的詳盡介紹 (Penguin, 2019)。（*The Uninhabitable Earth*，注：天下雜誌出版）

2. 'What is Ocean Acidification', PMEL Carbon Program. http://www.pmel.noaa.gov/co2/story/What+is+Ocean+Acidification%3F.

3. R. S. Nerem, B. D. Beckley, J. T. Fasullo, B. D. Hamlington, D. Masters and G. T. Mitchum, 'Climate-change-driven accelerated sea-level rise detected in the altimeter era', *PNAS* 115(9) (February 2018).10.1073/pnas.1717312115.

4. 'Ramp-Up in Antarctic Ice Loss Speeds Sea Level Rise', NASA Jet Propulsion Laboratory, California Institute of Technology (June 2018). https://www.jpl.nasa.gov/news/news.php?feature=7159.

5. WWF Living Planet Report 2020: https://livingplanet.panda.org/en-gb/ (accessed 9 December 2020). The Dasgupta Review – Independent Review on the Economics of Biodiversity. Interim Report (April 2020).

6. IPCC, Fifth Assessment Report (October 2014)

7. Myles R. Allen, David J. Frame, Chris Huntingford, Chris D. Jones, Jason A. Lowe, Malte Meinshausen and Nicolai Meinshausen, 'Warming caused by cumulative carbon emissions towards the trillionth tonne', *Nature* 458 (April 2009), pp. 1163–6.

8. 二氧化碳也是最主要的氣體，大約占所有溫室氣體排放量的四分之三。剩下的四分之一是由甲烷、一氧化二氮和氟化氣體等組成。然而，它們的強度——每個分子吸收多少熱及停留在大氣的時間——卻差異甚大。舉個例子，甲烷是比二氧化碳更吸熱的氣體，但它只停留在大氣中十年。儘管如此，甲烷的強度遠比二氧化碳更高（八十六倍）。一氧化二氮的威力更強大，它的暖化潛力幾乎是二氧化碳的三百倍，還會停留在大氣中約一個世紀。溫室氣體排放有一個共同的路線：人類活動是導致上述所有高強度氣體濃度的增加速度高於排除速度的因素之一。

9. 這張圖是以冰芯（ice cores）中包含的大氣樣本和最近的直接測量結果的比較為基礎，證明工業革命以來，大氣中的二氧化碳已增加。D. Luthi et al. (2008); D. M. Etheridge et al. (2010)；Vostok ice core data/J. R. Petit et al.; NOAA Mauna Loa CO2 record。見 Dieter Lüthi, Martine Le Floch, Bernhard Bereiter, Thomas Blunier, Jean-Marc Barnola, Urs Siegenthalerm Dominique Raynaud, Jean Jouzel, Hubertus Fischer, Kenjiy Kawamura and Thomas F. Stocker, 'High-resolution carbon dioxide concentration record 650,000–800,000 years before present', *Nature* 453 (May 2008), pp. 379–82；Mauro Rubino, David M. Etheridge, David P. Thornton, Russell Howden, Colin E. Allison, Roger J. Francey, Ray L. Langenfelds, L. Paul Steele, Cathy M. Trudinger, Darren A. Spencer, Mark A. J. Curran, Tas D. van Ommen and Andrew M. Smith, 'Revised records of atmospheric trace gases CO2, CH4, N2O, and δ13C-CO2 over the last 2000 years from Law Dome, Antarctica', *Earth System Science Data* 11 (2019) pp. 473–92；J.R. Petit, J. Jouzel, D. Raynaud, N.I. Barkov, J.-M. Barnola, I. Basille, M. Bender, J. Chappellaz, M. Davis, G. Delaygue, M. Delmotte, V.M. Kotlyakov, M. Legrand, V. Y. Lipenkov, C. Lorius, L. Pépin, C. Ritz, E. Saltzmanand M. Stievenard, 'Climate and atmospheric history of the past 420,000 years from the Vostock Ice Core, Antarctica', *Nature* 399(6735) (1999), pp. 429–36；NOAA Mauna Loa CO2 record: https://www.esrl.noaa.gov/gmd/obop/mlo/ (accessed 9 December 2020)。

10. IPCC, Special Report: Global Warming of 1.5℃（2018）. 這份報告使用了二〇一七年年底的碳預算。目前的折耗率大約是每年四十二 ± 三 Gt 的二氧化碳（以二〇一九年的速度為基礎）。

11. 假設排放量維持相同的速度。以平順且務實轉型的情境來說，IPCC 估計我們必須從此刻開始減少二氧化碳排放量，並在二〇三〇年前將二氧化碳降低四五％（相對二〇一〇年

水準），才能達到攝氏一‧五度的目標。(IPCC, 2018)

12. Saul Griffith, *Rewiring America*, e-book (2020). 亦可參考 *The Ezra Klein Show* podcast, 'How to decarbonise America and create 25 million jobs', 27 August 2020。

13. Carbon Tracker, 'Decline and Fall Report: The Size & Vulnerability of the Fossil Fuel System' (June 2020).

14. 英格蘭銀行內部估計。

15. Ebru Kirezi, Ian R. Young, Roshanka Ranasinghe, Sanne Muis, Robert J. Nicholls, Daniel Lincke and Jochen Hinkel, 'Projections of global-scale extreme sea levels and resulting episodic coastal flooding over the 21st century', *Scientific Reports* 10(11629) (July 2020).

16. International Labour Office, 'Working on a warmer planet: The impact of heat stress on labour productivity and decent work' (2019), p. 13.

17. Network for Greening the Financial System 'NGFS Climate Scenarios for Central Banks and Supervisors' (June 2020).

18. 二〇一五年成立的保險發展論壇（Insurance Development Forum）是一個官民合作的論壇，由聯合國開發計劃、世界銀行與保險部門合作而成，它利用這個產業的專業知識，為開發中國家容易受氣候變遷風險傷害、卻又沒有獲得保障的民眾提供保險。目前這個保障缺口占未投保天然災害的經濟成本的九〇％。

19. 參見 Lloyd's of London, 'Catastrophe Modelling and Climate Change' (2014)。

20. As described in Prudential Regulation Authority, 'The impact of climate change on the UK insurance sector' (2015).

21. Risky Business, 'The Economic Risks of Climate Change in the United States' (2014).

22. Mark Carney, 'Breaking the Tragedy of the Horizon', speech given at Lloyd's of London, 29 September 2015.

23. 自印尼政府停止核發新的棕櫚油執照，並開始暫停核發森林與泥炭地執照以來，該國已有大約二八％的土地（超過六百萬公頃）被擱置。另外，除非違反買方對森林砍伐和泥炭地的使用政策，否則印尼有二九％的棕櫚特許權無法開發，意旨印尼九十五家棕櫚油公司的帳冊上，各有至少一千公頃的擱置土地。(https://chainreactionresearch.com/report/28-percent-of-indonesiaspalm-oil-landbank-is-stranded/(accessed 14 December 2020))

24. Stockholm Environment Institute, 'Framing stranded asset risks in an age of disruption' (March 2018).

25. 就氣候變遷對經濟體系的可能影響力而言，最完整的評估之一是二〇〇六年史登的評論，這項評論發現，如果不設法解決，這個世紀末的經濟規模將降低二〇％。(Nicholas Stern, 'Stern Review: The Economics of Climate Change', (2006)). 史登最近更新了他的數字，他發現相關的影響可能接近三〇％。Burke 等人已發現（2015），若不改變氣候，到了二一〇〇年，GDP 可能會相對比趨勢低大約四分之一。(Marshall Burke, Solomon M. Hsiang and Edward Miguel, 'Global non-linear effect of temperature on economic production', *Nature* 526 (October 2015) pp. 235–9).

26. The World Bank estimates that by 2050 Latin America, sub-Saharan Africa and South-east Asia will generate 143 million more climate refugees. (The World Bank, 'Climate Change Could Force Over 140 Million to Migrate Within Countries by 2050: World Bank Report' (March 2018)).

27. Norman Myers, 'Environmental Refugees: An Emergent Security Issue', *Oxford University* (May 2005)

28. 森林砍伐增加一〇％與瘧疾病例增加三‧二七％相關 (Andrew MacDonald and Erin

Mordecai, 'Amazon deforestation drives malaria transmission, and malaria burden reduces forest clearing' PNAS 116(44) (2019) pp. 22212–8)。

29. WHO survey article, https://www.who.int/globalchange/climate/summary/en/index5.html.

30. 根據Burke等人的說法（2014），氣候變化增加了衝突的風險（Marshall Burke, Solomon M. Hsiang and Edward Miguel, 'Climate and Conflict', NBER Working Paper No. 20598 (October 2014)），他們調查了五十五項關於氣候與衝突之間聯繫的計量經濟學研究。此研究整合了先前的研究結果，並得出結論：氣候與衝突之間存在著統計學上的顯著聯繫。

31. Sandra Batten, 'Climate Change and the Macro-Economy – A Critical Review', Bank of England Staff Working Paper No. 706 (January 2018).

32. Carl-Friedrich Schleussner, Tabea K. Lissner, Erich M. Fischer, Jan Wohland, Mahé Perrette, Antonius Golly, Joeri Rogelj, Katelin Childers, Jacob Schewe, Katja Freiler, Matthias Mengel, William Hare and Michiel Schaeffer, 'Differential climate impacts for policy-relevant limits to global warming: the case of 1.5℃ and 2℃ ', *Earth System Dynamics* 7 (2016) pp. 327–51.

33. 同上，p. 327。

34. International Union for Conservation of Nature, 'Issues Brief' (November 2017).

35. As Batten (2018) summarises, 'The Ramsey formula ... decomposes the discount rate r into two components: $r=\delta+\eta g$. The first component, δ, is the pure rate of time preference; the second component represents aversion to inequality in consumption between generations: it determines how much weight is given to the welfare of future generations, and is expressed as the product of the elasticity of marginal utility η and the rate of economic growth g. Estimating the discount rate therefore involves both positive uncertainty in the forecasts of the future economic growth rate g, and normative uncertainty of the subjective welfare parameters δ and η. In practice, most of the debate around the choice of discount rate in climate models has been focused on the choice of δ, considered by most authors an ethical parameter.'

36. Stern (2006).

37. Using data on the diffusion of fifteen technologies in 166 countries over the last two centuries. Results reveal that, on average, countries have adopted technologies forty-five years after their invention. There is substantial variation across technologies and countries. Newer technologies have been adopted faster than old ones. (See Diego A. Comin and Bart Hobijn, 'An Exploration of Technology Diffusion', *American Economic Review* 100(5) (April 2008) pp. 2031–59).

38. IMF, 'The Economics of Climate' (December 2019).

39. 這些估計值因諸多因素而有所差異，包括氣溫結果（一・五度或二度）、技術進展的假設、化石燃料的價格、轉型的速度、國家條件與其他政策選擇。

40. Ryan Avent, 'Greed is good isn't it?', American Spirit, 18 April 2020.

41. Jo Paisley and Maxine Nelson, 'Second Annual Global Survey of Climate Risk Management at Financial Firms', GARP (2020).

42. https://www.transitionpathwayinitiative.org/.

第十二章

1. 這個分類法是向 Ezra Klein 借用的。(podcast with Saul Griffith, 'How to decarbonize America', *The Ezra Klein Show*, 27 August 2020).

2. Department of Energy and Climate Change, 'Electricity Generation Costs' (July 2013).

3. Department for Business, Energy and Industrial Strategy, 'Electricity Generation Costs' (November 2016).

4. Department for Business, Energy and Industrial Strategy, 'Electricity Generation Costs' (August 2020).

5. The Exponential Roadmap Initiative, 'Exponential Roadmap Report' version 1.5 (2020).

6. Energy Transitions Commission, 'Mission Possible: Reaching Net-Zero Carbon Emissions from Harder-to-Abate Sectors by Mid-Century', Sectoral Focus: Shipping (2020).

7. The Exponential Roadmap Initiative (2020).

8. Energy Transitions Commission (2020).

9. 同上。

10. Goldman Sachs, 'Carbonomics: Innovation, Deflation and Affordable De-carbonization', Equality Research (October 2020). 噸二氧化碳當量,包括其他溫室氣體如甲烷和一氧化二氮的影響力,換算成會製造等額暖化量的二氧化碳量。

11. 參見 Energy and Climate Intelligence Unit, 'Net Zero Tracker: Net Zero Emissions Race 2020 Scoreboard': https://eciu.net/netzerotracker。

12. Climate Action Tracker, 'Warming Projections Global Update' (December 2019).

13. 以英國來說,二〇一九年大選前的民調發現,選民關注的議題中,氣候變遷排名第五,高於經濟、教育和移民,僅次於英國脫歐、國民保健署、犯罪問題與老人照護問題。(請見 Sarah Prescott-Smith, 'Which issues will decide the general election?', YouGov, 7 November 2019)。無獨有偶,在美國,氣候變遷在選民心中的分量也日益上升,目前,在美國人心目中,氣候變遷的排名比諸如就業等其他切身問題更高,是過去幾十年來首見。(請見 Robinson Meyer, 'Voters Really Care About Climate Change', The Atlantic, 21 February 2020)。另外,在前幾次加拿大選舉當中,近三分之一的公民認為氣候變遷是影響他們的投票意向的關鍵議題——在選民民調中首度突破令人夢寐以求的「前三名」。(請見 Jessica Murphy, Robin Levinson-King, Tom Housden, Sumi Senthinathan and Mark Bryson, 'A Canadian Election Looms – Seven Charts Explain All', BBC News, 18 October 2019)

14. Cass Sunstein, How Change Happens (MIT Press: Cambridge, MA, 2019).

15. Cass Sunstein, 'How Change Happens' podcast. London School of Economics Public Lectures and Events, 14 January 2020.

16. Tim Besley and Torsten Persson, 'Escaping the Climate Trap? Values, Technologies and Politics', unpublished manuscript (February 2020).

17. International Energy Agency, 'Deep energy transformation needed by 2050 to limit rise in global temperature' (20 March 2017).

18. 還延伸到 G20 以外,涵蓋了七十幾個國家。請見 Task Force on Climate-Related Financial Disclosures, 'Final Report: Recommendations of the Task Force on Climate-Related Financial Disclosures' (June 2017)。

19. 當然,在這些路徑的終點,我們可能面臨非常不同的世界。

20. UN Environment Programme, 'Emissions Gap Report, 2019' (26 November 2019).

21. Sarah Breeden, 'Leading the Change: Climate Action in the Financial Sector', speech given at Bank of England, 1 July 2020.

22. Stern Review: The Economics of Climate Change: https://webarchive.nationalarchives.gov.uk/20100407172955/ or http://www.hm-treasury.gov.uk/d/Executive_Summary.pdf

23. MSCI, 'Is ESG All About the "G"? That Depends on Your Time Horizon', (15 June 2020).

24. 請見 Kristalina Georgieva, 'Statement by Kristalina Georgieva on Her Selection as IMF Managing Director', (25 September 2019) 以及 Kristalina Georgieva, 'IMF Managing Director Kristalina Georgieva's Opening Press Conference, 2020 Annual Meetings' (14 October 2020)。

25. 這一節引用了相當多 G30 的報告，珍娜‧葉倫（Janet Yellen）和我是該組織的主席。
（Group of Thirty, 'Mainstreaming the Transition to a Net-Zero Economy' (October 2020)）特別感謝核心團隊的 Caspar Siegert, Jacob A. Frenkel, Maria Ramos, William R. Rhodes, Adair Turner, Axel A. Weber, John C. Williams, Ernesto Zedillo, Debarshi Basu, Jennifer Bell, Carole Crozat, Stuart Mackintosh 與 Sini Matikainen。

26. 另一種假設是，早期調整將使稍後年度的減緩降低，使事件終點碳濃度相等。IPCC 的 'Fifth Assessment Report' 證明，在這個情境中，提早開始調整可能還是能獲得顯著的利益。因為初期年度的碳排減少，會使未來利用昂貴技術（例如碳補集與儲存）來大量減排的需求降低。終點碳濃度降低的精確經濟利益高度不確定，且取決於許多假設。此外，據估計，碳濃度對估計有形損失的影響將高度非線性。所以，任何額外減排的利益，部分取決於基線的預期排放量降低程度有多大。

27. 這假設碳的（折現後）社會成本為一百一十五美元（以二○一○年美元計）。碳的社會成本估計值是根據 Nordhaus（2018）計算而來，且採用二‧五％的貼現因子來折算未來的實體風險。這個折現因子比 Nordhaus（2018）的基線假設更低，因此造成較高的碳社會成本。（請見 William Nordhaus, 'Projections and Uncertainties About Climate Change in an Era of Minimal Climate Policies', American Economic Journal: Economic Policy 10(3) (2018) pp. 333-60）。Stern（2006）闡述了為何在氣候變遷的脈絡下，採用較低的折現因子是適當的。較早調整的好處是無須考慮更快轉型的任何成本，而且以更低的終點碳濃度為目標。然而，一如解釋，更快轉型至特定終點的成本傾向較低，而那可能會抵銷追求更嚴格的終點目標的成本。這項估計並沒有考慮降低二氧化碳以外的溫室氣體的利益。

第十三章

1. Peter Atwater, 'CEOs and investors should beware the curse of authorship', *Financial Times*, 17 September 2017.

2. Max Weber, *The Theory of Social and Economic Organisation* (New York: Oxford University Press, 1947).

3. Thomas Carlyle, *On Heroes, Hero- Worship, and the Heroic in History* (1841; reissued New Haven: Yale University Press, 2013), p. 30.

4. Stanley McChrystal, Jeff Eggers and Jason Mangone, *Leaders: Myth and Reality* (New York: Portfolio Penguin, 2018).

5. 參見 Gary Yukl, 'Effective Leadership Behavior: What We Know and What Questions Need More Attention', *Academy of Management Perspectives* 26(4) (2012), pp. 66–85.

6. Technically rooted in the branch of psychology known as behaviourism.

7. Philip V. Hodgson and Randall P. White, 'Leadership, Learning, Ambiguity and Uncertainty and Their Significance to Dynamic Organisations', in Randall S. Peterson and Elizabeth A. Mannix (eds), *Leading and Managing People in the Dynamic Organization* (Hillsdale, NJ: Lawrence Erlbaum, 2003), pp. 185–99.

8. St Thomas University, 'What is transactional leadership? Structure leads to results', 25 November 2014.

9. Umme Salma Sultana, Mohd Ridzuan Darun and Liu Yao, 'Transactional or transformational leadership: which works best for now?', *International Journal of Industrial Management* 1 (June 2015), pp. 1–8.

10. J.D. Mayer and P. Salovey, 'What is Emotional Intelligence?', in P. Salovey and D. Sluyter (eds.), *Emotional Development and Emotional Intelligence: Implications for Educators* (New York:

Basic Books, 1997), pp. 3–31.

11. 請 見 Daniel Goleman, *Emotional Intelligence: Why It Can Matter More Than IQ* (London: Bloomsbury, 1996)。（注：《EQ：決定一生幸福與成就的永恆力量》，時報出版）

12. Ronald E. Riggio, 'Are You a Transformational Leader?', *Psychology Today*, 24 March 2009; Christine Jacobs et al., 'The Influence of Transformational Leadership on Employee Well-Being: Results from a Survey of Companies in the Information and Communication Technology Sector in Germany', *Journal of Occupational Environmental Medicine* 55(7) (2013), pp. 772–8.

13. Bernard M. Bass and Ronald E. Riggio, *Transformational Leadership* (New Jersey: Lawrence Erlbaum Associates/Taylor & Francis e-Library, 2006), pp. 2–3.

14. Ajay Agrawal, Joshua Gans and Avi Goldfarb, 'The Simple Economics of Machine Intelligence', *Harvard Business Review* (November 2016).

15. Robert Phillips of Jericho Chambers 所強調的重點。(Robert Phillips, 'The Banality of Talking Trust', *Jericho*)

16. 參 閱 NORC, 'General Social Survey 2012 Final Report: Trends in Public Attitudes about Confidence in Institutions' (May 2013); The National Centre for Social Research 'British Social Attitudes 35: Key Findings: Trust, Politics and Institutions' (2018)。

17. Katharine Dommett and Warren Pearce, 'What do we know about public attitudes towards experts? Reviewing survey data in the United Kingdom and European Union', *Public Understanding of Science* 28(6) (2019), pp. 669–78.

18. Edelman Trust Barometer 2020.

19. 同上。

20. 參見 European Commission, 'The Five Presidents' Report: Completing Europe's Economic and Monetary Union' (June 2015); Mark Carney, 'Fortune Favours the Bold', speech given at Iveagh House, Dublin, 28 January 2015。

21. Zizi Papacharissi, 'The Virtual Sphere: The Internet as a Public Sphere', *New Media & Society* 4(1) (2002), pp. 9–27

22. Minouche Shafik, 'In experts we trust?' speech given at Oxford Union, 22 February 2017.

23. Nic Newman, Richard Fletcher, David A. L. Levy and Rasmus Kleis Nielsen, *Reuters Institute Digital News Report 2016*, Reuters Institute for the Study of Journalism (2016).

24. Jan-Werner Müller, *What is Populism?* (Philadelphia: University of Pennsylvania Press, 2016). （注：《解讀民粹主義》，時報出版）

25. Onora O'Neill, 'Lecture 4: Trust and Transparency', Reith Lectures 2002: A Question of Trust.

26. Onora O'Neill, 'Questioning Trust', in Judith Simon (ed.), *The Routledge Handbook of Trust and Philosophy* (New York and London: Routledge, 2017), pp. 17–27.

27. 國際事實查核網路的原則守則包括對不涉及黨派、透明度、資金來源公開、研究方法與誠實修正等的承諾。請見 https://www.ifcncodeofprinciples.poynter.org/。

28. Mark Carney, 'Guidance, Contingencies and Brexit', speech given at the Society of Professional Economists, 24 May 2018.

29. 請見 Shafik（2017）；John Kay and Mervyn King, *Radical Uncertainty: Decision Making for an Unknowable Future* (London: The Bridge Street Press, 2020). （注：《極端不確定性：為不可知的未來做決策》，八旗文化出版）

30. André Gide, *Ainsi soit-il ou Les jeux sont faits* (Paris: Gallimard, 1952).

31. Jonathan Fullwood, 'A cat, a hat and a simple measure of gobbledygook: How readable is your writing?', *Bank Underground* (2016).

32. 請見 Mark Carney, 'The Economics of Currency Unions', speech given to the Scottish Council for Development & Industry, Edinburgh, 29 January 2014。

33. Oral evidence on the Bank of England inflation report, 24 May 2016. Chris Giles, 'Mark Carney defends BoE stance on Brexit recession danger.' *Financial Times*. 24 May 2016.

34. 貨幣政策摘要和貨幣政策委員會會議紀要於二○一六年五月十一日結束，http://www.bankofengland.co.uk/publications/minutes/Documents/mpc/pdf/2016/mav.pdf。

35. FPC 二○一六年的會議紀錄：http://www.bankofengland.co.uk/publications/Documents/records/fpc/pdf/2016/record1604.pdf。

36. Mark Carney，二○一六年四月十九日上議院經濟事務委員會的開幕致詞：https://www.bankofengland.co.uk/-/media/boe/files/about/people/mark-carney/mark-carney-opening-statement-2016.pdf。

37. 英格蘭銀行通貨膨脹報告的口證，二○一六年五月二十四日。

38. Alison Richard, Report to the Regent House, 1 October 2004.

39. 經常被用來提供能源來源不連續的系統（例如活塞引擎當中的曲軸）的連續動力輸出。

40. John C. Maxwell, *The 21 Irrefutable Laws of Leadership* (Nashville: Thomas Nelson Publishers, 1998), p. 79.（注：《領導力 21 法則》，基石出版）

41. Müller (2016), p. 16.

42. 同上，p. 84。

43. Bank of England, 'Review on the Outlook for the UK Financial System: What it Means for the Bank of England', Future of Finance Report, June 2019.

44. John Gardner, speech accepting President Johnson's offer to serve as US Secretary of Health, Education, and Welfare, 27 July 1965.

45. Kevin M. Warsh, 'The Panic of 2008', speech given at the Council of Institutional Investors 2009 Spring Meeting, Washington, DC, 6 April 2009.

第十四章

1. Andrea Sella, 'Wedgwood's Pyrometer', *Chemistry World*, 19 December 2012.

2. 同上。

3. Derek Lidow, 'How Steve Jobs Scores on the Wedgwood Innovation Scale', *Forbes*, 3 June 2019.

4. 'Etruria Village', Wedgwood Museum, http://www.wedgwoodmuseum.org.uk/archives/archive-collections-/story/the-etruria-factory-archive/chapter/etruria-village.

5. 參見 Josiah Wedgwood, *An Address to the Workmen in the Pottery, on the Subject of Entering into the Service of Foreign Manufacturers. By Josiah Wedgwood, F.R.S. Potter to Her Majesty* (Newcastle: Printed by J. Smith, 1783).

6. Mary Guyatt, 'The Wedgwood Slave Medallion: Values in Eighteenth Century Design', *Journal of Design History* 13(2) (2000), p. 97.

7. US Securities and Exchange Commission, 'What We Do', 10 June 2013.

8. Chris McGlade and Paul Eakins, 'The geographical distribution of fossil fuels unused when limiting global warming to 2 Degrees C, *Nature* 517 (2015), pp 187–90.

9. *Short v. Treasury Commissioners* [1948] SVC 177, *Croner-i*.

10. *Inland Revenue v. Laird Group* [2003] BTC 385, *Croner-i*.

11. John Kay, 'Shareholders Think They Own the Company – They are Wrong', *Financial Times*, 11 November 2015.

12. 同上。

13. Martin Wolf, 'Shareholders Alone Should Not Decide on AstraZeneca', *Financial Times*, 9 May 2014.

14. Andy Haldane, 'Who Owns a Company?', speech given at the University of Edinburgh Corporate Finance Conference, 22 May 2015.

15. Robert Merton 在一九七四年一篇極具影響力的研究報告中說明,在有限責任的情況下,可將企業的股權評價為一種對該公司資產的賣權（call option）,其履約價等於該公司負債的價值。這項選擇權的價值會因資產報酬率的波動性上升而上升,因為在有限責任的情況下,這會使股東的上行報酬提高,但其下行風險不受影響。所以,如果一家公司行號尋求將股東報酬最大化,權宜的方法之一就是直接提高公司利潤的波動性。然而,這項風險不會消失,只是轉移到公司其他利害關係人身上。因此,誠如 Jensen 與 Meckling 說明,有限責任公司的經營階層有誘因藉由提高專屬該公司的風險,將風險從股東身上轉移給債務人。Robert C. Merton, 'On the Pricing of Corporate Debt: The Risk Structure of Interest Rates', *Journal of Finance* 29(2) (1974), pp. 449–70；Michael C. Jensen and William H. Meckling, 'Theory of the Firm: Managerial Behavior, Agency Costs and Ownership Structure', *Journal of Financial Economics* 3(4) (1976), pp. 305–60。

16. Samuel Williston, 'History of the Law of Business Corporations before 1800: I', *Harvard Law Review* 2(3) (1888), pp. 110–12; David Ciepley, 'Wayward Leviathans: How America's Corporations Lost their Public Purpose', *Hedgehog Review* 21(1) (2019), p. 71.

17. Williston (1888), pp. 110–12

18. Adam Smith, *An Inquiry into the Nature and Causes of the Wealth of Nations* (1776; digital edn MetaLibri, 2007), IV.viii.2.

19. Ciepley (2019), p. 70

20. John D. Turner, 'The development of English company law before 1900', QUCEH Working Paper Series No. 2017–01 (2017), p. 16.

21. 同上,p. 17。

22. Peter Muchlinski, 'The Development of German Corporate Law until 1990: An Historical Reappraisal', *German Law Journal* 14(2) (2013), pp. 348–9.

23. Turner (2017), p. 22.

24. *Dodge v. Ford Motor Co.* [1919] 204 Mich 459.

25. 同上。

26. 同上。

27. 同上。

28. Ciepley (2019), pp. 76–7. 歐陸方面從未向盎格魯－薩克遜國家那樣採納股東至上原則,歐陸依循較以利害關係人為中心的模型。德國的《共同決定法》（*Mitbestimmungsgesetz*）便是最好的例證,這項法律允許勞工選舉代表他們參加董事監督局的人。

29. Lynn A. Stout, 'The Shareholder Value Myth', *Cornell Law Faculty Publications*, Paper 771 (2013).

30. Big Innovation Centre, 'The Purposeful Company: Interim Report' (2016), p. 42. 亦可參見 Leo E. Strine Jr, 'Can We Do Better by Ordinary Investors? A Pragmatic Reaction to the Dueling Ideological Mythologists of Corporate Law', *Columbia Law Review* 114(2) (2014), pp. 449–502；Dalia Tsuk Mitchell, 'From Pluralism to Individualism: Berle and Means and 20th-Century American Legal Thought', *Law & Social Inquiry* 30(1) (2005), pp. 179–225.31。

31. Big Innovation Centre (2016), 'The Purposeful Company: Interim Report' p. 43, adapted from

'The Law, Finance and Development Project' (University of Cambridge).

32. Milton Friedman, 'A Friedman Doctrine: The Social Responsibility of Business is to Increase its Profits', *New York Times Magazine*, 13 September 1970.

33. Stout (2013).

34. 同上。

35. *Peoples Department Stores Inc. (Trustee of) v. Wise*, 2004 SCC 68; *BCE Inc. v. 1976 Debentureholders*, 2008 SCC 69.

36. Nicole Notat and Jean-Dominique Senard, 'L'Entreprise Objet d'Intérêt Collectif', Rapport aux Ministres de la Transition Écologique et Solidaire, de la Justice, de l'Économie et des Finances du Travail, 9 March 2018.

37. Jean-Philippe Robé, Bertrand Delaunay and Benoît Fleury, 'French Legislation on Corporate Purpose', Harvard Law School Forum on Corporate Governance, 8 June 2019.

38. UK Companies Act 2006, s. 172(1).

39. 同上，s. 112。

40. 參見 *eBay Domestic Holdings, Inc. v. Newmark*, 16 A.3d 1, 34 (Del. Ch. 2010), which states that the duty of a director is 'to promote the value of the corporation for the benefit of the stockholders'.

41. Leo E. Strine Jr, 'The Dangers of Denial: The Need for a Clear-Eyed Understanding of the Power and Accountability Structure Established by the Delaware General Corporation Law', *Institute for Law and Economics*, Research Paper No. 15-08 (2015), p.10.

42. 請 見 Sullivan & Cromwell LLP, 'Business Roundtable "Statement on the Purpose of a Corporation" Proposes New Paradigm', 20 August 2019；Davis Polk & Wardwell LLP, 'The Business Roundtable Statement on Corporate Purpose', 21 August 2019；Wachtell, Lipton, Rosen & Katz LLP, 'Stakeholder Governance and the Fiduciary Duties of Directors', 24 August 2019。

43. Wachtell, Lipton, Rosen & Katz LLP (2019).

44. William T. Allen, 'Our Schizophrenic Conception of the Business Corporation', *Cardozo Law Review* 14(2) (1992), p. 281.

45. 例如請見英國學術界的 'Principles for Purposeful Business' 報告（2019），這份報告倡議修訂英國公司法，調整企業董事的職責，此外，二〇一八年，美國參議員伊莉莎白·華倫（Elizabeth Warren）在提出了《負責資本主義法案》（*Accountable Capitalism Act*），希望要求營收超過十億美元的美國大型企業董事在制定決策時，將所有攸關的利害關係人納入考量，並以一種尋求創造廣大公共利益的方式來經營公司。

46. Big Innovation Centre (2016), p.19.

47. Thomas Donaldson and James P. Walsh, 'Towards a theory of business', *Research in Organizational Behaviour* 35 (2015), pp. 181–207.

48. Ronald Coase, 'The Nature of the Firm', *Economica* 4(16) (1937), pp. 386–405.

49. Martin Wolf, 'We Must Rethink the Purpose of the Corporation', *Financial Times*, 11 December 2018.

50. Elizabeth Anderson, 'The Business Enterprise as an Ethical Agent', in Subramanian Rangan (ed.), *Performance and Progress: Essays on Capitalism, Business, and Society* (Oxford: Oxford University Press, 2015), pp. 185–202.

51. John Kay, *The Truth about Markets: Their Genius, their Limits, their Follies* (London: Penguin, 2003).

52. 請見 'Integrated Corporate Governance: A Practical Guide to Stakeholder Capitalism for Boards of Directors', World Economic Forum, White Paper (June 2020), pp. 30–3。

53. Unilever, 'Purpose-Led, Future-Fit: Unilever Annual Reports and Accounts 2019' (2020), p. 55; Unilever, 'The Governance of Unilever', 1 January 2020, p. 24.

54. Unilever, 'Purpose-Led, Future- Fit', p. 56.

55. 同上，p. 40。

56. 'Integrated Corporate Governance', pp. 18–19.

57. 同上，pp. 30–3。

58. Mark Zuckerberg, 'Bringing the World Closer Together', Facebook, 22 June 2017; 'Eleventh Amended and Restated Certificate of Incorporation of Facebook, Inc.', available through EDGAR, US Securities and Exchange Commission.

59. Patagonia Works, 'Annual Benefit Corporation Report, Fiscal Year 2013', pp. 7–11.

60. 德拉瓦州最高法院前首席大法官 Leo E. Strine Jr 倡議降低絕對多數的規定與其他會阻礙企業成為公益股份有限公司的「不合理障礙」，期能藉此促進美國更優質的公司治理。請見 Leo E. Strine Jr, 'Toward Fair and Sustainable Capitalism', *Roosevelt Institute* (2020), p. 13。

61. B Corporation, 'About B Corps', https://bcorporation.net/faq-categories/about-b-corps (accessed 7 September 2020).

62. Danone, 'Our Vision', https://www.danone.com/about-danone/sustainable-value-creation/our-vision.html (accessed 7 September 2020).

63. Danone, 'Regenerative Agriculture', https://www.danone.com/impact/planet/regenerative-agriculture.html (accessed 7 September 2020); Danone, 'Circular Economy of Packaging', https://www.danone.com/impact/planet/packaging-positive-circular-economy.html (accessed 7 September 2020).

64. Danone Canada, 'Transparent Assessment', 4 July 2017; Alpro, 'Transparent Assessment', 20 September 2020.

65. Leila Abboud, 'Danone adopts new legal status to reflect social mission', *Financial Times*, 26 June 2020.

66. 同上。

67. Rupert Younger, Colin Mayer and Robert G. Eccles, 'Enacting Purpose within the Modern Corporation', Harvard Law School Forum on Corporate Governance, 2 September 2020.

68. Larry Fink, 'Larry Fink's 2016 Letter to CEOs' (2016), https://www.blackrock.com/corporate/investor-relations/2016-larry-fink-ceo-letter.

69. 同上。

70. Larry Fink, 'Larry Fink's 2019 Letter to CEOs: Purpose and Profit' (2019), https://www.blackrock.com/corporate/investor-relations/2019-larry-fink-ceo-letter; Larry Fink, 'Larry Fink's 2018 Letter to CEOs: A Sense of Purpose' (2018), https://www.blackrock.com/corporate/investor-relations/2018-larry-fink-ceo-letter.

71. Fink (2019).

72. Big Innovation Centre (2016), pp. 11–12

73. Bank of England, HM Treasury and Financial Conduct Authority, 'Fair and Effective Markets Review: Final Report' (June 2015), p. 79.

74. Big Innovation Centre (2016), pp. 11–12.

75. 同上，p. 86。

76. Bank of England, HM Treasury and Financial Conduct Authority (2015), p. 79.

77. 'ESG Spotlight – The State of Pay: Executive Remuneration & ESG Metrics', Sustainalytics, 30 April 2020.

78. Unilever, 'Statement on the implementation of Unilever's Remuneration Policy for 2020', 11 February 2020.

79. Alcoa, 'Notice of 2020 Annual Meeting of Stockholders and Proxy Statement', 19 March 2020, p.54.

80. 同上。

81. Cassie Werber, 'Danone is showing multinationals the way to a less destructive form of capitalism', *Quartz at Work*, 9 December 2019.

82. Rebecca Henderson, *Reimagining Capitalism in a World on Fire* (New York: Hachette Book Group, 2020)，第四章。（注：《重新想像資本主義：全面實踐 ESG，打造永續新商模》，天下雜誌出版）

83. Henderson (2020)，第二章。

84. Gunnar Friede, Timo Busch and Alexander Bassen, 'ESG and Financial Performance: Aggregated Evidence from More than 2000 Empirical Studies', *Journal of Sustainable Finance & Investment* 5(4) (2015), pp. 210–33.

85. Mozaffar Khan, George Serafeim and Aaron Yoon, 'Corporate Sustainability: First Evidence on Materiality', *Accounting Review* 91(6) (2016), pp. 1697–1724.

86. Luigi Guiso, Paola Sapienza and Luigi Zingales, 'The Value of Corporate Culture', *Journal of Financial Economics* 117(1) (2015), pp. 60–76.

87. Claudine Gartenberg, Andrea Prat and George Serafeim, 'Corporate Purpose and Financial Performance', Harvard Business School Working Paper No. 17-023 (2016).

88. Rui Albuquerque, Art Durnev and Yrjö Koskinen, 'Corporate Social Responsibility and Firm Risk: Theory and Empirical Evidence', *Management Science* 65(10) (2015), pp. 4451–69.

89. Nell Derick Debevoise, 'Why Patagonia Gets 9,000 Applications for an Opportunity to Join their Team', *Fortune*, 25 February 2020.

90. Ernst & Young, 'Why Business Must Harness the Power of Purpose', 26 April 2018, https://www.ey.com/en_gl/purpose/why-business-must-harness-the-power-of-purpose.

91. Alex Edmans, 'The Link between Job Satisfaction and Firm Value, with Implications for Corporate Social Responsibility', *Academy of Management Perspectives* 26(4) (2012), pp. 1–19.

92. Karl V. Lins, Henri Servaes and Ane Tamayo, 'Social Capital, Trust, and Firm Performance: The Value of Corporate Social Responsibility during the Financial Crisis', *Journal of Finance*, European Corporate Governance Institute (ECGI), Finance Working Paper No. 446/2015 (2016).

93. 'The Business Case for Purpose', Harvard Business Review Analytic Services Report (2015)

94. Big Innovation Centre (2016), p.25.

95. 同上。

96. Marc Andreessen, 'It's Time to Build', Andreessen Horowitz, 18 April 2020, https://a16z.com/2020/04/18/its-time-to-build/.

第十五章

1. Hortense Bioy, 'Sustainable Fund Flows Hit Record in Q2', Morningstar, 4 August 2020.

2. Soohun Kim and Aaron S. Yoon, 'Analyzing Active Managers' Commitment to ESG: Evidence from United Nations Principles for Responsible Investment', SSRN (2020).

3. Morgan Stanley Capital Investment, 'MSCI ESG Indexes during the coronavirus crisis', 22 April 2020.

4. Hortense Bioy, 'Do Sustainable Funds Beat their Rivals?', Morningstar (June 2020).

5. Hortense Bioy and Dimitar Boyadzhiev, 'How Does European Sustainable Funds' Performance Measure Up?', Morningstar Manager Research (June 2020).

6. Mozaffar Khan, George Serafeim and Aaron Yoon, 'Corporate Sustainability: First Evidence on Materiality', *Accounting Review* 91(6) (2016), pp. 1697–1724, https://ssrn.com/abstract=2575912 or http://dx.doi.org/10.2139/ssrn.2575912.

7. Michael E. Porter, George Serafeim and Mark Kramer, 'Where ESG Fails', *Institutional Investor*, 16 October 2019.

8. George Serafeim, 'Public Sentiment and the Price of Corporate Sustainability', *Financial Analysts Journal* 76(2) (2018), pp. 26–46, https://ssrn.com/abstract=3265502 or http://dx.doi.org/10.2139/ssrn.3265502.

9. 誠如 Porter 等人說明（2020）：「然而，若不檢視社會影響力與獲利能力之間的實際關聯性，這項溢酬就沒有太多經濟理由可言。」這隱晦地假設所有社會價值觀都必須在市場上定價，才能體現在現金流量當中。

10. Robert G. Eccles and Svetlana Klimenko, 'The Investor Revolution', *Harvard Business Review* (May–June 2019); 'The True Faces of Sustainable Investing: Busting the Myths Around ESG Investors', Morningstar (April 2019); John G. Ruggie and Emily K. Middleton, 'Money, Millennials, and Human Rights: Sustaining "Sustainable Investing"', Harvard Kennedy School's Corporate Responsibility Initiative Working Paper No. 69 (June 2018).

11. UK Department for International Development, 'Investing in a Better World: Result of UK survey on Financing the SDGs' (September 2019).

12. Sarah Boseley, 'Revealed: cancer scientists' pensions invested in tobacco', *Guardian*, 30 May 2016; Nicole Brockbank, 'Ontario Teachers' Pension Plan had shares in company that runs controversial U.S. migrant detention centres', CBC News, 11 July 2019.

13. Oliver Hart and Luigi Zingales, 'Companies Should Maximize Shareholder Welfare Not Market Value', *Journal of Law, Finance, and Accounting* 2(2) (2017), pp. 264–6.

14. Regulation (EU) 2019/2088 of the European Parliament and of the Council of 27 November 2019 on sustainability-related disclosures in the financial services sector (text with EEA relevance).

15. 同上。

16. Ontario Pensions Benefits Act, Regulation 909, s. 40(v)(ii).

17. Law Commission, 'Pension Funds and Social Investment: Summary', Law Com No. 374 (June 2017), p.2.

18. Employee Benefits Security Administration, Department of Labor, 'Financial Factors in Selecting Plan Investments', *Federal Register* 85(220) (2020), pp. 72854–5.

19. Carlos Tornero, '"Premised on an assumption – unsupported by any cited facts – that ERISA fiduciaries are misusing ESG": Investors slap back DoL plans', *Responsible Investor* (August 2020).

20. 'Fiduciary Duty in the 21st Century: Final Report', United Nations Environmental Programme Finance Initiative (2019).

21. 'Dynamic Materiality: Measuring What Matters', Truvalue Labs (January 2020).

22. 這些評分提供者的例子包括 MSCI、Sustainalytics 與 Truvalue Labs。

23. Feifei Li and Ari Polychronopoulos, 'What a Difference an ESG Ratings Provider Makes!', *Research Affiliates* (January 2020).

24. Rajna Gibson, Philipp Krueger, Nadine Riand and Peter S. Schmidt, 'ESG rating disagreement and stock returns', ECGI Finance Working Paper No. 651/2020 (January 2020).

25. Dane Christensen, George Serafeim and Anywhere Sikochi, 'Why is Corporate Virtue in the Eye of the Beholder? The Case of ESG Ratings', Harvard Business School Working Paper 20-084 (2019).

26. Florian Berg, Julian F. Kölbel and Roberto Rigobon, 'Aggregate Confusion: The Divergence of ESG Ratings', MIT Sloan School of Management Working Paper 5822- 19 (May 2020).

27. Porter et al. (2019), p. 7.

28. PwC, 'Purpose and Impact in Sustainability Reporting' (November 2019).

29. Ron Cohen FT Op Ed (July 2020)

30. https://yanalytics.org/research-insights/monetizing-impact

31. Greg Fischer, 'Monetizing Impact', Y Analytics (January 2020), p. 4.

32. 同上。

第十六章

1. 在英國，到二〇〇〇年代初期，無形資產投資已超過有形資產投資，且到二〇一四年，無形資產投資約當產出的比重為一一％，相較之下，有形資產投資約當產出的比重為一〇％。美國、瑞典與芬蘭的無形資產投資也超過有形資產投資（以一九九九年至二〇〇三年間的平均值而言），但其他歐洲國家包括德國、義大利與西班牙則非如此。請見 Jonathan Haskel and Stian Westlake, *Capitalism without Capital: The Rise of the Intangible Economy* (Princeton: Princeton University Press, 2017)；以及 Peter R. Goodridge, Jonathan Haskel and Gavin Wallis, 'Accounting for the UK Productivity Puzzle: A Decomposition and Predictions', *Economica* 85(339) (2016), pp. 581–605。

2. 在英國，到二〇〇〇年代初期，無形資產投資已超過有形資產投資，且到二〇一四年，無形資產投資約當產出的比重為一一％，相較之下，有形資產投資約當產出的比重為一〇％。美國、瑞典與芬蘭的無形資產投資也超過有形資產投資（以一九九九年至二〇〇三年間的平均值而言），但其他歐洲國家包括德國、義大利與西班牙則非如此。請見 Jonathan Haskel and Stian Westlake, *Capitalism without Capital: The Rise of the Intangible Economy* (Princeton: Princeton University Press, 2017)；以及 Peter R. Goodridge, Jonathan Haskel and Gavin Wallis, 'Accounting for the UK Productivity Puzzle: A Decomposition and Predictions', *Economica* 85(339) (2016), pp. 581–605。

3. 以下是以 Daron Acemoglu 與 Pascual Restrepo, 'Artificial Intelligence, Automation and Work', NBER Working Paper No. 24196 (2018) 為基礎。若有一個共同的概念框架，會比較容易理解那種動態。技術變遷對就業與工資的影響力，可描述為三項重大效應的總和：破壞、生產力與創造。多數危言聳聽說法就是以破壞效應為重點；勞動力被技術取代，勞動力需求、工資與就業因而降低。較鮮為人知的是新技術對總需求的正面效應，這可稱為生產力效應。這項效應和經典的〔「賽伊法則」（Say's law）類似，即供給能創造它自身的需求。技術讓有工作的人變得更有生產力，及時促使工資上漲，並使擁有資本的人獲得更高報酬。上述所得的增加將促使總需求提高，並抵銷破壞效應。當技術變遷極具顛覆性且非常廣泛，生產力效應往往就不足以完全抵銷破壞效應，部分原因在於新技術需要時間才能實現它全部的潛力，部分原因則是工作更加兩極化的現象，關於這部分，我們稍後將會討論。

4. 這項創造效應不盡然源自技術變遷外部，例如由於新技術使原本不可能存在的新就業機會出現——當然，諸如教育與技能等也是決定這些利益多快且多平順發生的重要因素。

5. 例如 Erik Brynjolfsson and Andrew McAfee, *The Second Machine Age: Work, Progress, and Prosperity in a Time of Brilliant Technologies* (New York and London: W. W. Norton, 2014)（注：《第二次機器時代：智慧科技如何改變人類的工作、經濟與未來？》，天下文化出版）。對此，Daniel Susskind 所提出的觀點最為極端，他強調了未來機器可能完成所有工作，並引發技術性失業。(Daniel Susskind, 'A model of technological unemployment', University of Oxford, Department of Economics Series Working Papers No. 819 (2017)).

6. 這場辯論的核心疑問是我們能否克服「波蘭尼悖論」（Polanyi's Paradox）——即我們能知道的比我們能說的還要多 (Michael Polanyi, 'The Logic of Tacit Inference', *Journal of the Royal Institute of Philosophy* 41(155) (1966) pp. 1–18.)。我們目前無法以一種公式化的方式詳細述說這些工作（例如社會互動），這使得它們難以編碼和自動化。

7. Carl Benedikt Frey and Michael A. Osborne, 'The future of employment: How susceptible are jobs to computerisation?', *Technological Forecasting and Social Change* 114 (2017), pp. 254–80. 這些作家估計，有高達一半的就業機會可能受影響。

8. 舉個例子，麥肯錫全球研究協會 'A Future that Works: Automation, Employment and Productivity' 說明（2017），根據 O*NET 分析，六〇％的職業中，將有高達三〇％的工作會被技術取代。

9. Edward W. Felten, Manav Raj and Robert Seamans, 'A Method to Link Advances in Artificial Intelligence to Occupational Abilities', *AEA Papers and Proceedings* 108 (2018), pp. 54–7.

10. 舉個例子，酒吧的倒酒工作或許可以自動化，但那麼做不見得比聘請一位酒保更節省成本，更遑論你可以向酒保訴苦的附帶利益。

11. Ljubica Nedelkoska and Glenda Quintini, 'Automation, skills use and training', OECD Social, Employment and Migration Working Papers No. 202 (2018). 相似地，麥肯錫主張各先進經濟體有高達一五％的勞動力因數位化、自動化與 AI 的緣故而需要轉職。

12. 國際貨幣基金的分析顯示，就業機會兩極化的程度主要取決於勞動力和技術之間的替代容易度，較不是取決於技術的相對價格。

13. 英國的自動化水準較低可能是英國勞動所得占比維持相對有韌性的原因之一，Hal Varian 主張那可能和汽車與電子產業規模較小有關。https://www.youtube.com/watch?v=VLcnN3kLUKI&app=desktop.

14. 在美國，高所得替代率民眾和低所得替代率的人一樣可能接下工作。

15. Tharman Shanmugaratnam, 'Making the Centre Hold: Keynote Speech', Institute for Government (July 2019).

16. 同上。

17. Dani Rodrik, Arvind Subramanian and Francesco Trebbi, 'Institutions Rule: The Primacy of Institutions over Geography and Integration in Economic Development', *Journal of Economic Growth* 9(2) (2004), pp. 131–65.

18. Douglass C. North, 'The New Institutional Economics and Third World Development', in John Harriss, Janet Hunter and Colin M. Lewis (eds), *The New Institutional Economics and Third World Development* (London: Routledge, 1995), p. 17

19. Daron Acemoglu and James A. Robinson, *Why Nations Fail: The Origins of Power, Prosperity, and Poverty* (New York: Crown, 2012).（注：《國家為什麼會失敗：權力、富裕與貧困的根源》，衛城出版）與第十二章詳述的社會運動的動態有相似之處。

20. Tera Allas, Marc Canal and Vivian Hunt, 'COVID-19 in the United Kingdom: Assessing jobs at

risk and the impact on people and places', McKinsey & Company (11 May 2020).

21. See Mark Carney, 'The Future of Work', Whitaker Lecture, given at the Central Bank of Ireland, 14 September 2018. My colleague Andy Haldane has also discussed these issues. See 'Ideas and Institutions – A Growth Story', speech given at the Guild Society, Oxford, 23 May 2018.

22. 可 見 https://www.gov.uk/government/publications/good-work-the-taylor-review-of- modern-working-practices。

23. Acemoglu and Robinson (2012).

24. Niall Ferguson, *The Great Degeneration: How Institutions Decay and Economies Die* (London: Penguin, 2014).（注：《西方文明的 4 個黑盒子》，聯經出版）

25. Mancur Olson, *The Rise and Decline of Nations: Economic Growth, Stagflation, and Social Rigidities* (New Haven, Conn.: Yale University Press, 1984)

26. 請見 Michael Lewis, *Flash Boys: A Wall Street Revolt* (New York and London: W. W. Norton, 2014)（注：《快閃大對決：一場華爾街起義》，早安財經出版），以及 Roger L. Martin, 'The Gaming of Games & the Principle of Principles', Keynote Address to the Global Peter Drucker Forum, Vienna, 15 November 2012.

27. Bank of England, HM Treasury and Financial Conduct Authority, 'Fair and Effective Markets Review: Final Report' (June 2015).

28. 舉 例 來 說， 參 見 FMSB's 'Reference Price Transactions standard for the Fixed Income markets' (2016)；'New Issue Process standard for the Fixed Income markets' (2017)；'Surveillance Core Principles for FICC Market Participants: Statement of Good Practice for Surveillance in Foreign Exchange Markets' (2016)。所有標準與出版物可見：https://fmsb. com/our-publications/。

29. Andy Haldane, 'Ideas and Institutions – A Growth Story', speech given at the Oxford Guild Society, 23 May 2018.

30. Helen Warrell and Richard Milne, 'Lentils and War Games: Nordics Prepare for Virus Lockdown', *Financial Times*, 20 March 2020.

31. Dasgupta (2020).

32. Eurasia Group, *Climate Monthly* (August 2020).

33. Heidi Garrett-Peltier, 'Green versus Brown: Comparing the employment impacts of energy efficiency, renewable energy, and fossil fuels using an input-output model', *Economic Modelling* 61 (February 2017), pp. 439–47.

34. NAO report, 'Improving access to finance for small and medium- sized enterprises', Department for Business, Innovation and Skills and HM Treasury (November 2013).

35. British Business Bank, 'Small Business Finance Markets Report' (2019).

36. 請見 https://www.bankofengland.co.uk/research/future-finance。

37. UNCTAD, 'World Investment Report 2018: Investment and New Industrial Policies' (2018).

38. 請見 K. Blind, A. Mangelsdorf, C. Nichol and F. Ramel (2018), 'Standards in the global value chains of the European Single Market', *Review of International Political Economy* 25:1, 28-48；K. Nadvi (2008), 'Global standards, global governance and the organization of global value chains', *Journal of Economic Geography*, 8(3): 323–343。

39. Mario Draghi, 'Sovereignty in a Globalised World', speech as President of ECB at University of Bologna, 22 February 2019.

結論

1. 約翰・藍儂將這句話寫進〈美麗男孩〉（*Beautiful Boy*）一曲中，但這番言論最早是漫畫家艾倫・桑德（Allen Saunders）在一九五七年的某一期《讀者文摘》中發表的。

2. Michael Lewis, 'Commencement Address', Princeton University (June 2012).

3. Marcus Aurelius, Meditations (Penguin: 2004. Translated Maxwell Shaniforth, 1964). Book 3: 10.

價值的選擇

以人性面對全球危機，
G7央行總裁寫給21世紀公民的價值行動準則

Value(s): Building a Better World for All

作者：馬克・卡尼(Mark Carney)｜譯者：陳儀｜主編：鍾涵瀞｜特約副主編：李衡昕｜編輯協力：徐育婷｜行銷企劃總監：蔡慧華｜視覺設計：白日設計、薛美惠｜印務：黃禮賢、林文義｜社長：郭重興｜發行人兼出版總監：曾大福｜出版發行：八旗文化／遠足文化事業股份有限公司｜地址：23141 新北市新店區民權路108-2號9樓｜電話：02-2218-1417｜傳真：02-8667-1851｜客服專線：0800-221-029｜信箱：gusa0601@gmail.com｜臉書：facebook.com/gusapublishing｜法律顧問：華洋法律事務所 蘇文生律師｜出版日期：2022年6月｜電子書 ISBN：(EPUB) 9786267129203、(PDF) 9786267129197｜定價：720元

國家圖書館出版品預行編目(CIP)資料

價值的選擇：以人性面對全球危機，G7央行總裁寫給21世紀公民的價
值行動準則／馬克・卡尼(Mark Carney) 作；陳儀譯. -- 一版. -- 新北
市：八旗文化出版：遠足文化事業股份有限公司發行，2022.06

640面；16×23公分

譯自：Value (s) : building a better world for all.

ISBN 978-626-7129-14-2 (平裝)

1.社會價值 2.宏觀社會學

540.23   111004973